1 MONTH OF
FREE
READING

at
www.ForgottenBooks.com

By purchasing this book you are eligible for one month membership to ForgottenBooks.com, giving you unlimited access to our entire collection of over 1,000,000 titles via our web site and mobile apps.

To claim your free month visit:
www.forgottenbooks.com/free1249248

ISBN 978-0-428-61544-4
PIBN 11249248

Zentralblatt für Bibliothekswesen

XXXVII

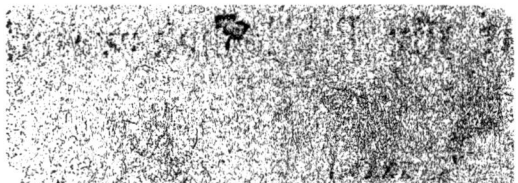

Zentralblatt

für

Bibliothekswesen

Begründet von Otto Hartwig

Herausgegeben

unter ständiger Mitwirkung zahlreicher Fachgenossen

von

Dr. Paul Schwenke

Erstem Direktor der Preufsischen Staatsbibliothek in Berlin

Siebenunddreifsigster Jahrgang

———————— ❧✠❧ ————————

Leipzig

Otto Harrassowitz

1920

Inhalts-Verzeichnis.

Verzeichnis der besprochenen Bücher.

Namen- und Sachregister.

Namenregister zu den Personalnachrichten.

Zentralblatt

für

Bibliothekswesen.

XXXVII. Jahrgang.   1. u. 2. Heft.   Jan.-Febr. 1920.

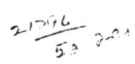

Die Gesetze der Universitätsbibliothek zu Göttingen vom 28. Oktober 1761.

Herrn Geheimrat Pietschmann, dem Direktor der Göttinger Universitätsbibliothek haben es die Fachgenossen zu danken, wenn sie auf den folgenden Blättern ein Dokument finden werden, das zu den wertvollsten der deutschen Bibliotheksgeschichte gezählt werden darf. Es handelt sich um die Statuten der Universitätsbibliothek zu Göttingen, die am 28. Oktober 1761, also kurz nach Gesners Tod und nicht ganz zwei Jahre vor Heynes Amtsantritt von der Regierung in Hannover erlassen worden sind.

Schon 1913 hatte ich durch die Güte des Herrn Geheimrats Pietschmann Einsicht in das bisher ungedruckte Dokument erhalten, das zu weiteren Nachforschungen reizte. Die Liberalität des Herrn Kurators der Universität Göttingen hat es mir in der gleichen Zeit möglich gemacht, von den auf die Bibliothek bezüglichen Kuratorialakten Kenntnis zu nehmen, und es ergab sich eine überraschende Fülle von Einblicken in die Geschichte der Bibliothek besonders in den entscheidenden Jahrzehnten des 18. Jahrhunderts, die den Fachgenossen zu vermitteln bisher nur die Ungunst einer schweren Zeit im Wege gestanden hat. Es sei jetzt erlaubt, das bedeutende Stück der Bibliotheksgesetze aus dem größeren Zusammenhang herauszunehmen und in Wirkung und Wert dadurch zu umschreiben, daß versucht wird, die Geschichte seiner Entstehung aufzuhellen. Das ist um so notwendiger als das Statut nicht am Anfang der Göttinger Bibliotheksgeschichte steht; hinter ihm liegt bereits eine reiche Entwicklung von 25 Jahren, und das Statut ist entweder bestimmt den bisherigen Lauf zu rechtfertigen oder neue Bahnen zu weisen.

In den so sorgsam erwogenen Universitätsplänen war, wie es scheint, eine größere Bibliothek, die dann schon in der zweiten Generation das wichtigste und vornehmste Universitätsinstitut werden sollte, kaum vorgesehen. Wohl will der Hofrat J. D. Gruber in seinen „Präliminaria" vom 16. Sept. 1732 in der 2. Etage des Kollegiengebäudes „hinten hinaus" einen Raum für eine Bibliothek haben, deren Anfang die Dubletten der Königlichen Bibliothek Hannover bilden und zu deren Fortsetzung jeder ankommende Student bei seiner In-

skription einen halben Thaler verehren sollte, aber einen sonderlichen
Wert hat man auf eine Bibliothek noch nicht gelegt. Denn in Grubers
späteren Vorschlägen, „wie die Universität frequent zu machen", wird
die Bibliothek ebenso vergessen wie in Mosheims Denkschrift und
in dem Votum Münchhausens über die Einrichtung der Universität
vom 16. April 1733.[1])
    Ein halber Zufall muß die Wendung bringen. Die reiche Privat-
sammlung des Großvoigts von Bülow stand zur Erwerbung frei, und
als es gelungen war, sie gegen den Wettbewerb der Ritterakademie
in Lüneburg für Göttingen zu sichern, dann meldet freilich Münchhausen am 6. April 1734 voll Stolz nach London: „Es ist dieses
eine ungemeine acquisition vor die neue Universität, welcher dadurch
ein desto größeres lustre zuwächset, als in Teutschland keine Universität ist, welche sich rühmen kann, mit einer so nombreusen und se-
lecten Bibliothec in omni scibili versehen zu seyn";[2]) im Ankündigungs-
schreiben Grubers über die Eröffnung der Universität vom Oktober
1734 fehlt auch nicht der Hinweis auf die mit den vortrefflichsten
und seltensten Büchern ausgestattete Bülowische Bibliothek, eine
„libraria publica, sine qua fontes ipsi arescerent",[3]) und bei der feier-
lichen Inauguration der Universität am 16. Sept. 1737 wird nicht versäumt, den Gästen besonders auch die Bibliothek vorzuführen.[4])
    Trotzdem aber ist die gewöhnliche Meinung, als ob die Göttinger
Bibliothek von Anfang an die größten Ziele gehabt oder gar wie ein
Pilz über Nacht aus der Erde gewachsen sei, durchaus abzuweisen.
Die, wie wir sehen werden, unfertige Verwaltungspraxis spricht dagegen, und das Zeugnis eines Zeitgenossen wie Michaelis hat die
größte innere und äußere Wahrscheinlichkeit für sich, wenn er sagt:
„Ich glaube zuverlässig, daß er (Münchhausen) in den ersten 15 Jahren
der Universität den großen und weitläufigen Umriß dessen, was eine
Universitätsbibliothek seyn soll, den er bald nachher zu realisiren
anfing, gar nicht im Gemüth gehabt hat. Wenigstens die entfernteste
Hoffnung hatte er nicht, daß sie so werden würde, als Er sie doch,
und Er allein gemacht hat, keinen Gedanken davon, daß noch bey
seinem Leben der Raum etlichemahl zu enge werden, und denn doch
nach dreyfacher Erweiterung zu enge bleiben würde."[5]) Einige Jahrzehnte später freilich ist der Anonymus — wohl eben der große
Kurator Münchhausen selbst —, der J. J. Mosers Rede kritisiert, „Wie
Universitäten in Aufnahme zu bringen", von der Notwendigkeit einer
bedeutenden öffentlichen Bibliothek bereits aufs festeste überzeugt, wenn
er sagt: „Mosers Vorschlag von einer auf jeden Amtsnachfolger über-

    1) E. F. Rössler, Die Gründung der Univ. Göttingen (Gött. 1855) S. 10 f.
18 f. 20 ff. 33 ff.
    2) Rössler a. a. O. S. 419.
    3) Rössler a. a. O. S 311.
    4) Rössler a. a. O. S. 401 f.
    5) J. D. Michaelis, Raisonnement über die protest. Univ. Th. 4 (Frankf.
1776) S. 688.

gehenden Privatbibliothek gefällt mir aus vielen Gründen nicht. Wenn
eine Akademie blüht, so ist es dem Lehrer sehr leicht, sich in kurzer
Zeit eine herrliche Bibliothek anzuschaffen: eine bedeutendere muß
der Regent anlegen, und durch den ihr vorgesetzten Bibliothekar
hauptsächlich solche Werke anschaffen lassen, die sich ein Privatus
nicht wohl kaufen kann. Nicht sowohl den Studierenden nützen die
Bücher als den Lehrern selbst, die ihrer gar nicht entrathen können,
wenn sie gründliche Arbeiten liefern sollen. . . . Die Mittel, gelehrte
Federn in Bewegung zu setzen, sind nicht schwer. Laßt uns Mäcenate
seyn; so wird es nicht an Virgilen fehlen." [1]
    Leider fehlen noch allzusehr die Zahlen für das allmähliche An-
wachsen der Sammlung. Pütter nennt als Gesamtziffer für den Grundstock 11 774 Bände, [2] Meiners kommt auf mehr als 12 178. [3] Gesner
selbst hat, wohl nach Abzug der Dubletten, die Zahl für 1738, als
die Bibliothek auch für die Studierenden geöffnet wurde — zwei Jahre
zuvor war sie aufgestellt worden — mit 9000 gerechnet, 1751 mit
30 000 Bänden, [4] was einem jährlichen Zuwachs von 1615 Bänden
entspräche; andere Angaben legen einen Zuwachs von durchschnittlich
1660 Bänden nahe, so daß um das Jahr 1761 mit etwa 53—54 000
Bänden zu rechnen ist; 1765 sind es nach Pütter 60 000 Bände; [5]
1787 gar schon 120 000. Jedenfalls liegt eine beispiellos rasche Vermehrung der Sammlung vor.
    Die Zeit hatte die Formen der Verwaltung für solche in
ständigem Wachstum begriffenen Büchermassen, die durch starken Gebrauch noch dazu in fortdauernder Bewegung waren, noch nicht bereit
gestellt. Denn wenn auch das aufblühende Halle für die Einrichtung
der neuen Universität Göttingen sonst vielfach hatte zum Muster dienen
können, so gab jedenfalls die Hallesche Bibliothek in ihrer jahrzehnte-
langen Stagnation nur ein abschreckendes Beispiel. In Göttingen
zuerst sind unter dem Druck einer starken Vermehrung und Benutzung
die immer gleichen Probleme der neueren Bibliotheksverwaltung wie
in einem Brennspiegel zusammengefaßt aufgetreten und aus sich selbst
heraus mußte die Bibliothek die Lösung der gestellten Fragen finden;
sie haben dort Entscheidungen gefunden, unter deren unmittelbarer
Nachwirkung wir noch jetzt stehen, Entscheidungen, die sogar heute
noch vielen, vielleicht mit Unrecht, als vorbildlich gelten, denen aber
Göttingen mit Recht den Ruf der hohen Schule bibliothekarischer Ver-
waltungskunst verdankt.

---

1) Rössler a. a. O. S. 485. 471.
    2) J. St. Pütter, Versuch einer acad. Gelehrten-Gesch. v. d. Georg-Aug.-
Univ. zu Göttingen (Gött. 1765) S. 210 f.
    3) C. Meiners, Götting. akad. Annalen. Bdch. 1 (Hannover 1804) S. 6.
14. 27.
    4) Diese und alle anderen nicht im einzelnen belegten Angaben sind den
Kuratorialakten entnommen.
    5) Wie Joh. Franke, Ein Gutachten J. M. Gesners (Sammlg. bibl.-wiss.
Arbeiten VIII 1895) S. 101 offenbar mit Dziatzkos Zustimmung schon für das
Jahr 1748 gegen 60 000 Bände annehmen konnte, ist unerfindlich.

Aehnlich wie es meteorologische Hauptstationen gibt, an denen sich die Möglichkeiten der Beobachtung häufen, so muß Göttingen als das große Experimentierfeld für die Gewinnung des bibliothekarischen Verwaltungsmechanismus betrachtet werden. Für das Verständnis der ganzen neueren Bibliotheksgeschichte ist die Kenntnis der Göttinger Einrichtungen unentbehrlich und mehr als irgend eine andere moderne Bibliothek verdient Göttingen bis ins letzte Detail bekannt gemacht zu werden. Denn besonders bedeutungsvoll wird die Bibliothek dadurch, daß ihre Verwaltung eine Entwicklung, eine Geschichte hat. Ueber ein halbes Jahrhundert vergeht, bis die Formen der Verwaltung erarbeitet sind, und es hat langer Versuche und schwerer Kämpfe bedurft, bis das uns heute so einfach scheinende und selbstverständliche Ineinandergreifen von Accessio, alphabetischem und systematischem Katalog und der davon abhängigen Aufstellung gefunden ist. Nur eine lange Gewohnheit ist es, die uns jetzt diese Praxis so einfach erscheinen läßt. Welch ein Komplex von Fragen hierin aber im Grunde beschlossen ist, wird sofort deutlich, wenn man ihrer geschichtlichen Entstehung nachgeht oder heute daran rührt und zu ändern versucht. Daraus aber leiten wir auch die Berechtigung und die Notwendigkeit solcher bibliotheksgeschichtlicher Detailstudien ab. Die komplizierteste Maschine wird von einem einfachen Arbeiter in Gang gehalten, aber man vergesse nicht, daß es ein wissenschaftlicher Mann war, der sie erdacht hat, und wenn uns die bibliothekarischen Arbeitsakte so einfach erscheinen wie die Funktionen einer Thürangel oder eines Hosenknopfes, über die man nicht redet, so will uns doch eine historische Behandlung derartiger Dinge, die bei ihrer ersten Einrichtung einmal Gegenstand ernsten Nachdenkens für Gelehrte vom Range eines Gesner und Heyne gewesen sind, genau so wichtig erscheinen als die Erforschung der päpstlichen Kanzleipraxis und des venezianischen Hausrats.

Wie ich an einer anderen Stelle gezeigt habe,[1] zwingt schon das Detail der gedruckten Quellen zu dem Schluß, daß Göttingen keineswegs „von Anbeginn oder doch nach kurzem Tasten"[2] die musterhaften Einrichtungen besessen hat, die später an vielen Orten zur Nachahmung aufforderten. Es ist falsch, den Glanz der Heyneschen Zeit schon über die Anfänge ausbreiten zu wollen. Dieser Eindruck hat sich mir durch die Kenntnis der Akten verstärkt, und so ist es bezeichnend, daß auch der Anlaß zu den Statuten von 1761 in einer s c h w e r e n Krisis gesucht werden muß, in der die Verwaltung seit Jahren steckte und aus der sie im Interesse der Wirksamkeit der ganzen Bibliothek herauszukommen trachten mußte.

Ich sehe ab von der schweren allgemeinen Not, die mit dem siebenjährigen Kriege und einer von 1757—1762 fast ununterbrochenen

---

1) G. Leyh, Aus der älteren Bibliothekspraxis (Beiträge zum Bibliotheks- und Buchwesen. Paul Schwenke zum 20. März 1913 gewidmet. Berlin 1913) S. 159 ff.
2) Kultur d. Gegenwart. T. 1, 1. 2. Aufl. 1912. S. 596 (Milkau).

Besetzung der Stadt durch die Franzosen über die Universität gekommen war, wobei auch die Hilfsquellen der Bibliothek nahezu versiegten, Ankäufe so gut wie ganz unterbleiben mußten und Gesner wiederholt in Sorge und Schrecken gesetzt wurde um die Erhaltung der Bibliothek.[1]) Für die innere Verwaltung wog noch schwerer die Umständlichkeit des Geschäftsganges über das entfernte Hannover. Dazu kam in der Bibliothek der Mangel einer klaren Geschäftsverteilung zwischen den Kustoden. Der Bibliothekar macht den Kustos, der Kustos seinen Gehilfen für unterlassene Arbeiten verantwortlich, der Gehilfe lehnt die Verantwortlichkeit ab und beruft sich auf seine Instruktion.

Strittig vor allem sind die Fragen der Katalogführung, heute das A und O der Verwaltung. Der systematische Katalog wird bald ergänzt aus dem Accessionskatalog, bald nach den Büchern selbst, aber nicht, wie sie vom Buchhändler kommen, sondern wie sie zufällig am Fach stehen. Man zweifelt, ob Beibände überhaupt in den Realkatalog aufzunehmen seien. Für die Fertigstellung dieses Katalogs werden Fristen gesetzt, die zwischen einem halben Jahr und 10 Jahren schwanken, wobei man glaubt, so lange der Katalog nicht gedruckt werden soll, sei die Katalogführung keine eilige Sache. 1761 noch fragt man sich ernsthaft, ob nicht derjenige am besten die Bücher auch aufzustellen habe, der sie sucht und ans Publikum ausgibt, so daß er sie in der ihm dafür bequemen Ordnung unterbringen könne. Man erörtert die Frage, ob eine Revision der Bibliothek nach dem alphabetischen, systematischen oder dem Accessionskatalog vorzunehmen sei, und obwohl nachweislich seit 1742 und wahrscheinlich auch schon früher die Absicht bestand, dem Zug der Zeit entsprechend, die Bücher nach dem Realkatalog zu rangieren, betrachtet man Aufstellung und Katalogführung als opera supererogationis, für die eine besondere Bezahlung am Platze sei. Genau wie an allen anderen Bibliotheken der Zeit gehen auch in Göttingen bei dieser ungeregelten, rein persönlichen Arbeitsweise die Bücher vielfach an den Katalogen vorbei statt durch sie hindurch. Als notwendige Folge sind die Kataloge trotz aller Mahnungen und Instruktionen aus Hannover, den Realkatalog fertig zu stellen und vorzulegen, immer unvollständig.

Bei einer Revision im August 1761 wird festgestellt, daß der Realkatalog von 1751—56 große Lücken aufweise und seit 1756 überhaupt liegen geblieben sei, was der Kustos Matthiae damit entschuldigt, daß er zwei Jahre lang „titulo des Realkatalogs" nichts bekommen habe.

Für die Benutzung war daher ein gutes Lokalgedächtnis die wesentlichste Eigenschaft des Bibliothekars, aber schon bei dem verhältnismäßig geringen Bestande von 1743 hatte Gesner zu klagen, daß selbst der Kustos, der die Bibliothek im Kopfe habe, oft eine Stunde

---

1) S. Ch. Hollmann, Die Univ. Göttingen im 7jähr. Kriege. Hrsg. von A. Schöne (Lpz. 1887) S. 24. 76.

lang nach einem Buche suchen müsse. Eine für die damalige Zeit
starke Benutzung von etlichen 1000 Bänden setzte schließlich die
Verwaltung in eine solche Verlegenheit, daß der Prorektor und der
Bibliothekar am 30. Mai 1761 den Professoren und Studenten an-
kündigen, die Bibliothek müsse einige Zeit geschlossen bleiben und
ganz umgesetzt werden, damit die „Confusion" auf einmal behoben werde.

Es fehlte ein Statut, das die Pflichten der Beamten und die Rechte
der Professoren und Studierenden an die Bibliothek umschrieb. Die
Verhältnisse waren über die fünf Paragraphen der „Leges Bibliothecae
Bulowianae" von 1736, die nur das Verhalten des Publikums im Bi-
bliotheksraum regelten, und über die kurzen Dienstanweisungen für
die Kustoden von 1742 und 1747 weit hinausgeschritten.

Mitten in diesen Nöten der Verwaltung stirbt Gesner am 3. August
1761, auch er damals schon ein Opfer des Krieges infolge schlechter
Ernährung, die durch feindliche Besetzung der Stadt hervorgerufen
war.[1]) Noch zwei Tage vor seinem Tode hatte er sich mit J. D.
Michaelis über die Reorganisierung des seiner Leitung anvertrauten
Institutes durch neue Gesetze unterhalten. „Es war eine Lebensfrage
für die Universität und Societät zugleich, ob und welcher Ersatz für
Gesner gefunden würde", schreibt Frensdorff.[2]) Es war nicht weniger
eine Lebensfrage auch gerade für die Bibliothek.

Der Kustos Georg Matthiae sowohl als der Custos adjunctus Georg
Christoph Hamberger bewerben sich nacheinander um das Bibliothekariat. Beide waren außerordentliche Professoren, der eine in der
medizinischen, der andere in der philosophischen Fakultät. Matthiae,
53 Jahre alt, schon seit 1736 an der Bibliothek tätig, hatte trotz
allem seine großen Verdienste um die Katalogisierung, aber er war
schwierig zu behandeln, eigensinnig und reizbar, dabei von schwäch-
lichem Körper und Erleichterungen bedürftig; Hamberger, wie sein
Onkel Gesner aus dem Ansbachischen stammend, 35 Jahre alt, seit
1747 als Gehilfe dem Kustos Matthiae beigegeben, hatte schon öffentliche Proben eines ausgedehnten literärgeschichtlichen Wissens abgelegt. Beide aber gefielen in Hannover nicht.

Denn schon vorher hatte ein weit begehrterer Mann in den
Vordergrund der Bibliotheksvakanz geschoben, ein vielgewandter Ge-
schäftsmann, der nach Hallers Weggang in seine Vertrauensstellung
bei der Regierung getreten war. Es war der Vertreter alttestament-
licher Wissenschaft Johann David Michaelis, seit 1746 Professor in
Göttingen, seit 1751 Sekretär der neugegründeten Societät, in den
Jahren gerade zwischen Matthiae und Hamberger stehend, schon damals
ein Gelehrter von großem Ruf; als Polyhistor will ihn Roethe sogar
weit über Heyne stellen.[3]) Bereits 1747, als Gesner in einer An-

---

1) Göttinger Professoren (Gotha 1872) S. 72 (Sauppe).
2) F. Frensdorff, Eine Krisis in der Kgl. Ges. d. Wiss. zu Göttingen
(Nachrichten v. d. Kgl. Ges. d. Wiss. Nr 3. 1892) S. 68.
3) G. Roethe, Göttingische Zeitungen von gelehrten Sachen (Festschrift
z. Feier d. 150jähr. Bestehens d. Kgl. Ges. d. Wiss. zu Göttingen. Beiträge
z. Gelehrtengesch Göttingens. Berlin 1901) S. 657.

wandlung von Ueberdruß über die viele Schreib- und Rechenarbeit an
der Bibliothek amtsmüde geworden war,[1]) hatte man in Hannover an
Michaelis als Ersatz gedacht, da er bei der Anfertigung des Katalogs
der großen Privatbibliothek des Halleschen Kanzlers von Ludewig —
auch die Namen Gleim und Winckelmann sind mit der Ordnung dieser
großen Sammlung verknüpft — eine gute Bücherkenntnis gezeigt habe
und er „auch sonst activ und munter" sei.

In unschöner Eile hatte Michaelis schon am 1. August nach Hannover
gemeldet, daß Gesner im Sterben liege. Noch am Todestag Gesners,
am 3. August, schickt er einen langen Bericht über den Notstand an
der Bibliothek ab; nur der Form wegen ist dieses Schreiben auch von
dem Prorektor Roederer mitunterzeichnet. Etliche 1000 Bücher seien
seit langer Zeit ausgeliehen und aus Nachlässigkeit nicht zurückgegeben
worden; er habe daher in Verbindung mit dem Prorektor eine allgemeine Bücherrückgabe und abermalige Schließung der Bibliothek auf
einige Monate angeordnet; um diesen und anderen Mißbräuchen ab-
zuhelfen, sei es ferner nötig, je eher je lieber neue Bibliotheksgesetze
zu entwerfen, woran auch noch Gesner auf seinem Totenbette erinnert
habe; auch sei eine Interimsaufsicht zu bestellen, bis ein ordentlicher
Bibliothekar gefunden sei. „Wir glauben nicht," fährt er fort, „daß
es gut sey, wenn auch nur in dieser Zeit die Custodes allein und ohne
eine Ueber-Aufsicht die Bibliothec verwalteten. Der eine würde Unordnungen wider einreißen lassen, die noch nicht ganz gehoben sind:
beide möchten vielleicht ohne Aufsicht den Professoribus die Bibliotheque so brauchbar nicht machen, als Ewre Excellenz zum Besten
der Universität wollen und bisher geschehen ist; und bey den vielen
Fremden, welche die Bibliotheque jetzt besehen, da Krieg ist, wird
die Idee von der Universität zum Teil durch den ersten Anblick und
Betragen dessen, der ihm die Bibliotheque zeiget, gebildet. Hierzu
halten wir beide Custodes nicht für dienlich: und wir erkennen es als
ein vorzügliches Verdienst des seel. Gesners, daß er bey Fremden
durch seine geschickte und dabei dienstfertige Aufführung, und äußern
guten Anstand, ein vortheilhaftes Vorurtheil vor die Universität erweckte, sonderlich aber den Gedanken bey ihnen zurückließ, es sey
hier mehr Lebens-Art und weniger Pedanterey, als andern Universitäten zum Loos zugefallen zu seyn pflegt."

Ganz im Sinne dieser Vorschläge erhalten Michaelis und der Prorektor am 6. August die Interimsaufsicht und die Anweisung, einen
Entwurf für neue Bibliotheksgesetze einzusenden. Michaelis erbittet
und erhält weiterhin auch das Aufsichtsrecht über die Führung der
Kataloge. Durch diese Maßnahmen fühlte sich Matthiae tief gekränkt
und Michaelis wurde auf der Bibliothek nicht eben freundlich aufgenommen. Wie der boshafte Kästner der Nachwelt überliefert hat,

---

1) Gesner hatte damals jährlich gegen 300 Thaler für Bücherkauf und
Binden zu verrechnen, wonach die Meinung Frensdorffs (Allg. Deutsche
Biogr. XXII 738), daß bis 1770 allein das Kuratorium in Hannover die An-
schaffung der Bücher vorgenommen habe, in etwas einzuschränken ist.

fand er bei seinem Amtsantritt einen Lucan und die Stelle aufgeschlagen: „Ignotum vobis Arabes venistis in orbem." [1]) Freilich war Michaelis nicht der Mann, sich durch solche Unfreundlichkeiten schrecken zu lassen. Er nahm den Kampf gegen den widerstrebenden Matthiae sofort auf und aus allen seinen Handlungen und Aeußerungen gewinnen wir das Bild eines Mannes von zielbewußter Energie, der weiß, was er will, und auch die Fähigkeit hat, seinen Willen durchzusetzen.

In seiner Selbstbiographie hat Michaelis seine Mitwirkung an der Reorganisierung der Bibliothek mit folgenden Worten geschildert: „... Der sel. Münchhausen hatte mich aus einem sonderbaren Irrthum schlechterdings zum Bibliothecar bestimmt. Dieß war nun ein Amt, zu dem ich mich gar nicht schickte, und wozu ich auch keine Lust hatte ... Noch ein besonderer Auftrag war, ich sollte Bibliotheksgesetze entwerfen, die vorhin nicht anders als sehr unvollständig auf einem lateinischen Blatt vorhanden waren.[2]) Dieß that ich, und es sind die noch jetzt geltenden Bibliotheksgesetze; vom sel. Gesner und von den Aufsehern wußte ich so viel, daß ich sie local machen konnte. Als ich sie zur Durchsicht nach Hannover schickte, wurde einiges dagegen erinnert, und schärfer gemacht; auf Beantwortung der Erinnerungen blieb es in manchem bey dem, was ich gesetzt hatte, in andern aber mußte ich es ändern, und strenger machen, z. B. das Verleihen der Bücher außerhalb der Stadt schlechterdings verbieten, welches aber nicht hat gehalten werden können. ... Die so revidirten Gesetze mußte ich nun noch einmahl den Aufsehern vorlesen, und ihre Erinnerungen hören, die zum Theil nützlich, zum Theil aber auch zweckwidrig waren. Nachdem diese mit meinen Anmerkungen nach Hannover gesandt waren, kamen die nun mundirten Gesetze an das Concilium der Universität, um auch dessen Erinnerungen zu hören; dieß machte aber gar keine. Gedruckt sind diese Gesetze nicht, die Bibliothek und ich haben sie nur schriftlich." [3])

Zunächst freilich konnte man bei dem, was die literarische Wahrhaftigkeit anlangt, nicht ganz einwandfreien Charakter Michaelis,[4]) der eine große Eitelkeit hinter eine seiner ehrgeizigen Natur schlecht ·anstehende gesuchte Bescheidenheit in dem Bericht vergeblich zu verbergen trachtete, in Zweifel sein, ob das erwähnte Statut wirklich von seiner Hand allein herrühre, da die in der Bibliothek aufbewahrte alte Abschrift seinen Namen nicht kennt. Aber abgesehen davon, daß das im Universitätskuratorium liegende Originalkonzept seine und des Prorektors Roederer Unterschriften trägt, läßt sich aus den Akten die ganze Entstehungsgeschichte des Dokumentes bis in alle Einzelheiten ·

---

1) Frensdorff a. a. O. S. 92.
2) Es sind die schon erwähnten Leges Bibliothecae Bulowianae.
3) J. D. Michaelis, Lebensbeschreibung. Hrsg. von Hassencamp. (Rinteln & Lpz. 1793) S. 87 ff. — Michaelis konnte es nicht unterlassen, die gleichen Vorgänge noch einmal in seinem „Raisonnement über die prot. Univ." IV 710 f. zu erzählen.
4) R. Smend, J. D. Michaelis. Festrede (Göttingen 1908) S. 13.   . . ·'

nachweisen und, soweit noch andere Hände daran beteiligt waren, deren Anteil rein ausscheiden. Michaelis' Urheberschaft leidet keinerlei Zweifel, wenn es gleich wie eine Ironie erscheinen muß, daß gerade diese Gesetze, die den Geist der Göttinger Bibliotheksverwaltung am eindringlichsten widerspiegeln und die über die Bestimmungen vom 17. April 1813 und vom 14. April 1830 hinaus bis in die siebziger Jahre des 19. Jahrhunderts lebendig geblieben sind, von einem Außenstehenden stammen sollten. Aber wie man den Bild- und Bauwerken der Alten nachsagt, daß sie um des Interessanten willen manchmal auf den Schein absoluter Korrektheit der Linie verzichten, so hat es auch der Geschichte gefallen, die Statuten der Göttinger Bibliothek nicht von ihren berühmtesten Bibliothekaren entwerfen zu lassen, nicht von Gesner, der über 25 Jahre, und nicht von Heyne, der fast 50 Jahre an der Spitze der Verwaltung gestanden hat, sondern von einem Michaelis, der gerade nur zwei Jahre zu vorübergehender Aufsicht bestellt gewesen war.

In rascher Folge will ich die einzelnen Stationen des Entwurfes festlegen. Zunächst sucht Michaelis Anschluß an die Praxis dadurch, daß er den Aelteren der Kustoden, Matthiae veranlaßt, „Vorschläge zu besserer Administrirung der Universitäts-Bibliothec" auszuarbeiten, die schon am 15. August fertig vorliegen. Manche der 20 Paragraphen Matthiaes haben, wie sich im einzelnen nachweisen ließe, Michaelis Fassung beeinflußt. Michaelis selbst ist dann schon am 27. September so weit, seinen eigenen Entwurf in 22 Paragraphen mit einem erläuternden Begleitschreiben nach Hannover zu senden. Am 3. Oktober kommt der Entwurf aus Hannover zurück mit der Verfügung, die beiden Kustoden darüber zu hören, da des Herrn Präsidenten Excellenz es gern vermeiden wolle, „demnechst von selbigen mit unnothigen querelen, ratione solcher Instruction beschwert zu werden", wobei vorgegeben werden könne, „die Instruction sey hier entworffen, und die Anlage bloß eine Abschrifft zu dero Information".

Am 9. Oktober erfolgt die gewünschte Besprechung der Gesetze mit Matthiae und Hamberger mit dem Ergebnis, daß sich Matthiae vielfach für benachteiligt hält, besonders da ihm Hamberger neuerdings nicht mehr untergeordnet sein solle. In einem langen Schreiben vom 12. Oktober wendet sich daher Matthiae an den Kurator von Münchhausen selbst und erinnert an seine langjährigen Verdienste um die Bibliothek. Vom gleichen Tage datiert das Protokoll über die Besprechung, das Michaelis nach Hannover schickt mit den begleitenden Worten, daß einige Monita der Kustoden wohl der Aufmerksamkeit wert seien, andere aber und besonders, was Matthiae allein vorbringe, „irraisonabel".

Die Regierung gibt am 16. Oktober den Entwurf zur Begutachtung weiter an den Hofrat Scheidt, Grubers Nachfolger an der Königlichen Bibliothek in Hannover und Berater Münchhausens, der über ihn am 19. Oktober, wenige Tage vor seinem Tode (er starb am 25.) referiert. Daneben hatte aber auch noch der Bibliothekschreiber Raspe, der

Nachfolger des verdienstvollen Schlüter, der mit der Vermittlung der Angelegenheit bei dem Hofrat Scheidt betraut war, die Vollmacht erhalten, seinerseits ihm notwendig erscheinende Ergänzungen zu machen: Alle diese Zusätze sind, soweit von ihnen bei der Schlußredaktion Gebrauch gemacht worden ist, als solche noch nachweisbar, da sie in Michaelis' Originalentwurf von anderer Hand nachgetragen erscheinen.

Am 28. Oktober wird die Redaktion in Hannover abgeschlossen, worauf jedoch nicht etwa eine neue Reinschrift hergestellt wird, sondern das Originalkonzept erhält Gesetzeskraft dadurch, daß der an den § 22 von Michaelis' Hand angefügte und von ihm und dem Prorektor Roederer unterzeichnete Schlußsatz: „Diesen von uns gemachten Entwurf der Gesetze übergeben Hoher Regierung in tiefster Unterthänigkeit Endes Unterzeichnet J. L. Roederer. J. D. Michaelis" in Hannover mit zwei Federstrichen getilgt und darunter Ort und Datum der Ausfertigung „Hannover d. 28. Oct. 1761. GR." gesetzt wird, worunter die Chiffern der Räte der „Geheimen Rathsstube" folgen.

Aber noch bevor die Kustoden auf diese Gesetze verpflichtet werden konnten, findet Michaelis am 7. November die Notwendigkeit neuer Zusätze, da Matthiae den französischen Offizieren der Besatzungstruppen erlaubt habe, mit ihm auf die Bibliothek zu gehen, was zur Störung der Ordnung führen müsse. Am 21. November erfolgt aus Hannover die Weisung auch diese Zusätze in das Statut aufzunehmen und sie mit den Gesetzen vom 28. Oktober den Kustoden Matthiae und Hamberger sowie dem Studiosus Eyring, der als Gehilfe tätig war, bekannt zu machen. Ueber diese Verpflichtung unterrichtet uns ein ausführliches Protokoll vom 8. bezw. 10. Dezember, das noch weitere Zusätze und Ausführungsbestimmungen bringt.

Eine einheitliche Redaktion ist jedenfalls niemals erfolgt, aber was an Zusätzen und Nachträgen für die Praxis wesentlich erschien, ist in der von einer Hand stammenden, sauberen Abschrift der Gesetze, die die Universitätsbibliothek aufbewahrt, in den Text hineingenommen worden. Ich lege daher diese für die Praxis bestimmte Abschrift und nicht das Originalkonzept des Kuratoriums dem folgenden Abdruck zu Grunde und verweise in den Fußnoten auf die Abweichungen vom ersten Entwurf und auf die Zusätze von Michaelis, Matthiae, Hamberger, Scheidt und Raspe.

Ein vollständiger Abdruck für die Oeffentlichkeit ist seiner Zeit nicht erfolgt. Matthiae hatte aber den Auftrag erhalten, einen Auszug für die Benutzer herzustellen, der auf 8 Seiten in 4⁰ gedruckt wurde unter dem Titel „Auszug der von Königlicher Geheimten Raths-Stube de dato Hannover den 28ᵗᵉⁿ Oct. 1761 gemachten Bibliotheks-Gesetze. Göttingen gedruckt mit Pockwitz- und Barmeierischen Schriften 1762". Ein zweiter Abdruck erfolgte 1783 bei Johann Christian Dieterich auf vier eng bedruckten Seiten, deren Inhalt, von unbedeutenden Aenderungen abgesehen, wörtlich mit dem Druck von 1762 übereinstimmt.

In dem nunmehr folgenden vollständigen Abdruck werde ich auch auf die im Auszug veröffentlichten bezw. nicht veröffentlichten Stellen hinweisen. [1])

Gesetze der Bibliothec zu Göttingen. [2])

§. 1.

Die hauptsächliche Absicht [3]) der Königlichen Regierung ist, daß die Bibliothec so nützlich gemacht werden soll, als möglich, vornehmlich für Professores, die derselben zur Präparation auf ihre Collegia benöthiget sind, so dann auch für Studierende. Es wird deßwegen in diesen Gesetzen mit Vorsatz manches glimpflich eingerichtet, ob man gleich zum Voraus siehet, daß darbei ein und anderer Mißbrauch entstehen könne. Sollte sich dergleichen finden, so ist der Bibliothecarius hierdurch instruiret, demselben vorzubeugen, und bei einem auserordentlichem Fall etwas strenger zuseyn, als die Gesetze sind. Königliche Regierung hat das Vertrauen zu dem, welchem sie dieses Amt aufträget, daß er sich niemahls eines solchen Rechts bedienen werde, wo es Königlicher Regierung als eine Undienstfertigkeit, gegen lehrbegierige Gelehrte vorkommen könnte.

Die Custodes sind für sich, und ohne Ordre des Bibliothecarii nie strenger als die Gesetze: es lieget ihnen aber ob, bei bemerktem oder befürchteten Mißbrauch ihrer Gelindigkeit, den Bibliothecarium zu avertiren. [4])

§. 2.

Weil in diesen Gesetzen blos dem Bibliothecario und Custodibus eine Instruction ertheilet, nicht aber einem ieden Professor oder Studenten ein Recht gegeben wird, das zufordern, was ihm vielleicht in einem auserordentlichem Fall (nach §. 1.) verweigert werden mus: so sollen diese Gesetze nicht ganz bekannt gemachet werden, sondern blos ein Auszug aus ihnen, welcher die Pflichten dererienigen enthält, die sich der Universitäts-Bibliothec bedienen. [5])

§. 3.

Die bißherige Instructionen [6]) der beiden Custodum bleiben in ihrer völligen Kraft, nur das einzige ausgenommen, daß ein Custos dem andern künftig auf keine Weise subordiniret ist. Bei Eintragung der

---

1) Mit „Kur." bezeichne ich das Originalkonzept des Kuratorial-Archivs. Ich führe hier nur sachliche, nicht die unerheblichen orthographischen und grammatischen Abweichungen von der Abschrift der Universitätsbibliothek auf.

2) Kur. „Gesetze der Universitäts-Bibliotec".

3) Kur. „Favorit Absicht". — 4) Der Paragraph ist in den gedruckten Auszug nicht aufgenommen.

5) Gedruckt ist nur der Nachsatz: „Diese Gesetze sollen nicht gantz — bedienen."

6) Es sind gemeint die Instruktionen für den Kustos Matthiae vom 29. Okt. 1742 und 11. April 1747 und die Instruktion für den damaligen Custos adjunctus und nunmehrigen Kustos Hamberger vom 11. April 1747, wonach im wesentlichen Hamberger den Accessionskatalog, Matthiae den alphabetischen und systematischen Katalog sowie die Rechnungen zu erledigen hatte, wozu

Bücher in die verschiedene Catalogos besorget ieder Custos das ihm
aufgetragene Fach privative: und Königliche Regierung würde glauben,
er habe seiner Pflicht kein Genüge gethan, wenn er die neuen Bücher
in vier Wochen, oder bei grosen Transporten von 500 und mehr
Büchern innerhalb acht Wochen[1]), nach Ankunft derselben, nicht in
die behörigen Catalogos eingetragen hätte. Die Casse und Rechnung
bleibt dem Custodi, dem sie anvertrauet ist, gleichfalls privative. Die
übrigen Pflichten, als Herausgeben und Wegsetzen der Bücher, Weg-
leihen und Einfordern derselben, übernehmen beide Custodes, einer
wie der andere.[2])

§. 4.

Wenn Fremde, die durch Stand oder Gelehrsamkeit ansehnlich sind,
Begehren tragen, die Bibliothec außer der Zeit ihrer ordentlichen
Oefnung zubesehen, so überlässet Königliche Regierung der Discretion
und Dienstfertigkeit des Bibliothecarii, (zu der sie immer ein groses
Vertrauen hat, und ihn sich eben so willfährig vorstellet, als der
Hofrath Gesner gewesen,) ob ihnen hierinnen zufügen sey. Sie erwartet auch von ihm, daß er einige Personen selbst herumführe, und
der Universität Ehre mache: so oft er aber einem der Custodum diese
Herumführung aufträgt, oder doch verlangt, daß derselbe mit ihm
darbei gegenwärtig seyn, und die Bibliothec zeigen solle, ist derselbe
schuldig, dieß zu übernehmen. Jedoch vertrauet man, ein zeitiger
Bibliothecarius werde ihnen solches ohne wahre Nothwendigkeit in
ihren Lese-Stunden nicht auftragen.[3])

----

er sich aber Hambergers als Gehilfen bedienen konnte. — 1) „Oder bei
großen Transporten — acht Wochen“ im Originalkonzept als späterer Zusatz
am Rand. Michaelis hatte nach der Rücksprache mit den beiden Kustoden
am 9. Okt. als äußerste Frist ein „Viertheil-Jahr“ vorgeschlagen. — 2) Im
Protokoll vom 8. Dezember findet sich zu § 3 noch die Bemerkung: „Der
Professor Hamberger declarierte, er wolle in den Catalogum accessionum die
angekommenen Bücher, so bald ihm nur möglich eintragen, und so dann dem
Professori Matthiae die Register zustellen, daß sich dieser über den Aufhalt
bei dem von ihm zu verfertigenden Catalogo reali nicht zu beschweren Ursache haben würde; und der Professor Matthiae verspricht seiner Pflicht auch
in der bestimmten Zeit gebührend nachzukommen. Ein ieder von ihnen beiden
wollte die zu verleihende Bücher an diejenigen abgeben, welche sich an einen
oder den andern adressirten: Wer nun die Bücher von ihnen
weggeliehen, derselbe sollte auch vor die zu rechter Zeit zu beschehenen
Einforderung zu sorgen verpflichtet seyn. Was aber die Wegsetz- und Einstellung der Bücher anbelangte, so wollten sie beide mit dieser Arbeit alle
Wochen umwechseln.“ — Der Paragraph ist nicht gedruckt.
3) Der Schlußsatz: „Jedoch vertrauet man — auftragen“ (Kur.: „auf-
legen“) ist im Originalkonzept späterer Zusatz von anderer Hand. Matthiae
und Hamberger hatten in der Besprechung vom 9. Oktober gewünscht, daß
der Bibliothekar die Kollegia nicht durch häufiges in eben die
Stunden fallendes Herumführen der Fremden stören möchte. Michaelis aber
meinte, bei Standespersonen könne man darauf keine Rücksicht nehmen, er
habe selbst schon Kollegia ausgesetzt, um bei dem Herumführen von Standespersonen mit aufzuwarten. Schließlich wurde folgende Fassung vorgeschlagen:
„Zu der Discretion des Bibliothecarii heget man das gnädigste Vertrauen, er

§. 5.

Die Bibliothec wird wöchentlich zehn volle Stunden geöfnet, nehmlich Montags, Dienstags, Donnerstags und Freitags von 1 bis 2; Mittwochs aber und Sonnabends von 2 biß 5, oder im Winter bis es finster wird; denn Licht wird auf der Bibliothec nicht gedultet. [1]) Und wird solche an gedachten Stunden niemahls geschlossen, es wäre denn ein auserordentlicher Fall und Gefahr für die Bibliothec zubesorgen, welches ein zeitiger Bibliothecarius zuermäßigen. [2]) Diese Oefnung der Bibliothec mus vor dem Schlag geschehen, und um allem Mißbrauch vorzubeügen, wird es schon für tadelhaft erkläret, wenn an der vollen Stunde auch nur eine einzige Minute fehlete. [3])

werde ohne wahre Noth und wichtige Ursache nicht die Collegia der Custodum dadurch stören, daß er Fremde von mittlerem Stande ihnen in solchen Stunden herumzuführen auflege, in denen sie Collegia lesen." Matthiae wünschte weiter seiner ärztlichen Praxis wegen und wegen seines höheren Alters, daß Hamberger die Führung der Fremden in erster Linie zu übernehmen habe, was aber dieser als erhebliche Mehrarbeit ablehnt, und so blieb es bei der obigen Fassung. Später erst merkte man, daß dieser Paragraph mehr die Obliegenheiten des Bibliothekars als der Kustoden umschreibt und so wurde am 8. Dezember noch zu Protokoll gegeben: „Sollten sich etwan Reisende bei einem oder dem andern Custode melden, und die Universitäts-Bibliothek zu sehen verlangen, so kan derienige, bei dem sich der Passagier meldet, solchen wohl herumführen. Sollte der Reisende aber von beträchtlicher Distinction seyn, so erfordert es wohl der character und Stand desselben, daß solches dem zeitigen Bibliothecario auch gemeldet, und dem fremden Herrn auch dadurch die besondere Achtung bezeiget werde." — Der Paragraph ist nicht gedruckt.

1) Dazu im Protokoll vom 8. Dezember: „Die auf den Montag, Dienstag, Donnerstag und Freitag bestimte Eröfnung der Bibliothek von 1 biß 2 Uhr würde wohl eher nicht als bis die Französische Garnison die Stadt verlassen, zu bewerkstelligen seyn, indem man diese Herren nicht könnte heruntergehen heißen, und wird es einmahl angefangen, so gehet die Nachricht davon durch die Stadt und man mus sich alle Tage mit solchem Besuch so dann ganze halbe Tage abgeben." — 2) „Und wird solche — ermäßigen" im Originalkonzept Zusatz am Rand. Der Bibliotheksschreiber R a s p e in Hannover hatte am 19. Oktober als notwendige Ergänzung vorgeschlagen: „Obgleich dieses die Regel ist, so kan jedennoch der zeitige Bibliothecarius nach Ermäßigung der Umstände, besonders bei außerordentlicher Vorfälle, als feindlichen Ein- oder Ausmarsch oder auch einer algemeinen revision und translocation der Bibliothek u. d. g. selbige auf einige Zeit verschließen laßen, wovon aber alsdann die Professores zu benachrichtigen sind, und woraus keinesweges die Folge zu ziehen ist, als müße zu solchen Zeiten und Umständen allen und jedem der Zutritt und Gebrauch der Bibliothek ohne Unterschied versagt werden, welches gantz und gar den Endzweck der Bibliothek auf einige Zeit hemmen würde. Künte bey feindlicher Besatzung der Stadt die Bibliothek unter vorstehender limitation gantz verschlossen bleiben, wovon durch Betrieb des Bibliothecarii oder Pro-Rectoris und einen besonders von dem feindlichen gouvernement für die Bibliothec erhaltenen Schutze ohne üble Auslegung vermieden werden könte, so wäre dies ohnfehlbar ein Mittel vielen Unordnungen auf der Bibliothec vorzubeugen und unter denen zu befürchtenden Uebeln dem Anschein nach das geringere." — 3) Im gedruckten Auszug ist der Paragraph zusammengezogen in den Satz: „Die Bibliothek wird Montags, Dienstags, Donnerstags und Freytags von 1 bis 2, Mitwochs und Sonnabends aber 2 bis 5 geöfnet, und zwar gleich mit dem Schlag."

§. 6.

Beide Custodes sind schuldig, diese ganze Zeit über, auf der Bibliothec gegenwärtig zu seyn, so oft sie nicht durch nöthige, dem Bibliothecario angezeigte Reisen, durch Krankheit, durch legitime ihnen von Königlicher Regierung aufgetragene Arbeiten, oder durch eine auserordentliche Hinterniß, welche der Bibliothecarius billiget, abgehalten werden.[1]) Sie sind auch nicht berechtiget, diese Pflicht iemand anders, wer der auch sey, zuübertragen, und sich derselben dadurch zuentledigen. Wie ferne der Bibliothecarius verpflichtet seyn soll, alle diese Zeit hindurch gegenwärtig zuseyn, oder nicht, soll ihm iedesmal in seiner besondern Instruction angewiesen werden.[2])

§. 7.

Denen, welche die Bibliothec besuchen, die Professores nicht ausgenommen[3]), soll nicht vergönnet werden, in die beiden abgesonderten Zimmer zugehen, sondern sie müssen[4]) auf dem öffendlichen Raum der Bibliothec bleiben. Auch sollen sie nicht auf die Leitern steigen, und, wo möglich abgehalten werden, die Bücher nicht selbst herauszunehmen. Ist aber dieß letztere ohne Verdruß nicht völlig zuerhalten, so sollen sie doch ersuchet werden[5]), die Bücher nicht selbst wieder an ihren Ort zustellen, sondern auf einem benachbarten Tisch zulegen. Der Custodum Pflicht ist es, nach geendigter Bibliothec, diese Bücher, besonders die kleinen, sofort wieder zurangiren; überhaupt[6]) müßen keine, und am wenigsten keine kostbahren Werke auf den Tischen herumliegen bleiben.[7])

§. 8.

Bei dem Verleihen der Bücher ist überhaupt darauf zusehen, daß gewisse allgemeine Bücher von sehr häufigen Gebrauch, z. E. grösere Lexica[8]), oder auch andere aus vielen Bänden bestehende Bücher, die

---

1) Auch hier hatte am 9. Oktober Matthiae Erleichterungen mit Rücksicht auf seine ärztliche Praxis gewünscht, was Michaelis ablehnte, da der Vorbehalt „auserordentliche Hindernis" ihn vor aller Unbilligkeit schütze. — 2) Später hat Michaelis auf Münchhausens Wunsch auch diese Instruktion entworfen. — Der Paragraph ist nicht gedruckt. 3) Kur. „der Professor nicht ausgenommen" als späterer Zusatz am Rand, der auf eine Anregung von Matthiae und Hamberger in der Besprechung am 9. Oktober zurückgeht. Michaelis meinte dazu: „Dis ist nöthig. Darf einer hineingehen, so kann man mehrere nicht ohne Verdruß abhalten, und billig soll alle Gelegenheit zum Verdruß vermieden werden." — 4) Kur. hinter „müssen" noch die später durchgestrichenen Worte: „sie mögen so unverdächtig seyn wie sie wollen." — 5) Kur.: ersuchet und angewiesen". — 6) „Ueberhaupt müssen keine — herumliegen bleiben" Zusatz am Rand, mit geringen Abweichungen aus Raspes Vorschlag vom 19. Oktober. — 7) Dazu im Protokoll vom 8. Dezember: „Wegen des nicht erlaubten Eintritts in die hintersten am größeren Saale gelegenen zwei Zimmer wird eine besondere Verordnung denen Professoribus wol zu publiciren seyn." Im Druckauszug fehlt der letzte Satz: „Der Custodum Pflicht usw."; der Anfang zeigt kleine Abweichungen.
8) Im Druck: „Lexica, Kupferwerke oder auch usw." — 1) Hinter „fragen

der Bibliothec zur Zierde gereichen, und nach welchen Fremde fragen mögten[1]), nicht anders als Theilweise von der Bibliothec entfernet werden. Wenn zwar Professores sie zu ihren Collegiis nothwendig gebrauchen, so kan hierinnen dispensiret werden; allein bei andern wird das Höchste seyn, daß man sie ihnen auf 24 Stunden leihet.[2])

§. 9.

Bücher werden nicht anders als gegen einen Zettel von hernach zubemerkenden Personen verliehen. Die Custodes sind berechtiget zufordern, daß ieder Zettel wenigstens ein Octav-Blatt seye, und daß auf iedem Zettel nicht mehr als ein Buch stehe. Wollen sie in Absicht auf dies letztere gegen Professores eine Nachsicht gebrauchen, so stehet es bei ihnen: allein andern Personen, auch Studenten, die auf Unterschrift der Professoren Bücher bekommen, soll nur ein Buch auf einem Zettel gegeben werden.[3])

§. 10.

Professores, Lectores, Exercitien-Meister, Privat-Docenten, welche einen Gradum haben, die Glieder des Stadt-Ministerii und des Stadt-Raths, Schul-Bediente, Königliche Civil-Bediente innerhalb Göttingen[4]), können auf solche Zettel gegen ihre Namens-Unterschrift, Bücher für sich gelehnt bekommen. Sollte unter diesen Personen iemand seyn, bei dem man sie nicht sicher glaubte, so hat der Bibliothecarius das Recht, sie zuverweigern. Würde auch iemand in Wiederlieferung der Bücher zu saumselig seyn, sie auch wol gar viele Monate zubehalten; So hat der Bibliothecarius die Befugniß, keine neüe wieder zuverabfolgen, biß die alten wiederum geliefert.[5])

---

möchten" im Druck: „wie auch solche Werke, wo man blos aus Neugier einsiehet", können nicht von der Bibliothek verliehen werden. Man darf sich nur auf die Bibliothek bemühen, und dort nachsehen und nachschlagen." Man brachte die Milderung in dem für die Praxis maßgebenden Text, wie denn auch der Schlußsatz: „Wenn zwar Professores — leihet" der Oeffentlichkeit nicht anders bekannt wurde als durch die Benutzung selbst. — 2) Dazu im Protokoll vom 8. Dezember: „Bücher mit Bildern, Rissen und vielen Kupfern, sind nicht leicht, und nur etwan denen Kunstverständigen zum Abreisen zu communiciren und sonderlich ist wohl vorzusehen, daß sie nicht in die Häuser gelehnet werden, wo man solche wohl den Kindern zur Ergötzung und Durchblätterung vorzulegen gewohnt ist." 3) Gedruckt mit Ausnahme des Schlußsatzes: „Wollen sie in Absicht — gegeben werden." 4) Hinter „Göttingen" im Originalkonzept, aber später wieder gestrichen: „desgleichen die in Göttingen in Garnison liegende Ober Officiers." — 5) Inhaltlich ganz gedruckt, nur der Schlußsatz: „Würde auch iemand — wiederum geliefert" ist stilistisch anders gewendet. Er steht im Originalkonzept als Zusatz von anderer Hand und ist auf Scheidts Vorschlag vom 19. Oktober hereingekommen. In Michaelis' Entwurf stand hinter: „das Recht, sie zu verweigern" unmittelbar anschließend: „dessen er sich aber nicht leicht bedienen, sondern lieber die Bücher in einige Gefahr setzen soll, als durch strengen Gebrauch dieses Rechts die Bibliothec weniger nutzbar machen." Diese allzu milde Wendung wurde in Hannover aber doch nicht gebilligt.

§. 11.

Da verschiedene Professores die entlehnten Bücher so hoch anwachsen lassen, daß sie zum öftern nicht nur die Zahl von fünfzigen,
sondern von hunderten, weit übersteigen[1]), und man deütliche Proben
bei der Bibliothec gehabt hat, daß solche grose Menge Bücher nicht
zum Gebrauch, sondern aus Vergessenheit von der Bibliothec entlehnt[2])
geblieben ist; so sollen inskünftige alle Professores[3]) sich ein ernst-
liches Geset̸ seyn lassen, die Bücher, so bald sie gebraucht sind,
zurückzuliefern, und den Bibliothecarium nicht in die unangenehme
Nothwendigkeit zusetzen, daß er sie erinnere. Bei solchen, die nicht
Professores sind, und daher an eine Universitäts-Bibliothec weniger
Rechte haben, verstehet sich von selbst, daß ihnen nicht verstattet
werden könne, eine Anzahl von Büchern zu gleicher Zeit im Hause
zuhaben, die 4 oder 6 übertrift.[4])

§. 12.

Auserhalb Göttingen werden regulariter[5]) gar keine Bücher verliehen, am allerwenigsten Manuscripta, oder Bücher von äuserster
Seltenheit. [6])

§. 13.

Wenn aus Auctionen neüe Bücher anzuschaffen, und der Bibliothecarius den Catalogum denen Custodibus zum Gutachten zustellet,
haben sie solches willig, und mit Pflichtmäsiger Treüe zu bewerkstelligen, insonderheit aber zuverhüten, daß keine Doubletten angeschaft
werden. [7])

---

1) Kur.: „überstiegen haben". — 2) Kur.: „entfernet". — 3) Im Originalkonzept erst „Professores oder Docenten", später die beiden letzten Worte
gestrichen. — 4) Scheidt hatte als Nachsatz noch vorgeschlagen: „wesfals
den jungen Gelehrten, die keine docenten sind, freundschaftlich bekannt zu
machen, daß sie lieber Successive mehrere Bücher fordern und die gewöhnlichen Bibliothekstunden beßer nutzen mögten." — Für den Druck ganz
übernommen.
5) Im Originalkonzept „regulariter" von späterer Hand übergeschrieben.
— 6) Kur.: „Am wenigsten — Seltenheit" von späterer Hand am Rand. In
Michaelis' Entwurf standen hinter: „gar keine Bücher verliehen" die Sätze:
„Doch braucht der Bibliothecarius nicht darauf Acht zu geben, ob etwan
Professores Bücher, so sie auf ihren eigenen Nahmen borgen, auswärtigen
Gelehrten zuschicken. Thun sie dies, so gehet es auf ihre eigene Gefahr,
und kann von ihm, weil es dem Zweck der Bibliothec gemäß ist, wißentlich
ignoriret werden: falls nur die Bücher nicht zu lange ausbleiben." Dazu hatte
Scheidt wenigstens die Einschränkung gewünscht: „Diese gantze Verfügung
aber gebet nicht auf Manuscripte oder Bücher von der äußersten Seltenheit",
was, da Michaelis' Vorschlag nicht gebilligt wurde, sinngemäß abgeändert,
doch in den Paragraphen Aufnahme fand. — Im Druck heißt es ganz kurz:
„Ausserhalb Göttingen werden gar keine Bücher verliehen."
7) Der ganze Paragraph ist erst später eingeschoben. Ursprünglich hatte
§ 13 einen andern Inhalt und lautete: „Den blos in Winter-Quartiren liegenden
oder durchmarschirenden Königlichen Officiers sollen keine Bücher geliehen
werden, wenn nicht ein Professor (Scheidt wollte eingefügt wissen:
„oder anderer angesehener und begüterter Mann") Bürgschaft für sie stellet.
Bey feindlichen Truppen, welche sich an diese Gesetze vielleicht nicht werden

§. 14.

Den sämtlichen Studiosis, bloß die von Gräflichen Stande ausgenommen, werden Bücher nicht anders, als gegen Unterschrift eines Professors geliehen, iedoch dergestalt, daß weder der Bibliothecarius noch Custos unterschreiben darf. Auch wird ausdrücklich declariret, daß die Personen, die nach §. 10 noch auser den Professoribus, für sich auf ihre Unterschrift Bücher erhalten können, nicht im Stande sind, durch ihr Gutsagen, einem Studioso Bücher zuverschaffen. Am allerwenigsten aber darf auf die Unterschrift eines Haußwirths, der blos ein angesessener Stadt-Bürger ist, einem Studenten ein Buch geliehen werden. Auf diesen Zetteln darf durchaus nicht mehr, als ein Buch stehen, der Student muß seinen Namen eigenhändig darunter setzen, und der gutsagende Professor schreibet den seinigen weiter hienunter, damit nicht durch einen Zufall der Name dessen, für den das Buch geborget ist, abgeschnitten werden, und blos der Name des gutsagenden stehen bleiben könne.

Der Zunahme muß auch völlig ausgeschrieben und nicht abbreuiiret werden: Und noch überdem zu Vermeidung der Nachahmung eines Namens, eine andere willkührliche Zeile, z. E. ich bitte dieß Buch Herrn N. N. zuleihen, mit des Professoris eigener Hand hinzugesetzet seyn. Ein Studiosus soll auch nur von einem einzigen, nicht aber von mehrern Professoribus Zettel bringen können, auf die er Bücher borget, damit nicht allzuviele Bücher ohne Noth von der Bibliothec entfernet werden, und bei ihm gleichsam eine Hauß-Bibliothec zusammen geliehen werden könne. [1]

§. 15.

Studiosi sollen die Bücher nicht länger als auf 14 Tage behalten, dieienigen ausgenommen, welche mit Ausarbeitung einer Disputation

---

binden laßen, darf zwar zu Verhütung von allerley Inconvenienzen mehr Nachsicht gebraucht, und ihnen gegen ihre bloße Unterschrift Bücher geliehen werden. Die Königliche Regierung verlangt aber doch von dem Bibliothecario, und wenn der nicht wäre, von den Custodibus, daß sie, so viel die Umstände zulaßen, Behutsamkeit gebrauchen, allenfalls die Sache etwas schwer machen, und bey dem feindlichen Commandanten Geneigtheit und Schutz für iene für den Feinden selbst nützliche Bibliothec zu erhalten suchen." Nach dem Abzug der Franzosen im August 1762, vielleicht auch schon früher, war dieser Inhalt gegenstandslos geworden, die Sätze wurden im Originalkonzept gestrichen und die obige aus dem Zusammenhang herausfallende Verfügung an den Rand geschrieben; sie geht zurück auf einen undatierten, an den Geh. Sekretär Balke in Hannover gerichteten Vorschlag von Michaelis, der folgenden Wortlaut hatte und wohl ursprünglich als Ergänzung für den § 6 gedacht, dort hinter „und sich derselben dadurch zu entledigen" einzuschieben war: „Ueberhaupt übernehmen die Custodes alle die Bibliothec-Arbeit willig, die ihnen der Bibliothecarius aufträgt: sonderlich aber wird jeder unter ihnen es für honorabel ansehen, wenn der Bibliothecarius zu ihm das Vertrauen hat, ihm die Auctions-Catalogos zuzustellen, und von ihm ein vorläufiges Bedenken zu fodern, welche Bücher für die Bibliothec zum Ankauf auszuzeichnen seyn möchten, worüber er dem Bibliothecario seine Meinung aufrichtig und wie es die Treue gegen die Bibliothec erfordert, mittheilet." — Nicht gedruckt.
1) Ist mit geringen Abweichungen ganz gedruckt.

beschäftiget sind, und von denen nachher geredet werden soll. Von diesem Gesetze, so zur Notitz der Studiosorum komt, kan der Bibliothecarius so ferne dispensiren, daß er ihnen die Bücher 4 Wochen läßt, länger aber nicht.[1])

§. 16.

Da es auch leicht geschehen könnte, daß, wenn Studiosis die Bücher länger, als 4 Wochen gelassen werden, der für sie gutsagende Professor in der Meinung stünde, sie seyen schon längstens wieder geliefert, und darüber in Schaden käme, falls etwa der Studente, ohne sie wiederzuliefern, von Göttingen gienge, Königliche Regierung aber, welche die Bibliothec gerne recht brauchbar wissen will, den Professoribus das Gutsagen zuerleichtern geneigt ist: so verordnet sie, daß die Unterschrift eines Professoris nicht länger als ein Vierteil-Jahr, und um die Zeit, wenn die Studenten abreisen, nicht länger als 6 Wochen gültig seyn sollen, dergestalt, daß für die in solcher Zeit nicht eingemahnten Bücher, die Custodes selbst haften sollen. Sie können dieses desto weniger für unbillig halten, weil sie, und nicht die übrigen Professores auf die Brauchbarmachung der Bibliothec besoldet sind, und man es von den übrigen Professoribus als ein verdienstliches Werk anzusehen hat, wenn sie für Studiosos auf eine gewisse Zeit gutsagen; daher man ihnen nicht anmuthen kan, wenn man anders dies opus supererogationis von ihnen erwarten will, daß sie in steten Sorgen seyn, und mit Unterbrechung ihrer Geschäfte, Erkundigungen einziehen sollen, ob etwa iemand, für den sie gutsaget, das Buch noch nicht wiedergeliefert hat. Alle Gutsage-Zettel der Professorum werden daher hierdurch so ausgeleget, als stünde ausdrüklich darinnen, daß sie blos auf die vorhin gemeldete Zeit gelten sollen: und so bald diese Zeit exspiriret ist, fällt der Schade nicht auf die Bibliothec, sondern auf die in ihrem Amte saümig gewesenen Custodes.[2])

§. 17.

Um aber vor aller Verantwortung und Schade sicher zuseyn, werden sie folgende Vorschrift zubeobachten haben. Sie halten sich ein auf der Bibliothec liegendes doppeltes Tage-Register aller ausgeliehenen Bücher: das eine von denienigen, die nach §. 10 auf eigene Unterschrift Bücher bekommen können; das andere von denen, für die ein Professor gutsaget hat. Das letztere sehen sie wöchentlich zweimahl durch, und lassen denienigen, der das Buch über 14 Tage, oder allenfals über 4 Wochen hat, solches wieder abfordern; wobei denn auch festgesetzet ist, daß wer über diese Zeit ein Buch behält, vor Wiederlieferung desselben kein anderes geliehen bekommen kan, wenn gleich ein Professor für ihn gutsagete. Sollte nach Verstreichung von 2 Tagen nach dieser Erinnerung das Buch nicht wieder geliefert seyn, so sind sie schuldig, ohne eine zweite Anmahnung des Studenten, den

1) Gedruckt nur bis „beschäftiget sind".
2) Gedruckt von „Da es auch leicht — haften sollen". Der Schluß, der mehr eine Erläuterung und Begründung gibt, wurde nicht bekannt gemacht.

Professor selbst erinnern zulassen, der vor Ende der Woche es herbei-
zuschaffen hat. Wollte er solches nicht thun, sondern es dem Studioso
noch eine längere Zeit lassen; so muß er den alten Zettel mit einem
andern von einem neüern Dato vertauschen. Königliche Regierung
hoffet von allen Professoribus, daß sie diesem ohne Schwürigkeit nachkommen werden, was zu ihrem eigenen Vortheil verordnet ist. Sollte
aber iemand saümig seyn, die auf seinem Namen geborgten Bücher
vor Ende der Woche, in der er erinnert ist, wiederzuschaffen, und
doch auch keinen neüen Zettel daraufgeben, so ist solches am Ende
der Woche dem Prorectori anzuzeigen. Dieser wird hierdurch von
Königlicher Regierung angewiesen, das Buch so gleich wieder beizu-
treiben, der Bibliothec aber durch Unterschrift seines Namens zu be-
zeügen, das die Klage wegen des mangelnden Buchs bei ihm angebracht sey. Durch Beilegung dieses Zettels ist der Custos von aller
Verantwortung frei, und der gutsagende Professor haftet für das Buch
bis zu dessen Wiederlieferung. Königliche Regierung hat auch das
gnädige Vertrauen zu der Billigkeit und Ehrliebe eines ieden Professoris, daß er, was hierinnen von Seiten der Bibliothec geschiehet,
den Bibliothecs-Bedienten nicht übelnehmen werde. Er darf auch nicht
verlangen, vor Anbringung der Klage bei dem Prorectore mehr als
einmahl erinnert zuwerden: welches blos eine unnöthige Vermehrung
der Arbeit auf der Bibliothec seyn, und noch darzu mehr Kosten verursachen würde, weil doch kein Bedienter das Einmahnen der Bücher
umsonst übernehmen wird.[1]

§. 18.

Demienigen Studioso, der sich wegen mehr als einen Buchs erinnern läßet, wird in dem nächsten halben Jahre kein Buch wieder
geliehen: und dem, wegen dessen man den Prorector hat angehen
müssen, niemahls.[2] Doch hat wegen dieses § der Bibliothecarius ein
ius dispensandi.[3] Uebrigens sind auch die Custodes an diesen weit-
laüftigen modum nicht gebunden, sondern können die Bücher durch
den Pedell zurukfordern lassen.[4]

§. 19.

Für das Wiedereinfordern der Bücher haben, wie schon oben er-
wähnet, die Custodes zusorgen, und dienet es ihnen zu keiner Entschuldigung, wenn der Bibliothecarius sich dieser Sache nicht an-

---

1) Im wesentlichen gedruckt mit Ausnahme der auf den inneren Dienst
bezüglichen Verfügungen über das doppelte Tageregister usw. Der Druckauszug bringt den Schlußsatz des § 18 schon hier in der Fassung: „Es sind
aber die Custodes — durch den Pedell zurückfordern lassen."
2) Gedruckt ist nur der erste Satz bis „niemahls". — 3) „Doch hat — jus
dispensandi" ist später eingeschoben, wozu Scheidt fortfährt: „und muß
derjenige mit Recht hievon ausgenommen seyn, der durch hinlängliche Mittel
moram purgiren und zeigen kan, daß die Ursach seiner Saumseligkeit kein
Negligentz sey." — 4) Der Schlußsatz „Uebrigens sind — zurückfodern
lassen" steht im Originalkonzept von anderer Hand am Rand und war in der
Besprechung vom 9. Oktober von den beiden Kustoden gewünscht worden.

genommen hat. Wieferne er über sie deßwegen Aufsicht haben soll, daß sie ihre Pflicht erfüllen, wird er angewiesen werden: und haben sie seinen Erinnerungen deßhalb Folge zuleisten. Die Person, deren sie sich zur Einforderung der Bücher bedienen können, ist der Pedell[1] ... welchem der Rechnungsführende Custos iährlich zwei Louisd'or im Golde für diese Mühe aus der Casse der Bibliothec zahlen soll.[2]

§. 20.

Am Ende eines ieden halben Jahres sollen in einer vom Bibliothecario darzu auszusetzenden Woche, die in die Ferien-Zeit hineinfällt, alle Bücher, auch dieienigen, welche Professores haben, wieder auf die Bibliothec geliefert werden: zu welchem Ende dann, an allen Tagen solcher Woche, die Bibliothec so viele Stunden, als der Bibliothecarius für nöthig erachtet, offen stehen soll.

Sollten einige Professores die geborgten Bücher, wegen fortdauernden Collegien, oder auszuarbeitenden Schriften, auch in dieser Woche nicht missen können, so sollen sie doch an einem Nachmittage um 1 Uhr zur Wiederaufstellung auf die Bibliothec geliefert, und an eben dem Nachmittage, bei dem Schluß der Bibliothec, dem Professori gegen einen neüen Zettel wiederum geliehen werden. Schlechterdings kein Zettel soll daher älter werden, als ein halbes Jahr. Die Woche in der diese Wiederlieferung geschiehet, zeiget der Prorector, nach Verlangen des Bibliothecarii, durch den Pedellen den sämtlichen Professoribus an.[3]

§. 21.

Dieienigen Studiosi, die an einer Inaugural-Disputation arbeiten, und bereits das Examen überstanden haben, können gegen Anzeigen des Decani, die Bücher länger als gewöhnlich behalten, die sie iedoch nicht anders, als gegen Unterschrift eines Professoris unter iedem Zettel bekommen. Es ist aber auch die Pflicht des Decani, einem solchen Candidato die Promotion nicht eher zugeben, biß er Beweiß beigebracht hat, daß er auf der Bibliothec keine Bücher mehr schuldig sey. Thut der Decanus das Gegentheil, so wird er, im Fall der Graduirte wegginge, ohne die Bücher wiederzuliefern, durch sein auf der Bibliothec aufbehaltenes Zeügniß, für die sämtlichen Bücher responsable.[4]

§. 22.

Zur Nutzbarkeit der Bibliothec ist unentbehrlich, daß die Bücher nicht ungebunden auf derselben liegen, oder lange Zeit in des Buchbinders Hause sind. Für beiden haben Bibliothecarius und Custodes zusorgen: und sollen sie von neüen Büchern, aus dem Buchladen, nicht mehr kaufen, als sie sogleich von der Einnahme der Bibliothec auch binden zulaßen im Stande sind.[5]

Hannover den 28ten October 1761.

L. S.

Königl. Großbritt. zur Chur-Fürstl. Br. Lüneb.

Regierung verordnete Geheimte Räthe.

---

1) Hinter „Pedell" Raum für einen Namen; im Originalkonzept: „ist der Bedell Grobecker, welchem ..." — 2) Nicht gedruckt.
3) Ganz gedruckt.   4) Ganz gedruckt.   5) Nicht gedruckt.

Unter dem 21. November waren auch die oben erwähnten neuen
Vorschläge von Michaelis vom 7. November gebilligt worden mit
der Verfügung, daß den „berührten Gesetzen annoch folgendes an-
zufügen sey, nemlich

1) daß keinem der Custodum Bibliothecae erlaubt seyn solle, außer
der gewöhnlichen Zeit der Öffnung, da sie entweder Bibliotheck-Ar-
beiten zu verrichten haben, oder studierens halber sich daselbst auf-
halten, mithin auf die Bücher Aufsicht zu halten gehindert sind, jemand
mit auf die Bibliothek zu nehmen oder den Zutritt zu gestatten, sondern
daß der Zugang, außer den bestimmten Stunden, jedermann selbst den
Professoribus verwehrt seyn solle, so lieb Ihnen sey königl. Regierung
ernstl. Ahndung und, daß sie sonst in Solidum für den Abgang hafften
müßen, zu vermeiden;

2) daß von den Custodibus alle zwey Jahr eine Revision der gesamten Bibliotheck vorgenommen, und das fehlende, Sub poena sonst
dafür einzustehen, gehörigen Orts angezeigt werde".

In der Besprechung vom 9. Oktober hatte ferner Hamberger noch
folgende Bestimmung für nötig befunden:

„Wer auf der Bibliothec excerpiren will, muß sich einer Schreib-
tafel dazu bedienen. Dinte und Feder werden nicht erlaubt."

Da das Verbot des Gebrauches von Tinte und Feder, das schon
in den alten „Leges Bibliothecae Bulowianae" enthalten ist, in den
Benutzungsbestimmungen von 1813 und 1830 wiederkehrt, so ist anzunehmen, daß auch schon 1761 Hambergers Vorschlag in der Praxis
Aufnahme gefunden hat.

III.

Bei einer allgemeinen Würdigung des Statuts ist zunächst
darauf hinzuweisen, daß ihm der Charakter der Einheitlichkeit in der
Abfassung fehlt. Ein äußerlicher Abschluß ist nicht erreicht. Der
zwar ursprünglich einheitliche Entwurf ist in der Folge mit Hinweisen
auf frühere Instruktionen, mit Zusätzen, Nachträgen und Ausführungsbestimmungen belastet worden, die die Anwendung der Paragraphen
erschweren mußten. Es sind das offenbare Mängel, denen nur mit
den Worten des schon einmal angeführten Anonymus begegnet werden
kann, wenn er sagt:[1] „Unsere Universitätsstatuten sind sehr kurz bey-
sammen; dafür haben wir desto mehr Einrichtungen. Ich wünsche,
daß es auch von uns gelten möge, was Tacitus von dem alten Teutschland gesagt hat: „plus ibi boni mores valent, quam alibi bonae leges.""
Roessler selbst ist der Ansicht, daß die allgemeinen Verfassungs-
gesetze der Universität an Bedeutung zurückgetreten seien gegen die
einzelnen leitenden und wirksamen Grundsätze der Verwaltung.[2] Das
muß auch zum Teil von den Bibliotheksgesetzen gelten.

Ferner trägt das Statut Spuren seiner raschen Entstehung an sich,
wenn es z. B. Bezug nimmt auf den gegenwärtigen Krieg und auf ein-

---

1) Rössler a. a. O. S. 483.
2) Rössler a. a. O. Einl. S. 32.

zelne Personen, über deren Wirksamkeit hinaus es doch Geltung haben
sollte. Bei dem Befragen vieler Stellen haben sich auch Widersprüche
nicht vermeiden lassen; so begnügt sich der § 11 bei säumigen Benutzern mit allgemeinen Ermahnungen, während doch der auf Scheidts
Antrag aufgenommene Zusatz zu § 10 schon wirksamere Maßnahmen
vorgesehen hatte. Nicht zu billigen ist weiterhin die Verschmelzung
der Benutzungsordnung für das Publikum mit der Dienstanweisung für
die Beamten in ein Statut, die dann den auszugsweisen Druck für
das Publikum notwendig machte. Absichtlich unterlassen ist die Aufnahme von Bestimmungen über die Tätigkeit des Leiters der Bibliothek, da Michaelis glaubte, solche Bestimmungen könnten je nach der
Persönlichkeit nur von Fall zu Fall aufgestellt werden. Aber gerade
diese Mängel geben dem Statut auf der andern Seite doch auch wieder
einen gewissen Reiz der Aktualität. Es wirkt wie moderne Zeit gegenüber den alten „Leges" von 1736, deren lateinische Imperative wie
starres Mittelalter anmuten, und es ist persönlicher und lebendiger in
Klang und Farbe als die auf ihm fußenden Gesetze von 1813 und
1830, die so sehr viel sachlicher und korrekter abgefaßt sind.

Daß das Statut seiner Aufgabe völlig gerecht geworden ist, dafür
gibt es keinen schlagenderen Beweis als die lange Dauer seiner Geltung.
Für den organisationsfreudigen Heyne wäre es ein Leichtes gewesen,
nachdem er als Vertrauensmann der Hannoverschen Regierung schon
1763 seinen Vorgänger Michaelis abgelöst hatte, neue Gesetze vor-
zuschlagen und durchzubringen. Statt dessen wurde der „Auszug" 1783
wieder abgedruckt und 1797 hat sich Heyne gegen neuerdings ein-
gerissene Mißbräuche nicht besser schützen zu können geglaubt als
dadurch, daß er in Hannover um erneute kräftige Einschärfung der
Gesetze von 1761 gebeten hat. Heyne wußte, „daß jedes Gesetz um
desto schlechter ist, je mehr es in das Specielle geht, und daß zumal
in Vorschriften und Instructionen, dieß der erste Anlaß zur Verzögerung der Geschäfte und zu unnützen und verderblichen Disputen
ist, wenn man alles darin im Einzelnen fassen will. Bey veränderten
Umständen wird außerdem eine solche Verordnung sofort inapplicable.
Nichts ist auch den Geschäften nachtheiliger als viel Geschwätz."[1]
Gerade in der Beweglichkeit und Elastizität der Gesetze des Michaelis
wird Heyne ihre Befähigung zu langer Wirksamkeit erkannt haben.

Im einzelnen freilich waren sie von Anfang an verbesserungs-
bedürftig, und wie alle Gesetze so haben auch die vom 28. Oktober
1761 ihren Zweck nie ganz erreicht. Vor allem ist es noch nicht
gelungen die zwingende Form für die der ganzen Geschäftsführung
immer unentbehrlicher werdende Ergänzung der Kataloge zu finden.
Es war ein bloßer Paragraphenzwang, aber kein Geschäftszwang, wenn
bestimmt wurde, daß die neuen Bücher binnen vier Wochen oder bei
großen Transporten von 500 oder mehr Werken innerhalb acht Wochen
nach ihrer Ankunft in die Kataloge eingetragen sein mußten. Und
doch war das der springende Punkt für die ganze innere Verwaltung.

1) In der oben angeführten Göttinger Festschrift (Berlin 1901) S. 187.

Wohl waren die Kataloge wie Wehrbauten aufgerichtet zwischen Bücherkauf und Bücherbenutzung, zwischen Eingang und Aufstellung. Aber es fehlte der äußere Zwang, der die Bücher durch die Schleußen der Kataloge hindurchführte, und es ist nicht zu verwundern, daß sie in ihrem wirklichen Laufe nicht zu Hunderten, sondern zu vielen Tausenden seitlich abflossen. Als J. D. Reuß nach Göttingen kam, war trotz aller Mahnungen und Vorschriften ungefähr ein Drittel des gesamten Bücherbestandes in den systematischen Katalogen nicht verzeichnet und von 1782—1790 mußte die gewaltige Zahl von 47 670 Bänden nachgetragen werden.[1]) Erst als man begann den Büchern ein äußeres Merkzeichen der Kataloge selbst einzuschreiben — damals die betreffende Seitenzahl des Katalogbandes — und jedes Buch ohne dieses Merkzeichen, da dieses erst den Aufstellungsort bestimmte, planlos umherstand, erst dann war der langgesuchte Zwang zur Ergänzung der Kataloge gefunden. Diese Signierung begann aber erst bei der großen Revision von 1790.

Freilich mußte noch mehr hinzukommen, um der Verwaltung die später so oft bewunderte feste Form und den geschlossenen Zug zu geben: die Arbeitsteilung am gleichen Buche. Erst diese Arbeitsteilung, die mit der durch die Signierung gegebenen Vermehrung der Bearbeitungsakte einsetzen konnte, wirkte organbildend, schuf eine Organisation. So lange der gesamte Umlaufsprozeß des Buches vom Ankauf bis zur Ausgabe in den Händen eines Arbeiters gelegen hatte, konnte nur von einem primitiven, unvollkommenen Arbeitsprozeß die Rede sein. Wohl waren damals persönliche Höchstleistungen möglich, aber nur solange im Einzelnen ein starker Antrieb lebendig war. Die Tradition jedoch, die Stabilität und Sicherheit der Arbeitserfolge war erst gewährleistet durch die Mechanisierung der Arbeit, durch Arbeitsgliederung und darauffolgende Verbindung der einzelnen in sich unselbständigen Arbeitsverrichtungen zu einer geschlossenen Kette. Damit erst war persönliche Willkür nach oben und nach unten unmöglich gemacht und es war ein solides mittleres Niveau erreicht, das auch schwächere Kräfte festhalten konnten. Wie sich ausgezeichnete Leistungen und Stagnation in einer Person verbinden können und eine Verwaltung von der Höhe rasch zu Niedergang und Verwirrung bringen, dafür ist gerade Matthiae ein gutes bibliothekarisches Beispiel, der ebensowohl das hohe Lob verdient, das ihm Meiners spendet,[2]) als den vielfachen scharfen Tadel von Michaelis. Die letzte Ursache lag an der mangelhaften Verwaltungsorganisation. Die systematische Aufstellung gab schließlich den bisher fehlenden organbildenden Kern ab, aber eben nicht in der losen Form, wie sie Gesner und seine Zeit im Sinn gehabt hatten, sondern in der Verschraubung von Aufstellung und Katalog durch Signaturen, die erst von 1790 an erfolgte. Ganz allmählich also, im Verlauf von mehr als 50 Jahren und nach

---

1) Meiners a. a. O. S. 88.
2) Meiners a. a. O. S. 63 f.

vielen vergeblichen Versuchen ist Göttingen in diese Aufstellung hinein-
gewachsen, und da sie noch weit mehr und anderes geleistet hat, als
man von ihr zunächst verlangte, so muß man auch hier von einer
Heterogonie der Zwecke reden. Die Gesetze von 1761 allein hätten
eine völlige Verstockung der Geschäfte auch in Göttingen noch nicht
verhindern können, es mußte ein Organisator wie Heyne und ein so
unübertrefflicher Bibliothekar wie Reuß kommen, diese Gesetze sachgemäß auszulegen und fortzubilden.

Einen gewissen Fortschritt in der Verwaltung hat das Statut erstrebt in der Zuweisung eines selbständigen Arbeitsbereiches für den
Kustos Hamberger, der bisher nach seiner durch die Jahre längst
überholten Instruktion vom 11. April 1747 neben der Führung des
Accessionskatalogs alles, was ihm der Bibliothekar oder Kustos zum
Nutzen der Bibliothek auftragen werde, „treulich und hurtig" verrichten sollte. Hier hat ein Anlaß zu vielen unerquicklichen Reibungen
gelegen, der freilich auch jetzt noch nicht ganz beseitigt war, da immer
noch die gleiche Arbeit der Erledigung der Bestellungen je nach Zufall
und Gelegenheit bald den einen, bald den andern der Kustoden treffen
konnte. Es war wieder nur eine primitive, aber keine organische
Arbeitsteilung, die zur Bildung eines Verwaltungskörpers nichts geleistet hat.

Was die Benutzung anlangt, so hatte bisher der größte Uebelstand in der Saumseligkeit der Professoren gelegen. Die Klagen über
verspätete Rücklieferungen und fruchtlose Mahnungen haben freilich
auch nach 1761 noch nicht aufgehört. Reuß erschöpft sich in seiner
langen Amtszeit in Klagen über säumige Benutzer, und selbst Goethe
hatte in den „Tag- und Jahresheften" von 1804 Anlaß genommen,
dem „edlen Heyne" öffentlich zu danken, „dessen nachsichtige Geneigtheit", wie er schreibt, „durch viele Jahre mir ununterbrochen zu
Theil ward, wenn er gleich öfters wegen verspäteter Zurücksendung
mancher bedeutenden Werke einen kleinen Unwillen nicht ganz
verbarg".[1]

Immerhin aber boten die neuen Mahnbestimmungen weit bessere
Handhaben als die alten. Als Gesner am 30. Mai 1761 eine allgemeine Bücherrückgabe anordnete, um der eingerissenen Verwirrung
zu steuern, hatte er die einzelnen Professoren Verzeichnisse derjenigen
Studenten zusammenstellen und aushändigen müssen, für die jeder zugesagt hatte; für die Rücklieferung hatte damals der Professor zu sorgen.
Jetzt werden die Kustoden verantwortlich gemacht und nur für er-
folglos gemahnte Bücher sollte der Bürge haften.[2] Unverständlich
freilich will uns heute die Einzelbürgschaft für jede Entleihung erscheinen, aber fast noch seltsamer ist es, daß sich diese schwerfällige
Einrichtung in Göttingen sogar bis 1876, an anderen Universitäten
freilich fast ebensolange, hat halten können, wenngleich sich die

---

1) Goethe, Werke Abt. I Bd 35 (Weimar 1892) S. 180 f.
2) Vgl. dazu die Erläuterungen von Michaelis, Raisonnement IV 713 f.

Praxis damals durch Blankoscheine eine nicht erlaubte Erleichterung
zu verschaffen gewußt hat.

Daß eine intensive Ausnutzung der Bibliotheken aber überhaupt
nicht dem wissenschaftlichen Betriebe des 18. Jahrhunderts gemäß war,
sehen wir an den kulturgeschichtlich nicht uninteressanten und in der
Zeit der Bildungsreisen so wie in allen Bibliotheksgeschichten auch
in den vorliegenden Statuten sich findenden Vorkehrungen über einen
würdigen Empfang der durchreisenden Fremden auf der Bibliothek.
Noch für die Göttinger Zeit Wilhelm v. Humboldts glaubte ja Haym
ein Drittel des Lebens für den Empfang von Fremden und Freunden
ansetzen zu müssen.[1]

Michaelis selbst hat die hauptsächlichste Aenderung der neuen
Gesetze gegen die alten Bestimmungen von 1742 und 1747 in der
längeren und täglichen Oeffnung der Bibliothek für das Publikum
gesehen. Da man der Göttinger Bibliothek als besonders wichtige
Neuerung nachzurühmen pflegt, daß sie von Anfang an täglich offen
gewesen sei,[2] müssen wir bei diesem Punkt einen Augenblick ver-
weilen.

Schon zu Meiners' Zeit scheint man über die Anfänge Göttingens
schlecht unterrichtet gewesen zu sein, da er Gewicht auf die Feststellung legt, daß Gesner im Vorlesungsverzeichnis noch im Sommerhalbjahr 1761, in welchem er starb, den Mittwoch und Sonnabend als
die beiden Tage nennt, an denen die Bibliothek von 2 Uhr an geöffnet sei, und daß es jetzt also „außer Zweyfel" sei, „daß wir
dem sel. Michaelis die bessere Einrichtung schuldig sind".[3] Die
Notiz Pütters vom Jahre 1765,[4] auf die man gewöhnlich zurückgeht,
bezieht sich eben nur auf die Zeit nach dem Inkrafttreten der neuen
Gesetze. In der Instruktion für den Kustos vom 29. Oktober 1742
dagegen hatte es nur geheißen: „er begibt sich alle Mitwochen und
Sonnabende um 2 Uhr auf die Bibliothek, und bleibt daselbst zwischen
Michaelis und Ostern, so lange es Tag ist, im Sommer aber bis gegen
5 Uhr, um darauf zu sehen, daß die an der Thüre angehefteten Gesetze beobachtet werden. . . ." Eine spätere Hand hat die 5 in eine
6 verwandelt, so daß für die Sommermonate vor 1761 sich eine
wöchentliche Oeffnungszeit von erst 6, dann von 8 Stunden ergibt.
Wesentlich anders aber stand es in der Praxis mit den langen Wintermonaten. Ein heizbares Lesezimmer mußte Göttingen noch über 100
Jahre entbehren. Die Benutzung erfolgte in den allgemeinen Bücher-
räumen. Daß man aber im Winter vor Kälte auf der Bibliothek überhaupt nicht arbeiten könne, hat Matthiae bezeugt gelegentlich einer
Arbeitsberechnung für den Realkatalog, wo er der Kälte wegen drei
Wintermonate überhaupt nicht in Ansatz gebracht hatte.

---

1) R. Haym, W. v. Humboldt (Berlin 1856) S. 15.
2) F. Paulsen, Gesch. d. gel. Unterrichts. 2. Aufl. Bd II (Lpz. 1897) S. 12;
vgl. auch Milkau a. a. O. S. 596.
3) Meiners a. a. O. S. 328 f.
4) Pütter a. a. O. I 219.

Auch nach 1761 wird sich daran wenig geändert haben, wenn
Michaelis noch 1776 ganz allgemein schreiben konnte: „Den Winter
hindurch läßt sich auf einer Bibliothek nicht gut studiren, die man
wegen der Feuersgefahr ungern heitzen wird." [1] Freilich lagen seit
der neuen Ordnung die Stunden günstiger über die Woche verteilt
und ermöglichten eine ausgedehntere Benutzung als vorher.   Wenn
aber 1813 und 1830 und damit fortwirkend bis 1879 die Oeffnungszeit in der Woche von 10 auf 8 Stunden herabgesetzt wurde, so dürfen
wir annehmen, daß damit nur eben die frühere Gewohnheit ihren Ausdruck gefunden hat.

Doch selbst mit einer 10stündigen Oeffnungszeit in der Woche
fällt Göttingen aus dem Rahmen der Zeit weder nach der einen noch
nach der anderen Seite heraus.   Greifswald [2] z. B. hatte schon seit
1749 zehn Wochenstunden, Straßburg [3] schon zu Anfang des 17. Jahrhunderts nicht viel weniger, Würzburg [4] seit 1744 sogar 25 Stunden
im Winter und 27 im Sommer, während andere Bibliotheken glaubten
bei Neueinrichtungen noch im 19. Jahrhundert dem Bedürfnis ein Genüge zu tun, wenn sie 8 Stunden öffneten, wie etwa Breslau, [5] während
in Halle F. A. Wolf 1802 sogar eine besonders intensive Benutzung
wünschte und mit ganzen 4 Stunden in der Woche ermöglicht zu
haben glaubte. [6]

In dem gebührenden zeitlichen Abstand gesehen liegt das Neue
an Göttingen überhaupt nicht in irgend welchen äußeren Einrichtungen.   Manche Bibliotheken übten eine weit größere Liberalität
in der äußeren Form, wie z. B. Königsberg [7] und bis 1782 Marburg [8]
den Benutzern den freien Zutritt zu den Büchern gestatteten, wie auch
Michaelis selbst in früheren Jahren in Halle als gelegentlicher Vertreter seines Vaters in kleineren Verhältnissen erlaubt hatte, was er
unter größeren zu seinem eigenen Bedauern verbieten mußte. [9]   Das
Neue an Göttingen müssen wir vielmehr suchen in dem inneren Verhältnis, das die Universität und die Bibliotheksleitung im Laufe der
Zeit zu dem Gedanken einer öffentlichen Bibliothek gewonnen haben;
es war der Geist der Verwaltung, der die Bibliothek allmählich zum
vornehmsten Universitätsinstitut machte und ihr einen Glanz vor fast
allen Bibliotheken Europas verlieh.   Damit erst stoßen wir auf den
Kern des Statuts von 1761.

Schon frühzeitig hat Göttingen sich den Ruf erworben, das Prak-

---

1) Michaelis, Raisonnement IV 712.
2) M. Perlbach, Versuch e. Gesch. d. Univ.-Bibl. zu Greifswald (Greifsw.
1882) S. 46.
3) Ch. Schmidt, Zur Gesch. d. ältesten Bibliotheken ... zu Straßburg
(Straßb. 1882) S. 186.
4) O. Handwerker, Gesch. d. Würzburger Univ.-Bibl. (Würzb. 1904) S. 76.
5) F. Milkau, Die Kgl. u. Univ.-Bibl. zu Breslau (Breslau 1911) S. 63.
6) W. Suchier, Kurze Gesch. d. Univ.-Bibl. zu Halle (Halle 1913) S. 38.
7) E. Kuhnert, Die Kgl. u. Univ.-Bibl. zu Königsberg (Kgsb. 1901) S. 14.
8) G. Zedler, Gesch. d. Univ.-Bibl. zu Marburg (Marb. 1896) S. 67.
9) Michaelis, Raisonnement IV 717.

tische, das Nützliche, das Verständige zu pflegen, und so wußte
man bald auch von einer Bibliothek, die nicht benutzt wird, daß sie
nur eine schwere Last darstelle. Man war in Göttingen früher als
anderswo überzeugt von dem großen Nutzen, den eine öffentliche Bibliothek stiften kann und man wünschte daher auch mit allen Mitteln
einen starken Gebrauch zu erzielen. Viele Zeugnisse lassen sich dafür
anführen. Schon Gesner hatte in seinem Gutachten über die Anforderungen des bibliothekarischen Berufes vom Jahre 1748 gesagt:
„Der Vorgesetzte einer solchen Bibliotheck muß aber auch darinnen
von einem Cameralisten unterschieden seyn, daß er die ihm anvertrauten Schätze ... gemein mache, nicht nur den fremden und in der
statt wohnenden Gästen mit einer vorkommenden Leutseligkeit und
Dienstfertigkeit begegne, sondern auch alle mügliche würkliche Hülfe
zu ihren absichten leiste und sich die unhöflichkeit und undankbarkeit
eines grossen theiles der so genannten Gelehrten nicht abschrecken
lasse, eines ieden studien und bemühungen durch treuliche anzeige
und willige darreichung dessen, was ihm dienen kann, zu befördern."[1]
Wie sehr Gesner dieses Ideal eines Bibliothekars in seiner Person
selbst verkörpert hat, ist von Michaelis wiederholt bezeugt worden
und am eindringlichsten dadurch, daß selbst das neue Statut nicht
vergißt, auf sein persönliches Vorbild zu verweisen. Aber auch in
Hannover denkt man stets an die Nutzbarmachung des Instituts. Im
Oktober 1753 wird der Kammerregistrator Schlüter von da nach
Göttingen gesandt, nur um zu prüfen, wie die Bibliotheksverwaltung
noch besser eingerichtet und „die Bibliothek dem publico, besonders
denen professoribus zum nutzbaren Gebrauch ... gereichen könne".
Michaelis selbst sieht in seinem „Project einer Instruction für den
künftigen Bibliothecarium", das die Regierung von ihm gewünscht hatte,
den wahren Schmuck einer Bibliothek darin, daß sie gebraucht und
darin studiert werde, und gerade auch die neuen Statuten enthalten
mehr als einen Hinweis darauf, daß der eigentliche Zweck der Bibliothek im Gebrauch liege, wie auch das Begleitschreiben zu dem Statuten-
entwurf vom 27. September gleich zu Anfang als leitendes Motiv nennt:
„Wir haben überall zum Voraus gesetzt, die Absicht sey, die Universitäts-Bibliothec so benutzbar zu machen, als möglich sey, wozu ein
gewisses Temperament von Gelindigkeit und Strenge der Gesetze er-
fodert wird."
Schon öfter angeführt sind die Worte Pütters: „Der größte Vorteil
von dieser Bibliothek bestehet in dem freyen und unbeschwerten Gebrauch, ... ein Vorzug, den ihr schwerlich irgend einige Bibliothek
in Teutschland, noch auch vielleicht in anderen Gegenden streitig
machen dürfte; und bey allen Beschwerlichkeiten und nachtheiligen
Umständen, welche ein so freyer Gebrauch besonders kostbarer Werke
nach sich zieht, hat man doch den wahren Vortheil, welchen eine
solche Anstalt, sowohl für Professoren, als für Studierende haben muß,

1) Joh. Franke a. a. O. S. 102.

allen andern Betrachtungen vorgezogen."[1]) Michaelis wollte ja sogar
die Bücher beim Entleihen lieber in einige Gefahr setzen als durch
Einschränkungen die Bibliothek weniger nutzbar machen, und er wollte
den Professoren erlauben, auf ihre eigene Verantwortung an auswärtige
Gelehrte Bücher zu leihen, was der Bibliothekar sollte ignorieren dürfen.

Wenn auch diese weitgehenden Vorschläge in Hannover nicht gebilligt wurden, so war man doch mit allen anderen Mitteln einverstanden, die geeignet schienen, das Vertrauen der Benutzer zu gewinnen.
Man achte nur auf die Milderungen der Gesetze, die nicht durch
den Druck dem Publikum bekannt waren und die dem Beamten erlaubten, noch zu gewähren, wo der gedruckte Paragraph bereits ein
Halt zu gebieten schien.   Der Benutzer hatte dadurch stets den Eindruck des Entgegenkommens und der Liberalität.   Aber auch für den
Beamten ergab sich daraus der große moralische Gewinn eines Spiel-
raums, in dem sich seine eigene Verantwortung betätigen konnte. Man
hatte Vertrauen und man erweckte Selbstgefühl.   Hier liegen die
eigentlichen Sprungfedern der Gesetze vom 28. Oktober 1761, und
diese Elastizität ist es, die sie, wie von berufener Seite gesagt worden
ist, zu einem „Dokument hoher staatsmännischer Weisheit"
machen.   „Ich sehe Spuren von Menschen!"   In diese Worte kon-
zentrierte sich Heynes erster Eindruck in einem Gutachten über die
Bibliothek vom 28. Juli 1763, da er vorher, wie er meint, Bibliotheken
noch zu keinem andern Gebrauch gesehen habe als „statt Tapeten
oder als ein gülden Vließ von Drachen bewacht".

Im Gegensatz zu fast allen Bibliotheken der Zeit hatte man aber
weiterhin in Göttingen zuerst erkannt, daß der Anreiz zur Benutzung
stets neu geschaffen werden muß, daß nur ein unermüdliches Schritt-
halten mit der fortschreitenden Wissenschaft eine Bibliothek am frischen
Leben erhalten kann.[2])   Nur wer gesät hat, kann auch ernten.   Mochten
andere Bibliotheken erlauben „frey herum gehen, selbst vor den Re-
positoriis stehen, die Titel der Bücher ansehen, sie selbst eins nach
dem andern herausnehmen, besehen, nach Belieben darin lesen, sich
aussuchen, welches man wegen der und der Materie befragen will,
oder auf diese sehende und fühlende Art die Bücherkenntnis studiren",[3])
so konnten sie mit dieser äußeren Freiheit, aber dürftigen Beständen
wohl gelehrte Zerstreuung oder unfruchtbaren Dilettantismus fördern,
aber nicht wahren wissenschaftlichen Nutzen schaffen.   „Wo wenig ist,
da wird noch weniger gesucht."[4])   In der Erkenntnis der Notwendigkeit eines ununterbrochenen Wachstums ist Göttingen allen
Bibliotheken der Zeit überlegen, und als wesentlichste Tatsache in der
Geschichte der Göttinger Bibliothek müssen wir festhalten, daß unter

---

1) Pütter a. a. O. I 219 und ähnlich auch an anderen Stellen.
2) Michaelis, Raisonnement IV S. 687: „Ihre Brauchbarkeit besteht
eigentlich darin, daß sie das Neueste, und vom Aeltern gerade das hat, was
hießige Lehrer selbst sich gewünscht haben."
3) Michaelis, Raisonnement IV 717.
4) R. v. Mohl, Politik II (Tübingen 1869) S. 210.

Gesner über 1600 und unter Heyne gegen 2200 Bände Jahr um Jahr in den Bestand neu eingereiht wurden,[1]) und das wurde dann bald der Vorzug Göttingens, sich rühmen zu können, „daß in keinem Fache die vornehmsten Hauptbücher leicht vermisset werden, hingegen die nur auf einige Weise beträchtlichen Werke gewiß gröstentheils bey der Hand sind."[2])

Wohl ist von Seite der Wissenschaft aus betrachtet die Bibliothek nur Arbeitsinstrument und keine Arbeitsleistung. Der Wetzstein schneidet nicht, aber — ohne Wetzstein stumpft auch das Messer ab und verliert seine Schärfe. Mochten immerhin Societät und Gelehrte Anzeigen den besonderen Ruhm der neuen Universität ausmachen,[3]) so hat Heyne doch nicht unterlassen, als er von den Gelehrten Anzeigen und der Societät als der Stütze der Literatur sprach, auch die Bibliothek in jene „herrliche Combination" mit einzubeziehen.[4]) Wenn Roethe nachweisen konnte, wie zahlreich die Verbindungen waren, die man der Anzeigen wegen nach dem gelehrten Ausland unterhielt,[5]) so ließe sich auch zeigen, daß diese und andere Verbindungen auch von Bibliothekswegen erstrebt wurden.[6]) Freilich bereicherten die gelehrten Werke, die in den Anzeigen zur Besprechung kamen, die Bibliothek, aber, wie Heyne selbst sagt, war es doch nur mit den Hilfsmitteln der Bibliothek das zu schreiben möglich, was in Göttingen geschrieben wurde. Es war eine gegenseitige Förderung, die sich Anzeigen und Bibliothek leisteten, und wenn es zum guten Ton gehörte, daß die Geheimen Räte in Hannover sich im Interesse der Bibliothek um Auctionen und Kaufangebote kümmern, so wußten sie, daß eine reiche Bibliothek Quelle und Voraussetzung war für die Fülle der wissenschaftlichen Produktion, die im Göttingen des 18. Jahrhunderts geleistet worden ist und die eine Erneuerung der Wissenschaft überhaupt bedeuten sollte.

Denn es war nur ein kürzlebiger Ruhm, den Halle sich erwarb, als es die Wiederherstellung der Wissenschaften, die Leibniz nur an den Akademien für möglich gehalten hatte, an den Universitäten versuchte. Der Mangel einer brauchbaren Bibliothek mußte ein dauerndes Hindernis sein über den unfruchtbaren Rationalismus hinaus längere wissenschaftliche Fäden zu spinnen und eine wissenschaftliche Tradition zu erzeugen. Wissenschaft ohne Kenntnis der Vergangenheit ist ein Baum ohne Wurzeln. Die Bibliotheken allein ermöglichen es, die Brücken nach der gelehrten Vergangenheit zu schlagen, sie bewahren die Zeugen der Forschung der verflossenen Jahrhunderte, sie sind die

---

1) E. Brandes, Ueber den gegenwärtigen Zustand der Univ. Göttingen (Gött. 1802) S. 198; vgl. auch Pütter a. a. O. III (Gött. 1820) S. 401.
2) Pütter a. a. O. I 213.
3) Frensdorff a. a. O. S. 93 (Brandes an Heyne).
4) In der genannten Göttinger Festschrift (Berlin 1901) S. 201.
5) In der eben genannten Festschrift S 621.
6) Vgl. Meiners a. a. O. S. 56 und die zahlreichsten Belege im Reuß'schen Briefwechsel.

Hüterinnen der Tradition. Wenn Thomasius in Halle von dem „Narr Homerus" und dem „Geschmiere des heidnischen Aristoteles" hatte sprechen können,[1]) so klaffte dort eine ungeheure Lücke, nicht, wie wir heute zunächst sagen würden, in „allgemeiner Bildung", sondern in dem Sinn für Wissenschaft und wissenschaftliche Zusammenhänge überhaupt. Göttingen war dazu bestimmt mit Hilfe seiner Bibliothek diese Lücke auszufüllen, den Respekt vor der Vergangenheit wiederherzustellen und mit den historischen Studien den wissenschaftlichen Sinn überhaupt wieder zu erwecken.[2]) Alle Geisteswissenschaft ist Geschichtswissenschaft. Und es hatte einen guten Sinn, daß gerade die Vertreter der Altertumsstudien auch die Leiter der Bibliothek wurden, zu der sie von Haus aus das unmittelbarste innere Verhältnis hatten. In der Geschichte der Erneuerung der Wissenschaften im 18. Jahrhundert pflegt man auf Gesners philologisches Seminar zu verweisen als auf das Institut, in dem der Student zum erstenmal wieder die Anleitung zu eigener gelehrter Arbeit finden konnte. Man sollte aber in diesem Zusammenhang niemals das ergänzende Institut der Bibliothek vergessen als der Voraussetzung aller Detailforschung. Die Bibliotheken allein sind imstande die ganze Fülle der Lehrmeinungen und Forschungsergebnisse in sich zu beherbergen, und auf der andern Seite sind sie es wieder gewesen, die als die sichtbare universitas litterarum es der philosophischen Fakultät ermöglicht haben, die deutschen Universitäten vor dem Auseinanderfallen in spezialistische Fachschulen zu bewahren. Es war Göttingen, das zuerst das große Beispiel einer modernen gelehrten Gebrauchsbibliothek aufgestellt hat, und es ist das Statut vom 28. Oktober 1761, in dem die Erkenntnis von dem Zweck einer solchen Bibliothek zum lebendigen Ausdruck gekommen ist.

---

1) Paulsen a. a. O. I 533.
2) Vgl. als gewichtigsten Zeugen J. v. Döllinger, Die Universitäten einst und jetzt. 2. Ausg. (München 1871) S. 18. — Ferner J. Burckhardt, Weltgesch. Betrachtungen (Berlin 1905) S 7 f.: „Und nun gedenken wir auch der Größe unserer Verpflichtung gegen die Vergangenheit als ein geistiges Kontinuum, welches mit zu unserem höchsten geistigen Besitz gehört. Alles was im entferntesten zu dieser Kunde dienen kann, muß mit aller Anstrengung und Aufwand gesammelt werden, bis wir zur Rekonstruktion ganzer vergangener Geisteshorizonte gelangen. Das Verhältnis jedes Jahrhunderts zu diesem Erbe ist an sich schon Erkenntnis, d. h. etwas Neues, welches von der nächsten Generation wieder als etwas historisch Gewordenes, d. h. Ueberwundenes zum Erbe geschlagen werden wird." Dazu S. 272: „... ja Verehrung der Reste der Kunst und unermüdliche Kombination der Reste der Ueberlieferung machen einen Teil der heutigen Religion aus."

Breslau.   G. Leyh.

Zur Frage der deutschen Nationalbibliothek.

An verschiedenen Stellen, zuletzt auch im Mai-Juni-Heft des Zentral-blattes 1919, ist der verdiente Leiter der Bonner Universitätsbibliothek mit Wärme für den Gedanken der Schaffung einer deutschen National-bibliothek eingetreten, die endlich das von Gelehrten und Schrift-stellern heiß ersehnte Ziel der vollständigen Sammlung nicht nur aller im buchhändlerischen Verlag erschienenen Schriften, sondern auch aller amtlichen und Privatdrucke Deutschlands erreichen könnte. In dieser allumfassenden Sammlung des deutschen Schrifttums sieht Erman so sehr die Hauptaufgabe der zu schaffenden Nationalbibliothek, daß er von anderen Aufgaben nicht spricht, die eine deutsche Nationalbiblio-thek gewiß nicht ablehnen dürfte: die Sammlung auch der im Ausland erschienenen und erscheinenden Literatur über Deutschland wäre eine notwendige Ergänzung der Sammlung des deutschen Schrifttums, und Gegenstand reiflicher Erwägung müßte ferner sein, wie die National-bibliothek, wenn anders sie ihren Namen verdienen sollte, ihre Schätze nicht bloß einem beschränkten Benutzerkreis an Ort und Stelle, sondern im Zusammenwirken mit den übrigen deutschen Bibliotheken als Zentrale jedem Deutschen zugänglich machen könnte. Anderseits ist die von Erman so stark in den Vordergrund gerückte Aufgabe in größtem Maßstab bereits von der Deutschen Bücherei in Angriff genommen worden. Freilich spricht Erman der Deutschen Bücherei die Befähigung zur Nationalbibliothek ab, und mit guten Gründen. Aber auf die Frage, wie die ungeheure Kraftverschwendung umfassendster Sammlung des ganzen deutschen Schrifttumes an zwei Stellen zu verantworten oder zu vermeiden wäre, geht er nicht ein. Und doch liegt zu der Annahme, daß die Deutsche Bücherei zu gunsten der Nationalbiblio-thek auf ihre Aufgabe und damit ihre Daseinsberechtigung verzichten werde, keinerlei Grund vor. Bei der großen Tragweite des Ermanschen Planes und angesichts der Tatsache, daß seine Verwirklichung durch die auf Ermans Anregung in den Artikel 10 der Reichsverfassung auf-genommene Befugnis des Reiches, im Wege der Gesetzgebung Grund-sätze für das wissenschaftliche Bibliothekswesen aufzustellen, näher gerückt scheint, halte ich es für meine Pflicht, auch den Bedenken Ausdruck zu geben, die m. E. gegen den Plan sprechen.

Es steht nach Erman für jeden Sachverständigen fest, daß nur die Staatsbibliotheken in Berlin und München für den Ausbau zur National-bibliothek in Frage kommen können. Auf grund ihres schon sehr reichen Besitzes an älterer deutscher Literatur sei eine von beiden mit Hilfe eines wirksamen Reichspflichtexemplargesetzes zur Nationalbiblio-thek auszubauen. Das Reichspflichtexemplargesetz werde überall da, wo noch einzelstaatliche Pflichtexemplare bestehen, an deren Stelle treten, somit keine Mehrbelastung für den Verlag bedeuten, abgesehen von Sachsen, wo 1870 leider das Pflichtexemplar abgeschafft sei. Fiele die Wahl zur Nationalbibliothek auf München, so würden also von sagen wir 1921 ab unter Aufhebung des preußischen Pflichtexemplar-

gesetzes sämtliche bisher nach Berlin gelieferten Pflichtexemplare nach
München wandern und die Berliner Staatsbibliothek sowie die preußischen
Provinzialbibliotheken leer ausgehen. Der ostpreußische Lokalgeschichtsforscher müßte, um sicher zu sein in Ostpreußen erschienenes Material
vorzufinden, sich nach München wenden und würde von der vor 1921
erschienenen Literatur — man darf diese Vermutung aussprechen ohne
der Münchener Staatsbibliothek zu nahe zu treten — herzlich wenig
dort vorfinden. Oder soll das für die preußischen Provinzialbibliotheken bestimmte Pflichtexemplar nach wie vor an diese abgeliefert
werden? Dann ist die Härte gegen die Berliner Staatsbibliothek um
so größer, die von 1921 ab für in Preußen erschienene Literatur rück-
ständig werden müßte. Und Entsprechendes würde für München gelten,
wenn Berlin Nationalbibliothek würde.

Aber sehen wir einmal hiervon ab und bringen wir in Gedanken
das Opfer um des schönen Zieles willen, von 1921 ab alles in Berlin
oder München beisammen zu finden, wofür von diesem Jahre ab in
Deutschland die Mühe des Setzers in Anspruch genommen werden
wird. Ich gestehe, daß ich Ermans Glauben an ein Pflichtexemplargesetz, daß diesen Erfolg „restlos", wie er sagt, erreichen könnte,
nicht im entferntesten teile. Glaubt Erman wirklich, daß die Münchener
Staatsbibliothek sich der Sammlung der kleinen und kleinsten Prussica
mit demselben Eifer wie Königsberg, der Sammlung der Hassiaca mit
derselben Liebe wie Marburg widmen würde? Es müßten — auch
hier fürchte ich nicht München zu nahe zu treten — Zeichen und
Wunder geschehen, wenn das ·der Fall sein sollte, ganz abgesehen
davon, daß es technisch unmöglich ist. An Ort und Stelle gibt es
viel mehr Möglichkeiten, der heimischen Literatur habhaft zu werden
als in weiter Ferne, darüber ist kein Wort zu verlieren. Selbst die
Berliner Staatsbibliothek würde ohne die Mitarbeit der Universitäts-
Bibliotheken, deren lokale Sammelarbeit bei den Titeldrucken in die
Erscheinung tritt, nicht entfernt so viele Pflichtexemplare einziehen
wie sie es jetzt zu tun in der Lage ist. Für amtliche und Vereins-
drucksachen liegt das auf der Hand. Aber auch von den im Buchhandel erscheinenden Schriften würden der Nationalbibliothek manche
entgehen, wenn sie auf die Ankündigung im Buchhändler-Börsenblatt
angewiesen bliebe. Erman hat sich leider über das Problem, wie die
„restlose" Erfassung der Pflichtexemplare möglich zu machen wäre,
nicht ausgesprochen, obgleich sein Plan mit der Lösbarkeit dieses
Problems steht oder fällt. Man könnte die Druckereien verpflichten,
Listen der von ihnen hergestellten Drucksachen den Ortspolizeibehörden
einzureichen. Daß damit ein idealer Zustand geschaffen wäre, dürfte
aber eine voreilige Annahme sein. Wenigstens sprechen die Erfolge
des französischen Gesetzes dagegen, welches den Druckereien die Ablieferung von zwei Exemplaren vorschreibt. Die Klagen der Bibliothèque Nationale über die vielen trotz aller Reklamationen nicht eingehenden oder in mangelhaften Exemplaren abgelieferten Schriften
sind bekannt, und daß die offizielle ·Bibliographie de la France, die

auf grund der eingehenden Pflichtlieferungen hergestellt wird, viele Lücken aufweist, weiß jeder Bibliothekar. In England, wo der Buchhändler lieferungspfl.chtig ist, steht es nicht viel besser. Nach Macfarlane (Library administration) gehen etwa 5 $\%$ aller in England erscheinenden Bücher nicht im British Museum ein, darunter die Privatdrucke, Vereinspublikationen und sonstige nicht in den Handel kommende Druckschriften. Von einer restlosen Erfassung des gesamten Schrifttums ist auch hier keine Rede, und charakteristisch ist, daß am leichtesten die in Schottland, Irland und Wales erschienenen Bücher sich dem Zwange des Gesetzes zu entziehen wissen. Wenn in dem alten festgefügten Nationalstaat England der Partikularismus sich so fühlbar macht, so gehört ein starker Glaube dazu anzunehmen, daß in dem neuen Deutschland, wo wahrlich der Partikularismus nicht ausgestorben ist, sein Einfluß sich nicht geltend machen sollte. Oder kann man wirklich annehmen, daß die Leipziger Verleger ohne den stärksten Widerstand bereit wären nach Berlin oder München Pflichtexemplare abzuliefern, zumal sie damit ihre eigenste Schöpfung, die Deutsche Bücherei, schwer schädigen würden? Es wäre geradezu unbegreiflich, wenn das der Fall wäre, weil sie bei jedem abgelieferten Buche das Bewußtsein haben müßten sich ins eigene Fleisch zu schneiden. Wie man gegenüber dem entschiedenen Widerstand, den sogar der Antrag des Buchhändler-Börsen-Vereins auf Einführung eines Pflichtexemplares für die Deutsche Bücherei bei den Verlegern gefunden hat, an die durchgreifende Wirksamkeit eines neuen Reichspflichtexemplargesetzes glauben kann, begreife ich nicht. Auch die schärfsten Strafbestimmungen würden den mit Sicherheit zu erwartenden geschlossenen Widerstand der sei es außerpreußischen, sei es außerbayrischen Verleger nicht brechen. Es ist einmal nicht anders: wir haben keine Reichshauptstadt wie die Franzosen, die Engländer und die übrigen Kulturvölker, die sich einer Nationalbibliothek erfreuen. Berlin kann seine preußische Tradition so wenig abschütteln wie München seine bayrische. Die Tradition allein genügt aber, den Widerstand des Partikularismus hervorzurufen. Insofern war Hartwigs Gedanke, die Pflichtlieferungen an die zur Nationalbibliothek umzugestaltende Reichstagsbibliothek gelangen und daneben die lokalen Pflichtexemplare weiter bestehen zu lassen, gesünder und aussichtsvoller. Nur daß er eine neue Belastung des Verlages bedeutet hätte und daß die Bestände der Reichstagsbibliothek an älterer deutscher Literatur ganz ungenügend sind. Der Gedanke der Nationalbibliothek ist schlechterdings nicht von unsrer politischen Gestaltung zu trennen. Wären wir ein reiner Einheitsstaat, so wäre die Nationalbibliothek vielleicht zu erreichen. Da wir es nicht sind, auch nach der neuen Verfassung nicht sind, so werden wir aller Wahrscheinlichkeit nach auch auf die Nationalbibliothek verzichten müssen.

Und ich glaube nicht, daß dieser Verzicht so schmerzlich sein muß, wie es nach Erman scheinen könnte, wenigstens wenn die Entscheidung darüber von der Frage abhängt, ob wirklich eine vollständige

Sammlung des ganzen deutschen Schrifttums wünschenswert oder gar
notwendig ist. Diese Frage ist nach meiner festen Ueberzeugung nicht
zu bejahen. Ich kann weder eine wissenschaftliche noch eine nationale
Ehrenpflicht für diese allumfassende Sammlung anerkennen. Wäre die
Nationalbibliothek in diesem Sinne ein Bedürfnis der deutschen Wissenschaft, so müßte der Beweis zu erbringen sein, daß die deutsche
Wissenschaft unter dem bisherigen Fehlen der Nationalbibliothek
Schaden gelitten habe. Das dürfte sehr schwer sein. Auch die von
Erman im Vorwort zu seiner Bibliographie der deutschen Universitäten
angeführten Zahlen erbringen ihn m. E. nicht, sondern beweisen nur,
daß die Bestände der deutschen Bibliotheken für Erman's Arbeit
ungenügend waren. Erman hat von 54 Fechtbüchern 11, von 340
Kommersbüchern 109, von 32 Werken mit bildlichen Darstellungen
des Studentenlebens 16 auf keiner deutschen Bibliothek gefunden. Ist
das wirklich so erschütternd, daß man daraufhin den Besitzstand
unsrer Bibliotheken „kläglich" nennen dürfte? Ich gestehe, daß ich
es durchaus begreiflich finde, wenn gerade diese Art von Literatur,
die man doch erst in neuerer Zeit mit kulturgeschichtlich geschultem
Auge anzusehen gelernt hat, so lückenhaft vertreten ist, ja ich finde
es eher umgekehrt erstaunlich, daß noch verhältnismäßig so viele Vertreter einer Gattung erhalten sind, die doch aus dem Sammelrahmen
der Bibliotheken schlechthin herausfiel und der ein ernsthafter Bibliothekar der guten alten Zeit mit vollem Bewußtsein den Zugang zu
den heiligen Hallen seiner Bibliothek versagte. Und Gleiches gilt
doch größtenteils auch von den 70 Büchern mit politischen, humoristischen
und satirischen Darstellungen, von denen 34 auf deutschen Bibliotheken
nicht zu ermitteln waren. Ich zweifle stark, ob die entsprechenden
Bestände im British Museum und in der Bibliothèque Nationale — so
weit von solchen die Rede sein kann — iu größerer Vollständigkeit
vertreten sind. Ohne im geringsten das Verdienst von Ermans muster-
gültiger Universitätsbibliographie schmälern zu wollen bestreite ich doch
die Richtigkeit der Gleichsetzung lückenloser Bibliographien mit der
Wissenschaft selbst, ja ich lasse es dahingestellt, ob lückenlose Bibliographien auch nur den Wert unbedingter Voraussetzung für die wissenschaftliche Forschung beanspruchen dürfen. Dem Einwande, daß man nie
wissen könne, welche Bedeutung in späteren Jahrhunderten einmal eine
heute völlig unbedeutend erscheinende Schrift haben könne, läßt sich
natürlich schwer begegnen. Gewiß, die Möglichkeit liegt vor. Aber
soll man dieser Möglichkeit zuliebe jeden Antiquariatskatalog unserer
Tage wie eine Buchhändleranzeige der Inkunabelzeit behandeln? Und
ich wüßte nicht, mit welchem Rechte man, falls man das ganze deutsche
Schrifttum erfassen will, Antiquariatskataloge von der Sammlung ausschließen dürfte. Sie können sogar von den verschiedensten Seiten
her für die spätere Forschung von Wert sein. Und doch, welcher
Bibliothekar entschlösse sich, den kostbaren Raum seiner Bibliothek,
seine Zeit und Arbeitskraft dazu herzugeben sie alle ohne Ausnahme
zu sammeln? Er wird sich begnügen eine Auswahl zu treffen und

sich durch das Bedenken, daß vielleicht gerade ein von ihm aus-
geschlossenes Exemplar späteren Generationen von irgend einem heute
noch nicht erkennbaren Gesichtspunkte Interesse bieten möchte, seine
Seelenruhe nicht rauben lassen. Wir Bibliothekare müssen doch auch
sonst den Mut des Fehlens bei der Ergänzung unserer Bestände haben,
ohne ihn ist unser Beruf nicht denkbar. Eine seiner schwersten, aber
auch reizvollsten Aufgaben wäre ihm genommen, wenn die verant-
wortungsvolle Erwägung, ob eine Schrift zur Vermehrung der Bestände
zuzulassen sei oder nicht, durch das rein äußerliche Prinzip vollständiger Sammlung ersetzt würde. Damit ist nicht gesagt, daß nicht
in gewissen Grenzen jede Bibliothek nach Vollständigkeit streben
dürfte: die rein lokale, am Sitz der Bibliothek erscheinende Literatur
ist dafür das gegebene Arbeitsfeld. Aber es ist nicht dasselbe, ob
man die Satzungen eines Breslauer Konsumvereines in Breslau oder
in Berlin oder gar in München sammelt. Was in Breslau berechtigt
ist, kann in Berlin überflüssig, in München töricht sein. Wenn übrigens
Erman die Gelehrtenwelt als Eideshelfer für seine Pläne anruft, so
erinnere ich daran, daß Diels in der Kultur der Gegenwart (I 641)
verlangt, daß die Berliner Zentralbibliothek jährlich ein Autodafé aller
veralteten Literatur veranstalte, damit Raum für neue, wertvolle geschaffen werde.

Erman gesteht selbst zu (Zbl. 1919, S. 136), daß die Zentralbibliothek mit der massenhaften minderwertigen Literatur nicht belastet
werden dürfe, bei welcher Gelegenheit ihm übrigens das Bekenntnis
unterläuft, daß er nur an Berlin als zukünftige Nationalbibliothek
denkt, so daß die Nennung von München neben Berlin kaum mehr
als eine Verbeugung vor dem Partikularismus bedeutet, der sich damit
aber sicher nicht abspeisen lassen wird. Um die Ueberfüllung des
kostspieligen Gebäudes der Berliner Nationalbibliothek mit minder-
wertiger Literatur zu verhüten, macht Erman den Vorschlag, irgendwo
auf dem Lande eine Filiale zu errichten, wo Grund und Boden noch
billig ist. Aber es handelt sich nicht nur um Grund und Boden: es
müßte ein recht geräumiges Bibliotheksgebäude errichtet werden, und
die Filiale müßte ordnungsgemäß verwaltet werden. Die Bestände
müßten katalogisiert, magaziniert und zur Verleihung bereit gehalten
werden, Beamte müßten an der Filiale tätig sein. Die größte Schwierigkeit wäre die, festzusetzen, was als „minderwertige" Literatur auf das
Land zu verbannen ist. Erman nennt „Schulbücher, Jugendschriften,
Erbauungsbücher, Lokalzeitungen usw." Um mit der letzten Gattung
anzufangen, so ist der Gedanke der Sammlung aller deutschen Lokalzeitungen im Rahmen einer Einzelbibliothek so ungeheuerlich, daß man
auf seine Diskussion verzichten darf. Unter den „Schulbüchern" finden
sich immer auch solche die wissenschaftlichen Wert haben, ganz abgesehen davon, daß sie an sich für pädagogische Forschung wertvoll
sind. Sie insgesamt in die Filiale zu verbannen hieße den Vertretern
der Erziehungswissenschaft den Krieg erklären. Auch der Begriff
„Jugendschriften" ist fließend, wie es denn zum ABC des Bibliothekars

Sammlung, die nur begreiflich ist, wenn man den Begriff völliger Minderwertigkeit grundsätzlich ablehnt, auf der anderen Seite die Erhebung eben dieses Begriffes zum Aussonderungsprinzip bei der Trennung der Bestände.

Wenn die allumfassende Sammlung des gesamten deutschen Schrifttumes keine wissenschaftliche Ehrenpflicht ist, ist sie vielleicht eine nationale? Auch das kann ich nicht zugeben, weil ich den Grund für die Bevorzugung nicht abzusehen vermag, die damit dem literarisch zum Ausdruck kommenden Teile des deutschen Geisteslebens vor seinen sonstigen Aeußerungen zugestanden würde. Während man es als Dogma hinstellt, daß die Sammlung sämtlicher literarischen Denkmäler eine nationale Aufgabe sei — wobei denn unter der Flagge literarischen Denkmals auch der schundigste Detektivroman mitsegelt — nimmt niemand daran Anstoß, daß z. B. von den Erzeugnissen deutscher Kunst nur eine ganz dürftige Auslese in Museen gesammelt wird und gesammelt werden kann. Niemand stellt es als nationale Ehrenpflicht hin, daß auch nur die hervorragendsten deutschen Kunstschöpfungen der Allgemeinheit irgendwie zugänglich gemacht werden und, sei es auch nur in Reproduktionen, vor dem gänzlichen Verlust für das deutsche Volk bewahrt bleiben. Wir nehmen es als selbstverständlich hin, daß, was deutscher Geist hier und auf anderen Gebieten hervorbringt, mehr oder minder spurlos dahingeht, daß die Zeit eine Auslese des zu Erhaltenden und des zum Untergang Bestimmten trifft. Und das ist gut so. Wohin sollte es führen, wenn wir der Zeit mit der Forderung in den Arm fielen, das Werk des deutschen Geistes müsse als Ganzes erhalten bleiben? Das Gepäck unseres Volkes würde mit den Jahrhunderten so schwer, daß alle geistige Entwicklung dadurch gelähmt werden müßte. Das beständige Schauen nach rückwärts müßte das Ausschreiten nach vorwärts hemmen. Auch für die Wissenschaft ist es nicht ausgemacht, daß Stoffülle die Vorbedingung des Gedeihens und der Blüte ist. Vielleicht hat im Gegenteil Mangel an Stoff schon glänzendere wissenschaftliche Leistungen gezeigt als Fülle.

Zusammenfassend sehe ich für die Durchführung des Ermanschen Planes einer Nationalbibliothek weder die Notwendigkeit noch die technische Möglichkeit ein. Die Einführung des Reichspflichtexemplargesetzes würde von allem anderen abgesehen einen schweren Traditionsbruch bedeuten, dem m. E. kein Bibliothekar zustimmen dürfte.

Die Gefahr, daß irgend wertvolles gedrucktes Material der Mit- und Nachwelt verloren gehen könnte, ist schon heute sehr gering. Viel wichtiger als das von vornherein zur Erfolglosigkeit verurteilte Streben nach restloser Vollständigkeit scheint mir, daß einerseits eine rationelle Abgrenzung der Sammelgebiete erreicht und anderseits die vorhandenen Bücherschätze durch großzügigen Ausbau des Leihverkehrs, des Gesamtkataloges und der Auskunftsstelle für die Allgemeinheit erschlossen werden. Sofern auch diese Aufgaben nur mit Reichshilfe zu lösen sind, ist Ermans Eintreten für Artikel 10, 2 der Reichsverfassung ein unbestreitbares Verdienst.

Königsberg Pr.   Alfred Schulze.

Literaturberichte und Anzeigen.

Georg Domel Gutenberg, die Erfindung des Typengusses und seine Frühdrucke. Mit 19 Beilagen. Als Privatdruck erschienen. Köln 1919. VII, 108 S. 19 Taf. 8°. 60 M., geb. 70 M.

Ein vorzüglich gedrucktes und ausgestattetes Buch, auf der Handpresse in 100 Exemplaren hergestellt, an dem der Verfasser, selbst typographischer Fachmann, auch durch Entwerfen der schönen Initialen und Leisten mitgearbeitet hat; in dieser seiner äußeren Gestaltung würdig des Gegenstandes. Zu meinem Bedauern läßt sich von dem Inhalt nicht das Gleiche sagen, auch wenn man, wie billig, die ausdrückliche Verwahrung des Verfassers in Rücksicht zieht: „Dem Forscher kann die Schrift nichts Neues bieten; sie mag dem Bücherfreund, dem Fachgenossen und der heranwachsenden Jugend dienen." Er beklagt mit Recht, daß es schwierig sei, aus der vorhandenen Literatur einen klaren Ueberblick über die Forschungen zur Erfindungsgeschichte des Buchdrucks zu gewinnen und daß sich dadurch derjenige, welcher sich über den Gegenstand zu unterrichten wünsche, nur zu leicht abschrecken lasse. Seine Absicht „in möglichst kurz zusammengefaßter Darstellung einen Ueberblick über die Vorläufer des Buchdrucks, den Erfinder, die Entstehung des Schriftgusses und die Frühdrucke Gutenbergs zu geben, der alles Wesentliche enthält, ohne Abschweifung und ohne Erörterung kritischer Fragen" ist daher durchaus löblich, und es soll nicht bezweifelt werden, daß er redlich nach diesem Ziele gestrebt hat. Aber er ist anscheinend ohne genügende Vorkenntnisse im Schrift- und Buchwesen an die Aufgabe gegangen und hat sich zu sehr auf das Studium der Literatur beschränkt und versäumt sich eingehend mit den Originalen zu beschäftigen. Ohne dies ist ein wirkliches Verständnis und eine kritische Würdigung der Literatur nicht möglich. Daher die zahlreichen schiefen Angaben, die ich hier nicht im einzelnen anführen will, die Widersprüche in der Darstellung und das Verfehlen des Wesentlichen selbst in technischen Fragen, in denen man gerade von dem Verfasser Belehrung erwartet. So erhält der Leser z. B. keine klare Anschauung von dem Gutenbergischen System der Buchstabenverbindungen; die spitzköpfigen Formen werden nicht einmal erwähnt. Im Material der ursprünglichen Stempel schwankt der Verf. vom Stahl bis zum Blei (!), das „Abklatschverfahren" läßt er bei der Anfertigung der Matrizen zur Anwendung kommen u. dgl. Vielleicht ist es nur ein verfehlter Ausdruck, wenn er S. 69 sagt, daß man die Type des Weltgerichts, der Donate usw. „ebenso in den Drucken des Missale speciale und abbreviatum und schließlich im Psalter Schoeffers wiederfindet". Ganz unbegreiflich ist, daß nach S. 99 die große und die kleine Psaltertype auf gleichem Kegel gegossen sein sollen, usw. — Die 19 Tafeln geben, wenn auch des Formats wegen meist nur in Ausschnitten, eine nicht unerwünschte Uebersicht über die ältesten

Druckdenkmäler vom Weltgericht bis zum Catholicon, soweit sie mit Gutenberg in unmittelbaren oder mittelbaren Zusammenhang gebracht werden.
Leider sind sie nicht nach den Originalen, sondern nach nicht immer genügenden Reproduktionen angefertigt und daher von ungleichem Wert.

Neue Arbeiten zur Inkunabelkunde.
Bibliographie der österreichischen Drucke des XV. und XVI. Jahrhunderts hrsg.
von Dr. Eduard Langer. I. Band, 1. Heft. Trient-Wien-Schrattenthal
bearbeitet von Dr. Walther Dolch. Mit einem Anhang: Aus der ersten
Zeit des Wiener Buchdrucks von Dr. Ignaz Schwarz. Wien: Gilhofer
& Ranschburg 1913. 8°. VII, 171 S., 4 Taf.

Wie ein Gruß aus alten längst vergangenen Zeiten und einer andern Welt
mutet den Leser das stattliche Büchlein an. Bald nach seinem Erscheinen
starb in Braunau am 21. X. 1914 sein Herausgeber, der Begründer der Bibliothek, deren druckgeschichtliche Abteilung den Grundstock zu einer Bibliographie der Frühdrucke seines österreichischen Vaterlandes bilden sollte, der
Großindustrielle Herr Dr. Eduard Langer, wenige Wochen später am 9. Dezember
1914 fiel im Kampfe gegen die Russen der Bibliothekar der Langerschen Bibliothek und Verfasser des vorliegenden Buches Herr Dr. W. Dolch, und inzwischen ist auch einer der beiden Verleger, Herr Ranschburg, aus dem Leben
geschieden. Sie sind dahingegangen und haben von dem groß angelegten
Werke einer österreichischen Bibliographie nur einen Torso hinterlassen, und
es ist kaum Hoffnung, daß sich in absehbarer Zeit Leute finden werden, die
das verwaiste Werk in derselben dem jetzigen Stande der Wissenschaft entsprechenden Weise fortführen werden.

Das erste hier vorliegende Heft enthält die Druckorte Trient, Wien und
Schrattenthal. Der älteste Drucker Trients ist Albert Kunne aus Duderstadt,
den wir um das Jahr 1480 als Drucker in Memmingen wiederfinden. Als
zweiten betrachtete man seit Hain einen gewissen Hermann Schindeleip, der
des Joh. Math. Tuberinus Historia completa, die mit Kunnes Type gedruckt
ist, mit „Hermanno schindeleip Auctore" unterschrieben hat. (Berlin Inc. 2566.)
Dolch übersetzt das Wort auctore mit Verkäufer (nach Ducange 1 466) und
macht den sonst unbekannten Mann zum Verleger des Buches. Ich gebe dem
Verfasser unumwunden zu, daß Kunne der Drucker ist, sträube mich aber
dagegen, das Wort „auctore" mit Verkäufer zu erklären, und bin vielmehr
der Ansicht, daß es mit „Gewährsmann" nämlich für die Richtigkeit der Geschichte und der von dem Knaben Simon berichteten Miracula hinsichtlich
des schon schwebenden oder noch anhängig zu machenden Kanonisations-
prozesses zu übersetzen ist.

Der größte Teil des Dolchschen Buches ist der Geschichte des ältesten
Wiener Buchdrucks gewidmet. Der Verf. berichtet kurz über Wiens ältesten
Drucker, einen Anonymus, den Drucker der Historia von S. Rochus 1482, die
man bisher irrtümlich dem Wiener Buchhändler Joh. Cassis zugeschrieben
hätte, und verweist auf den Anhang, den Dr. Ignaz Schwarz zu Dolchs Arbeit
auf S. 132—143 beigesteuert hat. Ueber ihn, der mir als Sonderabdruck vor
der Ausgabe des ganzen Werks zugegangen war, habe ich bereits im J. 1913
dieser Zeitschrift S. 272 berichtet.

Besonders eingehend handelt der Verf. über Joh. Winterburger, der durch
günstige Umstände, besonders das rege geistige Leben im damaligen Wien
während der ersten Regierungsjahre Kaiser Maximilians I. gefördert, sich zu
einem Künstler in seinem Fache entwickeln konnte. Die Bibliographie der
Winterburgerschen Drucke umfaßt I. die datierten oder durch ihren Inhalt
ohne weiteres datierbaren Drucke in chronologischer Reihenfolge, II. die
undatierten Drucke in alphabetischer Ordnung, III.—VI. verschiedene Nachträge und VII. ein Verzeichnis von Drucken, die fälschlicherweise Winterburger zugeschrieben werden.

Es folgt die Beschreibung des einzigen von einem ungenannten Drucker
in Schrattenthal gedruckten Buches, der schon oben erwähnte Anhang des
Dr. Ign. Schwarz, ein Typenverzeichnis Winterburgers in Tabellenform, ein

ausführliches Inhaltsverzeichnis und 4 Tafeln mit Faksimiles von Holzschnitten und Initialen. — Dolchs Beschreibungen schließen sich im großen und ganzen den Grundsätzen der preußischen Inkunabelkommission an, sind sehr gewissenhaft und verdienen volles Vertrauen, der Druck durch die Karrassche Offizin in Halle (Saale) ist musterhaft.

Catalogus van de Incunabelen in de Athenaeum-Bibliotheek te Deventer door M. E. **Kronenberg.** Deventer: Ae. E. Kluwer 1917. 8°. XXVI, 148 S. 1 Taf. Frl. Kronenberg besitzt reiche und, für eine Dame wenigstens, ungewöhnliche Literaturkenntnisse, feines Gefühl für die Bedürfnisse eines modernen Inkunabelkataloges und hat, da es ihr auch nicht an der nötigen Sorgfalt fehlt, in dem vorliegenden Verzeichnis der Athenaeumsbibliothek zu Deventer ein Werk geschaffen, das den besten Leistungen auf diesem Gebiet ebenbürtig an die Seite gestellt zu werden verdient. Die Deventer Sammlung ist nicht groß, sie enthält, ungerechnet 3 Dubletten, 281 Nummern, von denen 126 deutschen und schweizerischen, 66 holländischen, 56 italienischen, 21 belgischen und 12 französischen Ursprungs sind, dazu kommt ein Donat in Holztafeldruck. In einer ausführlichen Einleitung, die auch eine Entstehungsgeschichte der Sammlung enthält (p. XIII ff.), gibt die Verfasserin Rechenschaft über die Grundsätze, von denen sie sich bei ihrer Arbeit hat leiten lassen. Da sie nicht einen Katalog vom rein druckergeschichtlichen Standpunkt liefern, sondern auch den Inhalt der Bücher zu seinem Rechte kommen lassen wollte, hat sie die vorhandenen Bücher alphabetisch nach den Verfassern oder sachlichen Ordnungsworten verzeichnet und sich dabei bemüht, in diesen Titeln den gesamten literarischen Inhalt des Werkes zu erfassen. Sie führt deshalb in Sammelwerken wie z. B. dem Jamblichus, Venedig: Aldus 1497 sämtliche mit ihm vereinte Schriften auf und sorgt dafür, daß auch die Verfasser von Vorreden, Gedichten zum Lobe des Autors oder des Buches, Widmungen u. dgl. nicht übergangen werden und nicht nur bei dem Titel selbst, sondern auch in dem Alphabet der Autoren an ihrer Stelle erscheinen. In größerem Umfange, als dies bisher in Inkunabelkatalogen geschehen ist, hat sich die Verfasserin bemüht, die in den Drucken überlieferten falschen Autorennamen durch die richtigen zu ersetzen und für anonyme Bücher den Verfasser festzustellen. Es ist beinahe erschreckend aus Frl. Kronenbergs Arbeit zu sehen, wie wenig sich die Inkunabelforscher auf die Ueberlieferung und die bisherigen Autorenbestimmungen verlassen können und wie viel in dieser Hinsicht noch zu tun ist. Ausführliche Beschreibungen hat die Verf. nur von den bisher noch unbekannten Drucken gegeben, von denen sie in Deventer 11—12 aufführt. Sonst gibt sie nur den vollständigen Titel mit den etwa beigedruckten Schriften und kleinen Beigaben, dann Hinweise auf Hain, Proctor, BMC und andere bedeutendere Inkunabelkataloge, dann Angabe der Typen, Initialen, Rubriken, Holzschnitte und Kollation. Daß Frl. Kronenberg die Typen sorgfältig nach dem Typenrepertorium selbst bestimmt und nachprüft, beweisen die „Aanteekeningen over de Lettertypen", in denen sie eine Anzahl von Nachträgen für das Typenrepertorium gibt. — Diesen für alle Exemplare eines Buches geltenden Angaben folgt die Beschreibung des Deventer Exemplars hinsichtlich der Rubrizierung, des Einbandes, etwaiger Inschriften von Vorbesitzern und dgl. Den Schluß bilden Bemerkungen zur Feststellung des Autornamens. Dem alphabetischen Verzeichnis der Drucke folgt ein Druckerregister in der Ordnung des TR, nur daß hier Holland und Belgien getrennt sind, ein Register der Hain- und Copinger-Nummern sowie ein Herkunftsregister. — Bei dem schönen Kataloge kann man nur eins bedauern, daß die Sammlung in der Athenaeum-Bibliothek nicht umfangreicher ist.

De Incunabelen of Wiegedrukken van de Hoofdbibliotheek der Stad Antwerpen bibliografisch beschreven door Emm. de Bom en H. Pottmeyer. 's Gravenhage: Martin Nijhoff 1918. 8°. 2 Bl. 49 S. Im Anschluß an den unvollständig gebliebenen Katalog von F. H. Mertens aus den vierziger Jahren des vorigen Jahrhunderts haben die beiden Ver-

fasser die wenigen — es sind jetzt 86 — Inkunabeln der Antwerpener Stads-
bibliotheek einer Neukatalogisierung unterzogen. Da sie die Nummern des
alten gedruckten Katalogs zu erhalten wünschten, ist eine Ordnung in der
Aufzählung der Drucke nicht vorhanden, doch sorgt das alphabetische Register
für eine mühelose Auffindung eines gesuchten Druckes. Die Verfasser geben
nur kurze Titel, Literaturangaben, Kollation, Nachrichten über Rubrizierung,
Einband und Provenienzvermerke, also etwas mehr als ein Inventar. Eigene
Typenstudien haben sie nicht gemacht, da ihnen aber die wichtigsten modernen
Inkunabelkataloge zur Verfügung standen, sind ihnen die Druckerbestimmungen
meist richtig gelungen. Irrig ist die Zuweisung von No 45 Calderinus Con-
cordantia an Barth. Gothan statt richtig an den nach diesem Drucke benannten
Lübecker Anonymus; die Verfasser haben leider Herrn Reichling (der zitierte
„Reichert" ist nur ein Druckfehler) mehr vertraut, als dem Berliner Katalog,
s. GfT. Taf. 22. — No 11 Joh. de Tambaco, Consolatio theologiae halte ich
auch jetzt noch für einen Straßburger, nicht Speyerer Druck, cf. meine
Deutschen Drucker S. 106. — Dem schon erwähnten alphabetischen Verzeichnis der Drucke folgt ein solches nach Druckorten und Druckern; aus
demselben ergibt sich, daß Belgien und Holland mit 23, Deutschland und die
Schweiz mit 42, Italien mit 16, Frankreich mit 5 Werken vertreten sind. Ein
alphabetisches Verzeichnis der Drucker und ein Provenienzverzeichnis bilden
den Schluß.

De Incunabelen en de nederlandsche Uitgaven tot 1540 in de Bibliotheek
    der Universiteit van Amsterdam beschreven door C. P. Burger Jr. Met
    Facsimiles. 's Gravenhage: Mart. Nijhoff 1919. 8°. 2 Bl. 72 S.
    Der Katalog enthält [I] Incunabelen [nicht-niederländische], [II] neder-
landsche uitgaven 1473—1540. Er beginnt [I] mit den italienischen Drucken
und ordnet dieselben folgendermaßen:
    1. Griechische Bücher nach Druckorten und Jahren.
    2. Lateinische Bücher.
        a) Philosophie, Theologie, Literatur. Alle 3 Fächer chronologisch durch-
           einander geordnet.
        b) Medizin, schlecht chronologisch.
        c) Jurisprudenz, chronologisch. No 40. 6 Teile des Corpus juris von 2
           versch. Druckern aus d. Jahren 1494—1496 als eine Einheit zusammen-
           gefaßt. Aehnlich No 40, zwei Teile von 1501.
    3. Bücher in italienischer Sprache (Dante 1484 u. Hypnerotomachia 1499).
    II. Französische Drucke, chronologisch.
    III. Deutsche Drucke, wie die italienischen 2a—c geordnet.
    IV. Als besondere Abteilung folgen die niederdeutschen Drucke, darunter
Quentells Kölnische Bibeln und die Lübecker Bibel von Steffen Arndes 1494,
bei welchem Buche der Verf. folgende wunderbare Bemerkung macht: „Daar
zijn uitgaven telkens andere lettersoorten hebben, neemt men aan, dat hij
bij anderen liet drukken. De letter van dit boek wijst op Konrad Kachelofen
te Leipzig als drukker." Mir ist die Sache vollständig neu; wie weit die Uebereinstimmung von Arndes' und Kachelofens M 44-Type geht, zeigen die Tafeln
der GfT No 13 u. 103. — In der Regel gibt der Verf. die Typen nicht an,
er begnügt sich mit dem bequemen und einfacheren Goth. letter bezw. Rom.
letter, wo etwas Näheres angibt, sind die Angaben unvollständig oder
falsch. Interessant sind auch die Sätze der Vorrede, mit denen der Verf.
seine originelle Anordnung — oder soll ich sagen Unordnung? — der Drucke
rechtfertigt: „Alfabetische rangschikking van de auteursnamen scheen minder
practisch wegen de onzekerheid van toewijzing van sommige werken, en het
zoo sterk wisselende gebruik in de keus van voornamen of toenaam, waardoor
altijd tal van verwijzingen mede in het alfabet zouden moeten worden op-
genomen. Nog minder wenschelijk scheen eene rangschikking naar de drukkers,
die we vaak ook niet met zekerheid kennen, en die ten slotte slechts voor
een kleinen kring van incunabelvorschers de hoofdzaak zijn. Aan hen die of
de eene of de andere rangschikking zouden verkozen hebben, wordt tegemoet

gekomen door en alfabetisch auteursregister en een overzicht naar druk-
plaatsen en drukkers. De incunabulisten worden bovendien geholpen door
aanhaling bij helken titel van de nummers van Hain, Copinger en Proctor,
in vele gevallen ook van Pellechet en den catalogus van het Britsch Museum.
Onze eenigszins willekeurige rangschikking heeft ten doel, de boeken in zekere
groepen te brengen [!] usw.

Im zweiten Teile der Arbeit, welcher als besondere Gruppe die nieder-
ländischen Drucke bis 1540 enthält, kommt der für eine solche Zusammenstellung allein maßgebende typographische Standpunkt etwas mehr zu seinem
Recht, doch ist auch hier noch manches zu mißbilligen. Der Verf. verzeichnet
erst die in den Niederlanden gedruckten lateinischen Inkunabeln bis 1505,
dem Ende der Tätigkeit Rich. Paffroets, dann die Drucke in der Landes-
sprache, im ganzen 36 Drucke bis z. J. 1500. *Eine Uebersicht nach Druckorten, Druckern und Verlegern, sowie ein alphabetisches Autorenregister
bilden den Schluß. — In den Namenformen der Buchtitel möchte ich die jetzt
übliche Schreibung der in den Drucken gebrauchten falschen vorziehen, also
Boethius (statt Boecius, Boetius), Petrus Hispanus (statt Yspanus), Aristoteles
(statt Aristotiles), Ptolemaeus (statt Ptholemeus), Harderwiccensis (statt Herdar-
wiccensis, der Verf. verbessert ja auch auf S. 10 No 13 das in dem Drucke
stehende Gelius in Gel[l]ius. S. 29 No 81: Der Titel: Der vrouwen natuere
ende complexie müßte unter Natuere stehen, nicht Vrouwen.

Wenn dieser und der vorher angezeigte Katalog der Hoofdbibliotheek von
Antwerpen auch keine Seltenheiten enthalten und kaum den Anspruch erheben
können, die Inkunabelkunde wesentlich zu fördern, so sollen sie doch als
Beiträge zur Inventarisierung aller Frühdrucke willkommen geheißen werden.

Ueber die Veröffentlichungen der Gesellschaft für Typenkunde
des XV. Jahrhunderts habe ich zuletzt in Bd XXXI (1914) S. 179 dieser
Zeitschrift über Jahrg. VIII (1914) berichtet. Zunächst wurde in gewohnter
Weise weiter gearbeitet, so daß noch 3 Jahrgänge IX, X, XI (1915—1917)
erscheinen konnten. Es enthalten Taf. 666—692, 866—870: Augsburg, 693
—694, 871—874: Bamberg, 695—706, 875—905: Basel, 906—908 Beromünster,
909—911: Erfurt, 707—711: Esslingen, 912—916: Leipzig, 766—835, 917—919:
Lübeck, 836—837, 920—929: Magdeburg, 712—713, 838: Memmingen, 714
—716, 930—944: Nürnberg, 717—718: Passau, 719—723: Reutlingen, 945:
Rostock, 946: Speyer, 724—746, 839—854, 947—951: Straßburg, 747, 952—965:
Ulm, 748: Florenz, 749—759: Neapel, 760—762: Rom, 763—764. 855—857:
Venedig, 858—861: Lyon, 765: Paris, 862—863: Burgos, 864—865: Hijar. Erst
im Jahre 1917 mußte der Druck wegen Papiermangels bis auf weiteres ein-
gestellt werden. Die Vorbereitung neuer Tafeln und Herstellung der nötigen
Klischees nahmen, wenn auch unter steigenden Schwierigkeiten hinsichtlich
der Materialbeschaffung und dem entsprechend steigenden Preisen ihren
ruhigen Fortgang. Erst vor kurzem gelang es der Druckerei das für einen
Jahrgang nötige Papier zu beschaffen, so daß der Druck von Bd XII für 1918
in Angriff genommen werden konnte, und dieser in absehbarer Zeit zur Ausgabe wird gelangen können. Wenn die Papierlieferung nicht wieder stockt,
werden sich die folgenden Bände, die im Manuskript so gut wie fertig sind,
dem für 1918 unmittelbar anschließen. Leider ist die Leitung infolge der
ungeheuren Preissteigerungen, welche Anfertigung der Klischees sowie Papier
und Druck erfahren haben — sie kosten jetzt über das Fünffache des vor
dem Kriege gezahlten Preises — genötigt, den Mitgliederbeitrag erheblich
(für das Inland von 25 auf 40 M.) zu erhöhen, und auch dieser Satz wird sich
für die nächsten 4 Jahrgänge nur unter der Voraussetzung aufrecht erhalten
lassen, daß uns die alte Mitgliederzahl einigermaßen vollständig erhalten bleibt.
Es wäre zweifellos höchst bedauerlich, wenn die überaus nützliche und auch
bei einem Preise von 40 M. noch billige Publikation wegen Geldmangels abgebrochen werden müßte. Ernst Voulliéme.

Münster i. W. hat um die Wende des 15. zum 16. Jahrhundert im geistigen Leben Nordwestdeutschlands durch die humanistische Reform seiner Domschule eine bedeutende Rolle gespielt, die A. Bömer in der Festschrift zur Eröffnung der neuen Universitätsbibliothek „Aus dem geistigen Leben und Schaffen in Westfalen" (1906) und D. Reichling in mehreren Schriften näher dargelegt haben. Der münsterische Buchdruck entspricht zunächst dieser Bedeutung nicht ganz. Münster hat nur einen einzigen Inkunabeldrucker, Johannes Limburg (1485—1489), aufzuweisen, dessen Tätigkeit soeben von E. Crous in der Haeblerfestschrift genauer untersucht worden ist. Es trifft sich gut, daß gleichzeitig A. Bömer als Sonderabdruck aus der Zeitschrift „Westfalen" eine Arbeit über den münsterschen Buchdruck in dem ersten Viertel des 16. Jahrhunderts erscheinen läßt (Münster, Coppenrath 1919. 48 S., 18 Taf. 4°). Zwischen dem Verschwinden Limburgs und dem Auftreten seines ersten Nachfolgers liegen fast zwanzig Jahre, für die man früher münsterische Druckfilialen von Deventer und von Köln angenommen hat. Bömer weist überzeugend nach, daß sie nicht existiert haben. Der 1506 in einem Widmungsbriefe des Murmellius genannte Johannes bibliopola ist nicht Limburg, sondern wahrscheinlich der Geschäftsteilhaber und Schwiegervater von Heinrich Quentell in Köln, Johannes Helmann. Gregorius Os de Breda, der 1507 als Drucker in Münster erscheint, aber nur ein einziges Werk liefert, hat mit Jakob von Breda in Deventer nichts zu tun, sondern kam aus Zwolle und ist vielleicht auch dorthin zurückgekehrt. Es folgen Georg Richolff aus Lübeck (um 1508) und Lorenz Bornemann (1509—1511), der einen Teil seines Rüstzeuges, darunter das bekannte Muttergottessignet, von Ulrich Zell in Köln übernommen hatte, endlich, die weitere Entwicklung beherrschend, Dietrich Tzwyvel (1512 ff.), der das gesamte Typenmaterial Bornemanns übernahm. In der hier behandelten Zeit dient seine Presse den humanistisch-pädagogischen Bedürfnissen der Schulen der Stadt; er erhebt sich nicht über einen humanistischen Durchschnittsdrucker, bleibt aber auch nicht dahinter zurück. Bömer unterzieht mit der Sorgfalt und Sauberkeit, die wir an seinen Arbeiten gewohnt sind, und mit voller Beherrschung der heutigen Methode die typographische Eigenart, den Inhalt der Drucke, die Typen, Holzschnitte, Initialen, Titelblätter, Titelumrahmungen, Signete, Druckvermerke usw. einer näheren Betrachtung. Einige kunstgeschichtliche Ergänzungen steuert M. Geisberg bei. Einen Holzschnitt, der den Sturz des Paulus darstellt und mit dem Monogramm JM gezeichnet ist, legt er dem sonst nur als Kupferstecher bekannten Isidor Meckemen in Bocholt († 1504) bei. Als der Meister mit dem Grabstichel, der 1521 zwei entzückende Madonnenbildchen und dann noch einiges andere liefert, wird Ludger tom Ring der Aeltere bestimmt. In dem bibliographischen Verzeichnisse sind 56 Drucke beschrieben. Die 18 Tafeln nach Aufnahmen von Geisberg bieten vortreffliches Anschauungsmaterial. — Wir sind dem Verf. für seine Arbeit um so dankbarer, als bisher das 16. Jahrhundert im Verhältnis zu der Inkunabelzeit stark vernachlässigt worden ist, und dürfen wohl hoffen, daß er später auch die folgende Periode, in der der münsterische Buchdruck den streitenden Religionsparteien zu dienen hatte, in derselben Weise behandelt.   Kl. Löffler.

Allgemeine Bücherkunde zur neueren deutschen Literaturgeschichte. Von Robert F. Arnold. 2. neu bearbeitete und stark vermehrte Auflage. Berlin: Vereinigung wissensch. Verleger Walter de Gruyter & Co. 1919. XXIV, 428 S. 12,50 M.

Nach kaum einem Jahrzehnt kann Arnolds stattliches Werk, das ich bei seinem ersten Erscheinen an dieser Stelle (Jg. 28. 1911. S. 80—82) eingehender würdigte, sich, um 80 Seiten gewachsen, in der alten gediegenen äußeren Gestalt von neuem vorstellen. Das reiche Lob, das der ersten Auflage von allen Seiten zu Teil geworden ist, ist dem Verf. ein Ansporn zu weiterer unermüdlicher Fortarbeit geworden. Das nicht nur von mir seiner Zeit gewünschte Sachregister ist nun beigefügt, das immerhin entbehrliche Namenregister dagegen fortgefallen. Ueberhaupt hat die Oekonomie des ganzen, nicht allein aus Gründen der Raumersparnis, durchweg gewonnen und die Lesbarkeit des Buches, das keineswegs lediglich Nachschlagewerk sein will, noch zugenommen. Für die bibliothekarische Arbeit hat sich Arnolds mühsame Zusammenstellung als unentbehrliches Handwerkszeug erwiesen, wie überhaupt der schon fortgeschrittene Arbeiter auf dem Gebiete der neueren deutschen Literaturgeschichte ohne die „Allgemeine Bücherkunde" nicht mehr zu denken ist. Dagegen muß ich meine Zweifel über die vorbehaltlose Zweckmäßigkeit des Buches in der Hand des Anfängers, die ich schon aus Anlaß der ersten Auflage äußerte, aufrecht erhalten. Die seit längerer Zeit versprochene „Methodik" der neueren deutschen Literaturgeschichte, die Arnold nun, da er aus dem Bibliotheksamte geschieden ist und nur noch der Dozententätigkeit und schriftstellerischen Arbeiten lebt, gewiß bald vorlegt, wird und muß dem Studenten etwa erst die rechte Anleitung zur Benutzung der Bücherkunde geben.

Die größte Schwierigkeit lag meines Erachtens für Arnold in der systematischen Anordnung des weitschichtigen Stoffes. Er entschied sich, gewiß nicht ohne reifliche Ueberlegung, für eine einfache Aneinanderreihung, vom Nächstgelegenen zum Weiteren schreitend. Im großen und ganzen ist diese Einteilung unverändert geblieben. Daß, zumal im letzten Jahrzehnt Wege und Ziele der Literaturwissenschaft sich nicht unwesentlich gewandelt haben und von fast rein geschichtlicher Betrachtungs- und Behandlungsweise immer mehr zu den Methoden und Ergebnissen psychologischer und kunstwissenschaftlicher Forschung den Zugang suchen und finden, kommt so nicht zum Ausdruck. Und nach dieser Richtung der „gegenseitigen Erhellung der Künste", für die Arbeiten von Walzel, Wölfflin, Nohl, Müller-Freienfels u. a. nachdrücklich eintreten, würde ich die reichen Listen Arnolds gern erweitert sehen.

Das Kapitel II, 4 (Stoffgeschichte) ist nun geschickt zerlegt worden, die „deutsche Biographie in räumlicher Begrenzung", die zunächst nach Ständen getrennt war, ist mit Recht zusammengefaßt worden, die Abschnitte „Fremde Literaturgeschichten" der sich als besonders brauchbar erweist, „Allgemeine Biographie der Frauen", „Allgemeine Biographie der Schriftstellerinnen", endlich „Bibliophilie" (dieser letzte noch erweiterungsbedürftig) sind ganz neu hinzugekommen. Für den recht kurzen Abschnitt „Allgemeine Bibliothekskunde" (V 13) verspricht die „Methodik" Erweiterung und Vertiefung, die wohl auch dem nächsten Kapitel „Allgemeine Geschichte des Buchdrucks und Buchhandels" zu Teil werden müßten. Denn die Beziehungen von Literatur und Buchhandel namentlich in der klassischen Periode unserer Dichtung zu erhellen, bleibt eine wichtige Aufgabe der deutschen literargeschichtlichen Forschung.

Die fast unbedingte Zuverlässigkeit Arnolds, die keine Mühe scheut und immer auf die Quellen zurückgeht, niemals, wie so manche andere Bibliographie, aus zweiter und dritter Hand schöpft, erweist auch diese zweite Auflage. An Kleinigkeiten fand ich zu bessern: S. 80 Köppel, Vorname E. nicht F.; S. 32. „Herrigs Archiv" jetzt hrsg. von Brandl und Schultz-Gora; S. 50. Das Register zu Creizenach ist von P. nicht von H. Otto. — Ein paar rasch fortgeblasene Stäubchen an einem großen, klaren Spiegel!

Berlin.   Hans Daffis.

Forsøg til en Ordbog for Bogsamlere af **Svend Dahl**. København: V. Pios Boghandel 1919   122 S., 5 Bl. kl. 8°.

Der Kreis der Büchersammler hat sich auch in Dänemark — ohne Zweifel eine Folge der „Kriegsgewinne" — so stark erweitert, daß der Verfasser daran denken konnte, den Anfängern mit diesem „Versuch" eines Wörterbuchs der technischen Ausdrücke zu Hilfe zu kommen, zugleich in der berechtigten Erwartung, damit auch den Fortgeschrittenen zu nützen. Das kleine hübsch ausgestattete Buch enthält die Auflösung der hauptsächlichen in Katalogen vorkommenden Abkürzungen, die dänische Uebersetzung der häufigsten deutschen, englischen und französischen Fachausdrücke, vielfach mit Sacherklärungen, letztere auch unter einer Anzahl dänischer Stichworte. Eine praktische Veranschaulichung der Buch-Termini wird durch einige beigegebene Abbildungen erreicht. — Die Auswahl des Aufzunehmenden war begreiflicherweise durch Raumrücksichten beschränkt, der Verfasser wird selbst eine große Liste von Stichworten haben, die er hat ausschließen müssen. Manche deutschen Ausdrücke sind wohl nur deshalb weggelassen, weil sie durch das genau entsprechende dänische Gegenstück ohne weiteres verständlich sind. Für anderes läßt sich aber wohl in einer neuen Auflage noch Raum gewinnen, vielleicht auch durch Streichung von minder Wichtigem. Als Artikel, die eine Berichtigung oder mindestens Vervollständigung erfordern, seien angeführt: border (Bordüre), cover („Deckel", upper und lower cover), lettre historiée (Initiale mit figürlicher Darstellung), panel (Plattenstempel), rubricated und Rubricator (in alten Drucken, nicht nur Handschriften).

Umschau und neue Nachrichten.

Voll Trauer haben wir im abgelaufenen Jahre eine Reihe von Schwesteranstalten aus der Liste der deutschen Bibliotheken streichen müssen: Die stolze Straßburger Schöpfung des deutschen Kaiserreichs, an deren Gründung die altdeutschen Bibliotheken mit wertvollen Beiträgen beteiligt gewesen sind. Mit ihr eine Anzahl elsaß-lothringische Stadtbibliotheken, deren älteste Bestände noch alle Spuren der ursprünglichen deutschen Kultur aufweisen. Im Osten die schöne Posener Bibliothek, ebenfalls unter Mitwirkung weiter deutscher Kreise begründet und gepflegt. Der sogenannte Friedensvertrag, der jetzt diese schmerzlichen Verluste bestätigt, hat uns noch mehr genommen. Das urdeutsche Bromberg mit seiner aufblühenden Stadtbibliothek ist in den Händen der Polen, und Danzig mit der wertvollen alten Bibliotheca Lenatus Gedanensis und der neuen Hochschulbibliothek ist wenigstens aus dem deutschen und preußischen Staatsverbande ausgeschieden. Von der Bromberger hoffen, von den Danziger Anstalten wissen wir, daß sie ihren deutschen Geist und ihr deutsches Gesicht bewahren werden. Die Gesamtheit der deutschen Bibliotheken wird dazu mithelfen müssen, indem sie den Verkehr nach diesen Städten so lange als irgend möglich in der alten Weise aufrecht erhalten.

Die Zeitumstände haben die deutschen Bibliotheken in eine außerordentlich üble Lage gebracht. Die Ladenpreise der einheimischen Bücher sind auf das doppelte und mehr gestiegen, und wenn bei den größeren Bibliotheken auf Grund des früheren Rabattabkommens bis Ende 1919 ein Sortimentszuschlag nicht erhoben wurde, so ist, nachdem dieser auf 20 % erhöht worden ist, auch für sie die Zahlung eines 10 %igen Zuschlags unvermeidlich. Am 1. April erlischt auch das erwähnte Rabattabkommen und bei der im Buchhandel herrschenden Stimmung scheint es aussichtslos, neue Verhandlungen wegen Besserstellung der Bibliotheken gegenüber den Privatkunden anzuknüpfen. Der Verlagsbuchhandel wird sehen müssen, ob er die Zuschlagpolitik des Börsenvereins auf die Dauer ertragen kann: die Opposition dagegen beginnt sich schon zu regen. Aber selbst wenn hier noch kleine Erleichterungen zu gewinnen wären, könnten die Bibliotheken nur bei bedeutender Erhöhung ihrer Mittel die deutsche Literatur in demselben Umfang pflegen wie vor dem Kriege. Geradezu trostlos sieht es aber infolge unsres Valutastandes mit der ausländischen Literatur aus. Daß man ein 25 Schilling-Buch mit 500 M. bezahlt scheint doch widersinnig, selbst wenn man die Mittel dazu hätte. Und doch können wir die ausländische Literatur, und namentlich die Zeitschriften, nicht ganz entbehren, wenn die deutsche Wissenschaft einigermaßen Fühlung mit der Weltwissenschaft behalten soll. Es ist der Vorschlag gemacht worden, die ausländische Literatur nur im Tausch — Wert gegen Wert — zu erwerben, aber die Gegenseite wird kaum dazu bereit sein,

wenn sie einen deutschen 20 M.-Band für nicht viel mehr als 1 Schilling erwerben kann. Denn ob die an sich vernünftigen Maßregeln aes Börsenvereins
— Verkaufs ins Ausland nur in ausländischer Währung oder mit einem starken
Valuta-Aufschlag — wirksam sein werden, muß noch dahingestellt bleiben.
— Endlich spüren wir den Tiefstand des Geldwertes in empfindlichster Weise
an den Kosten der Einbände, die uns nötigen werden, von der guten
deutschen Sitte, Bücher und Zeitschriften nur in soliden Einbänden einzustellen, abzugehen. Eine Folge davon wird eine Einschränkung im Ausleihen
sein müssen, die auch durch den gestiegenen Wert der Bücher nahegelegt
wird. Der Durchschnittsbenutzer ist nicht mehr in der Lage, einen verloren
gegangenen Band, zumal einen Band aus einer Reihe, zu ersetzen. — Diese
und andere Nöte der Bibliotheken sowie auch die aus § 10 der Reichsverfassung sich ergebenden Organisationsfragen zu besprechen wird auf dem
nächsten Bibliothekartag in Weimar (s. unten S. 56) Gelegenheit sein.
Trotz der Schwierigkeiten des Reisens ist zu hoffen, daß sich auf dieser
Pfingsttagung, der ersten nach sechsjähriger Pause, eine Vertretung der
deutschen Bibliotheken zusammenfinden wird, deren Beschlüsse Gehör und
Beachtung beanspruchen dürfen.

Im Laufe des Jahres 1919 ist die Ermächtigung zur Ausbildung von
Praktikanten den folgenden preußischen Volksbibliotheken erteilt worden:
der Stadtbücherei und Lesehalle in Bochum (1), der Städtischen Volksbücherei
Guben (1) und der Städtischen Bücherei in Frankfurt a. O. (2 Stellen).
In Zukunft soll über Anträge auf Erteilung dieses Rechts nicht einzeln,
sondern planmäßig und im Zusammenhang entschieden werden.

Berlin. In der Sitzung der Vereinigung Berliner Bibliothekare
vom 28. November v. J. hielt der Vorsitzende, Abteilungsdirektor Dr. Fick,
einen Vortrag über „das Auslandsdeutschtum und die Bibliotheken",
aus dem hier die wichtigsten Gesichtspunkte und einige die Bibliotheken besonders angehende Einzelheiten kurz zusammengefaßt werden sollen. Der
Vortragende ging davon aus, daß dem Auslandsdeutschtum vor dem Kriege
von seiten der Bibliotheken nicht hinreichendes Interesse entgegengebracht
worden ist. Zum Beweis dafür wurde angeführt, daß von den 269 Nummern
auslandsdeutscher Literatur, die das Auskunftsbureau bei den großen öffentlichen Bibliotheken durch Umfrage gesucht hat, nur 15 gefunden sind und
daß die Suchliste 441 mit 92 Nummern keinen nennenswerten Erfolg gehabt
hat. Einzelne Bücher haben schon durch frühere Suchlisten nicht ermittelt
werden können, sind also auch nicht nachträglich angeschafft worden (z. B.:
Nr 20 der Suchliste 438 = Nr 14 der Suchliste 368). Eine Besserung in den
Beziehungen zwischen Bibliotheken und Auslandsdeutschtum, ein stärkeres
Interesse an der deutschen Sprache draußen erschienenen Veröffentlichungen
ist bei den Bibliotheken zweifellos durch den Krieg hervorgerufen worden.
Der Ausbau der Kriegssammlungen unserer großen öffentlichen Bibliotheken
in Berlin, München, Leipzig, Jena und Hamburg nötigte dazu, engere Fühlung
mit unseren Volksgenossen im Ausland zu suchen: durch Anzeigen in großen
ausländischen Blättern, durch Briefe an deutsche Vereine, Buchhändler, industrielle Firmen, Fachgenossen u. a im Ausland wurde dahin gestrebt, die
nicht bloß für den Krieg selbst, für die Stimmung im neutralen Ausland
während des Krieges, sondern auch für die Zeit vorher, für die Ursachen des
Krieges, für unsere wirtschaftlichen Beziehungen zum Ausland wichtige Literatur in möglichst weitem Umfange zu beschaffen. Dadurch ist manche bisher
fehlende Veröffentlichung über das Auslandsdeutschtum, vor allem manche
in deutscher Sprache erscheinende Zeitung, in unsern Besitz gelangt. Leider
sind ja diese Fäden, die während des Krieges nicht bloß mit dem neutralen
Ausland, sondern vor allem auch mit den besetzten Gebieten in Belgien,
Nordfrankreich, Rußland und Rumänien angeknüpft wurden, zum großen Teil
durch unsern Zusammenbruch wieder abgerissen. Aber es ist zu hoffen und

muß mit allen Mitteln angestrebt werden, daß nicht bloß die bereits vorhanden
gewesenen Beziehungen wiederhergestellt, sondern daß neue geschaffen werden,
die allmählich zu einer dauernden festen Verbindung mit den Deutschen im
Auslande führen können.

Durch eine kurze Uebersicht über das Auslandsdeutschtum suchte der
Vortragende festzustellen, welche Verbindungen zwischen unseren Bibliotheken
und dem Deutschtum im Ausland schon bestehen, inwieweit die draußen in
deutscher Sprache und über das draußen befindliche Deutschtum erschienene
Literatur in unseren deutschen Bibliotheken vertreten ist, was sich an deutschen
Büchereien im Ausland befindet und wo solche oder andere Mittelpunkte
deutschen Geisteslebens, mit denen wir im Inland in Verbindung zu treten
hätten, geschaffen werden können.

Unter den Schlußfolgerungen, die sich für den Vortragenden aus den in
seinem Rundblick gemachten Feststellungen ergeben haben, steht an erster
Stelle die Notwendigkeit, durch das Zusammenwirken aller deutschen Bibliotheken Vollständigkeit auf dem Gebiete der deutschen Auslandsliteratur anzustreben. Es wurde angeregt, daß die Preußische Staatsbibliothek ihr
Interesse vorwiegend dem Nordosten und Osten, den früheren Schutzgebieten
und dem Deutschtum in Nordamerika zuwenden möchte, während sich die
Bayerische Staatsbibliothek wie bisher des Südostens und Südens annehmen
könnte; daß die Stadtbibliothek Hamburg den latino amerikanischen Kultur-
kreis als ihre eigentliche Domäne beanspruchen würde, erschien dem Vortragenden ebenso selbstverständlich wie die Fortsetzung und Weiterentwicklung
von Beziehungen, die etwa die eine oder andere Bibliothek schon jetzt mit
dem Deutschtum in den Grenzgebieten von Deutsch-Oesterreich verknüpft.
Das Haupterfordernis ist, daß zunächst an jeder Bibliothek eine Stelle damit
beauftragt wird, die Literatur über das Auslandsdeutschtum zu pflegen, sich
über die Abgrenzung des Sammelgebiets mit anderen Bibliotheken ins Einvernehmen zu setzen und alsdann in Verkehr mit den deutschen Vereinen,
Instituten, Firmen oder auch Privatpersonen im Ausland zu treten. Der erste
und hoffentlich erfolgreiche Schritt auf diesem Wege wird in der Versendung
unseres in Arbeit befindlichen Gesamtkatalogs über das Deutschtum
im Ausland bestehen können. Wie wir alle Bibliotheken des Inlandes auffordern werden, auf diesen Katalog zu subskribieren, so werden wir andererseits Auslandsdeutschen, sowohl Privatpersonen wie auch Körperschaften,
die unentgeltliche Abgabe eines Exemplars in Aussicht stellen können, wenn
sie sich verpflichten, in Zukunft daran mitzuarbeiten, daß alles, was an Erzeugnissen des deutschen Schrifttums in ihrer Stadt oder ihrem Lande gedruckt wird, für eine oder mehrere unserer inländischen Bibliotheken gesammelt wird. Die Kosten der 1000 Exemplare, die für diesen Zweck mehr
zu drucken sind, dürfen keine Rolle spielen, machen sich überdies durch die
Gegenwerte, die wir von draußen erhalten, reichlich bezahlt.

Der Katalog, dessen Fertigstellung im Laufe dieses Jahres zu erwarten
ist, wird zunächst nur die seit 1900 erschienene Literatur umfassen und sich
darauf beschränken, die Besitzvermerke der 11 preußischen wissenschaftlichen
Bibliotheken anzugeben. Für die zweite Ausgabe, deren Erscheinen doch
wohl in wenigen Jahren erwartet werden kann, wird hoffentlich die Mitarbeit
aller deutschen Bibliotheken gewonnen werden können.

Schon heute läßt sich mit ziemlicher Bestimmtheit behaupten, daß diese
zweite Ausgabe des Gesamtkatalogs — von ihrer Erweiterung auf die außerpreußischen deutschen Bibliotheken abgesehen — ein wesentlich anderes Gesicht zeigen wird als die erste Bearbeitung, und zwar wegen des inzwischen
veränderten Begriffs des Auslandsdeutschtums. Die uns durch den Schmach-
frieden wider alles Recht entrissenen Gebiete: Elsaß-Lothringen, Posen, Westpreußen und Nordschleswig sind erklärlicherweise in dem in Bearbeitung
befindlichen Gesamtkatalog als zum deutschen Inland gehörig nicht zum
Auslandsdeutschtum gerechnet, werden aber aller Voraussicht nach in der
neuen Ausgabe einen breiten Raum einnehmen. Denn es ist zweifellos
eine Ehrenpflicht, daß sich alle großen deutschen Bibliotheken

der Pflege der in den verlorenen Provinzen erscheinenden
deutschen Literatur ganz besonders annehmen: jedes, selbst das
kleinste und inhaltlich unbedeutendste in deutscher Sprache gedruckte Büchlein
oder Blatt muß gesammelt und in so viel Bibliotheken wie nur möglich aufbewahrt werden, und zwar mit der gleichen Sorgfalt, wie sie bisher etwa
seltenen Erstausgaben, Luxusdrucken oder anderen Kostbarkeiten zugewendet
worden ist. Wie ein Heiligtum müssen uns alle diese Erzeugnisse des
deutschen Schrifttums in den uns entrissenen Gebieten am Herzen liegen.
Wenn auch hier für lange Zeit den Deutschen jede wissenschaftliche Betätigung nach Möglichkeit erschwert werden wird, ganz wird sie sich auf die
Dauer mit Gewalt doch nicht unterdrücken lassen. Unsere großen öffentlichen
Bibliotheken sollten in Zukunft aber gerade den im Elsaß, in Posen, Westpreußen, Nordschleswig, in den Grenzgebieten des österreichischen Deutsch-
tums erscheinenden Erzeugnissen deutschen Geistes ihre besondere Aufmerksamkeit zuwenden. Andererseits sollten alle, auch die kleinsten Volksbüchereien deutsche schöne Literatur, die etwa in den verlorenen deutschen
Landesteilen veröffentlicht wird — auch wenn sie inhaltlich unbedeutender
erscheint als manches daheim veröffentlichte Buch —, aus vaterländischen
Gründen anschaffen.
  Als Richtlinie, wonach die schon bestehenden Auslandsbüchereien verwaltet und neu zu schaffende begründet werden sollten, wurde der Satz aufgestellt, daß die Auslandsbücherei zwei an sich getrennten Volksschichten
zugute kommen müsse: einmal den deutschen Volksgenossen, sodann aber
auch den Angehörigen des Volkes, in dessen Mitte sich die deutsche Kolonie
befinde. Für den deutschen Forschungsreisenden, der sich für kürzere oder
längere Zeit im Ausland befinde, bedeute es eine große Erleichterung und
Hilfe, wenn er die wichtigste Literatur über sein Forschungsfeld an Ort und
Stelle finde und nicht den ganzen für seine Arbeiten nötigen Apparat an
wissenschaftlichen Hilfsmitteln aus der Heimat mitzubringen brauche. Seine
Bedürfnisse berühren sich zum Teil mit dem, was der deutsche Techniker,
Industrielle und Kaufmann, der nur vorübergehend nach drüben kommt, in
der Auslandsbücherei zu finden erwarten kann, nämlich alles, was ihm dazu
verhilft, das Land seiner Wirksamkeit nach geographischer, geschichtlicher,
volkskundlicher und wirtschaftlicher Hinsicht genau kennen zu lernen. Der
großen Menge der dauernd im Ausland ansässigen Volksgenossen soll die
Bücherei durch sorgsam ausgewählten Lesestoff Unterhaltung und Belehrung
bieten, vor allem aber die Liebe zur Heimat, zu deutscher Sprache und Sitte
erhalten und stärken. In der gleichen Richtung liegt das, was die Bücherei
den Angehörigen des fremden Volkes, die an deutsche Sprache und Kultur
Anlehnung suchen wollen und sollen, zu bieten hat: auch sie müssen in der
Bücherei das Beste finden, was die deutsche Literatur ihnen geben kann, um
ihnen eine richtige Vorstellung von deutschem Wesen und deutscher Kultur
zu vermitteln und so das Zerrbild, das in der über den ganzen Erdball massen-
haft verbreiteten angelsächsischen und romanischen Literatur von uns Deutschen
entworfen ist, richtig zu stellen.
  „Nicht alle Aufgaben“ — so schloß der Vortrag — „lassen sich von heut
auf morgen lösen, und manche Maßnahme müssen wir vielleicht auf bessere
Zeiten verschieben. Aber vergessen wir nicht, daß trotz dem Friedensschluß
der geistige Kampf gegen uns von unseren Feinden mit derselben Unerbitt-
lichkeit und Rücksichtslosigkeit geführt wird wie der Kampf der Waffen und
daß sie u. a in den besetzten Gebieten durch Verbreitung deutschfeindlicher
Literatur das Deutschtum — wie es scheint, nicht ohne Erfolg — herab-
zusetzen bemüht sind. Dagegen gilt es den Abwehrkampf zu organisieren
und je eher wir alle geistigen Kräfte hierfür mobil machen, um so besser ist
es. Mögen auch die Bibliotheken sich so bald wie möglich auf diesen Kampf
einstellen durch Fühlungnahme mit den Auslanddeutschen, Pflege der Literatur über das Auslandsdeutschtum und intensive Beteiligung an der deutschen
Kulturpropaganda“.

Die notwendig gewordenen Veränderungen im Heereswesen haben auch auf dem Gebiete des Bibliothekswesens Folgen nach sich gezogen. Mit der bisherigen Bibliothek der Kriegsakademie werden in deren Gebäude in der Dorotheenstraße verschiedene militärische Büchersammlungen, die des Großen Generalstabs, der Militärtechnischen Akademie usw. zu einer „Deutschen Heeresbücherei" vereinigt. Sie wird die Zentrale für das gesamte Heeres-Bibliothekswesen bilden und allen Heeresangehörigen, weiterhin aber auch einem größeren Publikum zur Verfügung stehn. — Unverändert bestehen bleibt die etwa 70 000 Bände starke Büchersammlung der früheren Kaiser Wilhelms-Akademie für das militärärztliche Bildungswesen, jetzt: für ärztlich-soziales Versorgungswesen. Sie ist aber nunmehr allen Aerzten, Zahnärzten, Tierärzten sowie Apothekenbesitzern und -Verwaltern, außerdem den Hochschullehrern, Studierenden, Beamten und Offizieren zugänglich, sowohl im Lesesaal, der auch am Sonntag Vormittag geöffnet ist, wie durch Verleihen am Ort und Versendung nach auswärts. Die Studierenden der Berliner Universität, die unter denselben erleichterten Bedingungen zugelassen sind wie bei der Universitätsbibliothek, besonders die Mediziner, erhalten dadurch ein neues und bei der Nähe der Kliniken besonders bequem zugängliches Bildungsmittel. (Vgl. Nätebus in den Berliner Hochschul-Nachrichten 1920, S. 19 f.)

Die Bibliothek der Handelskammer erhielt 1919 außer der regelmäßigen Vermehrung (2633 Bände) einen bedeutenden Zuwachs durch die Bücherei der Potsdamer Handelskammer. Der gesamte Bestand einschließlich der Dubletten wird auf 60 000 Bände geschätzt. Der Lesesaal wurde 1919 von rd 5000 Personen besucht, ausgeliehen wurden 13 720 Nummern.

Frankfurt a. M. Der Direktor der Rothschildschen Bibliothek Dr. Berghoeffer hat im Jahre 1891 begonnen einen Sammelkatalog über die Frankfurter Bibliotheken anzulegen, den er dann von 1906 ab auch auf auswärtige Bibliotheken ausgedehnt hat. Der Katalog enthält jetzt 1,9 Millionen Titel, ein Umfang, der es allein schon rechtfertigt, daß sein Begründer in einer besonderen Schrift (s. u. S. 52) darüber berichtet. Sie ist auch in allgemein bibliothekstechnischer und methodischer Beziehung von großem Interesse. Das Unternehmen steht in strengem Gegensatz zur Weltbibliographie im Sinne des Brüsseler Instituts oder der Ermanschen Vorschläge. Sein Ziel ist ein reiner Findekatalog mit durchaus praktischen Zwecken, und da erwiesenermaßen die einheimische Literatur überall bei weitem im Vordergrund der Benutzung steht, durfte er wie jedes derartige Unternehmen nur auf nationale Geltung berechnet werden und die ausländische Literatur nur so weit heranziehn, als sie in inländischen Bibliotheken vertreten ist. Nach Lage der Dinge mußte sich der Frankfurter Sammelkatalog ferner — und das ist ein grundlegender Unterschied gegenüber dem preußischen Gesamtkatalog — vorwiegend auf gedrucktes, durch Ausschneiden verwendbares Titelmaterial stützen, nur ausnahmsweise standen Maschinendurchschläge zur Verfügung. Direktor Berghoeffer hat auf Grund einer großen Sammlung gedruckter Kataloge deutscher Bibliotheken in vorsichtiger Auswahl ermittelt, welche von ihnen nach Abgrenzung der Fächer, nach der Wichtigkeit für die Frankfurter Benutzung und nach der Güte der Titelaufnahmen seinen Zwecken am besten entsprachen, ohne zu viel Titeldubletten zu ergeben (dem oben angegebenen Umfang von 1,9 steht die Gesamtzahl von 2,5 Millionen verarbeiteter Titel gegenüber). Daß eine solche Grundlage sehr vom Zufall abhängt und Vollständigkeit ausschließt, ist zwar eine schwache Seite des Unternehmens, aber der Wert des Sammelkatalogs liegt mehr in der positiven als in der negativen Auskunft. Auch betont B., daß durch die Einarbeitung der kleineren landschaftlichen und Fachbibliotheken die Auskunfterteilung mehr vereinfacht werde als durch die der großen, leicht zu befragenden Sammlungen. Aus praktischen Erwägungen ergibt sich auch die Bevorzugung der Zeitschriftenlisten und der in den Zuwachsverzeichnissen enthaltenen neuen

Literatur. Den größten Beitrag haben begreiflicherweise die Berliner Titel-drucke mit nahezu einer halben Million Titel geliefert. — Die alphabetische Anordnung des Sammelkatalogs in einem persönlichen und einem anonymen Teil ist möglichst einfach. Die dafür gültige, in vielen Punkten von' der preußischen abweichende Instruktion wird von B. mitgeteilt und begründet. Die Arbeitsleistung am Sammelkatalog berechnet er auf 360 000 M., die außer-ordentlichen der Bibliothek dafür zur Verfügung gestellten Mittel betrugen aber nur 15 000 M. Das von B. in zäher Organisationsarbeit erreichte Er-gebnis erklärt sich zum Teil aus der Verteilung der leichteren und schwie-rigeren Arbeiten auf die unteren, mittleren und oberen Beamten. der Biblio-thek und aus der ziemlich weitgehenden Heranziehung der unbezahlten An-wärter.

Hamburg. Einen überraschenden Reichtum an großen und kleinen Bi-bliotheken weist der „Wegweiser durch Hamburgs Büchersamm-lungen" nach, den der wissenschaftliche Hilfsarbeiter an der Stadtbibliothek Phil. Throh bearbeitet hat. Auf dem engen Raum von 18 Seiten werden in aller Kürze nicht weniger als 119 Sammlungen aufgeführt mit den nötigsten Angaben über Umfang, Inhalt (der auch in einem Schlagwortregister nach-gewiesen wird), Zugänglichkeit, handschriftliche und gedruckte Kataloge. In einem Geleitwort kündigt der Direktor der Stadtbibliothek Prof. Wahl die Bearbeitung eines „Hamburger Bibliothekenführers" an, der ausführlichere Angaben bringen soll. — Zu der Bemerkung über die getrennte Benutzung der Stadt- und der Kommerzbibliothek auf S. 281 des vorigen Zbl.-Heftes schreibt uns die Direktion der letzteren, daß eine anderweite Regelung zwar in Aussicht genommen sei, daß sie aber erhebliche bauliche Veränderungen fordere, die nicht sofort ausgeführt werden können.

Kassel. Von Sr. Exzellenz Generalleutnant Kühne erhielt die Landes-bibliothek eine umfangreiche Schenkung, die eine wertvolle Bereicherung der Grimm-Sammlung darstellt. Es befinden sich darin: ein Kinderbild Jac. Grimms (1787), in Oel gemalt; ein Taschenbuch Jac. Grimms aus 1793; Zeitungsblätter und Drucksachen mit Nachrichten über die Brüder Grimm und über die Entlassung der Göttinger Sieben; Korrekturbogen LII der Deutschen Grammatik; Wilh. Grimms Selbstbiographie. Außerdem an Hand-schriftlichem Gedichte von Dingelstedt, Anastasius Grün, Hoffmann von Fallersleben u. a., Gervinus über seine Entlassung, sowie mehr als 200 Briefe von Jacob und Wilhelm Grimm.

Lübeck. In den „Lübeckischen Blättern" 1920 S. 75 ff. entwirft der neue Direktor der Stadtbibliothek Dr. Pieth ein Programm für die innere und äußere Entwicklung der Bibliothek zu einer modernen weiteren Kreisen dienenden Stadtbücherei. Ein Anfang ist schon mit der Neugestaltung der Bücherausleihe gemacht, notwendig ist aber ein durchgreifender Aus- und Umbau der Verwaltungs- und Magazinräume. Davon abhängig ist auch die wünschenswerte Zentralisierung der in Lübeck vorhandenen wissenschaftlichen Bücherbestände. — Zum 15. Januar wurde ein 2. Bibliotheksbote eingestellt, für den 1. April ist die Einstellung einer diplomierten Bibliothekssekretärin und eines 3. Boten in Aussicht genommen.

Marburg. Am 1. Januar konnte Geh. Reg. Rat Dr. Roediger auf 50 Jahre unermüdlicher und fruchtbarer bibliothekarischer Tätigkeit zurück-blicken. Wir sprechen ihm zu diesem seltenen Jubiläumstag, den er in Marburg selbst zu verheimlichen verstanden hat, auch an dieser Stelle unsern herzlichen Glückwunsch aus.

Neue Bücher und Aufsätze zum Bibliotheks- und Buchwesen.[1])

Zusammengestellt von Richard Meckelein.

Allgemeine Schriften.

Das neue Buch. Eine Zeitschrift für Bücherfreunde. Rundschau über alle Neuerscheinungen der schöngeistigen und künstlerischen Literatur. 2. Jahrg. H. 1. Red.: Heinrich Rothgiesser. Berlin: Nec Sinit G. m. b. H. 1920. 15 S. Ersch. monatlich. Jährl. 6 M.

Universitatum et eminentium scholarum Index generalis. Annuaire général des universités. The Yearbook of the Universities. Publié sous la direction de R. de Montessus de Ballore. Avec l'encouragement du Ministre de l'instruction publique. (Année 1919.) Paris: Gauthier-Villars 1919. 768 S. 18 + 9 fr.

Bibliothekswesen im allgemeinen.

Arnesen, Arne. Amerikansk bibliotekaand. Indtryk fra en studiereise i de Forenede Stater. Föredrag vid S. A. B: s femte årsmöte. Biblioteksbladet 4. 1919. S. 151—156.

Bacon, Corinne. Standard catalog; biography section; one thousand titles of the most representative, interesting and useful biographies. New York: H. W. Wilson. 5, 79 S. 4⁰. 1 $. (Standard catalog series.)

Sächsische Bekanntmachung über die Prüfungen für den höheren Dienst an wissenschaftlichen Bibliotheken vom 20. August 1919. (Gesetz- und Verordnungsblatt für den Freistaat Sachsen 1919. St. 20. S. 226—230.) Zentralbl. 36. 1919. S. 261—263.

Blöndal, Sigfús. Kr. Kålund [Bibliothekar der Arnamagnäanischen Handschriftensammlung] 1844—1919 †. Nord. Tidskrift för bok- och biblioteksväsen 6. 1919. S. 202—206.

Carlquist, Gunnar. Från danska författare-och biblioteksmöten 1919. Biblioteksbladet 4. 1919. S. 180—182.

*Denkschrift des Ausschusses zur Schaffung einer Pfälzischen Kreisbibliothek. Sonderdr. a. „Pfälzisches Museum" Jg. 36, Nr 7—12. Kaiserslautern (1919): H. Kayser. 8 S.

*Erman, Wilh. Weltbibliographie und Einheitskatalog. Bonn 1919: K. Schroeder. 18 S. 0,90 M.

Evers, G. A. Nederlandsche vereeniging van bibliothecarissen en bibliotheekambtenaren. Verslag der algemeene (jaar-) vergadering, den 1 sten Juni 1919 te Utrecht gehouden. Bibliotheekleven 4. 1919. S. 295—300.

Friedensburg, Walter. Eduard Jacobs †. Korrespondenzblatt d. Gesamtvereins d. deutschen Geschichts- u. Altertumsvereine 67. 1919. Sp. 258 —262.

Fritz, G. Bücherei und öffentliche Bildungspflege. Eine Erwiderung. Akademische Rundschau 7. 1919. S. 358—363.

Godet, Marcel, u. F. Burckhardt. Eine Stiftung für eine Schweizerische Volksbibliothek. Zwei Referate (gehalten am 31. Mai 1919 in Zürich an der Vereinigung schweizer. Bibliothekare). Zürich 1919: Berichthaus. 37 S. — Dass. französ.: Une fondation suisse pour les bibliothèques libres. Zürich: Berichthaus 1919. 37 S.

Greve, H E. De nieuwe rijkssubsidie-regeling voor openbare leeszalen en bibliotheken I. Bibliotheekleven 4. 1919. S. 258—261. 306—309. (Wird fortges.)

*Illinois Library Association. Handbook 1918. Ill. Libr. Ass. 1918. 27 S.

Hartelust, Hel. De derde bibliotheekdag. Bibliotheekleven 4. 1919. S. 300 —306. Mit 1 Taf.

Heiligenstaedt, Fr. Das volkstümliche Bildungswesen und die Volksbücherei auf dem Lande. Blätter für Volksbibliotheken und Lesehallen 20. 1919. S. 197—200.

---

1) Die an die Redaktion eingesandten Schriften sind mit * bezeichnet.

Hjelmqvist, Fred. Koncentration och effektivitet. Önskemål i fråga om stärkandet och utbyggandet av folkbiblioteksorganisationen i Sverige. (Diskussion vid S. Å. B: s femte årsmöte.) Inledningsföredrag. Biblioteksbladet 4. 1919. S. 157—165.

— och Knut Tynell. Berättelse över Sveriges allmänna biblioteksförenings femte årsmöte. Uppsala den 29 och 30 Augusti 1919. Biblioteksbladet 4. 1919. S. 145—150.

Koch, Theodore Wesley. Books in the war; the romance of library war service. Boston: Houghton Mifflin. 19, 388 S. 3 $.

Ladewig, Paul. Die Entwicklungsstufen der Volksbücherei. S.-A. a. Deutsche Monatsschrift 1919 Dez.

Lerche, Otto. Bibliothekare im akademischen Unterricht. Kölnische Volkszeitung 60. 1919. No 944.

Löffler, Kl. Der Plan einer katholischen Zentralbibliothek. Zentralbl. 36. 1919. S. 264—266.

Loewe, Heinrich. Jüdische Bibliotheken im Lande Israel. Neue Jüdische Monatshefte 4. 1919. S. 42—52.

Luthander, Åke. Den parlamentariska frågebyråinstitutionen i Amerika och Sverige. Biblioteksbladet 4. 1919. S 173—180.

Martell, P. Insektenfeinde der Bücher. Buchhändlergilde-Blatt 3. 1919. S. 317—320.

Molhuysen, P.:C. Een Nederlandsche centrale catalogus. Bibliotheekleven 4. 1919. S. 261—266.

Olsson, Oscar. Författaravgift på boklån. (Diskussion vid S. A. B: s femte årsmöte.) Inledningsföredrag. Biblioteksbladet 4. 1919. S. 165—173.

Räuber, Frdr. Zur Berufsbildung. Zentralbl. 36. 1919. S. 258—260.

Savage, Ernest A. Technical Libraries: a comment on the third Interim Report of the Adult Education Committee. The Library Association Record 21. 1919. S. 264—270.

Verhandlungen der Vereinigung schweiz. Bibliothekare. Bulletin de l'Association des Bibliothécaires suisses. No 3. 1918/19. Zürich: Vereinigung 1919. IV, 44 S.

Wieser, Max. Gegen den Mißbrauch des Wortes „wissenschaftlich" in Volksbüchereien. Blätter f. Volksbibl. u. Lesehallen 20. 1919. S. 201—202.

Živný, Lad. J. Veřejné knihovny, jejich vývoj a správa. [Oeffentl. Bibliotheken, ihre Entwicklung u. Verwaltung.] Prag-Smíchov: Minařík 1919. 120 S. 12 Kr.

Einzelne Bibliotheken.

Berlin. Altmann, Wilh. Der Zuwachs an Autographen in der Musikabteilung der Preußischen Staatsbibliothek in der Zeit vom 1. April 1914 bis 30. Juni 1919. Zeitschr. f. Musikwissensch. 2. 1919. S. 170—176.

— Hoppe, W. Die Bibliothek der Handelskammer zu Berlin. Mitteilungen des Bundes der Bücherrevisoren Deutschlands 1. 1919. Nr 10. S. 2—4.

— Benutzungsordnung der Büchersammlung der Kaiser-Wilhelms-Akademie für ärztlich-soziales Versorgungswesen. Berlin 1920: L. Schumacher. 16 S.

Bern. Dezimal-Klassifikation zum Systematischen Katalog d. Schweizer Landesbibliothek nebst alphabet. Schlagwortverzeichnis August 1919. (Classification décimale du Catalogue systématique etc.) Bern: Selbstverl. d. Bibl. 1919. VIII, 78 S. 5 fr.

Bremen. *Jahresbericht der Deputation für die Stadtbibliothek. (f. 1918. Bremen 1919.) 4 S. 2⁰.

Breslau. Fliegel, M. Die Dombibliothek zu Breslau im ausgehenden Mittelalter. Zeitschrift des Vereins für Geschichte Schlesiens. 53. 1919. S. 84 —133. Auch sep. als Breslauer philos. Diss. Breslau 1919: Nischkowsky. 61 S.

— *Bericht über die Verwaltung der Stadtbibliothek u. des Stadtarchivs zu Breslau im Rechnungsjahr 1918. (Sonderabdr. a. Breslauer Statistik 37. Heft 1.) 9 S.

Dresden. *Zuwachs der Stadtbibliothek zu Dresden. 3. Vierteljahr 1919. 4 S. 2° autogr.

Frankfurt a. M. *Berghoeffer, Christian Wilh. Der Sammelkatalog wissenschaftlicher Bibliotheken des deutschen Sprachgebiets bei der Freih. Carl von Rothschildschen öffentl. Bibliothek. Frankfurt a. M.: J. Baer & Co. 1919. 61 S. 4° (8°).

Hamburg. *Thorn, Phil. Wegweiser durch Hamburgs Büchersammlungen. (Verm. Abdr. a. Hamburger Univ.-Zeitung 1. 1919. Nr 6—7.) Hamburg 1919: O. H. Meißner. 23 S.

Leipzig. Schuhmacher, F. Die „Deutsche Bücherei" in Leipzig. Innen-Dekoration 30. 1919. S. 357—360. Mit zahlr. Abb.

Leverkusen. Kekulé-Bibliothek der Farbenfabriken vorm. Friedr. Bayer & Co. Leverkusen. Katalog des Victor Meyerschen Handapparates. Abt. 1. Naturwissensch. Teil. Leverkusen 1919. 1 Bl., 548 S. 4°.

Mainz. Binz, Gustav. Literarische Kriegsbeute aus Mainz in schwedischen Bibliotheken. S.-A. aus der Mainzer Zeitschrift, Jahrg. 12/13. 1917/18. S. 157—165.

St. Paul (Kärnten). Raschl, Th. Zur Geschichte der Blasianer Handschriften. Zentralbl. 36. 1919. S. 243—256.

Stuttgart. Löffler, K. Die „Bibliotheca Eckianá". Zentralblatt 36. 1919. S. 195—210.

Würzburg. Handwerker, O. Die Universitätsbibliothek. Würzburger Universitäts-Zeitung 1. 1919. S. 61—63.

Zürich. Katalog der Bibliothek des Schweizer. Philatelisten-Vereins, Zürich. (Dübendorf: H. Grapentien.) 1919. IV, 20 S.

Albany. New York State Library. Best books of 1918; selected for a small public library. Albany, N. Y.: Univ. of State of N. Y. 1919. 64 S. (Bulletin 682.)

Amsterdam. *Burger, C. P. jr. De incunabelen en de Nederlandsche nitgaven tot 1540 in de bibliotheek der universiteit van Amsterdam. Met facsimiles. 's-Gravenhage: Nijhoff 1919. 44, 72 S.

Ann Arbor. Wead, Mary Eunice. A catalog of the Dr. Samuel A. Jones Carlyle collection; with additions from the general library. Ann Arbor, Mich.: Univ. of Mich. II, 119 S. 1 S. (General library publications.)

Chicago. *47th Annual Report of the Board of Directors of the Chicago Public Library 1918—1919. Chicago: The Chicago Publ. Libr. 1919. 32 S.

Genf. Bibliothèque publique et universitaire ... de Genève. Catalogue de la Section des Archives de la Guerre. Fasc. 1. ⟨31. décembre 1918⟩ Genève: A Kundig 1919. VIII, 145 S. 5 fr.

— Gardy, Fréderic. Les livres de Pierre Martyr Vermigli conservés à la Bibliothèque de Genève. Tirage à part de l'„Indicateur d'Histoire Suisse" 1919. No 1. [Berne: H.-J. Wyss Erben.] 6 S.

Haag. |Mallée,‑M. C. Alphabetische lijst van jaarboeken, periodieken en serie-werken, aanwezig in de bookerij van het departement van Koloniën. Haag: [Nijhoff] 1919. 2 fl.

— Schieke, M. De bibliotheek van den centralen gezondheidsraad. Bibliotheekleven 4. 1919. S. 266—268.

— Feen, G. B. Ch. van der. Een handels-economische bibliotheek. Bibliotheekleven 4. 1919. S. 269—273.

Helsingfors. *Suomen ylioppilaskirjasto. Luettelo. Lisävihko 15. Studentbiblioteket i Finland. Katalog. Tillägg 15. 1915—1918. (Helsinki 1919: Weilin & Göös.) 152 S.

Los Angeles. Los Angeles Public Library. Facts for farmers; a selected list of books and pamphlets on agriculture, horticulture and animal husbandry. Los Angeles, Cal.: Publ. Libr. 43 S.

Neuchâtel. Catalogue de la Bibliothèque de la Société des pasteurs et ministres neuchâtelois. Avec une notice sur l'histoire de la Bibliothèque par Louis Aubert. Neuchâtel 1919: Delachaux & Niestlé S. A. XXVIII, 902 S. 25 fr.

Odense. Madsen, Victor. Karen Brahes Bibliotek i Odense. Nord. Tidskrift för bok- och biblioteksväsen 6. 1919. S. 171—185.

Pittsburgh. Carnegie Library. Debate index. 3 d edition. Pittsburgh: Carnegie Libr. 116 S. 25 c.

Stralsund. Newcombe, Luxmoore and John H. E. Winston. A prisoners-of-war library. (Being the history of the British Officers' Library, Stralsund, Germany.) The Library Association Record 21. 1919. S. 271—283.

Schriftwesen und Handschriftenkunde.

Bonnet, Hans. Aegyptisches Schrifttum. Leipzig 1919: Deutscher Verein f. Buchwesen u. Schrifttum. 24 S. 4°. 6 M.

Clemen, Otto. Eine Heliandhandschrift in Luthers Besitz. Zentralbl. 36. 1919. S. 256—258.

Hopkins, L. C., Pictographic reconnaissances. Part II. Being discoveries, recoveries, and conjectural raids in archaic Chinese writing. The journal of the Royal Asiatic Society 1918. S. 387—431, 1 Tafel.

Manitius, M. Geschichtliches aus alten Bibliothekskatalogen. Zweiter Nachtrag. Neues Archiv der Ges. f. ält. deutsche Geschichtsforschung 41. 1919. S. 714—732.

Nilsson, M. P. Die Uebernahme und Entwicklung des Alphabetes durch die Griechen. København 1919: Høst. 30 S. 0,70 Kr. Det Kgl. danske Videnskabernes Selskab. Hist.-filolog. Meddelelser I, 6.

Seckel, Emil. Der Titel einer Canones-Sammlung in Geheimschrift. — M. Tangl, Die arabischen Ziffern der Geheimschrift. Neues Archiv d. Ges. f. ält. dtsche Geschichtsforsch. 41. 1919. S. 733—740.

Buchgewerbe.

Bauer, Friedr. Das Buch als Werk des Buchdruckers. IV. Das Druckformat und das fertige Buch. Archiv f. Buchgewerbe 56. 1919. S. 134 —140. Mit zahlr. Abb.

Collin, Ernst. Die deutsche Buchbinderei seit der Revolution. Archiv f. Buchgewerbe 56. 1919. S. 181—186.

— Bugra-Messe und Papiermesse — ein Rückblick und ein Ausblick. Archiv f. Buchgewerbe 56. 1919. S. 150—151.

Engel-Hardt, Rudolf. Der Goldene Schnitt im Buchgewerbe. Ein Regelwerk für Buchdrucker und Buchgewerbler. Mit 233 Taf. u. einem Anhang buchgewerblicher Arbeiten. Leipzig-Reudnitz [1919]: J. Mäser. 250 S. 12 M.

Heller, Alfred. Der Deutsche Buchdrucker-Verein und sein Werden in fünfzig Jahren (1869—1919). Ein Versuch zu einer Geschichte seines geistigen Gehalts und ein Beitrag zur Entstehung gewerblicher Organisation. Zur 50. Wiederkehr des Gründungstages . . . herausgeg. vom Deutschen Buchdrucker-Verein als Jubiläumsfestgabe 1919. Leipzig: J. J. Weber. 32 S. Mit zahlr. Abb.

Jacot, L. A propos de la bible dite de Serrières. Gutenbergmuseum 5. 1919. S. 98—102. Mit 2 Abb.

Neukomm, Fritz. Beiträge zur Entwicklung der Satztechnik. 3. Der Buchtitel. Gutenbergmuseum 5. 1919. S. 111—117. (Mit zahlr. Abb.) ⟨Wird fortges.⟩

Pick, Hermann. Jüdische Druckstätten. Ein kurzer Ueberblick. Neue Jüdische Monatshefte 4. 1919. S. 36—39.

Martell, P. Zur Geschichte der Setzmaschine. Archiv f. Buchgewerbe 56. 1919. S. 153—157.

Muller, Arnold. Annuaire de l'imprimerie. (29 e année.) 1916—1917—1918 —1919. Paris: A. Muller 1919. 392 S.

Schramm, Albert. Deutsches Museum für Buch und Schrift zu Leipzig. Tätigkeitsbericht 1918/19. Archiv f. Buchgewerbe 56. 1919. S. 213—220.
Schwarz, H. Ueber die Ziele, die Tätigkeit und die Aufgaben der Typographischen Gesellschaften. Archiv f. Buchgewerbe 56. 1919. S. 205—208.
Stuhlfauth, Georg. Neue Beiträge zum Schrifttum des Hans Sachs und insbesondere zum Holzschnittwerk Hans Sachsischer Einzeldrucke. Zeitschrift f. Bücherfreunde N. F. 11. 1919/20. S. 195—208. Mit 6 Abb.
Witkowski, G. Das künstlerische Buch der Gegenwart. VII. Die Drucke der Wahlverwandten. Zeitschr. f. Bücherfreunde N. F. 11. 1919/20. S. 187 —189.
Worringer, Wilh. Die altdeutsche Buchillustration. Mit 103 Abb. nach Holzschnitten. 2. Aufl. München: R. Piper & Co. 1919. 152 S. 4⁰. 15 M.
Zeitler, Julius. Die Bugra-Herbstmesse 1919. Archiv f. Buchgewerbe 56. 1919. S. 148—150.

Buchhandel.

Adressbuch des Deutschen Buchhandels. Gegr. v. O. A. Schulz. 82. Jahrg. 1920. Im Auftr. des Vorstandes bearb. v. d. Geschäftsstelle des Börsenvereins d. Deutschen Buchhändler zu Leipzig. Mit d. Bildnis Robert Ludwig Pragers. Leipzig: Börsenverein. XXX, 654, 26, 38, 139, 66, XII S. gr. 8⁰. 20 M.
— Kleine (Personal-) Ausgabe. gr 8⁰. XXVI, 684, 66, XII S. 9 M.
Bargum, G. Aus dem dänischen Buchhandel. III. Börsenbl. f. d. Deutschen Buchhandel 86. 1919. S. 1181—1184.
Bialik, Chaim-Nachman. Das hebräische Buch. (Gekürzte Uebersetzung aus d. Hebräischen ⟨Monatsschrift „Haschiloach", Odessa. Nov. 1913⟩ von Baruch Krupnik.) Neue Jüdische Monatshefte 4. 1919. S. 25—35.
Goldmann, Nahum. Ben Awigdor, der Schöpfer des modernen hebräischen Buches. Neue Jüdische Monatshefte 4. 1919. S. 52—54.
Eliasberg, Ahron. Das Werden des jüdischen Verlags. Neue Jüdische Monatshefte 4 1919. S. 81—85.
Fleischhack, Kurt. Städtische Buchhandlungen. Der Bibliothekar 11. 1919. S. 1259—1260.
*Herdersche Verlagsbuchhandlung zu Freiburg im Breisgau. Auswahl-Katalog 1919. Mit einer Einführung: Zur Geschichte des Hauses Herder und 14 Tafeln. Mit Sach- u. Verfasserregister. (XII, 368 Sp.) 2,50 M.
Lehmann, Oscar. Zur Geschichte der Firma J. Kauffmann Frankfurt am Main. Neue Jüdische Monatshefte 4. 1919. S. 69—77.
Prager, R. L. †. Die Organisationen des Buchhandels. Buchhändlergilde-Blatt 4. 1920. S. 2—6.
Stephanus, Henricus ⟨Henri Estienne⟩. Der Frankfurter Markt oder Die Frankfurter Messe [Francofordiense Emporium]. I. A. d. Städt. Hist. Kommission in dt. Uebers. hrsg. von Dr. Julius Ziehen. M. 13 Abb. u. d Marktschiff Gedicht v. J. 1596 als Anh. Fkft: Diesterweg 1919. 83 S.
Wittfogel, Karl August. Die städtische Buchhandlung. Ein Vorschlag zur Kommunalisierung des Buchhandels. Der Bibliothekar 11. 1919. S. 1257 —1259.

Zeitungen und Zeitschriftenwesen.

Preisliste der Zeitungen und anderer periodischer Blätter der Schweiz, die bei den schweizer. rechnungspflichtigen Poststellen abonniert werden können. Gültig vom 1. Oktober 1919 an. Indicateur du prix des journaux et des autres publications périodiques paraissant en Suisse etc. Prontuario dei prezzi dei giornali e delle altre pubblicazioni periodiche etc. [Bern: Rösch & Schatzmann 1919.] IV, 80 S. 1 fr.
Wohin sende ich mein Werk? Listen von tätigen Verlegern, Zeitschriften und Tageszeitungen mit deren eigenen Angaben über ihren Bedarf an Handschriften, ihren Prüfungs- und Annahme-Bedingungen. Hilfsbücher für die Praxis des Schriftstellers. Hrsg. v. F. v. d. Groth. 7. Bd. Weimar 1919: Schriftsteller-Zeitung. [Durch Fritzsche & Schmidt, Leipzig.] 91 S. 3 M.

Allgemeine und Nationalbibliographie.
Freimann, A. Der gegenwärtige Stand der jüdischen Bibliographie. Neue Jüdische Monatshefte 4. 1919. S. 39—41.
Michaelis, Curt. Bibliographische Miszellen. Zeitschrift f. Bücherfreunde N. F. 11. 1919/20. S. 217—218.
Deutschland. Jahresverzeichnis der an den deutschen Universitäten und technischen Hochschulen erschienenen Schriften. 34 Jahrg. 1918. Berlin 1919: Behrend & Co. V, 366 S. 18 M. (auch in 7 Sonderheften).

Antiquariatskataloge.

Baer & Co., Joseph, Frankfurt. Nr 661, Teil 1: Zeitschriften, Serien, Sammelwerke.
Cinquetti, G., Verona. Katalog Nr 1: Studi.
Deiblers Nachf., Wien. Der Bücherliebhaber 1919. Nr 3: Verschiedenes. 701 Nrn.
Gandolfi, Angelo, Bologna. Nr 68: Libri antichi e moderni. 561 Nrn.
Geering, Basel. Anzeiger Nr 239: Neueste Erwerbungen. 1577 Nrn.
Gerschel, Stuttgart. Nr 90: Deutsche Literatur d. 18. u. 19. Jahrh. 1978 Nrn.
Gselliussche Bh., Berlin. Nr 349: Neuerwerbungen.
Jahn, Robert, Leipzig. Nr 1: Englische Bücher. 568 Nrn.
Lehmann, Frankfurt a. M. XIII. Alte Städte-Ansichten. 1234 Nrn.
List & Francke, Leipzig. Nr 468: Geschichte d. Mittelalters. 2252 Nrn.
Meyer, Edmund, Berlin. Nr 51: Aeltere illustr. Bücher. 857 Nrn.
Margraff, Alph., Paris. Nr 39: Livres anciens et modernes. 2205 Nrn.
Ortelius, Antwerpen. Nr 1: Verschiedenes. 533 Nrn.
Posthumus, N., Haag. Nr 95: Zuid-Afrika. 1004 Nrn.
Schweitzer Sortiment, München. Nr 1. 894 Nrn.
Stargardt, Berlin. Nr 241: Briefe und Urkunden deutscher Denker und Dichter. 302 Nrn.

Bücherauktionen.

Amsterdam am 3.—12. Februar 1920: Varia. 148 Nrn. Bei H. G. Bom.
— am 3. u. 4. Febr: Protestantsche Godgeleerdheid. 429 Nrn. Bei H. G. Bom.
Bonn am 28. Jan.—4. Febr. 1920: Kath. Theologie. 3301 Nrn. Bei Math. Lempertz.
Leipzig am 11. u. 12. November 1919: Nr 90: Aus einer süddeutschen Schloßbibliothek. 761 Nrn. Bei Oswald Weigel.
— am 16. u. 17. Dezember 1919: Nr 92: Völker- u. Länderkunde. 577 Nrn. Bei Oswald Weigel.
— am 12. u. 13. Februar 1920: Nr 94: Bibliothek Uhlworm I. 660 Nrn. Bei Oswald Weigel.

Personalnachrichten.

Berlin SB. Der Bibliothekar Dr. Walter Schubring wurde vom 1. April ab zum ordentlichen Professor für Kultur und Geschichte Indiens an der Universität Hamburg ernannt. — Dem Abt.-Direktor Geh. Reg.-R. Prof Dr. Hans Paalzow wurde das Eiserne Kreuz 2. Kl. am weiß-schwarzen Band, den Oberbibliothekaren Prof. Dr. Wilhelm Seelmann, Max Laue und Erich Below und dem Bibliothekar Dr. Wilhelm Krabbe das Verdienstkreuz für Kriegshilfe verliehen.
Darmstadt HLB. Als Volontär trat am 6. Jan. ein Dr. jur. Wilhelm Buek, geb. 24. Nov. 1878 in Offenbach a. M.
Elberfeld StBüch. Der Hilfsbibliothekar Dr. Heinrich Dicke schied am 1. Okt. aus, um die Stelle eines 2. Stadtbibliothekars und Geschäftsführers der Volkshochschule in Essen zu übernehmen. Als Bibliothekar trat zum 15. Nov. ein Dr. Richard Heinze, bisher Bibl.-Sekretär an Münster UB und

dort als Volontär zugelassen. Als Volontär trat zum 1. Okt. ein Dr. Anton Luetteken, geb. 12. Juli 1892 in Warendorf, studierte deutsche und englische Philologie und Philosophie.

Erlangen UB. Dem Kustos Dr. Nikolaus Pronberger wurde das Bayerische Militärverdienstkreuz 2. Kl. mit Krone und Schwertern verliehen.

Freiburg i. B. UB. Der Direktor Prof. Dr. Emil Jacobs wurde von der Heidelberger Akademie der Wissenschaften zum außerordentlichen Mitgliede gewählt.

Kiel UB. Der frühere Direktor Prof. Dr. Emil Steffenhagen starb am 20. Septemb. v. J. in Koburg im 83. Lebensjahr.

Köln StB. Dem Bibliothekar Dr. Otto Zaretzky wurde das Prädikat Professor beigelegt.

Leipzig UB. Der Oberbibliothekar Dr. jur. Rudolf Helssig trat mit Ende des Jahres 1919 in den Ruhestand, nachdem er der Bibliothek seit Frühjahr 1875 angehört hatte. Der Oberbibliothekar Otto Kippenberg ward mit Wirkung vom 1: Jan. 1920 zum planmäßigen Oberbibliothekar, der erste Assistent Dr. phil. Egon Mühlbach zum Bibliothekar, befördert. In die erste Assistentenstelle rückte der außerplanmäßige außerordentliche Professor der Geschichte Dr. ph Richard Scholz ein. Zum 2. Assistenten wurde der bisherige Volontär Assessor a. D. Dr. jur. Heinrich Treplin, zum 3. Assistenten Bacc. jur. Edgar Richter ernannt. Der Volontär Dr. phil. Karl Otto wird vom gleichen Tage ab als Hilfsassistent remuneriert.

Stuttgart LB. Zum Direktor wurde der bisherige Bibliothekar Prof. Dr. Emil Rath ernannt.

Wolfenbüttel LB. Der Vorstand Oberbibliothekar Prof. Dr. Gustav Milchsack starb am 28. Dez. kurz vor Vollendung des 70. Lebensjahres.

Graz UB. Der Direktor a. D. Dr. Johann Peisker wurde als Professor für Wirtschaftsgeschichte an die tschechische Universität in Prag berufen. Der frühere Bibliothekar 2. Kl. Privatdozent Dr. Viktor Benussi wurde von der italienischen Regierung — zunächst nach Padua —, der frühere Assistent Dr. Josef Glonar an die Bibliothek der neugegründeten slovenischen Universität in Laibach übernommen.

Innsbruck UB. Der Kustos a. D. Karl Unterkircher starb am 19. September im 77. Lebensjahr. Der Assistent Dr. Rudolf Flatscher wurde zum Bibliothekar 2. Kl. ernannt.

Wien B. d. techn. Hochsch. Dem Direktor Regierungsrat Dr. Eduard Fechtner wurde aus Anlaß der Uebernahme in den Ruhestand der Titel eines Hofrats verliehen.

Haarlem Bibl. von Teylers Stichting. Der Bibliothekar J. J. Verwijnen wurde zum Bibliothekar der Hollandsch Maatschappij der Wetenschappen in Haarlem ernannt.

Verein Deutscher Bibliothekare.

Nach sechsjähriger Pause kann der Vorstand des Vereins wieder die Mitglieder zu einer Jahresversammlung auffordern. Diese wird in der Pfingstwoche vom 25.—27. Mai 1920 freundlicher Einladung entsprechend in Weimar stattfinden. In Rücksicht auf die schwierigen Unterkunfts- und Ernährungsverhältnisse der Jetztzeit bitte ich um baldige feste Anmeldungen, am besten bibliotheksweise. Die Kollegen, die Vorträge zu halten oder Anträge zu stellen beabsichtigen, bitte ich um gefällige Mitteilung. Die Tagesordnung wird rechtzeitig bekanntgegebeu werden.

Leipzig, 1. Februar 1920.   Der zeitige Vorsitzende
                                                      Boysen.

Verlag von Otto Harrassowitz, Leipzig. — Druck von Ehrhardt Karras G. m. b. H. in Halle (S.).

Zentralblatt
für
Bibliothekswesen.

XXXVII. Jahrgang.   3. u. 4. Heft.   März-April 1920.

Die Orientalische Abteilung
der Preußischen Staatsbibliothek.

Die Orientalische Abteilung ist der jüngste Ausläufer an dem großen Stamm der Preußischen Staatsbibliothek. Der aufmerksame Beobachter hätte aber schon lange vorher sehen können, wie es sich da, wo der Ast sich jetzt deutlich sichtbar abhebt, langsam zu verästeln und zu verzweigen begonnen hatte. Auch früher schon verlangten die orientalischen Handschriften der Staatsbibliothek besondere sprach- und sachkundige Bearbeiter; ebenso konnten auch die orientalischen Druckschriften schon wegen der dazu notwendigen Sprachkenntnisse nicht von denselben Beamten katalogisiert werden, welche die abendländische Literatur erledigten. Als vor fast zwanzig Jahren die Arbeiten an dem Gesamtkatalog der Preußischen Staatsbibliotheken in Angriff genommen wurden, trat das ganz klar in die Erscheinung. Als man sich damals genötigt sah, die Titelaufnahmen der eigentlichen Orientalia aus dem großen Zettelkatalog der Staatsbibliothek herauszuziehen und auch aus dem Gesamtkatalog fürs erste auszuschließen, legte man gewissermaßen den Grundstein für eine selbständige Orientalische Abteilung. Ebenso schwierig stand und steht es mit der Einarbeitung der orientalischen Titel in den großen Realkatalog. In den nach den Prinzipien der abendländischen Wissenschaft festgefügten Rahmen der Sachkataloge der deutschen Bibliotheken hat sich die morgenländische Literatur niemals gefügt, da sie aus anderem Geiste geboren, anderen Einteilungsprinzipien unterliegt. Und nicht einmal in den Magazinen konnten die Druckschriften des Morgen- und Abendlandes ohne weiteres miteinander harmonieren, da die älteren arabischen und türkischen Bücherzeugnisse ebenso wie die Blattkonvolute Zentralasiens und vor allem fast alle ostasiatischen Druckschriften mehr das Aussehen von Handschriften als von abendländischen Büchern haben.

Die im Jahre 1918 planmäßig abgegliederte Orientalische Abteilung der Preußischen Staatsbibliothek steht als solche unter den orientalistischen Büchersammlungen Deutschlands bei weitem an erster Stelle. Nicht einmal die Bibliothek der deutschen morgenländischen Gesellschaft in Halle, die größte aller orientalistischen Spezialbibliotheken, kann mit ihr wetteifern, da sich ihre Bestände nur aus Zufalls-

erwerbungen zusammensetzen und sie nicht in der Lage ist, ihre Samm-
lungen laufend zu ergänzen, sowie ferner auch deswegen, weil sie ihre
Bestände nur einem beschränkten Kreis von gelehrten Benutzern zugänglich macht. Der Wert der Orientalischen Abteilung der Preußischen
Staatsbibliothek besteht im Gegensatz zu allen derartigen Instituts-,
Vereins und Seminarbibliotheken vor allem aber darin, daß sie eine
Spezialsammlung innerhalb einer umfassenden Bibliothek ist.   Bei der
Verbundenheit und dem Ineinandergreifen der einzelnen Wissenschaften
und wissenschaftlichen Disziplinen miteinander wird der Rahmen einer
auf ihr Gebiet sich beschränkenden Spezialbibliothek für den wissenschaftlich arbeitenden Gelehrten und Fachmann von Tag zu Tag enger.
Zieht man z. B. das Interesse in Betracht, das der Orientalist an den
verschiedensten Wissenschaften zu nehmen gezwungen ist — ich nenne
als Beispiel wahllos nur die alttestamentliche Forschung, die mittelalterliche Philosophie, die vergleichende Sprach-, Rechts- und Religions-
wissenschaft, die Volkskunde und Märchenforschung usw. — so wird
ohne weiteres klar, daß die wissenschaftliche Leistungsfähigkeit einer
Spezialsammlung nicht nur erhöht, sondern überhaupt erst ermöglicht
wird, wenn sie sich in das Ganze einer großen Universalbibliothek
einfügt.

    Dieser Gesichtspunkt war von vornherein dafür ausschlaggebend,
die Orientalische Abteilung als solche nicht etwa möglichst ,zu ver-
einzeln, sondern sie soweit wie nur irgend möglich in engster Beziehung
mit dem großen Körper der Staatsbibliothek zu belassen.   Die Katalogisierung der in nichtorientalischen Sprachen verfaßten Orientliteratur, das Binden, das Einziehen der Pflichtexemplare und vor allem
der gesamte Leihverkehr wird in dem allgemeinen Geschäftsgang der
Bibliothek weiter wie bisher auch für die orientalische Literatur erledigt werden; nicht einmal in den Büchermagazinen wird irgendeine
Abtrennung vorgenommen werden.   Nur in der Akzession, die über
die Neuanschaffungen zu entscheiden hat, sowie bei der wissenschaftlichen Verarbeitung und Zugänglichmachung der Gesamtbestände in
systematischen Fachkatalogen, d. h. da wo eine ständige Beratung durch
sprach- und sachkundige Fachmänner unbedingt notwendig ist, wurde
eine Trennung vorgenommen, weil hier die Trennung eine Erhöhung
der wissenschaftlichen Benutzbarkeit der Bücherbestände bedeutet.

    Die Abgliederung der orientalischen Manuskripte aus der Hand-
schriftenabteilung ergab sich durch die auch schon bisher nach Sprachen
gesonderten Bestände von selbst.   Von den zurzeit bei der Staatsbibliothek vorhandenen mehr als 30 000 Manuskripten sind ungefähr 16 500
der orientalischen Abteilung zugefallen.   Eine beträchtliche Anzahl von
diesen ist erst nach Abschluß der gedruckten orientalischen Handschriftenkataloge erworben worden und daher von den meisten Gelehrten noch nicht gekannt und benutzt. Um sie den Fachkreisen
zugänglich zu machen, wird an der Herstellung neuer Ergänzungs-
kataloge gearbeitet.   Eine ausführliche Beschreibung der neuerworbenen
äthiopischen, hebräischen, syrischen und samaritanischen Handschriften

ist schon im Manuskript fertiggestellt und nur wegen der zurzeit allzu
hohen Kosten noch nicht gedruckt worden. Mit der Bearbeitung der
arabischen, türkischen und persischen Handschriften ist begonnen worden.
Zusammen mit den orientalischen Manuskripten werden in den Magazinen
weiter, wie bisher auch die ostasiatischen Sammlungen aufbewahrt bleiben;
es handelt sich da um 13 000 Hefte und 8200 Heftkonvolute tibetischer,
mandschurischer, japanischer und chinesischer Drucke und Handschriften,
von denen ein Teil auch schon in gedruckten wissenschaftlichen Katalogen ausführlich beschrieben worden ist. Eine besondere Hervor-
hebung verdienen die chinesischen Druckschriften der Staatsbibliothek,
die nächst den Sammlungen in London und Paris die beste Uebersicht
über die gesamte religiöse und wissenschaftliche Literatur des Reiches
der Mitte gewähren; ein umfassendes handschriftliches Verzeichnis dieser
den Hauptteil der Berliner ostasiatischen Sammlungen bildenden Sinica
geht der Vollendung entgegen. Die Benutzer der orientalischen Handschriften arbeiten bisher noch wie früher in dem alten geräumigen
Handschriftenlesesaal. Es ist jedoch geplant, einen eigenen orientalistischen Arbeitsraum einzurichten, in welchem die Gelehrten und alle
am Orient Interessierten von einer reichlichen Handbibliothek und dem
Rat bibliothekarischer Fachleute unterstützt, im besonderen ihren Studien
werden obliegen können. Solch ein besonderer orientalistischer Arbeitsraum wird gerade in Berlin ein schon seit langem gefühltes dringendes
Bedürfnis befriedigen, da nicht einmal an der Universität ein semiti-
stisches oder islamisches Seminar existiert und die vorhandenen kleineren
Instituts- und Seminarbibliotheken mit ihren geringen Jahresetats nicht
in der Lage sind, auch nur die allernotwendigsten Neuanschaffungen
zu machen.

Schwieriger war die Auseinandersetzung der neugegründeten Orientalischen Abteilung mit der allgemeinen Druckschriftenabteilung. Wollte
man den Orient als den dem Abendlande häufig nicht einmal ver-
gleichbaren Kulturkomplex wirklich ganz erfassen, dann mußte von
vornherein feststehen, daß die Grenzen der neuen Abteilung nicht zu
eng gezogen werden durften. Man durfte sich vor allem nicht von
Aeußerlichkeiten bestimmen lassen; weder die Sprache, noch der Titel
oder Druckort des Buches allein durften dafür maßgebend sein, was
der neuen Abteilung zuzuweisen sei. Hätte man ihr z. B., dem Vor-
bilde ausländischer Bibliotheken folgend, nur die Bücher mit orientalischen Charakteren überlassen, dann hätte man die Bestimmung über
die Anschaffungen und auch die wissenschaftliche Verarbeitung der europäischen Werke über die Geschichte und Kultur der Länder des Orients
und konsequenterweise auch die gesamte in Europa und Amerika erscheinende orientalistische Zeitschriftenliteratur der Abteilung entziehen
müssen. Daß das nicht geschehen ist, darf mit besonderer Befriedigung
hervorgehoben werden. In der Musikabteilung der Preußischen Staatsbibliothek existierte übrigens für eine derartige Entscheidung bereits
ein Präzedenzfall. Ebenso nämlich, wie man bei der Musikabteilung,
ausgehend von den Noten, welche, was Katalogisierung, Aufstellung

und Systematisierung betrifft, sich gleichfalls nicht in den Rahmen der
Druckschriftenabteilung fügen, dazu überging, den ganzen Komplex
der Musik, die Instrumente, das Lied im weitesten Sinne, die Oper,
die Biographien der Komponisten, ja sogar Werke und Leben Richard
Wagners ihr zuzuweisen, so mußte die Abgliederung einer orientalischen
Abteilung folgerichtig dazu führen, Schrift und Sprache des Orients
nicht nur als Aeußerlichkeiten, sondern als Ausdruck des gesamten
Denkens aufzufassen und alles, was den Orient, seine Sprache, Geschichte und Kultur im weitesten Sinne betrifft, ihr zur Verarbeitung
zu übergeben. Von diesem Gesichtspunkte geleitet wurde der Orientalischen Abteilung die Pflege der Literatur über ganz Asien, über
das nördliche und nordöstliche, d. h. das semitisch und islamisch be-
einflußte Afrika zugewiesen — die über die afrikanischen Sprachen dagegen insgesamt —, sowie die über die Judaica, die schon seit jeher
in der Staatsbibliothek in den gesonderten Rabbinica-Katalogen zusammengefaßt worden waren.

Die Entscheidung über alle neuen Anschaffungen aus diesen Gebieten steht nunmehr der Orientalischen Abteilung zu. Da der Sachkatalog der Staatsbibliothek — und ihm folgend die Referate über
die Neuanschaffungen — mit Ausnahme der historischen Teile nicht
nach Ländern, sondern nach Wissenschaften geordnet ist, die Kunst des
Orients also bei der Kunst im allgemeinen, das Recht der morgenländischen Völker bei der Jurisprudenz untergebracht ist, so können
manchmal Zweifel darüber entstehen, ob ein Werk von der Orientalischen oder der allgemeinen Druckschriftenabteilung erworben werden
soll. Das ist aber nur eine Formfrage; beide dienen demselben Institute und werden aus derselben Quelle gespeist. Nur solche Werke
über den Orient, die als Teile einer nichtorientalischen Serie erscheinen,
werden auf jeden Fall weiter wie bisher von der Druckschriftenabteilung erworben. Dagegen sind die Fortsetzungsreihen, welche ausschließlich den Orient oder Judaica behandeln, aus der Pflicht- und
Kaufakzession bereits herausgezogen und in der orientalischen Akzession untergebracht worden. Die in das Sammelgebiet der orientalischen Abteilung fallenden Zeitschriften werden zwar, soweit sie käuflich erworben werden, von dieser bezahlt, trotzdem aber vorläufig notgedrungen noch weiter in der Zeitschriftenabteilung aufbewahrt. Die
Tatsache, daß die orientalistischen Zeitschriften, die die Resultate der
neuesten Forschungen sowie Mitteilungen über die letzten Erscheinungen
enthalten und die deswegen auch für die Bibliothek bei der Beurteilung
der Neuanschaffungen von grundlegender Bedeutung sind, z. Z. wegen
Raummangels noch nicht in der orientalischen Abteilung selbst untergebracht werden können, läßt die Forderung, den geplanten orientalistischen Arbeitsraum möglichst sogleich einzurichten, noch dringender
erscheinen.

Die Abgliederung einer eigenen orientalischen Akzession ist nicht
nur eine äußerliche Maßnahme, sondern hängt zum Teil auch mit den
anderen Methoden zusammen, die bei der Erwerbung der orientalischen

Literatur eingeschlagen werden müssen. Die übliche Art des Ankaufs der Bücher auf Grund von Vorlagen durch die Buchhändler bleibt sogar dann, wenn sie durch Bibliographien kontrolliert wird, lückenhaft und dem Zufall unterworfen; bei der Erwerbung von orientalischer Literatur kann diese Art der Büchererwerbung aber schon insofern nicht die gleiche Rolle spielen, als hier eine Kontrolle durch nationale Bibliographien, da sie nicht existieren, nicht erfolgen kann. Nur dann wenn man mit einheimischen Buchhändlern unmittelbare Fühlung nimmt, nur dann wenn man mit Privatpersonen und amtlichen Stellen, mit Kaufleuten, Journalisten und Gelehrten in den verschiedenen Ländern des Orients selbst Beziehungen anzuknüpfen sucht, kann man einigermaßen sicher sein, daß wenigstens die wichtigste dort gedruckte Literatur wissenschaftlichen, politischen und wirtschaftlichen Charakters den Weg in die Bibliothek finden wird. Die Erfahrungen der letzten Jahre haben bewiesen, daß dieser Weg gut gangbar ist. Daß er zudem auch meistens billiger ist und der Bibliothek endlich auch Freunde erwirbt, die so manche wertvolle Erscheinung als Geschenk überweisen, ist eine nicht unerwünschte Zugabe.

Ist die Akzession der Magen, dessen ausreichende Ernährung für das Wohl des Körpers notwendig ist, so sind die systematischen Kataloge der Kopf der Bibliothek, dessen Aufgabe es ist, das alte und neue Material zu durchdenken, zu sichten und, auf die Bedürfnisse der Zeit blickend, den Gelehrten und Praktikern sachgemäß zugänglich zu machen. Bei der weiten Verzweigtheit der Wissenschaften und bei dem mannigfachen Zerstreutsein der Veröffentlichungen in Büchern und Zeitschriften des In- und Auslandes ist es heute sogar dem Fachgelehrten nicht mehr möglich, die auf seinem engeren Gebiete erscheinende Literatur zu überblicken. Ohne die genaue Kenntnis der bibliographischen Hilfsmittel, die sich allmählich zu einer eigenen Wissenschaft herausgebildet hat, ohne die Möglichkeit, schnell festzustellen, wo ein Buch wirklich zu erlangen ist, ist wissenschaftliches Arbeiten heute unmöglich geworden. Hier der Wissenschaft und der ernsten Praxis das Material zu vermitteln, ist erste und vornehmste Aufgabe der Bibliothekare. Die großen wissenschaftlichen Bibliotheken werden über den Rahmen von Büchereien, die Bücher auf Bestellung ausleihen, immer mehr hinauswachsen und die Aufgabe übernehmen müssen, die geistigen Arbeiter auf die häufig leider allzusehr versteckte Literatur hinzuweisen und zum Studium anzuregen. Nur so werden sie die Rolle der niederen Magd, die sie heute meistens spielen, mit der der gleichberechtigten und fördernden Gehilfin der Wissenschaft vertauschen können. Die erste und wichtigste Etappe auf dem Wege zu diesem hohen Ziele ist die Schaffung systematischer Kataloge, die wissenschaftlich gegliedert, eine Uebersicht über den Gesamtbestand der Bibliothek bieten.

Leider erfüllen die Sachkataloge der Staatsbibliothek in manchen Partien, vor allen in den auf den Orient bezüglichen Stücken, nicht mehr diese Forderung. In der Mitte des vorigen Jahrhunderts angelegt, entsprechen sie ungefähr dem Stande der Wissenschaft um das Jahr 1850, einer Zeit, in der die orientalistische Wissenschaft, besonders in Deutschland, erst langsam zu erwachsen begann, in der daher viele uns geläufige Erkenntnisse noch unbekannt waren. Das zeigt sich z. B. auf dem grossen Gebiete der orientalischen Inschriftenliteratur, die ohne Rücksicht auf Sprache und Inhalt hintereinander verzeichnet ist, ferner z. B. darin, daß die ägyptische Sprache von der koptischen getrennt, jene bei der Geschichte Afrikas, diese bei den okzidentalischen Sprachen untergebracht ist, und in ähnlichen wohl begreiflichen, aber sogar für den eingeweihten Benutzer störenden Unstimmigkeiten. Des weiteren ist das ganze Einteilungsprinzip des Realkatalogs der Staatsbibliothek, der mit Ausnahme der rein historischen, nach Ländern gegliederten Bände nach Wissenschaften und Disziplinen aufgebaut ist, in all den Fällen, in denen es sich um das Studium der kulturellen Verhältnisse einzelner Länder, wie z. B. der des Orients handelt, nicht gerade fördernd. Daß z. B. die türkische Literaturgeschichte bei der allgemeinen Literaturgeschichte, die Schulen in Kairo bei den Schulen und nicht bei Aegypten, die Bibliotheken Konstantinopels in dem Bande „Oeffentliche Bibliotheken", die Philosophie der Upanishads bei der Geschichte der Philosophie, die Werke der arabischen Geographen und Mathematiker bei den allgemeinen Lehrbüchern der Geographie und Mathematik und nicht bei der arabischen Literatur untergebracht sind usf., ist ein zwar aus der Gliederung des Ganzen verständlicher, bei der Benutzung aber deswegen nicht weniger schmerzlich empfundener Mangel. Dazu kommt, dass auch dieses Einteilungsprinzip nicht ganz konsequent durchgeführt ist, vielmehr Ausnahmen aufweist, die nur dem mit den Einzelheiten aufs genaueste vertrauten Benutzer bekannt sind. Während z. B. die indische Philosophie bei der Geschichte der Philosophie und die arabische Medizin bei der Geschichte der Medizin zu finden ist, muß man die arabisch-islamische Philosophie und die Medizin im Koran im Bande der orientalischen Literatur suchen, und die islamischen Juristen sind mit ihren Werken bald im Bande „Fremde Rechte", bald in dem der orientalischen Literaturen untergebracht. Der nicht geringste Mangel des Sachkatalogs der Staatsbibliothek ist endlich in dem Brauch zu sehen, ein jedes Werk nur an einer Stelle im Katalog zu verzeichnen, und zwar an der, an der es in den Magazinen zu finden ist, ein Brauch, der zwar nicht eine unbedingt notwendige Folge der Identität von Standort und System ist, immerhin aber aufs engste mit dieser zusammenhängt. Ein Werk über die Juden in Persien z. B. findet sich nur in dem Bande Rabbinica und nicht bei Persien; eine vergleichende Abhandlung über das Thema „Chinesisch und Sumerisch" ist nur bei der allgemeinen Sprachwissenschaft, aber weder bei der chinesischen, noch bei der babylonischen Sprache verzeichnet. Der Ahlwardtsche Katalog der arabischen Handschriften steht nur im Bande „Oeffentliche Bibliotheken" unter den Veröffentlichungen der Staatsbibliothek, aber nicht bei der arabischen Literaturgeschichte, eine in türkischer Sprache geschriebene Biographie Bismarcks endlich nur bei der preußi-

schen Geschichte, aber nicht bei der türkischen Literatur, für welche
sie sicherlich mehr charakteristisch als für die allgemeine Geschichtsforschung fördernd ist. Aus dem großen Prinzip der Anlage des
Katalogs läßt sich zwar jede einzelne dieser Eintragungen rechtfertigen;
das Prinzip erfaßt zu haben bleibt aber Vorrecht einer sehr kleinen
Zahl eingeweihter Kenner. Denjenigen, der nicht etwa nur über eine
Spezialfrage, sondern über größere Probleme das Material gern bei-
einander hätte, läßt der Sachkatalog häufig ganz im Stich. Die in
einer bestimmten Sprache geschriebene oder über einen bestimmten
Länderbezirk verfaßte Literatur vollends findet sich allenthalben in
den mehr als 650 Foliobänden des Realkatalogs zerstreut, den
Augen der gelehrten Arbeiter häufig leider ganz verborgen und daher
unbenutzt.

Schlagwortregister zu den einzelnen Teilen des Realkatalogs, für
die gerade jetzt die ersten Arbeiten in Angriff genommen werden,
sollen diesem Uebelstande steuern. Für den inneren Dienst werden sie
ohne Zweifel auch von großem Werte sein; dem Benutzer aber, der
einen Ueberblick über die Kultur und Produktion eines Landes wünscht,
wird auch mit ihnen nicht gedient sein, da es sich ja erstens noch
nicht um ein einheitliches Schlagwortverzeichnis zum ganzen Realkatalog handelt und da ferner die Anlage eines solchen anderen
Gesetzen als die eines übersichtlichen systematischen Katalogs unterliegt.

An dem einzigartigen Riesenbau, welcher der Realkatalog der Staatsbibliothek trotz allem als Ganzes bleibt, wird Wesentliches nicht um-
gebaut werden können. Für viele Fächer, für die Technik und Medizin
z. B., wo immer nur die neueste Literatur von allgemeiner Bedeutung
ist, würde eine solch umfassende Umarbeitung nicht einmal lohnen.
Anders liegt es schon bei den Geisteswissenschaften, und besonders
den historisch-philologischen Disziplinen, wo die ältere Literatur lang-
samer veraltet, häufig sogar wertvoller als das Neuerschienene ist.
Aber auch hier ist an eine großzügige Neusystematisierung nicht zu
denken. Das wäre eine Arbeit von Generationen. Von der orientalischen
Abteilung aus gesehen ist die Lösung dieses Problems aber wohl möglich. Wenn der Orient so aufgefaßt wird, wie er oben umschrieben
worden ist, und wenn die Orientalische Abteilung die besondere Aufgabe
hat, die Druckschriften, die über diese Länder- und Kulturgebiete,
gleichgültig in welcher Sprache, handeln, zu bearbeiten, so ergibt sich
als ihre unabweisbare Pflicht, neue umfassende systematische Orientkataloge herzustellen. Diese Kataloge hätten nicht nur die Rabbinica-
Bände Eu—Ez, die Geschichtsbände Ui—Ur (Türkei, Asien, Afrika)
und die Bände der orientalischen Literaturen (Zt—Zz) als Ganzes mit
ihren ungefähr 45000 Titeln in sich aufzunehmen, sondern auch die in
allen anderen Bänden des alten Realkatalogs zerstreuten bald umfang-
reicheren, bald kleineren Orientpartien. Es ist eine mühevolle Arbeit,
die 650 starken Bände Seite für Seite daraufhin zu prüfen, aber nur
auf diese Weise wird man alle in der Staatsbibliothek vorhandenen
Bücher über den Orient oder in orientalischen Sprachen erfassen können.

Eine oberflächliche Schätzung hat ergeben, daß auf diese Weise wahrscheinlich 80 000 verschiedene Titel zusammenkommen werden. Die neuen systematischen Kataloge, in denen sie später verarbeitet werden sollen, werden das Prinzip des alten Realkatalogs · verschiedentlich durchbrechen. Vor allem wird in den neuen Bänden der topographische Gesichtspunkt, der sich für einen den Orient behandelnden Realkatalog von selbst ergibt, der leitende sein. Die Eintragungen werden ferner nicht nur· an einer Stelle, sondern je nachdem wie der Titel des Buches es erfordert,. doppelt, dreifach, gegebenenfalls sogar noch öfter vorgenommen werden. Endlich wird auch die Identität von Standort und System nicht mehr vorhanden sein; die Bücher, die in den neuen Bänden aufs genauste systematisch geordnet sein werden, werden in den Magazinen durch die ganze Bibliothek zerstreut stehen. Eine Umsignierung der Bücher in der Reihenfolge, in der sie in den zu schaffenden systematischen Katalogen stehen werden, kann abgesehen von den damit verbundenen Kosten schon deshalb nicht erfolgen, weil ungefähr die Hälfte der in ihnen aufgenommenen Titel solche Bücher nennen wird, die aus den nichtorientalischen Teilen des Realkatalogs übernommen sind und ihre dortige Standortsbezeichnung keinesfalls aufgeben können. Dem Gelehrten wird auch jedenfalls mehr damit gedient sein, wenn er die gesamte Buchliteratur über eine den Orient behandelnde Frage wirklich an einer Stelle zusammen verzeichnet findet, als wenn er als bevorzugter Benutzer eine Anzahl systematisch aufgestellter Bücher, die aber nur einen Teil der über die betreffende Frage erschienenen Literatur bilden, mit Händen in den Magazinen greifen darf.

Abgesehen von den Judaica-Bänden, die eine Gruppe für sich bilden werden, werden die neuen systematischen Orientkataloge durch einen allgemeinen Orientband eröffnet werden, der alles, was den Orient als Ganzes oder mehrere seiner Länder betrifft, umfassen soll, im übrigen aber in zwei große Reihen zerfallen, in eine Länder- und Kulturreihe und in eine Sprachen- und Literaturreihe. Jene wird voraussichtlich neun Bände, entsprechend den alten orientalischen Geschichtskatalogen Ui—Ur, diese sieben Bände entsprechend den alten Bänden Zt—Zz (Orientalische und afrikanische Sprachen) umfassen. In jedem einzelnen Länderbande wird das vorhandene Material in der Vierteilung: Natur von Volk und Land, Geschichte, Wirtschaft und Recht, Kultur geboten werden und bei jeder einzelnen Sprache in die drei Teile: Sprachwissenschaft, Literaturgeschichte und Texte zerfallen, die ihrerseits wiederum in religiöse, wissenschaftliche, schönliterarische Texte sowie in Uebersetzungen und Inschriften gegliedert werden sollen. Die Kultur wird also in den Länderbänden nur insoweit behandelt werden, als sie ihren Niederschlag nicht in der Schrift gefunden hat, so daß die gesamte in einer Sprache vorhandene literarische Produktion in dem betreffenden Sprach- und Literaturbande sich zusammenfinden muß.

Die Arbeit mit den neuen systematischen Katalogen hat vor einigen Monaten begonnen, und über 11 000 Titel sind bereits verarbeitet. Ueber die Technik im einzelnen und die Instruktion über die Vorbereitung, Abschrift und Verarbeitung der Titel kann hier, obwohl es in einer Fachzeitschrift auf Interesse stoßen würde, nicht gesprochen werden, da sich die Ausführungen dadurch noch bedeutend länger gestalten würden. Nur Folgendes sei gesagt. Die Kataloge sind in ihrer endgültigen Gestalt in Bandform gedacht. Da es aber wegen der Zerstreutheit der Titel in allen Teilen des alten Realkatalogs unmöglich ist, das in den Bänden zu verarbeitende Material bis ins einzelne schon im voraus zu übersehen, mußte der Umweg über die Zettel genommen werden. Wenn das geschah, bestand aber wiederum die Gefahr, daß man nach Fertigstellung der Abschriften aus den alten Realkatalogbänden der Kosten wegen von einer nochmaligen Abschrift in Bandform abgesehen hätte, und daß man sich daher dann doch mit einem Realkatalog auf Zetteln hätte begnügen müssen. Um dem vorzubeugen, werden die von den wissenschaftlichen Beamten vorerst noch einmal geprüften Eintragungen aus dem alten Realkatalog mit Maschinendurchschlag abgeschrieben beziehungsweise zweimal aus den Titeldrucken ausgeschnitten, so daß sie je in doppelter Ausführung vorliegen. Die eine Abschrift wird endgültig auf Zettel internationalen Formats aufgeklebt und laufend in ein großes Alphabet eingeordnet, die Hauptabschrift aber nur mit den beiden links und rechts überhängenden Rändern auf Papierstreifen befestigt, so daß die eigentlich beschriebenen Teile nur hohl aufliegen. Diese provisorischen Streifen werden vorläufig nach den alten Signaturen geordnet aufbewahrt, und später, wenn die Durchsicht und Abschrift der Titel aus dem alten Realkatalog vollkommen beendet ist, den einzelnen orientalistischen Fachleuten zur systematischen Ordnung übergeben werden. In der von diesen bestimmten Reihenfolge werden sie dann endgültig in die eigentlichen Bände eingeklebt. Die alphabetisch geordneten, fest aufgeklebten Titelstreifen dienen erstens als Kontrollkatalog, da es nicht unwahrscheinlich ist, daß Zettel bei der systematischen Ordnung verloren gehen werden, ferner als Grundlage für die Anlegung der Indices für die Bandkataloge und endlich später entweder als großer alphabetischer Katalog der gesamten Orientliteratur oder als zweiter systematischer Katalog in Zettelform.

Alles in allem sind fünf orientalistische Fachleute und zwei Hilfskräfte bei diesen Arbeiten beschäftigt. Die Durchsicht der alten Realkataloge und die Herstellung der notwendigen Abschriften wird dreieinhalbes Jahr dauern. In nicht allzu langer Zeit also wird, hoffe ich, die stattliche Reihe der neuen systematischen Orientkataloge abgeschlossen vorliegen. Daß sie allen deutschen Orientalisten ein hervorragendes Hilfsmittel bei ihren Studien bieten und allen an der Wirtschaft und Kultur dieser ewig jungen Länder Interessierten so manche Anregung geben werden, davon bin ich überzeugt. Pläne dafür, wie die Orientalische Abteilung der Preußischen Staatsbibliothek, über diese erste Etappe hinausgehend, ihre systematischen Kataloge zu einem orientalischen Gesamtkatalog und vielleicht sogar zu einer allgemeinen

orientalischen Bibliographie ausbauen kann, sollen erst gemacht werden,
wenn die erste Wegstrecke erreicht und die fertigen Bände vorgewiesen
werden können.

Berlin.   Gotthold Weil.

Die Kartensammlung der Deutschen Bücherei und ihr systematischer Katalog.

Die Kartensammlung der Deutschen Bücherei unterscheidet sich inhaltlich sehr wesentlich von den gleichen Abteilungen älterer großer Bibliotheken Deutschlands. So liegt beispielsweise die Stärke der Kartensammlung der Preußischen Staatsbibliothek[1]) ebenso wie die der Bayerischen
Staatsbibliothek[2]) in dem Vorhandensein wertvoller alter Kartenbestände.
Beide haben vor nicht langer Zeit teils erweiterte Räume, teils moderne
Magazineinrichtungen und große Tischflächen für bequeme Benutzung
der Karten erhalten, und die erstere hat kürzlich einen so erheblichen
Zuwachs alter Kartenbestände erfahren[3]), daß sie dadurch zur
bedeutendsten Kartensammlung Deutschlands, was Qualität und
Quantität des Materials betrifft, angewachsen ist. So ist die Berliner
Sammlung eine· unübertreffliche Quelle für historisch-geographische
Studien, eine Fundgrube für Arbeiten zur Geschichte der Kartographie,
und man muß nur wünschen, daß sie gehörig benutzt und ausgeschöpft
werden möge. Dasselbe gilt natürlich für München und alle anderen
deutschen Bibliotheken, soweit sie gesonderte Kartensammlungen mit
wertvollen älteren Beständen besitzen

Dagegen hat die Kartensammlung der Deutschen Bücherei inhaltlich
einen ganz anders gearteten Charakter, und daher erwachsen ihr auch
andere Aufgaben. Satzungsgemäß hat sie die Pflicht, alle ab 1. Januar
1913 in Deutschland herausgegebenen geographischen Karten sowie
sämtliche Karten deutschen Ursprunges des Auslandes (bes. der
österreichisch-ungarischen Länder und der Schweiz) ·in einem Exemplar
zu sammeln. Sie hat in der Erwerbung dieses Materials Vollständigkeit anzustreben, soweit eine solche überhaupt praktisch erreichbar
ist. ·Lieferungswerke sind selbstverständlich nach rückwärts (vor 1913)
zu ergänzen. Das gilt besonders für die zahlreichen auch jetzt
noch fortgeführten Kartenwerke der Landesaufnahmen, der geo-
logischen Landesanstalten, des Reichsmarineamts usw. Einem Benutzer, der beispielsweise die österr.-ungarische Spezialkarte 1:75000
einsehen will, wäre nicht gedient, wenn er nur die ab 1913 erschienenen

---

1) H. Meisner, Die Kartensammlung der Kgl. Bibl. in Berlin. Int.
Wochenschr. f. Wiss., Kunst u. Technik, 4. Jg. 1910, Sp. 97—116. Vgl. auch
M. Groll, Die wichtigsten Kartensammlungen von Berlin. Pet. Mitt. 1911,· I,
S. 199—201, 256—57.
    2) Zbl. f. Bw., 32. Jg. 1915, S. 361—62 (O. Hartig).
    3) Zbl. f. Bw., 36. Jg. 1919, S. 179 (Vermehrung um 2—300000 Bl. des
älteren Kartenarchivs d. Gr. Generalstabes).

Blätter vorfinden würde, sondern es muß ein vollständiges Exemplar zur Verfügung gestellt werden können, und ebenso muß ein Geologe, der die geologische Spezialkarte 1 : 25 000 von Sachsen zu benutzen wünscht, sämtliche Lieferungen einsehen können und nicht etwa nur die wenigen, die seit 1913 in neuer Auflage herausgekommen sind. Leider haben bei dem ungeheuer reichhaltigen Material diese Ergänzungen nach rückwärts noch nicht bei allen amtlichen Kartenwerken durchgeführt werden können, aber es steht zu hoffen, daß innerhalb weniger Jahre auch nach dieser Richtung hin die Kartensammlung der Deutschen Bücherei vollständig sein wird. Mit besonderem Eifer wurde die Sammlung der amtlichen Kriegskarten Deutschlands und Oesterreich-Ungarns betrieben sowie der zahlreichen speziellen Stellungskarten, soweit das nach dem plötzlichen Zusammenbruch der verbündeten Truppenmächte noch möglich war. Die ungezählten sog. Kriegs- und Friedenskarten der privaten Kartenverleger dürften bereits in annähernder Vollständigkeit in der Deutschen Bücherei vorhanden sein.

Aus diesen Ausführungen erhellt schon, daß die Stärke der Kartensammlung der Deutschen Bücherei im neuen und neuesten Kartenmaterial deutschen Ursprunges liegt, da bei ihr auch infolge ihrer Organisation jede neue Karte zuerst einläuft. Daher erweist sie sich besonders bei allen den wissenschaftlichen Arbeiten als nutzbar, für die modernes Kartenmaterial eingesehen werden muß. Je größer der Abstand vom Jahre 1913 wird, desto reichhaltiger wird der Kartenbestand und desto mehr wächst die Wahrscheinlichkeit, hier neueste Karten aus allen Gebieten und jeder Art vorzufinden.

Ein besonderer Hinweis diene noch der Sammlung sämtlicher Wandkarten deutscher Verleger, die in modern konstruierten Schränken magaziniert sind (s. u.), und die, soweit ich übersehen kann, keine andere Bibliothek in dieser Vollständigkeit sammelt. Dadurch hat z. B. ein Lehrer die Möglichkeit, sich sämtliche physikalischen Schulwandkarten Deutschlands von Perthes, Westermann, Wagner & Debes, Gaebler, Freytag usw. nebeneinander aufhängen zu lassen und zu entscheiden, welche davon ihm für den Unterricht am geeignetsten erscheint. Daß daher die Kartensammlung auch die beste Gelegenheit zu methodischen schulgeographischen Arbeiten wie überhaupt zur Geschichte der modernen Kartographie bietet, sei nur nebenbei erwähnt.

In dem hinlänglich bekannten, 1916 eingeweihten Neubau der Deutschen Bücherei erhielt die Kartensammlung im 1. Obergeschoß des Westflügels Räume. Auch hier wurden praktisch Kartenmagazin und Benutzerraum miteinander vereinigt, wie das ebenfalls bei dem Neubau der Preuß. Staatsbibliothek geschehen war, um den weiten Transport umfänglicher Kartenwerke, bes. auch der schweren Wandkarten in den Lesesaal zu vermeiden. Der eigentliche 135 qm große Kartensaal empfängt von Norden und Süden durch hohe Fenster vorzügliches Licht; abends wird er durch indirekte Deckenbeleuchtung vorzüglich erhellt. In der Mitte des Saales stehen in vier Reihen, je zwei mit der Rückwand gegeneinandergestellt, 20 Rolljalousieschränke mit Auszügen für liegend aufzubewahrende Karten. Da die Schränke nur 110 cm hoch sind, ergeben sich gleichzeitig zwei 575 $\times$ 200 cm große Tische zum bequemen Ausbreiten oder Aneinanderlegen von Karten. An den zwei nicht durch Fenster durchbrochenen Wänden stehen 17 hohe Wandschränke für die gerollten Karten. An den Fenstern entlang gruppieren sich 10 1,50 m breite und 1,00 m tiefe Arbeitstische für die Kartenbenutzer. Die Tischplatten können schräg gestellt werden, und unter ihnen befinden sich links ein verschließbarer Tischkasten, rechts ein offener Ablegboden.

Die Rolljalousieschränke sind außerordentlich solide aus Holz gearbeitet. Jeder Schrank hat zehn Auszüge mit 100 cm breitem, 91 cm tiefem und 6 cm hohem nutzbaren Innenraum. Die Auszüge selbst bestehen aus etwa 2 cm starken Holzrahmen, die Legefläche bildet ein Gitterwerk von 1,4 cm starken Latten, um den Auszug nicht zu schwer zu machen. Dennoch sind sie eher zu stark und schwer als zu schwach gearbeitet. Die angegebenen Innenmaße dürfen als empfehlenswertes Normalmaß gelten, das von größeren Kartenwerken nur selten überschritten wird. Sollte dies dennoch der Fall sein, müssen die Karten gefaltet eingelegt werden.

Die Signierung der Kartenwerke ist in der Deutschen Bücherei durch ihre Eintragung in das Zugangsbuch gegeben. Der Signierbuchstabe ist T. Davor wird die Jahreszahl, dahinter die laufende Nummer gesetzt, sodaß z. B. 1919 T 10 die 10. im Jahre 1919 ins T-Zugangsbuch eingetragene Karte bedeutet. Jedes Jahr beginnt also eine neue Zählung. Demgemäß ist auch, wie überhaupt in der Deutschen Bücherei, die Aufbewahrung eine mechanische, nicht systematische. Das hat besonders bei den umfänglichen Kartenwerken die Annehmlichkeit, daß nie bei Platzmangel gerückt zu werden braucht, sondern einmal magazinierte Karten stets ihren Platz behalten. Die Auszüge in den Kartenschränken werden von unten nach oben besetzt, innerhalb der einzelnen Auszüge liegen die Karten ebenfalls von unten nach oben. Folgen einzelne Blätter mit verschiedenen Signaturen hintereinander, so kommen sie in einen Auszug, bis er mäßig gefüllt ist. Für umfangreichere Kartenwerke, etwa über 10 Blätter enthaltend, was u. a. bei amtlichen Ausgaben der Landesaufnahmen usw. der Fall ist, werden nach der Größe der Blätter besondere Mappen aus Pappe benutzt, die meistens einen Auszug für sich beanspruchen. Diese Mappen für größere und wertvolle Kartenwerke haben sich im Gegensatz zu Berlin doch als praktisch erwiesen[1]), da sie erstens das Vermischen mit einzelnen vorher gehenden oder nachher folgenden Kartenblättern verhindern, zweitens bei Werken aus zahlreichen Einzelblättern die Verabreichung an die Benutzer erleichtern. Die einzelnen Karten liegen — im Gegensatz zur Berliner Sammlung[2]) — mit der Rück-

---

1) Vgl. H. Meisner, Ueber Ordnung und Verwaltung von Kartensammlungen. Zbl. f. Bw., Jg. 22, 1905, S. 21.
2) Ebenda S. 21.

seite nach unten, da die Gefahr des Sichrollens durch vorheriges
Pressen widerspenstiger Blätter kaum noch vorhanden ist und das
Aufsuchen bestimmter Karten bedeutend erleichtert wird, wenn man
die Kartenbilder selbst übersehen kann. Die Signatur wird von der
Eingangsstelle (Zugangsbuch) über den Titel der Karte gesetzt und
von der Kartensammlung auf kleinen Schildern in der linken unteren
Ecke zum schnelleren Auffinden wiederholt. Auf die Mappen wird
zudem ein großes weißes Schild geklebt, das in Rundschrift den ab-
gekürzten Titel und die Signatur trägt.

Um den Benutzer sofort über das Vorhandensein oder Fehlen von
einzelnen Blättern umfangreicher Kartenwerke unterrichten zu können,
ist eine besondere Einrichtung getroffen worden, wie sie gewöhnlich
in den Kartensammlungen geographischer Institute geübt wird. Die
Einteilungsblätter der offiziellen Kartenwerke von Landesaufnahmen
usw. und, soweit sie erschienen sind, auch von privaten Kartenwerken
werden einzeln auf Pappe gezogen, und es werden mit roter Tinte
diagonal diejenigen Blätter durchstrichen, die vorhanden sind. Das
ermöglicht die schnellste Orientierung über den Bestand. Diese Einteilungsblätter sind länderweise geordnet und in drei besonderen Kartenschränken für das Publikum zugänglich untergebracht. Gewöhnlich
liegt auch noch ein zweites derartig bearbeitetes Einteilungsblatt
innerhalb der Mappe des betreffenden Kartenwerkes.

Als nicht unwesentliche Bemerkung sei hier eingeflochten, daß die
eigentliche Kartensammlung nur die liegend aufzubewahrenden Kartenwerke sowie die Wandkarten verwaltet. Alle in Buchformat gefalteten
Karten mit und ohne Umschlag, meist Erzeugnisse privater Kartenverleger, werden in der Deutschen Bücherei vollkommen wie Bücher
behandelt und demgemäß auch in den drei Formaten A, B und C in
den allgemeinen Büchermagazinen aufgestellt. Diese örtliche Trennung
macht jedoch praktisch keine Schwierigkeiten, da diese Karten durch
Rohrpost, Telefon und Bücheraufzug binnen wenigen Minuten in den
Kartensaal geschafft werden können. Auf demselben Wege steht
dem Kartenbenutzer auch jedes Buch, das er zu seiner Arbeit benötigt, sofort zur Verfügung. Katalogisiert und bearbeitet werden
die in Buchform erschienenen Karten jedoch in der Kartensammlung,
wie weiter unten ausgeführt wird.

Die Wandkartenschränke sind ein neuer, nach Angaben der Bau-
leitung konstruierter Typus, der sich als sehr praktisch erwiesen hat
und immer das Interesse der Fachgenossen erregt, zumal man auf Bibliotheken oder an Schulen selten auf eine zweckmäßige Unterbringung
solcher sperrigen Gegenstände Bedacht genommen hat. Die Aufgabe war,
auf wenig Raum möglichst viele gerollte Karten unterzubringen. An zwei
Wänden des Kartensaales stehen, z. T. in die Wände eingebaut, 17 etwa
4 m hohe Schränke mit ebenso hohen Türen. Sie gestatten durch eigenartige herausschwingbare Rahmen eine senkrechte Aufstellung der Karten
in 4 Reihen hintereinander. Mit Hilfe eines Querbrettes in Greifhöhe
stehen außerdem jeweilig zwei Wandkarten übereinander; unten die

kleineren bis 125 cm Länge (Format V), oben die größeren bis 235 cm
Länge (Format W). Beide Kartenreihen werden in halber Höhe durch
Blechspangen festgehalten. Die nutzbaren Innenmaße sind 45 cm
Tiefe und 60 cm Breite. Es können also an der Hinterwand zweimal
10 Karten, auf dem Rahmen viermal 8 Karten und an der Rückseite
der Tür zweimal 9 Karten übereinander untergebracht werden. Da
die Schränke in der Breite ein wenig schwanken, haben in jedem
einzelnen 70—76 Wandkarten bequem Platz. Es ist zunächst Raum für
1256 gerollte Karten vorhanden. Jede als Wandkarte bestimmte Karte
wird auch als solche behandelt, wenn nötig an Stäben aufgezogen und
eingestellt. Da die Preise für Aufziehen auf Schirting außerordentlich
gestiegen sind, werden seit einem Jahre die Wandkarten auf einem
zähen starken Papier mit Leinwandstreifen an den Rändern und den
üblichen Holzstäben aufgezogen. Ueber die praktische Bewährung
dieser Papieraufzüge liegen noch keine Erfahrungen vor, aber sie
müssen einstweilen genügen, und bei schonender Behandlung der Objekte
dürfte die Gefahr einer Beschädigung nicht groß sein, zumal die beim
Gebrauch in der Schule unvermeidliche Strapazierung hier wegfällt. Die
Signierung der Wandkarten korrespondiert ebenfalls mit dem Zugangsbuch,
mit dem Unterschiede, daß wegen des geringeren Einlaufes von Wandkarten die Jahreszahl fortfällt und neben die Formatbuchstaben V und W
nur der numerus currens tritt. Die Signatur tragen kleine Pappschildchen,
die an die Aufhängeschnüre befestigt sind. Auf eine der Holzstangen ist
jeweilig ein länglicher Papierstreifen mit dem Titel der Karte geklebt,
und zwar befinden sich Signaturschilder und Titelstreifen bei der
unteren Reihe am oberen Ende, bei der oberen Reihe am unteren,
damit alle Angaben in Augenhöhe bequem lesbar sind. Die einzelnen
Reihen sowie die Außenseiten jeder Schranktür tragen außerdem
Schilder mit den Signaturen des gesamten Inhaltes. Selbstverständlich
sind auch Aufhängevorrichtungen für die Benutzung der Wandkarten
im Kartensaal angebracht.

Räumlich mit dem Kartensaal verbunden ist der sog. „Kleine
Lesesaal" mit 105 qm Fläche. Er war ursprünglich für bevorzugte
Benutzer bestimmt und enthält elf einzelne große Schreibtische. Jeder
Arbeitsplatz hat eine Lampe, Tischaufbau, Aktenständer und außerdem
an der Wand ein großes, durch einen Vorhang zu verdeckendes
Büchergestell. Indirekte Deckenbeleuchtung, elektrische Uhr, Fern-
thermometer und Waschgelegenheiten vervollständigen den geschmack-
voll und behaglich eingerichteten Arbeitsraum. Zwischen „Kleinem
Lesesaal" und Kartensaal steht, etwas erhöht und beide Räume be-
herrschend, das Pult des Aufsichtsbeamten mit Haustelefon, Rohrpost,
Schränkchen der Tischkastenschlüssel usw. Davor befindet sich die
Katalogkartothek.

Der „Kleine Lesesaal" bietet zugleich die beste Erweiterungsmög-
lichkeit des Kartenmagazins und kommt auch in erster Linie später für
die Aufstellung neuer Kartenschränke in Betracht. Für die Repositorien
an den Wänden ist eine kartographische Handbibliothek für die Be-

nutzer in Aussicht genommen. Aber auch für die Zukunft ist schon bei Anlage des Baues vorgesorgt worden. Die heute durch Wandkartenschränke eingenommene Westseite des Kartensaales ist eine Brandmauer, die ohne Schwierigkeiten durchbrochen werden kann, wenn sich Erweiterungsbauten der Deutschen Bücherei an diesen Flügel anschließen werden. So ist also auch nach dieser Seite hin die Möglichkeit gegeben, den Kartensaal beliebig zu vergrößern.

An den „Kleinen Lesesaal", und mit ihm durch eine Tür verbunden, schließt sich das geräumige Zimmer des Vorstehers der Kartensammlung an. Es war ein selbstverständliches Erfordernis, daß mit der Organisation und Leitung der Kartensammlung nur ein Fachmann betraut wurde, was wegen der Kriegsverhältnisse sich jedoch erst Ende 1918 ermöglichen ließ.

Das Prinzip der in der Deutschen Bücherei herrschenden strengen Arbeitsteilung wurde insofern durchbrochen, als die Kartensammlung seit Oktober 1919 die Katalogisierung sämtlicher Kartenwerke dem „Alphabetischen Katalog" abgenommen hat, dem sie bis dahin oblag. Das geschah aus Zweckmäßigkeitsgründen der wissenschaftlichen Kontrolle des Karteneinlaufs, der einheitlichen und schnelleren Verarbeitung usw. Die neu einlaufenden Kartenwerke gehen zunächst an die Buchstelle, wo sie nach Formaten in die Zugangsbücher eingetragen und dementsprechend signiert werden und gelangen dann sogleich in die Kartensammlung, wo sie katalogisiert, statistisch bearbeitet und in die verschiedenen Magazine verteilt werden. Die Vervielfältigung der Aufnahmen für die Kataloge geschieht sofort im Hause, so daß eine neueingelaufene Karte binnen acht Tagen im Magazin steht, ihre Aufnahme auf die verschiedenen Kataloge verteilt und eingeordnet sein muß und somit die neueste Karte dem Benutzer schnellstens ausgehändigt werden kann. Eine Verzögerung dieser Bereitstellung darf höchstens eintreten, wenn sich Einbände, Anfertigung von Mappen, Wandkartenaufzüge usw. als notwendig erweisen. Solche Arbeiten müssen natürlich sofort vorgenommen und ausgeführt werden.

Wie in der Katalogisierung von Büchern in Deutschland keine Einheitlichkeit herrscht,[1] so gibt es auch für die zuweilen noch schwierigere Titelaufnahme von Karten keine einheitlichen Regeln. Das hängt natürlich auch damit zusammen, daß man den Karten überhaupt erst in jüngster Zeit erhöhte Aufmerksamkeit in den meisten deutschen Bibliotheken zu teil werden läßt.[2] Bahnbrechend

---

[1] Vgl. W. Frels, Die bibliothekarische Titelaufnahme in Deutschland. Zbl. f. Bw. Beih. 47, 1919.
[2] Noch in unserem Jahrhundert konnte z. B. geschrieben werden: „Es ist eine bedauerliche Tatsache, daß man in vielen Bibliotheken der Kartensammlung eine sehr geringe Aufmerksamkeit schenkt. Man weiß zuweilen nicht, worüber man sich mehr wundern soll, ob über die Reichhaltigkeit mancher Sammlungen oder über die Nachlässigkeit, mit der man das umfangreiche Material Jahrzehnte hindurch und länger in mangelhaft geordnetem Zustande liegen ließ. Erst in neuerer Zeit ist auch in dieser Beziehung hier und da Wandel geschaffen, indem man Fachleuten die Ordnung und Ver-

wirkte in dieser Beziehung eigentlich erst die Arbeit von Viktor
Hantzsch, der gelegentlich der Katalogisierung der Kartensammlung der sächsischen Landesbibliothek in der Auswahl des Aufzunehmenden sich zwar im wesentlichen der Preußischen Instruktion
(1899) anschloß, in der Anordnung aber besondere Wege ging. [1]) Er
benutzte bekanntlich für den Standortskatalog besonders große, 12,5 cm
hohe und 30 cm breite Katalogkarten, auf denen formularmäßig vor-
gedruckte Rubriken auszufüllen sind. [2]) Dieses Hantzsch'sche Katalogi-
sierungssystem mit seinen Vordrucktitelkopien hat sich sehr gut bewährt
und wird auch jetzt noch unverändert für alle Karten, und zwar alte
und moderne, angewandt. [3]) Inwieweit sich andere Bibliotheken dafür
entschieden haben, und welche Erfahrungen damit gemacht worden sind,
entzieht sich leider meiner Kenntnis. [4]) Ich vermute, daß es nur
vereinzelte Bibliotheken sind. Nur einmal sah ich es nachgeahmt,
und zwar in der reichhaltigen polnischen Privatkartensammlung des
Herrn B. Olszewicz in Warschau, der die Hantzsch'schen Formular-
karten in polnischer Uebersetzung benutzt und das System auch in
einer besonderen Schrift [5]) den polnischen Bibliotheken beschrieben und
zur Nachahmung angelegentlichst empfohlen hat.

Für Sammlungen mit vorwiegend älteren Kartenbeständen, die zwecks
Identifizierung der einzelnen oft wenig von einander abweichenden
Blätter eine möglichst ausführliche Beschreibung erfordern, und bei
denen Zeichner, Stecher, Drucker, Privilegien usw. eine weit größere
Rolle spielen als bei modernen Kartenwerken, mag das Hantzsch'sche
System von erheblichem Nutzen sein. Für durchweg neueste Karten,
wie sie die Sammlung der Deutschen Bücherei birgt, vermag ich mich
jedoch nicht damit zu befreunden. Rubrizierte Titelaufnahmen stören
zweifellos das einheitliche Gesamtbild der Katalogkarte. [6]) Die Aufnahmen der Kartentitel sollten so kurz wie möglich und denen der
Bücher möglichst angeglichen sein, indem in einheitlicher Reihenfolge
nur das hinzugefügt wird, was die Besonderheit einer Karte ausmacht
(Maßstab, Blattgröße). Bei alten Karten wird die Aufnahme im
allgemeinen ausführlicher sein als bei modernen. Sieht man einige der
veröffentlichten Kartenkataloge, z. B. von W. Ruge, Philip Lee Phillips,

waltung anvertraute." (K. Jolig, Niederländische Einflüsse in der deutschen
Kartographie bes. des 18. Jh. Diss. Leipzig 1903, S. 4).

1) Die Landkartenbestände der Kgl. öff. Bibliothek zu Dresden nebst
Bemerk. über Einrichtung und Verwaltung von Kartensammlungen. Zbl. f. Bw.,
Beih. 28, 1904.

2) Vgl. Ebenda S. 28 ff.

3) Nach brieflicher Mitteilung der Sächs. Landesbibliothek.

4) Ich wäre den Lesern für Mitteilungen darüber sehr dankbar.

5) Zbiory kartograficzne. Próba instrukcyi do katalogowania i konser-
wowania zbiorów kartograficznych. Warszawa, Tow. miłośników historyi, 1915.

6) Ich stimme darin Paul Ladewig bei, wenn er sagt: „Das Zer-
pflücken der Titel in Rubriken hat keinerlei praktischen Zweck, wohl aber
stört es rasche Zettelübersicht, vor allem das bibliographische Gesamttitelbild,
das geschmackvoll übersichtliche Niederschrift wohl zu erhalten vermag".
Politik der Bücherei, Leipzig 1912, S. 239.

H. G. Fordham (alte Karten) oder von H. Marquardsen, Gr. General-
staʰ Berlin (moderne Karten) daraufhin durch, so wird man ebensoviele
verschiedene Anordnungen innerhalb der Titelaufnahme finden. H.
G. Fordham z. B., der sich neuerdings besonders mit dieser Frage be-
schäftigte, [1]) setzt das dargestellte Land als Ueberschrift, nächste
Zeile erst Jahreszahl, dann Verfasser, Blattgröße, Maßstab, Kupferstecher und nach einem Absatz eine textliche Beschreibung im einzelnen.

Wenigstens für einen Teil der deutschen Bibliotheken einheitliche
Katalogisierungsvorschriften für Karten angestrebt zu haben, ist das
Verdienst Heinrich Meisners. Sie sind der Preußischen Instruktion
von der 2. Ausgabe ab (1908) in einer besonderen Anlage VI
S. 166—170 beigefügt worden und ergaben sich aus den langjährigen praktischen Erfahrungen, die ihr Verfasser bei der Ordnung
der reichhaltigen Berliner Sammlung machen konnte. Da die Preußische
Instruktion in der Deutschen Bücherei allgemeine Anwendung findet,
wurden auch die Karten von Anfang an nach ihnen katalogisiert. In ihren
Grundzügen werden sie stets Gültigkeit behalten. Es kann sich nur um
gewisse Abänderungen handeln, die sich insonderheit bei der Aufnahme
moderner Kartenwerke herausstellen werden, da die Preußische Instruktion
im wesentlichen auf den Erfahrungen mit alten Karten beruhen dürfte.
So wurde im Februar 1918 als erste Aenderung bestimmt: § 3 b Schlußsatz ergänzt lithogr., kartogr. oder geogr. Institut; zu § 6: Als Atlas
wird auch die Vereinigung von 2 oder mehr Hauptkarten in einem
gemeinsamen Umschlag oder in gemeinsamer Tasche angesehen. Unter
Umständen gilt der Zeichner, Stecher oder Lithograph, nie jedoch eine
Firma (Institut) als Verfasser; im § 7 wird der erste Satz wie folgt
geändert: Außer in den .... Fällen können Verweisungszettel geschrieben werden. Die Kartensammlung der Deutschen Bücherei ist
bestrebt, weiteres Material zu Verbesserungsvorschlägen zu sammeln,
um die Preußische Instruktion auch für die Aufnahme moderner Kartenwerke möglichst vorbildlich zu gestalten.

Von allergrößter Wichtigkeit ist die Frage der Kataloge. Wie
schon H. Meisner [2]) mit Recht hervorhob, kommt bei der Benutzung
von Kartensammlungen meist die geographische Darstellung, viel seltener
der Autor in Frage. Der systematische Katalog (SK) ist also
wichtiger als der alphabetische. Gilt das schon für Sammlungen mit
vorwiegend alten Kartenbeständen, so noch vielmehr für solche mit
modernen, bei denen der Verfasser meist ganz in den Hintergrund tritt
(man denke z. B. an die vielen sog. Kriegskarten). Trotzdem halte ich
mit V. Hantzsch [3]) bei alten Kartensammlungen auch einen Autoren-
katalog für unbedingt notwendig, der die früher viel mehr hervortretenden
Zeichner, Stecher, Drucker usw. mit enthält. Die besonderen Verhält-

---

1) Descriptive catalogues of maps. Transactions of the Bibliogr. Soc. 11,
1909—11 (London 1912), S. 135—164.
2) Zbl. f. Bw., Jg. 22, 1905, S. 16.
3) a. a. O. S. 38.

nisse der Deutschen Bücherei ließen einen eigenen alphabetischen Kartenkatalog im Raume der Kartensammlung unnötig erscheinen. In vorkommenden Fällen muß der Benutzer auf die beiden alphabetischen Hauptkataloge im Hause (Publikums- und Dienstkatalog) verwiesen werden. Mit desto größerer Sorgfalt wurde aber der SK in Angriff genommen und durchgeführt.

Zwei wesentliche Vorteile konnte die Herstellung des SK von vornherein genießen, und nach zwei Gesichtspunkten unterscheidet er sich von ähnlichen Katalogen anderer Bibliotheken oder älterer Kartensammlungen. Erstens war die Menge der Objekte zeitlich nach rückwärts durch das Jahr 1913 (dem Beginn der Sammeltätigkeit) begrenzt und konnte verhältnismäßig leicht überschaut werden, da es sich durchweg um neueste kartographische Erzeugnisse handelt. Zweitens konnte die Systematik nach diesem Material ganz neu geschaffen werden, und es brauchte keine Rücksicht auf ältere vorhandene Realkataloge oder veraltete Einteilungen genommen zu werden, wie sie ältere Sammlungen üben mußten.[1]) Das System konnte also dem neuesten methodischen Standpunkt der erdkundlichen Wissenschaft angepaßt werden. Welcher Fortschritt darin liegt, wird der ermessen können, der die große Entwicklung der geographischen Methodik in den letzten Jahrzehnten verfolgt hat.

Der SK enthält nur selbständig erschienene geographische Karten, das sind verkleinerte Abbildungen von Teilen der Erdoberfläche. Ausgeschlossen sind also „Karten" nicht geographischen Inhalts, soweit sie der eben gegebenen Definition nicht entsprechen (z. B. Wandtafeln mit geographischen oder botanischen Charakterbildern, kunstwissenschaftliche Bildertafeln, Himmels- und Sternkarten, Plakate usw.). Diese werden in der Deutschen Bücherei zum Unterschiede „Tafelwerke" genannt und erscheinen nur im allgemeinen SK in dem betr. Wissenschaftsgebiet. Ferner sind zunächst ausgeschlossen alle geographischen Karten, die Büchern oder Zeitschriften usw. beigegeben sind (vgl. dazu den Schlußabschnitt). Als Zettel internationalen Formates werden die für den alphabetischen Katalog gemachten Aufnahmen benutzt, als Leitkarten vier verschiedene Arten, die mit den Leitköpfen einen Zentimeter über die Zettel ragen: blaue (breite Leitköpfe in der Mitte), rosa (breite L. links), gelbe (breite L. rechts) und weiße (schmale L. in der Mitte).

Sämtliche Karten sind sinngemäß in die beiden Hauptgruppen: Land- und Seekarten eingeteilt. Landkarten sind verkleinerte Abbildungen des festen Landes, unter Seekarten werden Abbildungen der wasserbedeckten Erdoberfläche verstanden (z. B. alle der Schiffahrt dienenden Karten des Reichs-Marineamts, Tiefenkarten einzelner Meeres-

---

1) z. B. Berlin, vgl. H. M e i s n e r a. a. O. S. 16. — Das Dresdner System schließt sich eng an die politische Gliederung an, wie sie während der 2. Hälfte des 18. Jh. vor den großen Staatsumwälzungen bestand. Die Erdteile und Länder sind mit ihren lateinischen Namen bezeichnet. Vgl. V. H a n t z s c h a. a. O. S. 33.

gebiete, Karten, die die U-bootwirkung auf der Nordsee veranschaulichen sollen usw.). Daran schließt 'sich als dritte Abteilung der SK der Atlanten, das sind systematische, meist zu einer bibliographischen Einheit vereinigte Zusammenstellungen von mehreren, nicht aneinander grenzenden, sondern selbständigen Kartenblättern.

Das oberste Einteilungsprinzip bei den Land- und Seekarten ist das regionale. Daher sind die ersten Gruppen die Erdteile oder die Ozeane. Diesen entsprechen keine Leitkarten, sondern ein oder mehrere Kartothekkästen. Der Name des Erdteils oder des Ozeans wird auf der Stirnseite des Kastens vermerkt. Die Einteilung ist folgende: Landkarten: Erdkarten, Mehrere Erdteile, Europa, Asien, Afrika, Amerika, Australien und Ozeanien, Polarländer; Seekarten: Erdkarten, Atlantischer Ozean, Indischer Ozean, Stiller Ozean.

Die weitere regionale Einteilung richtet sich nach der Zahl der zu erwartenden Objekte. Gebiete, von denen zahlreicheres Kartenmaterial vorliegt oder zu erwarten ist (Deutschland), sind reicher gegliedert als Gebiete mit wenigen Karten (Australien). Die Reihenfolge der Leitkarten ist dabei von oben nach unten: blau, rosa, gelb. Beispiel: Innerhalb eines Kastens „Europa" haben als nächste gleichwertige Gruppen blaue Leitkarten (Mitte): z. B. Deutschland, österreichungarische Länder, Polen, Osteuropa. Innerhalb dieser vier Gruppen haben als nächste gleichwertige Abteilungen rosa Leitkarten (links): z. B. Süddeutschland, Deutsch-Oesterreich, Kongreß-Polen, Ukraine. Innerhalb dieser vier Gruppen sind bisher nur die ersten beiden feiner gegliedert, wozu gelbe Leitkarten (rechts) dienen: z. B. Baden, Tirol. Kongreß-Polen und Ukraine weiter zu gliedern, war bisher unnötig.

Infolge des Kartotheksystems ist es nach Bedarf bei wachsendem Zettelmaterial eine geringe Mühe, ein Land durch Einführung der nächsten Leitkarten weiter zu gliedern.

Innerhalb der jeweilig kleinsten regionalen Abteilung sind sämtliche Karten nach ihrer durch ihren Hauptinhalt gekennzeichneten Bestimmung sachlich in 5 feststehende und in allen Abteilungen sich wiederholende Gruppen eingeteilt:

1. Allgemeine topographische Karten (Allg. topogr. Kt.).
2. Physiogeographische Karten (Physiogeogr. Kt.).
3. Biogeographische Karten (Biogeogr. Kt.).
4. Anthropogeographische Karten (Anthropogeogr. Kt.).
5. Politische Karten (Polit. Kt.).

1. Allg. topogr. Kt. sind solche, die innerhalb der durch das Verjüngungsverhältnis gesteckten Grenzen ein möglichst getreues Bild der Erdoberfläche oder eines Teiles mit allen dem allgemeineren Wissen notwendigen oder den besonderen Zwecken der Orientierung dienenden Einzelheiten geben. Zu diesen die reine Situation in den Vordergrund stellenden Karten gehören z. B. die topographischen Blätter amtlicher Landesaufnahmen.

Die weitere Einteilung in physio-, bio- und anthropogeogr. Karten entspricht den modernen Hauptgruppen der allgemeinen Erdkunde, nach

der Physiogeographie sich mit Erforschung und Darstellung der
physischen Erscheinungen der Erdoberfläche, Biogeographie sich mit
der Ausbreitung der Organismen beschäftigt. Letztere umfaßt jedoch
nur Pflanzen- und Tiergeographie, während das Studium der Beziehungen
des Menschen zur Erdoberfläche und seine Verbreitung auf ihr Aufgaben
der Anthropogeographie sind.
     Demnach haben
     2. Physiogeogr. Kt. den Zweck, die allgemeine physische
Beschaffenheit oder besondere physische Verhältnisse eines Erdraumes
mit Vernachlässigung aller dieser besonderen Aufgabe fremder Einzelheiten zur Darstellung zu bringen. Dazu gehören u. a. orographische
(Gebirgs-) Karten, in farbigen Stufen angelegte Höhenschichtenkarten,
hydrographische (Gewässer-) Karten, sog. physikalische Schulwandkarten, da sie durch ihre Farbengebung das Hauptgewicht auf die Veranschaulichung des Reliefs legen, geologische Karten (früher geo-
gnostische genannt), Bodenkarten, erdmagnetische Karten, meteorologische Karten, die die Verteilung von Wärme, Feuchtigkeit, Bewegung usw. im Luftmeer darstellen, klimatologische Karten, die die
Verbreitung der Klimagebiete angeben, Wetterkarten usw.
     3. Biogeogr. Kt. die Aufgabe, die geographische Verbreitung
von Gruppen der Pflanzen- und Tierwelt auf der Erdoberfläche zu
zeigen (z. B. Waldkarten, Karten der Verbreitung von Anophelesarten).
     4. Anthropogeogr. Kt. den Zweck, die Beziehungen des Menschen
zur Erdoberfläche und seine Verbreitung auf ihr zu veranschaulichen.
Sie lassen sich zweckmäßig gliedern in a) Bevölkerungsgeo-
graphische Karten, die Aufschluß geben über die Verteilung
der Menschheit nach Dichte, nach Völkergruppen und Rassen, über
die Verbreitung von Sprachen, Nationalitäten, Sitten und Gebräuchen,
religiösen Vorstellungen, Krankheiten usw., b) Siedlungsgeo-
graphische Karten, zu denen z. B. Karten der Verbreitung von
Dorfformen, sämtliche Stadtpläne usw. gehören, c) Wirtschaftsgeographische Karten: z. B. Karten der Verbreitung der Wirtschafts-
formen (Weizenanbau, Schweinezucht, Kohlenbergwerke usw.), Karten
der Verteilung der Produktion, der Getreidepreise, der Industrien usw.
d) Verkehrsgeographische Karten: sie haben die Aufgabe
der Veranschaulichung der natürlichen oder künstlichen Wege und
Hilfsmittel des Verkehrs, z. B. Eisenbahnkarten, Telegraphenkarten,
Luftschiffkarten, die beispielsweise Landeplätze, Luftschiffhallen, Leucht-
feuer besonders hervorheben, Isochronenkarten, auf welchen ersichtlich
gemacht ist, welche Orte von einem großen Zentrum aus (z. B. der
Hauptstadt) binnen gewisser Zeit erreicht werden können, alle Arten
von Straßen- und Wegekarten (Automobil- und Radfahrkarten, sobald sie
z. B. die Entfernungen zwischen den Orten angeben oder die Steigung
der Straßen [Profilkarten] erkennen lassen; Wander- und Touristenkarten, wenn z. B. farbige Wegebezeichnungen eingetragen sind, Schi-
karten, die empfehlenswerte Schiwege und Sprungplätze kennzeichnen usw.
Hierher gehören ferner Karten der Binnenwasserstraßen, Seefahrtskarten

mit Anga̧be der Dampferlinien und ihrer Flaggen, nautische Monats-
karten, welche die je nach den Jahreszeiten empfehlenswerten Schiffs-
wege sowie die Lage der Eisberge, treibenden Wracks usw. angeben u. a. m.).

5. Polit. Kt. verdeutlichen die administrative Einteilung der Erde
und ihrer verschiedenen Staatengebilde. In der Regel gehören die-
jenigen Karten zu den politischen, bei denen verschiedenfarbiges
Flächenkolorit die Staaten unterscheiden soll (vgl. z. B. politische
Schulwandkarten). Ferner gehören hierher Karten, die Grenzver-
schiebungen, kriegsbesetzte Länder, Abstimmungsgebiete, administrative
Einteilungen (z. B. in Kreise, Gerichtsbezirke), Karten von Behörden
(Verbreitung der Garnisonen) oder Wahlbezirken (Karten der Wahl-
bezirke der Nationalversammlung, Ergebnisse der Wahl) u. a. m. zeigen.
Eine wichtige Unterabteilung bilden die historischen Karten, welche
die politische Einteilung vergangener Zeiten darstellen.

Nur in sehr seltenen Fällen wird ein Zweifel vorhanden sein, in
welche dieser fünf Gruppen eine Karte eingeordnet werden soll. In
solchem Falle dürfte es sich empfehlen, sie in die erste Gruppe der
allg. topogr. Kt. einzuordnen, da ein Benutzer zumeist in dieser zuerst
suchen wird.

Jede Karte wird grundsätzlich nur in eine der fünf Gruppen eingereiht,
auch wenn sie gleichwertig in zwei oder mehrere hineingehören würde[1]).
Die Wahl der Gruppe ergibt die vorherrschende Bestimmung der Karte,
nötigenfalls die logische Erwägung, wo sie voraussichtlich zuerst gesucht
werden würde. (Beispiel: C. Opitz, Reise- und Verkehrskarte von Mitteleuropa 1:2 Mill. [1914] hat flächenhaftes politisches Kolorit und hebt
die Eisenbahnlinien durch dicke rote Linien besonders hervor. Da bei
dieser Karte die politische Einteilung der Länder mehr Nebensache
ist und — wie auch der Titel angibt — die Verbreitung der Eisenbahnlinien in Mitteleuropa gezeigt werden soll, erscheint sie nur unter
den „Anthropogeogr. Kt.", nicht aber auch unter den „Polit. Kt."
Mitteleuropas).

Für die Bestimmung der sachlichen Gruppierung ist stets nur
die Karte selbst maßgebend, niemals ihr Titel. Die Kartentitel, bes.
die von privaten Kartenverlegern gegebenen, sind in vielen Fällen
ungenau und unzuverlässig. Wanderkarte, Touristenkarte, Reisekarte,
Verkehrskarte, Kontorkarte, Schulkarte, Schulhand- oder Wandkarte u. a.
sind unklare Begriffe, die sich für eine wissenschaftliche Kartensystematik
nicht eignen. So gehören z. B. Karten, die den Titel Wander- oder
Touristenkarten führen und nicht den oben dafür angegebenen besonderen
Inhalt haben (z. B. Wegebezeichnungen, Entfernungsangaben) nicht zu
den „Anthropogeogr. Kt.", sondern sind zumeist „Allg. topogr. Kt.".
Ebenso ist die vorübergehend aufgetauchte und oft im Titel angewandte
Bezeichnung „Kriegskarte" für die Systematik unbrauchbar. Kriegskarten sind meist „Allg. topogr. Kt." oder „Polit. Kt.". Wegen der

---

[1]) Das ist in Wirklichkeit äußerst selten der Fall.

großen Zahl der erschienenen „Kriegskarten" ist ihnen der SK in der regionalen Einteilung jedoch insofern entgegengekommen, als unter Mitteleuropa die Unterabteilungen „Dtsch-frz.-belg. Grenzgebiet", „Dtsch-russ. Grenzgebiet" und „Oesterr.-ital. Grenzgebiet" (nicht „Kriegsschau-platz") geschaffen wurden, in welchen die entsprechenden Karten vereinigt sind.

Der mit der allgemeinen geographischen Systematik vertraute Bearbeiter des SK der Kartensammlung, der sich stets in die Lage eines wissenschaftlich arbeitenden Katalogbenutzers setzen muß, wird nach diesen Anweisungen leicht die Entscheidung treffen können, in welche der fünf sachlichen Gruppen eine Karte gehört. Maßgebend ist also stets der Inhalt der Karte, nicht der Titel; denn allein der Inhalt interessiert den Benutzer, nicht der gerade bei Karten oft willkürlich oder gar falsch gewählte Titel. (Beispiel: Eine Karte der Verbreitung der Braunkohlen in Deutschland wird, wenn sie nur die Verbreitung der Braunkohlenvorkommen zeigt, als geologische Karte zu den „Physiogeogr. Kt.", wenn sie dagegen die Verbreitung der Braunkohlenwerke oder Brikettfabriken zeigt, als wirtschafts-geographische Karte zu den „Anthropogeogr. Kt." zu stellen sein.)

Maßgebend für die sachliche Einordnung ist in der Regel nur der Inhalt der Hauptkarte. Nebenkarten (Kartons), welche die Haupt-karte umgeben, und deren Inhalt die Karte oft in eine andere Gruppe weisen würde, bleiben unberücksichtigt. Nur wenn die Nebenkarte besonders wichtig erscheint, kann von ihr nach der oben erwähnten Weise eine besondere Aufnahme (nicht nur eine Verweisung) für den SK angefertigt, und gesondert eingeordnet werden.

Auf jedem Katalogzettel (bei mehreren Zetteln einer Karte nur auf dem ersten) steht unten rechts in eckigen Klammern die Bezeichnung der sachlichen Gruppe (mit Tinte, Schreibmaschinenschrift oder Stempel). Darüber steht mit Bleistift (da je nach den politischen Vorgängen oder bei weiterer Gliederung der regionalen Gruppe zu ver-ändern) die Länderbezeichnung. Innerhalb jeder kleinsten regionalen Abteilung werden die Karten nach den fünf sachlichen Gruppen ein-gestellt, wozu weiße Leitkarten mit kleinem Leitkopf in der Mitte benutzt werden; auf diesem steht die Bezeichnung „Allg. topogr. Kt." usw. Fehlen zunächst Karten aus der einen oder anderen Gruppe, so entfällt auch die betr. weiße Leitkarte. Innerhalb jeder sachlichen Gruppe werden die Zettel alphabetisch nach den Ordnungsworten gestellt.

Eine und dieselbe Karte erscheint in den regionalen Abteilungen so oft, als es nach der Systematik notwendig erscheint, jedoch nicht durch Verweisungen, sondern die Aufnahme wird in der notwendigen Zahl vervielfältigt, und die gleichlautenden Zettel werden so oft als nötig eingereiht. In diesem Falle werden auf der Rückseite des Zettels oben links mit Bleistift diejenigen Länder notiert, bei denen der gleiche Zettel nochmals erscheint. Das geschieht bei jedem der eingestellten Doppelzettel, so daß die Rückseite stets die gleichzeitig berücksichtigten Länder erkennen läßt. Diese Maßnahme ist notwendig, um bei Nachtragungen oder Ergänzungen alle Zettel leicht und sicher aufzufinden. (Beispiel: Eine Karte, die das östliche Mittelmeergebiet in weitestem Umfange zeigt, soll in die regionalen Abteilungen „Mehrere Erdteile“, „Vorderasien“ und „Türkei“ aufgenommen werden. Von den drei gleichen Katalogzetteln erhält der erste auf der Vorderseite unten rechts die Bezeichnung „Mehrere Erdteile“, auf der Rückseite oben links untereinander: „Vorderasien“, „Türkei“; der zweite Zettel vorn „Vorderasien“, hinten „Mehrere Erdteile“, „Türkei“; der dritte Zettel vorn „Türkei“, hinten „Mehrere Erdteile“, „Vorderasien“. Der erste Zettel wird demgemäß unter „Mehrere Erdteile“, der zweite unter „Vorderasien“, der dritte unter „Türkei“ eingeordnet.)

Die Atlanten (Definition s. o.) sind zunächst in drei große Gruppen, in allgemeine, spezielle und historische Atlanten gegliedert worden. Allgemeine Atlanten enthalten Karten von der gesamten Erdoberfläche, spezielle nur solche eines bestimmten Ländergebietes. Diese lassen naturgemäß nach Bedarf eine feinere Gliederung zu.

Mit wenigen Worten seien schließlich noch die Zukunftsaufgaben der Kartensammlung der Deutschen Bücherei gestreift. Sie erwachsen ihr aus der Tatsache, daß hier alle kartographischen Erzeugnisse deutschen Ursprungs sowohl amtlicher wie privater Herkunft lückenlos gesammelt und nach bibliothekarischen Grundsätzen verwaltet werden. Der Wunsch von V. Hantzsch, mit dem er 1904 seine inhaltreiche Abhandlung schloß, kommt also der Verwirklichung nahe: „Als letztes Ziel wäre die Errichtung einer großen deutschen Zentral-Kartensammlung ins Auge zu fassen, da die einzelnen Bibliotheken unter den gegenwärtigen Verhältnissen aus Mangel an Mitteln nicht in der Lage sind,[1] alle wichtigen neu erscheinenden Landkarten zu erwerben (S. 136).“ Für eine solche kartographische Zentralsammelstelle ergäbe sich die doppelte Pflicht, regelmäßig alle Neueingänge den anderen Bibliotheken, geographischen und kartographischen Instituten sowie sonstigen Interessenten in Kartentiteldrucken bekannt zu geben und in fertigen Zetteldrucken zur Verfügung zu stellen, also für alle anderen Stellen die Katalogisierungsarbeit zu übernehmen, sowie zweitens die Neuerscheinungen in einer Jahresbibliographie systematisch zusammenzufassen. Damit würden sowohl eine Ergänzung der Berliner Zetteldrucke, die bekanntlich Karten nicht berücksichtigen, als auch eine Kartenbibliographie, wenigstens für Karten deutschen Ursprungs, die in Geographenkreisen längst vermißt wird, geschaffen sein.

Eine andere wichtige Aufgabe müßte an die Tatsache anknüpfen, daß viele Karten, und zwar oft die wissenschaftlich wertvollsten, Büchern und Zeitschriften[2] beigegeben sind und dadurch in Bibliothekskatalogen mit ihrem Inhalte nicht erscheinen. Diese Karten herauszuziehen, besonders zu katalogisieren und dem SK einzuver-

---

1) Wie viel eher trifft das heute zu!
2) Vgl. z. B. die Publikationen geographischer Forschungsreisen oder Peterm. Mitt.

leiben, ist zwar eine große, aber auch dankbare und für den Benutzer überaus wertvolle Aufgabe; denn erst dann würde der SK die
Vollständigkeit aufweisen, die zugleich gestattet, die gewaltigen Fortschritte und Leistungen der deutschen Kartographie in ihrer Gesamtheit
zu überblicken.

Es besteht die Aussicht, daß die Deutsche Bücherei schon bald
diese nur kurz skizzierten Aufgaben beginnen kann und zum Vorteil
aller Bibliotheken und Kartenbenutzer durchzuführen in der Lage
sein wird.

Leipzig.   Hans Praesent.

Verkauf von Handschriften aus Arnsburg nach Maulbronn im Jahre 1439.

Ueber Alter, Geschichte und Bestand der Cisterzienser-Kloster-
bibliotheken in Arnsburg und Maulbronn ist nur sehr wenig bekannt.
Erstere ist bei der Aufhebung der Abtei im Jahre 1803 der Gräfl.
Solms-Laubachischen Bibliothek in Laubach einverleibt worden und
harrt dort noch der genaueren Durchforschung; letztere ist anscheinend
schon in der Reformationszeit zugrunde gegangen, und nur einige wenige
Handschriften aus ihr haben sich erhalten.[1] Die mir bei Gelegenheit
von archivalischen Studien im Fürstl. Solmsischen Archive zu Lich
aufgestoßene und nachstehend abgedruckte Liste von Handschriften,
welche im Jahre 1439 von Arnsburg nach Maulbronn verkauft wurden,
gibt eine erwünschte Vorstellung von dem Reichtum der Bibliothek
der Wetterauer Abtei an kanonistischer und theologischer Literatur.
Aus welchem Grunde die angeführten 64 Handschriften nach Maulbronn
verkauft wurden, ist nicht angegeben. Eine besondere Notlage des
Klosters, wie sie nachweislich gegen Ende des 15. Jahrhunderts eintrat,
scheint für die Zeit des Verkaufs nicht in Frage zu kommen. Auch
hat sich keine Kunde darüber erhalten, ob in Arnsburg das Abschreiben
von Handschriften etwa gewerbsmäßig betrieben wurde und derartige
Verkäufe öfter stattfanden. Ebensowenig ist etwas über eine zur angegebenen Zeit etwa planmäßig vorgenommene Vermehrung der Maul-
bronner Bibliothek bekannt.

Die in dem sog. Liber actorum des Klosters Arnsburg eingetragene
Liste der verkauften Handschriften stellt 21 in die Rubrik Jurisprudenz,
41 unter Theologie und 2 unter Medizin; doch ist diese Rubrizierung
nicht zu pressen: unter den theologischen Stücken figuriert z. B. auch
ein Opus agriculturae. Der Schreiber hat sich, zumal im Anfang der
Liste, bemüht, die einzelnen Stücke auch nach ihren äußeren Merk-

1) Herr Dr. P. Lehmann, der Herausgeber der Mittelalterl. Bibliothekskataloge, hat mir gütigst mitgeteilt, daß ihm bislang nur vier ehemalige Maul-
bronner Handschriften bekannt geworden sind: Paris Ms. lat. 10 344; Univ.-
Bibl. München Ms. 4° 321; Univ.-Bibl. Gießen Ms. 695; Stadtbibl. Colmar
Ms. 492.

malen zu kennzeichnen, indem er Illustration und Schriftcharakter vermerkt. Da der Stoff nur ein einziges Mal als Pergament angegeben
wird, darf man annehmen, daß es sich im übrigen um Papierhand-
schriften gehandelt hat. Leider ist ein Preis weder im Einzelnen noch
für das Ganze angegeben.

Anno domini millesimo quadringentesimo tricesimo nono
vendidit dominus Johannes de Richelszheim abbas subscriptos
libros domino abbati de Muleborn.

Et primo in jure.

Decretales cum pictura salvatoris et beate virginis. optimus [liber] cum
ymaginibus theutunicorum. [2])

Decretales cum pictura et habens titulos legales in principio. valde
bonus liber.

Decretales boni cum minori litera sine pictura.

Decretales cum glosa in pulchra litera.

Sextus decretalium sine glosa in pulchra magna litera.

Sextus cum duobus depictis in margine primi folii cum aliis picturis,
in magna litera.

Glosa super decretales in pirgameno.

Apparatus cum glosa Johannis Andree[3]) super sextum.

Glosa super decretales cum casibus summariis.

Decretum cum apparatu.

Casus magistri Bernhardi[4]) super quinque libros decretalium in
pulchra litera.

Copiosa videlicet Hostiensis[5]) super quinque libros decretalium in
pulchra nova litera.

Directorium iuris. magnum et pulchrum volumen.

Libellus de questionibus casualibus, que in summa Raymundi[6]) et
apparatu eius non continentur. cum registro in fine secundum alpha-
betum.

Liber in legibus institutionum de iustitia et iure, videlicet Compostellanus. [7])

Libellus de questionibus casualibus compendiosi extractus de summa
confessoris, [10]) que in summa Raymundi[6]) non continetur. cum
tabulis.

---

2) Sollte es sich um Bilder der Deutschmeister handeln? Dann dürfte
man annehmen, daß der Codex aus dem Deutschen Orden stammte.

3) Vgl. F. v. Schulte, Die Gesch. der Quellen und Literatur des Cano-
nischen Rechts, 2, 213.

4) Bernardus Compostellanus jun. Vgl. ebd. 2, 118 f.

5) Henricus de Segusia. Gemeint ist wohl seine Summa super titulis
decretalium. Vgl. ebd. 2, 125 ff.

6) Raymundus de Pennaforte. Vgl. ebd. 2, 410 ff.

7) Die Schrift kennt v. Schulte weder zu Bernardus Compostellanus
antiquus noch zu dem bereits erwähnten jüngeren Bernardus. Vgl. ebd. 1,
190; dazu auch Hurter, Nomenclator literarius, 4, 192. 288.

Summula fratris Bartholomei[8]) in iure canonico secundum literas alphabeti, et procedit questionatim et incipitur: quoniam, ut ait Gregorius super Ezechielem, nullum sacrificium omnipotenti deo tale est, qualem zelus animarum . magnum volumen.

Apparatus archidiaconi[9]) super sextum.

Summa iuris Bartholomei.[8])

Novella Johannis Andree[3]) super quinque libros decretalium.

Summa Johannis confessoris.[10])

In theologia.

Biblia in parva litera.

Biblia magna cum registro.

Biblia cum pulchra litera, in qua continetur Job et aliqui alii prophete et evangeliste.

Evangelia cum glosa ordinaria, videlicet Johannes et Lucas, in pulchra litera.

Prima pars Lombartice historie.[11])

Liber pulcher de miserabili humane condicionis ingressu, et in fine habetur Albertus Magnus.[12])

Glosa super parabulas Salomonis, cuius thema incipitur: in absconditis parabularum conversabitur.[13])

Holgoth[14]) super librum sapientie.

Summa magistri Petri[15]) super quartum sententiarum, et incipitur: —
— — — . . . .

Scotus[16]) super quartum sententiarum, et incipitur: dedit abyssus vocem suam.

Tractatus de viciis et virtutibus et sermonibus de spiritu sancto.

Tractatus de veneno spirituali et mortalitatibus Holkothi[17]) et declamationibus Senece. et incipitur: ratio potissime veneni convenit.

---

8) Gemeint ist die Summa de casibus conscientiae des Dominikaners Barth. de Sanctoconcordio oder de Pisa. Vgl. Quetif-Echard, Script. ord. Praed., 1, 623.

9) Guido de Baysio. Vgl. v. Schulte 2, 188 f.

10) Johann von Freiburg. Vgl. ebd. 2, 419 und Dietterle in Ztschr. f. Kirchengesch. 25, 255 ff.

11) Die Legenda sanctorum des Jacobus a Voragine. Vgl. Hurter, Nomenclator literarius, 4, 346.

12) Die Schrift selbst ist nicht als Werk des Albertus Magnus bekannt. Vgl. Quetif-Echard 1, 162 ff.

13) Das Initium kennt Little, Initia operum Lat., 112, läßt aber unentschieden, ob die Glosse Rob. Holkote, Th. Guallensis oder Th. Ringstede angehört.

14) Vgl. Quetif-Echard, 1, 629 ff. und Hurter 4, 438.

15) Petrus Lombardus. Ueber die Summen seines Sentenzenwerkes vgl. M. Grabmann, Die Geschichte der scholastischen Methode, 2, 388 ff.

16) Hurter 4, 365 ff.

17) Die Schrift nicht bei Quetif-Echard. Das Initium führt Little 212 zu einem Tractatus de veneno sive de septem peccatis mortalibus an, als deren Verf. er Grostete oder Malachias Hibern., beide jedoch mit Fragezeichen, nennt.

Compendium theologice veritatis cum registro . et incipitur : quod deus et dieta salutis.

Sermones fratris Gwilberti[18]) de tempore et sanctis in bona litera . et incipitur : fili, recordare.

Sermones Sigeri[19]) de tempore.

Postilla Johannis de Hildino[20]) super titula.

Pars prima dicionarii.

Prima pars postillarum super epistulas Pauli.

Secunda pars postillarum super epistulas Pauli.

Pars secunda dictionarii.

Questiones Thome[21]) prima pars . et incipitur : quia katholice veritatis.

Prima pars secundi libri fratris Thome.

Distinctiones Petri Cantoris[22]) Parisiensis.

Liber Dionisii[23]) de divinis nominibus.

Lectura super primum sententiarum . et incipitur : profunde fluviorum.[24])

Liber Thome[21]) super quartum . et incipitur : spiritus eius.

Distinctiones Mauricii,[25]) pars prima.

Distinctiones Mauricii, pars secunda.

Questiones fratris Thome[21]) . et incipitur : quia katholice veritatis.

Tractatus fratris Thome de Aquino contra errores infidelium de katholica veritate.

Augustinus super psalterium.

Figure biblie de diversis materiis.

Questiones secundi libri secunde partis fratris Thome.[21])

Tractatus fratris Egidii[26]) super primum sententiarum.

Richardus[27]) super quartum sententiarum.

Dictiones fratris Thome[21]) super quartum sententiarum.

Quodlibet magistri Gotfridi.[28])

Scotus[16]) super quartum sententiarum.

Scriptum Richardi[27]) super primo sententiarum.

Opus agriculture.

Bonaventura[24]) super quartum sententiarum.

In medicinis.

Liber medicinalis videlicet tertius Avicenne[29]) in magno volumine in pulchra litera, videlicet quinque libri . et incipitur : inquit Galienus.

18) Gilbertus de Tornaco. Vgl. Hurter 4, 293. Das Initium kennt Little zu anderen Schriften.

19) Vgl. Hurter 4, 248.   20) Wohl Joh. de Hisdinio. Vgl. ebd. 4, 569.

21) Thomas von Aquino. Vgl. Quetif-Echard 1, 271 und Little 191. 239.

22) Vgl. Grabmann 2, 478.   23) Dionysius Carthusianus? Vgl. Hurter 4, 755 ff.

24) Aus Little 179 ergibt sich, daß es sich um die Sentenzen des Bonaventura handelt. Vgl. Hurter 4, 248 ff.

25) Mauricius Hibernicus. Vgl. ebd. 4, 328 und Grabmann 2, 484.

26) Wohl Aegidius Columna. Vgl. Hurter 4, 389 ff.

27) Richardus de Mediavilla. Vgl. ebd. 4, 375 f.

28) Godefridus Cornubiensis. Vgl. ebd. 4, 447.

29) Wohl der 3. Teil vom Kanon medicinae des Avicenna. Vgl. L. Choulant, Gesch. und Literatur der älteren Medicin 1, 360 f.

Diffinicio totius medicinalis scientie secundum expositionem A v i c e n n e in uno magno volumine in magna litera.

Summa omnium voluminum.

[Fürstl. Solmsisches Archiv zu Lich. Abt. Arnsburg. Liber actorum fol. 135 b f.]

Darmstadt.   ——————   Dr. F. H e r r m a n n.

Kleine Mitteilungen.

Die Reichenauer Reginberthandschrift XXXVI war in Engelberg. Ernst Gagliardi, der (1908—1919) bis zu seiner Wahl als Professor für Schweizergeschichte an der Zürcher Universität am Handschriftenkatalog der Stadtbibliothek arbeitete, hat mir heute die Papierhandschrift H 140 vorlegen lassen, weil in ihr auch ein Verzeichnis der Handschriften der Zürcher Stiftsbibliothek enthalten sei. Da ich es sofort als eine Abschrift des 1710 von Joh. Jac. Hottinger verfaßten Katalogs erkannte, so wandte ich meine Aufmerksamkeit auf den voraufgehenden Katalog (fol. 5—27): M a n u s c r i p t a Bibliothecae Angelimontanae, der von dem bekannten Historiker und Naturforscher Joh. Jac. Scheuchzer (1672—1733) geschrieben ist. Auf Fol. 16 (die Blätter sind nur auf der Vorderseite beschrieben) fand ich folgenden Eintrag:

am Rand: Ad Historica.

Chronicon, in quo continentur   Perg. 4.
Sex a principio mundi aetates usque i presens.
Annales Pipini senioris ac Ducis
   —·   Karoli filii Pipini ac Ducis.
   —   Karolovanni et Pipini filiorum Karoli qui et ipsi Duces.
   —   Pipini Regis usque ad Karolum
   —   Karoli Regis et Imperatoris usque ad Lodouuicum Regerum et Imperatorem.
Gesta hludouuici Regis ac Imperatoris.
Decreta quaedam Episcoporum contract.
         Metrum Heroicum Hexametrum.

Magno in honore di ^{dñi} genetricis alme
Scorum quoque multorū . . . .
Condidit hoc corpus . . . . . . adjuta priorum
Cura reginberti scriptor . . . .
Hoc frm durare diu salvumque manere
Et ne forte labor pereat confectus ab illo.
Adjurat cunctos Dñi per amabile nomen
Hoc ut nullus opus cuiquam concesserit extra
Ni prius ille fidem dederit, vel denique pignus
Donec ad has sedes que accepit salva remittat
Dulcis amice gravē scribendi . . . . . . laborem
Tolle aperi recita ne ledas claude repone.

Es scheint, daß Scheuchzer, der jedenfalls die Beschreibung nach den Handschriften selbst gemacht hat, in den Versen nicht mehr alles lesen konnte; aber das ist sicher, daß er den Band XXXVI von Reginbert beschreibt, wie die Vergleichung mit dem Verzeichnis Reginberts zeigt. S. Alfr. Holder: Die Reichenauer Handschriften III 1 S. 95 f. Damit fällt die Vermutung Lehmanns, (ebenda III 2 S. 117 note 3), daß die Handschrift von St. Paul 25. 4. 9 a, alt XXV a 8, diese Annalen seien. Leider findet sich im Catalogus codicum . . . monast. Engelbergensis von Bened. Gottwald 1891 keine Spur mehr von dieser Handschrift, so daß sie als verloren gelten muß.

Zürich.   J. W e r n e r.

Literaturberichte und Anzeigen.

Die bibliothekarische Titelaufnahme in Deutschland. Von Dr. Wilhelm Freis, Bibliothekar an der Deutschen Bücherei. Leipzig, Harrassowitz 1919. VIII, 54 S. 8⁰. 8 M. (Beihefte zum Zentralblatt für Bibliothekswesen 47.)

Seiner früheren Arbeit über die Titelaufnahme der buchhändlerischen Bibliographie (Zbl. f. Bw. 33. 1916. S. 233—248) läßt der Verfasser eine entsprechende für Bibliothekskataloge folgen. Der Inhalt seines Buches deckt sich nicht ganz mit dessen Titel. Bereits in dem geschichtlichen Ueberblick, der den ersten Teil seiner Schrift (Kap. 1—3) ausmacht, zeigt es sich nämlich, daß er unter „Aufnahme" weniger das eigentliche Verzeichnen des Titels als das Auswerfen der Ordnungswörter und die Ordnung der Titel versteht. Er geht vom Mittelalter und der Humanistenzeit aus, die noch keine regelrechten Titelaufnahmen kennen, und schildert dann das Ideal des 18. Jahrhunderts, den meist gedruckten, systematisch angelegten catalogue raisonné, der mehr noch als auf getreue Titelabschriften auf Anmerkungen Wert legte und somit ein mehr bibliographisch gestaltetes Nachschlagewerk gelehrt antiquarischen Charakters darstellte. Er führt weiter aus, wie unter Schrettingers Einfluß auch die Kataloge des 19. Jahrhunderts ein starkes Befangensein in bibliographischen Anschauungen verraten, wobei aber die alphabetischen jetzt als die wichtigsten gelten. Einen Wandel bringen die achtziger Jahre mit sich, als neben den theoretischen Lehrbüchern immer zahlreicher aus der Praxis erwachsene „Instruktionen" im Druck erscheinen. Es ist mit Dank zu begrüßen, daß wir hier, wohl zum erstenmal, einen nicht bloß äußerlichen Ueberblick über die Entwicklung der im deutschen Sprachgebiet geltenden Instruktionen erhalten.

In der nun folgenden Theorie der Titelaufnahme, zu der auch das Schlußkapitel über die Titelaufnahme der Zukunft zu rechnen ist, hebt der Verf. mit Recht hervor, daß die zur Zeit bestehenden Verhältnisse nicht als endgültig anzusehen seien, geht aber von der kaum allseitig anerkannten Annahme aus, daß die hier vorliegenden Fragen in ihrer Mehrzahl einwandfrei gelöst werden könnten. Jedenfalls verzichtet er selbst darauf, es zu tun, und begnügt sich damit, statt ein vollständiges System von Vorschriften zu geben und zu begründen, nur die wichtigsten Punkte eingehender zu besprechen, ohne auch bei ihnen immer zu einer sicheren Entscheidung zu gelangen, was freilich ganz erklärlich ist, aber doch im Widerspruch zu seiner oben ausgedrückten Ansicht steht. Beiläufig bemerkt legt er hier seinen Ausführungen statt der sonst üblichen und gewiß klareren Zweiteilung zwischen Bibliographien und Katalogen eine Trennung von Bibliothekskatalog, Verkaufskatalog und Bibliographie zugrunde. Sie ist kaum durchführbar. Der von ihm angegebene Unterschied, die Verkaufskataloge besäßen ungenauere, die Bibliographien genauere Titelaufnahmen als die Bibliothekskataloge, trifft in der Mehrzahl der Fälle höchstens für die Bibliographien zu.

Allzu knapp ist in diesem Abschnitte ausgefallen, was der Verf. über die eigentliche Titelaufnahme sagt. Er stellt zwar zutreffend fest, daß „der" Bibliothekskatalog ebenso wie „die" Titelaufnahme nur im Reich der Begriffe wohnen. Man vermißt aber eine Ausführung dieses Gedankens. Daß die Neigung zur Vereinfachung, die Abkehr von bibliographischer Ausgestaltung der Kataloge noch fortschreitet, ist kaum zu bestreiten. Es wäre erwünscht gewesen, zu untersuchen, welche Grenzen diesem Bestreben zu ziehen sind. Hat man nicht oft das Gefühl, daß so manche, auch moderne Kataloge noch viel zu sehr Selbstzweck seien? Die für die „Nebenserie" der Preußischen Instruktion (§ 23) geltenden Aufnahmevorschriften verdienten noch viel weitere Verbreitung. Der Katalog des Britischen Museums, der Probedruck des Gesamtkatalogs zeigen, wie weit in der Kürze unter Umständen ohne Schaden gegangen werden kann. Andrerseits können unmöglich alle Bücher und alle alphabetischen Kataloge nach dieser Methode behandelt werden. Wieweit ist es nun praktisch durchführbar, im Rahmen der Instruktionen diesen theoretisch durchaus berechtigten Verschiedenheiten noch mehr als früher gerecht zu werden?

Ausführlicher wird der Verf., wo er von den Ordnungswörtern redet. Bei ihrer Wahl soll nach seiner Ansicht die Gepflogenheit der Benutzer als oberstes Gesetz maßgebend sein. Steht sie wirklich so über alle Zweifel fest? Immerhin ist diese von ihm angegebene allgemeine Richtlinie grundsätzlich ebenso anzuerkennen, wie seiner sorgsam abgewogenen Auffassung in vielen Einzelfragen beizupflichten ist. Es bleibt zu bedauern, daß er von einer systematischen Kritik der führenden Instruktionen abgesehen hat. Ihm selbst eine neue anzusinnen, erwiese sich schon deshalb als überflüssig, weil man aus seinen Bemerkungen über die Titelaufnahme der Zukunft ersieht, daß er sie in einer Verschmelzung der Preußischen und der Münchener erblickt. Er hat viel Fleiß darauf verwendet, diesen Vorschlag einleuchtend zu machen. Durch eine Umfrage hat er festgestellt, daß die Preußische Instruktion schon in 62 Bibliotheken mit 10 575 000 Bänden, die Münchener in 7 mit 3 296 000 verwendet wird, und daß 57 von 87 Bibliotheken vorbehaltlos für eine allgemeine deutsche Instruktion eintreten. In einer Anzahl sorgfältig ausgearbeiteter Vergleichstabellen hat er weiter ermittelt, daß die beiden Instruktionen bereits in 35 von 47 Punkten übereinstimmen. Man wird ihm darin beistimmen können, daß ihre Verschmelzung immerhin der Mühe lohnt, wenn wir es auch in dieser schweren Zeit gründlich gelernt haben, uns noch mit ganz andern Unzulänglichkeiten abzufinden als es getrennte Katalogisierungsregeln sind. Auch der Wunsch, eine Zentralstelle für Titelaufnahmen einzurichten, ist durchaus gerechtfertigt. Freilich kann wohl nur eine große wissenschaftliche Bibliothek mit reichem bibliographischen Rüstzeug dafür in Frage kommen. Ein Reichspflichtexemplargesetz wäre eine weitere unerläßliche Vorbedingung. Schneider.

Priv.-Doz. Dr. J[ohann] Peisker, Direktor der Grazer Universitäts-Bibliothek a. D. Geschichte und Verwaltungstechnik eines zweifach buchenden Bibliothekssystems. Graz: Leykam 1919. 37 S. 8°. 10 Kr.

Das „zweifach buchende Bibliothekssystem" ist oder war die Universitätsbibliothek Prag, die bis 1897 ein doppeltes Inventar führte, das eine im Standortsverzeichnis des in Fachgruppen und innerhalb derselben in 10—12 Formaten aufgestellten Bestandes, das andere in einem Zuwachsverzeichnis mit Angabe der durch das Standortsverzeichnis gegebenen Signaturen (bestehend aus der arabischen Ziffer der Fachgruppe, einem die Formatklasse bezeichnenden Buchstaben A—M und der Individualnummer). Indem der Zuwachs nach Schluß des Geschäftsjahres auf Zettel übertragen und durch deren Vermittlung mit den Fachverzeichnissen, in denen die neuen Titel stets am Ende weiterzählten, in Beziehung gesetzt wurden, ergab sich eine zuverlässige Grundlage für die leichte Revision des Bestandes und zugleich eine Kontrolle der Buchungen im verflossenen Jahr. Es ist gewiß richtig, daß eine solche Kontrolle geeignet ist, die Ordnung innerhalb der Bibliothek wirksam zu fördern und das gesamte Personal zum genauen Arbeiten anzusporuen, aber schließlich erreicht sie mit ihrem immerhin recht umständlichen Verfahren doch nicht mehr als eine äußerliche und formale Bilanz, die mit den tieferen Zielen der Bibliotheksarbeit nichts zu tun hat und der man eine so grundsätzliche Bedeutung, wie es der Verf. tut, nicht beilegen kann. Wenn also ihre Beseitigung der einzige Vorwurf wäre, den man der neueren Verwaltung der Prager Universitätsbibliothek machen könnte, so würde dies kein Anlaß zu dem scharfen Urteil des Verf. sein. In der Tat scheint der Urheber der allgemein abgelehnten Prager „Amtsinstruktion" von 1891 (vgl. Zbl. 15. 1898. S. 203 ff) auch sonst keine ganz glückliche Hand gehabt zu haben, aber das hätte sich wohl in etwas gemäßigterem Tone ausdrücken lassen. Von größerem Interesse als diese Polemik des Verf. sind uns seine sonstigen Mitteilungen aus der inneren Geschichte der Prager Bibliothek seit Anfang des 19. Jahrhunderts und in technischer Hinsicht die temperamentvolle Abweisung des von der Wiener Universitätsbibliothek ausgegangenen und auf andere

österreichische Bibliotheken übertragenen durchgehenden Numerus currens.
Die mechanische Gruppenaufstellung, die der Verf. befürwortet (er hält auch
für größere Bibliotheken die Zahl von 50 Gruppen für hinreichend), verdirbt
er durch die Zerpflückung in viele Formatklassen, die in den hohen Gestellen
einer alten Bibliothek wohl den Vorteil haben mag, daß „die vollgefüllten
Regale wie eine Büchermasse aus einem Gusse aussehen", in einer modernen
Bibliothek aber kaum zu voller Raumausnutzung und jedenfalls zu großer
Unübersichtlichkeit führen müßte.　　　　　　　　　　　　　　　　　P. S.

Handschriftensammlung der Wiener Stadtbibliothek. Beschreibendes
　　Verzeichnis der Briefe Herausgegeben von der Gemeinde Wien.
　　1. Bd. Abegg bis Balochino. Wien 1919, Gerlach und Wiedling Kom-
　　missionsverl. der Gem. Wien. XII, 405 S. 8⁰. 30 K.
　　Die Wiener Stadtbibliothek ist nicht, wie man vermuten sollte, ein durch
Jahrhunderte mit der Entwicklung der Stadt herangereiftes Gebilde, sie ist
vielmehr erst 1858 aus einer Handbibliothek des Magistrates geschaffen worden.
Die alte Stadtbibliothek war am 31. Juli 1780 durch Kauf an die Wiener Hofbibliothek übergegangen (Jgn. Fr. Edl. v. Mosel, Gesch. der k. k. Hofbibl. Wien,
1835, S. 171—172). Frühzeitig hat jedoch die Wiener Stadtbibliothek auf
Katalogdrucke ihre Aufmerksamkeit gerichtet (1865) und diese Ueberlieferung
jetzt in dem ersten Bande eines 'Beschreibenden Verzeichnisses' der in der
Stadtbibliothek verwahrten Briefe fortgesetzt, deren Zahl sich auf mehr als
25 000 Stücke beläuft.
　　Schon aus diesem ersten Bande vermag man zu erkennen, welche Bedeutung diese Briefsammlung für die Literatur-, Musik- und Kunstgeschichte
des 19. Jahrhunderts in Oesterreich, vor allem in Wien besitzt und wie das
vorliegende Verzeichnis in zweckdienlicher Weise den Inhalt der Briefe kennen
lehrt. Die Briefe sind nicht bloß nach dem Alphabet der Schreiber mit den
bei Briefsammlungen üblichen Angaben verzeichnet, sondern es wird auch ihr
Inhalt — manchmal recht ausführlich — angegeben, so daß man schon aus
dem gedruckten Verzeichnis ohne Einsicht in die Originale mancherlei Verhältnisse und Personen etwas genauer kennen lernen kann. Der erste Band
umfaßt die Namen Abegg bis Balochino. Am stärksten vertreten sind darin
der Dichter Ludwig Anzengruber, der Dichter und Politiker Anton Graf
Auersperg (Anastasius Grün), der Redakteur der Theaterzeitung Adolf Bäuerle
und der Direktor des Kärntnertor-Theaters Carlo Balochino. Die Briefe
Anzengrubers sind für die Kenntnis seiner schriftstellerischen Tätigkeit von
besonderer Bedeutung. Unter den Auerspergschen Briefen befindet sich eine
reichliche Zahl solcher an die Weidmannsche Buchhandlung in Leipzig, die
Aufschlüsse über die Veröffentlichung der Auerspergschen Werke gewähren.
Aus den Briefen des Advokaten Josef Bacher an Giacomo Meyerbeer ist viel
für das Wiener Musikleben in den vierziger Jahren des 19. Jahrhunderts zu
entnehmen, namentlich auch über die Sängerin Jenny Lind. S. 201 findet man
ein absprechendes Urteil des Grafen Anton Auersperg über Heinrich Heine
(Paris, 4. Dez. 1837). Dazu vgl. man jedoch den Brief Auerspergs vom
16. August 1868 (S. 263—264). S. 167 liest man Anschauungen der Dichterin
Therese von Artner vom 18. Mai 1828 über Grillparzer und sein Trauerspiel
'Ein treuer Diener seines Herrn'. Seltener sind in dem ersten Bande Schriftsteller aus dem 18. Jahrhundert mit Briefen vertreten. Doch bieten auch
diese manchen Einblick in das literarische Leben jener Zeit. So findet sich
S. 60 eine abfällige Bemerkung Joh. Bapt. v. Alxingers über die 'Xenien' von
Goethe und Schiller (14. Dez. 1796). S. 280 spielt der Schauspieldichter
Kornelius von Ayrenhoff den Empfindsamen in Angelegenheiten der Auf-
führung seines Stückes 'Virginia' (Juni 1790).
　　Diesem ersten Bande des Briefverzeichnisses ist ein Namenverzeichnis
beigegeben, das auch die in den Briefen erwähnten Personen berücksichtigt.
Das gesamte Briefverzeichnis soll durch einen Registerband abgeschlossen
werden, der nach sachlichen Gesichtspunkten angelegt sein wird.
　　Graz.　　　　　　　　　　　　　　　　　　　　　　Ferdinand Eichler.

Frankfurter Urkundenbuch zur Frühgeschichte des Buchdrucks. Aus den Akten des Frankfurter Stadtarchivs zusammengestellt und herausgegeben von Walter Karl Zülch und Gustav Mori. Frankfurt a. M., Jos. Baer & Co. 1920. 4 Bl., 75 S. 8°. 15 M.

Für die systematische Durchforschung der Archive auf Nachrichten zur Geschichte des ältesten deutschen Buchdrucks ist bis jetzt verhältnismäßig wenig geschehen. Das Bedeutendste auf diesem Gebiet ist noch immer die Arbeit, die Carl Stehlin unter dem Titel „Regesten zur Geschichte des Buchdrucks bis zum J. 1500 aus den Büchern des Basler Gerichtsarchivs" im Archiv für Geschichte des deutschen Buchhandels Bd. XI (1888) veröffentlichte und im folgenden Bd. XII (1889) durch Auszüge aus den Akten des Staatsarchivs, den Zunftbüchern usw. ergänzte. Gleichzeitig waren die Durchsuchungen der deutschen Archive, welche Friedrich Kapp und sein Nachfolger im Interesse der Geschichte des deutschen Buchhandels unternahmen, ihre Ergebnisse sind aber bisher zu einer abschließenden und zusammenfassenden Darstellung nicht verwertet worden. Unter diesen Umständen ist die Veröffentlichung aus den Akten des Frankfurter Stadtarchivs, die wir den Herren W. K. Zülch und Gustav Mori verdanken, mit Freude zu begrüßen, ist doch zu hoffen, daß die einzelnen auf den ersten Anblick häufig recht unscheinbar und unwichtig uns vorkommenden Notizen, mit andern Quellen zusammengebracht, uns wichtige Aufschlüsse zur Geschichte der alten Meister liefern werden. Die Verf. haben ihre Regesten nicht einfach chronologisch geordnet, wie dies Stehlin im Anschluß an die exzerpierten Gerichtsbücher getan hat, sondern ihre in den verschiedenen Abteilungen des Frankfurter Archivs über einen Namen oder Gegenstand gemachten Funde inhaltlich geordnet und zu größeren oder kleineren Gruppen zusammengestellt So finden wir eine Gruppe „Bilddrucker, Bilderhändler u. a.", in der alle Nachrichten über Formschneider, Kartenmacher, Briefdrucker usw. vereinigt sind. Eine zweite Gruppe handelt von Frankfurter Buchdruckern und Buchführern. Von bekannteren Namen erscheinen dort Johann Bysse in Lübeck, über den außer der hier zitierten Literatur noch K. Dziatzkos Aufsatz über den Drucker mit dem bizarren R in dessen Sammlung bibliothekswiss. Arbeiten Heft 17 zu vergleichen ist, der Drucker und Schriftgießer Peter Krafft, Numeisters Genosse in Perugia, der Goldschmied Hans Donne, der vielleicht mit dem um 1436 für Gutenberg in Straßburg tätigen Hans Dünne identisch ist, Christian Egenolf, die Familie Gensfleisch in Frankfurt, die Familien Henkis, Dr. Conrad Humery, die Familie Ruppel von Hanau, Peter Schoeffer von Gernsheim und der Münzmeister Erwin von Stege, der den bekannten Dialogus de libertate ecclesiastica nach Ansicht der Herausgeber des Urkundenbuchs nicht in Rychenstein in Cöln, sondern in seinem Schloß Fautsberg = Rheinstein drucken ließ. Die dritte Gruppe berichtet über auswärtige Buchdrucker und Buchführer. Unter ihnen erscheint 1484 eine Barbara Beumelerin von Augsburg — ob wirklich die Gattin des Augsburger Druckers Hans Bämler? — und ihr Prozeßgegner Jakob Ebert in Straßburg, der wohl identisch ist mit Jakob Eber, der in der ersten Hälfte der achtziger Jahre als Drucker in Straßburg bekannt ist. Je ein Abschnitt gilt den Mainzer Druckhäusern, der Familie Fust von Mainz, der Speyerer Druckerfamilie Drach und ihrem Erbschaftsprozeß, Anton und Johann Koberger von Nürnberg usw. Unter Straßburg 1459 finden wir einen Dietrich Mentel, — der Drucker heißt mit Vornamen bekanntlich Johann —, und einen Conrad Saßbach, der wohl mit dem Erbauer von Gutenbergs erster Druckerpresse identisch sein kann, Adolf Rusch, Hans Grüninger u. a. Unter „Basel" 1503 finden wir einen Hans Reyn von Oringen, 1507 Ryme von Eringen, unter „Nürnberg" 1510 Hans Rieme, unter „Tübingen (!)" 1484 Hans Riman von Uringen, 1510 einen Hans Rim von Oringen. Vielleicht versteckt sich unter allen diesen wohl nur durch Abkürzungen entstandenen Namen der Verleger Hans Rynmann von Oehringen, vgl. Kapp, Gesch. d. d. Buchhandels I, S. 131. — In einer vierten Gruppe sind allgemeine Notizen zusammengestellt über Ablaßbriefe, Bibliotheken, Buchbinder, Bücher und vieles andere. — Für die Zitierung wäre es praktisch gewesen, wenn die Verf. ihre Regesten durchlaufend numeriert hätten, wie dies auch Stehlin getan hat. Voulliéme.

Umschau und neue Nachrichten.

Leute, die glauben um jeden Preis „reformieren" zu müssen, haben sich zum Ziel ihrer Tätigkeit unsere Rechtschreibung genommen, gewiß nicht die beste auf der Welt, aber doch erträglicher als manche andere. Ob sie viel besser werden würde, wenn alle Dehnungszeichen verschwänden, v in deutschen und ph in Fremdwörtern ausgemerzt und andere „phonetische" Schreibungen durchgeführt würden, ist sehr fraglich; sicher ist nur eine ungeheure Verwüstung an vorhandenem wertvollen Druckmaterial zu einer Zeit, wo uns äußerste Sparsamkeit not tut, und eine heillose Verwirrung überall da, wo es sich um alphabetische Ordnung handelt. Unsere Bibliotheken würden mit der gänzlich fruchtlosen Umarbeitung ihrer alphabetischen Kataloge einen teuren Preis für die „Reform" zu zahlen haben. Wir können uns dem bereits vom Buchhandel erhobenen lebhaften Protest dagegen, daß solche Dinge einseitig vom Standpunkt des Schulmeisters auf der Reichsschulkonferenz entschieden werden sollen, nur anschließen. In gleichem Sinn hat auch der Verband der deutschen wissenschaftlichen Beamten eine Eingabe an das Reichsministerium des Innern gerichtet.

Nicht ganz so umstürzlerisch erscheint zunächst die von derselben Stelle geforderte Beseitigung der Fraktur und der „deutschen" Schrift. Aber auch sie wäre entweder äußerst kostspielig, wenn die ganze noch lebende frakturgedruckte Literatur in Antiqua umgedruckt werden sollte, oder sie würde, wenn das nicht geschieht, den Verlust dieser Literatur schon für die nächste Generation bedeuten, gar nicht zu sprechen von den Schönheitswerten, die in unseren deutschen Schriften enthalten sind.

Mit dem 1. April ist das Rabattabkommen der Bibliotheken mit dem Buchhändler-Börsenverein abgelaufen. Es steht ihnen also ein vertragsmäßiger Anspruch auf Besserstellung gegenüber den privaten Käufern nicht mehr zu. Indessen wird der Buchhandel mindestens von den bisher rabattberechtigten Bibliotheken keinesfalls mehr als einen 10 prozentigen Sortimenteraufschlag fordern. Belastet doch auch schon dieser die Bibliotheken, die vorzugsweise größere und teuere Werke kaufen, verhältnismäßig stark.

Die größte Not der Bibliotheken und zugleich der Wissenschaft liegt noch immer auf dem Gebiet der ausländischen Literatur und besonders der ausländischen Zeitschriften. Mehrfach hat sich in letzter Zeit auch die Oeffentlichkeit mit diesem Problem beschäftigt, aber die Vorschläge, die gemacht worden sind und die zumeist auf die Schaffung einer Tauschstelle hinauslaufen, erweisen sich nicht als stichhaltig, sobald man sie näher auf die Ausführbarkeit prüft. Mit Recht ist darauf hingewiesen worden, daß schon viel geholfen sein würde, wenn die wichtigsten Zeitschriften wenigstens in einem Exemplar vorhanden und auf dem Wege des Leihverkehrs zugänglich wären. Als Grundlage für eine dahin zielende Organisation hat das Auskunftsbureau der deutschen Bibliotheken zunächst durch Anfrage bei einigen größeren Berliner Bibliotheken (Staatsbibliothek, Akademie der Wissenschaften, Patentamt, Gesundheitsamt, Kunstgewerbe-Museum, Verein Deutscher Ingenieure) und bei der Münchener Staatsbibliothek festgestellt, welche ausländische Zeitschriften dort gehalten werden. Das Ergebnis ist eine Liste von 800—850 Zeitschriften (gegenüber 6—8000 im GZV), die gedruckt und den andern Bibliotheken zur Vervollständigung übersandt werden soll. Vielleicht erlaubt die leichte Besserung der deutschen Valuta demnächst wenigstens Frankreich und Italien gegenüber etwas reichlichere Bestellungen; in den übrigen Entente- und neutralen Ländern verbietet freilich der Stand der Mark auf $1/_{10}$—$1/_{12}$ des Friedenswertes noch so gut wie jede Erwerbung. Ob die

hier und da in Aussicht gestellte höchst willkommene Hilfe von Auslanddeutschen Erleichterungen in größerem Umfang bringen wird, muß abgewartet
werden.

Die im vorigen Heft des Zbl. erwähnte Valutaordnung des Börsenvereins,
die der Verschleuderung des deutschen Buchs ins Ausland steuern sollte, ist
jetzt dadurch wirksamer gemacht, daß seit dem 15. März jede Bücherausfuhr
ohne Preisprüfung und Genehmigung durch eine buchhändlerische Außen-
handels-Nebenstelle verboten ist.   Eine solche Stelle besteht z. Z. nur in
Leipzig, es sollen aber weitere auch in andern Buchhandelszentren errichtet
werden. Für den Tausch- und auch den Leihverkehr der Bibliotheken wird
die Einrichtung einige Unbequemlichkeiten und vielleicht auch Kosten zur
Folge haben, die aber um des guten Zwecks willen getragen werden müssen.

Nach dem Friedensvertrag ist Deutschland verpflichtet, zur Wiederherstellung der Universitätsbibliothek in Löwen drei Monate nach Vor-
legung der Forderung Handschriften, Inkunabeln, Bücher usw. zu liefern, die
an Zahl und Wert den durch den Brand vernichteten Sammlungsgegenständen
entsprechen (den Wortlaut s. Zbl. 1919. S. 134). Die Zahl wurde von den
Belgiern auf rund 300 Buchhandschriften, 500 Archivalien, 1000 Inkunabeln
und 300000 Bände sonstiger Druckschriften (mindestens die beiden letzten
Zahlen entschieden zu hoch!) angegeben.   In einer Verhandlung in Brüssel,
an der von deutschen Bibliothekaren Geh.-R. Milkau, Bibl. Gratzl-München u.
Bibl. Oehler-Bonn teilgenommen haben und die sich, nebenbei bemerkt, in
den verbindlichsten Formen vollzogen hat, ist von der Gegenseite anerkannt
worden, daß eine wörtliche Erfüllung dieser Auflage so gut wie unmöglich
ist. Sie liegt übrigens auch nicht im Interesse der Universität Löwen, der
es darauf ankommen muß mit einer guten modernen Bibliothek ausgestattet
zu werden. Es ist nun ein bestimmter Höchstbetrag vereinbart worden, innerhalb dessen Deutschland die nach Angabe der Löwener Kommission zu
liefernden Werke so schnell als möglich durch Kauf beschafft und nach Belgien
abführt.   Es wird zu diesem Zweck eine buchhändlerische Stelle in Leipzig
eingerichtet, bei der Dr. Oehler als Reichskommissar tätig ist.   Die deutschen
Bibliotheken, die durch das Uebereinkommen vor einem gewaltsamen Eingriff
in ihre Bestände bewahrt bleiben, werden aufgefordert sich an dem Werk
durch Hergabe ihrer verfügbaren Doppelstücke (die übrigens vom Reich ver-
gütet werden) zu beteiligen.   Verzeichnisse, möglichst auf Zetteln des internationalen Formats, sind tunlichst schleunig an die Leipziger Zentralstelle (Buch-
händlerhaus) einzusenden, die, soweit nicht schon direkte Benachrichtigung erfolgt ist, auf Fragen gern Auskunft geben wird.   Auch Angebote von Privaten,
namentlich für Zeitschriftenreihen, werden sehr erwünscht sein.   Die deutschen
Bibliotheken werden sich um so lieber in den Dienst des Wiederherstellungs-
werkes stellen, als sie schon früher dazu bereit gewesen wären, wenn nicht
gerade die Löwener Bibliothek zu einem Gegenstand der Deutschenhetze gemacht worden wäre.   Es darf wohl angenommen werden, daß abgesehen von
den berechneten Dubletten die eigenen gedruckten Kataloge und sonstigen
Veröffentlichungen der Bibliotheken geschenkweise zur Verfügung gestellt
werden.

Von den Berufsfragen, die zur Zeit auf der Tagesordnung stehen, ist
eine der wichtigsten die Einordnung der Bibliotheksbeamten in die neuen
Gehaltsstufen. Es ist das keine bloße Geldfrage, sondern es handelt sich
um die ganze Einschätzung der Bibliotheksarbeit, und von ihr hängt zu
einem guten Teil auch das Angebot und die Auswahl des bibliothekarischen
Nachwuchses ab.   Bis jetzt ist nur der Entwurf für die Reichsbeamten veröffentlicht und dieser kann in unserem Felde nicht als vorbildlich bezeichnet
werden.   Er nennt in Gruppe X (8200 bis 12300 M.) die Bibliothekare beim
Reichstag, beim Auswärtigen Amt, beim Reichsgericht, beim Patentamt und
bei der Heeresbücherei, und zwar mit der Anmerkung, daß sie bei einem

Besoldungsdienstalter bis zu 5 Jahren die Sätze der Gruppe IX erhalten. Das entspricht nicht der Wichtigkeit der selbständigen Stellen beim Auswärtigen Amt und beim Patentamt, denen der Charakter der „gehobenen Stellung" (Gruppe XI) nicht versagt werden sollte. Folgerichtig stehen dann die Direktoren der Bibliothek beim Reichstag, beim Reichsgericht und der Heeresbücherei nur in Gruppe XI (9500 bis 14200 M.). Vielleicht läßt sich daran nachträglich noch etwas verbessern, wenn die für den bibliothekarischen Beruf ungleich wichtigeren Vorlagen der Einzelstaaten, wie zu hoffen ist, doch wenigstens einige Bibliothekare in gehobener Stellung anerkennen und demgemäß die Direktoren in Gruppe XII setzen, in die sie nach dem Maß ihrer Verantwortlichkeit und nach den wissenschaftlichen Ansprüchen, die an sie gestellt werden, gehören. Auch die mittleren Beamten sind im Reichsentwurf stiefmütterlich behandelt. Wir finden nur in Gruppe V (4700 bis 7200) „Bibliotheksassistenten" und in VI (5400 bis 8100) Bibliothekssekretäre, diese anscheinend ohne jede Aufrückungsmöglichkeit.

Ebenfalls durch die Reichs-Besoldungsordnung angeregt ist die Frage der Dienststunden, indem dort die „reine Arbeitszeit" aller Beamten auf mindestens 48 Wochenstunden festgelegt wird. Sollten damit wirklich 48 Bureaustunden gemeint sein — die sich übrigens in manchen Verhältnissen, z. B. bei den Lehrern, gar nicht durchführen lassen —, so würde eine derartig lange Fesselung an den Dienstplatz nur geeignet sein, bei allen Beamten, deren Tätigkeit über das Mechanische hinausgeht, die Frische und Arbeitsfreudigkeit im höchsten Grade zu beeinträchtigen. Selbstverständlich gehört die ganze Kraft des Beamten dem Amt, und der Bibliothekar ist durch die Notwendigkeit, an und mit den Katalogen und Hand in Hand mit Kollegen und Benutzern zu arbeiten, vielleicht mehr als andere Berufe an die Amtsstätte gebunden. Aber auch er ist zu vielen direkt und indirekt zur Berufstätigkeit gehörenden Arbeiten verpflichtet, die weit besser am häuslichen Schreibtisch erledigt werden. Die an diesem zugebrachte Zeit wird zusammen mit den bisherigen „Dienststunden" bei den meisten Bibliothekaren die 48 Wochenstunden um ein Bedeutendes übersteigen. Man lasse es also bei den wisschaftlichen und den mittleren Beamten bei der gegenwärtigen Uebung und schenke ihnen das Vertrauen, daß, wenn es denn einmal sein muß, daß vom Minister bis zum letzten Stallknecht alle dieselbe „reine Arbeitszeit" haben, sie die weiteren Stunden im Sinne des Amts verwenden werden.

Unliebsames Aufsehen, auch in der Tagespresse, hat in letzter Zeit der Fall Erkes gemacht. An der Kölnischen Universitätsbibliothek, die durch Zusammenlegen der Bibliotheken der bisherigen Kölner Hochschulen und der Akademie für praktische Medizin mit der Stadtbibliothek gebildet wird, ist eine der neu geschaffenen Bibliothekarstellen dem Kaufmann und sozialdemokratischen Stadtverordneten Heinrich Erkes verliehen worden. Herr Erkes ist Gymnasialabiturent, hat an mehreren in- und ausländischen Universitäten (Bonn, Leeds, Löwen und Siena) Sprachen, Philosophie und Kunstgeschichte studiert, ohne dieses Studium formell abzuschließen, hat dann als Kaufmann größere Reisen gemacht, namentlich nach Island, ist auch schriftstellerisch tätig gewesen, besonders auf dem Gebiet der Islandkunde. Er hat auch eine recht umfangreiche Islandbibliothek gesammelt, die sich freilich nicht entfernt mit der Fiske'schen der Cornell University messen kann und deren wissenschaftlichen Wert er, wie sich bei Kaufverhandlungen herausgestellt hat, bedeutend überschätzt. Man kann also nicht sagen, daß ihm alle wissenschaftlichen Voraussetzungen für eine Verwendung im Bibliotheksdienst fehlen, und an einer beliebigen Stadtbibliothek würde man seine Ernennung vielleicht begreiflich finden, wenn man auch die darin zu Tage tretende Unterschätzung der technischen Ausbildung bedauern würde. (Daß Herr Erkes sich in der Bücherei der freien Gewerkschaften betätigt hat, wird man doch nicht ernstlich dafür anrechnen wollen.) Aber an einer Universitätsbibliothek, wie es die Kölner sein will, muß schon um des Ansehens den

Dozenten und Studierenden gegenüber, unbedingt ein Abschluß des akademischen Studiums verlangt werden, und dieser Standpunkt war doch für das Kuratorium der Universität der natürliche und gegebene. Warum hat es also statt einer jungen alle Voraussetzungen erfüllenden Kraft, wie deren genug vorhanden sind, einen 55 jährigen Mann gewählt, den man doch nur als wissenschaftlichen Dilettanten, wenn auch im besten Sinne, bezeichnen kann, und der die bibliothekarische Ausbildung erst nachholen muß? Die Antwort kann nur, und das ist ein weiterer Grund zur Beanstandung des Falles, auf politischem Gebiet gesucht werden. Herr Erkes und seine Partei bestreiten, sich um die Stelle bemüht oder über sie verhandelt zu haben. Es scheint also, daß ihr die andere in Köln herrschende Partei dieses Amt freiwillig zugewendet hat. Selbst in Amerika herrscht allgemeines Einverständnis darüber, daß bei der Besetzung der Bibliotheksämter nur sachliche und keinerlei politische Gründe eine Rolle spielen dürfen. Es wäre für unser Bibliothekswesen höchst gefährlich, wenn hier andere Grundsätze Platz greifen würden. Deshalb ist bei diesem ersten Fall ein entschiedener Protest geboten.

Daß von dem vielgebrauchten „Jahrbuch der gelehrten Welt", Trübners „Minerva", deren Erscheinen seit 1914 unterbrochen war, ein neuer (24.) Jahrgang ausgegeben worden ist (s. u. S. 97), verdient eine besondere Erwähnung in der Umschau des Zbl. Freilich ist die Bearbeitung in der früheren Vollständigkeit nicht möglich gewesen, aber der Herausgeber Dr. Gerh. Lüdtke hat mit Erfolg versucht den alten erdumspannenden Plan wiederaufzunehmen, indem er da, wo die Anrufung der früheren direkten Mitarbeit untunlich war, doch die bestehenden Institute anführt, wenn auch ohne oder nur mit beschränkten Einzelangaben, namentlich ohne die dem Wechsel unterworfenen Personalien. Doch sind auch solche mehrfach aus sonstigen amtlichen Quellen eingesetzt. Es ist zuversichtlich zu erwarten, daß diese jetzt sichtbaren Folgen des Kriegs und der herrschenden Nachkriegsstimmung im nächsten Jahrgang zum größten Teil verschwunden sein werden. Der Band zeigt noch guten scharfen Druck auf tadellosem Dünndruckpapier, und auch der Einband, obwohl aus Ersatzstoffen hergestellt, kann sich neben der Reihe der alten Jahrgänge sehen lassen. — Bekanntlich ist im vorigen Jahre mit namhafter Unterstützung des französischen Unterrichtsministeriums ein Gegenunternehmen begründet worden, ein „Universitatum et eminentium scholarum Index generalis" (s. ob. S. 50), der sich mit einer glatten Kampfansage eingeführt hat: „Pouvait-on laisser aux Allemands, à des gens coupables d'user de procédés de guerre barbares renouvelés de l'antiquité, le monopole des grands annuaires internationaux?" Der Jahrgang 1919 enthält, nicht sehr geschickt nach Ländern getrennt, in der Hauptsache nur Anstalten des höheren Unterrichts, unter Ausschluß von Deutschland und Oesterreich-Ungarn. Für den neuen Jahrgang ist eine Erweiterung des Planes auf andere gelehrte Anstalten vorgesehen, und die Redaktion scheint auch zu der Ueberzeugung gekommen zu sein, daß das geschmähte Deutschland doch noch einen Teil der gelehrten Welt bildet: sie versendet Fragebogen an die deutschen Universitäten, Bibliotheken usw., noch dazu größtenteils mit dem Zusatz „répondre en langue française." Leider müssen wir die Zumutung, ein Unternehmen zu unterstützen, das sich mit einem gröblichen Ausfall gegen Deutschland eingeführt hat, ablehnen, so sehr wir auch sonst zu internationaler Zusammenarbeit bereit sind.

In einem Aufsatz über den Techniker und die öffentlichen Bibliotheken in den Mitteilungen des Reichsverbands Deutscher Techniker (s. u. S. 98) tritt Oberbibliothekar H. Simon dafür ein, daß neben der Schaffung einer technischen Zentralbibliothek nicht vergessen werden soll, die über das ganze Reich verstreuten öffentlichen Büchersammlungen mit technischer Literatur auszustatten und, soweit dies nicht genügt, durch Ausbau des Leihverkehrs die technischen Bestände der größeren Bibliotheken, auch der Technischen Hochschulen, überall benutzbar zu machen. Einstweilen sucht er in knappen Sätzen dem Techniker den Weg zu weisen, wie er bei dem gegenwärtigen Stand der Dinge zum Buche gelangt.

Berlin. Der Magistrat hat die Einführung von Leihgebühren bei der Stadtbibliothek beschlossen. Für eine Jahreskarte sollen 5 M., für eine Monatskarte 50 Pf. erhoben werden. Die Leihkarte berechtigt auch zum Besuch des Lesesaals; im übrigen wird hierfür eine Jahresgebühr von 2 M. erhoben. — Die Unterbringung der Stadtbibliothek in dem von der Stadt gemieteten ehemaligen Marstall ist nunmehr endgültig beschlossen. Die Umbau- und Einrichtungsarbeiten, darunter der Einbau eines Büchermagazins in Eisenkonstruktion, sollen so sehr als möglich gefördert werden.

Der Bericht der Deutschen Kommission der Preuß. Akademie der Wissenschaften beklagt die durch die Zeitumstände bedingten geringen Fortschritte der Arbeiten für Inventarisation der deutschen Handschriften des Mittelalters. Verhältnismäßig umfangreiche Beiträge lieferten die Sammlungen in Stuttgart, Gotha und Erfurt. Die Gesamtzahl der beschriebenen Handschriften beträgt nunmehr 10 815. Bis auf weiteres wird die Inventarisation die lateinischen Handschriften des deutschen Mittelalters, soweit sie in den ursprünglichen Plan einbezogen waren, beiseite lassen und sich auf die deutschsprachigen beschränken.

Breslau. Die Breslauer Stadtbibliothek meldet in ihrem Bericht für 1918/19 ein ganz außerordentliches Anwachsen der Benutzung infolge des Zurückströmens der wissenschaftlichen Arbeiter gegen Ende des Berichtsjahres, so daß die Arbeit kaum bewältigt werden konnte. Glücklicherweise kehrten gleichzeitig auch die im Heeresdienst gestandenen Beamten zurück. Auf das ganze Berichtsjahr verteilt betrug die Steigerung gegen das Vorjahr bei den abgegebenen Bestellzetteln 56, bei der Zahl der Entleiher 30 %. Wegen Kohlennot mußte im Winter 1918/19 eine Verschiebung der öffentlichen Stunden vorgenommen und wegen Grippenerkrankungen im Personal vom 30. Oktober bis 16. November die Bücherausgabe geschlossen werden. Bei der Steigerung der Bücher- und Einbandpreise war die Unterstützung aus einem von Freunden der Stadtbibliothek gesammelten Fonds willkommen. Unter den Bücherschenkungen ist die Ueberweisung von 600 Bänden aus dem Realgymnasium zum Zwinger und ein Vermächtnis von 300 Bänden, hauptsächlich klassische Philologie und deutsche Literatur, hervorzuheben. Die unter den Kriegsverhältnissen zurückgestellten Katalogarbeiten konnten nach Rückkehr des Personals wieder aufgenommen werden. Die Benutzung der Zugänge wird gefördert dadurch, daß die Titel nicht nur monatlich im Breslauer Gemeindeblatt veröffentlicht, sondern daß aus diesen Titeldrucken auch systematisch geordnete Listen zusammengestellt werden, die in Mappen ausliegen. — Wie die Berliner so sieht sich auch die Breslauer Stadtbibliothek zur Einführung einer Leihgebühr genötigt. Sie beträgt für ein Jahr 10, für ein Halbjahr 6 M., doch ist auch die Entrichtung einer Bandgebühr von 20 Pf. gestattet. Die Benutzung des Lesesaals ist gebührenfrei.

Danzig. Der Bücherei der Technischen Hochschule wurde die Büchersammlung des bisherigen russischen Beamtenseminars überwiesen. Es wurden 75 Werke mit 325 Bänden in die Bestände der Hochschulbücherei aufgenommen, darunter die gesammelten Werke von etwa 30 der bedeutendsten russischen Schriftsteller. Die Sammlung kommt dem an der Hochschule erteilten russischen Unterricht sehr zu gute.

Gießen. Die Offiziersbibliothek des ehemaligen Gießener Infanterie-Regiments Kaiser Wilhelm II. Nr 116 ist von den Herren Kommerzienrat Klingspor und Geh. Kommerzienrat Dr. Gail angekauft und der Universitätsbibliothek Gießen zum Geschenk gemacht worden. Die Bibliothek, gegen 3000 Bände umfassend, enthält auserlesene militärwissenschaftliche Bestände in seltener Vollständigkeit. Es wäre zu wünschen, daß auch die Bibliotheken anderer aufgelöster Regimenter in ähnlicher Weise vor der Zerstreuung bewahrt würden und ihrem ursprünglichen Zwecke erhalten blieben.

Karlsruhe. Landesbibliothek. Die reichhaltige Handschriftensammlung des Landestheaters ging durch das Entgegenkommen des neuen Intendanten St. Fuchs an die Handschriftenabteilung der Landesbibliothek über. Die Bücherei umfaßt an 4000 Manuskripte von alten Schauspielen und Partituren, darunter die Originalhandschrift von Konr. Kreutzers „Nachtlager", und ermöglicht erst, ein umfassendes Bild der Entwicklung des Karlsruher Theaterwesens im 18. und 19. Jahrh. zu geben. Bisher lagen die Manuskripte ungenützt und zum großen Teil noch unbestimmt in den verstaubten Schränken des Landestheaters; ihre Verwertung für weitere Kreise der Musik- und Geisteswissenschaften wird erst durch die Ueberleitung an die Fachbibliothek in die Wege geleitet.

Lübeck. Die Bürgerschaft (Landesversammlung) schloß sich einer Anregung des Leiters der Stadtbibliothek an, diese unter Angliederung einer Bücherhallen-Abteilung und einer neu zu gründenden Landeswanderbücherei zu einer Lübeckischen Landesbücherei auszubauen. Für die wissenschaftliche Stadtbibliothek wurden anläßlich der Neuorganisation die Anschaffungsmittel von 10 000 M. auf rund 40 000 M. erhöht. Für den ersten Grundstock zu einer Wanderbücherei wurden von Freunden der Stadtbibliothek erstmalig 11 000 M. gestiftet.

Rostock. Ein Erfolg der „Makulaturforschung" ist das Rostocker niederdeutsche Liederbuch vom Jahre 1478, das Bibliothekar Bruno Claußen zur Jubelfeier der Universität herausgegeben hat. Seine, wenn auch etwas unvollständige Erhaltung verdanken wir einem Rostocker Buchbinder, der im Jahre 1568 die Blätter der Handschrift als Deckeleinlage bei der Herstellung von Einbänden für Herzog Johann Albrecht verwendet hat. Es ist wohl derselbe, der 1572 die in Rostock gedruckte Auflage von ‚Kirchenreformation‘ und Kirchenordnung von Kurland und Semgallen von 1570 gebunden und dabei die alten, ehemals wohl konfiszierten Bestände der niederdeutschen Ausgabe des Emserschen Neuen Testaments zu Deckeleinlagen verarbeitet hat. Nur auf diesem Wege sind Trümmer des merkwürdigen, jedenfalls unvollendet gebliebenen Druckes auf uns gekommen; noch neuerdings sind in der Berliner Staatsbibliothek Stücke davon aus einem solchen Einband ausgelöst worden.

Deutschösterreich. Die 2. Reihe der Vortragskurse der Wiener Hofbibliothek umfaßt romanische Handschriften (Winkler), Kupferstichkunde (Stix), Musikgeschichte (Lach), Geschichte der Buchdruckerkunst (Teichl), Wiener Flugschriften des Revolutionsjahres 1848 (Koch), abendländische Buchmalerei (Wallner). Die Vorträge begannen am 5. Januar 1920. Die 3. Reihe, die am 16. Februar 1920 begann und sechs Wochen dauerte, brachte die Einführung in die orientalische Papyruskunde (Grohmann), die Wiener Operngeschichte im Spiegel der Hofbibliothek (Haas), das Buch- und Bibliothekswesen im Altertum und Mittelalter (Gerstinger) und die Denkmäler der deutschen Mystik in Oesterreich (Brechler). An der ersten Reihe der Vorträge haben 865 Zuhörer teilgenommen.

An den österreichischen Universitäten fehlte es bisher im Gegensatz zu manchen reichsdeutschen Universitäten an einer engeren Verbindung zwischen der Bibliothekskommission der Universität und der Direktion der Universitätsbibliothek. Diesem Mangel hat der Akademische Senat der Universität Graz durch Beschluß vom 12. Februar 1920 abgeholfen und den jeweiligen Direktor der Universitätsbibliothek als fakultativen fachlichen Beirat

der Bibliothekskommission bestellt. Als solcher erscheint der Bibliotheksdirektor zum erstenmal im 'Verzeichnis der akademischen Behörden' 1919/20.
Von den auf dem Boden des alten Oesterreichs entstandenen National-
staaten hat sich die tschechoslovakische Republik zuerst beeilt, für
öffentliche Gemeindebibliotheken nach Art der englischen und amerikanischen Einrichtungen auf dem Wege der Gesetzgebung zu sorgen. Das
Gesetz vom 22. Juli 1919 — in deutscher Wiedergabe abgedruckt im 'Prager
Archiv für Gesetzgebung und Rechtsprechung' Jg. 1 (1919), Nr 31, S. 770—773
— bestimmt im § 1: 'Zur Ergänzung und Vertiefung der Bildung aller Schichten
der Bevölkerung sind von den politischen Gemeinden öffentliche Bibliotheken
mit allgemein bildendem und unterhaltendem Lesestoff von wirklichem innerem
Werte zu errichten'. § 2 ordnet die Errichtung von allgemeinen Bibliotheken
auch für die nationalen Minderheiten an. Nach § 5 ist der Aufwand 'von
der politischen Gemeinde als ordentliche Gemeindeausgaben' zu tragen. Der
Aufwand wird grundsätzlich 'jährlich mit 30 h bis zu 1 K für jeden Ein-
wohner' festgesetzt. Im § 7 wird angeordnet, daß die Bibliothek 'von einem
4- bis 8 gliedrigen Bibliotheksrat geleitet' werden soll. § 9 bestimmt, daß in
Gemeinden mit mehr als 10 000 Einwohnern der Gehalt des Bibliothekars so
zu bemessen ist, daß er sich 'gänzlich diesem Beruf widmen kann'. Die
Deutschen allerorten werden gut tun, im Sinne dieses Gesetzes rasch zu
handeln, daher auch dort, wohin die Wirksamkeit dieses Gesetzes nicht dringt,
öffentliche Bildungsbibliotheken in der Art jener des tschechoslovakischen
Staates zu errichten oder auszugestalten. — Auch die Südslaven wenden dem
Bibliothekswesen ihre Aufmerksamkeit insofern zu, als für die neu errichtete
slovenische Universität in Laibach ein Bücherstock, wie man hört,
besonders durch den Ankauf ganzer Privatbibliotheken geschaffen wird. F. E.

England. An der Universität London ist seit dem 1. Oktober 1919
eine School of Librarianship „versuchsweise" eingerichtet. Unterrichts-
gegenstände sind Bibliographie, Katalogisierung (Cataloguing und Classification), Bibliotheksorganisation und -Betrieb, Literaturgeschichte und Buch-
auswahl, Paläographie (zusammen wöchentlich 10 Stunden), ferner Lateinisch
(3), Französisch (2) und Deutsch (3 Stunden). Außerdem finden Uebungen
und Besichtigungen, sowie öffentliche Einzelvorlesungen statt. Der ganze
Lehrgang, der mit einer Prüfung abschließt, umfaßt 2 Jahreskurse zu je 3
„terms". Die Jahresgebühr für den vollen Jahreskursus beträgt 12 Guineas.
Die Errichtung der Schule wurde ermöglicht durch eine Bewilligung des
Carnegie Trust für das Vereinigte Königreich von je 1500 £ auf 5 Jahre. Die
Anregung ist von der Library Association ausgegangen, die in dem leitenden
Ausschuß der Schule mit 5 abgeordneten Mitgliedern vertreten ist, während
von den leitenden Persönlichkeiten der großen wissenschaftlichen Bibliotheken
niemand beteiligt ist. Für die Bibliotheksbeflissenen außerhalb Londons wird
der bisherige briefliche Unterricht der Library Association fortgesetzt. — Die
englische Public Library, die jetzt mehr als je für die Aufhebung der Beschränkung der Bibliothekssteuer auf 1 Penny vom Pfund der Gemeinde-
steuern gekämpft hat, sieht ihre Bemühung nunmehr von Erfolg gekrönt. Am
11. Dezember hat im Unterhaus die dritte Lesung der neuen Public Libraries
Bill stattgefunden, die jene Beschränkung beseitigt. Ohne diese Hilfe würden
bei der auch in England stark fühlbaren Preissteigerung aller Bedürfnisse die
öffentlichen Bibliotheken in eine sehr üble Lage gekommen sein. Das neue
Gesetz gilt übrigens nur für England und Wales, nicht für Schottland und
Irland. — Eine erfolgreiche Bewegung hat sich während des Krieges für die
Gründung von Technischen und Handelsbibliotheken entwickelt. — An der
Bodleiana in Oxford ist der bisherige Leiter Falconer Madan nach Vollendung
des 68. Lebensjahres zurückgetreten. Wegen der Kriegsverhältnisse war ihm
eine Ueberschreitung der Altersgrenze um 3 Jahre bewilligt. Sein Nachfolger
ist Arthur Ernest Cowley, der Verfasser des Kataloges der hebräischen Handschriften der Bodleiana Bd. 2. — Auch beim British Museum ist vor einiger

Zeit in einer der leitenden Stellen ein Personenwechsel eingetreten, indem zum Keeper of printed books an Stelle des ˈzurückgetretenen George F. Barwick der um die Geschichte des Buchwesens und insbesondere um die Inkunabelforschung hochverdiente Alfred W. Pollard ernannt wurde. Es darf mit Genugtuung festgestellt werden, daß unter seiner Leitung die englische Inkunabelkommission wieder sachlich und kollegialisch mit der deutschen verkehrt. Die besonders bemerkenswerten Erwerbungen des British Museum werden jetzt von Zeit zu Zeit im Athenaeum unter „Bibliographical Notes" mitgeteilt.

Nordamerika. Um eine schnellere Nachrichtenvermittelung zu erzielen, erscheint das Library Journal jetzt zweimal im Monat. In dem Eingangsartikel zum neuen Jahrgang wird mit berechtigtem Stolz auf die Entwicklung der 1876 begründeten American Library Association hingewiesen. Von ihren drei eigentlichen Begründern, Friedrich Leypoldt, Melvil Dewey und R. R. Bowker leben die beiden letzteren noch. Dewey, schon längst vom Bibliotheksdienst zurückgetreten, hat kürzlich die 10. Ausgabe seiner Decimal Classification veröffentlicht, und Bowker ist der langjährige Herausgeber des Library Journals. Von der großartigen Kriegsorganisation des A. L. A. zur Versorgung von Heer und Flotte mit Bibliotheken ist im Zbl. 1919 S. 236 berichtet. Sie beabsichtigt diese Tätigkeit nach einem erweiterten Plan fortzusetzen. Von den verfügbaren 1 200 000 Bänden sollen je 300 000 an Heer und Flotte, weitere 250 000 an die Handelsmarine, den Küstenschutz, an Leuchttürme und Hospitäler abgegeben und die bezüglichen Bibliotheksorganisationen durch „advisory librarians" sichergestellt werden. Der Rest der gesammelten Bestände soll den Bibliothekskommissionen der Einzelstaaten zur Verfügung gestellt und für die ganze Union eine bibliothekarische Beratungs- und Ueberwachungsstelle geschaffen werden. Zur Ausführung dieser Pläne gehört freilich Geld, und das Ziel ist, einen Fonds von 2 Millionen Dollar dafür zusammenzubringen. Nach der Auflösung der Kriegsorganisation hat eine größere Anzahl von Personalveränderungen stattgefunden. Die deutschen Bibliothekare wird interessieren, daß der ihnen von der Bugra bekannte Theodore W. Koch, der mit an leitender Stelle in den Kriegsbüchereien stand, jetzt Bibliothekar der Northwestern University in Evanston, Ill., geworden ist. — Mit dem Steigen der Preise haben auch in Amerika die Bibliotheksgehälter nicht Schritt halten können, infolgedessen hat eine starke Abwanderung in andere Berufe, an manchen Stellen bis zu einem Drittel des Personals, stattgefunden. Dem dadurch vermehrten Bedürfnis nach ausgebildeten Bibliothekskräften entspricht die Gründung neuer Bibliotheksschulen. An vielen Orten sind Mindestsätze für die Gehälter vereinbart worden. New York bleibt mit dem Satz von 70 Dollar monatlich unter dem sonstigen Durchschnitt. — Die erhöhten Kosten haben auch eine Einschränkung der Neubauten zur Folge gehabt, doch hat die Leland Stanford Junior University ein neues Gebäude für 700 000 Dollar erhalten und andere Bauten sind in Aussicht genommen. Das große BibliotheksförderungsWerk des im vorigen Jahre verstorbenen Andrew Carnegie wird von der Carnegie Corporation fortgesetzt.
Die New York Public Library besaß bisher Lese- und Arbeitsräume, mit Aufstellung der betreffenden Bestände, getrennt für Science und Technology (vgl. Zbl. 29 1912 S. 494 f). Es hat sich herausgestellt daß diese theoretische Scheidung von reiner und angewandter Wissenschaft (z. B. reine und angewandte Chemie oder Elektrizität, Geologie und Bergbau usw.) für die Benutzung unpraktisch ist. Die genannten Abteilungen sind deshalb jetzt zusammengelegt und die ihnen zugewiesenen Räume mehr nach sachlichen Gesichtspunkten geschieden worden. Die Bibliothek besitzt eine große Kriegssammlung, die sie zur größten in den Vereinigten Staaten ausbauen will. Die Sammlung umfaßt jetzt 20 000 Bände, 4000 Plakate und eine große Zahl Photographien. Die zahlreicher vorhandenen Dubletten sollen mit anderen Bibliotheken ausgetauscht werden. — Im Anschluß an die Municipal Reference

Library von New York ist, zum Teil aus ihren Beständen sowie denen der Art Commission, eine besondere Bibliothek für Städteknnst geschaffen worden. ·Die Anregung dazu hat eine schon geraume Zeit vor dem Kriege ausgeführte europäische Studienreise gegeben.

Neue Bücher und Aufsätze zum Bibliotheks- und Buchwesen.[1)
Zusammengestellt von Richard Meckelein.

Allgemeine Schriften.
Blätter für Volksbibliotheken. Neue Folge der Blätter für Volksbibliotheken und Lesehallen. Hrsg. v. Gottl. Fritz und R. Oehler. 1. Jahrg. 1920. H. 1. 32, 2 S. Leipzig: Harrassowitz. Jährl. 12 Hefte 8 M.
Die Bücherstube. Blätter für Freunde des Buches und der zeichnenden Künste. Hrsg.: Ernst Schulte-Strathaus. Jahrg. 1. Heft 1. 1920. (40 S.) 4⁰. Von dieser Zeitschrift erscheinen im Jahre 6 Hefte, wechselnd mit den 6 Heften der Zeitschrift „Der grundgescheute Antiquarius". Preis pro Heft 4 M., des Jahrgangs 20 M. München: Horst Stobbe.
*Knihy a knihovny. Revue věnovaná knihovnictví, knihopisu a knihomilství. Red. Zdeněk Tobolka a Josef Volf. Ročnik 1, č. 1. (48 S.) V Praze: Nákladem Fr. Řivnáče. (1920.) (Livres et bibliothèques. Revue consacrée aux bibliothèques, à la bibliographie et à la bibliophilie.) Jährl. 20 K.
The Library Journal. Vol. 45 No 1. January 1920. (48 S.) Twice-a-month. New York: R. R. Bowker Co. Jährl. 5 $.
*Minerva. Jahrbuch der gelehrten Welt. Begr. v. R. Kukula u. K. Trübner. Jg. 24. 1920. Berlin u. Leipzig: Vereinig. wissensch. Verleger 1920. XIX, 1148 S., 1 Portr. Gebd. 42 M.

Bibliothekswesen im allgemeinen.
Ansteinsson, John. The library history of Norway. The Library Journal 45. 1920. S. 19—24. 57—62.
Balaš, Rob. Lidové knihovnictví na Moravě a ve Slezsku dle stavu dne 15. března 1919. (Les bibliothèques populaires en Moravie et en Silésie. Leur situation au mois de mars 1919.) Knihy a knihovny 1. 1920. S. 9—15.
Fovargue, H. W. Legal aspects of the recommendations and provisions required in any new library bill. The Library Ass. Record 21. 1919. S. 304—309.
*Fritz, Gottlieb. Volksbildungswesen. Bücher- u. Lesehallen, Volkshochschulen u. verwandte Bildungseinrichtungen. 2. durchges. u. verm. Aufl. Mit 12 Abb. Leipzig u. Berl. 1920. 120 S. 2 M. gebd. 2.65. (Aus Natur u. Geisteswelt Bdch. 266.)
Heidenhain, A. Ueber die Belastung der Büchereiwirtschaft durch viel- und weniggelesene Bücher. Blätter f. Volksbibliotheken 1. 1920. S. 40—50.
Homann, Hans Joachim. Kursus für die Verwalter von Volksbüchereien in der Provinz Pommern. Blätter f. Volksbibliotheken N. F. 1. 1920. S. 10—12.
Lambertini, Michelangelo. Les bibliothèques musicales portugaises. La Bibliofilia 21. 1919. S. 11—26.
Larsen, Sofus. Sophus Birket-Smith, f. 28/4 1838, + 1/10. 1919. Nord. Tidskrift f. bok- och biblioteksväsen 6. 1919. S. 243—250.
Malý, Jaromir. Knihovnictví a archivnictví v státním rozpočtu českoslov. republiky na r. 1919. (Les bibliothèques et les archives dans le budget de 1919 de la république tchécoslovaque.) Knihy a knihovny 1. 1920. S. 18—23.
*Peisker, J. Geschichte und Verwaltungstechnik eines zweifach buchenden Bibliothekssystems. Graz: Leykam 1919. 37 S. 10 Kr.

[1) Die an die Redaktion eingesandten Schriften sind mit * bezeichnet.

Pitt, S. A. Commercial libraries. The Library Ass. Record 21. 1919.
    S. 310—313.
Report on the 3 d Summer School of Library Service held at the university
    college of Wales and the National Library of Wales, Aberystwyth, 28 th July .
    to 9 th August, ·1919. The Library Assoc. Record 21. 1919. S. 318—326.
    Mit 1 Taf.
Sayle, A. Village libraries: a guide to their formation and upkeep. Grant
    Richards 1919. 135 S. 5 sh.
Schulze, Alfr. Zur Frage der deutschen Nationalbibliothek. Zentralbl. 37.
    1920. S. 31—37.
Shaw, Geo. T. Position of libraries during the war and after: the call for
    financial relief. The Library Assoc. Record 21. 1919. S. 343—354.
Simon, H. Der Techniker u. die öffentlichen Büchereien. Mitteilungen des
    Reichsbundes Deutscher Technik Nr 6. 7. v. 7. u. 14. Febr. 1920.
Sumbal, Frant. Poslání veřejných knihoven. (La mission des bibliothèques
    publiques.) Knihy a knihovny 1. 1920. S. 7—9.
Tobolka, Zdeněk. Praktické rády knihovníkovi. (Conseils pratiques aux
    bibliothécaires.) Knihy a knihovny 1. 1920. S. 27—36.
Veleminský, K. Zákon o veřejných knihovnách obecních. (La loi sur les
    bibliothèques communales publiques.) Knihy a knihovny 1. 1920. S. 1—5.
Wheeler, Jos. L. The library and the business man. The Library Journal 45.
    1920. S. 13—18.

Einzelne Bibliotheken.

Basel. Merian, Wilh. Drei Handschriften aus der Frühzeit des Klavierspiels.
    Archiv für Musikwissenschaft 2. 1920. S. 22—47. Mit zahlr. Abb.
— Bibliothek-Katalog des Vereins für die Schiffahrt auf dem Oberrhein, Basel.
    2. Nachtrag, enthaltend die Neueingänge im Jahre 1918. Basel: Birkhäuser
    & Cie .1919. 10 S. 50 c.
B|onn. Oehler, R. Erfahrungen aus der Studentenbücherei in Bonn a. Rh.
    Blätter f. Volksbibliotheken N. F. 1. 1920. S. 50—54.
Dresden. *Zuwachs der Stadtbibliothek zu Dresden. 4. Vierteljahr 1919.
    [5 S. Autogr.] 4⁰.
Göttingen. Leyh, G. Die Gesetze der Universitätsbibliothek Göttingen vom
    21. Okt. 1761. Zentralbl. 37. 1920. S. 1—30.
Greifswald. Anleitung zur Benutzung der Universitäts-Bibliothek zu Greifs-
    wald. Greifswald 1920: Adler. 8 S.
Hagen. *Städtische Bücher- u. Lesehalle Hagen (Westf.). Jahresbericht
    1915—1919. [Hagen 1920.] 15 S. 2⁰.
Leipzig. Germania an ihre Kinder, Heinrich v. Kleists eigenhändige Nieder-
    schrift. In Nachbildung der Urschrift m. e. Einleitung hrsg. von Georg
    Minde-Pouet. Leipzig 1918: Ges. d. Freunde der Dtsch. Bücherei (Jahresg. 1.
    1917). 16 S., 2 Taf. 4⁰.
— Aus den Briefen der Göschensammlung des Börsenvereins der Deutschen
    Buchhändler zu Leipzig. Hrsg. von J. Goldfriedrich. Leipzig 1918: Gesellsch.
    d. Freunde der Deutschen Bücherei (Jahresg. f. 1918). 2 Bl., 72 S, 12 Taf. 4⁰.
— Seemannskost. Artur Seemann gewidmet von dem Direktor u. den Biblio-
    thekaren der Deutschen Bücherei. Sonderveröffentlichung der Gesellsch.
    d. Freunde der Deutschen Bücherei. Leipzig: Ges. d. Fr. d. D. B. 1919.
    72 S. 30 M. (nur f. Mitglieder).
Winterthur. Zuwachsverzeichnis der Stadtbibliothek Winterthur. Jahrg. 10.
    1917 u. 1918. Winterthur 1919: Ziegler. 75 S.
— Bibliothek-Katalog d. Kaufm. Vereins Winterthur 1919. Winterthur 1919.
    IV, VIII, 95 S. 1 fr.
Würzburg. *Handwerker, Otto. Ueberschau über die Fränkischen Hand-
    schriften der Würzburger Universitäts-Bibliothek. S.-A. aus Archiv d.
    histor. Vereins von Unterfranken u. Aschaffenburg. 61. Bd. Würzburg:
    Hist. Verein 1919. 92 S.

Amsterdam. *Mededeelingen van de Openbare Leeszaal en Bibliotheek te Amsterdam. Jaarg. 2, No 1. Jan. 1920. Amsterdam: Roeloffzen-Hübner & Van Santen en Gebr. Binger.) 12 S. Jährl. 12 No 1,20 f.

Boston. Bulletin of the Public Library of the City of Boston. Issued quarterly. 4th series, vol. 1. 1919. Boston: Publ. by the Trustees 1919. 413 S.

Brooklyn. Public Library. After war-what? Knowledge is power [bibliography]. [Brooklyn: Publ. Libr. 1919.] 30 S.

Fonte Avellana. Vitaletti, Guido. Un inventario di codici del secolo XIII e le vicende della Biblioteca, dell' Archivio e del Tesoro di Fonte Avellana. La Bibliofilía 21. 1919. S. 42—76. 117—156. (Mit 10, bzw. 12 Facs.) [Forts.]

Genf. Inventaire sommaire des manuscrits appartenant à la Société d'Histoire et d'Archéologie de Genève ou déposés dans sa bibliothèque. (Tirage à part du Bull. Soc. Hist. Archéol. Genève. Tome 4, livr. 5.) Genève: Jent 1919. 28 S.

Kristiania. *Det Kongelige Frederiks Universitet. Universitetsbibliotekets Årsberetning 1. Juli 1918—30. Juni 1919. Kristiania 1919: Grøndahl & Søn. 24 S.

London. University of London, University College. Report of the Committee of the Mocatta Library and Museum for the sessions 1917—18, 1918—19. London 1920: (Taylor and Francis). 7 S.

New York. Public Library. Pratt, Ida A. Armenia and the Armenian; a list of references in the library, under the direction of R. Gottheil. New York: Publ. Libr. 1919. 96 S. 30 c.

Paris. Gautier, J. La bibliothèque de la faculté de droit de Paris. Guide à l'usage des étudiants. Paris: Soc. du Recueil Sirey. 2 fr.

Prag. Řezníček, Vácslav. Korrespondence, literární pozůstalosti a památky v bibl. Musea král. Českého. (Les correspondances et les papiers littéraires laissés dans la bibl. du musée de royaume de Bohême.) Knihy a knihovny 1. 1920. S. 15—18. (Wird fortges.)

St. Louis. St. Louis Public Library Monthly Bulletin New Ser. v. 18. No 1. Jan. 1920. 16 S.

— St. Louis Public Library. Donan, Margaret. Animals of our zoo, a selected list of books about wild animals with special reference to the collection of the St. Louis Zoological Society. St. Louis: Publ. Libr. 1919. 7 S.

— — Credit; a selected list of books. St. Louis: Publ. Libr. 1919. 5 S.

Washington. Index catalogue of the library of the surgeon general's office, United States army. Authors and subjects. 3 d series, vol. 1. A—Army. Washington, D. C.: Gov. Pr. Off. 13, 755 S. 2 $.

Schriftwesen und Handschriftenkunde.

Deutsche Commission. Bericht der HH. Burdach u. Roethe. Sitzungsberichte d. Preuß. Akad. d. Wiss. 1920. S. 122—136.

Calendar of state papers and manuscripts relating to English affairs existing in the archives and collections of Venice and in other libraries of Northern Italy. Vol. 2?. 1629—1632. Ed. by Allan B. Hinds. London: Stat. Off. 4°. 4 sh.

James, M. R. The wanderings and homes of manuscripts. S. P. C. K. 1919. 96 S. 2 s. 6 d. (Helps for students of history 17.)

Martin, Henry. Les Fouquet de Chantilly. Livre d'heures d'Etienne Chevalier. Paris: Laurens 1919. 2.40 fr.

Buchgewerbe.

Buchbindekunst im alten Regensburg. Archiv f. Buchbinderei 19. 1919/20. S. 49—57. 62—70. Mit zahlr. Abb. (Wird fortges.)

Engel-Hardt, R. Buchkultur und Buchreklame. I. II. Börsenbl. f. d. Deutschen Buchhandel 87. 1920. S. 57—59. 195—189.

Kersten, Paul. Wirrwarr in Einbandsbezeichnungen. Ein Mahnruf. Die Bücherstube 1. 1920. S. 8—11.
— Ein wertvoller deutscher Einband aus der Mitte des 19. Jahrhunderts. Archiv f. Buchbinderei 19. 1919/20. S. 70—71.
Newdigate, C. A. Notes on the 17th century printing press of the English College at Saint Omers. 1. The St. Omers English book-trade. 2. Francis Bellet, 1601—1609. 3. The English College press. 4. John Wilson, priest. 5. Enemies. 6. Some other printers. The Library III, 10. S. 179—190.
Plomer, Henry R. More petitions to archbishop Laud. 1. The makers of embroidered bindings. 2. Cutting the price in a Greek book. 3. Bookselling by Exeter Ironmongers. 4. A seizure of books. The Library III. 10. 1919. S. 129—138.
Schulte-Strathaus, Ernst. Charles Enschede zum Gedächtnis. Die Bücherstube 1. 1920. S. 20—24.
Stokes, H. P. Cambridge stationers, printers, bookbinders, etc. Cambridge: Bowes and Bowes 1919. 36 S.
*Zülch, W., u. G. Mori. Frankfurter Urkundenbuch zur Frühgeschichte des Buchdrucks. Aus den Akten des Frankfurter Stadtarchivs. Frankfurt a/M : Baer & Co. 1920. 75 S. 15 M.
Witkowski, Georg. Das künstlerische Buch der Gegenwart. VIII. Die Avalun-Drucke. Zeitschrift f. Bücherfreunde N. F. 11. 1919/20. S. 260—262.

Buchhandel.

Book-Prices Current 1918—1919. Vol. 33. Ed. by J. H. Slater. London: Elliot Stock 1919   842 S.   32 sh. 6 d.
Dolleris, Andreas. Danmarks Boghandlere 1906—1918. En personalhistorisk Haandbog. Vejle: Dolleris. 20 Kr.
Jast, L. Stanley. A proposal for Library Association editions of standard works. The Library Assoc. Record 21. 1919. S. 355—359.
Norelius, Ch. Sveriges äldsta ännu existerande bokhandel. Lund 1920: Ph. Lindstedts Universitetsbokhandel. 20 S, mit 11 Abb.
Ollendorff, Paul. Von deutscher Musik und deutschem Musikalienhandel. I. Börsenbl. f. d. Deutschen Buchhandel 87. 1920. S. 211—214.
Ring [Viktor] u. Otto Liebmann. Buchhandelslöhne und Bücherpreise. Deutsche Juristen-Zeitung 1919. H. 23/24. Sp. 966—971.
Schubring, Paul. Vespasiano da Bisticci. Zeitschr. f. Buchfreunde N. F. 11. 1919/20. S. 183—186.

Zeitungen und Zeitschriftenwesen.

Doeberl, Anton. Ernst Zander und der Fränkische Courier. Ein Beitrag zur Geschichte des katholischen Zeitungswesens. Hist.-polit. Blätter für das kathol. Deutschland 165. 1920. S. 197—215.
Hildebrandt, Günther. Litterarische Zeitschriften der letzten Vergangenheit und der Gegenwart. Die Bücherstube 1. 1920. S. 11—16.
Krumbhaar, Herbert. Die Häufigkeit des Erscheinens der Zeitungen. Liegnitz: Krumbhaar 1920. VIII, 112 S. 4 M.
Oehlke, Alfred. 100 Jahre Breslauer Zeitung. 1820/1920. Breslau (1920): Bresl. Ztg. VIII, 328 S.
Zeitungs-Kunde. Jahrg. 1920. No 1/2. (12 S.) Berlin: Wilh. Heidelberg. Erscheint wöchentlich. Vierteljährl. 3,60 M. Einzelnummer 40 Pf.

Allgemeine und Nationalbibliographie.

Deutschland. Halbjahrsverzeichnis der im deutschen Buchhandel erschienenen Bücher, Zeitschriften und Landkarten. 1919, erstes Halbjahr. 242. Forts. von Hinrichs' Halbjahrs-Katalog. Bearbeitet von der Bibliogr. Abt. des Börsenvereins der Deutschen Buchhändler zu Leipzig. 1. Teil: Titelverzeichnis. 2. Teil: Register. Leipzig: Börsenverein. 476 u. 108 S. In 1 Bd 24,50 M, in 2 Bdn 26 M.
Frankreich. Catalogue général de la Librairie française. Continuation de l'ouvrage d'Otto Lorenz (Période de 1840 à 1885: 11 volumes). Tome 27.

(Table des matières du tome 24, 1913—1915.) Réd. par D. Jordell. 1. fasc.: Abaques-Jacopone de Todi. Paris: D. Jordell 1919. S. 1—240.
Frankreich. Bibliographie de la France. Livres d'étrennes, revues et périodiques pour l'année 1920. Paris: Au cercle de la Librairie 1919. 199 S.
— Catalogue des thèses et écrits académiques. 34 e et 35 e fasc. Années 1917 et 1918. Table de matières (1914—1918). Mâcon: Protat fr. Paris: E. Leroux 1919. S. 254—410.
Island. Sigurdsson, Pjetur. Islandsk Bogfortegnelse for 1916—1918. I. Bøger og Smaaskrifter. Dansk Boghandlertidende 65. 1919. S. 459—460. 480 —481. (Wird fortges.)
Niederlande. *Nijhoff, Wouter. Nederlandsche Bibliographie van 1500 tot 1540. Met medewerking van M. E. Kronenberg. Afl. 1—4. S. 1—256. 's-Gravenhage: Nijhoff 1919. Lief. (64 S.) 3 f.
Schweiz. *Jahresverzeichnis der Schweizerischen Hochschulschriften 1918 —1919. Catalogue des Écrits académiques Suisses 1918—1919. Basel 1920: Schweighauserische Buchdr. 2 Bl., 79 S.

Fachbibliographie.

Geschichte. Lautenschlager, Friedrich. Die badischen Geschichts- und Altertumsvereine im Kriegsjahr 1918. Korrespondenzblatt des Gesamtvereins der deutschen Geschichts- und Altertumsvereine 67. 1919. Sp. 225—237.
Krieg. Müller-Jabusch, M. Die Veröffentlichungen zu den Friedensverhandlungen. Ein Beitrag zur Geschichte des Buches als Mittel im politischen Kampf. Zeitschrift f. Bücherfreunde N. F. 11. 1919/20. S. 226—235.
Naturwissenschaften. Bibliography of scientific literature relating to helium.   ng n, D. C. 1919: Gov. Pr. Off. 21 S. 5 c. (Bu. of Standards circ. 81.)Washi to
— Nickles, John M. Bibliography of North American geology for 1918, with subject index. Washington, D. C., 1919: Gov. Pr. Off. 148 S. 10 c. (U. S. Geol. Survey bull. 698.)
— Mullens, W. H., H. Kirke Swann, and F. C. R. Jourdain. A geographical bibliography of British ornithology from the earliest times to the end of 1918. Arranged under counties. Being a record of printed books, published articles, notes and records relating to local avifauna. P. 2. London: Witherby. 6 sh.
— Todd, E. The Einstein theory: a selected list of references. The Library Journal 45. 1920. S. 25—26.
Sprachen und Literaturen. *Goedeke, Karl. Grundriss zur Geschichte der Deutschen Dichtung aus den Quellen. 2. ganz neu bearb. Aufl. Nach d. Tode des Verf. hrsg. v. Edmund Goetze, von Bd 11 an fortgeführt v. Franz Muncker u. Alfr. Rosenbaum. 31. Heft (12. Bd, Bogen 1—11.) Dresden: L. Ehlermann 1919. IV, S. 1—176.
— Lüthi-Tschanz, Karl J. Hebräisch in der Schweiz. III. Bibliographia hebraica. Gutenbergmuseum 5. 1919. S. 102—109. (Wird fortges.)
— Tulla, Arthur. Kleine Bausteine zur Bibliographie des Wiener Schauspiels im 18. Jahrhundert. III. Zeitschrift f. Bücherfreunde N. F. 11. 1919/20. S. 249—253.
Staatswissenschaften. Maunier, René. Manuel bibliographique des sciences sociales et économiques. Paris: Soc. du Recueil Sirey 1920. XVI, 228 S. 20 fr.
— Roche-Agussol, Maurice. Etude bibliographique des sources de la pshychologie économique chez les Anglo-Américains. Paris: Libr. de la Soc. du Recueil Sirey. 12 fr.
Technik. Wheeler, Harold L. A bibliography on the roasting, leaching, smelting and electro-metallurgy of zinc. Rolla, Mo.: Univ. of Mo. School of Mines and Metallurgy. 388 S.
Theologie. Books of the new era; a classified and annotated list of the best available books on missions and related subjects. New York and Cin: Meth. Bk. Concern 1919. 190 S. 50 c.

Lokale Bibliographie.

Persien. Persische Bibliographie. Zusammengestellt und den Mitgliedern der Deutsch-Persischen Gesellschaft überreicht von dem Redaktionskomitee der persischen Zeitung Kaveh, Charlottenburg. Berlin 1920: (Sittenfeld.) 70 S.

Pfalz. Häberle, Daniel. Pfälzische Bibliographie. IV. Die landeskundliche Literatur der Rheinpfalz v. 1908—1918. ⟨M. Nachträgen zu d. Bibliographieen I—III.⟩ Systematisch geordnet. 2. Tl. Dürkheim 1919: J. Rheinberger. (Heidelberg: Carlebach.) VII, 245 S. 6 M. S.-A. aus d. Mitteilungen der Pollichia. 73. u. 74. Jahrg.

Pommern. *Praesent, Hans. Die landeskundliche Literatur von Pommern 1915—1918. S.-A. aus dem 17./36. Jahresbericht der geographischen Gesellschaft Greifswald 1918/19. Greifswald 1919. 24 S.

Rouergue. Couderc, Camille. Bibliographie historique du Rouergue. I. A—K. Dijon: Darantière. Paris: E. Champion 1918—1920. S. 1—168.

Personale Bibliographie.

Brentano. Seebass, Friedr. Unbekannte Brentano-Literatur. Zeitschrift f. Bücherfreunde N. F. 11. 1919/20. S. 236—241.

Chamisso. *Rath, Philipp. Bibliotheca Schlemihliana. Ein Verzeichnis der Ausgaben u. Uebersetzungen des Peter Schlemihl. Nebst 9 unveröffentlichten Briefen Chamissos u. einer Einleitung. M. 6 Bildbeilagen. (Bibliographien u. Studien hrsg. von M. Breslauer 1.) Berlin: M. Breslauer 1919. 97 S., 6 Taf 4°. 40 M.

Croce. Castellano, G. Introduzione allo studio delle opere die Benedetto Croce. Note bibliografiche e critiche. Bari: Laterza. 7,50 L.

Franck. Hauffen, Adolf. Ein wertvolles Exemplar von Sebastian Francks Sprichwörtersammlung. (1541.) Zeitschrift f. Bücherfreunde N. F. 11. 1919/20. S. 254—259.

Hauptmann. (Breslauer, Martin.) Verzeichnis einer Hauptmann-Bibliothek. Berlin: (M. Breslauer). Zum Jahre 1920. 5 Bl. 8°. (In 124 Ex. gedr.)

Holberg. Petersen, Carl S. Et upaaagtet Holbergtryk. Nord. Tidskrift för bok- och biblioteksväsen 6. 1919. S. 207—218.

Luther. Collijn, Isak. De äldsta i Amerika tryckta upplagorna af Luthers lilla Katekes på engelska, Philadelphia 1749 och 1761. Nord. Tidskrift för bok- och biblioteksväsen 6. 1919. S. 159—170.

— Wieser, Max. Luther-Schriften. Blätter f. Volksbibl. u. Lesehallen 20. 1919. S. 169—170.

Marx. Drahn, Ernst. Marx-Bibliographie. Ein Lebensbild Karl Marx' in biographisch-bibliographischen Daten. Charlottenburg: Dtsche Verl.-Ges. f. Politik u. Geschichte 1920. 58 S.

Wieland. Kurrelmeyer, W. Nachtrag zur Wieland-Bibliographie. Modern Language Notes 33. 1918. S. 282—293.

Bibliophilie.

Bibliothèque d'un ami des livres. Evreux: P. Hérissey. Paris 1914. IV, 116 S. u. Abb.

De Marinis, T. I libri di musica della contessa Sofia Coronini Fagan. Milano: Bertieri e Vanzetti 1919. 75 S.

Fleischmann, Franz. Das Exlibris. Das Bayerland 31. 1919. S. 76—86. Mit zahlr. Abb.

Fowler, Harry Alfred. A directory of bookplate artists. With notes concerning their work. Kansas City, Mo. 1919: A. Fowler. 50 c.

Hirschberg, Leopold. Erinnerungen eines Bibliophilen. Berlin-Wilmersdorf: Bibliophiler Verlag O. Goldschmidt-Gabrielli 1919. Mit 7 Taf. 207 S. 26 M., Luxusausg. 70 M.

Jahrbuch deutscher Bibliophilen für 1919/20. ⟨Deutscher Bibliophilen-Kalender.⟩ 7. Jahrg. Hrsg. von Hans Feigl. Wien 1919: M. Perles. Mit 2 Bildbeigaben. (164 S.) Pappbd 15 M., Lederbd 75 M.

Kunst, Adolf. Ex libris. Ausgabe A. Nr 1—75: 11 alpine Exlibrisradierungen in 2 farb. Druck, sämtlich signiert. Ausg. B. Nr 76—200: 10 alpine Exlibrisradierungen. Leipzig: O. Wigand 1919. Ausg. A. in Mappe 45 M., Ausg. B. 30 M.

Schulte-Strathaus, Ernst. Bibliophilie und Pseudobibliophilie, Buchkunst und Afterbuchkunst. Die Bücherstube 1. 1920. S. 3—7.

Antiquariatskataloge.

Baer & Co., Joseph, Frankfurt. Nr 662, Teil 2: Nationalökonomie. 4727 Nrn. — Nr 659: Germanistik. 2578 Nrn. — Frankfurter Bücherfreund. 13. Jg. 1919/20. Neue Folge Nr II. Heft 2/3. Nr 707—1146.

Björck u. Börjesson, Stockholm. Nr 150: Svensk Topografi. 4432 Nrn.

Chrétien, G., Paris. Nr 56: Nr 4636—5385.

Dultz & Co., München. Nr 36: Palaeontologie. 1058 Nrn.

Deiblers Nachf., Wien. Der Bücherliebhaber. Nr 7: Verschiedenes. 999 Nrn.

Edwards, London. Nr 400: Verschiedenes. 1638 Nrn.

Gerschel, Stuttgart. Bücherkasten VI, 1. 887 Nrn. — Nr 91: Helvetica. 285 Nrn.

Gilhofer u. Ranschburg, Wien. Nr 131: Illustrierte Bücher. 1131 Nrn. — Nr 132: Estampes Anciennes.

Harrwitz, Max, Berlin. Nr 11: Mitteilungen. 345 Nrn.

Hiersemann, Leipzig. Nr 477: Geschichte. 469 Nrn.

Meyer, F., Leipzig. Nr 154: Bibl. Bredenbrücker. Nr 1—1030.

Müller, Fr., München. Nr 28: Antiquariatsanzeiger. 1840 Nrn.

Nijhoff, Haag. Nr 452: Livres Anciens et Modernes. 384 Nrn. — Nr 454: Livres Anciens et Modernes.

Posthumus, N., Haag. Nr 96: China et Japan. 556 Nrn.

Rahn, W., Stettin. Nr 55: Theologie. 1353 Nrn.

Rivière & Cie, Paris. Ouvrages, des XVI e—XVIII e siècles, nouvelle série, Nr 1. 1175 Nrn.

Samonati, Libraria, Rom. Nr 63: Verschiedenes. 522 Nrn.

Schwarz, J., Wien. Nr 2: Kunstwissenschaft. 958 Nrn.

Weigel, Oswald, Leipzig. Herbarium. 1916. Nr 41.

Bücherauktionen.

Aachen am 10.—12. März 1920: Deutsche Literatur. (Bibl. Bischoff/Lüttich.) 810 Nrn. Bei A. Creutzer.

Berlin am 24. April 1920: Bildnisse. Miniaturen des 15.—18. Jahrh. 157 Nrn. Bei K. E. Henrici.

Florenz am 12.—20. April 1920: Bücher. 1202 Nrn. Bei O. Cozzini.

Frankfurt am 29. April 1920 und folg. Tage: Münzen, Medaillen verschiedener Länder. 1982 Nrn. Bei A. Hess.

Leiden am 3.—12. Mai 1920: Verschiedenes. Bei E. J. Brill.

Leipzig am 4. u. 5. März 1920: Bibl. M. Krause-Berlin, A. v. Littrow-Wien u. Süddeutsch. Schloßbibl. VI. 599 Nrn. Bei O. Weigel.

— am 20. u. 21. April 1920: Bibl. Joh. Linke I. 711 Nrn. Bei O. Weigel.

— am 29. u. 30. April 1920: Bibl. Uhlworm II. 1019 Nrn. Bei O. Weigel.

Personalnachrichten.

Berlin SB. Der Bibliothekar Dr. Albert Predeek wurde nach Göttingen UB zurückversetzt. Als Volontäre traten ein Dr. phil. Hugo Figulla, geb. 27. Dez. 1885 in Loslau, Kr. Rybnik, studierte Orientalia, seit 1911 bei der Vorderasiatischen Abteilung der Museen tätig, und Dr. phil. Fritz Prinzhorn, geb. 15. Okt. 1893, studierte Mathematik und Naturwissenschaften.

Bonn UB. Als Volontär trat ein Dr. phil. Friedrich Grossart, geb. 21. Sept. 1891 in Meddersheim a. Nahe, studierte Philosophie, Deutsch und Geschichte.

Breslau SUB. Der Bibliothekar Dr. Paul Pescheck wurde mit der kommissarischen Leitung der Bücherei der Technischen Hochschule beauftragt.

Göttingen UB. Der Hilfsbibliothekar Dr. Johannes Nobel wurde an Berlin SB zurückversetzt.

Jena UB. Die wissenschaftlichen Hilfsarbeiter Dr. Karl Bulling und Dr. Hans Müller wurden zu Hilfsbibliothekaren ernannt.

Kassel LB. Dem Bibliothekar Dr. Wilhelm Lange wurde der Titel Professor verliehen.

Mainz StB. Der Direktor Prof. Dr. Gustav Binz wurde zum Vizedirektor der Schweizerischen Landesbibliothek in Bern gewählt.

München SB. Der Kustos mit Titel und Rang eines Bibliothekars Dr. Otto Hartig wurde zum Bibliothekar, der geprüfte Praktikant Dr. Paul Ruf zum Kustos ernannt. Als Praktikanten traten ein Franz Dilger, geb. 4. Okt. 1891 in Kleinwallstedt (Unterfranken), studierte klassische Philologie, Dr. phil. Eduard Gebele, geb. 27. Aug. 1887 in Augsburg, studierte klassische Philologie und Geschichte, und Anton Preis, geb. 27. Nov. 1886 in Augsburg, studierte neuere Philologie.

Regensburg Turn- u. Taxissche HB. Der Direktor Dr. Joseph Rübsam trat am 1. Febr. in den Ruhestand, zum Nachfolger wurde der fürstl. Archivrat Dr. Rudolf Freytag ernannt.

Stuttgart LB. Der Hilfsbibliothekar Dr. Friedrich Gaub wurde zum Bibliothekar ernannt.

— BZentralstelle f. Gewerbe u. Handel. Der bisherige stellvertretende Leiter Dr. Karl von Seeger wurde zum Vorstand ernannt.

Wien B. d. Ak. d. bild. Künste. Der Bibliotheksdirektor Dr. Josef Dernjač starb am 31. März im 70. Lebensjahr.

— B. d. Hochsch. f. Bodenk. Dem Direktor i. R. Dr. Ignaz Stich wurde anläßlich seiner Versetzung in den dauernden Ruhestand der Titel eines Regierungsrates verliehen.

— StB. Der Vizedirektor Ludwig Böck trat in den dauernden Ruhestand und erhielt aus diesem Anlaß den Direktortitel.

Venedig B. Marciana. Der Direktor Dr. Giulio Coggiola starb am 2. Sept. 1919.

Bibliothekartag Weimar 1920.

Tagesordnung.

Dienstag 25. Mai Ab. von 7 Uhr ab: Beisammensein in der „Erholung".

Mittwoch 26. Mai Vorm. 9 Uhr, ebenda.

Begrüßung durch den Vorsitzenden

Minde-Pouet-Leipzig: Gemeinsame Aufgaben der deutschen Bibliotheken.

Glauning-München: Zur gegenwärtigen Lage der deutschen Bibliotheken. Mitgliederversammlung des V. D. B.

— Nachm. 4 Uhr in der Landesbibliothek.

Deetjen-Weimar: Geschichte der Landesbibliothek, mit Führung.

Donnerstag 27. Mai Vorm. 9 Uhr in der „Erholung".

Hilsenbeck-München: Bibliotheken und Zeitungen.

Praesent-Leipzig: Kartenbibliographie und Kartentiteldrucke.

Geiger-Tübingen: Unser bibliothekarischer Beruf. Rückblick auf die 20 Jahre des V. D. B.

Anträge von Mitgliedern und allgemeine Erörterungen.

— Nachm.: Führung durch Goethe-Nationalmuseum oder Goethe-Schiller-Archiv. — Gemeinsames Essen.

Näheres durch die versandten Programme (ev. zu erhalten vom Vorstand, Leipzig UB).

Verlag von Otto Harrassowitz Leipzig. — Druck von Ehrhardt Karras G. m. b. H. in Halle (S.).

Zentralblatt

für

Bibliothekswesen.

| XXXVII. Jahrgang. | 5. u. 6. Heft. | Mai-Juni 1920. |

Zum Philobiblon des Richard de Bury.

In elf Ausgaben — davon eine zugleich eine französische, eine andere eine englische Uebersetzung hatte — und in einer für sich gedruckten englischen Uebersetzung war das in lateinischer Sprache geschriebene Philobiblon des i. J. 1345 verstorbenen englischen Bischofs Richard de Bury bereits erschienen, als i. J. 1888 der Engländer Ernest C. Thomas den Traktat aufs neue herausgab und in das Englische übertrug (London: Kegan Paul 1888. LXXXV, 259 S. 8⁰). Gleich damals wurde im Zentralblatt für Bibliothekswesen (Jg. 6. 1889. S. 337 ff.) auf die Neuerscheinung Bezug genommen; jedoch verbreitete der Rezensent sich im Grunde nur über den schönen, stets die Feder reizenden Inhalt des Philobiblons, sodaß es jetzt, obwohl seitdem über dreißig Jahre verflossen sind, noch nicht zu spät ist, zu dieser und jener Seite der Thomasschen Ausgabe eine schärfer umrissene Stellung einzunehmen.

Von den elf bez. zwölf Ausgaben vor Thomas hatten nur drei auf der Benutzung von Handschriften beruht. Der ersten Ausgabe, jener Kölner vom Jahre 1473, die für sieben weitere Ausgaben die Norm blieb, hatte eine einzige und dabei nicht einmal gute Handschrift zugrunde gelegen. Die zweite, die Speierer Edition von 1483, beruhte dagegen auf einer etwas besseren Quelle und hat wohl auch einen besseren, d. h. mehr kritischen Herausgeber gehabt; jedoch ist sie, ebenso wie die Oxforder Ausgabe von 1598 bez. 1599, zu der Thomas James, der später der erste Leiter der Bodleiana ward, mindestens sechs Handschriften eingesehen hatte, in der Folgezeit ohne Nachfolger bez. ohne Nachbenutzer geblieben. Selbst Hippolyte Cocheris von der Bibliothèque Mazarine in Paris, der i. J. 1856 eine im übrigen um de Burys Werk nicht unverdiente Ausgabe besorgte und der die beiden Pariser Handschriften 15 168 und 3 352 benutzt zu haben betont, hatte gleichwohl bei der Gestaltung des Textes sich fast ausschließlich auf die erste, die Kölner Ausgabe beschränkt. Nun war Thomas gekommen, der von der großen Zahl Handschriften, in der die Abhandlung des englischen Bischofs verbreitet war, fünfunddreißig feststellte, von denen er selber achtundzwanzig eingesehen und zur Fixierung seines Textes gebraucht hatte. Dieser letztere sollte nun gegenüber jenem der alten Ausgaben an über zwölfhundert Stellen verbessert

erscheinen (vgl. Zbl. f. Bw. Jg. 3. 1886. S. 152) und zum erstenmale
eine Vorstellung von jenem Philobiblon geben, wie es ehemals aus
der Feder seines Autors geflossen war.

Abgesehen von dem gelegentlichen Heranziehen anderer Handschriften, hatte Thomas, wohl beeinflußt durch das Ansehen seines
Vorgängers Cocheris, dessen Ausgabe er einst abfällig besprochen,
dennoch dessen beide Pariser Kodizes 15168 und 3352 bei Konstituierung des Textes als A und B an die Spitze gestellt, um diesen
dann die Handschrift Digby 147 aus der Oxforder Bodleiana als D
und die Royal 8 F. XIV des Britischen Museums als E folgen zu lassen.
Warum er aber überhaupt gerade diese vier Handschriften ausgesucht
hat, weshalb er dieselben in der Klassifizierung A, B, D, E, mit Ueber-
springung also des Buchstabens C, genannt, wie er daraus den neuen
Text gebildet hat und auf welche Weise andererseits der alte, verderbte Text der früheren Ausgaben zustande kam, darüber schweigt
Thomas, wie es denn im allgemeinen sein Fehler zu sein scheint, daß
er für seine Arbeitsweise nicht die notwendigen Erklärungen bietet.
Wohl hatte er in vorhergehenden Aufsätzen (vgl. Library Chronicle 1.
S. 148 ff. und 170 ff. Weiter 2. No 20/21) seine Pläne dargelegt; aber
warum er z. B. D und E, die älter sind als A und B, in seiner Ausgabe an letzter Stelle rangieren läßt, obwohl versprochen worden war,
die ältesten Handschriften als Basis zu benutzen, das wird nirgends
gesagt, ein Umstand, der um so mehr unverständlich bleibt, als die
Aufzählung der achtundzwanzig benutzten Handschriften meist nicht über
eine ganz kurze Kritik der einzelnen hinausgeht. Auch ist die Kolla-
tionierung der vier hauptsächlichsten Kodizes in der sonst so weit-
gehend angelegten Adnotatio critica nicht immer vollständig, eine
Arbeit, die Thomas zugleich mit dem Kollationieren aller besseren
Handschriften und dem Zitieren der wichtigsten Varianten aller Handschriften einer more elaborate edition (vgl. S. LXXVIII der Einleitung
zur Thomasschen Ausgabe) überläßt, in der dann auch die Verwandtschaft der verschiedenen Handschriften erörtert werden sollte. Hat
Thomas gegen diese und ähnliche Vorwürfe sich also bis zu einem
gewissen Grade im voraus gedeckt, so läßt sich dagegen auf keine
Weise entschuldigen, warum er die in allen Handschriften gewahrte
Folge von Prolog, Kapitel-Aufzählung und Einzelkapiteln derart in
seiner Ausgabe ändert, daß er die Kapitel-Aufzählung an die erste
Stelle setzt, um dann nach einer Tafel der von ihm gebrauchten Abkürzungen den Prolog und daran anschließend die einzelnen Kapitel
zu bringen.

Nach diesen Bemerkungen zur Gestaltung des Philobiblon-Textes
muß aber des Herausgebers sonstiges Verdienst um das lateinische
Büchlein voll und ganz anerkannt werden. Zur Erklärung des öfter
dunklen Textes wie zur Wiederherstellung verderbter Stellen hat Thomas
sehr viel geleistet, und in den Fußnoten ist überhaupt eine große
Menge Material aufgespeichert. Daß bei dieser Arbeit schließlich nicht
auch noch die letzte Vulgata-Stelle herausgeschält worden ist oder

daß hier und da kleine Ungenauigkeiten sich eingeschlichen haben, ist bei der Masse der Arbeit, die Thomas zum erstenmal bewältigte, nicht zu verwundern. Was er außerdem für die Feststellung der Lebensdaten des Durhamer Bischofs und zur Schilderung der damaligen Zeit getan, weiter die sehr gute Bibliographie der Ausgaben des Philobiblons und endlich die erstmalige Aufzählung der ermittelten Philobiblon-Handschriften, das alles ist das bleibende Verdienst von Thomas. Eigentümlich berührt jedoch den Benutzer der Ausgabe von 1888 der Umstand, daß ihr Herausgeber nach der so fleißigen Biographie des Bischofs und nach der so wertvollen Arbeit um sein Werk mit dem Abdruck einer während des Druckes gefundenen Richard de Bury ungünstigen Stelle aus der Continuatio chronicarum des Adam Murimuth (gest. 1347) schließlich alles widerruft. Und zwar geht Thomas darin so weit, daß er im Jahre nach der Herausgabe des Philobiblons den Bischof einen impostor, einen Betrüger (vgl. The Library 1. 1889. S. 335—340) nennt, der nicht sehr gebildet gewesen sei, der nur des Scheines der Gelehrsamkeit halber seine Bücher gesammelt habe und der demnach auch wohl kaum als der Verfasser des Philobiblons angesprochen werden dürfe.

Damit sind wir ·bei der nicht erst· von Thomas angezweifelten Autorschaft des Richard de Bury am Philobiblon angelangt, bei einer Frage, die sich meinem Dafürhalten nach zur Zeit noch nicht mit Sicherheit entscheiden läßt. Für mich ist das autobiographische Moment in dem Büchlein, das in seinen letzten Partien fast zum Testament eines sterbenden Mannes wird, so stark, und in allen Teilen des Werkes ist eine der geschichtlichen Persönlichkeit Richards· entsprechende Individualität so greifbar, daß ich mich nicht entschließen könnte, den Traktat dem englischen Kirchenfürsten abzusprechen. Daß letzterer seine Schrift zum Teil gerade für seine Gegner, die seine leidenschaftliche Bücherliebe verwarfen, geschrieben, betont er mehrmals, und als solch ein Gegner wird eben auch Adam Murimuth zu gelten haben, auf den Thomas bei seinem abfälligen Urteil sich vor allem beruft. Die Continuatio chronicarum, d. h. vielmehr das Verhältnis des darin zuerst wohl von Edward·Maunde Thompson beachteten und daraufhin von Thomas zitierten de Bury-Passus zum ganzen Texte müßte erst noch eingehender untersucht werden, wie denn überhaupt die Ausgaben dieses in verschiedenen Zeiträumen gearbeiteten und früh von verschiedenen Händen bearbeiteten Buches je nach den benutzten Kodizes in ihrem Inhalte schwanken, sodaß z. B. eine dem Richard günstige Stelle nicht in allen Handschriften bez. in den daraus abgeleiteten Ausgaben zu finden ist.[1]) Zudem nennt Thompson, der letzte Heraus-

---

1) Ich habe hier jene Stelle im Auge, nach der Richards de Bury vornehmer Charakter dadurch zu Tage tritt, daß er den König mit einem seiner eigenen, d. h. des Bischofs, Gegner aussöhnt. Dieser Passus, der zwar in einer Handschrift des Queen's College in Oxford, nicht aber in allen Kodizes der Continuatio chronicarum sich findet, ist wohl in Halls (1722) und in Hogs (1846) Ausgabe, jedoch nicht in jene von Thompson (1889) aufgenommen worden.

geher der Continuatio (Rerum Britannicarum medii aevi scriptores [93].
Lond. 1889), den Murimuth einen boshaften und verärgerten Menschen,
an ill-natured or disappointed man, dessen Aussagen nicht allzu wörtlich aufzufassen seien. Und vom Philobiblon erwähnt dieser Murimuth
überhaupt nichts, also auch nicht, daß Richard de Bury es nicht geschrieben habe, sodaß er für die Entscheidung der Autorfrage eigentlich gar nicht in Betracht kommt.

　　Hier ist aber noch ein anderer Punkt zu erledigen. Die Schlußschrift in verschiedenen Philobiblon-Kodizes hat den Vermerk, daß
der auch sonst als Schriftsteller nicht unbekannte Dominikaner Robert
Holcot, ein Mann aus der Umgebung des Bischofs, der Verfasser des
Traktats gewesen sei. Es ist jetzt schwer zu entscheiden, in welchem
Maße Holcot am Philobiblon mitgewirkt hat, ob er nur als Amanuensis
fungierte oder ob er diesen und jenen Gedanken Richards noch weiter
ausgeführt hat, sodaß eine größere Anteilnahme des Mönches am Werke
des Bischofs anzunehmen ist. Auf jeden Fall ist es möglich, daß ein
Schreiber, der von einer solchen manuellen bez. einer geistigen Mitarbeit Holcots am Philobiblon gehört hatte, am Schlusse seiner Abschrift eine diesbezügliche Notiz angebracht hätte, durch die in der
Folgezeit, durch Verschärfung des Ausdrucks, diese bloß partielle
Anteilnahme Holcots bis zu der Aussage gesteigert worden wäre, daß
der Dominikaner das Werk im Auftrage bez. unter dem Namen Richards
de Bury geschrieben habe. Die in der Schlußschrift einzelner Handschriften verschieden lautenden, zum Teil sich steigernden Ausdrücke
über Holcots Tätigkeit wie edidit, compilavit, composuit und in cuius
persona ipse magister Robertus loquitur würden einer solchen Erklärung günstig sein. Man kann es natürlich verstehen, daß die Bio-
graphen des Dominikanerordens eine solche Auffassung gern aufgriffen
und daß sie ihren Ordensgenossen Robert Holcot als Verfasser des
Philobiblons führen. Es müßte jedoch nachgeforscht werden, wieweit
der Orden, wohl ohne besondere Absicht, am Aufkommen bez. am
Verbreiten der Holcot-Legende beteiligt ist, wie auch jene Philobiblon-
Handschriften, in denen der Mönch als Verfasser genannt wird, sehr
genau auf ihre Herkunft geprüft werden sollten. So stammt z. B. eine
noch dem 14. Jahrhundert angehörende, demnach verhältnismäßig alte,
jetzt in der Bibliothek San Marco in Venedig aufbewahrte Handschrift
mit dem Philobiblon aus dem dortigen Dominikanerkloster S. Giovanni
e S. Paolo, und gerade diese Handschrift, auf die u. a. sich auch Quétif-
Echard stützen, hat die Schlußschrift: Explicit philobiblon magistri
rotberti holchot ordinis praedicatorum. Andererseits sind zur Entscheidung der Frage de Bury-Holcot die Zeugnisse zu sammeln, die
sowohl auf den Britischen Inseln als auf dem Festlande für die Autorschaft de Burys am Philobiblon sprechen, sodaß, abgesehen von der
Stellungnahme zum Text, noch manche Arbeit zu leisten wäre, ehe
die von Thomas wieder aufgeworfene und, wie es scheint, vorschnell
entschiedene Autorfrage mit größerer Sicherheit nach der einen oder
anderen Seite hin zum Abschluß gebracht werden kann.

Schon Thomas' Philobiblon-Ausgabe war bei ihrem Erscheinen als endgültig angesehen worden. Und dabei war die Abhandlung des englischen Bischofs fast zu gleicher Zeit und fast mit dem gleichen Erfolge von einem amerikanischen Herausgeber besorgt worden, von Andrew Fleming West, dessen dreibändige Ausgabe (Novi Eboraci: Typis et impensis Societatis Grolierianae 1889) der New Yorker Grolier Club in ein seines Namenspatrons durchaus würdiges Gewand, in Pergament mit goldenen Pressungen, gekleidet hat. Mit besonderer Sorgfalt sind die Typen zum ersten Bande, der den Text des Philo- biblons birgt, ausgewählt worden: Die gotischen Buchstaben sind in London gegossen worden in alten, originalen Matrizen, deren Patrizen einstmals wahrscheinlich in Rouen im ersten Viertel des 16. Jahr- hunderts geschnitten wurden; denn der Drucker der New Yorker Aus- gabe, Theodore L. de Vinne, hat keine Caxton-Lettern nehmen wollen, weil er gerade die Rouener Type, die er Norman French oder Norman English nennt, dem von de Bury gebrauchten Handschriftenduktus für am ähnlichsten hält. Noch älter sind die Initialen, die nach Originalen im Britischen Museum entworfen wurden und die, Gold von Schwarz eingefaßt, auf rotem Grunde stehen, der mittelalterliche, kirchliche Motive aufweist. Die breiten Bänder zur Trennung der einzelnen Kapitel, der Kapitelschmuck und die Bänder am Zeilenschluß stellen das Werk englischer und amerikanischer Künstler dar und entstammen franzö- sischen, deutschen und amerikanischen Gießereien. Weil nun aber diese kostbare Ausgabe des Grolier Clubs überhaupt nur in 297 Exem- plaren auf Papier und in 3 Exemplaren auf Pergament gedruckt worden ist, war seine Verbreitung — zumal bei 250 Mitgliedern — eine sehr begrenzte. So hat z. B. das Exemplar der Preußischen Staatsbiblio- thek das Zugangsjahr 1900, in dem i. J. 1900 erschienenen Supplement IV zum Kataloge des Britischen Museums ist die Westsche Ausgabe nicht verzeichnet und das Zentralblatt für Bibliothekswesen konnte suo anno keinen Bezug darauf nehmen. Es war in Deutschland über- haupt wohl erst Hans Loubier, der bei Gelegenheit der Kritik der Bleischen Uebersetzung i. J. 1913 kurz auf Wests Ausgabe hinwies. Deshalb dürfte auch wohl in diesem Falle, wiederum nach über dreißig Jahren, eine Besprechung der Ausgabe noch am Platze sein.

Was die Herstellung des Philobiblon-Textes angeht, so war jetzt der Amerikaner West englischer als der Engländer Thomas. West übernahm zwar dieselben vier Handschriften als Grundstock. Indem er aber die beiden Thomasschen Kodizes englischer Herkunft unter sich umstellte, setzte er dieselben als A (also Royal 8 F. XIV = E bei Thomas) und B (also Digby 147 = D bei Thomas) an die Spitze und ließ ihnen die beiden Pariser Handschriften in der Thomasschen Ordnung und ohne Abstand als C und D sich anreihen. Er erklärte dabei, daß seine Handschriften A, C und D einen einzigen Typus böten, während B zwar gleichfalls dazu gehöre, aber dennoch eine etwas abweichende Klasse darstelle. Aus diesen vier die Standard English tradition, wie er es nennt, bildenden Kodizes hat der Ameri-

kaner denn auch fast ausschließlich den Text gebildet, indem er die
übrigen Handschriften, die er zumeist als verderbte deutsche Abschriften anspricht, fast ganz vernachlässigt, zumal aus ihnen der verderbte Text der deutschen Ausgaben gekommen sei.

Auf diese Formel muß nun aber auch alles passen, und West
bedient sich zum Beweise seiner Behauptung einmal des chronologischen
Momentes. Schon gleich die Ansetzung seiner Handschrift B gibt
hierfür ein Beispiel. Dieser nach Wests Urteil nicht ganz vollwertige
B-Kodex kommt trotzdem nicht etwa an die vierte, sondern an die
zweite Stelle. Aber natürlich, diese B-Handschrift ist unbestritten
englischen Ursprungs und sie ist, vor allen Dingen, weil sie im
14. Jahrhundert geschrieben wurde, älteren Datums als C und D, die,
wie Wests Gewährsmann annimmt, nicht mehr mit Sicherheit demselben
Jahrhundert zugewiesen werden können. Ebenso gewaltsam ist z. B.
auch die Trennung der beiden Münchener Handschriften 5829
(= West 14) und 4705 (= West 30). Weil sie nach der Schlußschrift
i. J. 1426 beendet wurde, wird die erstere noch zu der guten, alten
Tradition gerechnet, während die zweite, i. J. 1454 geschriebene, den
German variants zugezählt ist; dabei muß West aber wohl übersehen
haben, daß schon Thomas, der in diesem Falle übrigens ausdrücklich
zitiert wird, für diese beiden Münchener Handschriften genau denselben,
ganz eigentümlichen Anfang angibt, der mit Bestimmtheit dafür spricht,
daß die eine Handschrift von der anderen abgeschrieben wurde oder
daß beide zum mindesten auf die gleiche Quelle zurückgehen, ein
Umstand, den wir weiter unten noch näher betrachten werden.

Einer solchen einseitig chronologischen und damit gewaltsamen
Behandlungsweise der Handschriften durch West entspricht das von
ihm ebenfalls einseitig angewandte regionale Prinzip. Es liegt auf
der Hand, daß West, ebenso wie vor ihm auch Thomas, besonders
unter den englischen Handschriftenbeständen Umschau gehalten und
im übrigen sich darauf beschränkt hat, nur die auf den größeren Bibliotheken der anderen Länder vorhandenen Philobiblon-Kodizes heranzuziehen. Ein allgemeines, weiter ausgreifendes Nachforschen konnte
und sollte wohl auch damals garnicht stattfinden. Trotzdem formuliert
West seine fast nur durch englische Handschriften repräsentierte
Standard English tradition, zu der er, nur notgedrungen und mit sorg-
licher Auswahl, auch einige alte Handschriften anderer Länder zuläßt.
Daß diese Standard English tradition nicht nur in Handschriften englischer Herkunft zu liegen braucht, wie West mit seinem immerhin
doch zufälligen Material es, wenn auch mit Vorsicht (vgl. Vol. 3. S. 79),
behauptet, und daß diese von ihm als Standard English tradition an-
gesprochene Tradition eben nichts anderes ist als die gute, alte Tradition, die auch in ganzen Handschriftengruppen anderer Länder, z. B.
in Deutschland, nachgewiesen werden kann, das zieht der Amerikaner
nicht in Erwägung, wie denn überhaupt ihm und seinen Landsleuten
das Verständnis für die Fortpflanzung eines und desselben Textes durch
Jahrhunderte und durch Länder hindurch abzugehen scheint. Dem

entspricht, daß die ihm minderwertig erscheinenden Handschriften einfach insgesamt als German variants bezeichnet werden und zwar einzig und allein aus dem Grunde, weil die erste gedruckte Ausgabe, jene bis auf Thomas maßgebende Kölner vom Jahre 1473, von einer nicht gerade vorzüglichen deutschen Handschrift abgeleitet worden ist. Und wie wird zudem der erste Vertreter der German variants (West 24) geschildert! Seine Arbeit wird als very ignorantly throughout gefertigt bezeichnet, obwohl das nur bei ihm vorhandene wertvolle Glossarium seltener und schwieriger Worte gerade von West mehrmals herangezogen wird. Man könnte meinen, der Amerikaner hätte nicht i. J. 1889, sondern jetzt unter den Einwirkungen des Krieges diese seine Kritik geschrieben, die nach seiner Ansicht genügt, to discredit hopelessly the German copies. Nicht weniger kühn scheinen aber auch die Worte gefaßt, daß nunmehr der Text seiner Ausgabe contains a fair copy of what Richard de Bury wrote.

Trotzdem also West in der Klassifizierung der Handschriften und ebenso auch im Gebrauche derselben andere Wege gegangen ist als Thomas, weicht sein Text dennoch nur an etwa 50 mehr oder minder wichtigen Stellen von jenem seines Vorgängers Thomas ab; ungerechnet sind hierbei zwar die Unterschiede z. B. in der Stellung, in der Orthographie und in den Partikeln. Diese an sich auffällige Uebereinstimmung im Texte erklärt sich aber aus dem Umstande, daß beide Herausgeber die gleichen Handschriften verarbeitet haben, und zwar scheint West darüber von Thomas verständigt worden zu sein, wie die Nennung des Namens Thomas im Danke des Vorworts zum dritten Bande bei West. es vermuten läßt. Während nämlich, wie bereits erwähnt wurde, der erste Band der Westschen Ausgabe den Text des Philobiblons umfaßt, bietet der zweite die Uebersetzung in das Englische, die West übrigens besser gegeben zu haben behauptet als Thomas. Der dritte Band aber dient zur Einführung, zur Erklärung des Lebens und ganz besonders des Werkes des Bischofs, und hier sind überall die Spuren des vorausgegangenen Wirkens von Thomas zu finden. Wie sollte sonst die merkwürdige Tatsache zu erklären sein, daß West. nicht mehr und nicht weniger Handschriften behandelt als genau jene 35, die bereits Thomas ermittelt hatte und auf die bei West mehrmals Bezug genommen wird? Und warum hat z. B. derselbe West. nur die beiden von Thomas herangezogenen Münchener Handschriften 5829 und 4705, während doch die schon damals erschienenen Kataloge derselben Bibliothek ihm noch die Philobiblon-Kodizes 17292, 19742 und 23952 hätten bieten können? Von der Benutzung der gleichen Handschriften abgesehen zeigt aber auch im übrigen die Westsche Ausgabe an mancher Stelle die Abhängigkeit von der vor ihr liegenden Arbeit von Thomas; West ist eben überall der spätere, der als solcher Thomas' Ergebnisse noch schärfer zu präzisieren und entwickelter aufzubauen vermag, weil seine eigenen Forschungen zu jenen des Vorläufers hinzukommen. Nicht umsonst lobt der Amerikaner die gute Biographie de Burys beim Engländer,

wie er ja auch der Zahl der Philobiblon-Ausgaben bei Thomas keine
neue mehr hinzuzufügen imstande ist. Nicht gerade leicht zu verstehen sind daher Wests zum Teil recht scharfe Angriffe auf die Ausgabe von Thomas, dem er doch im Grunde recht viel verdankt, soviel
sogar, daß er z. B. im dritten Bande durch ebendieses Thomas' Ausgabe
bewogen eine Reihe von nachträglichen Verbesserungen zum ersten
und zweiten Bande, zum Text und zur Uebersetzung seiner Ausgabe
also, bringen muß. Daß Thomas obendrein durch absichtlich gewollte
und auch offen ausgesprochene Beschränkung sich von vornherein
gegen mancherlei Vorwurf gesichert hat, war bereits oben erwähnt.

Sympathisch mutet dagegen die frische Art an, mit der der Amerikaner ohne allzu lange Vorarbeit an seine Aufgabe gegangen ist, die
ihm, wie er im Vorwort sagt, drei Jahre zuvor gestellt worden war.
Daß derselbe West an Richard de Bury als an den Verfasser des
Philobiblons glaubt, erfreut den Leser nicht minder. Alles iu allem
aber war Wests Ausgabe von 1889, so hoch dieselbe an sich auch
einzuschätzen ist, dennoch nicht etwa ein Ueberwinden, sondern nur
eine Bestätigung der Richtigkeit der mit gleichen Mitteln unternommenen
Thomasschen Ausgabe von 1888. Ein weiterer Schritt konnte jetzt
auf dem Wege der beiden Herausgeber, durch eventuelles Heranziehen
noch anderer Handschriften, nach der einen oder anderen Seite hin
oder über beide Herausgeber hinaus getan werden.

Den mit je einer englischen Uebersetzung versehenen Ausgaben
von Thomas und von West folgen sodann drei separat gedruckte
englische Uebersetzungen des Philobiblons. Schon im Jahre der
Thomasschen Ausgabe, also 1888, war in Morley's Universal Library,
London: Routledge, als Band 63 mit vier anderen Werken auch das
Philobiblon Richards de Bury auf Englisch erschienen, und zwar in
der von John Bellingham Inglis, London 1832, herausgegebenen Uebertragung. Die gleiche Inglissche Uebersetzung, jetzt mit einer Einleitung von Chs. Orr versehen, wurde darauf i. J. 1900 in New York-
London gedruckt, während die Thomassche Uebertragung die Vorlage
bot für einen Druck, der in den King's Classics der De la More-Press,
London: Moring 1902, erschienen.

Diesen drei englischen Uebersetzungen reiht sich, bereits für 1910
angekündigt, i. J. 1912 eine deutsche án u. d. T.: Philobiblon, das ist
der Traktat des Richard de Bury über die Liebe zu den Büchern.
Erstmalig aus dem Lateinischen in das Deutsche übertragen und eingeleitet von Franz Blei[1]) (Leipzig: Insel-Verlag 1912. XII, 104, 29 S.
8⁰). Hans Loubier hat dieses trotz des Versprechens im Titel wohl
nur auf der französischen Uebersetzung Cocheris' vom Jahre 1856 be-
ruhende Werk seiner Zeit gebührend besprochen (Zeitschrift für Bücherfreunde N. F. Jg. 5. 1913—14. Beibl. 1. S. 160—161). Mir gibt schon

---

1) Blei hatte bereits auf der Tagung der Bibliophilen in München 1909
über Richard de Bury gesprochen. Der Vortrag wurde in der Zeitschrift für
Bücherfreunde N. F. Jg. 1. 1909—10. 2. S. 235 ff. abgedruckt und zum Teil in
das Vorwort zu der Uebersetzung von 1912 übernommen.

ein Blick auf den Anhang des Buches ein hinreichendes Bild von der Arbeitsweise des Uebersetzers. Viermal auf einer Seite schreibt derselbe den Namen des Vertrauten des Bischofs Halcot statt Holcot. Als glücklichen Besitzer der ersten, Kölner Ausgabe von 1473 nennt Blei noch i. J. 1912, mit Thomas, nur die Pariser Nationalbibliothek, während doch z. B. schon 1903 Ernst Voulliéme in seinem „Buchdruck Kölns" Köln und Berlin, Bonn und Trier, Göttingen und Danzig, Stuttgart und Olmütz, Wien und Krakau dafür verzeichnet.[1] Eine doppelte Pariser Ausgabe von 1500 existiert nicht, wohl aber zwei vorder von 1598 und 1599. Zwischen den Ausgaben von 1610: Frankfurt und von 1703: Helmstedt gibt es noch solche von 1614: Frankfurt und von 1674: Leipzig. Der Glanzpunkt bibliographischer Leistung von Franz Blei liegt jedoch in dem Satze: „Ein amerikanischer Druck ist jener typographisch bemerkliche des Grolier Club in New York: Albany 1861." Hier ist bei Blei offensichtlich eine Fusion eingetreten zwischen der von Samuel Hand besorgten Philobiblon-Ausgabe — Text nach Cocheris, Uebersetzung nach Inglis —, Albany 1861 und jener von West; die der überhaupt erst i. J. 1884 gegründete New Yorker Grolier Club i. J. 1889 zum Druck beförderte. Volle drei Seiten „Quellen" in oft veralteten Ausgaben sollen schließlich am Ende des Buches über die zahlreichen Mängel hinwegtäuschen und dem Machwerk einen gelehrten Anstrich geben.

Text und italienische Uebersetzung bietet zwei Jahre später die Ausgabe von Marco Besso (Roma: Biblioteca Besso editrice 1914. LIII, 159 S. 4[0]).[2] Das Papier ist für die Auflage eigens bei Miliani in Fabriano hergestellt und trägt auf jedem Blatte als Wasserzeichen das Bessosche Wappen, den Druck besorgte in anerkennenswerter Weise die Staatsdruckerei zu Rom. In den 21 Kapiteln der Einleitung sowie auch in den Note illustrative erklärt Besso seine Stellung zu seinen Vorgängern in der Herausgabe des Philobiblons, deren Arbeit er in der Weise vervollständigt zu haben meint, daß er möglichst viele Parallelen zwischen Richard de Bury und Petrarca, ja sogar auch zwischen dem Philobiblon und der Divina Commedia angebracht hat und indem er, wohl ebenso zu Unrecht, den englischen Bischof ziemlich nahe an den Humanismus und seine Ideen heranrückt. Demselben Bestreben, besonders aber auch, per rendere al lettore ancor più suggestiva la lettura del trattato, dient die Beigabe der 30 großen Tafeln, unter denen neben uns erklärlichen Bildern wie der Kathedrale von Durham und dem Siegel des Bischofs, neben der ersten und letzten Seite des Kölner Philobiblon-Druckes und einer Innenansicht der

---

1) Exemplare des zweiten Drucks des Philobiblons, Speier 1483, der noch seltener ist und für den Blei keinen Besitzer nennen kann, hat, wie mir das Auskunftsbüro der Deutschen Bibliotheken, Berlin, mitteilte, die Universitätsbibliothek zu Freiburg und jene zu Heidelberg, ferner die Stadtbibliothek Mainz und die Bibliothek zu Karlsruhe.
2) E. Rappaport hat über diese Ausgabe in der Zeitschrift für Bücherfreunde N. F. Jg. 6. 1914. Beibl. 1. S. 226 ff. gesprochen.

Bodleiana zu Oxford, neben den Bildern des Petrarca und des Bessarion und neben der Reproduktion des Büchernarren aus Sebastian Brants Narrenschiff und des Exlibris des Vittorio Alfieri sich aber auch, wohl nur italienischem Empfinden verständlich, nach deutschen, schweizerischen und französischen Bücherholzschnitten die Bilder eines Cato, eines Horaz, eines Boethius, ja sogar einer ganzen Reihe filosofi e poeti, weiter nach einer italienischen Skulptur die Cumäische Sibylle, nach italienischen Gemälden die Bilder von Pythagoras, Plato und Aristoteles, von Virgil, Augustinus und Hieronymus, ja selbst von Moses und der Madonna von Foligno befinden. So scheint mir auch unter den Documenti der Abdruck der je zwei große Quartseiten füllenden Anschreiben des Petrarca und des Kardinals Bessarion an den Senat bez. den Dogen von Venedig überflüssig oder doch zum mindesten recht weither gesucht zu sein, in denen die beiden Männer einstmals ihre Bücher dorthin zu schenken sich bereit erklärt haben. Daß bei denselben Documenti Besso jene schon oben erwähnte Richard de Bury feindliche Murimuth-Stelle noch nach Thomas' Philobiblon und nicht nach der später von Thompson herausgegebenen Murimuth-Ausgabe zitiert, ist nicht leicht zu verstehen.

Kommt man von diesen immerhin nur äußerlichen Dingen zu Text und Uebersetzung der ersten italienischen Ausgabe, so hält Besso in der Autorfrage des Philobiblons es wie West mit Richard de Bury, während er bei Konstituierung des Textes Thomas den Vorrang gegeben hat, weil dieser zuerst einen testo critico accettabile geboten habe und die beiden Herausgeber sich im übrigen ja garnicht so viel voneinander unterschieden. Wo, wie ich verglichen, Besso sich überhaupt von Thomas abhebt, hat er West als Quelle; zweimal nur bringt er eine von Thomas und von West zugleich abweichende Lesart. Auch in der Paragrapheneinteilung des Philobiblons folgt der Italiener dem Engländer, von dem er ebenfalls die schon oben getadelte, gänzlich unmotivierte Reihenfolge: Kapiteltabelle, Prolog, Einzelkapitel, übernommen hat. In derselben Abhängigkeit redet Besso volle 26 Jahre nach Thomas immer noch nur von dessen 35 Philobiblon-Handschriften. Schließlich entspricht dem Thomasschen Texte auch die italienische Uebersetzung, die Besso übrigens wegen der nahen Verwandtschaft des Italienischen mit dem Lateinischen besser gegeben zu haben behauptet als die Uebersetzer des Philobiblons in das Englische und Französische. Kurzum, es ergibt sich, daß Besso mit seiner Ausgabe wohl in den illustrativen und deklarativen Beigaben — wenn auch hier im Grunde vergeblich —, im Text aber überhaupt nicht über seine Vorgänger West und Thomas zu kommen versucht hat, sodaß seine Ausgabe in der Geschichte des Philobiblon-Textes nicht einmal eine Episode bedeuten dürfte.

Nach diesem Rückblick über die letzten 32 Jahre Philobiblongeschichte nunmehr einen Ausblick! Das Büchlein Richards de Bury ist, was den Text angeht, i. J. 1888/89 mit den Ausgaben von Thomas und von West an die Engländer bez. Amerikaner verloren gegangen;

die römische Ausgabe änderte 1914 nichts an dieser Tatsache. Und
dabei hatten die Deutschen bereits i. J. 1473 mit der Herausgabe des
Philobiblons begonnen, und sie haben sodann, die Oxforder Edition
von 1598/99 ausgenommen, [1]) mit den übrigen 10 Ausgaben bis zum
Jahre 1888/89 den Plan ganz allein behauptet. Deshalb dürfte es
wohl an der Zeit sein, endlich einmal wieder eine Ausgabe deutscher
Hand zu veranstalten. Günstig stände einem solchen Unternehmen
schon der äußere Umstand gegenüber, daß gereinigte Texte des Philobiblons überhaupt sehr selten geworden sind, [2]) weil, die vergriffene
Thomassche Ausgabe ausgenommen, die anderen Editionen des 19. und
20. Jahrhunderts sämtlich nur in beschränkter Anzahl gedruckt worden
sind; Cocheris' Ausgabe erschien i. J. 1856 in 500 Exemplaren, jene
von Hand 1861 zählte 250, die Westsche 1889 sodann 300, Bleis
Uebersetzung 1912 auch nur 400 und endlich Bessos Ausgabe von
1914 wiederum 500 Exemplare.

Und wie würde nun eine solche neue Ausgabe deutschen Verlages
beschaffen sein müssen? Gewiß nicht im Stile der alten kritiklosen
Kölner Edition, deren trotzdem immer wieder von neuem abgedruckter
Text bei insgesamt etwa 19 000 Worten allein von Thomas an gegen
1200 Stellen verbessert wurde. Vielmehr hat des letzteren sowie
Wests Textarbeit durch die Uebereinstimmung im Ergebnis es bewiesen,
daß man sich schon auf dem rechten Wege befunden und daß der
Text von 1888/89 im großen und ganzen anzunehmen ist. Weiter ist
zur Durcharbeitung dieses Textes, zur Bibliographie der Handschriften
und der Ausgaben sowie zur Schilderung der Lebens- und Zeitgeschichte
des Bischofs schon sehr viel getan. Und trotzdem glaube ich, daß
man bei rationeller Benutzung der Vorarbeiten, besonders also jener
von Thomas und von West, doch noch über deren Text und damit
zu noch besserer Wiedergabe des Traktates von Richard de Bury wird
gelangen können, ohne dabei, wie es Besso behauptet und womit er
sich seine Arbeit leicht gemacht hat, den Vorwurf auf sich nehmen
zu müssen, un plagio zu begehen.

Ich hatte bereits oben darauf hingewiesen, daß von Thomas und
damit auch von West nicht alle vorhandenen Philobiblon-Handschriften
herangezogen worden sind, und ich möchte hiermit eine Handschriften-
klasse in Deutschland feststellen und dieselbe für geeignet erklären,
die Textgestaltung des Philobiblons zugunsten der auch von Thomas
und West benutzten Oxforder Digby-Handschrift zu beeinflussen. Zu
dieser Hoffnung hat mich geführt der ehemals dem Superintendenten
Jakob Friedrich Reimmann (1668—1743) gehörige, jetzt auf der Göttinger
Universitätsbibliothek befindliche Kodex Theol. 119, [3]) nach dem Thomas,

---

1) Es wurde schon erwähnt, daß die Pariser Ausgaben sowohl von 1500
wie von 1856 im Grunde nur Wiederholungen des Kölner Textes von 1473
darstellen.

2) Nicht einmal auf allen Universitätsbibliotheken Deutschlands ist ein
solcher vorhanden.

3) Nur die Blätter 12—31 enthalten das Philobiblon.

weil er als verloren galt, vergeblich,[1] der mit Thomas' Kalbe pflügende
West und mehr noch Besso aber überhaupt nicht gesucht haben. Und
dabei hatte schon A. Reuter bei Gelegenheit der Anzeige der damals
neu erschienenen Thomasschen Ausgabe im Zentralblatt für Bibliothekswesen (Jg. 6. 1889. S. 347. Anmkg.) auf diese Handschrift aufmerksam
gemacht und zugleich angedeutet, daß dieselbe wohl der von Thomas
als D bezeichneten Digby-Handschrift sehr nahe stehe. Eine eingehende Beschäftigung mit dem Göttinger Kodex hat mir nun diese
Reutersche Vermutung zur Gewißheit gebracht, indem nicht nur dieselben Lücken, sondern auch die gleichen charakteristischen Lesarten die
Thomassche D- (= Westsche B-) und die Reimmannsche bez. Göttinger
Handschrift vereinen. Und da Thomas die erstere für um 1370 geschrieben ansieht, West sie zwischen 1370 und 1380, also nur etwa
30 Jahre nach Abfassung des Philobiblons entstanden sein läßt, wäre
mit dem Göttinger Kodex als Ableitung aus derselben von vornherein
eine wertvolle Bereicherung des Handschriftenmaterials gegeben. Diese
Tatsache muß wohl auch schon der Superintendent Reimmann, der
Vorbesitzer der Göttinger Handschrift, geahnt haben, als er über die
Textverderbnis der gedruckten Ausgaben und demgegenüber über die
Güte seiner Handschrift u. a. die Worte auf die Vorsatzblätter der
letzteren[2] geschrieben: Interim in Anglia, Gallia et Germania saepius
excusum est opusculum. Incuria et ignorantia librariorum foede cor-
ruptum. Et dignum cuius editiones cum hoc manuscripto conferantur,
ex quo omissa quam plurima possunt suppleri, superflua resecari,
mendosa tolli et dilui. Et non voces tantummodo bene multae et
phrases, sed integrae periodi restitui.[3]

---

1) Vgl. Thomas' Ausgabe S. LXXVII.
2) Vgl. auch Bibliotheca historiae litterariae critica . . . in qua libri . . .
Bibliothecae Reimmannianae partem facientes . . . enumerantur. Ed. 2. Hildesiae
1743. S. 147.
3) In einem Punkte jedoch ist Reimmann sicherlich im Irrtum. Am Schlusse
der Göttinger Handschrift befindet sich nämlich eine Reihe von Versen, die
ich, weil dieselben zur Kategorie Bibliotheksverse gehören, die endlich einmal
gesammelt werden müßten, hier vollständig abzudrucken mir erlaube:
    Hac sunt in cella doctorum grata libella
    Quae stillant mella, radiant pariter quasi stella
    Huc acies mentis divertatur sapientis
    Non donans ventis, sed eis haerens documentis
    Intus librorum quisquis quemquam capit horum
    Versus ut iste sonat, quae cepit parte reponat
    Qui libros aperis hos claudere ne pigriteris
    A fatuis sordide libri tractantur ubique
    Sed noscens litteras tractat eas ut margaritas
    Qui sibi concedi vult librum vel bene credi
    Noster hoc ordo sonat alium mox ipse reponat
    Qui valeat tantum vel certe plus aliquantum
    Spe defraudatur alias quicumque precatur
    Pro dei laude libros lege, postea claude.
Hierüber hat Reimmann, an derselben Stelle, geschrieben: Et in epilogo illud
carmen leoninum de re bibliothecaria superaddi (scil. potest), quod in fine
huius codicis legitur et in exemplis editis omnibus praetermissum est. Diese

Aber der Göttinger Kodex steht obendrein in Deutschland nicht allein da, sondern man kann vielleicht, wie bereits bemerkt wurde, direkt von einer Digby-Klasse in unserem Vaterlande sprechen, einer Klasse, die geeignet sein dürfte, bei einer Revision des Thomas-Westschen Textes diesen Text zugunsten der Oxforder Digby-Handschrift zu beeinflussen, die bisher als ein wenig aus dem Rahmen des durch die 4 Haupthandschriften dargestellten Bildes hervorstehend gegolten (vgl. hierüber Wests Ausgabe Vol. 3. S. 71). Zum Feststellen dieser deutschen Reihe führte mich ein eigentümlicher Umstand. Der Prolog des Philobiblons schließt nämlich mit den Worten: Quia vero de amore librorum principaliter disserit (scil. tractatus), placuit nobis more veterum Latinorum ipsum (i. e. tractatum) Graeco vocabulo Philobiblon amabiliter nuncupare. Aus diesen Worten hat, wie ich sah, der Schreiber der Göttinger Handschrift bez. bereits der Schreiber seiner Vorlage dem ganzen Werke den Anfang gegeben: Incipit tractatus greco vocabulo philobyblon amabiliter nuncupatus de conservatione librorum. Weiter hatte Thomas, der über den Verbleib der Reimmannschen Handschrift nichts hatte ermitteln können und der auch deren Incipit nicht kannte, als Anfang der beiden Münchener Kodizes 4705 (Bened. 205) und 5829 (Ebersb. 29) notiert: Incipit tractatus greco vocabulo philobiblon (Kod. 4705 hat phylobiblon) amabiliter nuncupatus de amore valore et conservatione librorum, sodaß ich also in den charakteristischen Stellen den gleichen Ausdruck wieder las. Und dabei finden solche Worte sich in keiner von all den 33 Handschriften, die Thomas und mit ihm West außer den beiden Münchenern noch anführen. Mir ist es infolgedessen unverständlich, daß Thomas, der nach der Vorrede zu seiner Ausgabe die beiden genannten Münchener Handschriften in London vor sich gehabt hat, dennoch deren nahe Verwandtschaft mit dem Digby-Kodex nicht herausgefunden zu haben scheint. Denn photographische Aufnahmen von der Anfang- und der Schlußseite der beiden Kodizes, die mir die Handschriftenabteilung der Münchener Staatsbibliothek hat anfertigen lassen, haben mir bestätigt, daß dem gleichen charakteristischen Anfange auch der übrige Text entspricht, d. h. daß diese beiden Münchener Handschriften ebenso wie die Göttinger zu der von mir „Digby-Klasse" genannten Reihe gehören. Und dabei trägt Cod. Monac. 5829 den Vermerk: Scriptum in Griesz (? Vriesen) a. 1426, und Cod. Monac. 4705

Verse, die die Göttinger Handschrift ganz allein zu haben scheint, sind bestimmt die Zutat eines Abschreibers, wie denn auch Thomas, der in den Schriften des Superintendenten von dem Vorhandensein von Versen am Schlusse des Reimannschen Kodex gelesen hatte, ohne Kodex und Verse selber zu finden, sich gleichfalls gegen die Zugehörigkeit derselben zum Philobiblon ausgesprochen hat (vgl. hierüber seine Ausgabe S. LXXVII). Leider konnte ich Inglis' Uebersetzung von 1832, an deren Ende three elegian couplets sich befinden, which Lord Campbell quotes as de Bury's, nicht einsehen, da das Exemplar der Münchener Staatsbibliothek nicht auffindbar ist und das Werk durch das Auskunftsbüro der Deutschen Bibliotheken auf einer anderen Bibliothek nicht hat ermittelt werden können.

ist i. J. 1454 von Wolfgang Klammer in Gmunden geschrieben, während
die Göttinger Handschrift um d. J. 1450, wahrscheinlich in Erfurt, gefertigt worden ist. Schreibt also West die Münchener Handschrift 5829
ihres Alters wegen zur Standard English tradition, so gilt dasselbe
auch von München 4705 und Göttingen Theol. 119, die ja im Grunde
auf dieselbe Quelle zurückgehen müssen, was somit ein neues Argument
darstellt gegen Wests schon oben getadelte, gewaltsam angewandte
chronologische Methode.

Jedoch weiter! Die Göttinger Handschrift und die beiden Münchener
sind nicht die einzigen in Deutschland, die mit dem Oxforder Digby-
Kodex übereinstimmen werden. In den Münchener gedruckten Hand-
schriften-Katalogen, die auch schon Thomas zur Verfügung gestanden
haben und die er sonderbarer Weise nicht ausgiebig genug benutzt
zu haben scheint, fand ich das Philobiblon noch in den Handschriften
17 292 (Scheftl. 292), 19 742 (Teg. 1742) und 23 952 (ZZ 952), die
alle 3 aus dem 15. Jahrhundert, die letzte zwar erst vom Jahre 1493,
stammen. Schon der Umstand, daß von ihnen Monac. 19 742 ebenso
wie der bereits angeführte Monac. 4705 außer dem Werke des englischen Bischofs u. a. auch noch des Matthaeus von Krakau Sermo in
synodo Pragensi a. 1386 habitus umschließt, ließ mich vermuten, daß
zum mindesten in diesem Monac. 19 742 noch ein Vertreter der Digby-
Klasse zu suchen sei. Auch in diesem Falle gaben Photographien
von Anfang und Ende meiner Vermutung die Bestätigung: Nicht nur
die eine, sondern sogar alle drei Münchener Handschriften haben, von
geringen Varianten abgesehen, das gleiche für die deutsche Digby-
Klasse typische, aus dem Ende des Philobiblon-Prologs gefertigte
Incipit und dazu die der Oxforder Digby-Handschrift eigenen Lesarten,
sodaß also die 5 aus verschiedenen Beständen stammenden Philobiblon-
Handschriften der Münchener Staatsbibliothek darin übereinstimmen.

Und noch weiter! Aus der Preußischen Staatsbibliothek übersandte
mir Hermann Degering Aufnahmen der ersten und der letzten Seite
des dort befindlichen Philobiblons = Ms. lat. Fol. 588, und auch hier
konnte ich einen Vertreter der deutschen Digby-Klasse feststellen. Und
dabei weist diese Handschrift nach der süddeutschen Rheingegend und
ist in der Mitte des 15. Jahrhunderts geschrieben worden.

Ohne nun hier das Verhältnis der bis jetzt aus 7 Handschriften
bestehenden deutschen Digby-Klasse unter sich und den Grad ihrer
Verwandtschaft mit dem Oxforder Digby-Kodex untersuchen zu wollen,
die Berechtigung einer stärkeren Beeinflussung des Philobiblontextes
durch die von Thomas in etwa vernachlässigte B-Klasse scheint mir
gegeben zu sein. Thomas, der die deutsche Reihe nicht kannte, und
West, der sich auf Thomas' Material beschränkte und gleichwohl, in
falscher Verallgemeinerung, nur von corrupted German variants gesprochen, sind zu berichtigen. Und wenn auch das Werk des englischen Bischofs nach den Ausgaben von 1888 und 1889 sich nicht
allzu sehr mehr verändern wird, Aenderungen mit Hilfe der durch die
deutsche Digby-Klasse gestützten Oxforder Digby-Handschrift werden

notwendig sein, und es ist nur zu bedauern, daß nicht schon im 15. Jahrhundert eine Handschrift dieser deutschen Digby-Klasse, sondern eine solche der Kölner Richtung die Vorlage zum Druck und damit zur Konstituierung des schlechten Textus receptus geliefert hat.

Um sodann aus der Reihe der Fragen, die sich bei der neuen Lage der Dinge ergeben, nur einige herauszugreifen, so verdient die Behandlung der Schlußschrift[1]) des Philobiblons durch die deutschen Digby-Handschriften Beachtung. West hatte, generalisierend wie immer, behauptet (vgl. Vol. 3. S. 69), daß je älteren Datums die betreffende Philobiblon-Handschrift, um so vollständiger auch ihr Explicit sei, und daß späte Handschriften ein solches überhaupt nicht besitzen. Dabei hat er wohl nicht bedacht,[2]) daß von den Abschreibern, besonders jenen des Kontinents, die Ort und Datum der Verfertigung tragende Schlußschrift sehr leicht als nur zum Original-Exemplar und nicht zum Texte des Philobiblons überhaupt zugehörig betrachtet werden konnte.[3]) Denn wie besäße sonst die Oxforder Digby-Handschrift das Explicit, während die deutschen Digby-Handschriften, die auf dieselbe direkt oder indirekt zurückgehen, alle insgesamt desselben entbehren?[4]) Aus dem Fehlen der Schlußschrift auf Alter und besonders auch auf Güte der jedesmaligen Philobiblon-Handschrift schließen zu wollen, dürfte wohl verfehlt sein. Denn es besitzen ja auch die beiden Pariser Handschriften A und B bei Thomas (= C und D bei West), die beide noch dem 14. Jahrhundert angehören, kein Explicit, und doch sind sie von beiden Herausgebern neben den englischen Handschriften D und E bei Thomas (= B und A bei West) als Hauptquelle für die Festsetzung des Textes gebraucht worden. Aber nur wenn die Rechnung stimmt, gebraucht West die von ihm aufgestellte Formel, die im übrigen schon deshalb in ihrer Richtigkeit angezweifelt zu werden verdient, weil verschiedene Handschriften, sogar solche englischer Herkunft, einen Mittelweg eingeschlagen haben und eine mehr oder weniger gekürzte Schlußschrift aufweisen.

Weiter läßt sich jetzt durch Vergleichung der deutschen Digby-Reihe mit den Digby-Lesarten in den Ausgaben von Thomas und West feststellen, was beide an charakteristischen Stellen des Oxforder Digby-Kodex, den sie ja als alleinigen Repräsentanten kannten, zu Unrecht ausgelassen haben. Andererseits ergibt sich durch dieselbe Vergleichung,

---

1) Explicit Philobiblon domini Ricardi de Aungervile, cognominati de Bury, quondam episcopi Dunelmensis. Completus est autem tractatus iste in manerio nostro de Aukeland XXIIIⁿ die Januarii a. D. 1345, aetatis nostrae LVIIIⁿ praecise completo, pontificatus vero nostri anno XIⁿ finiente. Ad laudem Dei feliciter et Amen!

2) Auch Thomas scheint diesen Grund nicht gefunden zu haben. Vgl. Library chronicle 2. 1885. S. 136.

3) Aus solchen Ursachen fehlt dieser Schlußpassus meinem Dafürhalten nach auch in der ersten gedruckten, Kölner Ausgabe sowie in all den folgenden bis auf Thomas.

4) Cod. Monac. 17 292 ist zwar unvollständig, wird sich jedoch, dem Anfang entsprechend, auch hierin den anderen angeschlossen haben.

was nur als Sünde des Oxforder Digby-Schreibers und nicht als Eigentümlichkeit der ganzen Digby-Klasse zu notieren ist.

Schließlich folgt aus dem hier Entwickelten, daß die anderen bisher bekannten deutschen Philobiblon-Handschriften, jene Bamberger und die Baseler sowie die anderen bei Thomas und West verzeichneten, jetzt in fremden Ländern befindlichen, ehemals jedoch in Deutschland gefertigten Handschriften, mit der deutschen Digby-Klasse nicht viel Gemeinsames haben. Sie bilden, ebenso wie der nunmehr einer englischen Privatbibliothek angehörende Kölner Kodex, durch Willkür und zum Teil auch durch Unwissenheit der Abschreiber bewirkte und noch näher zu charakterisierende Sonderklassen. Zwecks Vervollständigung der Handschriften-Bibliographie aber und zur näheren Untersuchung der Digby-Klasse sowohl wie der anderen sich ergebenden Reihen möchte ich hiermit um gütige Mitteilung bitten über noch sonst, besonders in deutschsprechenden Ländern, vorhandene, bisher unbekannte Philobiblon-Kodizes.

Münster i. W.　　　　　　　　　　　　　　M. J. Husung.

Eine Handschrift von Wenzeslaus Brack.

In meinem Besitz befindet sich ein kleiner Papiercodex aus der zweiten Hälfte des XV. Jahrhunderts, der wegen einiger Eintragungen nicht uninteressant ist. Da möglicherweise das eine oder andere Detail daraus einem Historiker, der über die Geschichte des deutschen Humanismus oder über die Frühzeit der Universität Basel arbeitet, nicht unerwünscht sein könnte, sei eine kurze Beschreibung des Bandes hier veröffentlicht.

Cod. chart. 4to. 112 Bll. Im Orginaleinband: rotgefärbtes Schweinsleder mit Blindpressungen.

Fol. 1 a weiß. 1 b: Calcidius utriusque lingue grece et latine peritissimus . . .

Fol. 2 a: S (Initiale rot und blau) ocrates in exhortacionibus suis . . .

Fol. 39 a: Finit Thimeus platonis[1] | anno 1471, 6 Kl. octobres | per me wenceslaum boragk[2] libenwerder | artis baccalaureum.

1) Die Uebersetzung des Timaeus von Chalcidius ist gedruckt, am Schluß des II. Bdes der Opera S. Hippolyti, Hamburg, 1718. fol. ed. Fabricius. Ueber den Uebersetzer siehe dess. Fabricius Bibl. Latina III. 7.

2) Wenzeslaus Brack, aus Liebenwerder (Prov. Sachsen), bekannt als Autor eines „Vocabularius latino-germanicus", der im letzten Viertel des XV. Jahrhunderts fünfzehnmal gedruckt wurde (vgl. Hain 3697—3710, dazu Copinger und Peddie S. 126). Die erste Ausgabe erschien am 27. Oktober 1483 in Basel bei Peter Kollicker (Hain *3700); die angebliche Ausgabe Augsburg 1478 (Hain 3699) ist ein anderes Vocabular und hat mit Brack nichts zu tun. In der Vorrede nennt er sich „arcium professor et examinator in Constantia, d. h. er war Rektor der Konstanzer Stadtschule und erscheint als solcher in dem Kreis schwäbischer Gelehrter, die Joachimsohn: Frühhumanismus in Schwaben, in den Württemb. Vierteljahrsheften N. F. V. (1896) S. 72 behandelt hat. Joh. Müller: Quellenschriften u. Gesch. des deutsch-

Fol. 39 b: Spera apulei platonici (Federzeichnung: ein Kreis in verschiedene Ringe und Sektoren geteilt mit Bezeichnungen, darunter die Gebrauchsanweisung).

Fol. 40 weiß.

Fol. 41 a: Marci Tuly Ciceronis liber primus qui est de natura deorum incipit.

Fol. 104 b: ffinit feliciter Tercius et ultimus liber Marci Ciceronis, qui est de natura deorum Anno 1471 die Marcij ultimo.

Fol. 105 a: Tulius pro Marco Marcello Incipit.

Fol. 110 a: Et hic pro Marco Marcello Tulij finit oracio.

Fol. 110 b: (Tafel von Abbreviaturen, wie sie auf antiken Inschriften vorkommen).

Fol. 111 a: Preconium studii basiliensis editum per Petrum de Andelo[1]) Juriscanonici doctorem.

> Sis foelix et fausto beata numine semper
> Aurea se cumulant Basilea secla tibi
> Summus Rome presul alter ex nomine Pius
> Prefecundam te fecit litterarum germine matrem
> Et alme filiam Bononie voluit esse
> Nutricis legum veteris arciumque parentis,
> Que mille terdenis septem perstiterat annis[2])
> Partum ante filie; sed oritur optima nata
> Postquam a flore divo virga deum edidit yhesse
> Millequadringenti sexaginta fluxerunt anni
> Et tercium Aprili sol vernans funditur diem.
> Leta urbis facis comodat (?) arcesque preclare
> Et dulciter defluens recreat intra menia renus
> Jocundat regio aer saluberrimus spirat
> Agro cincta fertili, fecundo splendida monte
> Civium mirequam grata benivolencia firmat.

sprachlichen Unterrichts S. 226, 268. erwähnt seinen „Vocabularius rerum" und seine „Gramatica", welche 1486 bei Kunne in Memmingen erschienen ist (Hain *3711).

Ueber Bracks akademische Laufbahn, über welche bisher meines Wissens nichts bekannt war, gibt seine eigenhändige Notiz am Schluss dieses Bandes genauen Aufschluß. Erwähnt sei nur noch, daß sein Name in Erlers Matrikeln von Leipzig, obwohl er selbst von seinem Studium in Leipzig vor der Immatrikulation in Basel spricht, n i c h t vorkommt.

1) Peter von Andlaus Lobspruch auf die neugegründete Universität Basel steht auch auf dem 2. Blatt der alten Basler Universitätsmatrikel. (Cod. A. N. II. 3 d. Univ.-Bibliothek. Siehe Escher: Die Miniaturen in d. Basler Bibliotheken. 1917. S. 168. Vischer: Gesch. d. Univ. Basel. 1860. S. 36³⁴). Ueber Peter v. Andlau, einen der Haupturheber der Gründung der Basler Hochschule, den Verfasser des „Libellus de Cesarea Monarchia", findet sich Näheres in der Allg. Deutschen Biographie; auch eine Monographie von J. Hürbin über ihn ist 1897 in Straßburg erschienen.

2) Hinweis auf die Sage der Gründung Bolognas durch Theodosius II im J. 433 (Vgl. Savigny: Gesch. d. röm. Rechts i. MA. III² [1834] S. 164ª), wobei dem Dichter ein Rechenfehler von zehn Jahren unterläuft.

Fol. 111 b: Anno dñi MCCCCLXIX Ego wenceslaus bragk alias libenwerder veni ex liptzensi studio basileam, quarto post agonas (?) sub rectore viro nobili dno Gerhardo Erenberg maguntinēn-Kathedralis ecclie intitulatus sum et anno LXX XVII. die decembris sub rectore mgro Johanne Syber et Theologie baccalaureo promotus in baccalaureum decanatum gerente mgro Johanne Dieck. In arcium vero magistrum anno m⁰ cccc⁰ LXXVII. pridie nonas februarii in presencia dni legati Alexandri volinensis (sic!) epi[1), cum plena in almaniam potestate sub rectore Jurispontificii viro egregio Jacobo Lowber de Lindaw qui et finito rectoratu cartusiam basilee iniit, sub decano vero magistro Conrado wölflij de Reuttlingen etc.   .

      Vale qui vixeris et nostri memora nomine (sic!).

Fol. 112 weiß.

Wien.   E. Ph. Goldschmidt. ·

Dionysius Klein von Eßlingen.

Ein vergessener deutscher Poet des 17. Jahrhunderts.

1. Vorbemerkung.

      Dionysius Klein von Eßlingen (1566—1635), der Dichter der Tragico Comoedia, ist bei seinen Zeitgenossen gänzlich unbeachtet geblieben; die Nachwelt hat ihn völlig vergessen. Kein Biograph hat auch nur seines Namens Erwähnung getan; in keiner Bibliographie ist auch nur eines seiner Werke verzeichnet. Die Tragico Comoedia ist sogar Gottsched und Goedeke unbekannt geblieben, und dementsprechend fehlt Klein als Zeichner und Stecher auch bei Nagler. Diese Tatsache wird zum Teil verständlich aus der unerfreulichen Art seines Schrifttums; seine Werke bestehen aus Kollektaneen eines Vielbelesenen, aus Gemeinplätzen und Beispielen in Massenanhäufung, denen er aber weder im einzelnen, noch in der Anordnung ein persönliches Kolorit zu geben wußte. Die prosaischen Werke sind in der Hauptsache Friedenspredigten, durch eingehende Schilderungen der Greuel des Krieges. Schuld an der Verrohung der Soldateska und der in den Kriegsläuften gewinnsüchtig gewordenen Bürger ist der Teufel; Klein's Teufel aber fehlt die Plastik der anderen zahlreichen Teufels-literatoren seiner Zeit; er hat seinem Teufel nicht einmal eine spezifische Uniform anzuziehen vermocht. Die Tragico Comoedia hingegen ist nichts als eine lose Aneinanderreihung von Szenen, in denen die Höllenstrafen gröbster Art (nach dem Muster der Hexenfolterungen der Zeit) auf offener Bühne zur Abschreckung vorgeführt werden. Ein

---

1) Alexander (Numai) Bischof von Forli, 1470—1485, (Eubel II². S. 155) nahm vom 7.—12. Februar 1477 als päpstlicher Legat an der Tagung zu Basel teil, die nach dem Tode Karls des Kühnen (zu Nancy, 5. I. 1477) den Frieden zwischen Burgund und den Eidgenossen herstellen sollte. (Siehe: Bachmann: Deutsche Reichsgeschichte unter Friedrich III. Bd II. S. 574).

zweiter Gruud, daß Klein völlig vergessen wurde, liegt in der geradezu auffallenden Seltenheit seiner Schriften. Exemplare, soweit sie mir bekannt wurden, sind in der Bibliographie verzeichnet; zwei Werke erscheinen dabei als Unica; der Discurs an Gustav Adolph ist auch nicht einmal in Stockholm vertreten.

2. Bibliographie.

I. Kriegs Institution Das ist: Eigentlicher Bericht oder Grundtliche vnnd rechte Underweisung was einem Kriegsmann in seinem Stand Ampt vnnd Beruff zuwissen von nöthen seye. Stutgart durch Marx Fürstern 1598. 8⁰.

Titelbl., 5 SS. Vorrede an Herzog Friedrich zu Württemberg, 15 SS. Vorrede an den Leser, 7 SS. Sumāria, 328 SS. Text, 1 S. Errata, 1 S. Druckervermerk. Drei Holzschnitte im Text. Titel rot und schwarz. Marginalien. Text und Seitenbezifferung beginnen auf der Versoseite von b 7; die geraden Seitenziffern befinden sich also rechts.

Exemplare: Berlin (Staatsbibl.), München (Staatsbibl.), Tübingen, Wolfenbüttel.

II. DISCOURS Rathschlag vnd Bedencken Wie vn̄ welcher Gestalt dz H. Römisch Reich Teutsche Nation gegen dem Zorn Gottes wid' versöhnet . . . Vnd wie zu Schutz Schirm vnd Befriedung desselben ein newe Kriegswahl vnter der jungen Manschafft anzustellen weren. Item wie durch den gebrauch eines newerfundnen künstlichen Kriegsjnstruments der Obsieg gantz gewiß gemacht werden köndte. Stutgarten durch Marx Fürstern 1603. 4⁰.

Titelbl. (mit Holzschnittumrahmung, auf der Versoseite Wappen des Herzogs Friedrich von Württemberg), 3 Bl. Vorred., 135 SS. Titel rot und schwarz. Marginalien.

Exemplare: Berlin (Staatsbibl.), London (Brit. Mus.), Stuttgart, Tübingen (ohne Titelbl.), Wolfenbüttel.

III. Tragico-Comoedia. Von einer Hochnotwendigen Wallfahrt beedes in die Höll vnd in Himmel . . . wie vnter solcher Handlung ein Gottlosz Epicurisches Welt Kind von der Welt Eytelkeit abgeführet vnnd zu der rechten wahren Busz und Bekehrung zu GOtt gebracht würdt. Tübingen Bey Johann Alexandro Cellio 1620. Fol.

4 Bl., 59 SS.; 14 doppelseitige Kupfertafeln, 340 mm breit, 260 mm hoch, von Klein selbst gezeichnet und gestochen. Die meisten Tafeln sind durch Rauchwolkenstreifen, die vom Höllenofen in der Mitte ausgehen, in 4 Teilbilder zerlegt. Beim ersten Kupfer vergaß Klein, daß er seine Zeichnung in Umkehrung auf die Platte zu bringen habe; deshalb erscheinen im Abdruck das 1. und 3. Teilbild nicht links, sondern rechts, und entsprechend die Buchstabenbezifferung in der Reihenfolge B A (oben), D C (unten), jene noch in Spiegelschrift, diese beiden letzten (D C) erst in normaler Stellung. Die Bilder stellen die Höllenstrafen nach der sinnlich materiellen Auffassung der Zeit und die ewige

Seligkeit dar.   Sie sind ohne jeden künstlerischen Wert; wirklich
grotesken Humor zeigt einzig das Kupfer, das die Seelen im
ewigen Eis darstellt: die ganze Fläche nehmen ausgezeichnet
erdachte und ausgeführte schlittenfahrende und holländernde
Teufel ein.

    Bl.):(1 r: Titel —):(1 v: Widmung den Rähten, Vögten etc.
von Stuttgart, Tübingen u. a. —):(2 r: Vorrede. Unterzeichnet:
Eßlingen, den 20. Tag Junij Anno 1620. —):(iij v: Vorrede.
An den Christlichen vnd günstigen Leser. — S. 1: Tragico
Comoedia. — S. 44: Dem günstigen Leser. — S. 46: Bericht Vber
ettliche Kunst oder Vortel Stuck. — S. 50: Ein Kurtzweiliges
vnd Lächeriges Possen Spil Von einer Heuraths Werbung. Geschehen von einem Studenten vnnd in desselben Namen von
seinem Vattern einem Bauren an eine vermeinte Jungfraw. Mit
dreyen Personen. — S. 57: Ein Kurtzweilig vn̄ lächeriges Ge-
spräch vnnd Kauffs Handlung zwischen einem Welt Mann vnnd
einem Wälschen Krämer.

    Exemplare: Nürnberg (Germ. Nationalmus.), Wolfenbüttel.
Ersteres stammt aus Schloß Lobris in Schlesien; der Versteigerungs-
katalog dieser Bibliothek von Ludw. Rosenthal in München 1895
verzeichnete es (mit Faksimilé eines Kupfers) unter Nr. 1431;
danach zitiert bei Hayn III, 569.

IV. Höll Teuffelische geheime Cantzeley.   Das ist Eine kurtze Ent-
deckung vnnd Beschreibung von deß Allergroßmächtigsten Tyrannen
vnd Million listigen Ertzfeindes Christlichen Namens des Teuffels
vnersäglich grosser Seelen Mörderey welche er in der Christenheit
besonders dieser Zeit in vnserm geliebten Vatterland Teutscher
Nation & vermittelst erwegten Kriegsempörungen vbet vnnd handlet.
Darunder ein Bericht von dem gefährlichen vnd höchstschädlichen
Kriege vnd dem heilsamen vnnd Gottgeliebten Frieden. Ulm
Durch Johann Medern 1622. 4⁰.

    Titelbl., 118 SS. Marginalien. Die SS. 77—118 enthalten
einen Wiederabdruck der Hauptszenen der Tragico Comoedia.

    Exemplare: Berlin (Staatsbibl.), Ulm, Wolfenbüttel, München
(Antiquar J. Halle). Letzteres ist das bei Hayn III, 569 zitierte,
damals im Besitz Völckers in Frankfurt a. M.

V. Höll-Teuffelishe geheime Cantzeley . . . Ulm Durch Jonam Saurn
1625. Franckfurt in Johann Carll Unckels Buchladen zufinden. 4⁰.

    Titelauflage der ersten von 1622. Neugedruckt der erste
Bogen. Außer den kleinen Aenderungen im Titel hat z. B. die
erste Auflage auf S. 3 die richtige Signatur Aiij, die zweite die
falsche Biij; die erste auf S. 5 Z. 7: vnnd der, die zweite: vnd der.

    Exemplar: Stuttgart (Landesbibl.).

VI. DISCURS An den DURchleuchtigsten GRoßmechtigsten Fursten
vnd Herrn Herrn GUSTAVUM ADOLPHUM, der Schweden Gothen
vnnd Wenden Könige . . . Vom Teutschlandes Kriege vnd Frieden
vnder eingefürter zum Frieden höchstbewegender allersterckster

Motiv und Ursache. Sambt beygestelten wahren Kunststücken darmit man sich vor dem Seelen verletzlichen Schiessen Hawen Stechen etc. fest machen kan. O. O. 1630. 4⁰.

16 Bl. (die ersten beiden ohne Signatur, dann A$_4$, B$_4$, C$_4$, D$_2$). Marginalien.

Exemplar: Breslau (Univ.-Bibl.).

3. Zur Biographie Kleins.

Für die Biographie Kleins standen mir zwei Quellen zu Gebote: seine Werke und die Auszüge aus den Akten des Eßlinger Stadtarchivs, die mir Herr Archivar Prof. Eberhardt in liebenswürdigster Weise übermittelt hat. Die Akten des Stuttgarter Archivs enthalten nichts über Klein.

Dionysius Klein ist zu Rüdern, einer Filialgemeinde von Eßlingen, 1566 oder 1567 geboren. Sein Vater Noah Klein war wahrscheinlich Weingärtner, seine Mutter war Rosina Mörsin, Witwe des Hans Müller. In der Jugend ist er 4 Jahre lang „dem Kriegswesen nachgefolgt fürnemlich in den Mitnächtigen Ländern und hat Viel Ungemachs besonders aber Vbergrosse Källtin erlitten vnd außgestanden". In der Cantzeley S. 50 erzählt er, wie viele er so habe hinsterben sehn, besonders vornehmer Leute Kinder. Und er war demnach auch berechtigt, in der Vorrede zur Kriegs Institution zu behaupten, daß er sein Buch sowohl aus der heiligen Schrift als andern vielen bewährten Authoribus und „selbs eigner erfarenheit" zusammengetragen habe. 1589 wurde er in Csakathurn an der Grenze Ungarns vom Kriegsobersten Grafen Georg von Serin „zu einem Musterschreiber vber ein Fähnlein Teutscher Soldaten auff die Gräntz Vöstung Canischa beförderet" (Cantzeley S. 38 und 49). Dort wurde er von einem Freunde, einem „leichtfertig losen Kerl alß ein verschlagen listig Reinickhe Fuchs" abscheulich bestohlen. Aus eigner Anschauung kann er daher auch der Disziplin der Türken im Kriege höchstes Lob zollen, obwohl sie zu Haus ein „gottloses, barbarisches und lasterhaftes Leben" führen (Kriegs Inst. Vorrede).

1594 verheiratete er sich in Eßlingen mit Catharina, Tochter des Dionys. Neuheuser vom großen Rat und wurde als Registrator angestellt. Noch im gleichen Jahre ward er in den kleinen Rat gewählt und bekleidete bis 1596 das Amt eines Steurers. Dann ward er Oberschreiber am Spital, gab 1599 diese Stelle auf und trat als Stiftspfleger und Schultheiß zu Beutelsbach in württembergische Dienste über; als solcher unterzeichnete er die Vorrede zum Discurs von 1603. 24 Exemplare desselben verehrte er dem ehrsamen Rat von Eßlingen; nach einem Eintrag im Eßlinger Ratsprotokoll vom 11. Sept. 1602 „ist Ime hingegen Verordnet Zur Verehrung 6 Köngische Taler".

Am 8. Nov. 1603 wurde er abermals in den kleinen Rat von Eßlingen gewählt. 1607—1609 war er Gerichtsherr und Zeugmeister, dann Spitalmeister. Wegen ungetreuer Amtsführung wurde er 1619 entlassen; auf Bitte seiner Angehörigen wurde ihm aber nur eine Geldbuße von 700 fl. angesetzt. Der Prozeß über diese Angelegenheit währte fast bis zu seinem Tod.

1627 starb seine Frau Catharina. 1634 ging er eine zweite Ehe
ein mit Margaretha, der Witwe des Urban Reghing. Am 24. Sept.
1635 starb er im Alter von 69 Jahren.

Im Eßlinger Archiv sind noch einige Bittschriften, ein Gutachten
über ein Geschütz, eine Rechnung von seiner Hand, sowie seine Heirats-
abrede von 1594 aufbewahrt; von seinen Schriften ist nichts mehr
vorhanden. Dem Glaubensbekenntnis nach war Klein Lutheraner
Arndtscher Richtung, da er aus dem berühmten Wunder von Langgöns,
bei dem ein Exemplar von Arndts Paradiesgärtlein durch Feuer nicht
verzehrt wurde, schließt, daß Arndts Werke Gott ganz besonders
gefallen. Nach Kleins Bericht im Discurs an Gustav Adolph von
1630 kam das Exemplar (Jena, Beythmann 1621) „in schwartz Leder
gebunden mit Gold und grünen Bändern hübsch gezieret" in die Bibliothek des Landgrafen Philipp von Butzbach und mit dieser in die Groß-
herzogliche Bibliothek zu Darmstadt. Wie mir Dr. Adolf Schmidt
mitteilt, ist es dort aber nicht mehr vorhanden; es ist wohl bei der
Reinigung der Bibliothek von „Chausseeware und Gelehrtenmist"
(d. h. hauptsächlich Postillen und Andachtsbücher) durch Minister
Moser 1772 mit ausgeschieden worden. Ausführliches über dieses
Wunder berichten das Hessische Hebopfer XXII (Gießen 1740) und
die Hessischen Blätter für Volkskunde; die alten Akten darüber sind
noch im Darmstädter Haus- und Staatsarchiv.

Ein Porträt Kleins ist nirgends erhalten.

Die „lächerigen" Intermezzi der Tragico Comoedia betreffend
bemerkt Klein: (Aus der Lust der Zuschauer am Lachen) „kompt es,
daß sich die Comoedianten befleissigen müssen, wo ferrn sie anderst
jhre Comoedias berhümet haben wöllen, ettliche kurtzweilige und
lächerige Schwänck und Possen darbey einzuführen: Wie dann die
Engelländer dieser Zeit solches gut und meisterlich zu Werck zustellen, vor andern verrhümet seyn" (S. 50); der vorstehende Passus
ist bei Goedeke II², 539 nachzutragen. Von der Tragico Comoedia
und den beiden Schwänken bereite ich einen Neudruck vor.

München.   Curt Michaelis.

_____

Einige Bedenken gegen die Einführung des Dewey-Systems.

Niemand kann der staunenswert praktischen Anlage und der Ausführlichkeit des Systems von Melvil Deweys Decimal Classification mit
seinen 600 Druckseiten und rund 17 000 Verweisen im alphabetischen
Index seine Bewunderung versagen. Ladewig sagt in seiner Politik
der Bücherei auf Seite 194: „Sie (Dewey u. Cutter) haben das ausgebildet, was andere ebensogut hätten ausbilden können". Die Frage
ist nun, ob die europäischen Bibliothekare dies nachholen oder Deweys
System verwerten sollen. In der Signierung und Anordnung des
Bücherschatzes gilt noch mehr als sonst, daß Bequemlichkeit im Anfang
sich auf die Dauer teuer bezahlt macht. Die Möglichkeit, daß das

System für Deutschland empfohlen wird, darf nicht als beseitigt angesehen werden. Dr. Hanauer hat in den Bl. f. V. u. L. Jg. 14 1913 S. 187—191 das Dewey-System dargestellt, vor ihm Graesel in seinem Handbuch 2. A. 1902 S. 523—530. — Vielleicht habe ich auf dem Kontinent die meiste Erfahrung mit dem Dewey-System, da ich es 8½ Jahre an der Bibliothek der West Pointer Militärakademie, dann 1¼ Jahr an der Bibliothek der Patriotischen Gesellschaft in Hamburg und seit 1910 in der Freihand der Zentrale der Hamburger Oeffentlichen Bücherhalle in Gebrauch gehabt habe. — An ersterer Stelle versagte es trotz seiner sonstigen unvergleichlichen Vollständigkeit, da es für Kriegswissenschaften nur Folgendes bot: 355 Army. Military Science; 356 Infantry, 357 Cavalry, 358 Artillery, 359 Naval Science; damit läßt sich freilich keine militärische Bibliothek katalogisieren. — An der Bibliothek der Patriot. Gesellschaft hat man nach meinem Uebergang an die Bücherhalle die Signierung nach Dewey wieder eingehen lassen. — In den Bl. f. V. u. L. Jg. 14 1913 S. 78 ff und in der Denkschrift der Bücherhalle von 1910 S. 26 habe ich über die Verwendung des Dewey-Systems in der Hamburger Bücherhalle berichtet, wie ich kein ähnlich vollständiges deutsches System zur Verfügung hatte und doch für die Freihand eine feingegliederte Anordnung brauchte, wie ich deshalb notgedrungen zum Dewey-System greifen mußte. Seitdem habe ich bedauert, daß ich nicht den Mut gehabt habe, mir trotz der sonstigen Schwierigkeiten mit der ersten Einführung der Freihand in Deutschland die Zeit zu nehmen, ein eigenes System auszuarbeiten, das doch am Ende für den geringen Bücherbestand einer Bücherhalle ausgereicht und nur etwa 700 Abteilungen erfordert hätte. Es kann für uns keinen Zweck haben, unsere Bedenken danach einzuteilen, wie weit Dewey persönlich, besonders seine Zerlegung der Bibliothek in 1000 Abteilungen, Schuld an der Unbrauchbarkeit seines Systems für deutsche Verhältnisse ist, oder wie weit es die Auffassung der englisch sprechenden Völker darstellt.

Der Gebrauch eines Systems in englischer Sprache erschwert die Benutzung für deutsche Bibliotheksbeamte, besonders an Volksbibliotheken und deren Leser außerordentlich. Der Hauptvorzug von Deweys System besteht in seiner Vollständigkeit, die durch kein anderes vorhandenes ersetzt wird. Reduziert man es nun in Uebersetzungen, wie zum Teil die „Classification décimale" des „Office internationale de Bibliographie" Publication No. 9: Tables générales abrégées 1897, oder wie es die „Brücke" tut, auf Hauptabteilungen, so bleiben alle Nachteile des Systems, aber nicht der Hauptvorteil. So lange man sich der Mühe entziehen will, den ganzen Dewey zu übersetzen, sollte man ihn keinesfalls einführen.

Die Grundzüge eines amerikanischen Systems sind uns Deutschen völlig fremd; denn die englisch sprechenden Völker haben eine von der unseren grundverschiedene Auffassung der Wissenschaft, ebenso wie etwa ihre juristischen Anschauungen sich grundsätzlich von den deutschen unterscheiden. Die Unterscheidung von „science" und „arts"

ist gewiß sehr interessant, aber sie paßt nicht für deutsche Begriffe.
Die Medizin setzen wir Deutsche nicht wie Dewey unter „usefull arts",
was etwa unserer Technik entspricht.

Es ist nur natürlich, daß der Amerikaner sich selbst als Nummer 1
voranstellt. So erhalten wir denn in der Literaturgeschichte anstatt
der uns geläufigen historischen Anordnung folgende Reihenfolge:
810 amerikanisch, 820 englisch, 830 deutsch, 870 lateinisch, 880
griechisch; d. h. denn doch unsere Begriffe auf den Kopf stellen.

Die Abteilung Literaturgeschichte bietet noch andere Eigenheiten.
Sie ist angeordnet nach den Abteilungen: Gedichte, Dramen, Erzählungs-
literatur, Essays, Reden, Briefe, Satiren und Vermischtes; so kommt
Platen, der „Dichter", vor Goethe, dem „Dramatiker". Erst innerhalb
dieser Abteilungen sind Perioden geschaffen. Die Werke der Dichter
sind mitten unter die Literaturgeschichte geordnet, was bei uns immerhin ungebräuchlich ist. Die Abteilung 800 „Literatur" kann also doch
unmöglich als für deutsche Bibliotheken nachahmenswert bezeichnet
werden. Hier hilft alles Streichen von Abteilungen und Ersatz durch
neue Anordnungen nichts, wie Dewey es auf S. 36 der 6. A. 1899
empfiehlt, wo es seiner Anordnung vorzuziehen ist. Die Verfasser des
A. L. A. Catalogs haben ebenso „Fiction" aus der Literatur heraus-
genommen und für sich geordnet. Ein Haupterfordernis von Abteilungs-
signaturen ist, daß sie möglichst einfach sind. Bei Dewey aber haben
sie mindestens 3 Zeichen, nämlich die Zahlen 000—999, wozu dann
noch in den Unterabteilungen Dezimalstellen kommen, z. B. 614.532.
Zugegeben, daß man die feinsten Unterscheidungen nicht mit einfachen
Bezeichnungen erledigen kann, so erhalten doch in anderen Systemen
wenigstens die allgemeinen Werke nur einen Buchstaben als Abteilungs-
bezeichnung, z. B. T Technik. In der Hamburger Bücherhalle werden
deshalb die nach Dewey aufgestellten Bücher außen nicht etwa wie
im „A. L. A. Catalog" als 942.01 G82m bezeichnet, sondern durch
einfache Platzsignaturen, z. B. F 21 s, die auf der einfachen Durchzählung
des Bücherbestandes aufgebaut sind. (Vgl. Hanauer a. o. O. S. 190.)

Die Beschränktheit unserer Zahlzeichen hat Dewey zu argen Gawalt-
maßregeln verlockt. Rechneten wir nicht nach dem Dezimalsystem,
sondern nach dem Duodezimalsystem, so würden bei Dewey wohl die
Erdkunde und die Biographien die ihnen gebührenden Bezeichnungen
als Hauptabteilungen erhalten haben, und nicht wie jetzt mitten
zwischen die Geschichtswerke eingeschoben sein. Da ferner der Begriff
Kulturgeschichte den Amerikanern nicht so geläufig wie uns ist und
deshalb von Dewey so gut wie nicht berücksichtigt ist, so wurden in
der Hamburger Bücherhalle die Abteilungen 900—909 gestrichen,
910—919 für Erdkunde, 920—929 für Kulturgeschichte, 930 für Weltgeschichte, 930.9 für Alte Geschichte benutzt; die Biographien (bei
Dewey 920 ff) werden in Hamburg wie im „A. L. A. Catalog" für sich
gehalten. Eine so tief gehende Aenderung macht natürlich den ganzen
Wert der Deweyschen Abteilung 900 problematisch. Dazu kommt, daß
die geographische Einteilung von Deutschland 943.1 unhaltbar ist, da

943.1 Preußen und Norddeutschland durch 943.2 Mitteldeutschland, 943.3 Bayern und 943.4 Süddeutschland mit Rheinprovinz von 943.5 Nordwestdeutschland getrennt ist; man fragt sich wieder, was bleibt dann für uns noch Brauchbares über? Da Dewey eine Abteilung Heimatkunde (Lokales), die doch wohl in jedem Bibliothekssystem erwünscht ist, nicht vorsieht, so wurden in Hamburg dafür die Zahlen 1000—1014 benutzt. Auch in der Geschichtsabteilung ist ohne ersichtlichen Grund Rom wieder, wie in der Literatur, vor Griechenland gesetzt..

In der Abteiluug 600 „Useful arts" steht, wie gesagt, die Medizin, die übrigens erstaunlich vollständig und fleißig ausgearbeitet ist. So steht die Medizin zwischen den allgemeinen Werken über Technik 600 und Ingenieurwissenschaft 620. Letztere ist dann wieder durch die Abteilungen 630—680 von der Baukunde 690 getrennt. Warum dann wieder so vieles, was wir unter letztere setzen, in der Kunstabteilung als 721 Architectural construction steht, erscheint schwer verständlich. In der Abteilung Kunst ist unser Kunstgewerbe nicht zu seinem Recht gekommen, da der Begriff den englisch sprechenden Völkern nicht so geläufig ist wie uns. Auch auf dem Gebiet der Religion, der Philosophie und des Rechts dürften die amerikanischen Grundanschauungen so sehr von den unseren verschieden sein, daß Deweys Einteilung nicht beibehalten werden sollte.

Nachdem so des längeren die Gründe, die gegen die Einführung des Dewey-Systems sprechen, ausgeführt sind, scheint es höchst erwünscht, daß eine Gruppe deutscher Bibliothekare ein neues, den deutschen Verhältnissen angepaßtes System ausarbeitet, das dem Dewey-System an Vollständigkeit nichts nachgeben sollte.

Daß dies System auch in den größeren amerikanischen Bibliotheken nicht eine so herrschende Stellung einnimmt, wie man vielfach glaubt, sagt Geheimrat Schwenke in seinem Bericht über amerikanische Bibliotheken (Zentralbl. f. Bibliothekswes. 1913 S. 11). Später fährt er fort: „Dies bestätigt das Urteil, das wir im allgemeinen über die Brauchbarkeit dieses Systems für wissenschaftliche Bibliotheken haben."

Hamburg. O. Plate.

Literaturberichte und Anzeigen.

Arne Arnesen. Bibliotekbygninger. Utgit av Norsk Bibliotekforening. Kristiania: J. M. Stenersens Forlag 1919. 4 Bl., 68 S. 8⁰. Die neueste Spezialliteratur über Bau und Einrichtung von volkstümlichen Bibliotheken ist vorzugsweise auf englisch-amerikanischem Gebiet erschienen und diese ist wohl im allgemeinen für den deutschen Leser bequemer zu benutzen als das vorliegende norwegisch geschriebene Buch, das sich eng an jene anschließt. Trotzdem ist zu empfehlen auch dieses zur Hand zu nehmen, da es in recht übersichtlicher Weise die einzelnen Räume der Bibliothek durchgeht und ihre Forderungen an Beispielen, Abbildungen und Plänen (meist amerikanischen Ursprungs) erläutert, besonders aber, weil es zum Schluß (S. 48—67) ein anschauliches Bild von der äußeren Einrichtung der vier norwegischen volkstümlichen Bibliotheken gibt, die eigene Gebäude be-

sitzen: einer Filiale der Deichmanschen Bibliothek in Kristiania, der Volksbibliotheken in Drammen und Kristiansand und der Oeffentlichen Bibliothek
in Bergen.

_____

Bibliotheca Schlemihliana. Ein Verzeichnis der Ausgaben und Uebersetzungen
des Peter Schlemihl nebst neun unveröffentlichten Briefen Chamissos
und einer Einleitung von Philipp Rath. Mit 6 Bildbeilagen. Berlin:
M. Breslauer 1919. 97 S., 6 Taf. 4°. 40 M. (Bibliographien und Studien
hrsg. von Martin Breslauer 1.)

Nach Inhalt und Ausstattung ein schöner Anfang der von dem kenntnis-
reichen und bücherliebenden Verleger geplanten „Bibliographien und Studien".
Der Peter Schlemihl ist durch die Art seiner ersten Veröffentlichung und
die Fülle späterer Drucke, die Illustration durch namhafte Künstler, die
Uebersetzung in zwölf verschiedene Sprachen mit vielen Einzelausgaben, ein
dankbarer Gegenstand für eine bibliographische Monographie, für die der
treffliche Bearbeiter Philipp Rath durch die eigene reiche Spezialsammlung vor
anderen berufen war. Von den 200 Nummern des Verzeichnisses sind mehr
als hundert mit seinem Besitzzeichen versehen, für die übrigen ist gewissenhaft
die Quelle angegeben. Auf diesen registrierenden Teil, so ‚schattenlos' er
auch ist, beschränkt sich aber der Wert des Buches keineswegs; er liegt eben
so sehr in den vorausgeschickten Abhandlungen, den Illustrationsproben und den
bisher unveröffentlichten Briefen Chamissos an seine Verleger. Sie ergeben
zusammen eine anschauliche Geschichte des vielgelesenen Werkes, an dessen
anfänglichem Erfolg man zweifeln könnte, wenn man die großen Abstände der
rechtmäßigen Ausgaben: 1814, 1827, 1835, bei nur einem Nachdruck (1818), in
Betracht zieht. Rath findet den Grund dieser Erscheinung in der Herrschaft
der Leihbibliotheken, wodurch sich auch erkläre, daß Exemplare dieser ersten
Ausgaben sich selten ohne die Spuren solcher Herkunft finden.   P. S.

_____

Umschau und neue Nachrichten.

Zur Bibliothekarversammlung in Weimar vom 25.—27. Mai hatte
sich trotz der bestehenden Reiseschwierigkeiten eine überraschend große Zahl
von Fachgenossen zusammengefunden. Zwar war von den Angemeldeten und
in der gedruckten Liste Verzeichneten mancher schließlich nicht erschienen,
dafür waren aber andere eingetreten, sodaß die Summe der wirklichen Teilnehmer immer noch die Hundert überschritt, darunter als willkommene Gäste
ein Schwede und ein Däne, und unter den 5 Oesterreichern die Direktoren
der Hof- und der Universitätsbibliothek in Wien. Für Unterkommen und
gute Verpflegung hatte die örtliche Leitung unter Direktor Deetjen dankens-
wert gesorgt, sodaß auch diese Seite der Tagung vom belebten Begrüßungs-
abend bis zum gemeinsamen Essen am 27. und dem Abenden in den freund-
lichst zur Verfügung gestellten Räumen des Künstlervereins die angenehmsten
Eindrücke hinterlassen hat. Hier sei dankbar auch der Führung durch die
Landesbibliothek, die ihre Eigenart noch zu bewahren gewußt hat, sowie
durch das Goethe-Nationalmuseum und das Goethe- und Schillerarchiv gedacht, die so recht geeignet waren den Teilnehmern den Genius loci Weimars
nahe zu bringen.

Am ersten Verhandlungstag gedachte der Vorsitzende Geh.-R. Boysen
zunächst der großen und schweren Ereignisse seit der letzten Versammlung,
des überaus schmerzlichen Verlustes von wertvollen Bibliotheksgliedern im
Westen und Osten und des Todes zahlreicher Fachgenossen draußen im Felde
und in der Heimat. Im Anschluß daran richtete Geh.-R. Wolfram im Namen
der deutschen Bibliothek Straßburg Abschiedsworte an die Versammlung mit
der Bitte, ihr Interesse der Gründung einer elsaß-lothringischen Sammlung an
Stelle der mit Straßburg verlorenen zuzuwenden.

Die Verhandlungen selbst standen zumeist unter dem Zeichen des § 10 der Reichsverfassung, nach dem das wissenschaftliche Bibliothekswesen zu den Gebieten gehört, auf denen durch die Reichsgesetzgebung Normen aufgestellt werden können, und der „zwölf Punkte", die in ganz unverbindlicher Weise von der Preußischen Staatsbibliothek als solche bezeichnet worden waren, die für eine Erörterung auf Grund jenes Paragraphen in Betracht kämen (Aufgaben der Bibliotheken und Sammelgebiete, Pflichtlieferungen, Amtliche Drucksachen, Dublettentausch, Katalogisierungsregeln für alphabetische und Realkataloge, Titeldrucke, Gesamtkatalog, Auskunfterteilung, Benutzungsordnung und Gebühren, Leihverkehr, Annahme und Ausbildung der Beamten). Die Benennung dieser Punkte hat an manchen Stellen die Auffassung hervorgerufen, als ob eine zwangsweise Aenderung und Vereinheitlichung der Bibliotheken und ihres Betriebes angestrebt werde. Von dieser irrtümlichen Voraussetzung ausgehend kam der erste Referent, Bibliothekar Glanning-München, unter starker Betonung des individuellen Charakters der Bibliotheken und unter scharfer Stellungnahme gegen Berlin, zu dem Schluß, daß die Verfassungsbestimmung zu einem Teil überflüssig, zum andern schädlich sei. In der Aussprache stellte sich die Versammlung — übrigens in Uebereinstimmung mit einer vorliegenden amtlichen Erklärung der Münchener Staatsbibliothek — nicht auf den ablehnenden Standpunkt des Referenten. Wenn sie auch die Notwendigkeit, den Eigencharakter und die ungestörte Entwicklung der einzelnen Bibliothek zu wahren, voll anerkannte, erklärte sie ihre Bereitwilligkeit zur organisatorischen Mitarbeit, indem sie die Einsetzung eines deutschen Bibliotheksrats forderte und den Vorstand beauftragte, die dafür nötigen Schritte beim Reichsministerium des Innern zu tun.

Vorzugsweise den ersten der oben genannten Punkte behandelte das Referat von Direktor Minde-Pouet-Leipzig, allerdings etwas einseitig vom Standpunkt der deutschen Bücherei, d. h. unter Beschränkung auf die neueste deutsche Literatur, und im Anschluß an Besprechungen, die darüber zwischen den Staatsbibliotheken von Berlin und München und der Deutschen Bücherei stattgefunden haben. Darnach ist das Ziel der Deutschen Bücherei zunächst die vollständige Sammlung der Produktion des Buchhandels, sowie die der Privatdrucke und der Vereinsschriften. Unter der Voraussetzung, daß das Präsenzprinzip der Deutschen Bücherei aufgehoben wird, können sich die großen Bibliotheken entsprechend entlasten. Dagegen wird auf dem Gebiet der amtlichen Drucksachen und der deutschen Auslandsliteratur eine Dezentralisation nötig sein. In der Aussprache wurde betont, daß diese auch bei den Privatdrucken und den Vereinsschriften nicht umgehen sein werde. Einen Ausblick gab der Referent ferner auf die Verzeichnung der deutschen Bücherproduktion, eventuell unter Verbindung mit den Titeldrucken, und auf die Organisierung der bibliographischen Arbeit.

In das Gebiet der Sammelarbeit und der Verzeichnung gehörten auch die beiden Referate des zweiten Tages. Bibl. Hilsenbeck-München gab eine übersichtliche Darstellung dessen, was bisher für die Sammlung von Zeitungen geschehen ist (als musterhaft dürfen die Zustände in Bayern bezeichnet werden) und formulierte die zu stellenden Forderungen: dezentralisierte Sammlung der Provinzial- und Lokalblätter und zentrale Sammlung der großen Zeitungen, sowie ein Gesamt-Zeitungsverzeichnis über die an den verschiedenen Stellen vorhandenen Bestände. Die Besprechung ergab interessante Mitteilungen aus der Versammlung zur Reformbedürftigkeit des Zeitungs-Sammelwesens. — Mit dem Vorschlag des zweiten Referenten Dr. Praesent-Leipzig, der Deutschen Bücherei die Verzeichnung der deutschen Karten-Produktion und damit zugleich die Ausgabe fertiger Katalogzettel zu übertragen, erklärte sich die Versammlung einverstanden. — Leider gestattete die vorgeschrittene Zeit nicht die in Aussicht genommene besondere Besprechung über die Notlage der Bibliotheken namentlich in der Beschaffung der ausländischen Literatur, doch konnte Dir. Geiger-Tübingen noch, wenn auch gekürzt, seinen Ueberblick über die Entwicklung des bibliothekarischen Berufs in den letzten Jahrzehnten, insbesondere seit Bestehen des V. D. B., geben, Ausführungen, die ausklangen in der Mahnung an die Bibliothekare, durch volles Aufgehen in ihrem Beruf das Ihre zum Wiederaufbau des Vaterlandes beizutragen.

In der Mitgliederversammlung des V. D. B. wurde dem Vorstand die nachträgliche Genehmigung zur verlängerten Amtsführung seit 1914 erteilt und der Geschäfts- und Kassenbericht genehmigt. Der Verein hat z. Z. 463 Mitglieder. Vom neuen „Jahrbuch" liegen die ersten Exemplare vor. Trotz der erhöhten Kosten wird in Aussicht genommen es auch in Zukunft unverkürzt erscheinen zu lassen. Der Mitgliedbeitrag wird auf 10 M. erhöht. Es wird beschlossen die österreichischen Fachgenossen als Mitglieder aufzunehmen. Die Wahl des Vorstands ergibt: N a e t e b u s-Berlin UB Vorsitzender, S c h n o r r v. C a r o l s f e l d-München Stellvertr. Vors., S e i p p e l und W e b e r (Berlin SB) Schriftführer und Schatzmeister; L ä n g i n - Karlsruhe, M i n d e - P o u e t - Leipzig, N ö r r e n b e r g-Düsseldorf, R a t h - Stuttgart, S c h m i d t - Darmstadt Beisitzer.

Bei Nennung der bibliothekarischen Teilnehmer an den Brüsseler Verhandlungen über die Herstellung der Bibliothek in Löwen oben S. 90 ist durch ein bedauerliches Versehen der Name des Bibliothekars Prof. D e g e r i n g (Berlin SB) ausgefallen. Prof. D. ist bekanntlich Verfasser einer besonderen Denkschrift über die durch den Löwener Bibliotheksbrand entstandenen Schäden.

Die von der Landesversammlung genehmigte p r e u ß i s c h e B e s o l d u n g s-o r d n u n g enthält folgende Ansätze für die Bibliotheksbeamten: in Gruppe
II (4000—6000): Bibliotheksgehilfen (bisher Bibliotheksdiener).
III (4600—6900): Bibliotheksobergehilfen, Kastellan.
IV (5000—7500): Kanzleiassistenten bei der Pr. Staatsbibliothek.
V (5400—8100): Bibliotheksexpedienten.
VII (6200—9300): Obersekretäre (bisher Sekretäre) bei der Pr. SB, Bibliothékssekretäre und Bibliothekssekretärinnen (diese mit 90 %, der Bezüge) bei der SB, den UBB und der Technischen Hochschule in Berlin.
VIII (6800—10200): Bibliotheksobersekretäre und - Obersekretärinnen (diese mit 90 %) bei der SB und den UBB; Bureauvorsteher bei der SB; Bibliothekar bei der Hochschule für Musik in Charlottenburg.
X (8400—12600): Bibliothekare bei der SB, den UBB, dem Seminar für orientalische Sprachen, der Hochschule für die bildenden Künste in Charlottenburg, bei den Kunstmuseen in Berlin, bei den Technischen Hochschulen in Breslau, Danzig und Hannover, beim Statistischen Landesamt und der Akademie der Wissenschaften; Bibliothekare der Landesversammlung und der Ministerien.
XI (9700—14500): Oberbibliothekare als Abteilungsdirigenten der SB, als Stellvertreter des Direktors bei den UBB in Berlin, Breslau, Bonn und Göttingen; Oberbibliothekar der Technischen Hochschule Berlin; Direktor der Bibliothek der Landesversammlung.
XII (11200—16800): Abteilungsdirektoren bei der SB, Direktoren der UBB.
XIII (13200—20000): Erster Direktor der SB.
Einzelgehälter, Gruppe II (23000): Generaldirektor der SB.
Nichtplanmäßige Beamte, Gruppe X (5880—7980): Hilfsbibliothekare bei der SB und den UBB.
Wenn damit auch nicht alle Wünsche erfüllt werden (z. B. die der Expedienten, Gr. V) und manches unverständlich erscheint (z. B. die niedrige Einschätzung der Bibliotheksvorstände an den meisten Technischen Hochschulen in Gr. X), so ist doch mit Genugtuung vor allem die Schaffung von gehobenen Stellen bei den Unterbeamten, den Bibliothekssekretären und den Bibliothekaren zu begrüßen. Ihre Zahl ist noch nicht bekannt; sie wird leider nicht hoch sein, da daran festgehalten wird, daß mit diesen Stellen eine gewisse Aufsichtsbefugnis über andere verbunden sein soll, und es ist besonders zu bedauern, daß nicht an allen Universitätsbibliotheken der Vertreter des Direktors in die XI. Gruppe kommt. Die preußischen Bibliothekare werden

darnach schlechter stehen als die bayerischen, für die, wie verlautet, 50 %, der Stellen gehoben sein werden. — Zu obigen Gehaltssätzen kommt überall der nach der Höhe des Grundgehalts und nach Ortsklassen zwischen 1000 und 5000 M. abgestufte Ortszuschlag (bei den Hilfsbibliothekaren 80 % des Betrags der Bibliothekare) und gegenwärtig ein „Ausgleichszuschlag" in Höhe von 50 % vom Grundgehalt und Ortszuschlag.

Der Entwurf des preußischen Staatshaushaltsplans für 1920 bringt für die Berliner Staatsbibliothek eine Vermehrung des bisherigen Personals um 1 Bibliothekar, 1 Hilfsbibliothekar, 1 Bibliothekssekretärin und 2 Unterbeamte. Ein weiterer Bibliothekar ist bestimmt für die Weiterführung der Darmstädterschen Dokumentensammlung zur Geschichte der Wissenschaften und Technik. Endlich kommt 1 Abteilungsdirektor, 1 Bibliothekar, 1 Bibliothekssekretärin und 1 Unterbeamter auf eine der Staatsbibliothek anzugliedernde Neuschöpfung, eine Lautsammlung, die als Ergänzung der bisherigen ausschließlich in Schrift und Bild bestehenden Ueberlieferung gedacht ist. Sie soll durch Festhalten des gesprochenen Lauts sowohl der deutschen wie fremder Sprachen und Mundarten die Unzulänglichkeit des gedruckten Textes ausgleichen und wird durch Darbietung der Lautplatten zur Benutzung in Einzelräumen dem wissenschaftlichen und praktischen Sprachstudium voraussichtlich erhebliche Dienste leisten. Sie wird außerdem die Aufgabe der Darmstädterschen Stimmensammlung (Zbl. 1917. S. 263) übernehmen, die Phonogramme hervorragender und führender Persönlichkeiten der Nachwelt aufzubewahren. Für die Vermehrung und Unterhaltung der Sammlung sind laufend 16000, für Geschäftsbedürfnisse 12000 M. eingesetzt. Im übrigen werden die Mittel der Staatsbibliothek für Geschäftsbedürfnisse um 100000 M., der Baufonds um 15000 M. erhöht, Beträge, die natürlich nicht entfernt den eingetretenen Preissteigerungen entsprechen. Dasselbe ist von der in das Extraordinarium verwiesenen Verstärkung der Mittel für Bücherkauf und Einband um 300000 M. zu sagen, wenn die Staatsbibliothek auch nur einigermaßen ihre Verpflichtung zur genügenden Erwerbung ausländischer Literatur nachkommen soll. Sonst erscheinen unter den einmaligen Ausgaben weitere Teilbeträge für Erneuerung und Umschrift der Kataloge (20000), Weiterführung der Kriegs- und Revolutionssammlung (30000), Beschaffung von Literatur der Balkanstaaten und des türkischen Orients (20000 M., lediglich zur Deckung eines früheren Gesamtkaufes bestimmt), sowie 10000 M. für Bearbeitung und Unterbringung der vom Großen Generalstab überwiesenen Kartensammlung und 27000 für die erstmalige Einrichtung der Lautsammlung. Für den Gesamtkatalog der preußischen Bibliotheken sind als 23. Teilbetrag 20000 M. und für den Gesamtkatalog der Wiegendrucke als 15. Rate 9040 M. angesetzt. — Bei den Universitätsbibliotheken werden in Berlin, Halle und Münster Expedientenstellen in Bibliothekssekretärinnenstellen umgewandelt. Im Extraordinarium werden zur Verstärkung ihres Vermehrungs- und Betriebsfonds 270000 M., d. h. noch nicht ganz 50 % des Friedensetats, bewilligt.

Durch Erlaß vom 19. Mai 1920 (UIK 7873) hat der preußische Minister für Wissenschaft, Kunst und Volksbildung genehmigt, daß in Zukunft die Vereidigung der Anwärter für den wissenschaftlichen Bibliotheksdienst nicht erst nach dem Bestehen der bibliothekarischen Fachprüfung, sondern schon bei dem Eintritt als Bibliotheksvolontär erfolgt. Den Volontären ist bei ihrer Vereidigung zu Protokoll zu eröffnen, daß durch die Vereidigung eine Anwartschaft auf Anstellung im Staatsdienst nicht begründet wird.

Darmstadt. Die bisherige Hof- und Landesbibliothek führt seit dem 11. April den Namen Landesbibliothek.

Oesterreich. Die Notlage der wissenschaftlichen Bibliotheken. Noch mehr als die Bibliotheken des Deutschen Reiches werden die Bibliotheken Oesterreichs durch die ungünstigen Valutaverhältnisse in Mitleidenschaft gezogen, da hier auch der hohe Umrechnungskurs der Mark schwer auf das Budget drückt. Während in der Vorkriegszeit 1 M. im Durchschnitt mit 1 K. 18 h. umgerechnet wurde, erreicht die Mark im Jahre 1920 bei wiederholten Schwankungen einen Kurs von 4 Kronen und darüber. Dazu kommt dann auch noch der hohe Teuerungszuschlag der Sortimenter, der im April 1920 30 % bis 33 1/3 beträgt. Die Einbände kosteten bis vor kurzem das Sechsfache der im Tarif festgelegten Friedenspreise und ihre Kosten steigen schon bis zum Dreizehnfachen. Eine Erhöhung der Bibliotheksdotationen hat bis Mitte April 1920 noch nicht stattgefunden. Es ist daher verständlich, wenn überall der Ruf nach Verbesserung der Lage der wissenschaftlichen Bibliotheken ertönt. In Wien hat der Direktor der Universitätsbibliothek Hofrat Dr. S. Frankfurter durch einen im Wissenschaftlichen Klub gehaltenen Vortrag die Aufmerksamkeit auf diese Notlage der Bibliotheken gelenkt. Das Wesentliche des Inhaltes dieses Vortrages ist in der 'Wiener Zeitung' Nr 69 vom 24. März 1920 S. 2 abgedruckt. Als erfreuliches Zeichen der Wiederannäherung der Völker ersieht man daraus, daß die Universitätsbibliothek und die Hofbibliothek in Wien durch Vermittlung des früheren französischen Gesandten in Wien M. Allizé Bücher, die während des Krieges erschienen sind, als Geschenk erhalten haben. Uebrigens hat auch die Bibliothek des Oesterreichischen Museums in Wien durch Vermittlung des Mitgliedes der englischen Mission in Wien Mr. Du Cane die während des Krieges erschienenen Veröffentlichungen des Britischen Museums und die des Victoria and Albert Museums (South Kensington Museums) als Geschenk erhalten (Wiener Zeitung Nr 81 vom 9. April S. 3). Auf Ansuchen des Hofrates Frankfurter ist für die Universitätsbibliothek in Wien durch den Präsidenten Masaryk die einmalige Ausfuhr von 40 Tonnen Kohle aus der tschechoslovakischen Republik bewilligt worden (Wiener Abendpost Nr 68 vom 23. März S. 2). Unter dem Kohlenmangel hatte die Wiener Universitätsbibliothek auch im Winter 1919/20 sehr zu leiden. Besser war während dieser Zeit die Universitätsbibliothek in Graz daran, der in den vergangenen Jahren die Kohlennot ebenfalls arg mitgespielt hatte. Denn Dank dem Umstande, daß die Studierenden der Universität und der Technischen Hochschule an mehreren Wintersonntagen in einem Tagbau des Köflacher Revieres selbst Kohle förderten, konnte sie den normalen Betrieb nicht nur voll aufrecht erhalten, sondern auch die Abendlesezeit um eine Stunde verlängern.   F. E.

Großbritannien. Der Voranschlag des British Museum für 1920/21 in den Estimates for Civil Services (er läßt bekanntlich nicht überall den Anteil der einzelnen Abteilungen erkennen) zeigt in allen Titeln ein Steigen der Ansätze mit einziger Ausnahme der Mittel für Ankäufe, die von 35 000 wieder auf den früheren Stand von 25 000 £ herabgesetzt sind. Die Gehälter sind von 82 872 auf 113 568 £ gestiegen, obgleich eine Vermehrung des Personals nur in ganz untergeordneten Stufen stattgefunden hat. Die Buchbinderkosten an den eigentlichen Bibliotheksabteilungen betragen 16 635 £ gegen 11 715 im Vorjahr, darunter für Instandhaltung des Catalogue of printed books 4200 £ (früher nur 2200). Für Katalog- und Titeldruck sind in der Druckschriftenabteilung 2250 (statt 1300), in der Orientalischen Abteilung 610 (180), für Handschriftenkataloge 2057 (250) angesetzt. Nach dem Etat der öffentlichen Bauverwaltung ist eine Erweiterung der Büchermagazine des Museums (50 000) und des Zeitungsmagazins in Hendon (23 350 £) geplant.

Eine internationale Bibliographie des Weltkrieges, die alles in allen Ländern in Zusammenhang mit dem Krieg Veröffentlichte enthalten soll (Bücher, Broschüren, Plakate, Proklamationen usw.), hat Alex. J. Philip, Bibliothekar in Gravesend, unternommen. Sie erscheint auf Zetteln des internationalen Formats und nur in 7 Exemplaren, von denen nur je eine Serie in jedem (?) Lande deponiert werden soll. Subskribiert haben Australien, Kanada, Schottland, England. Es sollen jede Woche etwa 1000 Zettel ausgegeben werden zum Preise von 13¹/₂ sh. für 100, also wöchentlich 135 sh. In Deutschland dürfte sich unter diesen Bedingungen kaum ein Abnehmer finden, ganz abgesehen von den Zweifeln an der Durchführbarkeit des Planes, die sich aufdrängen.

Nordamerika. Die Kongreßbibliothek in Washington wurde im Geschäftsjahr 1919 um 96 033 Bücher, 3394 Karten, 26 283 Bände und Stücke Musik und 6738 Stiche u. ä. vermehrt; die Handschriften entziehen sich der Zählung. Der Gesamtbestand der genannten Abteilungen beläuft sich auf 2 710 556, 163 484, 848 292, 409 029. Besonders bemerkenswert ist die Erwerbung von 1432 ostasiatischen Werken in 16 200 Bänden, darunter 961 chinesische Werke in 13 259 Bänden, fast ein Drittel der bisherigen chinesischen Sammlung. Die Handschriftenabteilung erhielt den Nachlaß von Theod. Roosevelt mit seiner umfassenden Korrespondenz, ebenso übergab William H. Taft der Bibliothek seinen ganzen Briefwechsel über öffentliche Angelegenheiten.

Neue Bücher und Aufsätze zum Bibliotheks- und Buchwesen.[1]
Zusammengestellt von Richard Meckelein.

Allgemeine Schriften.
*Anais das Bibliotecas e Arquivos. Revista trimestral de bibliografia, bibliologia, biblioteconomia, bibliotecografia, arquivologia etc. Série II. Vol. 1. No 1. Janeiro-Março 1920. Lisboa: Tipogr. da Bibl. Nacional. (86 S. 8°) Jährl. 2,80 Milr.
*Het Boek. 2. Reeks van het Tijdschrift voor Boek- en Bibliotheekwezen. Jaarg. 9. 1920. No 1/2. Haag: M. Nijhoff. 64 S. Jg. 18 fl.
Bulletin of the American Library Association vol. 14, No 1. January 1920. Chicago. 90 S.
Who's who, 1920; an annual biographical dictionary. 72nd year of issue. New York: Macmillan 1920. 34, 2847 S. 15 $.
Who's who and why, 1919—1920, in Canada. Ed. by B. M. Greene. New York: Brentano's 1919. 1524 S. 8,75 $.
Catholic who's who and year book, 1920. Founded by Sir F. C. Burnand. London 1920: Burns & O. 694 S. 5 s.
The Jews' who's who. London: Judaic Publ. Co. 21 sh.
*Zeitschrift des Deutschen Vereins für Buchwesen und Schrifttum. 3. Jahrg. 1920. Nr 1/2. Schriftl.: Prof. Dr. Schramm. Leipzig: Deutscher Ver. f. Buchwesen u. Schrifttum. 40 S. 4°.

Bibliothekswesen im allgemeinen.
Angermann, Rud. Stoffkreisführung. Blätter für Volksbibliotheken 1. 1920. S. 72—83.
*Arnesen, Arne. Bibliotekbygninger. Utgit av Norsk Bibliotekforening. Kristiania: J. M. Stenersen. 1919. 3 Bl., 68 S.
Ataide, Bettencourt. Bibliografia portuguesa de biblioteconomia e arquivologia. Revista de Historia 1919. S. 87—106.
— As Bibliotecas populares e móveis em Portugal. Ponta Delgada 1919. 25 S. fol. •
Bowerman, George F. Librarians' salaries in the district of Columbia. The Library Journal 45. 1920. S. 63—66.
Burger, C. P. jr. Iets over de positie van den bibliothecaris in Nederland en in enkele andere landen. Het Boek 9. 1920. S. 49—54.

---
[1] Die an die Redaktion eingesandten Schriften sind mit * bezeichnet.

Carr, John Foster. „Making Americans." A preliminary and tentative list of books. The Library Journal 45. 1920. S. 209—212.
Brown, James Duff. Manual of library economy. 3 d and memorial ed., rev. by W. C. Berwick Sayers. London: Grafton 1920. 535 S. 25 s.
Dantas, Julio. Quadro sinóptico das bibliotecas, arquivos e cartórios existentes no país. Continente, com excepção das cidades de Lisboa e Pôrto. Diário do Gôverno No 158, 1919. S. 2: 410—2: 416. Auch als S.-Abdr. (Lisboa: Imprensa Nacional, 1919.)
Dewey, Melvil. Decimal classification and relative index for libraries, clippings, notes, etc. 10th ed. New York 1919: Forest Press. 936 S.
— Decimal classification beginnings. The Library Journal 45. 1920. S. 151—154.
Engel, Otto. Die Ausgestaltung des volkstümlichen Büchereiwesens in Württemberg. In: Die Ausgestaltung des freien Volksbildungswesens. Eine Sammelschrift, hg. v. Th. Bäuerle. S. 68—77. (Schriften des Vereins zur Förd. d. Volksbildung 2.)
Fellows, Jennie D. The decimal classification in the tenth edition. The Library Journal 45. 1920. S. 154—156.
*Fick, Rich. Auslandsdeutschtum u. Kulturpolitik. Zwei Vorträge. (Neumünster i. Holst, Dittmann) 1920. 52 S.
Fischer, Hermann. Die beiden Heyd. Württembergische Vierteljahrshefte für Landesgeschichte. N. F. 28. 1919. S. 265—323. [S. 292—323 über den Stuttgarter Oberbibliothekar Wilhelm Heyd.]
Frayer, A. M. Co-operation between Public Libraries and Elementary Schools. The Libr. Ass. Record 22. 1920. S. 64—70.
Gaillard, Edwin White. The book larceny problem. The Library Journal 45. 1920. S. 247—254. 307—312.
Guimarães, Rodolfo. Os recursos das bibliotecas portuguesas em obras de matemática. Anais das Bibliotecas e Arquivos II, 1. 1920. S. 29—35.
Guppy, Henry. Special lectures for library assistants and others. Cataloguing and classification. The Libr. Ass. Record 22. 1920. S. 71—74. 103—108. (Wird fortges.)
Hill, Frank P. Decimal classification reminiscences. The Library Journal 45. 1920. S. 157.
Hyde, Dorsey W., jr. The house organ as a factor in Library Service. The Library Journal 45. 1920. S. 199—203.
Johnson, J. Ray. Selling the library idea. The Library Journal 45. 1920. S. 105—106.
Johnston, James. The Education (Scotland) Act, 1918, and Public Library Development. The Libr. Ass. Record 22. 1920. S. 92—97.
Kaiser, John Boynton. A neglected phase of the salary question. The problem of retiring allowances. The Library Journal 45. 1920. S. 111—116. 158—162.
Krause, Louise B. The business library, what it is and what it does. San Francisco: Technical Pub. 1919. 116 S. 1,50 $.
Leuze, Otto. Karl von Steiff. S.-A. a. dem Württembergischen Nekrolog f. 1916. S. 204—217.
Luz d'Almeida. Bibliotecas populares e móveis em Portugal. Coimbra 1918. 28 S. fol.
Mc Namara, J. P. The starvation of Irish libraries. An Irishman's view of the recent act. The Libr. Ass. Record 22. 1920. S. 98—99.
Mütefindt, Hugo. D. Dr. Eduard Jacobs †. Deutsche Geschichtsblätter 20. 1920. S. 82—86.
Proença, Raúl. A alfabetação das rubricas de nomes próprios. Anais das Bibl. e Arquivos II, 1. 1920. S. 23—24. Mit Beilage.
— Um bibliotecario português dos meados do século XIX. Manuel Rodrigues da Silva Abreu, bibliotecario de Braga. Anais das Bibliotecas e Arquivos II, 1. 1920. S. 43—47.
Ranck, Samuel H. Humanizing Library Work. The Library Journal 45. 1920. S. 205—206.

Volksbücherei und Volksbildung in Niedersachsen. Beilage zu „Niedersachsen“, Zeitschr. f. niederdeutsches Volkstum u. Heimatschutz, „Bremen. 1. Jahrg. No 1. April 1920. (4 S. 4⁰) Bremen: Niedersachsen-Verlag C: Schünemann.

The Washington Report on reclassification of library salaries. The Library Journal 45. 1920. S. 265—266.

Webster, Caroline F. Is hospital library work worth while? The Library Journal 45. 1920. S. 167—168.

Wynkoop, Asa. Adequate state aid for libraries: a plea. The Library Journal 45. 1920. S. 70—71.

Einzelne Bibliotheken.

Berlin. Berliner Titeldrucke. Verzeichnis der von der Preuss. Staatsbibliothek und den preuss. Universitätsbibliotheken erworbenen neueren Druckschriften. Hrsg.: Preuss. Staats-Bibliothek, Berlin. Jahrg 1920. No 1/2. (IV, 20 S.) Berlin: Behrend & Co. in Komm. Einseitig u. zweiseit. bedruckt 60 M.

— *Erwerbungen der Bibliothek der Handelskammer zu Berlin. (Anlage zu den Mitteilungen der Handelskammer.) 1920. Nr 1. Jan./Febr. 8 S. 4⁰.

— Zuwachs der Bibliothek des Reichspatentamts Jan.—März 1920. [Berlin 1920.] 28 S.

Bromberg. *Ogłoszenia z Biblioteki miejskiej w Bydgoszczy 1920. Mitteilungen a. d. Stadtbibl. zu Bromberg. Sonderheft. Bücher z. Einführung in die polnische Landeskunde u. Geschichte. Bromberg: Dittmann. 12 S. 8⁰.

Dresden. *Zuwachs der Stadtbibliothek zu Dresden. 1. Viertelj. 1920. 3 Bl. 2⁰ Autogr.

Hagen. *Städtische Bücher- u. Lesehalle in Hagen (Westf.) Bücher-Verzeichnis I. Schöne Literatur. (Hagen 1920.) 118 S.

Leipzig. *Gebhardt, Peter v. Verzeichnis der Leichenpredigten u. personengeschichtlicher Gelegenheitsschriften des 16. u. 17. Jahrhunderts in der Univ.-Bibl. zu Leipzig. Mitteilungen der Zentralstelle f. Deutsche Personen- u. Familiengeschichte. Hft 24/25. Leipzig: Degener 1920. 167 S. 20 M.

— Goldfriedrich, J. Bericht über die Bibliothek des Börsenvereins der Deutschen Buchhändler zu Leipzig während des Jahres 1919. Börsenbl. f. d. Deutschen Buchh. 87. 1920. S. 368—370.

Lübeck. Havemann, Julius. Richtlinien für eine Neuorganisation der Stadtbibliothek. Die Trese, Blätter d. Lübecker Stadttheaters 1. 1920. S. 189 —192.

Lünen. Bücher-Verzeichnis der Städtischen Volks-Bibliothek in Lünen. [Nebst] Nachtr. Lütgendortmund: Dr.- u. Verl.Ges. 1916. Nachtrag: Dortmund 1919.

Winterthur. Alt Winterthur. Ausstellung der Stadtbibliothek Winterthur 4. bis 25. Januar 1920 im Museum. Eröffnungswort von R. Hunziker. S.-A. aus dem Neuen Winterthurer Tagblatt v. 6. Januar 1920. 8 S.

Zürich. Zuwachsverzeichnis der Bibliotheken in Zürich. 23. Jahrg. 1919. 3. 4. Juli—Dezember). Zürich: Berichthaus 1920. 88, 94 S.

Zwickau. Hahn. Personalschriften der Zwickauer Ratsschulbücherei. Deutsche Geschichtsblätter. S. 90—95.

Ann Arbor. Opening of the New General Library of the University of Michigan. The Library Journal 45. 1920. S. 107—109.

Baltimore. *The Enoch Pratt Free Library of Baltimore City. 34th Annual Report of the Librarian to the Board of Trustees. Baltimore 1920. 84 S., 1 Bildn.-Beil.

Bologna. Frati, Carlo. Un codice Sforzesco della Biblioteca Universitaria di Bologna. La Bibliofilia 21. 1919. S. 101—117. Mit 2 Facs.

Boston. Bulletin of the Public Library of the City of Boston. Issued quarterly. 4th series, vol. 2, no 1. (Jan.—March, 1920.) Boston, publ. by the Trustees. 116 S.

Campolide. Anselmo, Antonio. Biblioteca (Erudita) de Campolide. Anais das Bibliotecas e Arquivos II, 1. 1920. S. 36—39.

Chicago. Hanson, J. C. M. Fifteenth-century books in the University of Chicago, March, 1919. The University of Chicago Record 5, 1919. S. 292—298.

Cremona. Finzi, Vittorio. Gli incunabuli della Biblioteca Civica di Cremona descritti e illustrati. La Bibliofilia 21. 1919. S. 156—173.

Florenz. Mazzi, Curzio. Le carte di Benedetto Dei nella Medicea Laurenziana. Rivista delle Biblioteche e degli Archivi 29. 1918. S. 128—150.

Ithaca, NY. *Cornell University Library. Hermannsson, Halldór. Catalogue of Runic Literature forming a part of the Islandia Collection bequeathed by Willard Fiske. Oxford etc.: H. Milford, Oxf. Un. Press 1918. IX, 106 S. 4°.

Kopenhagen. *Lange, H. O. Aarsberetning for det kongelige Bibliotek for finansaaret 1918—1919. København: J. H. Schultz 1920. 13 S.

Kristiania. *Det kongelige Frederiks Universitet. Universitets-Bibliotekets Aarbok for 1918. Kristiania: Aschehoug & co 1919. XLIII, A 102, B 115 S.

Leicester. Corporation of Leicester. The Old Town Hall Library of Leicester: a catalogue, with intro., glossary, notices of authors &. Compiled by Cecil Deedes and others. Leicester: Town Clerk 1920. 252 S. 5 s.

Lissabon. *Figueiredo, Fidelino de. Como dirigi a Biblioteca Nacional (Fev. de 1918 a Fev. de 1919). Lisboa: Livr. class. editora Teixeira 1919. 125 S.

— Proença, Raúl. A última reforma da Biblioteca Nacional. I. II. Anais das Bibliotecas e Arquivos II, 1. 1920. S. 19—23. 106—107.

New Haven. *Report of the Librarian of Yale University. July 1, 1918 —June 30, 1919. (Repr. from the Report of the President of Yale University, 1919.) New Haven. 26 S.

— Yale University. Library. List of medical serials in the libraries of Connecticut. New Haven, Ct.: Yale Univ. 1920. 92 S.

New York. (Public Library.) Gamble, William Burt. The development of scenic art and stage machinery; a list of references in the library. New York: Publ. Libr. 1920. 128 S. 40 c.

Paris. Catalogue général des livres imprimés de la Bibliothèque nationale. Auteurs. T. 69. Hassebroucq—Heiny. Paris: Impr. nationale 1919. Sp. 1—1262. Ministère de l'instruction publique et des beaux-arts.

— Catalogue des dissertations et écrits académiques provenant des échanges avec les universités étrangères et reçus par la Bibliothèque nationale en 1914—1918. (33 e —37 e années.) 1. partie. Réd. par M. E. Laloy. Mâcon: Protat fr. Paris: C. Klincksieck 1919. 94 S.

Prag. Hrejsa, Ferd. Z rukopisů musejních. VI. Rukopisy Tom. Zichy. [Aus den Hss. des Museums. 6. Die Hss des T. Zichy.] Časopis Musea Král. Českého 93. 1919. S. 49—56. 134—140 (Schluß).

Providence. Granniss, Ruth. The John Carter Brown Library and its catalogue. The Library Journal 45. 1920. S. 67—69.

Rio de Janeiro. Magalhães, Basilio de. A Biblioteca Nacional em 1917. (Relatorio da B. N. do Rio de Janeiro de 31 de Março de 1918.) Rio de Janeiro 1919.

Stockholm. Kungl. Bibliotekets Årsberättelse 1919. Stockholm 1920: Norstedt & Söner. 59 S.

Teschen. Frinta, A. Stará bohemica v Těšině. Časopis Musea Král. Českého 93. 1919. S. 81—88. 256—263.

Washington. Library of Congress. Catalogue Division. American and English genealogies in the library. 2 nd ed. Washington, D. C.: Gov. Pr. Off. 1919. 1332 S. 1,75 $.

Schriftwesen und Handschriftenkunde.

Abel, Hans. Meroitische Schrift. Zeitschr. d. Deutschen Vereins f. Buchwesen u. Schrifttum 3. 1920. S. 1—5. Mit 5 Abb.

Lehmann, Paul. Autographe und Originale namhafter lateinischer Schriftsteller des Mittelalters. Zeitschr. d. Deutschen Vereins f. Buchwesen u.
Schrifttum 3. 1920. S. 6—16.
Polheim, Karl u. Konrad Zwierzina. Neue Bruchstücke altdeutscher Texte
aus österreichischen Bibliotheken. Erste Mitteilung als Glückwunsch für
Ferdinand Eichler dargebracht. Graz: Leuschner & Lubensky 1920.
7 S. 2 M.
Uhl, Wilhelm. Die Erfindung der Schrift. I. Zeitschr. d. Deutschen Vereins
f. Buchwesen u. Schrifttum 3. 1920. S. 41—47.

Buchgewerbe.

Adam, Paul. Buchbindekunst im alten Regensburg. Archiv für Buchbinderei 20.
1920. S. 1—4. Mit 2 Abb. (Forts.)
Archiv für Buchgewerbe und Graphik. Jahrg. 1920. Bd 57. Heft 1/2.
(40 S. mit zahlr. Tafeln.) 4°. Gesamtleitung: C. E. Poeschel. Schriftleitung: H. Hauschild. Leipzig: Verl. d. Deutschen Buchgewerbevereins.
80 M. jährlich.
Boas, M. De illustratie der Tabula Cebetis. I. II. Het Boek 9. 1920. S. 1—16.
105—114.
Cortesão, Jaime. Um novo incunábulo portugués. Anais das Bibliotecas
e Arquivos II, 1. 1920. S. 10—13. Mit 1 Facs.
Gutenbergmuseum. Mitteilungen des Vereins zur Förderung des schweizer.
Gutenbergmuseums in Bern. Musée Gutenberg. Communications de la
société du Musée Gutenberg suisse à Berne. 6. Jahrg. No 1. 1920.
(31 S.) Red. K. J. Lüthi. Bern. Jährl. 4 Hefte 6 Fr.
Jacot, L. Contribution à l'histoire d'une fonderie suisse. Gutenbergmuseum 6.
1920. S. 20—23.
Wirtschaftsgeographische Karten und Abhandlungen zur Wirtschaftskunde
der Länder der ehemaligen österr.-ungar. Monarchie. Hg. von Franz
Heiderich. Heft 9. A. Die Papierindustrie Oesterreich-Ungarns. Von
Franz Krawany. B. Die Vervielfältigungs- (graphische) Industrie. Von
Georg Fritz. Wien, Handels-Museum, Komm. Ed. Hölzel 1919. 109 S.,
1 Taf., 1 Karte. 19 K.
K(entenich). Eine Papiermühle zu Waltrach [16.—17. Jahrh.]. Trierische
Chronik 16. 1920. S. 47—48.
Klostermann, Eckard. Das wissenschaftliche Buch. Archiv f. Buchgewerbe
u. Graphik 57. 1920. S. 8—11.
Loubier, Hans. Die Luxusdrucke und die Bücherliebhaber. Zeitschr. d.
Deutschen Vereins f. Buchwesen u. Schrifttum 3. 1920. S. 17—20. 51—54.
*(Winship, George Parker.) Census of fifteenth century books owned in
America. Compiled by a committee of the Bibliographical Society of
America. New York 1919. XXIV, 245 S. (Vgl. Zbl. 1919. S. 285.)
Worm, Fritz. Publikum und Buchgewerbe. Archiv f. Buchgewerbe u. Graphik 57.
1920. S. 11—13.
Zeitler, Julius. Illustrationskunst der Gegenwart. Archiv f. Buchgewerbe
u. Graphik 57. 1920. S. 3—7.

Buchhandel.

Almanach 1920 des Verlages Bruno Cassirer, Berlin. Mit einem Verzeichnis
aller bisher erschienenen Bücher und graphischen Werke. Berlin: Cassirer
1920. 171, 92 S. Mit Abb. u. Taf. 5,50 M.
Babinger, Franz. Stambuler Buchwesen im 18. Jahrh. Leipzig: Deutscher
Verein f. Buchwesen u. Schrifttum 1919. 32 S. 10 M.
Die Bücher des Furche-Verlages. Ein Verlagsverzeichnis mit einer Ein-
führung „Das Gesicht des Verlages" von W. Mahrholz. Berlin: Furche-
Verlag 1920. Mit 3 Bildwiedergaben. 24 S.
(Cambridge University Press.) A Catalogue of books publ. by the
syndics of the Cambridge University Press, Fetter Lane, London . . .
Cambridge 1920. XV, 210 S.

Eltzschig, Georg. Zu den akademischen Angriffen auf den „wuchernden" Buchhandel. Börsenblatt f. d. Deutschen Buchhandel 87. 1920. S. 243—246.
Engel-Hardt, R. Buchkultur und Buchreklame. III. Börsenbl. f. d. Deutschen Buchh. 87. 1920. S. 314—317.
Gerle, August. Aus der Geschichte des pfälzischen, besonders des Kaiserslauterer Buchhandels. Börsenbl. f. d. Deutschen Buchh. 87. 1920. S. 342 —348.
Loele, Kurt. Der Buchhandel auf der Leipziger Frühjahrsmesse 1920. Börsenblatt f. d. Deutschen Buchhandel 87. 1920. S. 236—237.
— Das Ende des guten billigen Buches. Archiv f. Buchgewerbe u. Graphik 57. 1920. S. 21—23.
Michael, Friedrich. Das gute billige Buch. Archiv f. Buchgewerbe u. Graphik 57. 1920. S. 17—21.
Mitteilungen vom Büchermarkt und aus dem Antiquariat v. Ludwig Röhrscheid-Bonn, verbunden mit Aufsätzen aus dem Gebiete der Bibliothekswissenschaft, des Buchhandels und der Literatur. 1. (44 S.) 1920. Bonn: Röhrscheid. Jährl. 4 Hefte. 1,50 M.
Nachricht vom Georg Müller Verlag an seine Freunde und Leser. Für das kommende Jahr 1920. (München.) 59 S.
Print prices current. Vol. 1. Oct. 1918—July 1919. London: E. H. Courville 1920. 200 S. 21 s.
*Stephanus, Henricus (Henri Estienne). Der Frankfurter Markt oder die Frankfurter Messe. Im Auftr. d. Städt. Histor. Kommission in deutscher Uebersetzung hrsg. v. Julius Ziehen. Mit 13 Abb. und dem Marktschiff-Gedicht vom Jahre 1596 als Anhang. Frankfurt a. M.: M. Diesterweg 1919. 83 S.
Sternaux, Ludwig. Bücher, die man kennen sollte. Berlin-Lichterfelde: E. Runge 1920. 83 S. Geb. 6,60 M.
Thummerer, Johannes. Aktualität und Buchhandel. Erörtert auf Grund der Bucheingänge der Deutschen Bücherei im Jahre 1919. Börsenbl. f. d. Deutschen Buchhandel 87. 1920. S. 451—455. (Enth. Literatur über Sozialisierung und über die Einheitsschule.)

Zeitungen und Zeitschriftenwesen.

Bockwitz, H. Der Gedanke eines Weltpresse-Museums. Zeitschr. d. Deutschen Vereins f. Buchwesen u. Schrifttum 3. 1920. S. 55—57.
— Die „Newe zeytung von orient vnd auffgange". Ein zeitungsgeschichtliches Dokument. Zeitschr. d. Deutsch. Vereins f. Buchw. u. Schrifttum 3. 1920. S. 57.
— Die „Copia der Newen Zeytung auss Presillg Landt". Zeitschr. d. Deutschen Vereins f. Bu w   n u. Schrifttum 3. 1920. S. 27—35. (Faksimileabdruck S. 28—31.) ch ese
— Zeitungskunde als wissenschaftliches Fach. Zeitschr. d. Deutschen Vereins f. Buchwesen u. Schrifttum 3. 1920. S. 21—23.
— Zum altrömischen Zeitungswesen. Zeitschr. d. Deutschen Vereins f. Buchwesen u. Schrifttum 3. 1920. S. 25—26.
Brünner, Wilh. Die Praxis des Schriftleiters. ⟨Erg. z. 'Konstruktiven Zeitungslehre' d. gleichen Verf.⟩ Danzig: Brücken 1920. 52 S.
Cook, Edward. The Press in war-time: with some account of the Official Press Bureau. An essay. London: Macmillan 1920. 215 S. 7/6 s.
Diez, Hermann. Das Zeitungswesen. 2. durchges. Aufl. Leipzig u. Berlin 1919: Teubner. 128 S. 2,60 M. (Aus Natur und Geisteswelt 328.)
Kleinpaul, Joh. Ein Journallesezirkel vor 300 Jahren. Zeitschr. d. Deutschen Vereins f. Buchwesen u. Schrifttum 3. 1920. S. 23—24.
Lüthi, K. J. Internationale Zeitungs- und Zeitschriften-Sammlung in Bern. Gutenbergmuseum 6. 1920. S. 4—9.
Mohr, Martin. Zeitung und neue Zeit. Vorschläge und Forderungen zur wissenschaftlichen Lösung eines sozialen Grundproblems. München-Leipzig: Duncker & Humblot 1919. VIII, 96 S.

Müller. Zeitschriften- u. Zeitungs-Adressbuch. Abt.: Zeitschriften-Adressbuch 1920. 12. Jahrg. Politische Tagesblätter. 6. Jahrg. Leipzig: C. F. Müller 1920. VIII, 441 u. VI, 174 S. 20 M.

Newspaper press directory and advertisers' guide, 1920. 75th annual issue. London: C. Mitchell 1920. 675 S. 2 s.

Pfau, W. C. Ein Jahrhundert Rochlitzer Presse. Erinnerungsschrift zur Centenarfeier des Rochlitzer Blattes. S.-A. aus d. Festschrift z. 100jähr. Jubelfeier u. d. folgenden Sonntagsnummern des Rochlitzer Tageblattes. Rochlitz i. Sa.: E. Vetter 1919. 66 S.

Schroeter, Ernst. Neumärkische Zeitung ⟨Neumärkisches Wochenblatt⟩. Festgabe z. Feier ihres 100j. Bestehens 1820—1920. Landsbg a. W.: Schneider 1920. 18 Bl. 2⁰.

Deutscher Zeitschriftenkatalog, 56. Jahrg. 1920. Zusammenstellung von über 3400 Titeln deutscher Zeitschriften, Jahrbücher, Sammelschriften und anderer periodischer Erscheinungen. Hrsg. v. Paul Schulze. Leipzig: Schulze & Co. 164 S. 7 M.

Allgemeine und Nationalbibliographie.

Anselmo, A. J. Bibliografia das bibliografias portuguesas. Revista de Historia 1919. S. 32—48.

The book review digest. 15th annual cumulation. Review of 1919 books, ed. by Mary K. Reely assisted by Pauline H. Rich. New York: W. Wilson & Co. 1920. 634 S. 4⁰. 5 $.

Berga, A. Un problème de bibliographie historique. L'Auteur de l'„Essai politique sur la Pologne" (1764). Nogent-le-Rotrou: Daupeley-Gouverneur. Paris 1918. 23 S. Extrait de la „Revue historique". T. 129. 1918.

Deutschland. Deutsches Bücherverzeichnis der Jahre 1911 bis 1914. Eine Zusammenstellung der im deutschen Buchhandel erschienenen Bücher, Zeitschriften und Landkarten. Mit einem Stich- u. Schlagwortregister. Bearb. v. d. Bibliographischen Abteilung des Börsenvereins d. deutschen Buchhändler zu Leipzig. 21. Lfg. (Stich- u. Schlagwortreg. S. 1—160.) Leipzig: Börsenverein 1920. 27 M.

— Bibliographie der Forschung auf dem Gesamtgebiete d. philos. u. techn. Wissenschaften. Monatl. Verzeichnis neu erschien. Dissert., Habilitationsschriften, Universitätsreden, ... Sonderabzüge u. sonst. Werke. Jg 1, Nr 1. Dresden-A.: O. Beyer 1919.

Griechenland. Legrand, Emile. Bibliographie hellénique ou Description raisonnée des ouvrages publiés par des Grecs au 18e siècle. Oeuvre posthume complétée et publiée par Mgr Louis Petit et Hubert Pernot. T. 1. Mâcon: Protat fr. Paris: Garnier fr. 1918. VII, 565 S. Mit Abb.

Niederlande. *Nijhoff, Wouter. Nederlandsche Bibliographie van 1500—1540. Afl. 5. S. 257—320. 's-Gravenhage: M. Nijhoff 1919.

— Repertorium op de Nederlandsche tijdschriften. Koninklijke bibliotheek. Afdeeling documentatie. No 1/2. Febr. 1920. 60 S.

Norwegen. *Norsk Bokfortegnelse for 1917. Utgit av Universitets-Biblioteket i henhold til lov av 20. juni 1882. Kristiania: Aschehoug & co 1919. 102 S.

Spanien. Bibliographie hispanique 1916. 1917. Abbeville: F. Paillart. New-York: G. P. Putnam's sons 1919. 313, 320, IV S.

Fachbibliographie.

Geschichte. Alonso, B. Sanchez. Fuentes de la historia española. Ensayo de bibliografia sistemática de las monografias impresas que ilustran la historia politica nacional de España, excluidas sus relaciones con America. (Junta para ampliación de estudios e investigaciones cientificas.) Madrid 1919. XXI, 448 S.

— Lorenz, Ludwig. Die besten deutschen Geschichtswerke. 10 Listen zur Auswahl. Mit e. Einl. über d. Entwickl. d. dt. Geschichtswiss. Leipzig: Koehler 1919. 144 S. (K. F. Koehlers Kleine Literatur-Führer. 3.)

Krieg. Catalogue du fonds de la guerre. Contribution à une bibliographie générale de la guerre de 1914—1918. Fasc. 16. Mâcon: Protat fr. Paris: Éditions et librairie 1919. S. 601— 640. 5 fr. Bibliothèque de la ville de Lyon. Collection de travaux de bibliographie publiée sous la direction de M. Cantinelli, conservateur.
— Hilsenbeck. Die Kriegssammlung Theodor Bergmann in Fürth (Bayern). Nürnberg 1920: H. Schrag. 37 S. 24 Taf. 4°. 22 M.
Medizin u. Naturwissenschaften. Howe, James Lewis, and H. C. Holtz. Bibliography of the metals of the platinum group. Platinum, palladium, iridium, rhodium, osmium, ruthenium, 1748—1917. Washington, D. C.: Gov. Pr. Off. 1920. 45 c. (U. S. Geol. Survey bull. 694.)
— Index Medicus. A monthly classified record of the current medical literature of the world. Ed. Fielding H. Garrison. Vol. 18. 2 d series, No 1. January 1920. Publ. by The Carnegie Institution of Washington. 71 S.
— Kind, Friedr. Ernst. Bericht über die Literatur zur antiken Medizin 1911 —1917. Jahresbericht üb. d. Fortschritte der klassischen Altertumswissenschaft 45 (180) 1919. S. 1—108.
Musikwissenschaft. Merseburger, Max. Das Violoncello und seine Literatur. I. Entwicklung etc. II. Die Violoncello-Literatur. Leipzig: C. Merseburger 1920. 172 S. 10 M.
Philatelie. Beck, Carl. Bibliographie der deutschen Sonderschriften über die Postwertzeichen einzelner Länder. Berlin: Selbstverlag 1919. (Druck: Leipzig, A. Hoffmann.) 16 S. 5 M.
Staatswissenschaften. U. S. Bureau of Industrial Housing and Transportation. Selected bibliography of industrial housing in America and Great Britain during and after the war. Washington 1919. Gov. Pr. Off. 19 S.
— Ladd, Mary B. List of references on the right to strike. Reprinted from Special libraries, December 1919. (Washington, Bu. of Railway Economics, 13 th and F Sts.) 15 S.
— Lyford, Carrie Alberta. Bibliography of home economics. Washington: Gov. Pr. Off. 1919. 103 S. (U. S. Bu. of Educ. bull. 1919 no. 46.)
— Zimand, S. Guild socialism — a bibliography. The Library Journal 45. 1920. S. 258—264.
Technik. Foster's Pocket reference books 1920. 1. Mechanical engineering. 2. Iron and steel works. 3. Foundry (Iron, stell, brass &). London: Iliffe 1920. 121, 140, 128 S.

Lokale Bibliographie.

Guatemala. Saville, Marsh. Howard. Bibliographic notes on Quirigua, Guatemala. New York: Mus. of the Am. Indian, Heye Foundation 1919. 22 S. 25 c. (Indian notes and monographs. v. 6, no 1.)
Palästina. Cirelli, Antonio. Gli annali di Terra Santa editi dal p. Saturnino Mencherini, e bibliografia di Terra Santa del medesimo editore. Quaracchi: Tip. S. Bonaventura 1920. 18 l.

Personale Bibliographie.

Aristoteles. Howald, Ernst. Die Schriftenverzeichnisse des Aristoteles und Theophrast. Hermes 55. 1920. S. 204—221.
Benavides. Hodge, Frederick Webb. Bibliography of Fray Alonso de Benavides. New York: Mus. of the Am. Indian, Heye Foundation 1919. 39 S. (Indian notes and monographs, v. 3, no 1.)
Castilho, Julio de. Cunha, Xavier da. Homenagem posthuma ao Visconde Julio de Castilho. Coimbra 1919. 36 S. (S.-Abdr. aus: Instituto, vol. 66.)
Holzapfel. Soltau, Wilh. Ludwig Holzapfel (1852—1917). Biogr. Jahrbuch f. Altertumskunde 39. 1919. S. 17—36. (Bibliographie, verf. v. R. Dietrich S. 27—36.)
Montier. Leroy, J. Albert. Notice biographique et bibliographique sur M. Armand Montier, archéologue et historien normand. Rouen: Lecerf fils 1919. 24 S.

Rühl. Mentz, Arthur. Franz Rühl (1845—1915). Biogr. Jahrbuch f. Altertumskunde 39. 1919. S. 37—55. (Nebst Bibliogr. s. hist.-philol. Arbeiten.)
Schöne. Ehwald, Rud. Alfred Curt Immanuel Schöne (1836—1918). [Nebst e. Verz. s. Schriften.] Biogr. Jahrbuch f. Altertumskde 39. 1919. S. 87—112.
Sjögren. Bibliographia Sjögreniana. Förteckning över Arthur Sjögrens intill. d. 2 okt. 1919 utg. skrifter och uppsatser. Stockholm: Lagerström 1920. 30 Kr.
Speckter. Ehmcke, F[ritz] H.: Otto Speckter. Mit e. Bibliogr. von Karl Hobrecker. Berlin: Furche 1920. 52 S., LXIV Taf. (Furche-Kunstgaben. Veröffentl. 1.)

Antiquariatskataloge.

Gandolfi, Angelo, Bologna. Nr 72: Cat. di libri di Medicina e di Scieuze fisiche e naturali. 503 Nrn.
Gerschel, Stuttgart. Bücherkasten VI, 2. Nr 888—1770.
Gilhofer & Ranschburg, Wien. Nr 116: Seltene und interessante Bücher aus allen Wiss. 1748 Nrn.
Gouchy, Lucien, Paris. Nr 351: Catalogue Mensuel. 1104 Nrn.
Graupe, P., Berlin. Nr 91: Neuerwerbungen. 385 Nrn.
Gsellius'sche Bh., Berlin. Nr 350: Auswahl neuer Erwerbungen aus allen Gebieten. 1326 Nrn.
Harrwitz, Max, Nikolasee-Berlin. Nr 109: Americana. 562 Nrn. — Nr 111: Frühe illustrierte Werke von 1475 bis etwa 1750.
Lafaire, H., Hannover. Bücherverzeichnis Nr 2: Verschiedenes. 279 Nrn.
Meyer, F., Leipzig. Nr 155: Bibliothek R. Bredenbrücker. Neue Folge II Illustrierte Bücher. 804 Nrn.
Markert & Petters, Leipzig. Katalog XIII. Orientalia III. Indien. 1234 Nrn. — XV. Genealogie I. Porträts. 3693 Nrn.
Rahn, W., Stettin. Nr 56: Auswahl guter und wertvoller Bücher aus allen Gebieten. Neuerwerbungen. 914 Nrn.
Rauthe, Berlin. Nr 82: Kunst und Wissenschaft. Illustrierte Bücher. 1083 Nrn.
Samonati, Libraria, Rom. Nr 64: (Verschiedenes.) 544 Nrn.
Schoder, G., Stuttgart. Nr 46: Verschiedenes. 413 Nrn.
Speyer & Peters, Berlin. Nr 34: Bücher des 15. bis 20. Jahrhunderts. 614 Nrn.
van Straten, A., Rotterdam. Catalogus C. Zeldsame Boekwerken, Kaarten en Gravures. 1452—1803 Nrn.

Bücherauktionen.

Berlin am 9. Juni 1920 und folg. Tage: Sammlung D. Chodowiecki. Auktionskatalog LVIII. 1446 Nrn. Bei K. E. Henrici.
Frankfurt a. M. am 9. u. 10. Dez. 1919: Nachlaß Kowarzik. Plastiken. Bücher. Marinedarstellungen. Porträts. 940 Nrn. Bei F. A. C. Prestel.
— am 1.—3. Juni 1920: Graphik und Gemälde von alten und modernen Meistern. Seltene Bücher und Luxusdrucke. Napoleona und Antiquitäten. 1104 Nrn. Bei F. A. Prestel.
Haag am 15.—22. Mai 1920: Catalogue de la Bibliothèque de M.-J. Kneppelhout. 3032 Nrn. Bei van Stockums Antiquariat.
— am 25.—29. Mai: Catalogue d'une belle Collection de livres de Jhr. M. van Reenen, J. A. Binneweg, J. A. W. Wigmans. 5113 Nrn. Bei van Stockums Antiquariat.
Köln a. Rh. am 8.—12. Mai 1920: Katalog Nr 51. Alte Kupfer- und Holzschnittwerke, Illustrierte Werke, alte Drucke. Einbände. Geschichte. Genealogie. Numismatik etc. 1217 Nrn. Bei K. A. Stauff & Co.
Leipzig am 18. u. 19. Dez. 1919: Musik, Theater. Autographen. Illustrierte Werke. Kunstblätter. Aus d. Büch. d. verst. Musikhist. Prof. Mart. Krause u. d. Leipz. Schriftstellerin A. Wothe, sowie aus einer süddeutsch. SchloßBibl. 716 Nr. Bei Oswald Weigel.
— am 3. u. 4. Juni 1920: Bibliothek Uhlworm III. 938 Nrn. Bei O. Weigel.

Paris am 26.—29. Mai 1920: Catalogue des Livres Rares et Précieux, comp. la Collection Musicale de M. Jules Ecorcheville. 611 Nrn. Bei Em. Paul.
— am 24.—26. Juni 1920: Bibliothèque de M. le Cte. René de Béarn, Première Partie. 372 Nrn. Bei Lucien Gouchy.
Wien am 17. Mai 1920 u. folg. Tage: Alt-Wien, Alt-Oesterreich. Bücher. Kupferstiche und Aquarelle. 1917 Nrn. Bei Dr. Ignaz Schwarz.

Personalnachrichten.

Die bibliothekarische Fachprüfung bestanden am 11. und 12. Mai die Volontäre DrDr. Adolf Jürgens, Heinrich Uhlendahl, Ernst Consentius, Walter Gottschalk (Berlin SB), Joachim Kuhnt (Bonn UB), Max Zobel v. Zabeltitz, Helmuth Schimming (Göttingen UB), Joseph Theele (Halle UB), Joris Vorstius, Joseph Becker, Wolfgang Roediger (Marburg UB).
Berlin SB. Zum Direktor der Lautabteilung wurde der Studienrat Prof. Dr. Wilhelm Doegen ernannt.
— UB. Der Oberbibliothekar Prof. Dr. August Blau tritt mit dem 1. Juli in den Ruhestand.
— Inkunabelkommission. Abt.-Direktor Geh. Reg.-Rat Dr. Konrad Haebler wurde auf seinen Antrag vom Vorsitz entbunden, zu seinem Nachfolger wurde der Direktor der Bibliothek des Reichsgerichts Dr. Erich von Rath, zum Mitglied der Kommission Bibliothekar Dr. Ernst Crous ernannt.
Breslau SUB. Der Oberbibliothekar Dr. Georg Marquardt starb am 8. Juni im 65. Lebensjahr.
Bromberg StB. Der Direktor Prof. Dr. Martin Bollert wurde zum Direktor der LB Dresden berufen.
Darmstadt LB. Als Hilfsarbeiter trat Dr. Friedrich Noack ein, um die Musikbibliothek neu zu verzeichnen.
Dresden LB. Der Direktor Geh. Reg.-Rat Dr. Hubert Ermisch tritt in den Ruhestand; vgl. unter Bromberg.
Greifswald UB. Als Volontär trat ein Dr. phil. Wilhelm Polthier, geb. 15. März 1892 in Wittstock a. Dosse, studierte Geschichte, Kunstgeschichte, Deutsch und Philosophie.
Halle UB. Dem Assistent Dr. Joseph Theele wurde eine Bibliothekarstelle an Köln StB übertragen. Als Volontär trat ein Dr. phil. Heinrich Feldkamp, geb. 5. Sept. 1887 in Hitzhausen (Kr. Wittlage, Hannover), studierte Deutsch, Geschichte und Philosophie.
Bern LB. Der frühere Direktor Dr. Joh. Bernoulli starb Ende Mai im 57. Lebensjahr.

Bekanntmachung

betr. Diplomprüfung für den mittleren Bibliotheksdienst usw.

Die nächste Prüfung findet Montag den 27. September 1920 und an den folgenden Tagen in der Preußischen Staatsbibliothek in Berlin statt.

Gesuche um Zulassung sind nebst den erforderlichen Papieren (Ministerialerlaß vom 24. März 1916 § 5) spätestens am 30. August 1920 dem Vorsitzenden der Prüfungskommission, Berlin NW 7, Unter den Linden 38, einzureichen. In den Gesuchen ist auch anzugeben, auf welcher Art von Schreibmaschine der Bewerber eingeübt ist. Für die Prüfung im Maschinenschreiben können nur Maschinen der Systeme Adler und Smith Premier zur Verfügung gestellt werden; Bewerber, die eine andere Maschine benutzen wollen, haben sich diese auf ihre Kosten selbst zu beschaffen.

Berlin, den 18. Juni 1920.

Der Vorsitzende der Prüfungskommission
Paalzow.

Verlag von Otto Harrassowitz, Leipzig. — Druck von Karras, Kröber & Nietschmann in Halle (Saale).

Zentralblatt

für

Bibliothekswesen.

XXXVII. Jahrgang.   7. u. 8. Heft.   Juli-August 1920.

Ermans Geschichte der Bonner Universitätsbibliothek.

I.

Ermans Geschichte der Bonner Universitätsbibliothek[1]) ist die ausführlichste Darstellung, die einer neueren Bibliothek bisher zu Teil geworden ist. Ein Band von fast 300 Seiten befaßt sich, von der Vorgeschichte abgesehen, nur mit den vier Bibliothekariaten von Welcker, Ritschl, Bernays und Schaarschmidt. Darüber hinaus werden die Althoffschen Reformen, die schon unter Schaarschmidt eingesetzt hatten und auf denen die Organisation des ganzen preußischen Bibliothekswesens in seiner heutigen Form beruht, kurz zusammengefaßt. Durch die Fülle des Materials, das hier zusammengetragen ist, gewinnt das Buch besonderen Wert zur Orientierung über den Gesamtinhalt der bibliothekarischen Praxis, von der sich der Anfänger nur zu häufig eine falsche Vorstellung macht und zu deren Darstellung der Verfasser besonders berufen schien, da er mehr als 30 Jahre von leitender Stelle aus diese Tätigkeit übersehen konnte. Die bibliothekarische Praxis, wie sie sich in drei und vier Generationen vor uns herausgebildet hat, ist zum großen Teil auch noch unsere Praxis, wir sind noch in unmittelbarer Abhängigkeit von Fachgenossen, die 100 Jahre vor uns gearbeitet haben. So lange wir eine neuere Darstellung der Bibliothekslehre entbehren müssen, sind uns daher historische Zusammenfassungen ein wertvoller Ersatz.

Das Buch beruht fast ausschließlich auf Material aus erster Hand. Die Akten der Bibliothek, des Universitätskuratoriums, des Kultusministeriums sind in weitestem Maße herangezogen, und gegen die Fülle neuer Tatsachen könnte gering erscheinen, was wir bisher durch Kekulé[2]) über Welcker, durch Ribbeck[3]) über Ritschl, durch Dorsch[4]) über Schaarschmidt gewußt hatten. Sachliche Ergänzungen zu bringen wird nach der Natur des Gegenstandes und der Quellen niemand leicht imstande sein. Zu prüfen sind nur Prinzipienfragen, Fragen der

---

1) Wilhelm Erman, Geschichte der Bonner Universitätsbibliothek. Halle a. S. Verlag Otto Harrassowitz, Leipzig 1919. XII, 299 S. (Sammlung bibliothekswissenschaftl. Arbeiten H. 37/38.)
2) R. Kekulé, Das Leben F. G. Welckers. Leipzig 1880. S. 171.
3) O. Ribbeck, F. W. Ritschl. Bd 2. Leipzig 1881. S. 250—266.
4) Zbl. f. Bw. Jg. 26. 1909. S. 74 ff.

Methode. Mit einer bloßen Inhaltsangabe und uneingeschränktem Lob
würde der Verfasser am wenigsten zufrieden sein dürfen, der mit seinen
persönlichen Urteilen über Menschen und Dinge an keiner Stelle zurück-
gehalten hat.

Bevor wir jedoch einige Punkte, die uns wesentlich erscheinen, zu
kritischer Betrachtung herausgreifen, wollen wir den vielfältigen Lebens-
prozeß einer modernen Bibliothek in seinem historischen Ablauf an
der Hand des vorliegenden Buches kurz aufdecken.

II.

Schon 1815 hatte die preußische Regierung den Entschluß gefaßt,
im Rheinland als Ersatz für die untergegangenen vier alten Hochschulen Köln, Trier, Duisburg und Bonn eine neue Universität zu
gründen und mit reichen Mitteln auszustatten. Nach längerem Streit
über die Wahl des Ortes hatte sich die Regierung 1818 für Bonn
entschieden. Die neue Universität sollte nach dem Beispiel Göttingens
vor allem auch eine große Bibliothek erhalten.

Im Rheinland selbst steckte noch ein reicher alter Bücherbesitz
trotz der systematischen Plünderung der Bibliotheken durch die
Franzosen seit der im Jahre 1794 erfolgten Besetzung, wobei der be-
rüchtigte Maugérard eine Rolle gespielt hatte. Die alte, gegen 15000
Bände starke Universitätsbibliothek Bonn freilich, die vor den Franzosen
bis nach Hamburg geflüchtet war, wurde 1808 durch Versteigerung
elend zerstreut. Die Säkularisation der Klöster und Stifter aber hatte
den toten Bücherbesitz mobil gemacht und in den großen Städten
strömten beträchtliche Büchermengen zusammen. Bemühungen, sie für
die neue rheinische Universität fruchtbar zu machen, zogen sich durch
Jahre hin, aber leider ohne wesentlichen Erfolg. Nur die Universitätsbibliothek in Duisburg mit etwa 6000 Bänden und guten Katalogen,
gelang es als Ganzes für die Bonner Universität 1818 zu sichern, die
mit der im gleichen Jahre erworbenen 8700 Bände starken Privatbibliothek des Erlanger Philologen Harleß einen trefflichen Grundstock
bildete. Im Dezember 1818 hatte die Bibliothek unter der vorläufigen
Leitung des Historikers Hüllmann auch bereits den Ausleihebetrieb
aufnehmen können.

Als Bibliothekare hatte man vergeblich versucht die Brüder Grimm
aus Kassel nach dem Rhein zu ziehen. W. v. Humboldt hatte dann
das Augenmerk auf seinen jungen Freund Welcker in Göttingen gerichtet, den freilich die reiche Büchersammlung zunächst an Göttingen
fesselt.[1] Aber man bietet ihm die leitende Stelle an der neuen Bibliothek an, Welcker läßt sich von Benecke über den Umfang der
Geschäfte und die speziellen Kenntnisse eines Oberbibliothekars unterrichten und am 7. Februar 1819 erfolgt die Ernennung.

---

1) Erman ist eine Briefstelle K. Th. Welckers an seinen Bruder entgangen,
der Mitte August 1818 über den Bonner Ruf schreibt: „Freilich da wird's
fehlen an vielen Ecken, namentlich an Büchern. Aber Du kannst ja auch
Bedingungen machen, mit Freiheit auswählen und kaufen zu dürfen für die
Bibliothek." Bei K. Wild, K. Th. Welcker. Heidelbg. 1913. S. 350.

Welcker war Oberbibliothekar bis zum Jahre 1854, wo er wegen hohen Alters zurücktrat. Die Besetzung der leitenden Stelle gehörte auch ferner der Gelehrtengeschichte an, indem von 1854—1865 Fr. Ritschl, von 1866—1881 Jacob Bernays, von 1881—1901 Karl Schaarschmidt, die beiden letzteren Schüler Ritschls, das Oberbibliothekariat inne hatten. Das Bibliotheks-Statut von 1819 hatte für die oberste Stelle Besetzung durch einen Professor vorgeschrieben, und dieser Grundsatz ist in Bonn länger beobachtet worden als an den meisten andern Universitäten; sogar Schaarschmidt, der Fachbibliothekar, glaubte noch einen starken Akzent auf seine Tätigkeit als Gelehrter und außerordentlicher Professor legen zu müssen.

Das gleiche Statut hatte wohl auch für die übrigen wissenschaftlichen Stellen wenn möglich Universitätslehrer gewünscht, was aber von Anfang an nicht durchgeführt wurde. Vorgesehen waren noch an wissenschaftlichen Kräften zwei Unterbibliothekare und ein Sekretär, ferner ein Diener. Man hatte je einen Professor von den Akademien in Düsseldorf und Münster und einen Gymnasiallehrer aus Posen nach Bonn geholt, die alle drei schon bibliothekarisch gearbeitet hatten. Daneben waren bereits unter Welcker in der einen öffentlichen Stunde stets zwei Studenten als Amanuensen tätig zum Herbeiholen und Wiedereinstellen der verlangten und zurückkommenden Bücher.

Dieser Personalstand blieb bis 1854, wo eine zweite Dienerstelle eingerichtet wurde. Unter Schaarschmidt wird eine dritte Kustodenstelle bewilligt. Erst in den 90 er Jahren erscheinen mittlere Beamte, 1896 der erste, 1900 der zweite Expedient, 1909 ein Sekretär, 1911 eine Sekretärin. Eine klare Uebersicht über die Gefechtsstärke, um mich militärisch auszudrücken, ist aber in keinem Zeitpunkt zu erhalten, da schon Welcker von wissenschaftlichen Hilfsarbeitern Gebrauch machte, eine Einrichtung, die Ritschl zur Entlastung der Bibliothekare, die den Realkatalog fördern sollten, stark erweiterte; neben einigen jüngeren Gelehrten als Hilfsarbeitern wußte er oft 30—40 Amanuensen zu beschäftigen, die täglich nur eine Stunde arbeiteten.

Die Zahl der ordentlichen wöchentlichen Dienststunden betrug nach dem alten Statut von 1819 für die wissenschaftlichen Beamten 30 im Winter, 36 im Sommer, seit 1882 in gleicher Weise 30, für die Diener erst 36 bezw. 54, später gleichmäßig 48.

Untergebracht ist die Bibliothek noch heute in den Räumen desselben kurfürstlichen Residenzschlosses, in dem ihr 1818 zunächst ein 75 m langer Saal eingeräumt war, der zur Ausnützung 3,70 m hohe Repositorien erforderte. Die Aufstellung war infolge der Länge des Raumes wenig übersichtlich. Schon 2 Jahre nach Eröffnung war der Raum überfüllt und die Klagen über Raummangel ziehen sich wie an allen Bibliotheken so auch in Bonn durch die ganze Geschichte durch. 1830 wurde ein Teil eines zweiten anliegenden Saales für die Aufnahme von Büchern eingerichtet, der gleichfalls sofort sich füllte; man hilft sich notdürftig durch komplizierte Umstellungen.

Selbst Ritschl konnte wesentliche Aenderungen nicht durchsetzen. Erst unter Bernays wurde der Bibliothek eine größere Ausdehnung gestattet; die Räume hatten schließlich, fast alle im gleichen Stockwerk, eine Gesamtlänge von 194 m. 1891 wurde an Stelle des zweiten Saales ein Magazinbau in fünf Geschossen, jedoch mit unveränderter äußerer Architektur aufgeführt. Ein Meisterstück haben die Bibliotheksbaumeister damit nicht geliefert.

Es erübrigt noch ein Wort über die Beamten- und Benutzerräume. Unter Welcker und zunächst auch unter Ritschl waren Lesezimmer und Ausleihe in einem Zimmer vereinigt, ebenso war für alle Verwaltungsgeschäfte nur ein Raum vorgesehen. Ritschl weiß sofort ein eigenes Zimmer für den Oberbibliothekar zu schaffen und setzt 1858 die Trennung von Lesesaal und Ausleihe durch. Unter Bernays wurden Lesezimmer und Geschäftsräume neu eingerichtet, an der ungünstigen Lage der Räume zueinander freilich war nichts zu ändern. 1892 erhält der Lesesaal zum ersten Mal eine größere Handbibliothek von 3000 Bänden. Ein eigenes Zeitschriftenlesezimmer fehlt wie in Breslau so auch in Bonn heute noch.

Im Etat war Bonn von Anfang an den übrigen preußischen Bibliotheken überlegen und mit 4000 Thalern sogar kurze Zeit der Königlichen Bibliothek in Berlin gleichgestellt. Ein erheblicher Teil davon ging jedoch für persönliche Ausgaben ab und so blieben für Bücherkauf und Einband für die ersten Jahre nur 1500 Thaler übrig, 1821 erfolgt eine Aufbesserung auf 3000 Thl., unter Ritschl waren es für Kauf und Einband 4150, unter Bernays 6700 Thl., dann 21 600 M., unter Schaarschmidt 24 960 M. Außerdem aber erhielt Bonn stets erhebliche Summen aus außerordentlichen Fonds, so allein in den Jahren 1819 und 20 aus dem Einrichtungsfonds der Universität 23 000 Thl., dazwischen kleinere Zuschüsse und in den Jahren 1885 —1899 ganze 37 000 M. Die Finanzlage Bonns ist daher gegen die übrigen preußischen Bibliotheken als durchaus günstig zu bezeichnen.

Wie bei allen Neugründungen häuften sich auch in Bonn im Anfang die Büchermassen durch Ankauf ganzer Bibliotheken und erschwerten die Katalogisierung. Zu den Bibliotheken von Duisburg und Harleß waren im folgenden Jahre, 1819, noch gegen 4000 Bände medizinisch-naturwissenschaftlicher Literatur aus zwei Privatbibliotheken gekommen, ferner über 2000 Bände aus der Bibliothek der Rechtsschule in Wetzlar. Im übrigen aber scheiterten die bei E. ausführlich geschilderten Bemühungen, nach dem Vorbild von München und Breslau aus den aufgehobenen rheinischen Klöstern und Stiftern die neue Bibliothek zu bereichern, an dem Lokalpatriotismus der Städte Koblenz, Köln, Düsseldorf, Trier, die im allgemeinen den oft erst kurzen Besitz als heimischen festzuhalten verstanden haben; kaum ein paar Tausend Bände gelang es nach Bonn zu ziehen. Doch ergab ein Dublettentausch mit der neuen Bibliothek in Breslau einen Zuwachs von über 1500 Bänden. Die Gelegenheit der damals noch soliden Bücherauktionen wurde mit Sorgfalt genützt; daneben erwies sich besonders unter Welcker die

Erwerbung einiger geschlossener Privatsammlungen als vorteilhaft.[1]) Auch eine Reihe wertvoller Schenkungen und Stiftungen weiß E. namhaft zu machen, darunter besonders wirksam eine Stiftung des als Verfasser von Geschichtsbüchern wohlbekannten Kölner Oberlehrers Pütz aus dem Jahre 1877.

Niemals sehr bedeutend war die Bereicherung, die sich aus der Durchführung der Kabinettsordre vom 28. Dez. 1824 über die Ablieferung der rheinischen Verlagsartikel für die Bibliothek ergab. Nur ein geringer Teil erwies sich überdies als geeignet für die Einstellung, manches wurde makuliert, bis man 1874 aus der Ablieferungspflicht der Verleger eine Aufbewahrungspflicht der Bibliothek folgerte. Trotz des geringen Ergebnisses hielten aber aus prinzipiellen Gründen besonders Welcker, Ritschl und Schaarschmidt streng auf ihre Rechte der Einmahnung.

Durch Aufnahme des Tauschverkehrs zunächst mit den fünf preußischen Universitäten gelangten die Universitätsschriften z. T. schon seit 1819 in die Bonner Bibliothek. Im Laufe der Jahrzehnte wurden viele neue Tauschbeziehungen eingegangen; 1882 traten die 18 französischen Universitäten in den Verkehr ein. Die Ueberweisung der preußischen Schulprogramme war wohl schon seit 1824 angeordnet, erfolgte jedoch lange Jahre durch nur lückenhaft; seit 1875 erstreckt sich der Austausch über ganz Deutschland.

Der Gesamtbestand der Bibliothek wurde wiederholt gezählt. Aber wie allerorten bis zur Festlegung von Grundsätzen für bibliotheksstatistische Aufnahmen war man sich auch in Bonn über die den Zählungen zu Grunde zu legende Einheit nicht im klaren und so sind nicht alle Ziffern direkt vergleichbar. Im allgemeinen aber bemerkt man ein sich überstürzendes Wachstum in dem Gründungsjahrzehnt, ein Zurückebben in der von uns aus gesehen mittleren Zeit, dann eine erneute Steigerung mit der Zunahme der literarischen Produktion und damit verbunden ein nicht sehr wählerischer Sammeleifer. Die Bandzahl der Druckschriften betrug für 1826: 67 129, für 1854: 114 930, für 1890: 217 813. Für die ersten 7 Jahre würde sich demnach im Durchschnitt ein jährlicher Zuwachs ergeben von fast 10 000 Bänden, für die folgenden 28 Jahre von nur noch 1700 Bänden, für die nächstfolgenden 36 Jahre ein Ansteigen auf etwas über 2800 im Jahr.

Wie gesagt wurde die Bibliothek für das Publikum schon im Dezember 1818 geöffnet und zwar nach dem Reglement täglich von 2—3, Mittwoch und Samstag von 2—4, also wie damals üblich 8 Stunden in der Woche. Ritschl erweitert 1855 die Zahl der öffentlichen Stunden auf 12 in der Woche, über die auch das neue Statut von 1882 nicht hinausgeht. Die Büchersäle waren den Professoren

---

1) Es scheint ein Mißverständnis vorzuliegen, wenn Reuß bei Erman S. 106 gesagt haben soll, der Ankauf der Bülowschen Bibliothek habe sich für Göttingen als ein Mißgriff erwiesen, wo doch die ganze Universitätsbibliothek in den ersten Jahren überhaupt nur aus dieser Sammlung bestanden und von ihr sogar jahrzehntelang den Namen erhalten hat.

und bald auch den Privatdozenten frei zugänglich. Studenten bedurften der Bürgschaft eines Professors für jede Einzelentleihung, aber schon Welcker führt auf eigene Verantwortung Semesterbürgschaft ein. Die Leihfrist betrug für Studenten 4 Wochen, die Frist von 6 Wochen für Professoren wurde freilich nur zu oft überschritten und auch die vor Semesterschluß angeordnete allgemeine Rücklieferung schuf nicht immer den für eine geordnete Verwaltung notwendigen Ausgleich. Für alle Verstöße gegen das Reglement waren den Beamten Geldstrafen und Haftung angedroht.

Verleihungen nach auswärts waren an die Genehmigung des Kurators gebunden und lange Zeit wenig zahlreich. Noch 1854 hatte die Bibliothek nur 28 auswärtige Benutzer. Erst seit 1870 wird ein stärkeres Anschwellen der Ziffern beobachtet; unmittelbar vorher sind es noch 30—40, 1870 schon 97, 1881 sogar 203. Aber an der Kuratorialgenehmigung hielt auch noch das Reglement von 1882 fest. Ganz anders aber wurde die einheimische Benutzung gefördert und die Ziffern steigen in großen Sprüngen. Es wurden ausgeliehen 1819: 1383 Einheiten, 1820: 3260, 1832: 12326, 1858: 22222, 1878: 39000, 1880: 44600. Die Zahlen sind freilich nicht absolut vergleichbar, da das Prinzip der Zählung schwankt.

Das wichtigste Stück jeder Bibliotheksgeschichte bildet die Entwicklung der Kataloge. E. hat an anderer Stelle, in einer Denkschrift von 1910, den heutigen Notstand des Bonner Katalogwesens dargelegt.[1]) Als Ergebnis einer fast 100jährigen Arbeit hat sich die völlige Erneuerung aller Kataloge als dringendes Bedürfnis erwiesen. Das ganze System der Kataloge mutet an wie ein Baum mit einzeln aufgepfropften Reisern, die schließlich das Leben an sich ziehen und die alten Hauptäste zum Vertrocknen bringen. Schon Welcker hat gewußt, daß jede Bibliothek drei Kataloge braucht: einen Accessionskatalog und daneben einen allgemeinen alphabetischen und einen systematischen Katalog, die stets erweiterungsfähig bleiben müssen. Erst spät und unvollkommen wurde dieses Ziel erreicht.

Der Realkatalog in 123 Folianten, von denen Welcker selbst in 13 Bänden die klassische Philologie und Altertumswissenschaft bearbeitet hat, wurde erst unter Ritschl 1857 fertig gestellt, die Hauptmasse stammt jedoch aus Welckers Zeit. Die Aufstellung war von Anfang an als eine systematische nach dem Realkatalog geplant. Als Signatur hatte Welcker die lateinische Fachbezeichnung innen auf dem hinteren Buchdeckel eintragen lassen, Ritschl entschließt sich für Buchstabenelemente in Verbindung mit der Ziffer des Realkatalogblattes und versieht die Bücher auch mit Rückensignaturen.

Noch schwieriger erwies sich die Bearbeitung eines alphabetischen Katalogs, der zunächst als Bandkatalog beabsichtigt war, aber 60 Jahre lang nicht zu stande kommen wollte. Ritschl begnügt sich mit einem Notbehelf, indem er die Masse der für den Realkatalog gebrauchten

---

1) Zbl. f. Bw. Jg 27. 1910. S. 189 ff.

Hilfszettel auf das gleiche Format bringt, signiert und alphabetisch
ordnet. Aber die Zettel erwiesen sich als zu groß für den praktischen
Gebrauch (20 $\times$ 13,8 cm), das Papier als zu weich, die Ordnung war
nicht gesichert und so wurde meist an gleichfalls von Ritschl be-
gonnenen alphabetischen Registern zu den einzelnen Fächern signiert,
freilich mit oft zweifelhaftem Erfolg, da hier die Titel ohne Ort und
Jahr und ohne Unterscheidung der Ausgaben aufgeführt waren. Unter
Bernays geschah so gut wie nichts für die Katalogisierung. Ein alphabetisches Gesamtregister auf Grund des Zettelkatalogs ließ dann
Schaarschmidt -herstellen in den Jahren 1882—1896, die Titel sind
auf eine halbe Zeile zusammengedrängt, Auflage, Bandzahl, Format,
Ort und Jahr fehlen. Es sind 42 Großfoliobände. E. bezeichnet sie
als „sehr bald völlig unbrauchbar geworden" (S. 265).[1]

Ein wahres Kreuz bilden in Bonn die kleinen Schriften, die weder
der Realkatalog noch einer der alphabetischen Kataloge aufführte.
Unter Welcker wurde die große Mehrzahl der Dissertationen und Programme zunächst weder gebunden noch katalogisiert. Schließlich, als
sie bis auf 90 000 Stück angelaufen waren, wurden sie lose in ca 300
Kapseln nach Fächern verteilt aufbewahrt. Ritschl begann sie in
Sammelbänden zu vereinigen und auf Zetteln zu verzeichnen, aber bei
seinem Ausscheiden waren ganze Fächer noch unerledigt. Vor allem
war der umfangreiche medizinische Bestand nicht katalogisiert; Bernays
läßt ihn roh sachlich ordnen, Schaarschmidt bringt ihn in alphabetische
Ordnung zurück, in der er unkatalogisiert in Kapseln aufbewahrt wird.

Nicht zu vergessen sind einige gute Spezialkataloge, die Bonn
besitzt: über die Inkunabeln von Voulliéme, über die Schriften der
eigenen Universität von Milkau; ein ebenfalls gedrucktes Handschriftenverzeichnis stammt von A. Klette und Staender, der orientalische Teil
von J. Gildemeister, der auch den Realkatalog der Hebraica bearbeitet
hat. In den Jahren 1835—45 wurde nach dem Beispiel der Bodleiana
die Accessio durch den Druck öffentlich bekannt gemacht.

III.

Wenn wir uns nunmehr der kritischen Betrachtung zuwenden, so
hat sich der Verfasser selbst einige Vorbehalte ausbedungen (Vorw.
S. XI), die wir angesichts der Fülle des Gebotenen zu respektieren
haben.

Es ist in hohem Maße zu bedauern, daß durch ein Versehen des
vorgesetzten Ministeriums der Auftrag zur Darstellung der Geschichte
der Bibliothek so spät an den Verfasser gelangte, daß eine Fertigstellung zum Bonner Universitätsjubiläum im Jahre 1919 nicht mehr
möglich gewesen ist. Der Verfasser glaubte jedoch nicht zu lange
hinter dem Jubiläum zurückbleiben zu sollen und in der erstaunlich
kurzen Zeit von 7 Monaten hat er das Material nicht nur gesammelt,

---

1) 1910 freilich nennt Erman diesen Katalog „das wichtigste Handwerkszeug der Bibliothek" (Zbl. f. Bw. Jg. 27. 1910. S. 191).

sondern auch ausgearbeitet. Der Auftrag datiert vom 13. Juli 1918,
das Vorwort vom 25. Juni 1919. Es ist für jedermann verständlich,
wenn das Werk in dieser kurzen Zeit die Abrundung in der Form nicht
erhalten hat, die es zu einer unter allen Umständen erfreulichen Lektüre
hätte machen können. Die äußere Form ist eine sehr lose und lockere.

Zunächst bot sich die Gliederung nach Bibliothekariaten dar, deren
es wie gesagt, vier sind, und innerhalb dieser Perioden nach sachlichen Gruppen wie Räume, Personal, Erwerbungen, Kataloge, Benutzung, wie sie in jeder Bibliotheksgeschichte wiederkehren müssen.
Aber Milkau — das Gegenbild der Breslauer Bibliothek tritt sofort
nahe als Parallelinstitut im Osten des preußischen Staates, das viele
Schicksale und persönliche Beziehungen mit Bonn gemeinsam hat —
wußte das Schema nicht nur durch eine gute Druckeinrichtung wohl
zu verdecken, sondern er hat auch das Material selbst zu einem
dichten Gewebe zu verknoten verstanden, wogegen E's Darstellung
wie ein bloßes Nebeneinander erscheint, das beliebige Umstellungen
vertragen könnte, ohne daß dabei irgend welche Fäden zerrissen
würden. Kapitel oder wie man die überhaupt nicht näher benannten,
nur durch Kolumnentitel gekennzeichneten Unterabteilungen nennen
will, reiht sich lose an Kapitel von den allerverschiedensten Längen,
die von 30 Seiten vielfach bis zu 1 und 2 Seiten heruntergehen.
Uebergänge fehlen so gut wie ganz, und diese Umstände vor allem
verursachen es, daß man manchmal mehr einer bloßen Materialsamm-
lung in der Art, wie sie bei Jahresberichten üblich ist, gegenüber-
zustehen glaubt als einem abgeschlossenen Buche. Die Durchdringung,
Verarbeitung, Abrundung des Stoffes fehlt, nur selten kommt eine Anschauung, ein Bild über den eigentlichen bibliothekarischen Inhalt
einer Periode zu Stande.

Je nach Lage der Sache hätte ein Festhalten oder auch ein Ab-
weichen von der reinen Chronologie dazu höchst diensam sein können.
Es gibt aber eine falsche Vorstellung, jedenfalls keine Anschauung,
wenn das wissenschaftliche Personal, das unter Welcker z. T. über
30 Jahre gearbeitet hat, in der Vorgeschichte, vor dem Bibliothekariat
Welcker abgehandelt wird, weil es zufällig einige Monate vor Welcker
in die Bibliothek eingetreten ist. Im Kapitel „Personal" ist dann
später, 30 Seiten davon getrennt nur von den Dienern und Amanuensen
die Rede. Umgekehrt belastet ein langer Abschnitt „Staatliche Ueber-
weisungen" das Bibliothekariat Welcker, auch wenn diese Ueber-
weisungen schon einige Jahre vor dessen Amtsantritt erfolgen oder zum
mindesten eingeleitet sind. Jedenfalls vermissen wir ein klares Gesamtbild, was unter Welcker selbst geschehen ist. Der Ankauf der
Bibliothek Harleß, der am 31. Oktober 1818 erfolgte, wird auf S. 32
behandelt, der am 14. Dezember des gleichen Jahres eingeleitete Ankauf der Bibliothek Koeler auf S. 111. Besonders durch das erste
Jahrzehnt irren wir ohne Orientierung und fragen manchmal erstaunt,
wo wir uns eigentlich befinden, während der Schematismus der Folgezeit uns nur zu oft an ein Nachschlagewerk erinnert.

Auffallen wird weiterhin eine ungleichmäßige Behandlung des Stoffes nach seiner Ausdehnung. Die Angelegenheit des Akademischen Lesevereins, Baufragen, besonders aber die Vorgeschichte werden in großer Breite dargelegt, in der wichtigsten Frage, der Entwicklung der Kataloge wäre dagegen eine größere Ausführlichkeit sehr erwünscht gewesen. Im allgemeinen hat man den Eindruck, daß eine stärkere Konzentration, eine Entlastung von bloßem Stoff die Darstellung weit wirkungsvoller hätten machen können; statistische Daten aller Art, Personallisten usw. konnten sehr wohl in einen Anhang verwiesen werden und hätten hier auch bessere Dienste geleistet. Der Verfasser selbst wird schwerlich eine andere Empfindung haben als die, daß er bei der Kürze der Zeit und der trostlosen äußeren Lage, in der das Buch während der Monate von Deutschlands Zusammenbruch geschrieben wurde, in einem bedauerlichen Maße auf eine eigentliche Kunst der Darstellung hat verzichten müssen. Damit müssen wir uns abfinden. Jede historische Einzeldarstellung einer Bibliothek soll ja vor allem auch das Material abgeben für eine dringend erwünschte Gesamtdarstellung des deutschen Bibliothekswesens, und für diesen Zweck ist es relativ gleichgültig, ob der einzelne Baustein schon mehr oder weniger stark behauen ist.

Vielleicht wiegt ein anderer Mangel etwas schwerer. Es ist Lessing, der in seinen Wolfenbütteler Beiträgen „Zur Geschichte und Litteratur" die Forderung aufstellt, daß eine Bibliotheksgeschichte nicht bloß eine Aufzählung der Büchererwerbungen sein dürfe, sie habe viel mehr die Bedeutung und Wirkung der Bibliothek auf die Wissenschaft darzulegen. Wenn Lessing aber den Bibliotheken das Ziel setzt, Bibliotheksschätze und Inedita bekannt zu machen, dann wird die Erfüllung dieser Aufgabe stark vom Zufall abhängen, denn es ist Zufall und kein Verdienst, wenn die einen heute bequem vorfinden, was ein politischer Gewaltakt vor einem Jahrhundert vereinigt hat, während die anderen bei allem Eifer an ihrer Stelle nur leeres Stroh zu dreschen hätten.

Aber auch Milkau will, daß der Geschichtsschreiber der Bibliothek die Wirkung, die von ihr ausging, den Einfluß, den umgekehrt die Gestaltung des wissenschaftlichen Betriebes auf ihre Entwicklung ausübte, zur Darstellung zu bringen habe.[1] Welcher Zeitraum wäre geeigneter, diese Forderung zu erfüllen als das 19. Jahrhundert, das in seiner ersten Hälfte nicht wieder erreichte Höhen der Forschung in den historisch-philologischen, in der zweiten Hälfte in den naturwissenschaftlichen Fächern gesehen hat? Die deutsche Wissenschaft ist Universitätswissenschaft, die Bibliothek gilt als das vornehmste und unentbehrlichste Institut der Universität, die Wissenschaft lebt von den Bibliotheken, so versichert man. Bei E. aber vermissen wir jeden wissenschaftsgeschichtlichen Hintergrund. Die großen Gestalten der Universität, die Arndt, Schlegel, Niebuhr, Diez, Böcking begegnen als rein zufällige Namen, wenn sie überhaupt genannt werden.

1) Kultur der Gegenwart. 2. Aufl. T. 1, 1. 1912. S. 587.

Gerechterweise müssen wir uns freilich fragen, ob die Erfüllung der Aufgabe im einzelnen durchaus möglich sein wird. Wir dürfen uns nicht verführen lassen durch die Behandlung der mittelalterlichen Bibliotheksgeschichte, wo schon der Nachweis eines einzelnen Kodex an einer Stelle einen Schluß auf den Bildungsgrad erlaubt und wo aus der Summierung solcher an sich geringfügiger, man könnte sagen bibliotheksarchäologischer Funde umfassende Kulturzusammenhänge aufgedeckt werden können, ähnlich wie A. Dopsch eben jetzt auf einem verwandten Gebiet mit ähnlichen Mitteln verschüttete Jahrhunderte zu neuem Leben zu erwecken begonnen hat. Auch die historisch-antiquarische Richtung der Bibliotheksgeschichte, wie sie für die Humanisten und die Reformationszeit durch Rekonstruktion ihrer gelehrten Bibliotheken am Platze ist, betrachtet eingehend das einzelne Stück und ist Wissenschaft an sich. Aber je mehr die Bibliotheken in den neueren Zeiten lawinenartig anwachsen, je gleichartiger ihre Bestände durch die Massenproduktion des Buches geworden sind, um so massiger, unterschiedsloser sind auch ihre Wirkungen, nur selten noch wird ein unmittelbarer Einfluß einer einzelnen Bibliothek auf die wissenschaftliche Produktion etwa in Vorreden öffentlich bezeugt. Der Feingehalt der Leistung ist geschwunden, und wenn Goethe von sich sagt, daß er im Laufe seines Lebens das viele kleine Silber- und Kupfergeld seiner Jugend immer bedeutender eingewechselt habe, so daß er zuletzt seinen Jugendbesitz in reinen Goldstücken vor sich sehe, so machen die Bibliotheken in ihrer Geschichte gerade den umgekehrten Weg. Die moderne Bibliotheksgeschichte stellt bloße Massenbeobachtungen an wie sie die Statistik lehrt, sie wird in demselben Maße reine Verwaltungsgeschichte als der bibliothekarische Beruf von einem gelehrten zu einem rein verwaltungsmäßigen immer mehr herunterzusinken droht. Wilmanns mußte achtzig Jahre alt werden, um nur Vorarbeiten zu der Ausgabe der Briefe des Poggio vorlegen zu können, und selbst in einem glücklicheren Zeitalter haben Wilken, der Historiker, und Ebert, der Bibliothekar, obwohl sie ihre Darstellungen von Ballast zu befreien entschlossen genug waren, nicht viel anderes gebracht als Verwaltungsgeschichte.

Trotz alledem aber ist als Ideal festzuhalten, daß die Geschichte einer Bibliothek als eines gelehrten Institutes ein Stück Wissenschaftsgeschichte darzustellen hat, und wenn die Fäden, die von ihr zur wissenschaftlichen Produktion hinüberlaufen, im einzelnen auch niemals aufzuzeigen sein werden, so möchten wir doch wenigstens die Gesamtresultate, den wissenschaftlichen Hintergrund der Zeit angedeutet sehen; einer Bibliotheksgeschichte, die nicht in die Region wissenschaftlicher Arbeit hinüberreicht, scheint die Spitze abgebrochen. Aus dem Studium von Behördenpapieren, Personalakten und Jahresberichten wird freilich diese wissenschaftsvertraute Bibliotheksgeschichte nicht gewonnen. Wenn wir aber sehen, wie E. den großen Namen eines Carl Justi in seine Darstellung einführt, der das in der deutschen Sprache nie wieder erreichte Beispiel in der Behandlung der Gelehrtengeschichte gegeben

hat, und wie er diesen wissenschaftlichen Heros armseliger, angeblich
schlecht verwandter 5000 Mark wegen mit einem abschätzigen Seiten-
hieb zu bedenken sich nicht scheut (S. 253), so stellen wir mit Bedauern fest, daß dem Verfasser jenes Ideal wohl niemals vorgeschwebt
hat, und damit komme ich zu einem Punkt, den ich als den Cardinal-
fehler der vorliegenden Bibliotheksgeschichte empfinde, das ist der
Mangel an Respekt vor der Vergangenheit,[1] der Mangel an historischem Sinn, an epischer Objektivität.

Erman, der als Rationalist an ein schlechthin Vollkommenes glaubt,
ist ganz erfüllt von Ideen einiger gewaltsamen Konstruktionen, mit
deren Durchführung er in das ganze deutsche Bibliothekswesen Ordnung
bringen zu können glaubt. Er hat ein Recht unzufrieden zu sein mit
der Gegenwart, die seine uniformierenden Pläne abgelehnt hat, aber
es ist methodisch falsch, wenn er mit der Vergangenheit, mit der
Arbeit seiner Vorgänger unzufrieden ist. Statt die Fülle der Tatsachen
vor uns auszubreiten und es diesen Tatsachen zu überlassen in uns
selbst ein Urteil vorzubereiten, für das der Historiker nur das lösende
Wort spricht, ergeht sich hier der Autor selbst, vielfach auf einer
ganz schmalen Basis, in den subjektivsten und, was die Personen und
Sachen angeht, ungerechtesten Urteilen. „Die echte Geschichte, schreibt
W. v. Humboldt an K. Th. Welcker, ist wirklich, wie Sie mit einem
höchst gelungenen Ausdruck sagen, eine Erneuerung des Menschen-
lebens, wie es in Sagen und Urkunden vorliegt. Wer nicht durch
die Lebendigkeit und Individualität seiner Auffassung der Begebenheiten eine solche Erneuerung in sich hervorbringt und auf die Leser
überträgt, ist niemals ein wahrer Geschichtsschreiber."[2] E. jedoch
sieht die ganze hundertjährige Geschichte der Bonner Bibliothek nur
aus dem Gesichtswinkel der heute erreichten Technik und mit leiden-
schaftlicher Entrüstung — man beachte die Zahl der Ausrufezeichen
sogar mitten im Satz — redet er auf die Schatten der Vergangenheit
ein, wie sie es hätten machen müssen, um auch noch seinen Beifall
zu finden — eine völlig zwecklose Belehrung. Statt beseelte, von
gutem Willen und Freude zur Arbeit erfüllte Menschen auf seine Bühne
zu bringen, stellt er Verfehlungen blasser Theorien dar, und so wird
die Atmosphäre der guten Laune und des Behagens, „die alten grünen
Pfade der Erinnerung zu wandeln", die z. B. in weitem Umfang über
der Breslauer Bibliotheksgeschichte liegt, durchaus vermißt.

Der Historiker Hüllmann, der mit der ersten Einrichtung der Bibliothek betraut war, leidet nach E. an einem „geradezu befremdlichen
Mangel an historischem Sinn", bei der Beurteilung von Büchern habe
er einen „krassen Nützlichkeitsstandpunkt" eingenommen. „Klägliche
und kleinliche Bedenken" habe er bei seinen Bemühungen um die
Düsseldorfer Hofbibliothek gezeigt. Wir sind zunächst verblüfft, wie
ein so beschränkter Geist an die Spitze der Bibliothek und als erster

1) Ueber diesen Punkt vgl. auch Zbl. f. Bw. Jg. 21. 1904. S. 545 (Gerhard).
2) Wild a. a. O. S. 366.

Rektor sogar an die Spitze der Universität gelangen konnte, bis uns
Wegele, der Historiograph, belehrt, daß diesem um die Organisation
der Bonner Universität hochverdienten Mann von vielseitiger Bildung,
der das Vertrauen der preußischen Regierung in reichstem Maße genoß,
ein recht ansehnlicher Platz in der deutschen Geschichtsschreibung
anzuweisen ist.[1] Aber auch die Belege, die E. selbst aus den Gutachten Hüllmanns beibringt gegen die Pflege jeder Art literarischer
Liebhaberei und für das Bedürfnis nach wissenschaftlichen Hauptwerken
bei Einrichtung junger Bibliotheken (S. 72, 78), erlauben eine ganz
andere Interpretation als die der Beschränktheit, und man könnte sie
noch heute sogar als Grundsätze für jede Bibliotheksvermehrung bezeichnen.

Es ist auch eine unnötige Härte, wenn ein bedeutender Gelehrter
und ein von reinster Humanität erfüllter Mann wie Welcker, nachdem
er 35 Jahre seines Lebens an die Verwaltung der Bibliothek gewandt
hat, schließlich hören muß, daß ihm dieses Institut „nie Herzenssache"
gewesen sei (S. 156); auch hier legen briefliche Zeugnisse, die wiederum
der Verfasser selbst anführt (S. 43, 110), ein anderes Urteil nahe, zu
dem auch Kekulé gekommen ist. Welcker aber das „Herrschertalent"
abzusprechen, weil er den Eigensinn eines erwachsenen Menschen nicht
hat brechen können, ist wohl mehr ein psychologisches Versehen.

Am schlimmsten freilich kommt wieder Ritschl weg. Was wir hier
zu hören bekommen, ist aber auch keine Charakteristik, sondern um
es mit einem Wort zu sagen, eine Karikatur. Zwar kann natürlich
auch E. nicht ohne Lob an Ritschls Energie, seiner Geschäftsgewandt-
heit, seiner großen Organisationsgabe vorübergehen, aber gerade das
bringt den Eindruck des Grellen und Fleckigen, Unharmonischen, Un-
verarbeiteten und Widerspruchsvollen hervor, daß unmittelbar daneben
eine Fülle der abfälligsten Urteile Platz haben. Selbst wenn diese
Urteile zu Recht bestünden, so wäre doch die Basis viel zu schmal,
um derartige Urteile auch nur erträglich zu finden, denn E. hat sich,
wie man etwa an der Einführung von Männern wie Nicolovius oder
Rehfues ersehen mag, die Ausmalung oder auch nur Andeutung jedes
Mittel- und Hintergrundes gespart. Von Ritschls umfassender Tätigkeit entfällt nur ein kleiner Sektor auf seine Bonner Bibliothekszeit,
daher ist es aber auch mehr als bedenklich, gegen die höchste und
wesentlichste Kraft des Menschen, gegen seine Gesinnung und seine
moralische Haltung, in dem Maße vorzugehen wie Erman es zu tun
sich nicht scheut. Selbst die kurzen Zitate voll Nerv und Mark aus
Ritschls Berichten erwecken schon die helle Freude an seiner un-
gebrochenen Natur, gegen die bloße Korrektheit ein schlechter Tausch
gewesen wäre. Wie Lob und Tadel zu mischen sind, darüber hat
schon Ribbeck alles Nötige gesagt.[2] Für E. aber gilt Ritschl, der
berühmte Gelehrte und gefeierte Lehrer, aus dem Gesichtswinkel einer

1) Allg. Deutsche Biogr. XIII. 1881. S. 330f.
2) Ribbeck a. a. O. Bd 2. Vorwort.

blutleeren Gerechtigkeit heraus gesehen, als unzuverlässig, schlau, intrigant, gehässig, in seinen Berichten an den Minister hat er einen „über alle Begriffe devoten Ton"; es werden ihm künstliche Mache, „unwürdige Machenschaften", persönliche Begünstigungen, Empfänglichkeit für Schmeichelei nachgesagt; ein Bibliotheksdiener gilt als „sein besonderer Günstling"; die begeisterte Tätigkeit seiner „Myrmidonen" sinkt herunter zu einer „Amanuensenwirtschaft" (S. 157, 166, 171, 183, 190).

Niemand wird glauben, daß aus diesen Worten Liebe zur Sache, Freude am historischen Geschehen oder auch nur eine objektive Würdigung spricht, obwohl E. für sich den Anspruch besonderer Gerechtigkeit erhebt (S. 199). Wenn Ritschl zur Aufmunterung eines säumigen Beamten von befreundeter Seite sich einen fingierten Brief aus Halle schicken läßt, so gehört eine puritanische Rigorosität dazu, in dieser harmlosen Kriegslist „unwürdige Machenschaften" zu sehen, und wenn Ritschl den ihm persönlich unsympathischen Lassalle zur auswärtigen Bibliotheksbenutzung zuläßt, so gibt er doch damit gerade einen vollgültigen Beweis seiner Sachlichkeit, wo E. den Glauben erwecken will, als ob Ritschl die auswärtige Benutzung lediglich unter dem Gesichtspunkt persönlicher Begünstigungen geregelt hätte. Welche Rolle bei der Beurteilung von Handlungen und Personen der Mangel der Ueberlieferung, die Unsicherheit der Zeugenaussagen, der Zufall und die begleitenden Umstände und, wie wir bald sehen werden, die Anschauungen der Zeit spielen, bleibt bei E. völlig unberücksichtigt. Wir vermissen daher überall den Standpunkt des echten Historikers, der sagt: „doch vor allen Dingen geziemt uns mild und gut zu sein: der Irrtum ist allenthalben um uns" (Ranke).

Von den Personen auf die Sachen übergehend nenne ich es aber weiterhin eine unhistorische Lamentation, wenn E. im letzten Abschnitt seiner Betrachtungen über die Bonner Kataloge meint (S. 268): „Wie viel vergebliche Arbeit wäre bei der Katalogisierung der deutschen Bibliotheken erspart worden, wenn man überall den von Ebert gewiesenen Weg eingeschlagen und folgerichtig eingehalten hätte, statt daß fast jeder der Berufenen und der noch zahlreicheren Unberufenen sich seinen Weg selbst gesucht hat, oft weit abweichend von der Richtung, die ein Vorgänger eingeschlagen hatte!" Von diesem Leitsatze ausgehend, daß die Wahrheit schon zu Welckers Zeiten gefunden war, erhebt E., auf Bonn angewandt, den scheinbar berechtigten Vorwurf der fachlichen Inkompetenz fast allen seinen Vorgängern gegenüber. In der ganzen Bonner Katalogarbeit sieht er nur ein „haltloses Hin- und Herschwanken", und speziell unter Welcker stellt er eine „heillose Unordnung und Planlosigkeit" (S. 137) fest, die in der Hauptsache auf dem Mangel an bibliothekarischer Schulung und Erfahrung beruhten, mit der Welcker an die grundlegenden Arbeiten der Katalogisierung herangehen mußte; halb mitleidig von der Höhe der heutigen Technik herab heißt es (S. 127): „Wie wenig der Mann, dessen Einsicht das schwierige Unternehmen so vertrauensvoll überlassen wurde, dieser Aufgabe gewachsen war, zeigt die unglaubliche Unterschätzung der Zeit, in der er sie erledigen zu können wähnte."

Am schlechtesten ergeht es wiederum Ritschl. Er habe die Erfahrungen, mit denen ausgestattet er in das Amt hätte eintreten müssen, erst während und durch seine Amtsführung gemacht (S. 191), sehr auffallend zeige sich sein und seiner Mitarbeiter Mangel an Erfahrung und an vorsichtiger Berechnung bei seinen ersten Vorschlägen zur Abhilfe des Raummangels in den Büchersälen (S. 167), bei der Katalogisierung habe er sich einer Selbsttäuschung hingegeben, welche „die bibliothekarische Unerfahrenheit des Oberbibliothekars grell beleuchte" (S. 188), und schließlich heißt es ganz allgemein (S. 164): „Unter den Beamten waren außer Pape ... alle, der Meister an der Spitze, mehr oder minder Dilettanten." Und das hören wir über denselben Ritschl, den wir eben noch von anderer Seite neben Schmeller und R. v. Mohl als stets leuchtendes Vorbild haben rühmen hören, ja den der treffliche, frühverstorbene Richard Bürger als den Mann bezeichnet, der das deutsche Bibliothekswesen im 19. Jahrhundert am meisten gefördert habe.[1]

Nichts ist mehr geeignet, die Wissenschaft der Bibliothekare überhaupt alles Kredits zu berauben, als wenn sie in ihren eigensten Angelegenheiten solche sich schroff widersprechende Urteile ohne den geringsten Versuch einer gegenseitigen Bezugnahme und Verständigung nacheinander aufstellen; für die ganze Beurteilung der Geschichte des neueren Bibliothekswesens und unsere ganze Berufsauffassung ist es wesentlich, in diese prinzipiellen Punkte größere Klarheit zu bringen.

Wir wollen zunächst folgende Ueberlegung anstellen: wenn die bibliothekarische Unerfahrenheit und die dilettantenhafte Arbeit Welckers und Ritschls so stark unterstrichen werden mußten, so sollte man glauben, daß E. in dem Fortschritt vom Professorenbibliothekar zum Fachbibliothekar das Prinzip der Entwicklung in dem neueren Bibliothekswesen habe aufzeigen wollen. Wir mußten erwarten, daß unter Schaarschmidt, dem ersten Bonner Berufsbibliothekar, wesentlich bessere fachmännische Arbeit geleistet werden würde, zumal ihm auch nur eine gewisse Unkenntnis in Gebäudesachen nachgesagt wird. Aber wenn E. es auch diesmal unterlassen hat aus den Tatsachen ein Urteil zu ziehen, so sprechen diese doch für sich selber. Schaarschmidts neuer alphabetischer Bandkatalog ist zu eng angelegt, die Blätter sind nicht auf Falze geklebt, sondern in Lagen geheftet, die Titel sind viel zu stark gekürzt, ganz wesentliche Merkmale für Identifizierung der gesuchten Titel wie Ort und Jahr des Erscheinens, Auflage, Format, Bandzahlen fehlen, so daß die Zuverlässigkeit des Ausleihegeschäfts gefährdet ist. Schaarschmidt aber erkennt diese Mängel so wenig, daß er einen angebotenen außerordentlichen Zuschuß zur Herstellung musterhafter alphabetischer Kataloge ablehnt (S. 265), wie er sich auch allen Neuerungen gegenüber, die unter Althoff allmählich das preußische Bibliothekswesen als Ganzes erfaßten, ablehnend verhielt (S. 237).

---

1) R. Bürger, F. A. Ebert, Leipzig 1910. S. 65.

Daß Schaarschmidt, der seit 1854 an der Bibliothek tätig war, reichlich Gelegenheit gehabt hat, bis zum Jahre 1881 bibliothekarische Erfahrungen zu sammeln, wird auch E. nicht leugnen. Trotzdem macht er ganz elementare Fehler. Aber zu seiner Entschuldigung sei es gesagt, ähnliche Fehler haben die Fachbibliothekare der früheren und der folgenden Jahrzehnte nicht etwa vermieden, sondern in zahlreichen Fällen wiederholt. Dziatzkos Berechnungen für seinen Breslauer Zettelkatalog wurden von der Wirklichkeit um ein Sechsfaches übertroffen,[1]) der Katalog ist seiner Ausführlichkeit wegen ein bibliothekarisches Unding, in seiner äußeren Form, den bis in die letzte Tiefe beschriebenen Zetteln verachtet er die einfachsten Gesetze der Physiologie des Sehens. Trotzdem aber haben ihn die Fachleute an einer Reihe von Stellen auch noch nachgeahmt. Die Berechnungen für den Preußischen Gesamtkatalog waren, wie man gesagt hat, vielfach „ins Blaue hinein" erfolgt, obwohl die ersten Fachleute daran beteiligt waren, und wer Fehler technischer Art suchen will, findet sie in den systematischen Katalogen bei der Nummerngebung, die doch als Stütze dauernder Ordnung eine wesentliche Sache ist, zu vielen Hunderten. Mit einiger Resignation müssen die Fachbibliothekare also sich wohl oder übel die Feststellung gefallen lassen, daß es keineswegs bloß eine Eigentümlichkeit der Professorenbibliothekare war, Fehler zu machen.

In der Nähe besehen liegt die Sache sogar einmal so, daß E. in seiner Voreingenommenheit aus einem eigenen Mißverständnis einen Fehler Welckers macht und ihn zum Ausgangspunkt einer scharfen Kritik nimmt. Welcker hatte nämlich in seinem Reglement vom 25. August 1819 in bezug auf den geplanten alphabetischen Bandkatalog gesagt: „Für einen jeden Schriftsteller werden daher ein Blatt oder mehrere bestimmt, und diese Blätter werden, bis die Bibliothek sich zu einiger Vollständigkeit erhoben haben wird, in Pappkasten aufbewahrt. Sind sie nachmals gebunden, so können immerhin andere Blätter eingeschoben und von Zeit zu Zeit eingeheftet werden."[2]) E. glaubt in dieser Bestimmung einen deutlichen Beweis dafür zu sehen, wie wenig klar Welcker sich über das einzuschlagende Verfahren gewesen sei, „von mehrere Titel enthaltenden Autorenblättern konnte doch noch gar keine Rede sein; die Ordnung für den Realkatalog verlangte doch zunächst unbedingt gesonderte Zettel für jedes Buch" (S. 127). Zu dieser Verwechslung der Hilfszettel mit den alphabetischen Bandkatalogblättern konnte E. aber nur kommen, weil er ganz eingenommen ist von der Ebertschen Idee, daß unter allen Umständen zuerst der Realkatalog auf Grund von Hilfszetteln hergestellt werden müsse und mit diesen gleichen Zetteln hinterher der alphabetische Katalog. Welcker aber läßt in seinem Reglement von 1819 die Frage des Verfahrens und der Reihenfolge ganz offen, er spricht an keiner

---

1) F. Milkau, Die Kgl. u. Univ.-Bibl. zu Breslau, Br. 1911. S. 101.
2) In dem Abdruck bei J. F. W. Koch, Die preuß. Univ. II (1840). S. 637.

Stelle, von Zetteln, und ein alphabetischer Bandkatalog, bei dem jeder Autor sein Blatt hat, kann auch sehr wohl ganz unabhängig von den nur für den Realkatalog erforderlichen Hilfszetteln hergestellt werden. Wenn dann später, im Jahr 1821 einmal von Zetteln die Rede ist, die nach Fertigstellung des Realkatalogs zum alphabetischen Katalog umgelegt werden sollen, so ist das eine von der älteren Instruktion ganz unabhängige Sache.

Die Hauptquelle ungerechter Urteile fließt jedoch aus der Nichtbeachtung der Verhältnisse der Zeit und der rein lokalen Umstände. Was zunächst die Zeit anlangt, — sah es etwa in Halle unter F. A. Wolf, in Breslau unter Schneider und später in Königsberg unter Lobeck in Katalogfragen besser aus? Hat nicht der allgemein schlechte Zustand der heutigen Kataloge seinen Grund in der allerwärts unzureichenden bibliothekarischen Arbeit der drei und vier Generationen vor uns? Derselben Aufgabe gegenüber zeigen die Vorschriften über Katalogisierung in den amtlichen Reglements von 1815 an noch keinerlei Einheitlichkeit. Die Erfahrungen, die bis dahin vorlagen, waren so lange unwirksam und so gut wie nicht gemacht, bis sie am eigenen Leib erlebt wurden. Jeder will für sich probieren und trotz der eingehendsten Instruktionen, die Breslau 1815 von Göttingen erbeten hat, versucht es für sich wieder etwas höchst Kompliziertes, was von der Göttinger Einfachheit weit absteht, gerade weil das Einfache so schwer zu sehen ist; jeder will klüger sein. Wenn aber der Historiker Schlosser Bedenken trägt, seinen Bibliothekaren Katalogarbeiten überhaupt zuzumuten,[1]) so ist an diesem Beispiel, das für viele zeugt, zu ersehen, wie es überhaupt erst ein Stadium in der bibliothekarischen Entwicklung des 19. Jahrhunderts war, zur Katalogarbeit ein zwingendes Verhältnis zu finden. Wie nahe lag da der Gedanke, eine kleine Sammlung, um Zeit zu sparen, zunächst durch die bloße innere Ordnung der Aufstellung zugänglich zu erhalten, was ja, was E. vergißt, noch bis in die letzte Zeit als einer der Vorzüge der systematischen Anordnung zu gelten pflegte.

Für E. aber ist F. A. Ebert der klassische Zeuge, aus dem seine Zeitgenossen unbegreiflicherweise nicht gelernt haben, wie eine Bibliothek zu guten Katalogen kommt, wie man, gleichviel wie die Bücher stünden, zunächst einen Zettelkatalog anzulegen habe, der dann nach einem bibliographischen System zu ordnen sei; werden die Zettel in dieser Ordnung abgeschrieben, dann sei der wissenschaftliche Katalog fertig, werden die Zettel nach Autoren umgelegt und wieder abgeschrieben, dann ergebe sich daraus der alphabetische Katalog.[2])

Aber ganz abgesehen davon, daß Ebert mit seinen 20 Jahren gewiß als Dilettant anzusprechen ist, der noch einige Erfahrungen zu machen hatte, ist das doch erst die halbe Wahrheit und der einfachere Teil.

---

1) J. Wille, Aus alter u. neuer Zeit der Heidelberger Bibliothek. Heidelbg. 1906. S. 22.
2) F. A. Ebert, Ueber öffentl. Bibliotheken. Freyberg 1811. S. 31 ff.

Es scheint Mächte zu geben, stärker als alle Theorien, denn derselbe
Ebert, dieser „geborene Organisator" (S. 128), hätte, fasziniert von der
Körperlichkeit des Buches wie noch heute jeder Verfechter der Lehre
von der systematischen Aufstellung und ganz im Widerspruch zu seinen
klugen Worten von 1811, die Bibliothek in Wolfenbüttel in ein un-
entwirrbares Chaos gestürzt, wenn seine Verwaltung von längerer
Dauer gewesen wäre.[1]) Er hat nicht im mindesten daran gedacht, in
seiner eigenen Praxis von den Zetteln auszugehen, und nicht viel
anders ist seine nachfolgende Wirksamkeit in Dresden zu beurteilen,
wie denn Ebert nicht bloß in seiner Theorie voller Widerspruch ist,
sondern Ebert der Theoretiker und Ebert der Praktiker wie zwei ganz
verschiedene Personen wirken.

Warum sollten sich aber Eberts Theorien seiner Zeit von vornherein als die allein richtigen empfohlen haben? „Mit einem wissenschaftlichen oder gar einem Realkataloge die Einrichtung einer Bibliothek anfangen, hieße auf den leichten Gebrauch derselben beinahe
oder ganz oder doch auf viele Jahre hinaus Verzicht thun" so sagt
Kayser 1790 mit klaren Worten,[2]) und 1827 versichert Docen: „ist
die bibliothek noch nicht geordnet, so ist, ehe noch irgend eine
catalogirung begonnen werden darf, die beendung einer geordneten
aufstellung das erste Nothwendige, da ohne dieselbe der conservator
gar nicht einmal seiner bestimmung entsprechen kann: über jedes fach
selbst die übersicht zu besitzen, und auf einzele nachfragen un-
gehindert antworten zu können."[3]) Man sieht, die Bonner Bibliothekare,
die sich an die Bücher halten und den Realkatalog verzögern, sind
sowohl durch Eberts eigene Praxis als durch die Zeugnisse zweier
anderer unverächtlicher Theoretiker hinreichend gerechtfertigt.

Aber selbst heute noch können wir das Zögern Welckers und das
langsame Fortschreiten des Realkatalogs sehr wohl verstehen, trotzdem
E. glaubt, für eine neubegründete Bibliothek gäbe es keine eiligere
Aufgabe als den Realkatalog fertig zu stellen. Die Meinung des
ministeriellen Mahnschreibens von 1823, der sich E. anschließt, daß
nämlich die Anfertigung eines Realkatalogs vollendet sein müsse, ehe
der Bücherbestand zu sehr anwächst (S. 125), wird überzeugender,
wenn man sie ins Gegenteil verkehrt. Denn es ist doch selbstverständlich, daß die Bestände erst einen gewissen Sättigungsgrad in allen
Fächern erreicht haben müssen, bevor ein bibliographisches System
herausspringen kann, wie denn auch selbst von E. nicht bestritten
wird, daß ein Realkatalog nur auf Grund vorhandener Bestände möglich ist.

Außerdem liegt die Sache in Bonn so, daß drei Beamte die Auf-

---

1) O. v. Heinemann, Die herzogl. Bibliothek zu Wolfenbüttel. 2. Aufl.
Wolfenb. 1894. S. 216.
2) A. Chr. Kayser, Ueber die Manipulation bey der Einrichtung einer
Bibliothek. Bayreuth 1790. S. 5.
3) B. J. D[ocen], Versuch eines allg. anwendbaren bibliogr. Systems.
München 1827. S. 3.

gabe haben, eine besonders in den ersten Jahren sich stark vermehrende
Bibliothek — der jährliche Zuwachs ist auf 10 000 Bände zu schätzen
—, die so gut wie keine Kataloge hat, sofort benutzbar zu machen
und sie zu ordnen, während eine Benutzung die beginnende Ordnung
immer von neuem wieder stört. Die Ebertschen Vorschriften sind gut,
wenn es gilt, eine Bibliothek im luftleeren Raum einzurichten, die
Wirklichkeit sieht anders aus. E. beruft sich auf Hartwig in Halle
(S. 268), aber wie viel leichter war hier die Arbeit, da die alten
Kataloge, die die Bibliothek jahrzehntelang getragen hatten, unbedenklich noch einige Jahre ihren Dienst tun konnten, so lange das neue
Haus daneben, unbelästigt vom täglichen Verkehr, im Bau war. Ferner
ist Welcker wegen des langsamen Fortgangs der Kataloge ebenso entschuldigt wie E., der diese veralteten Kataloge inzwischen nicht er-
neuert hat, wenn die beantragten Kräfte nicht bewilligt wurden (S. 131,
137). Wie kann es aber dann Ritschl wieder als Fehler vermerkt
werden, wenn er sich die benötigten Kräfte in ausreichender Zahl auf
seine Weise billig zu verschaffen verstanden hat? (S. 203 f.)

Aber auch schon ein bloßes Eingehen auf das Wesen der bibliothekarischen Tätigkeit überhaupt hätte E. abhalten müssen, Fehler
auf Bonn zu häufen und die Professorenbibliothekare für das Ausbleiben eines „vollen Erfolges" verantwortlich zu machen, den auch
der beste Fachbibliothekar nicht erreicht hätte; nach E's Darstellung
bleibt der fatale Eindruck, als ob ein geringer Personenwechsel, ein
Ersatz der „Dilettanten" Welcker und Ritschl, hingereicht hätte in
Bonn glänzende Verhältnisse zu schaffen. Die Theorie der Bibliotheksverwaltung ist freilich einfach genug, und es ist nicht die
Schwierigkeit, sondern die Undankbarkeit des Stoffes — gerade im
Hinblick auf den verdienstvollen Graesel sei dies gesagt —, wenn ein
neueres technisches Handbuch noch vermißt wird. Aber auch die
Praxis bewegt sich — die gelehrte Vorbildung in einem Fache voraus-
gesetzt — zu mehr als Dreiviertel innerhalb der Landmarken des ge-
sunden Menschenverstandes. Hartwig brauchte nicht Eberts Anleitung
(S. 268), um für Halle gute Kataloge zu gewinnen, es gehörte auch
kein „Scharfblick" von seiten Ritschls dazu (S. 191), um die Unent-
behrlichkeit eines alphabetischen Katalogs einzusehen, und wir geben
Benecke völlig recht, wenn er versichert, daß Welcker sich nach den
Erfahrungen auf der Göttinger Bibliothek das außer den allgemeinen
Literaturkenntnissen etwa unmittelbar Erforderliche leicht aneignen
würde (S. 40), wie Welcker auch im Prinzip über die Bonner Katalog-
bedürfnisse sich durchaus im klaren zeigte. Und wenn ein Mann von
der Kapazität und der ausgesprochenen Anlage für Dinge der Verwaltung wie Ritschl sich wochenlang 5—6 Stunden täglich mit dem
Geschäftsgang einer Bibliothek vertraut gemacht hat, so müssen wir
es weit abweisen, daß ein solcher Mann noch als bibliothekarischer
Dilettant bezeichnet wird, ganz abgesehen davon, daß mit diesem
leichthin ausgesprochenen Wort die ganze bisherige Tradition er-
schüttert würde.

Was heißt es denn überhaupt „Dilettant" zu sein? Ritschl war freilich Dilettant, aber in jenem höchsten und eigentlichen Sinne des Wortes, daß er aus Liebe zur Sache eine Aufgabe mit Leidenschaft ergriffen und durch 11 lange Jahre festgehalten hat, die zu betreiben er als berühmter Gelehrter gar nicht nötig hatte und die ihm ganze 300 Thaler im Jahr einbrachte. Aber niemals war Ritschl Dilettant in dem Sinne wie es E. meint, daß er nämlich eine Aufgabe ergriffen hätte, die er nicht verstanden habe und der er nicht gewachsen gewesen sei.

Worin bestehen denn die Fachkenntnisse, die der Berufsbibliothekar von heute vor dem Professorenbibliothekar zu Ritschls Zeiten voraus hat? In der Kenntnis der Einrichtungen anderer Bibliotheken gewiß nicht, denn wie wenig wir auch heute noch von einander wissen, wurde gerade in der letzten Zeit wiederholt ausgesprochen. Aber auch nicht in der Förderung der Benutzung, denn Welcker hat mit der Semesterbürgschaft auf eigene Hand einen Fortschritt eingeführt, den berühmte Bibliotheken erst viele Jahrzehnte nach ihm aufgenommen haben. Was aber die Ergänzung der Bestände anlangt, so kann selbst E. nicht umhin, die Tätigkeit von Bernays und Schaarschmidt auf diesem Gebiete gleichmäßig zu rühmen. Welcker freilich wird einmal stark gelobt (S. 109), dann aber heißt es wieder, sein historischer Sinn, der ihm „im allgemeinen natürlich nicht abgesprochen werden kann", habe kaum hinausgereicht über das klassische Altertum, es habe eben in Bonn ein Mann im Sinne der Romantik und der historischen Schule gefehlt (S. 63). Aber warum unterläßt es E., die gute Kombination zu rühmen, die in Bernd einen mittelalterlichen Historiker an Welckers Seite gestellt hat? An Bernd wird dann wieder getadelt, daß ihm die Kenntnis der älteren Literatur gefehlt habe (S. 30). Daß eine größere Vertrautheit der Fachbibliothekare mit der wissenschaftlichen Forschung hergestellt werden muß, darauf kann nicht oft genug hingewiesen werden, und wenn wir heute feststellen müssen, daß in bedeutenden Bibliotheken trotz der „überreichen Mittel der Friedenszeit" [1]) Werke wie Riegls Spätrömische Kunstindustrie und Steinmanns Sixtinische Kapelle übersehen werden konnten oder gar der Katalog der Bibliothek des Britischen Museums fehlt, so kann man schwerlich behaupten, daß der Fachbibliothekar auf diesem wichtigstem Gebiet der Bibliotheksverwaltung eine Verbesserung bedeutet hat.

Der ungebührliche Umfang der heutigen Verwaltungsgeschäfte macht freilich den Fachbibliothekar unentbehrlich, und außerdem sind die Fragen der Katalogisierung verwickelt genug geworden, daß hier eine bibliothekarische Hauptdomäne sich bilden konnte, die freilich Gefahr läuft selbst an dem Phantom eines ausgehöhlten Körpers noch Gelegenheit zur Beschäftigung zu suchen. Hier vor allem sind aber dogmatische Standpunkte fernzuhalten, die Erkenntnis tut not, daß auch heute scheinbar einfache Fragen noch nicht völlig geklärt sind, ja

---

1) W. Erman, Weltbibliographie u. Einheitskatalog. Leipz. 1919. S. 7.

12*

ihrer Natur nach absolute Lösungen gar nicht erlauben. Keine Theorie hilft gegen stets neue Ueberraschungen, wo man ins Detail geht, wird alles problematisch und Kompromisse sind die einzigen Formen der Rettung. Es wird keine einzige große Bibliothek in Europa geben, die sich rühmen könnte auch nur einen völlig einwandfreien, vollständigen alphabetischen Katalog zu besitzen, von einem systematischen Katalog in Verbindung mit der Aufstellung ganz zu schweigen.

E. freilich ist anderer Meinung. In der Frage der Aufstellung glaubt er schon in einem Schriftchen aus der Zeit des 30jährigen Krieges, dem heute nur noch ein Gesinnungswert zukommt,[1]) die Lösung ein für allemal gefunden zu haben (S. 126), auch für unsere großen Bibliotheken, obwohl sie nach Zweck und Einrichtung von Grund aus sich geändert haben. In der Abkehr von der systematischen Ordnung sieht er eine „unglückliche“, „seltsame“ Idee, eine Irrlehre, vor der Bonn stets bewahrt bleiben möge. Das heißt wahrlich mit verrosteten Waffen kämpfen, und hier liegt nach meiner Meinung ein Irrtum vor der Art, als wenn man einen Ritterroman für ein kritisches Geschichtswerk hält. In seinem Uebereifer[2]) hat E. gar nicht gesehen, daß er in der Konsequenz seiner Anschauungen den bedeutendsten Büchersammlungen der Welt, den großen Sammlungen in München, Paris, London usw. den Charakter einer Bibliothek abspricht. Seine Voreingenommenheit geht aber noch weiter, wenn er die Wahrheit direkt auf den Kopf stellt und den Verfechtern der systemlosen Ordnung unterstellt, als ob sie durch die Schwierigkeit der „Herstellung“ einer Systematik auf jenen unglücklichen Gedanken gebracht worden seien,[3]) wo sie nur von der Schwierigkeit der „Erhaltung“ dieser Ordnung gesprochen haben und ihr ganzes Streben gerade auf den Gewinn einer besseren Systematik gerichtet ist, als sie bei der bisherigen Abhängigkeit der Kataloge von den Büchermassen möglich gewesen war.

Nur relative Lösungen, nur Annäherungswerte sind möglich, und selbst bei dieser Erkenntnis gibt es gegenüber der Vielgestaltigkeit der bibliothekarischen Einrichtungen auch in der besten und energischsten Verwaltung der Angriffspunkte noch die Fülle, gegen die Vielzahl der möglichen Aufgaben wird auch die stärkste Verwaltung immer mit unterlegenen Kräften dastehen. Erst in allerletzter Linie kann es daher Aufgabe des Historikers sein zu kritisieren, vor allem andern hat er uns in dem immer weitläuftigen Gebäude einer Bibliothek, auch wenn sie erst 100 Jahre alt ist, über die Höfe und Treppen zu führen, durch die hohen Säle und in die alten Winkel, er hat uns Ausblicke zu geben von den Terrassen und Türmen und er hat zu erzählen, wie das alles geworden ist.

1) Gemeint ist natürlich Naudés Advis.
2) Es wird S. 287 nicht vergessen, für 1915 die Auflösung und Rückordnung der kleinen Sammlung von 200 illustrierten Büchern zu buchen, die der Kunsthistoriker Anton Springer 1858 aus dem Gesamtbestand herausgeholt hatte, was ihm andere Bibliotheken heute als wünschenswert nachmachen.
3) Erman a. a. O. S. 8.

E. geht aber noch weiter und glaubt die bevorzugte Stellung, die man in der Geschichte des neueren deutschen Bibliothekswesens Bonn bisher bereitwillig eingeräumt hat, leugnen zu können. Man gerate in Verlegenheit, sagt er, wenn man fragt, welche neuen und bahnbrechenden Ideen im Bibliothekswesen von Ritschl ausgegangen seien (S. 203), und er findet überhaupt, daß fruchtbarere Anregungen, nachahmenswertere Beispiele anderen Bibliotheken verdankt werden, z. B. Berlin, Dresden, Halle, Tübingen, als der Bonner Bibliothek unter Ritschl und seinen Nachfolgern (S. 204).

Wenn schon Lobsprüche verteilt werden, dann hätte aber vor allem Göttingen nicht fehlen dürfen, und auch nicht München, denn mit Bewunderung und Neid stellen wir fest, daß dort zur Zeit das goldene Vließ in Verwahrung ist. Alle die genannten Bibliotheken in Ehren, aber weshalb soll Bonn plötzlich in den Schatten treten? Weil E. „neue und bahnbrechende Ideen" vermißt? Bietet denn das Bibliothekswesen überhaupt Gelegenheit, „neue und bahnbrechende Ideen" hervorzubringen. Ich kann in der ganzen Geschichte des Bibliothekswesens nur eine einzige Idee finden und die liegt unmittelbar an der Quelle, es ist der Gedanke der öffentlichen Bibliothek selbst, die Bücher sammelt und ordnet in einem größeren Umfang als es einem Privatmann möglich ist und sie allgemein zugänglich macht. Die ganze Praxis der Bibliotheken seit Jahrhunderten besteht in nichts anderem als in der Annäherung an diese Idee, soweit es die Begrenzung der Kaufkraft und des Lokals, der Kenntnisse und der Energie des Bibliothekars zuläßt. Wenn aber von einer Bibliothek keine anderen Anregungen ausgegangen sind als kleine Handgriffe wie Numerierung und Etikettierung der Bücher, Buchstabensignaturen oder eine neue Bücherstütze wie sie das praktische Leben täglich erfindet, dann ist das ein wahrhaft kümmerlicher Ruhm, und der unbekannte Erfinder des Hammers und der Zange, von dem man nicht spricht, verdient dagegen öffentliche Denkmäler.

E. hat sich große Mühe gegeben, den Markstein, der in der Entwicklung des neueren Bibliothekswesens bisher mit dem Namen Ritschl bezeichnet war, zu untergraben und zu stürzen, aber noch steht der Stein und er hat sich um keinen Zoll verrückt. Ritschls Verdienste um die Schaffung eines selbständigen bibliothekarischen Berufes, auch wenn er ihn zunächst gar nicht gewünscht hat, sind in keiner Weise zu bestreiten. Zwar konnte E. in dieser Frage Anton Klette nebensächlich behandeln, der in seiner besonders in der „Jubiläumsausgabe" von persönlicher Eitelkeit überfließenden Schrift von der Selbständigkeit des bibliothekarischen Berufes nur die reife Frucht vom Baum geschüttelt hat. Ganz abgesehen davon, daß der bibliothekarische Beruf an vielen Anstalten, die nicht im Universitätszusammenhang standen, schon seit Jahrhunderten ausgezeichnete selbständige Vertreter aufzuweisen hatte, war der Gedanke auch an den Universitäten längst unterwegs. Das Gutachten der Münchener Akademie von 1831 ut Sachen Schmellers, daß die Stellung eines Bibliotheksbeamten mit der

eines akademischen Lehrers unvereinbar sei,[1]) ist älter als das öfter
angeführte Wort R. v. Mohls. Wille nimmt für den Juristen Zachariä
(1824) hier ein Verdienst in Anspruch,[2]) aber bald darauf (1828) hat
diesen Gedanken in Bonn auch Welcker ausgesprochen (S. 57), obwohl
E. merkwürdigerweise dabei nur für Ebert ein Verdienst sehen will
(S. 42). Bei näherem Zusehen findet man jedoch, daß überall da, wo
man jemals ernsthaft an die Förderung bibliothekarischer Arbeit gedacht hat, auch die Erkenntnis lebendig war, daß diese Arbeit einen
ganzen Mann erfordere. Wie die Göttinger Einrichtungen von altersher
Zeugnisse von typischer Gesundheit ablegen, so lassen sich schon bei
Heyne[3]) und Pütter[4]) ähnliche Gedanken nachweisen, und die Forderungen des Gegenstandes selbst trafen mit den Wünschen seiner Vertreter zusammen bei dem älteren Hamberger und bei Reuß, die von
Anfang an nichts anderes sein wollten als nur Bibliothekare.[5])

Diese Wünsche und Erkenntnisse jedoch, soweit sie überhaupt
öffentlich wurden, ritten „wie versprengte Boten" der Wahrheit voraus,
bis die Zeit dafür reif geworden war, bis vor allem auch der wirtschaftliche Aufschwung Deutschlands nach 1870 die Bibliotheken mit
einer gewissen Fülle äußeren Wohlstandes versehen hatte. Ritschl hat
diese Zeit reifen helfen dadurch, daß er mit dem Einsatz seiner ganzen
energieerfüllten Person der bibliothekarischen Tätigkeit nach außen
Respekt verschaffte und daß er seine Mitarbeiter für ihre Tätigkeit in
Feuer versetzte; damit hat er das Größte geleistet, was einem Mann
zu leisten überhaupt vergönnt ist. Die Nachwirkungen in seinen
Schülern Brambach, Dziatzko, Klette, Laubmann, Schaarschmidt, Staender,
Wilmanns, Zangemeister können doch schwerlich dadurch ausgelöscht
werden, daß man diese Namen in dem genannten Zusammenhang ver-
schweigt (S. 204).

Ritschl, der „Hasser des Enzyklopädismus",[6]) hat aber für die

---

1) Konrad Hofmann, J. A. Schmeller. München 1885. S. 17.
2) Wille a. a. O. S. 23. Auch Heeren und natürlich Molbech (S. 119 f. der
deutschen Ausgabe) wären hier zu nennen.
3) Heyne wünscht in einem Gutachten vom 28. Nov. 1763, daß tüchtige
Kustoden zum Bibliothekariat kommen müssen, und 1784 entwickelt er den
Plan der Anstellung von „einem Paar junger Literatoren, die von unten an
sich hinauf und in die Bibliothek selbst einarbeiten, und wovon dann der
eine für die alte gelehrte Litteratur und der andere für die neue Litteratur
und modernen Sprachen seyn müßte". Göttinger Kuratorialakten.
4) Pütter weist in einem Bericht vom 28. Nov. 1763 darauf hin: „wie inzwischen die Bibliothek einen ganzen Mann erfordert, und als das edelste
Kleinod der Universität vorzüglich wohl verdient, daß einer, der sich derselben gänzlich und nicht nebenher widmet, auch reichlich dabey versorgt
werde." Göttinger Kuratorialakten.
5) Heyne über J. D. Reuß am 8. Juli 1782 in einem Bericht nach Hannover:
„Sein einziger Wunsch sey, sich für sein ganzes Leben der Bibliothek zu
widmen," und er gedenke es sich zur Gnade auszubitten, „daß er nie Collegien
zu lesen gezwungen seyn möge". In seiner Berufung vom 24. Sept. 1782 wird
Reuß zwar als Prof. extraord. angesetzt, aber zu keinen Vorlesungen verpflichtet, er habe sich nur der Bibliotheksarbeit zu widmen. Göttinger Kuratorialakten.
6) Bürger a. a. O. S. 65.

Konsolidierung des bibliothekarischen Berufes noch mehr getan. Hätte
E. durch seinen falschen Standpunkt, von dem aus er die Vergangenheit belehren zu müssen glaubt, sich nicht selbst die Augen getrübt,
dann würde er Gelegenheit gehabt haben, aus der eingehenden, freilich
nur zu oft lokal begrenzten Kenntnis der bibliothekarischen Tätigkeit
eines Jahrhunderts heraus aufklärend und beruhigend auf den seit
mehr als 10 Jahren entbrannten und noch nicht geschlichteten Streit
der Gegenwart über den wahren Inhalt des wissenschaftlichen bibliothekarischen Berufes einzuwirken nach dem Wort, daß die Geschichte
einer Wissenschaft diese Wissenschaft selber sei.

Es konnte hingewiesen werden auf die merkwürdigen Antinomien
in diesem Beruf, der schärfste Konzentration verlangt und jeden Augenblick zur Zerstreuung einlädt, der dem Gelehrtesten neben dem Un-
gelehrtesten in unmittelbarem Nebeneinander Raum gibt, der klassische
Gelehrtenköpfe hervorbringt wie Schmeller und Delisle und daneben
gehalt- und gestaltlose Polygraphen nährt, es konnte hingewiesen
werden auf die ungeheure Gefahr des bloßen Wissens um die Dinge
statt der Kenntnis der Dinge selbst, zu der die Tausende von bloßen
Büchertiteln verführt, die sich im Kopf des Bibliothekars ohne innere
Verbindung ansammeln, und es mußte versucht werden in diesem Streit
der Gegensätze den festen archimedischen Punkt zu finden. Es mußte
ausgesprochen werden, daß in dem rein Praktischen, in dem ein inneres
Wachsen kaum möglich ist, und in Ergänzung dazu, auch in der
Theorie dieser Praxis die Tätigkeit des Bibliothekars nicht beschlossen
ist; wesentliche Seiten seines Berufes werden dadurch nicht berührt.
Das ist eine allgemeine Erkenntnis, und auch wenn zu Zeiten derartige
technischen und Verwaltungs-Fragen im Vordergrund der Erörterung
zu stehen scheinen, so hätte deshalb ein Bibliothekar es sich doch
versagen müssen, das unter allen Umständen falsche Wort Diels' von
einer „sich Selbstzweck gewordenen Bibliothekswissenschaft" nach-
zusprechen.[1]) Aber auf die Gefahr hin mißverstanden zu werden,
mußte es auf der andern Seite gesagt werden, daß auch der Spezial-
gelehrte und wäre es der gelehrteste Byzantiner, wenn er sich inner-
lich von der Bibliothek abkehrt, niemals für den Geist der Bibliothek
in Anspruch genommen werden darf, ja daß in ihm der Versorgungs-
und Verlegenheitsbibliothekar der alten Zeit in einer ärgerlicheren
Form wiederaufgelebt ist. Ein anderer hat geglaubt mit dem Phantom
der „allgemeinen Bildung" die Lücke ausfüllen zu können, die zwischen
dem Bibliothekar und seiner Arbeit klafft,[2]) aber diese „allgemeine
Bildung" ist nur Rankenwerk und keine Stütze. Ja auch die Pflege
der bloßen Literärgeschichte und besonders in der Form der wissen-
schaftsfremden reinen Bibliographie ist durch den Mangel an inhalt-

---

1) Otto Hartig, Die Gründung der Münchener Hofbibliothek. München
1917. S. VI (Abhandlgn. d. K. Bayer. Akad. d. Wiss., Philos.-phil. u. hist. Kl.
XXVIII, 3).
        2) Friedr. Arnold Mayer, Der mittlere Dienst. Wien 1914. S. 10 (= Bei-
träge zur Bibliotheksverwaltung H. 1).

lichen · Werten niemals im Stande, das ausgleichende Gegengewicht abzugeben gegen das betäubende tägliche Vielerlei, das um die Dinge herum und in die leere Weite führt; wer es noch nicht weiß, den kann Lichtenberg zur Besinnung bringen, der einen seiner schärfsten Pfeile gegen den bloßen Literator in der Wissenschaft richtet, „in der er nicht selbst gedacht hat, aber tausend historisch-literärische Umständchen weiß".[1]

Wohl aber ist ein Wort Savignys geeignet in die völlig in Verwirrung geratene und in Ratlosigkeit befangene Frage der Bildung des Bibliothekars — denn um nichts anderes handelt es sich in dem gegenwärtigen Streit — Licht und Ordnung zu bringen. Das Wort stammt aus einer Zeit, in der es sich darum handelte, dem Berufe des praktischen Juristen eine Vertiefung zu geben durch die Verknüpfung der Praxis mit einer lebendigen, sich stets fortbildenden Theorie, „dem einzigen Mittel, geistreiche Menschen für den Richterberuf wahrhaft zu gewinnen". „Zwar Ehre und Rechtlichkeit, sagt Savigny, kann der Richterstand auch ohne dieses haben, auch kann er sich fortwährend bilden durch Beschäftigungen außer seinem Beruf, wie sie Jeden nach seiner Eigenthümlichkeit vorzugsweise ansprechen: aber ganz anders wird es sein, wenn der eigene Beruf selbst durch seinen Zusammenhang mit dem Ganzen einen wissenschaftlichen Charakter annimmt, und selbst zu einem - Bildungsmittel wird."[2]

Auch der Bibliothekar hat spezifische Arbeitsgebiete, die freilich mit der sogenannten „Bibliothekswissenschaft" nichts zu tun haben, da ihnen der systematische Zusammenhang ganz und gar abgeht. Abei wem sollte es näher liegen als dem Bibliothekar neben der Theorie seiner Technik und ihrer Geschichte die Bibliotheksgeschichte als ein Stück Wissenschaft zu pflegen, sich zum Kenner der Handschriften und der seltenen Drucke seiner Bibliothek auszubilden, damit das Kuriosum schwindet, daß zwar der Numismatiker ein Kenner von Münzen, der Botaniker ein Kenner von Pflanzen, der Chemiker ein Kenner von chemischen Verbindungen ist, der Bibliothekar aber beileibe kein Kenner von Büchern; daß selbst auf dem scheinbar trockensten Gebiet, dem der Druckergeschichte, über die Kenntnis bloßer Namen hinaus inhaltliche und Anschauungswerte zu gewinnen sind, dafür braucht es heute keiner namentlichen Beweise mehr.[3] Wie aber ein Staat ohne Staatsgedanken zerfällt, so zerfällt ein wissenschaftlicher Beruf ohne einen wissenschaftlichen Berufsgedanken. Erst die Tätig-

---

1) G. Chr. Lichtenberg, Verm. Schriften. Neue Ausg. Bd 1. Göttingen 1844. S. 296.
2) F. C. v. Savigny, Vom Beruf unsrer Zeit für Gesetzgebung. Heidelberg 1814. S. 129. Vergl. dazu die gedankenreichen und geistvollen Ausführungen bei L. Kuhlenbeck, Von den Pandekten zum Bürgerl. Gesetzbuch. Th. 3. Berlin 1901 S. 528 ff.
3) Wie geringschätzig lautete noch das Urteil Döllingers über Lappenbergs Tätigkeit auf diesem Gebiet!

keit, die der Bibliothekar auf seinen spezifischen Arbeitsgebieten entfaltet, gibt ihm Haltung in seiner zerstreuenden praktischen Arbeit,
sie erst gibt ihm das echte Standes- und Berufsbewußtsein, das ihn
mit den besten Vertretern seines Berufes in einer Jahrhunderte alten
Vergangenheit wieder in unmittelbare Verbindung bringt, sie löst das
Doppelleben in eine einheitliche organische Existenz auf und sie lehrt
uns „das mit Ehren sein, was uns nährt" (Gottfr. Keller).

Diese spezifischen Arbeitsgebiete hatte schon Ritschl mit seinen
„Alexandrinischen Bibliotheken" betreten. E. aber hat es gar nicht
als seine Aufgabe betrachtet, die innere Geschichte seines Instituts,
dieses besondere bibliothekarisch-wissenschaftliche Pathos im Verlauf
des verflossenen Jahrhunderts zu erforschen, ja er scheint dieses zentrale
Problem überhaupt nicht gesehen zu haben. Denn sonst hätte
es niemals geschehen können, daß ein Mann wie Gustav Becker, der
von anderen als Bibliothekar „glänzend empfohlen" war, als eine
„bittere Enttäuschung" bezeichnet und nebenbei in einer Fußnote ab-
getan wird (S. 242), und zwar deshalb, weil der Herausgeber der
„Catalogi bibliothecarum antiqui", wenige Jahre vor seinem Tode
offenbar damals schon ein schwerkranker Mann, den Ausleihedienst
nicht ohne fremde Hilfe hatte versehen können, den heute jeder
Sekretär im Verein mit einem Diener aufs Beste versorgt. Ich stehe
nicht an auf diesen Punkt hinzuweisen als auf einen dunklen Fleck
in Ermans Geschichte der Bonner Universitätsbibliothek. —

Zum Schluß bringt der Verfasser die lehrreichen Buchbindertarife
seit 1821 und ein gutes Register, das allen Stichproben Stand gehalten hat.

Breslau.   Georg Leyh.

Die Zukunft der deutschen Kriegssammlungen.

Einer der namhaftesten Kriegssammlungen, der des Großkaufmanns
Theodor Bergmann in Fürth (Bayern), gilt eine kostspielige Veröffentlichung mit vielen Tafeln und einem beschreibenden Text von Dr.
Hilsenbeck (im Selbstverlag).[1] Es liegt der Vergleich mit Katalogen
wertvoller Kunstsammlungen, in Privatbesitz nahe, und Anerkennung
verdient allein schon die Tatsache, daß in einem Augenblick größter
materieller Sorgen die Aufmerksamkeit weiterer Kreise auf ein so
eigenartiges und neues Gebiet geistiger Betätigung zu lenken versucht
wird. Der Zweck des Buches ist wohl darin zu erblicken, an Stelle
der vielen zerstreuten Veröffentlichungen über einzelne Gruppen des
vom Weltkrieg befruchteten Sammelwesens einen Ueberblick über das
ganze Gebiet zu geben und den zahlreichen Sammlern einen Vergleich
mit dem Ertrag der eigenen Arbeit zu ermöglichen. Zum erstenmal
erfährt der Laie Genaueres über Umfang und Abgrenzung einer „Kriegs-

---

[1] S. oben S. 142.

sammlung". Der Fachmann wird voll Neugier in dem Buche blättern, seinen Ehrgeiz angestachelt oder befriedigt sehen, je nach dem die Sammlung Bergmann den Vorsprung in Sammelglück und Findigkeit hat, oder umgekehrt. Da der Text im wesentlichen die Abbildungen erläutern soll und diese begreiflicherweise das Seltene und Seltsame in den Vordergrund stellen, so konnten mit gleicher Ausführlichkeit nicht alle Gruppen beschrieben werden. Das Gebiet der eigentlichen Kriegsliteratur ist überhaupt nur gestreift, da Kriegsbücher offenbar nicht systematisch, sondern auch nur unter dem Gesichtspunkt der „Rarität" gesammelt wurden. So erhebt sich denn der Zweifel, ob der Wissenschaft mit der Veröffentlichung wirklich gedient und ob es überhaupt gelungen ist, die geschichtliche Bedeutung dieser mit zähem Fleiß und bewundernswerter Hingabe gepflegten Sammlung glaubhaft zu machen? Dieser Zweifel kann füglich auf alle derzeit bestehenden Kriegssammlungen ausgedehnt werden. Ob mit wissenschaftlichem Anstrich oder nicht, sie sind alle dem „Sammelsport" verfallen und haben sich durch den Zwang der Umstände auf bestimmte Richtlinien festlegen müssen, die, so wie sie sich gebildet hatten, nun einmal angenommen werden mußten, da sich allen Sammlern ungefähr dieselben Möglichkeiten boten und dieselben Hemmungen entgegenstellten. Wenn man also von Kriegssammlungen redet, so sind darunter — immer abgesehen von der eigentlichen Kriegsliteratur — immer dieselben Anhäufungen von Raritäten und Kuriositäten zu verstehen. Kuriositäten können geschichtlich sein, Geschichte ist aber keine Kuriositätensammlung. — Damit sollen keine Bedenken gegen die Berechtigung des Sammelns, wohl aber gegen die wissenschaftliche Vollwertigkeit des gesammelten Stoffes erhoben werden.

Bei der Sammlung Bergmann weiß man überhaupt nicht, was ihre künftige Bestimmung sein wird. Da sie eine der reichhaltigsten Privatsammlungen und durch das Buch von Hilsenbeck in das öffentliche Interesse gerückt ist, so wären Andeutungen am Platze gewesen. Will der Begründer sich dauernd seines Eigenbesitzes erfreuen, will er ihn der Forschung zugänglich machen, gedenkt er eine großzügige Stiftung zu machen, oder soll dieses Riesenwerk etwa eines Tages über den großen Teich wandern, nach dem einzigen Lande, wo für Kulturzwecke noch Millionen zur Verfügung stehen? Man erfährt auch nichts über die technisch so wichtige Frage, wie all diese Papiermassen geordnet, katalogisiert und vor dem Verderb geschützt sind. Das sind brennende Fragen für die mit Kriegssammlungen Betrauten. Das Buch nimmt sie ihnen nicht ab, erregt aber neue grundsätzliche Zweifel und Bedenken.

Diese fangen schon bei dem Namen an: „Kriegssammlung" ist keine ideale Bezeichnung, auch die sonst vertretenen: „Kriegsarchiv", „Kriegsbücherei" decken den Begriff nur halb. — Dann kommt die Frage: Was soll gesammelt werden? Darauf geben Bergmann-Hilsenbeck eine Antwort, mit der man sich, nach dem heutigen Stand der Dinge, begnügen muß. Die Fachgenossen finden bestätigt, was sie schon vorher

wußten, daß sie nämlich alle dasselbe sammeln, nur daß von einer
Spezialität der eine mehr, der andere weniger besitzt. Sie stellen fest,
daß sie insgesamt ungefähr aus denselben Quellen geschöpft haben,
soweit sie ihnen nicht obrigkeitliche Engherzigkeit verstopft hat. Sie
bahnten sich im Laufe der Jahre unfehlbar den Weg zu denselben
Gebieten, die sich ausbeuten ließen. Sie haben im Inland, im besetzten Gebiet und an der Front dieselben Instanzen in Kontribution
gesetzt und waren von deren Wohlwollen und Einsicht abhängig. Sie
haben von ihren Buch- und Kunsthändlern im neutralen Ausland, —
übermäßig findig waren sie nicht! — je nach dem Umfang des Geld-
beutels dieselben Kriegskuriositäten aus den feindlichen Ländern bezogen. Sie haben alle das Menschenmögliche geleistet und das Erreichbare unter Dach und Fach gebracht.

Was soll nun aber eine spätere Wissenschaft mit dem allem
anfangen, was ungefähr nach demselben Schema in Berlin, Leipzig,
München, Stuttgart, Jena usw. aufgespeichert worden ist? Wird sie
nicht vieles als bloße Modeliebhaberei ausscheiden? Was soll der
wissenschaftliche Ertrag all der vielfältigen Anhäufungen von Notgeld,
Lebensmittelkarten, Briefmarken, Plakaten, Feldzeitungen, Fliegerabwürfen, Karikaturen usw. sein? Und ist denn nicht jetzt schon so
manche eigenartige Erscheinung der Kriegszeit kulturgeschichtlich
derart festgelegt, daß in Zukunft viel darüber nicht mehr nachzutragen
sein wird? Wie viele mehr oder minder vollständige Notgeldkataloge
gibt es schon, wie ausgiebig ist das Gebiet der feindlichen „Front-
propoganda" behandelt! Ein Berliner Archivar hat das Studium und
das Verzeichnen von Fliegerabwürfen geradezu zu seinem Sonderfach
gemacht und zahlreiche Abhandlungen für Laien und Fachmänner
darüber geschrieben. Nur die eine Frage ist noch nicht endgiltig
gelöst, wie weit durch diese papierenen Angriffe aus der Luft die Zer-
mürbung unserer Front erreicht wurde. Sie wird mit Sicherheit überhaupt nicht zu entscheiden sein. Wozu also dieses Jagen und Geizen
nach ein paar Hundert Zetteln und Büchelchen, deren geschichtlicher
Wert episodenhaft bleibt? Auch über Feldzeitungen und Verwandtes
gibt es eine beträchtliche Literatur, darunter mehrere Kataloge in
Buchform. Keiner ist vollständig; vielleicht werden Neuauflagen diesen
Mangel beseitigen. Das Bildplakat der Kriegs- und Revolutionszeit ist
in Kunstzeitschriften und Monographien ausgiebig behandelt. Große
Papiermassen haben also der Forschung ihren Tribut schon so ziemlich
gezollt. Das Gebiet der Kriegskunst ist übrigens an dauernden Werten
genau so dürftig, wie das der Kriegsdichtung! — Die Textplakate,
d. h. die Verordnungen und Bekanntmachungen in Form von Mauer-
anschlägen enthalten zum großen Teil keinen andern Stoff, als den in
Gesetz-, Kreis- und Verordnungsblättern abgedruckten. Es gilt dies
hauptsächlich vom besetzten Gebiet. Im Inland bieten die behördlichen
Maueranschläge aus der Kriegszeit nur mäßiges geschichtliches Interesse;
sie gleichen sich auch zu sehr unter einander. Diejenigen der Revolutionszeit, namentlich die nichtamtlichen, warten allerdings noch auf
ihre wissenschaftliche Verwertung. Doch hat die Ausbeutung schon

begonnen. So ist z. B. eine Sammlung von Proklamationen, Bekanntmachungen usw. aus der Zeit der Münchener Räterepublik in Broschüren-
form um den Preis von 2,50 M. käuflich, während vor Jahresfrist ein
betriebsamer Münchener Drucker 70 Plakate der genannten Zeit den
Kriegssammlungen um 1000 M. anbot!

Das alles wird dem eingefleischten Liebhaber die Freude an seinem
Besitz nicht rauben. Sammeleifer gebärdet sich immer als Förderung
der Kulturgeschichte, und Kriegsdokumente im landläufigen Sinne
sammeln heißt nun einmal nichts anderes, als die Auswirkungen einer
im tiefsten aufgewühlten Epoche durch das Unscheinbare und Zufällige
in Massenanhäufung illustrieren zu wollen. Vieles wäre in Kriegsausstellungen geschickt und lehrreich zu verwenden. Und in der Tat
lag der Gedanke nahe genug, nach einem siegreichen Kriege in Schau-
sammlungen die Erinnerung an große Begebenheiten festzuhalten. Es
wurden allenthalben gigantische Pläne für Kriegsausstellungen ins Auge
gefaßt. Das ist nun vorbei! — Aber auch im günstigsten Falle wäre
man der technischen Schwierigkeiten nicht Herr geworden: das Kriegs-
material ist zu miserabel! Licht, Luft, Staub und Feuchtigkeit hätten
Papier und Farbe im Handumdrehen zerstört. Das ist denn auch der
nagende Wurm am Bestand aller Kriegssammlungen. Das Papier der
Plakate, Fliegerabwürfe usw., überhaupt alle Ersatzstoffe, werden auch
bei bester Pflege nicht viele Jahrzehnte überdauern. Und selbst wer
weitsichtig und begütert genug war, etwa die wertvollsten Blätter auf
starkem Papier oder Schirting aufziehen zu lassen, ist dessen nicht
sicher, ob nicht säurehaltiger Ersatz-Klebstoff das Zerstörungswerk trotz
allem vollbringen wird. Selbst gebundenen Büchern und Zeitungen
droht Gefahr. Die Sorge für ihre Erhaltung ist sehr ernst. Es soll
übrigens Kriegsbüchereien geben, die in Erwartung besserer Zeiten
nach einem siegreichen Krieg überhaupt noch nichts haben binden
lassen. Sie gehen keiner beneidenswerten Zukunft entgegen!

„In Erwartung besserer Zeiten“ ertrug denn auch der Kriegssammler
die Ketten der feindlichen Blockade. Sie hat ja auch den geistigen
Verkehr von Land zu Land unterbunden. Später, wenn die Grenzen
wieder aufgingen, sollte eine neue, mit Ungeduld erwartete Ernte beginnen, der Weltverkehr mit Kriegsdokumenten einsetzen. Deutscher
Zähigkeit und Gründlichkeit wäre das wohl zur rechten Zeit gelungen,
die abgerissenen Fäden wären aufs neue angeknüpft, der Austausch
großzügig in die Wege geleitet worden. Indessen, die Blockade dauert
unter anderem Namen noch immer an. Die größten Pläne müssen an
der eingerissenen Armut scheitern. Die Not der deutschen Bibliotheken
lastet besonders schwer auf den Kriegssammlungen. Ihren seitherigen,
durch die Gruppierung der kriegführenden Mächte begrenzten Besitzstand verdanken sie raschem Zugreifen, jede auf eigene Faust. Denn
das bischen interner Tauschverkehr hat keine in beträchtlichem Sinne
gefördert; auch eine Verbandsgründung hat nur geringfügige praktische
Ergebnisse gezeitigt. Die Sammler mußten aber notwendig auf internationale Verbindungen rechnen, denn der Planet brannte an allen
Ecken und Enden. Ueberall, wo etwas los war, dachte man sich Ge-

schäftsfreunde und Tauschkollegen für später nach dem Krieg. Auf
Dokumente der Sinn-Fein-Bewegung in Irland und Amerika durfte nicht
ohne weiteres verzichtet werden. Irgendwie hätte man seine Fühler
bis in das Kerenskische Petersburg, das Leninsche Moskau, oder in
das d'Annunziosche Fiume ausstrecken sollen. Denn die Hauptwaffe
des Weltkriegs war allenthalben das bedruckte, beschriebene und be-
malte Papier. — Nun ist die rechte Zeit verpaßt; die Welternte fällt
vielleicht Engländern und Amerikanern in den Schoß, falls die Sammelwut
auch diese befallen hat. Und die Nachlese für uns wird dürftig bleiben.
Bis wir wieder kaufkräftig oder zum Weltverkehr zugelassen sein
werden, ist es für internationale Ausdehnungsmöglichkeiten im Sammelwesen zu spät.

So wäre es denn nicht zu verwundern, wenn zu guter letzt auch
die Geduld eines deutschen Sammlers und Sonderlings allmählich zu
Ende ginge. Der Zwang, Weltkrieg und Revolution sechs lange Jahre
hindurch nur unter dem Gesichtswinkel des Sammelnmüssens zu betrachten, als betriebsamer Fischer unentwegt seine Netze im reißenden
Strom des Weltgeschehens auszulegen, das beste Gut davonschwimmen
zu sehen und für den kargen Fang bei den durch tausend Sorgen be-
drückten Zeitgenossen um ein wenig Anerkennung zu werben, der
atemlos fortstürmenden Zeit immer irgend einen papierenen Niederschlag, ein zufälliges Zeugnis abringen zu müssen, worin sich das Welt-
geschehen wiederspiegeln soll, — und am Schlusse einzusehen, daß
unter der Einwirkung der Niederlage und des wirtschaftlichen Nieder-
gangs kein Mensch Zeit und Sinn für wissenschaftliche Mikrologie auf-
zubringen vermag, — das alles mag die aufkeimende Entmutigung
und Enttäuschung erklären, der die mit dem Kriegssammlungswesen
betrauten Bibliothekare und Archivare anheimfallen. Ueberall Fülle
des Stoffes, und doch kein Abschluß, Riesenfleiß, der über Lücken und
Unzulänglichkeit nicht Herr werden kann, und zu allem hin der Zweifel
an der praktischen Ausnutzungsmöglichkeit, an der Dauerhaftigkeit der
Sammelobjekte, da das Material so schlecht ist und der Aufwand zur
technischen Konservierung über die Kraft geht. — Fürwahr, wenn Herr
Bergmann seine Schätze, die die Motten und der Rost fressen werden,
eines Tages ins kaufkräftigere Ausland abfließen ließe, so müßte man
es eben mit einem Achselzucken geschehen lassen.

Die deutschen Bibliotheken haben wenigstens den Trost, ihre
Sammlung an Kriegsbüchern aus aller Herren Länder mit heißem Bemühen rechtzeitig unter Dach und Fach gebracht zu haben, so lange,
bis eben die gesunkene Kaufkraft des deutschen Geldes einen Riegel
vorschob. Ganz so heruntergekommen wie im rohstoffarmen Deutschland ist ja die fremde Büchererzeugung im allgemeinen nicht; und
sorgsame Buchbinderarbeit vermag vielleicht auch des armen deutschen
Buches Lebensdauer bis zu dem Augenblick zu sichern, wo der Weltkrieg historisch und für die Forschung ein Feld objektiver wissenschaftlicher Betrachtung geworden sein wird.

Stuttgart. Karl v. Stockmayer.

David Hoeschels Beziehungen zur Heidelberger Palatina.

Die Grundlage unserer Untersuchung bildet ein Quartband in Pergament, den die Heidelberger Universitätsbibliothek im Jahre 1887 aus Münchener Antiquariatsbesitz erworben hat, ein Sammelband, der jetzt unter der Signatur 369, 306 in die Codd. Heidelbergenses eingereiht ist. Er enthält die Drucke:

1. Anna Comnena, Alexiados libri VIII de rebus a patre gestis. Nunc primum a Dauide Hoeschelio A[ugustano] ex Aug[ustanae] Reip[ublicae] Bibliotheca editi. Augustae Vindelicorum, ad insigne pinus; cum priuilegio Caes. Maiest. perpetuo, 1610. 4⁰.

2. S. Athanasius, Vita S. Antonii eremitae. E codice Boico nunc primum edita cum Davidis Hoeschelii Augustani interpretatione ac notis. Augustae Vindelicorum, ad insigne pinus, imprimebat David Franck, 1611. 4⁰.

und handschriftlich:

3. [Sylburg, Friedrich] Catalogus librorum Graecorum Bibliothecae Palatinae Electoralis. 70 Bll. Abschrift einer Kanzleihand, hat einige Abweichungen vom Druck des Katalogs in den Miegschen Monumenta pietatis . . . I, 1702 und enthält nur Codd. 1—364 anstatt 431.

4. Phlegon Trallianus. $\Phi\lambda\epsilon\gamma o\nu\tau o\varsigma$, $\dot{\alpha}\pi\epsilon\lambda\epsilon\upsilon\vartheta\epsilon\varrho o\upsilon$ $\dot{A}\delta\varrho\iota\alpha\nu o\tilde{\upsilon}$ $\varkappa\alpha\iota\sigma\alpha\varrho o\varsigma$, $\pi\epsilon\varrho\iota$ $\tau\tilde{\omega}\nu$ $\dot{O}\lambda\upsilon\mu\pi\iota\omega\nu$. 1 Bl.

5. Einen Brief folgenden Inhalts: S. Mitto apographum de Olympiadibus e Bibliotheca Electorali, et specimen Procopii ea forma, qua imprimendum censet dominus Velserus. Pro catalogis habeo gratiam: eiusdem generis indicem Heidelbergae efficiam, ut Gruterus edat, quem spes est illic Bibliothecarium in locum Melissi futurum. haec raptim ad tuas Laconicas. bene vale vir nobilissime.

Postridie Kal. Maij 1602. Augustae.
M. T. O.
DH.

6. Scylax [Caryandensis]. Scylacis vita et antiquitas (f. 2). Scylacis Caryandei navigatio marina per orbem (f. 3ᵛ). Eiusdem Scylacis Cariandensis lustratio ambitusque orbis (f. 39). 39 Bll. lateinisch.

7. Incerti auctoris [Scymnus Chius] $\pi\epsilon\varrho\iota\dot{\eta}\gamma\eta\sigma\iota\varsigma$. 31 SS. Schließt in der vorliegenden lateinischen Uebertragung mit Vers 742 der griechischen Ausgaben. „Reliqua desiderantur."

8. Dicaearchi fragmentum. 2 SS. lateinisch. Entspricht dem griech. Text hrsg. von David Hoeschel, Augsburg 1600, S. 180—182; also nur der Schluß des Werkes. (Scylax, Scymnus u. Dicaearchus von gleicher, stark kursiver Hand.)

Für die Provenienz des Bandes wichtige Einträge stehen auf der Innenseite des Vorderdeckels wie auf dem Vorsatzblatt gegenüber dem K ersten Titelblatt mit Rotstift geschrieben die alte Signatur XII und auf 9 1 dem Titelblatt in Tinte: Collegij Societatis Jesu Ingolstadij 1656. Ex hereditate Herwartiana, ferner am unteren Rand desselben Titelblattes

die Signaturen: Cantzler A 2 und ebenso auf dem Titelblatt von Athanasius: Cantzler A 3. Daraus ergibt sich, daß der Band als Erbe dem
Jesuitenkolleg in Ingolstadt zufiel· und früher Eigentum des bayrischen
Kanzlers Hans Georg Hoerwarth von Hohenburg war, jenes hochge-
bildeten Augsburgers, unter dessen Mitwirkung das Verzeichnis der
griechischen Handschriften der Münchener Hofbibliothek im Jahre 1602
als erster gedruckter Handschriftenkatalog einer fürstlichen Bibliothek
in Deutschland veröffentlicht wurde.[1]) Er ist derselbe, von dem Theiner
behauptet hat,[2]) er habe auf Geheiß des Herzogs Wilhelm von Bayern
für die herzogliche Bibliothek, wahrscheinlich im Jahre 1580, einen
Katalog der griechischen Handschriften der Palatina gemacht, der dann
durch den Jesuiten Jakob Gretser in Abschrift Antonio Possevino vermittelt und von diesem in ausgiebigem Auszug im dritten Band seines
1606 in Venedig erschienenen Apparatus sacer ad scriptores veteris
et novi ·testamenti gedruckt wurde. Friedrich Lorenz Hoffmann[3]) und
neuerdings Karl Christ[4]) haben erwiesen, daß der von Theiner dem
bayerischen Kanzler zugeschriebene Katalog der griechischen Handschriften der Palatina identisch ist mit dem auch in unserem Sammelband handschriftlich überlieferten wohl kaum vor dem Jahre 1591
verfaßten Verzeichnis Sylburgs. Insofern mag aber der gelehrte Kanzler
an dem Zustandekommen der Sylburgschen Arbeit mittelbar oder unmittelbar beteiligt gewesen sein, als er sie wie nachher den oben schon
genannten Münchener Katalog, sei es durch Mitarbeit oder doch durch
Anregung, gefördert hat. In ähnlicher Weise ist der 1595 erschienene
Katalog der griechischen Codd. der Stadtbibliothek in Augsburg von
David Hoeschel auf die Initiative Markus Welsers zurückzuführen. Mit
beiden, dem gelehrten Augsburger Bürgermeister und vielgepriesenen
Mäzen der humanistischen Bildung, Markus Welser, und dem trefflichen Leiter des Gymnasiums St. Anna und Bibliothekar der Augsburger Stadtbibliothek, David Hoeschel (1556—1617) stand Johann
Georg Hoerwarth von Hohenburg, wie diese auch aus Augsburg stammend,
in nahen, mit Welser auch in verwandtschaftlichen Beziehungen. Ihre
gemeinsamen wissenschaftlichen Interessen begegneten sich in der
Gründung der berühmten Augsburger Druckerei „ad insigne pinus",
die mit besonderem Kaiserlichen Privileg ausgestattet eine Reihe wertvoller Werke veröffentlicht hat, darunter auch die von David Hoeschel
besorgten Texte griechischer und lateinischer Autoren. Zwei solcher
Ausgaben enthält unser Sammelband. Aber auch seine handschrift-
lichen Bestandteile stehen zu den Drucken in einem Verhältnis enger·
Zusammengehörigkeit. So erscheinen Scylax und Dicaearchus in direkter

---

1) Otto Hartig, Die Gründung der Münchener Hofbibliothek, 1917, S. 102.
2) Augustin Theiner, Schenkung der Heidelberger Bibliothek durch
Maximilian I. an Papst Gregor XV., 1844, S. 23.
3) Friedrich Lorenz Hoffmann, Ein Verzeichnis von Handschriften der ehemaligen Heidelberger Bibliothek, im Serapeum, Jahrg. 11, 1850, S. 165.
4) Karl Christ, Zur Geschichte der griechischen Handschriften der Palatina,
in dieser Zeitschrift, Jahrg. 36, 1919, S. 19 f.

Beziehung zu Hoeschels Edition der Geographica, Augsburg, ad insigne pinus, 1600. Im besonderen weisen darauf noch die am Rande der Hs. zunächst mit roter, dann schwarzer Tinte geschriebenen Zahlen 108—161 hin, die den Seitenzahlen des Druckes von Höschels griechischer Ausgabe vom Jahre 1600 entsprechen. Diese Edition der Geographi minores ist von Hoeschel Johann Georg Hörwarth von Hohenburg gewidmet; zu Grunde liegen ihr Hss. von Isaac Casaubonus, aus dem Besitz des Kanzlers und vor allem der Palatina. Auch Marcus Welser war an dem Buche beteiligt, wie aus Hoeschels Einleitung zu entnehmen ist und aus den Empfangsscheinen für geliehene Hss. der Palatina, die Theiner veröffentlicht hat.[1] Insbesondere war der Pal. graec. 142 für die Textgestaltung maßgebend. Hoeschel mag es gewesen sein, der auf dem letzten Blatt der Hs. die von Stevenson erwähnten Bemerkungen zu Scylax, Marcian und Dicaearchus geschrieben hat.

Weiteren Aufschluß gewährt der oben unter Nr 5 abgedruckte Brief, der mit der vorhergehenden gleichfalls aus der Palatina geschöpften Abschrift von Phlegons Olympiaden von der gleichen Hand geschrieben auf dem gleichen Bogen steht. Wer ist der Schreiber, wer der Empfänger des Briefes? Angesichts des Umstandes, daß David Hoeschels Name mehrfach schon mit dem Inhalt des Bandes verknüpft ist und auch die Ortsangabe Augsburg dafür spricht, sind die in monogrammatischer Ligatur miteinander verbundenen Initialen der Unterschrift D. H. zweifellos mit David Hoeschelius aufzulösen. Mit der gleichen Sicherheit ist auch der ungenannte Adressat zu ermitteln, nämlich Johann Georg Hoerwart von Hohenburg, den schon die Provenienz des Bandes vermuten läßt. Ihm kommt auch das Prädikat nobilissimus vir zu wie die Schlußformel des Briefes M. T. O., d. i. magnificentiae tuae observantissimus, die auch sonst Würdenträgern von Adel gegenüber damals in Gebrauch war.

Auch der weitere Inhalt des Briefes stützt unsere Feststellung. Die griechische Ausgabe des Prokop, die Markus Welser für druckreif ansah, liegt in der Edition von David Hoeschel, Augsburg 1607 tatsächlich vor. Und der Katalog, für den Hoeschel dankte, dürfte kein anderer als der von Hoerwart veranlaßte und im gleichen Jahre erschienene der griechischen Hss. der herzoglichen Bibliothek in München gewesen sein. Von besonderer Bedeutung ist die Nachricht über Gruter und die von ihm gewünschte Bearbeitung eines ähnlichen Kataloges der Heidelberger Handschriften. Daß nur an eine Edition des Sylburgschen Kataloges dabei gedacht war, ist bei der Unbestimmtheit und Kürze des Ausdrucks zwar nicht ausgeschlossen, aber doch kaum anzunehmen; Höschel hätte in diesem Fall Sylburgs Namen wohl genannt. Wie mit Markus Welser verbanden Janus Gruter, der seit 1593 als Professor der Geschichte und seit 1602 als Bibliothekar der Palatina in Heidel-

---

1) Theiner, S. 88, 101, 105, wo auch die von Hoeschel selbst entliehenen Hss. überliefert sind.

berg tätig war, auch mit David Hoeschel wissenschaftliche und freund-
schaftliche Beziehungen.[1]) So konnte Hoeschel die Hoffnung, aussprechen, es werde ihm gelingen, wenn Gruter an die Stelle des
eben gestorbenen Bibliothekars der Palatina Paul Melissus träte, ihn
für eine Neukatalogisierung der Heidelberger Hss. oder wenigstens von
Teilbeständen zu gewinnen. Hoeschel glaubte in diesem Fall seiner
Sache sicher zu sein. Sehen wir zu, ob er sich nicht in seiner
Erwartung getäuscht hat. Eine Neukatalogisierung der griechischen
Hss. kam für die Palatina nicht mehr in Betracht, nachdem der den
damaligen Anforderungen in durchaus genügender Weise entsprechende
Katalog Sylburgs schon vorlag und selbstverständlich auch Hoeschel
wohl bekannt war. Hoeschel und Sylburg standen in genauer Ver-
bindung miteinander; wir wissen z. B., daß Sylburg Hoeschel Hss. der
Geographi minores leihweise überlassen hatte.[2]) Auch aus Hoeschels
Vorwort zu seinem Johann Georg Hoerwart gewidmeten Augsburger
Hss.-Katalog vom Jahre 1595 geht hervor, daß er mit Sylburg befreundet war und daß er schon damals Hieronymus Commelinus, dem
gelehrten Heidelberger Buchdrucker und Verleger von Katalogisierungs-
plänen spricht. Der Tod Sylburgs 1596 und Commelinus 1598 hat
diese Pläne zunächst mit ins Grab genommen. Wir sehen aber,
Hoeschel nimmt sie nach des Melissus Tod 1602 sofort in unserem
Brief mit Berufung auf Gruters vermutliche Nachfolgerschaft wieder auf.

Wie weit hat nun Gruter Hoeschels Hoffnungen erfüllt? Es ent-
steht die Frage, „ob Gruter mit der Fertigung von Katalogen sich
befaßt", die schon Johann Christian Felix Bähr[3]) mit seinem „wissen
wir nicht". offen gelassen hat. Ueberblicken wir Karl Christs treffliche,
schon zitierte Abhandlung, in der uns alles Erreichbare über die alten
Kataloge der Palatina kritisch erörtert zu sein scheint, so finden wir
keinen einzigen Anhaltspunkt für die Annahme irgendwelcher irgendwie bedeutenderer Neukatalogisierungen durch Gruter. Im günstigsten
Fall müßten etwa vorhanden gewesene vor dem Hereinbruch der
Katastrophe im Jahre 1622 bei Seite geschafft und dann verloren gegangen sein. Der Befehl Kurfürst Friedrichs V. aus dem Exil im Haag
vom Oktober 1621 an seinen Kanzler Johann Christoph von der Grün,
wenigstens die Handschriften der Palatina in Sicherheit zu bringen, ist
jedenfalls im großen und ganzen nicht beachtet worden. Und wenn
auch die Zeugnisse sich dafür mehren, daß Allatius eine Reihe von
Hss. entgangen ist, so ist doch bis heute unter diesen kein Hss.-Katalog
festgestellt worden. Das bekannte im Besitz der Hamburger Stadtbibliothek befindliche Hss.-Verzeichnis der Palatina aus dem Nachlaß
Isaac Gruters kann heute nach Christs Feststellungen nicht mehr als

1) Quellen zur Geschichte des geistigen Lebens in Deutschland während
des 17. Jahrhunderts, hrsg. von Alexander Reifferscheid. Bd I, 1889, S. 721.
2) Ant. Ruland, Zur Geschichte der alten nach Rom entführten Bibliothek
zu Heidelberg, 1856. S.-A. aus dem Serapeum, Jahrg. 17, S. 46 u. 48.
3) Die Entführung der Heidelberger Bibliothek nach Rom im Jahre 1623.
1845 (S.-A. aus dem Serapeum) S. 31.

originale Arbeit von Janus Gruter gelten. So müssen wir mit Christ
die Vorwürfe des Allatius, die auch schon Joseph Scaliger erhoben hat,
als berechtigt anerkennen, daß „die Ordnung und Verzeichnung der
Palatina, mit Ausnahme der griechischen Fonds, in den letzten Jahrzehnten ihres Bestehens keineswegs dem Weltruf entsprochen hat, den
die Bibliothek vermöge des Wertes ihrer Hss. und Bücherbestände mit
Recht genoß". Gruter hat die Palatina zwar mit großer, nach den
Ausleihscheinen zu urteilen mit allzugroßer Liberalität der wissenschaftlichen Welt zugänglich gemacht, er hat es aber unterlassen ihren
Besitz durch eine durchgreifende Neuaufstellung und Neukatalogisierung
bibliothekarisch gründlich festzulegen und zu sichern. Eine Anregung
dazu hatte er in den gewiß auch an ihn persönlich gerichteten Wünschen
David Hoeschels, die vielleicht letzten Endes von Johann Georg Hoerwart
ausgingen, gehabt.

Wenn unsere Vermutung, auch der Sylburgsche Katalog sei möglicherweise auf Veranlassung Hoerwarts entstanden, richtig ist, dann
wäre die immerhin merkwürdige Tatsache zu verzeichnen, daß beides
von Bayern ausging, die Anregung zur Neukatalogisierung der Palatina
durch den bayerischen Kanzler, wie zwei Jahrzehnte später die Exe-
kution an der Palatina durch Herzog Maximilian I. von Bayern. Damit
braucht aber nicht gesagt zu sein, daß die bayerische und vatikanische
Politik schon von langer Hand mit dem Plan des Raubes der Palatina
gerechnet hätte.[1])

Heidelberg.   Rudolf Sillib.

Kleine Mitteilungen.

Miszellen zur Inkunabelkunde. In seinem Buche über die Legende
vom heiligen Riesen Christophorus in der Graphik des 15. u. 16. Jahrhunderts,
München 1920. 4° bespricht E. K. Stahl unter No 56 einen Einblattdruck des
Germanischen Museums, der, obwohl schon in Schreibers Manuel No 1364, bei
Weigel und Zestermann 152 und bei Essenwein 95 mit Abbildung angeführt,
bei der Sammlung der Einblattdrucke hrsg. von der Kommission f. den GK
der Wiegendrucke übersehen wurde. Das Blatt hat außer dem Holzschnitt
an der rechten Seite und unten einen Text, enthaltend ein lateinisches Gebet
an den heiligen Christophorus. Diesen Text hält Stahl wegen „der zahlreichen [?] Ligaturen" entgegen der Ansicht Schreibers für xylographisch
hergestellt und läßt sich dadurch die einzige und fast unanfechtbare Grundlage zur Bestimmung der Herkunft des Blattes entgehen. Seine Ansicht ist
aber ganz unhaltbar, es ist unzweifelhaft Typendruck, und die Bestimmung
des Blattes als eines Erzeugnisses des Baseler Druckers Lienhart Ysenhut
war das Werk weniger Minuten. Die Nachbildung des Originals bei Stahl
ist nicht unbedeutend verkleinert, es mißt in der Höhe 258 mm, die Nachbildung nur 220 mm. Es ist gedruckt mit Ysenhuts Type 2, einer kleinen
Missaltype, derselben, mit der auch ein Donat gedruckt ist, von dem ich
zwei Seiten in der GfT Taf. 1017—1018 habe nachbilden lassen. Die Initiale
S (GfT Taf. 1020) kommt auch in Ysenhuts Aesopausgabe vor, mit Richels
Bibelinitialen von 1477 hat sie nichts gemeinsam als den Stil. Auch diese

1) Vgl. Theiner, S. 24.

Initiale ist ein Beweis, daß wir Typendruck vor uns haben, denn es wäre doch ein höchst merkwürdiges Verfahren, in einen Holztafeldruck eine selbständige Initiale einzufügen. Der Ursprung des Christophorus-Bildes ist natürlich nicht mit derselben Sicherheit zu bestimmen, doch ist es wohl wahrscheinlich, daß Ysenhut auch der Schöpfer des Bildes gewesen ist. In Stehlins Regesten wird er als Maler, Briefmaler, Briefdrucker, Heiligenmaler und Heiligendrucker bezeichnet, die Herstellung solcher Holzschnitte wie des Christophorus war also sein eigentlicher Beruf. Andererseits darf nicht verschwiegen werden, daß Ysenhut nachweislich (Stehlin 340) solche Arbeiten auch kaufte, entweder um Handel damit zu treiben oder um sie gelegentlich in seiner Druckerei zu verwenden. Isak Collijn hat i. J. 1909 in der Nordisk Boktryckkarekonst einen mit Ysenhutschen Typen gedruckten und mit seiner Druckermarke, dem eisernen Hut, beglaubigten Einblattdruck veröffentlicht, dessen dreiteiliger Holzschnitt mit „1478. i. r." signiert ist. Man könnte an Jakob Reydel denken, einen Heiligenmaler, der am 5. Januar 1486 das Baseler Bürgerrecht kaufte (Stehlin 1287). Also sicher ist die Urheberschaft Ysenhuts an dem Christophorus nicht, jedenfalls aber liegt es nahe, zuerst an ihn zu denken. — Die Entstehungszeit unseres Blattes ist bei dem völligen Mangel an datierten Druckerzeugnissen Ysenhuts — abgesehen von seinen Almanachen — recht unsicher, wir haben keinen Anhaltspunkt eins seiner Werke früher zu setzen, als das Jahr 1489, in welchem er der Baseler Karthause 28 Exemplare seines Itinerarium B. V. Mariae schenkte (Stehlin 1627). Seine Einblattdrucke scheinen sämtlich aus dem letzten Jahrzehnt des XV. Jahrhundert zu stammen, ich möchte den Christophorus also um 1490 ansetzen. —

Proctor hat in seinem Index unter No 3249—3252 vier Drucke, 2 Ausgaben des Antichrist und 2 Ausgaben des Lebens der Altväter, als § 5 der Gruppe „Unknown places" zusammengestellt und darauf hingewiesen, daß die Type ähnlich der No 1 des Ariminensis-Druckers auf Straßburg hinweise. Da später sich herausstellte, daß einige Holzschnitte und Initialen sich auch bei dem Straßburger Drucker Joh. Prüss vorfinden, hielt der BMC sich für berechtigt, diese Drucke der Stadt Straßburg anzureihen. Ich habe hier nicht die Absicht, die Frage nach dem Drucker endgültig zu lösen, möchte aber auf die Beziehungen hinweisen, welche jene Drucke noch zu einem andern Straßburger Drucker haben, in der Hoffnung, daß dies zur weiteren Aufklärung der Frage dienen könnte. C. Chph. Bernoulli beschreibt in seinem Aufsatz „Die Incunabeln des Basler Staatsarchivs" (Basler Zeitschrift f. Geschichte und Altertum IX S. 1 ff.) unter No 39 einen Einblattdruck, der mit Heinrich Eggesteins Type 2 und 5 gedruckt ist (Einblattdrucke 351, wo irrtümlich Type 1, 5 angegeben ist). Das auf Taf. II gegebene Faksimile des Anfangs zeigt 3 (nicht 2) verschiedene Initialen: Eine große Zierinitiale A mit wagerecht laufender Kopfleiste nach rechts (70 × 129 mm groß), ein S (26 × 24 mm) mit Maiblumenmuster und 3 volle Lombarden A E S (soweit die Abbildung reicht) c. 5 mm hoch. Die beiden ersten, das A und S kommen auch in dem Antichrist (Kelchners Faksimile S. 19 b und 14 a) vor und beweisen, daß zwischen dem Drucker des Einblattdruckes und dem des Antichrist Beziehungen bestanden haben müssen. Ob Eggestein eine Type wie die No 1 des Ariminensis- und des Endcrist-Druckers besessen hat, ist noch nicht mit Sicherheit ausgemacht (cf. Proctor 297 und BMC. S. 75); in diesem Zusammenhang mag es aber nicht ohne Bedeutung sein, daß sich auch bei Prüss Spuren einer solchen Type vorfinden. In dem Alphabet der Type 1 dieses Druckers auf Tafel 742 der GfT. ist ein S^2 als Nebenform eingesprengt, das unzweifelhaft einer Type wie die No. 1 des Ariminensis-Druckers angehört, vielleicht gilt dasselbe von dem G mit Sehne, das sich an derselben Stelle als Nebenform findet. Voulliéme.

_____

Zu **Erwin Ackerknechts** 'Büchereihandschrift'. (Vgl. Zbl. 36. 1919. S. 83—84). In der Konferenz vom 17. Dezember 1919 hat sich der Beamtenkörper der Universitätsbibliothek in Graz mit Ackerknechts Schrift

„Deutsche Büchereihandschrift" — der Ausdruck Katalogschrift wäre besser gewesen — eingehend befaßt. Auf Grund seines eigenen Referates und desjenigen der wissenschaftlichen Hilfskraft Dr. Elsa Pollak sowie der Aeußerungen der übrigen Beamten hat der Assistent Dr. Paul Micori folgendes als ziemlich allgemein herrschende Anschauung festgestellt. Können verschiedene Forderungen, deren Erfüllung Ackerknecht von einer guten Büchereihandschrift verlangt, nicht als berechtigt anerkannt werden, so erscheinen andere nicht eigentümlich genug, die Einführung eines besonderen Schrifttypus zu begründen. Da d e Aufgabe, die eine Büchereihandschrift zu erfüllen hat, von dem Zweck der Schrift, die im gewöhnlichen Leben angewendet wird, nicht wesentlich verschieden ist, kann jene Schrift keine von dieser im Wesen verschiedene Eigenschaften aufweisen, vielmehr kann nur ein gradueller Unterschied vorhanden sein.

Rasch und sicher lesbar muß die Katalogschrift sein. Es eignet sich daher hierfür jede Schrift, die individuelle Mißformen, Schnörkel, übermäßige ornamentale Gestaltung vermeidet und die richtigen längst anerkannten Proportionen einhält. Hiergegen schützt auch nicht die steile Lage der Buchstaben, wie unsere Rundschrift beweist, und daß etwa eine gute Steilschrift besser lesbar wäre, als eine gute liegende Schrift, ist in der Erfahrung nicht begründet. Die Ackerknechtsche Schrift ist daher nur eine individuelle Schrift und kann nicht beanspruchen, zur alleingiltigen Büchereihandschrift erhoben zu werden.

Aber auch als individuelle Schrift weist sie keine besonderen Vorzüge auf, vielmehr stellt sie ein unorganisches Aneinanderreihen von Buchstaben der Kapitale und Kursive dar, bei dem historische und ästhetische Gesichtspunkte vollständig ausgeschaltet sind. Dazu kommen noch Neubildungen, die nichts weniger als zweckentsprechend sind (vor allem t und T) und Abweichungen von der bisherigen Formgebung, die störend auf den Duktus wirken (z. B. k und z).

Schließlich kann die Ansicht des Verfassers, daß bei einer Katalogschrift die Möglichkeit einer individuellen Schwankungsbreite auf ein Mindestmaß einzudämmen sei, nicht geteilt werden. Gerade dadurch, daß die in den Katalogen zur Anwendung kommenden Schriften einen verschiedenen Duktus aufweisen, wird ein haltloses Herumirren des Auges vermieden und die Uebersichtlichkeit in hervorragendem Maße gefördert, indem die einzelnen Titel ein charakteristisches Gepräge erhalten. Man darf nicht vergessen, daß die Kataloge nicht zum kontinuierlichen Lesen, sondern zum Nachschlagen bestimmt sind, ein rasches Ueberblicken daher von größter Wichtigkeit ist. Erwähnt sei noch, daß es trotz Ackerknechts Versicherung einen großen Aufwand von Zeit beanspruchen müßte, wenn erwachsene Menschen gezwungen wären, eine ihnen nicht liegende Schrift sich anzueignen. — Bibliothekar Dr. Hans Schukowitz machte darauf aufmerksam, daß die Unterscheidung zwischen Fraktur- und Antiquadruck, die an österreichischen Bibliotheken bei Titelaufnahmen noch berücksichtigt wird, bei Anwendung der Ackerknechtschen Büchereihandschrift natürlich fallen müßte. F. Eichler:

Literaturberichte und Anzeigen.

Technischer Literaturkalender (bearbeitet von Paul Otto). 2. Ausg. 1920. München-Berlin: R. Oldenbourg. 3 Bl., 441 S. 40 M.

Das wertvolle Hilfsmittel, dessen erstes Erscheinen wir im Jg. 1918 S. 267 anzeigen und begrüßen konnten, liegt jetzt in 2. Ausgabe vor, schon im Hauptalphabet der Schriftsteller (früher dem einzigen Inhalt des Buches) von 640 auf 792 Spalten gewachsen. Nach der Vorrede sind etwa 1000 neue Namen hinzugekommen. Ob auch die Mitarbeit der einzelnen durch Revision der Artikel und Lieferung authentischen Materials gestiegen ist, wird nicht gesagt und läßt sich nicht sicher beurteilen, weil das dafür gebrauchte Zeichen (—)' anscheinend nicht mehr regelmäßig gesetzt und das Zeichen für die aus anderer Quelle geschöpften Angaben (|) ganz aufgegeben ist. Zahlreiche Artikel ohne biographische und bibliographische Angaben beweisen immer noch das Bestehen einer merkwürdigen Gleichgültigkeit gegenüber derartigen nützlichen Nachschlagewerken. Auffallend häufig ist sie bei Mitgliedern der Technischen Hochschule Zürich festzustellen. Den Bibliothekar berührt es wohltuend, daß nur selten der Vorname abgekürzt ist oder ganz fehlt, doch hätten sich auch diese wenigen Fälle aus leicht zugänglichen Quellen noch vermindern lassen. Ich führe aus den ersten Seiten des Buches an: Alves, A(dolf); Andrée, W. L(udwig); Bantlin, A(lbert); Barbieri, J(ohannes); Becker, F(ridolin); Berger, K(arl); Bergmann, E(mil); Besso, M(ichele); Beutell, Alb(ert); Bing, K(arl); Blessing, (Georg). — An das Hauptalphabet der Lebenden schließt sich in der neuen Ausgabe eine Totenliste mit nekrologischen Nachweisen (4 S.) und ein 41 Seiten umfassendes Schlagwortregister zu den bei den einzelnen Schriftstellern angegebenen technischen Fächern. — Die Druckeinrichtung, gegen die bei der Besprechung der 1. Ausgabe einiges eingewendet wurde, ist unverändert geblieben, konnte wohl auch nicht geändert werden, weil anscheinend der frühere Satz soweit angängig stehen geblieben ist.

P. S.

Nederlandsche Bibliographie van 1500 tot 1540 door Wouter Nijhoff met medewerking van M. E. Kronenberg. s-Gravenhage: Martinus Nijhoff 1919. Lfg. 1—6. S. 1—384. Lfg f. 3.

Größere bibliographische Unternehmungen, auch wenn sie sich auf die Druckerzeugnisse nur eines Landes beschränken, lassen sich ohne die tätige Mitwirkung von Bibliotheken und Gelehrten der angrenzenden Länder nicht durchführen. Auch die Nederlandsche Bibliographie, zu der Nijhoff und seine Mitarbeiter die Bausteine in jahrelanger, unausgesetzter Arbeit zusammengetragen haben, mußte sich unter dem schädigenden Einfluß des Weltkrieges auf das Erreichbare beschränken und das Prinzip der möglichsten Vollständigkeit zunächst bewußt aufgeben. Dennoch können wir dem Schöpfer dieser Bibliographie nicht dankbar genug sein für den Entschluß, sein Material schon jetzt zu veröffentlichen und die zur Zeit nicht zugänglichen oder nicht sicher nachweisbaren Drucke einem Nachtragsband vorzubehalten, der ja in den meisten Fällen doch nicht zu umgehen ist. Verzeichnen doch die sechs Lieferungen, die bis heute vorliegen und die Buchstaben A—H des AutorenAlphabets in 1065 Beschreibungen umfassen, fast auf jeder Seite Schriften oder Ausgaben, die bisher so gut wie gänzlich unbekannt waren.

Es ist natürlich unmöglich, auf Grund eines Bruchstücks, dem Vorwort und Register fehlen, ein eingehend begründetes Urteil über den Wert dieser neuesten bibliographischen Leistung der Holländer zu fällen. Aber die Bedeutung der Arbeit rechtfertigt es doch, wenn an dieser Stelle schon jetzt eine vorläufige Mitteilung über Anlage und Inhalt des Werkes erfolgt.

Für alle Unternehmungen ähnlicher Art ist es lehrreich, sich über den Weg zu unterrichten, den Nijhoff bei der Sammlung seines Materials einschlug, um seiner Bibliographie von vornherein nicht nur möglichste Vollständigkeit, sondern auch größte Zuverlässigkeit in allen Einzelangaben zu sichern Es ist keine Frage, daß das Vorbild Holtrops und Campbells, an deren Arbeit sich die seine ohnehin unmittelbar anschließen sollte, in methodischer Hinsicht von großem Einfluß für Nijhoff gewesen ist. Denn das Abbildungsmaterial in Holtrops „Monuments typographiques des Pays-Bas" hat ja nach Campbells eigenem Geständnis ihm erst die Möglichkeit geschaffen, eine Uebersicht über die Pressen der Niederländer und ihr Typenmaterial zu gewinnen. Nijhoff sah ein, daß auch er ohne eine solche Grundlage, wie sie Campbell an den Abbildungen Holtrops besessen hatte, eine Bibliographie für das 16. Jahrhundert nicht würde herstellen können, und sah sich daher vor die Notwendigkeit gestellt, was jeder seiner Vorgänger für sich geleistet hatte, in seinem

Arbeitsplan zu vereinigen. So geht denn neben den Vorarbeiten für die Bibliographie die Veröffentlichung des Abbildungsmaterials als „L'art typographique dans les Pays-Bas" in einzelnen Lieferungen her. Zwar ist diese Vorarbeit heute noch nicht völlig abgeschlossen, die Register und die biographischen Angaben über die einzelnen Drucker und Verleger fehlen leider noch. Aber die Sammlung des Materials war 1914 doch schon so weit fortgeschritten, daß sie für die Bibliographie die notwendige Basis abgeben konnte. Auch die Förderung dieser Arbeit, die das eigentliche Ziel der Bestrebungen Nijhoffs bildete, war in der Zwischenzeit nicht aus den Augen verloren worden. Wie bei Campbell hatte man zunächst die übersichtlich geordnete Sammlung der Königlichen Bibliothek im Haag ausgebeutet, deren Material verzeichnet und sofort durch den Drucker vervielfältigt wurde, um als Grundlage für die Vergleichs- und Sammelarbeit auf den Bibliotheken des In- und Auslandes zu dienen. Die so gewonnenen Titelkopien wurden dann in einzelnen Lieferungen (Feuilles provisoires) vereinigt und später durch einen alphabetischen Index ergänzt, der in der Zeitschrift „Het Boek" von 1912—1914 veröffentlicht wurde. Der von dieser Veröffentlichung erhoffte Erfolg, der hauptsächlich in dem Nachweis von Exemplaren solcher Drucke bestehen sollte, die bisher nur nach Literaturangaben verzeichnet werden konnten, scheint aber durch den Krieg vereitelt worden zu sein. Jedenfalls hat sich Nijhoff, wie schon bemerkt, unter Verzicht auf die Durchführung seines ursprünglichen Planes nun dazu entschlossen, von einer weiteren Vervollständigung seines Materials abzusehen und den fertiggestellten Teil der Bibliographie zu veröffentlichen. Bei der Beurteilung der bis heute vorliegenden sechs Lieferungen, als deren Bearbeiter neben Nijhoff noch M. E. Kronenberg genannt wird, hat man also davon auszugehen, daß sie auf absolute Vollständigkeit keinen Anspruch machen.

Als Anordnungsprinzip der Bibliographie ist die streng alphabetische Folge der Titel gewählt worden. Bei Schriften, deren Verfasser nicht ermittelt wurde, gilt als Ordnungswort das erste Substantiv in der Schreibung des Originales, wobei die gleichen Worte in verschiedenen Sprachen nicht vereinigt werden, vergleiche Nr 617 Coronatie und Nr 629 Couronnation. Größeren Artikeln, wie Aesopus, Baptista Mantuanus, Bijbel, Erasmus geht zum leichteren Auffinden der einzelnen Schriften eine Inhaltsübersicht voraus. Von biographischen Angaben über die Autoren, wie sie Collijn in seinem Katalog der Inkunabeln der Königlichen Bibliothek zu Stockholm zuerst gegeben hat, ist hier wohl aus Raumersparnis abgesehen worden. Daß auch alle Verweisungen im fortlaufenden Text fehlen und einem Register vorbehalten sind, erschwert meines Erachtens die Benutzung der Bibliographie etwas. Einstweilen helfen vorläufige Listen, die jeder Lieferung beigelegt sind. Welche Ueberlegungen im einzelnen für die Anordnung der größeren Artikel, wie „Bijbel", maßgebend gewesen sind, soll in dem noch nicht erschienenen Vorwort auseinandergesetzt werden. Ich kann also nur darauf hinweisen, daß die Bibliographie nicht etwa die Bibel und ihre Teile in der uns geläufigen Anordnung bringt: voran die Ausgaben des ganzen Textes, dann die einzelnen Teile, sondern Gesamtausgaben und Teile nach Sprachen getrennt streng chronologisch nacheinander aufgeführt. Zwischentitel, die bei den teilweise sehr umfangreichen Artikeln zur besseren Uebersicht wohl erforderlich wären, fehlen leider.

Im einzelnen bringt jede Nummer der Bibliographie nach kurzer Titelangabe eine eingehende bibliographische Beschreibung des Druckwerkes, die es sich zur Aufgabe stellt, von dem Inhalt der Schrift eine möglichst anschauliche Vorstellung zu geben. Es werden nicht nur die Anfangs- und Schlußworte unter Kenntlichmachung der Zeilenschlüsse wiedergegeben, sondern die Beschreibung versucht auch, alle Beigaben von Personen, die an der Herausgabe der Schrift irgendwie beteiligt sind, sowie den eigentlichen Textanfang, mitzuberücksichtigen; eine Aufgabe, die sich bekanntlich auch der Gesamtkatalog der Wiegendrucke gestellt hat und die gerade von holländischen Bibliographen wie P. B. Kruitwagen, der an dem Zustandekommen dieser

Bibliographie in hervorragender Weise beteiligt ist, mit Beifall begrüßt wurde. (Vgl. Probedruck. 1914. Bd 1. S. II. — Haebler-Festschrift. 1919. S. 106.) Der Text der Beschreibung ist, so weit es sich nicht um griechische Drucke handelt, stets in Antiqua gesetzt. Redaktionelle Zusätze mit Angaben über Druckausstattung und Buchschmuck sind durch kursiven Satz unter steter Bezugnahme auf die Wiedergabe in der L'art typographique hervorgehoben. Die Kollation, die wohl nach dem Vorbild des Londoner Inkunabelkataloges der Beschreibung folgt, enthält alles Wissenswerte über Format, Blattzahl, Verteilung der Lagen, Zahl der Zeilen, Verwendung von Holzschnitten und anderes mehr. Nur bei den Angaben über die im Druck vorkommenden Typen beschränkt sich die Bibliographie auf kurze Hinweise, wie „goth., latein., curs." In diesem Punkt hat also die Vorarbeit durch die L'art typographique doch nicht ausgereicht, denn es ist den holländischen Bibliographen nicht möglich gewesen, auf Grund der in ihr enthaltenen Wiedergaben eine Aufzählung und feste Gruppierung der Typen eines einzelnen Druckers durchzuführen. Auch wenn man zugibt, daß die Schwierigkeiten, die sich dieser Aufgabe entgegengestellt haben, außerordentlich groß sind, so ist es doch im Interesse der Bibliographie zu beklagen, daß sie nicht überwunden werden konnten, denn infolgedessen hat sich für einen großen Teil der undatierten Drucke ein Annäherungsdatum nicht feststellen lassen. (Vgl. die Nummern 61, 146, 182, 183, 191, 198, 239 usw.) Wenn hie und da Vermutungen über die Druckzeit einer Schrift geäußert werden, so hat bei diesen Angaben, so weit ich sehe, nicht die Type, sondern der Grad der Abnutzung der Holzschnitte als Grundlage gedient. (Vgl. die Nummern 271, 308. Eine Ausnahme bildet Nr 28, da hier das Datum auf Grund druckgeschichtlicher Erwägungen überprüft werden konnte.)

Den Holzschnitten, also der künstlerischen Ausstattung des Buches, sind die Bearbeiter dieser Bibliographie überhaupt mit liebevollem Interesse nachgegangen und haben sehr zum Vorteil ihrer Arbeit die Resultate der neueren Forschung auf diesem Gebiete gewissenhaft berücksichtigt. Seit Dülberg im Repertorium für Kunstwissenschaft auf die bedeutende Rolle hingewiesen hat, die Lukas van Leyden auch für die Buchkunst der Niederländer gespielt hat, ist den Holzschnittwerken dieser Epoche, die bisher gegenüber den glänzenden Leistungen der Nachbarländer stark in den Hintergrund traten, auch von den Kunsthistorikern eine größere Beachtung geschenkt worden. Nicht nur die Bibliographie, sondern auch das Abbildungsmaterial in der L'art typographique werden hoffentlich dazu beitragen, daß auf diesem Gebiet noch weitere Entdeckungen gemacht werden. (Bei der Beschreibung des Breviarium Trajectense, Leiden: Seversz 1518 (Nr 497) fehlt allerdings der Hinweis auf Lucas v. Leyden als den Urheber des Titelholzschnitts.)

Ganz besonders zeichnet sich aber die Bibliographie durch die peinliche Sorgfalt aus, mit der ihre Bearbeiter sich bemüht haben, die in zahllosen Einzeluntersuchungen niedergelegten Ergebnisse kritischer Forschung über das Schrifttum dieser Epoche für ihre Arbeit zu verwerten. Sehr im Gegensatz zu den in dieser Hinsicht meist wenig befriedigenden Leistungen älterer Bibliographen wird die Frage nach dem Urheber jeder einzelnen Schrift gründlich geprüft und das Resultat der Untersuchung in einem kurzen Referat unter Anführung der einschlägigen Literatur am Schluß der Beschreibung niedergelegt. So ist jedem Benutzer die Möglichkeit gegeben, zu der getroffenen Entscheidung seinerseits Stellung zu nehmen. Gelegentlich, so in Nr 321, versuchen die Bearbeiter sogar den Forscher durch Abdruck wichtiger Belegstellen zu erneuter Prüfung der Urheberschaft anzuregen und gehen damit über den gewöhnlichen Umfang bibliographischer Arbeiten weit hinaus. Schließlich fehlt es auch nicht an einer Aufzählung der Fundstellen und Bibliographien, die den Druck bereits verzeichnet haben, wobei hervorzuheben ist, daß auch Versteigerungs- und Buchhändlerkataloge nach Möglichkeit ausgebeutet sind.

Die Zuverlässigkeit der Beschreibungen im einzelnen nachzuprüfen, war mir leider nur bei einer kleinen Anzahl der verzeichneten Drucke möglich.

Hie und da bin ich auf kleine Abweichungen gegenüber den von mir eingesehenen Drucken gestoßen, doch scheint im ganzen das Urteil berechtigt zu sein, daß die Bibliographie auch in dieser Hinsicht allen billigen Anforderungen genügt. Man wird das Gesamturteil über die Leistung der Holländer ja ohnehin bis zum Abschluß ihrer Arbeit zurückstellen müssen, so viel kann aber schon jetzt gesagt werden, daß es sich bei diesem Unternehmen um eine der bedeutendsten Schöpfungen anf bibliographischem Gebiet handelt, die in den letzten Jahrzehnten geschaffen wurden.

Leipzig.   E. von Rath.

Umschau und neue Nachrichten.

Eine Notgemeinschaft der deutschen Wissenschaft hat sich unter Beteiligung der Akademien, Universitäten, Technischen Hochschulen, der Kaiser-Wilhelm-Gesellschaft und der Bibliotheken gebildet, mit dem Zweck, den bestehenden Notstand zur Kenntnis der Behörden und der Oeffentlichkeit zu bringen und Hilfeleistung anzubahnen. Die Leitung hat Staatsminister a. D. Exz. Schmidt übernommen. Da die deutschen Einzelstaaten nicht in der Lage sind, ihre Ausgaben für Wissenschaftszwecke ins Ungemessene zu erhöhen, ist durch Vermittlung des Reichsministeriums des Innern, unter dessen fördernder Teilnahme mehrere Sitzungen stattgefunden haben, eine Denkschrift an die Reichsregierung gerichtet und um Einstellung von 20 Millionen M. in den jetzt festzusetzenden Reichshaushalt gebeten worden. Wie weit freilich das Reichsfinanzministerium bereit sein wird darauf einzugehen, ist noch nicht bekannt. Gegenüber der bestehenden Notlage ist die Forderung an sich noch bescheiden. Die Aufrechnung dessen, was die größeren wissenschaftlichen Bibliotheken über ihren Etat brauchten, um wieder auf die Leistungsfähigkeit der Vorkriegszeit zu kommen, ergibt allein schon eine höhere Summe als die genannte.

Inzwischen regt sich tätiges Verständnis für die Valuta-Not der deutschen Bibliotheken auch im Auslande. In Nordamerika hat sich unter Führung von Prof. Franz Boas von der Columbia-Universität zunächst ein Kreis von Deutsch-Amerikanern zusammengefunden, der sich jetzt zu einer „Emergency Society" auf breiterer Grundlage erweitert hat. Die Gesellschaft wird in erster Linie bestrebt sein, mit den gesammelten Mitteln deutschen und deutsch-österreichischen Bibliotheken die Fortsetzung der früher von ihnen gehaltenen amerikanischen Zeitschriften zu verschaffen. Es ist bereits eine größere Wunschliste hinübergeschickt, ein Verzeichnis von Buchfortsetzungen, die während des Krieges erschienen sind, soll folgen. Die Preußische Staatsbibliothek ist zur Uebermittelung von Wünschen bereit. — Während diese Organisation die Beschaffung der Zeitschriften und Bücher selbst in die Hand genommen hat, sandte ein Kreis von Deutschfreunden von St. Louis durch Herrn J. M. Wülfing eine bare Gabe von 25 000 M. übersandt, zum Teil für bestimmte Zwecke (Thesaurus linguae latinae, Universität Tübingen), zum größten Teil aber zur Verwendung für Berliner Bibliotheken und Publikationszwecke. — Auch in der Schweiz sind Pläne im Gange, um den deutschen Bibliotheken die durch den Stand der Valuta verteuerte schweizerische Literatur zu verschaffen. Ein Hindernis finden diese Bestrebungen allerdings in der Verstimmung, die im Ausland durch die Außenhandelsordnung des deutschen Buchhandels entstanden ist. Der Buchhandel und die Bücherkäufer namentlich in den neutralen Ländern und in Nordamerika empfinden die hohen Valutaaufschläge als eine Ungerechtigkeit. Die deutschen Verleger sollten sehr überlegen, ob die der Verbreitung des deutschen Buches höchst schädliche Maßregel nicht aufgehoben oder gemildert werden könnte.

Auf anderer Grundlage als die oben genannten Hilfsaktionen beruht ein von der englischen und amerikanischen „Society of friends", den Quäkern, ausgehender Plan. Die Gesellschaft, die sich bekanntlich um die Ernährungsverhältnisse Mitteleuropas bedeutende Verdienste erworben hat, beabsichtigt eine „Anglo-American University Library for Central Europe" an einem oder mehreren Orten zu errichten, von denen aus den deutschen Gelehrten die seit Ausbruch des Krieges erschienene englisch-amerikanische Literatur (nur um diese soll es sich handeln) zugänglich gemacht werden soll. Das Unternehmen wird in England von Mr. B. M. Headicar, Bibliothekar der School of Economics (Univ. of London) vertreten, die Verhandlungen deutscherseits liegen in der Hand der „Notgemeinschaft". Es lassen sich gegen diese Form der Hilfeleistung wohl manche Einwendungen machen, insbesondere daß der deutschen Wissenschaft nicht dauernd damit gedient ist, solange die Möglichkeit vorliegt, ihr die Hilfsbibliothek wieder zu entziehen. Es ist aber kein Zweifel, daß das Anerbieten freundlich und ehrlich gemeint ist und daß das „timeo Danaos" hier nicht am Platze ist. Auch sonst kommen aus England manche Anregungen zur Wiederaufnahme des wissenschaftlichen Verkehrs, auf die wir selbstverständlich freudig eingehen.. Es würde nur falsch sein diese Stimmung überall vorauszusetzen, deshalb ist hier wie allen ehemals feindlichen Ländern gegenüber Zurückhaltung geboten und unbedingt die fremde Initiative abzuwarten. Fälle, in denen dies nicht beobachtet worden ist, z. B. Leihgesuche, haben schon zu beschämenden Zurückweisungen geführt, die wir uns unter allen Umständen ersparen müssen.

Schutz der geschichtlichen, wissenschaftlichen und künstlerischen Werte. Das Reichsgesetzblatt 1920 Nr 104 veröffentlicht auf S. 913f. eine mit Zustimmung des Reichsrats und des Ausschusses der National-Versammlung erlassene Verordnung vom 8. Mai, deren § 1 lautet: „Körperschaften, Anstalten und Stiftungen des öffentlichen Rechtes, Familienstiftungen sowie die Besitzer und Verwalter von Familienfideikommissen, Lehen, Stammgütern und Hausvermögen dürfen bewegliche Gegenstände, die einen geschichtlichen, wissenschaftlichen oder künstlerischen Wert haben, nur mit Genehmigung der Landeszentralbehörde oder der von ihr zu bezeichnenden Behörde veräußern, verpfänden, wesentlich verändern oder aus dem Reichsgebiet ausführen. Die Genehmigung kann von Bedingungen abhängig gemacht werden."

„Nehmen die bisherigen Körperschaften, Anstalten und Stiftungen des öffentlichen Rechtes eine Rechtsform des Privatrechts an, so bleiben diese Bestimmungen gleichwohl für sie in Geltung."

„Die Landeszentralbehörde kann außerdem Vereine und Vereinigungen des Privatrechts und Sammlungen oder Büchereien im Eigentum von Privatpersonen, die schon seit längerer Zeit im Gemeingebrauche gewesen sind, bezeichnen, auf welche die Vorschriften des Absatz 1 entsprechende Anwendung finden."

Nach § 4 werden Zuwiderhandlungen mit Gefängnis und mit Geldstrafe bis zu 100 000 M. oder mit einer von diesen Strafen bestraft. Neben der Strafe kann auf Einziehung des Gegenstandes, auf den sich die strafbare Handlung bezieht, erkannt werden, ohne Rücksicht darauf, wem sie gehört. Die Verordnung gilt auf Grund des Art. 150, Abs. 2 der Reichsverfassung längstens bis zum 31. Dez. 1925.

Die Bestimmung, nach der Druckschriftensendungen nach dem Ausland nur mit Genehmigung der Außenhandelsnebenstelle für das Buchgewerbe zulässig sind und einer Gebühr unterliegen, schafft höchst unangenehme Weiterungen für den ausländischen Verkehr der Bibliotheken. Der Preußischen Staatsbibliothek hat die Berliner Außenhandelsnebenstelle entgegenkommend gestempelte Bewilligungen für Streifbandsendungen gebührenfrei übergeben unter der Bedingung, daß die Sendungen nachträglich gemeldet werden. Aber für Paketsendungen, und diese sind doch die Regel im Leihverkehr, wird die vorschriftsmäßige vorherige Anmeldung verlangt. Es wäre höchst wünschenswert, daß der gesamte Verkehr der Bibliotheken, soweit er in

Leih-, Tausch-, Geschenk- oder Remittendensendungen besteht, freigegeben und von Förmlichkeiten befreit würde.

Das Jahrbuch der Deutschen Bibliotheken ist nach vierjähriger Pause in neuer (14.) Bearbeitung von der bewährten Hand des Kollegen Oberbibl. Krause erschienen, höchst willkommen allen, die sich nach den tiefgreifenden politischen und persönlichen Wandlungen dieser Jahre auf dem Gebiete der deutschen Bibliotheken wieder ganz zurechtfinden wollen. Zum letzten Mal und zum Abschied werden die Bibliotheken von Hagenau, Kolmar, Metz, Mülhausen, Posen, Schlettstadt, Straßburg aufgeführt. Hoffentlich kann sich Bromberg den Charakter als deutsche Auslandsbibliothek erhalten, wie wir es von Danzig bestimmt erwarten. Zu den vielen Namensänderungen staatlicher Bibliotheken ist inzwischen Darmstadt als „Landesbibliothek" hinzugekommen. Weniger in die Augen fallend sind die Personalveränderungen, aber auf die rund 650 aktiven und bereits ausgeschiedenen wissenschaftlichen Bibliotheksbeamten kommen nicht weniger als 60 Tote, darunter 11 nicht mehr im Dienst befindliche und 12, die zur Liste der im Feld Gebliebenen im vorigen Jahrgang hinzuzufügen sind. Nur in geringem Maß hat ein Wechsel in der Leitung der Bibliotheken stattgefunden, hier wird erst die nächste Ausgabe ein verändertes Gesicht zeigen. — Die Statistik gibt die Zahlen der beiden letzten zur Zeit der Bearbeitung abgeschlossenen Jahre 1917/18 und 1918/19, beide nicht normal, aber die gegenüberstehenden Zahlen geben doch Anlaß zu mancherlei Beobachtungen, u. a. über das schon beginnende Anschwellen der Buchbindekosten. Die „Verordnungen und Erlasse" bringen u. a. die sächsischen Prüfungsordnungen, die preußischen Bestimmungen über den Praktikantendienst und das Verzeichnis der an den preußischen Leihverkehr angeschlossenen Bibliotheken.

Besoldungsordnung der bayrischen Bibliotheksbeamten. Einzelgruppe 1. Generaldirektor der Staatsbibliothek. Gr. XII. Abteilungsdirektoren der SB., Oberbibliothekare I. Kl. der SB (voraussichtlich 3), Bibliotheksdirektoren an den Universitäten und der Techn. Hochschule. Gr. XI. Oberbibliothekare (11 an der SB, 5 an den Hochschulen, 1 = Vorstand in Bamberg). Gr. X. Staatsbibliothekare (11 an der SB, 7 an den Hochschulen, 2 in Bamberg). Gr. VIII. Verwaltungsinspektor. Gr. VII. Obersekretäre. Gr. VI. Sekretäre und Sekretärinnen (je 4 an SB und UB München). Gr. V. Oberpräparator; Verwaltungsassistentinnen (4 an SB, 2 an UB München). Gr. IV. Kanzleiassistenten, Oberoffizianten (darunter 2 von den bisherigen Dienern der SB), Hausverwalter. Gr. III. Offizianten (17 an SB) ⎫ bisher Diener. Gr. II. Bibliothekwarte (6 an SB) ⎭ Die Stellen in Gr. X, XI und XII an den verschiedenen staatlichen Bibliotheken sind unter einander übertragbar, sodaß gegebenenfalls eine Beförderung auch ohne Versetzung möglich ist.

Dessau. Die Dessauer Bibliotheken, Hofbibliothek und Behördenbibliothek, sollen zusammengelegt und mit ihnen einige kleinere in Anhalt vorhandene Büchersammlungen vereinigt werden. Die neue „Anhaltische Landesbibliothek" wird etwa 150.000 Bände umfassen. Das ist ein sehr vernünftiger Plan, aber eigentümlich berührt es, daß, Zeitungsnachrichten zufolge, zum Leiter der neuen Bibliothek, deren Bildung doch eine beachtenswerte bibliothekarische Aufgabe stellt, ein dem Bibliothekswesen bisher ganz fernstehender Herr, Oberschulrat Dr. Rammelt, berufen worden ist. Anscheinend wieder ein Fall, daß man die Bibliothek für gut genug hält, um einen anderweit zur Disposition gestellten Beamten unterzubringen.

Leipzig. Nach dem soeben ausgegebenen 7. Bericht widmete sich die Deutsche Bücherei im J. 1919 hauptsächlich der Sammeltätigkeit und dem innern Ausbau. Für erstere war von großer Bedeutung, daß der Buchhändler-Börsenverein beschloß, die Bücher und Zeitschriften, die von seinen Mitgliedern nicht kostenlos überwiesen werden, aus eigenen Mitteln zu bezahlen, und daß jetzt alle Eingänge der bibliographischen Abteilung des Börsenvereins, gleichgültig ob berechnet oder unberechnet, an die D. B. weitergehen. Der Zugang war bei weitem größer als im Vorjahr. In der Buchstelle wurden 31676 (gegen 25443) bibliographische Einheiten eingetragen, größtenteils Geschenke der Verleger, aber 6000 von Privatpersonen. Besondere Sorgfalt wurde auf Ergänzung der Fortsetzungs- und Serienwerke nach rückwärts verwendet, doch wurden auch 4000 Einzelschriften aus der Zeit vor 1913 bearbeitet. Ebenso wurde in der Zeitschriftenstelle an der Ausfüllung der Lücken gearbeitet. Neue Zeitschriften wurden nicht weniger als 2229 gebucht. Der gesamte Bestand an Zeitschriften, sowohl laufenden wie nicht mehr erscheinenden, im ganzen 14547 Titel, ist in einem alphabetischen und einem systematischen Titelkatalog verzeichnet. Die Stelle für amtliche Drucksachen und Verwandtes litt etwas unter den politischen Verhältnissen, doch zeugen auch hier die Zahlen von emsiger Sammeltätigkeit: 4598 amtliche Drucksachen, 16981 Patentschriften, 3908 Universitäts- und Schulschriften, 1789 Vereinsschriften, 6282 Revolutionsdrucksachen. Von letzteren wurde im April/Mai 1919 eine Ausstellung veranstaltet, die sich regen Besuches erfreute. Die Kriegssammlung hatte 3244 Eingänge (Gesamtzahl 58195). Ueber die Kartensammlung s. ob. S. 66 ff. Auf dem Gebiet der Katalogisierung ist bemerkenswert, daß die Ordnung des systematischen Katalogs für eine erste Abteilung (Sprach- u. Literaturwissenschaft) fast durchgeführt wurde. Ein wunder Punkt bleibt der Bucheinband. Es wurden nur 2746 Bände gebunden, das Binden der rückständigen Bestände würde mindestens 800000 M. kosten. In der Aufstellung im Magazin hat sich die Unterscheidung von 5 Formatklassen nicht bewährt. Sie sind jetzt auf drei reduziert, die mit A, B, C (Höchstgrenzen 24, 35, 65 cm) bezeichnet werden. Die Gesellschaft der Freunde der D. B. erfreut sich eines Vermögens von rd 282000 M., sie verwendete für Vermehrung der Sammlungen 7876 M, z. T. für Mitgliedsbeiträge bei Gesellschaften, die ihre Veröffentlichungen nur an Mitglieder abgeben. Eine Benutzung der D. B. fand nur in beschränktem Maße, z. T. durch schriftliche Auskünfte, statt. Die ersten Sätze des Berichts lauten: „Auch in diesem Jahre mußte die Deutsche Bücherei für die öffentliche Benutzung geschlossen bleiben, da es nicht möglich war, die Lesesäle in den Wintermonaten zu heizen. Der Kohlenmangel zwang von Ende November ab sogar zu einer Verkürzung der Dienstzeit um $1^1/_2$ Stunden. Nur der Zeitschriftensaal war von Ende Mai bis Anfang Oktober geöffnet."

Stuttgart, Landesbibliothek. In den Konstanzer Handschriften, die über Weingarten nach Stuttgart gekommen sind, wurden weitere Italafragmente gefunden. Nachdem seit über einem halben Jahrhundert eine Reihe von Forschern diese Handschriften durchsucht und zuletzt Paul Lehmann die Ergebnisse zusammengestellt hatte, kommen diese Funde sehr überraschend. Sie waren dem Leiter des Palimpsestinstituts in Beuron, Pater Alban Dold O. S. B., beschieden, als er an den Palimpsesten arbeitete. Der neue Gewinn an Text für Evangelien wie Propheten ist sehr beträchtlich. Auch auf andere wissenschaftliche Gebiete fallen neue Lichter; andererseits ergeben sich neue Rätsel über den Hergang, bei dem die Italahandschriften zerschnitten und zu Bindezwecken benutzt wurden. P. Dold gedenkt die Texte und die Geschichte des Fundes in den Beuroner „Texten und Arbeiten" zu veröffentlichen.

Die Abteilung der historischen Handschriften hat vor kurzem eine wertvolle Bereicherung erfahren durch die käufliche Erwerbung des umfangreichen Briefwechsels von Angehörigen der Moser-Mohlschen Familie. Den Hauptbestandteil bilden die Briefe, die von den vier, in den 70er und 80er Jahren des vorigen Jahrhunderts gestorbenen Brüdern Robert, Julius, Moriz und Hugo Mohl gewechselt wurden. Bekanntlich haben diese vier Brüder alle in ihrem Fach Bedeutendes, zum Teil sogar Bahnbrechendes geleistet, Robert als Staatsrechtslehrer und Staatsmann, Julius als Orientalist, Moriz als Parlamentarier und Wirtschaftspolitiker, Hugo als Botaniker. Ihren Briefen schließen sich diejenigen an, die der Vater, der württ. Staatsmann und Konsistorialpräsident Benjamin Ferdinand v. Mohl (gest. 1845) an seine Söhne geschrieben hat. Mit der Mohlschen ist die Mosersche Familie dadurch verbunden, daß die Großmutter der vier Brüder eine geborene Moser war, eine Tochter des hochberühmten Publizisten und durch seine Charakterfestigkeit bekannten Landschaftskonsulenten Joh. Jak. Moser. Von der Hand des letzteren liegen allerdings nur wenige Briefe vor, um so mehr aber von derjenigen seines Sohnes, des geistreichen Freiherrn Friedrich Karl v. Moser, der als politischer Schriftsteller und Dichter geistlicher Lieder bekannt ist. Noch ein dritter gut württembergischer Name, der Name Autenrieth, kommt durch die Mutter der vier Brüder herein: sie war eine Tochter des Finanzministers Autenrieth und eine Schwester des bekannten Mediziners und Tübinger Universitätskanzlers Ferdinand Autenrieth, welch letzterer neben einigen anderen Trägern des Namens mit mehreren Briefen in der Sammlung vertreten ist. Zusammen mit den bekanntlich im Druck erschienenen Lebenserinnerungen Robert von Mohls (Stuttgart, Deutsche Verlagsanstalt 1902) bilden diese Briefe zweifellos ein wertvolles und wichtiges Material für die politische und geistige Geschichte namentlich Württembergs.

Neue Bücher und Aufsätze zum Bibliotheks- und Buchwesen.[1])

Zusammengestellt von Richard Meckeléin.

Bibliothekswesen im allgemeinen.

Arnesen, Arne. Reformer i det norske bibliotekvæsens ordning. Bogens Verden 2. 1920. S. 71—76.

Baker, Mary E. Prevocational Training for Librarianship. The Library Journal 45. 1920. S. 446—449.

Bollert, Martin. Deutsche Büchereien in Polen. Blätter f. Volksbibliotheken 1. 1920. S. 97—99.

*Bube, Wilh. Die Jugendbücherei. Ein Wegweiser mit Inhaltsangaben u. Werturteilen. Berlin: Trowitzsch & Sohn 1920. 128 S. 22 M.

Carabin, Maud A. Looking forward with the S. L. A. [Special Libraries Association.] The Library Journal 45. 1920. S. 391—395.

The 11th annual convention of the S(pecial) L(ibraries) A(ssociation). The Library Journal 45. 1920. S. 403—406.

Døssing, Th. Den nye Bibliotekslov. Bogens Verden 2. 1920. S. 40—49.

Gardthausen, Victor. Handbuch der wissenschaftlichen Bibliothekskunde. Bd 1. Leipzig: Quelle & Meyer 1920. XII, 239 S. 30 M.

Heimbach. Für eine gemeinsame Statistik der deutschen Volksbüchereien. Blätter für Volksbibliotheken N. F. 1. 1920. S. 134—137.

Holmberg, Arne. Några upplysningar om det revolutionära Rysslands biblioteksförhållanden. Biblioteksbladet 5. 1920. S. 1—5. Mit Abb.

Johnston, Richard H. Special Libraries. The Library Journal 45. 1920. S. 439—446.

*Katalog over Erhvervelser af nyere udenlandsk Litteratur ved Statens Offentlige Biblioteker 1919. Udg. af det kong. Bibliotek ved Svend Dahl. København 1920: Græbe. 6 Bl., 357 S.

Lange, H. O. Andr. Sch. Steenberg. Bogens Verden 2. 1920. S. 49—52.

---

1) Die an die Redaktion eingesandten Schriften sind mit * bezeichnet.

Linder, Greta. Andrew Carnegie. En biblioteksdonator. Biblioteksbladet 4. 1919. S. 206—209. Mit Portr.

Ljungberg, G. A. Amnes- och bokval i studiecirklarna. Biblioteksbladet 4. 1919. S. 201—205.

Marion, Guy E. The Special Libraries Association. The Library Journal 45. 1920. S. 295—304.

Pierson, Harriet W. Guide to the cataloguing of the serial publications of societies and institutions. With a special statement on the treatment of Masonic bodies. Washington, U. S. Libr. of Congress. Catalog Division 1919: Gov. Pr. Off. 108 S.

Rathbone, Josephine A. Recruiting for Librarianship. The Library Journal 45. 1920. S. 450.

Robinson, Gertrude. In a mediaeval library. A study in pre-Reformation religious literature. St. Louis: Herder 1920. 10, 243 S. 1,50 $.

Schartau, Sigurd. Organisationen och skötseln av biblioteken vid de allmänna läroverken. (Diskussion vid S. A. B. s 4. årsmöte. Inledningsföredrag.) Biblioteksbladet 5. 1920. S. 6—17.

Williams, Reginald G. A Manual of book selection: for the librarian and booklover. London: Grafton 1920. 132 S. 8/6 s.

Einzelne Bibliotheken.

Basel. *Bericht über die Verwaltung d. öffentlichen Bibliothek d. Univ. Basel i. J. 1919. (Bas. 1920.) 16 S.

Chur. Lehmann, Paul. Ein Bücherverzeichnis der Dombibliothek von Chur aus dem Jahre 1457. Sitzungsberichte der Bayer. Akad. d. Wissensch. Philos.-philol. u. hist. Klasse 1920. München (G. Franz [J. Roth]). 22 S.

Berlin. Tautz, Kurt. Von einigen Beziehungen zwischen d. Grauen Kloster u. d. Königl. Bibliothek in älterer Zeit. S.-Abdr. a.: Das Graue Kloster 2. 1920. Nr 6. 4 S.

Danzig. Trommsdorff, Paul. Die Bücherei der Technischen Hochschule Danzig. Deutscher Volksrat 2. 1920. S. 245—247.

Karlsruhe. Badische Landesbibliothek. Zugangsverzeichnis 1919. (Neue Reihe 12, Alte Reihe 48.) Karlsruhe: Gutsch 1919. IV, 110 S.

Leipzig. *7. Bericht über die Verwaltung der Deutschen Bücherei des Börsenvereins der Deutschen Buchhändler zu Leipzig im Jahre 1919. Leipzig: Börsenverein 1920. 38 S.

— Die Auswahl. Ein Bücherverzeichnis. (Umschl.: Ein Verzeichnis wichtiger Bücher aus allen Abteilungen der städt. Bücherhallen zu Leipzig bes. für jugendl. und unvorbereitete Leser.) Gautzsch b. Leipzig: F. Dietrich 1920. IV, 64 S. 3 M. Bücherverzeichnisse der städt. Bücherhallen zu Leipzig Nr 2.

— Die Bücherhalle. Nachrichten aus den Städtischen Bücherhallen zu Leipzig. Geleitet von Walther Hofmann. 2. Jahrg. H. 1. Leipzig 1920: F. Dietrich. 24 S. 16 M. jährl.

Magdeburg. *Stadtarchiv, Stadtbibliothek u. städtische Volksbüchereien d. Stadt Magdeburg in d. J. 1917/19. Sond.-Abdr. a. d. Verw.-Ber. d. St. Magdeburg. (1920.) 11 S. 4°.

Winterthur. *Bericht über die Stadtbibliothek, die Lesesäle und die wissenschaftlichen Sammlungen im Jahre 1919. 12 S.

Albany. *New York State Library. Library School Bulletin 44. 33 d Annual Report of New York State Library School 1919. Albany: The University of the State of N. Y. 1919. 32 S. University of the State of N. Y. Bulletin No 700.

Amsterdam. *Openbare Leeszaal en Bibliotheek. Catalogus van boeken en tijdschriften op het gebied der technische wetenschappen. Amsterdam 1920. X, 216 S

Brunswick. Bowdoin College Bulletin No 101. Librarian's Report 1919 —1920. Brunswick, Maine 1920.

Chicago. ,The John Crerar Library. 25th annual report for the year 1919. Chicago: Board of Directors 1920. 58 S.
Lissabon. Publicações da Biblioteca Nacional. Volume 1 (unico). Lisboa: Livr. A. J. Tavares (1920). 160 S.
— Proença,, Raúl. A Biblioteca Nacional. Breves noções históricas e descritivas. Publicações da Bibl. Nacional 1. (1920.) S. 7—57.
Mailand. Griffini, E. Lista dei manoscritti arabi nuovo fondo della Biblioteca Ambrosiana di Milano. Rivista degli studi orientali 8. S. 241—367. (Forts.)
Neuchatel. *Catalogue de la Bibliothèque de la Société des pasteurs et ministres neuchatelois. Avec une notice sur l'histoire de la bibliothèque par Louis Aubert. Neuchatel 1919: Impr. Delachaux et Nicotlé. XXVII, 902 S.
New York. Public Library. Black, George F. Druids and Druidism; a list of references. New York: Publ. Libr. 1920. 16 S. 5 c.
— Rose, Alice L. The National City Financial Library. The Library Journal 45. 1920. S. 305—306. Mit 2 Abb.
Oberlin. Annual report of the librarian of Oberlin College for the year 'ending August 31, 1919. Reprint from Oberlin College Annual. Reports for .1918—19. Oberlin, Ohio: 1919. 17 S.
Oxford University. Library of Christ Church. Hiff, Aloys. Catalogue of printed music published prior to .1801. New York: Oxford Univ. 1920. 4, 76 S. 3,40 $.
Paris. Catalogue général des livres imprimés de la Bibliothèque nationale. Auteurs. T. 70: Heinz—Herkules. Paris: Impr. nationale 1919. Sp. 1—1290. Ministère de l'instruction publique et' des beaux-arts.
— Bibliothèque de l'Académie de médecine. Wickersheimer, Ernest. Catalogue alphabétique des ouvrages imprimés depuis 1872. P. 1. 2. Abbeville: F. Paillart. Paris: Ac. de médecine 1919. T. 1: S. 1—577. T. 2: S. 577—1126.

Schriftwesen und Handschriftenkunde.

Ibscher, Hugo. Von der Papyrusrolle zum Kodex. Archiv f. Buchbinderei 20. 1920. S. 21—23. (Wird fortges.)
Rovinelli, Attilio. Storia della scrittura. Milano: Sonzogno 1920. 64 S. 50 c.

Buchgewerbe.

Adam, Paul. Buchbindekunst im alten Regensburg. Archiv für Buchbinderei 20. . 1920. S. 13—15. Mit zahlr. Abb. (Forts.)
The master printers' annual and typographical yearbook, 1920. Ed. by R. A. Austen-Leigh and Gerald T. Meynell. London: Spottiswoode, Ballantyne ,1920. 10 sh.
Bogeng, G. A. E. Neue Einbände von Franz Weisse-Hamburg. Archiv f. Buchbinderei 20. 1920. S. 15—21. Mit zahlr. Abb.
Gaselee, Stephan. A list of the early printed books in the possession of Stephen Gaselee. Cambridge 1920: Univ.-Press. 40 S., 1 Taf.
300 Jahre Buchdruck. Junge & Sohn, Hof- u. Universitätsbuchdruckerei, Erlangen 1619—1919. 11 S.
Paulli, R. Lorentz Benedicht. Bogtrykker og Xylograf i København i sidste Halvdel af det XVII. Aarhundrede. Bibliografi med Indledning. København 1920. XLVII, 130 S. 4°.
Roy, Maurice. Les premiers caractères d'imprimerie en métal résistant. Association à vie entre Abel Foullon, Jean Erondelle, Aubin Olivier et Pierre Gassen pour exploiter les progrès de l'imprimerie. Besançon: Jacques et Demontrond 1920. S. 163—173. Aus: Bibliographe moderne 1918—1919. No 4—6.
Worringer, Wilh. Die altdeutsche Buchillustration. Mit 105 Abb. nach Holzschnitten. 2. Aufl. München 1919: Piper & Co. 152 S. 24 M.

Allgemeine und Nationalbibliographie.

Cole, George Watson. Bibliographical Ghosts. Chicago 1920. 28 S. Aus Papers of the Bibliogr. Soc. of America. 13, 2.

Antiquariatskataloge.

Baker, Edward, Birmingham. Nr 378: Miscellaneous Works . . . 495 Nrn.
Björck u. **Börjesson**, Stockholm. Nr 151: Utländsk Litteratur. 1008 Nrn.
Bocca, S., Rom. Nr 285: Verschiedenes. 1473 Nrn.
Gerschel, Osc., Stuttgart. Bücherkasten VI, 3. Nr 1771—2654.
Gouchy, Lucien, Paris. Nr 352: Catalogue Mensuel. 1038 Nrn.
Jahn, Robert, Leipzig. Nr 2: Nationalökonomie. Rechtswissenschaft. Americana.
517 Nrn. — Nr 3: Englische Sprache und Kultur. Americana. 510 Nrn.
Kieffer, René, Paris.. Catalogue d'un choix de livres rares, éditions ori-
ginales etc. 224 Nrn.
Koehlers Antiquarium, Leipzig. Neuerwerbungen. 1920. Heft 7. 280 Nrn.
Liepmannssohn, Berlin. Nr 205: Autographen. 450 Nrn.
Lorentz, Alfred, Leipzig. Nr 250: Wissenschaftliche Werke. Hierin Angebot
der Bibl. Al. Hauck. Br. Keil. 3272 Nrn.
Nijhoff, Haag. Nr 455: Livres Anciens et Modernes. 440 Nrn.
Patarino, Vinc. Cat. XLI. Libri Rari e Preziosi. 600 Nrn.
Prager, Berlin. Nr 198: 1920. Rechts- und Staatswissenschaften. 951 Nrn.
Rahn, W., Stettin. Nr 57: Bibliothek Brandes. 998 Nrn.
Rauthe, Berlin. Nr 83: Kulturgeschichtl. Bücher. 1441 Nrn. — Nr 84: Deutsche
und fremdländische Literatur. 1470 Nrn.
Röder, Leipzig. Nr 19: Naturwissenschaften. Technologie. Medizin. Land-,
Haus- und Forstwirtsch. 895 Nrn.

Bücherauktionen.

Aachen am 17. u. 18. Juni 1920: Bibl. Ed. Linse. 420 Nrn. Bei A. Creutzer.
— am 30. Juni, 1. u. 2. Juli 1920: Geschichte. Literatur. Kunst. Z. T. aus d.
Besitze des Prof. Dr. Theißen, Düren. 745 Nrn. Bei A. Creutzer.
Amsterdam am 22. Juni 1920: Bibliotheca Magica. 589 Nrn. Bei de Vries.
Berlin am 29. Juni 1920: Alte Gemälde. 122 Nrn. Bei K. E. Henrici.
— am 27. u. 28. Juni 1920: Dekorative Kunstblätter des 18. Jahrhunderts.
96 Nrn. Bei K. E. Henrici.
— am 1.—3. Juli 1920: Schöne Literatur. 1307 Nrn. Bei Gsellius.
Bonn am 1.—3. Juli 1920: Philosophie, Heraldik, Genéalogie etc. d. deutsch.,
franz. u. engl. Literatur. 1079 Nrn. Bei M. Lempertz.
Danzig am 5. Juli 1920: Seltene Bücher, Porträts, Städteansichten u. einige
Oelgemälde. 1045 Nrn. Bei M. Bruckstein & Sohn.

Personalnachrichten.

Bamberg OeB. Dem Oberbibliothekar Johann **Fischer** wurde der Titel
Bibliothekdirektor verliehen.
Berlin SB. Der Abteilungsdirektor Dr. Gotthold **Weil** wurde zum
Honorarprofessor an der Universität ernannt.
Fulda LB. Der Vorstand Bibl. Dr. Aloys **Ruppel** wurde zum Direktor
der StB Mainz gewählt.
Gießen UB. Der Hilfsbibliothekar Dr. Heinrich **Schneider** wurde zum
Bibliothekar ernannt.
Leipzig DB. Der wissenschaftl. Hilfsarbeiter Stadtrat i. R. Georg
Schwidetzky wurde zum Bibliothekar ernannt. Als Volontäre traten ein:
Pastor Alfred **Windisch**, geb. 7. 9. 1891 in Burgstädt i. Sa., studierte Theologie
u. Philosophie, bisher im Amt; Dr. phil. Ernst **Schoenian**, geb. 5. 6. 1893 in
Oranienburg, studierte Germanistik u. Geschichte, bisher freiwill. Hilfsarbeiter
an Göttingen UB; Dr. phil. Bruno **Wolf**, geb. 20. 8. 1888 in Brünn, studierte
Landwirtschaft, Nationalökonomie u. Statistik. — Dr. Otto Erich **Ebert**, Bi-
bliothekar an UB Wien, wurde für 6 Monate an die DB zu informatorischer
Beschäftigung beurlaubt. Der Volontär Dr. Walther **Kupsch** ist ausgeschieden
wegen Aufgabe des bibliothekarischen Berufs.

München SB. Zu Oberbibliothekaren I. Kl. wurden befördert die Bibliothekare Dr. Michael Philipp und Dr. Adolf Hilsenbeck.
   Rein (Steiermark) Stiftsbibl. Der langjährige Bibliothekar und Archivar
P. Anton Weis starb am 21. Februar im Alter von 86 Jahren. Er hat sich
besonders durch das Handschriftenverzeichnis der Stiftsbibliothek (1891) bekannt gemacht.

Bekanntmachungen
1. betreffend die Prüfung für den mittleren Dienst an wissenschaftlichen Bibliotheken.
   Am Montag den 11. Oktober 1920 und folgenden Tagen findet in Leipzig
die Prüfung für den mittleren Dienst an wissenschaftlichen Bibliotheken Sachsens
statt. Gesuche um Zulassung sind nebst den erforderlichen Papieren (s. Gesetz-
und Verordnungsblatt für Sachsen 1917 S. 92 ff.) bis spätestens 1. September
1920 an den Vorsitzenden des Prüfungsamtes, Leipzig, Universitätsbibliothek,
einzureichen.
   Den 17. Juli 1920.
         Sächsisches Prüfungsamt für Bibliothekswesen.

2· betreffend die erste Prüfung für den höheren Bibliotheksdienst in Sachsen.
   Am Montag den 18. Oktober 1920 und folgenden Tag findet in Leipzig
die erste Prüfung für den höheren Bibliotheksdienst in Sachsen statt. Gesuche
um Zulassung sind nebst den erforderlichen Papieren (s. Gesetz- und Verordnungsblatt für Sachsen 1919 S. 226—30) bis spätestens 6. September an den
Vorsitzenden des Prüfungsamtes, Leipzig Universitätsbibliothek, einzureichen.
   Den 17. Juli 1920.
         Sächsisches Prüfungsamt für Bibliothekswesen.

   Am 24. Juni starb nach längerem Leiden der Mitbegründer
und Verleger des Zentralblatts für Bibliothekswesen

Herr Hofrat Otto Harrassowitz

im 74. Lebensjahr. Er hat dem Zentralblatt, das er genau auf
der Hälfte seines eigenen Lebensweges ins Leben gerufen hat,
stets ein verständnisvolles, weit über das geschäftliche Verhältnis
hinausgehendes Interesse gewidmet, wie er ja auch den bibliographischen und buchgeschichtlichen Teil seines Verlags mit
besonderer Liebe gepflegt hat. Die Dienste, die er hierdurch,
nicht minder aber auch als kundiger und gewissenhafter Antiquar
und Vermittler namentlich ausländischer Literatur den deutschen
Bibliotheken geleistet hat, werden ihm unvergessen bleiben. Nur
in engstem Kreis war es bisher bekannt, daß er der „Freund
des deutschen Bibliothekswesens und des bibliothekarischen
Berufs" war, dem die im Jahre 1911 dem Verein deutscher
Bibliothekare übergebene „anonyme Stiftung" (Zbl. 1911. S. 436)
zu danken ist. Sie wird nunmehr zu seinem dauernden Andenken als „Harrassowitz-Stiftung" geführt werden.

Verlag von Otto Harrassowitz, Leipzig. — Druck von Karras, Kröber & Nietschmann
in Halle (Saale).

Zentralblatt

für

Bibliothekswesen.

XXXVII. Jahrgang.　　9. u. 10. Heft.　　Sept.-Okt. 1920.

Sechzehnte Versammlung Deutscher Bibliothekare in Weimar am 26. und 27. Mai 1920.[1])

1. Sitzung, Mittwoch den 26. Mai, Vormittag.

Der Vorsitzende Geh. Hofrat B o y s e n - Leipzig begrüßt die Versammlungsteilnehmer: Nach sechsjähriger Unterbrechung tritt der Bibliothekartag wieder zu einer, der 16., Tagung zusammen. Der Trieb nach gegenseitiger Aussprache und Wiederaufnahme der gemeinsamen Arbeit ist stärker gewesen als die Bedenken, die sich der Zusammenkunft entgegenstellten. Die letzte Versammlung in Leipzig 1914 bezeichnet einen Einschnitt im Leben des Bibliothekarvereins, der jetzt auf 20 Jahre des Bestehens zurückblickt. Auch auf unserem Gebiet hat der Krieg tiefe Spuren zurückgelassen: Straßburg und Posen haben wir verloren. Aktiv haben die Bibliotheken am Krieg teilgenommen durch Versorgung des Heeres und der Lazarette mit Büchern. Von unsern Mitarbeitern, die mit hinausgegangen sind, haben viele schwere Schädigungen erlitten, nicht wenige sind nicht heimgekehrt. Auch unter den Daheimgebliebenen hat in diesen sechs Jahren der Tod reiche Ernte gehalten, von den bekannteren Namen nur zu nennen August Wilmanns, Eduard Ippel, Robert Münzel, Arnim Gräsel, Paul v. Bojanowsky. (Die Versammlung ehrt das Andenken der Gefallenen und Verstorbenen durch Erheben von den Sitzen.) Die neue Epoche, die angebrochen ist, erfordert besonders hingebungsvolle Arbeit, zumal durch den Mangel an Geldmitteln sich die Schwierigkeiten der Bibliotheken erhöhen. Gemeinsame Arbeit ist jetzt doppelt nötig. Durch die Bemühungen von Geh.-Rat Erman-Bonn ist das wissenschaftliche Bibliothekswesen in Art. 10 der Reichsverfassung aufgenommen. Zu seiner Ausführung ist von der Reichsregierung ein Programm aufgestellt, bei dessen Bearbeitung auch die Mitarbeit des V. D. B. in Aussicht genommen ist. — Zur Freude des Vorstandes ist das neue Jahrbuch der Deutschen Bibliotheken trotz großer Schwierigkeiten noch recht-

---

1) Ueber den äußeren Verlauf der Versammlung s. den Vorbericht oben S. 130-132. Wegen Raumknappheit muß auch der vorliegende Verhandlungsbericht so kurz als möglich gehalten werden. Es wird deshalb auf den Abdruck der Teilnehmerliste verzichtet und auch von den Referaten zumeist nur ein Auszug gegeben.

zeitig fertiggestellt worden, sodaß die ersten Exemplare, wenn auch noch ungebunden, hier vorliegen.

Vor Eintritt in die Tagesordnung erhält der frühere Direktor der Universitäts- und Landesbibliothek Straßburg, Geheimrat Wolfram das Wort, um die letzten Grüße seiner Bibliothek zu überbringen. Er spricht zunächst über die Bedeutung, die die Bibliothek für Deutschland, vor allem als nie versagende Hilfsquelle für die Bibliotheken Südwestdeutschlands, gehabt hat.

„Bewegten Herzens", fährt er fort, „danke ich Ihnen aber auch für all das, was Sie durch Ihre schnellbereite, hochherzige Hilfe den vertriebenen Beamten, die durch die plötzliche Ausweisung in schwere Not geraten waren, geleistet haben. Mancher von ihnen ist, als er in schwerer Sorge mit Weib und Kind, vielleicht auch noch geschmäht und beschimpft von einer bezahlten niedrigen Meute den Rhein überschritt, durch Ihre Spende und die prächtigen Worte, welche die Sendung vielfach begleiteten, wieder aufgerichtet worden und hat das Vertrauen auf die Zukunft zurückgewonnen. Danken möchte ich an dieser Stelle dem Generaldirektor der preußischen Bibliotheken, Exzellenz von Harnack, der ohne Zögern meinen Hilferuf mit unterzeichnet hat.

Straßburg und Metz sind die Schicksalsstädte der deutschen Geschichte. Die Höhepunkte des deutschen politischen und wirtschaftlichen Lebens sind ohne die beiden Städte nicht zu denken; ohne sie ist auch heute Deutschland ein verwundeter und verstümmelter Körper. Aber auch auf geistigem Gebiete, das wollen wir gerade auf dem klassischen Boden Weimars nicht vergessen, ist auch im Elsaß für das deutsche Vaterland die Sonne im 15. und 16. Jahrhundert strahlend aufgegangen. Es liegt mir ferne, heute an eine gewaltsame Wendung der Dinge zu denken; aber, wenn die stammes- und landfremden Franzosen 45 Jahre zum Kriege hetzten und schürten, dann wird uns, den stammesgleichen und blutsverwandten Volksgenossen, niemand die stille Hoffnung verbieten können, daß die Weltereignisse auch auf friedlichem Wege einen Ausgleich schaffen, ohne den die Welt nun einmal nicht genesen kann.

Eines aber wollen wir heute schon pflegen und bekennen, die Vertiefung in die Wechselwirkung deutschen Geisteslebens, wie sie stattgehabt hat, solange es eine elsaß-lothringische Geschichte gibt. Dazu bedürfen wir aber einer Bibliothek, die uns besonders die elsässische Abteilung der Straßburger Bibliothek ersetzt. Wir bedürfen dieser geistigen Rüstkammer, um in uns nicht sterben und erlöschen zu lassen, was uns vertriebenen Elsaß-Lothringern wesentlicher Inhalt unseres geistigen Lebens gewesen ist. Wir bedürfen dieser Zentrale aber auch für die Geisteswelt des gesamten Deutschlands, weil auch für sie das Wort gilt, das für das politische Leben geprägt ist: ein Staat — auch ein Geistesstaat — kann nur durch die Kräfte erhalten bleiben, durch die er geschaffen ist. Am deutschen Geistesleben haben aber die Elsaß-Lothringer nicht nur empfangend, sondern auch gebend alle Zeit lebendigsten Anteil gehabt.

Die Straßburger Bibliothek mit ihrer elsässischen · Abteilung ist uns verschlossen und sie wird es auch bleiben, darüber müssen wir uns ganz klar sein. Die deutschen Bibliotheken, auch in ihrer Gesamtheit, ersetzen sie nicht; denn im Vertrauen auf die Straßburger Schätze und deren Zugänglichkeit haben sie leider viel zu wenig von jener Literatur gesammelt. So wollen wir Vertriebenen mit ungebrochener Tatkraft an das Werk gehen und uns neu beschaffen, was uns an Schätzen verloren gegangen ist. Dazu bedürfen wir aber Ihrer Unterstützung. Sie sind es schon einmal gewesen, die in der großen Zeit deutschen Aufschwunges den Grundstock einer Straßburger Bibliothek durch Hergabe Ihrer Bücher geschaffen haben. Heute komme ich, wie damals mein erster Vorgänger, jetzt freilich in der trostlosen Zeit des Zusammenbruches und Niederganges, mit um so stärkerem Vertrauen auf die Kraft und den Idealismus der Hüter des deutschen Geisteslebens und bitte Sie: Helfen Sie uns wieder aufbauen, was vernichtet scheint. Geben Sie uns, wenn unser Aufruf erscheint, was Sie an Doppelstücken · über elsässische und lothringische Literatur, Kunst, Wissenschaft, Politik, Wirtschaftsleben und was sonst in eine elsässische Bibliothek gehört, besitzen. Nur mit Ihrer selbstlosen Hilfe können wir jetzt in der Zeit der ungeheuerlichen Bücherpreise das voll ausführen, was wir beginnen wollen.

Ein Volk, das $4^1/_2$ Jahre der ganzen Welt widerstanden hat und nur zusammengebrochen ist durch die Hungerblokade und das Gift der Verleumdung und Lüge, das von draußen und drinnen in seine Adern geflossen war, das kann nicht untergehen. Am ehesten aber wird es sich seine geistige Stellung zurückerobern. Dazu aber gehört die Bewahrung der geistigen Gemeinschaft mit Elsaß-Lothringen. Helfen Sie uns! Sie tragen Bausteine zur Wiederaufrichtung unseres deutschen Vaterlandes.

Der Vorsitzende sichert diesen mit warmer Anteilnahme aufgenommenen Ausführungen die volle Unterstützung des Vereins zu.

Die Versammlung beschließt, die beiden Referate Glauning und Minde-Pouet nach einander zu hören und erst nach dem zweiten in die Besprechung einzutreten.

Der Artikel 10 der Reichsverfassung und die deutschen Bibliotheken.

Referent: Bibl. Dr. Otto Glauning-München.

Der Juli vorigen Jahres hat uns Bibliothekaren eine Ueberraschung gebracht, die, soweit ich unterrichtet bin, auch in Norddeutschland, jedenfalls aber im deutschen Süden nicht eben als erfreulich empfunden worden ist. Bei der zweiten Lesung der neuen Reichsverfassung hat die deutsche Nationalversammlung auf Antrag des Abgeordneten Hermann-Posen „das wissenschaftliche Büchereiwesen" in den Kreis der Gebiete aufgenommen, für die das Reich nach Artikel 10 „im Wege der Gesetzgebung Grundsätze aufstellen kann". Der geistige

Urheber dieses Antrages war der Leiter der Universitätsbibliothek in Bonn, Geheimrat Erman, der durch seine Aufsätze „Das Bibliothekswesen und die Reichsverfassung" in Nr 18 der „Hilfe" vom 1. Mai und in der Kölnischen Zeitung Nr 326 vom 26. April 1919 diese Frage angeschnitten hatte. Ermans Pläne, die seit Jahren in der Richtung auf eine durchgreifende Vereinheitlichung des wissenschaftlichen Bibliothekswesens sich bewegen, sind schon auf der Posener Tagung von 1905 von der großen Mehrheit der Fachgenossen abgelehnt worden und auch ihre Erneuerung durch die Ende 1919 erschienene Schrift „Weltbibliographie und Einheitskatalog"[1]) hat wiederum das gleiche Schicksal gehabt, ein deutlicher Beweis für ihre Unzulänglichkeit. Erman mag dieses abermalige Urteil seiner Fachgenossen voraus empfunden haben. Er hat deshalb die damalige politische Lage benützt, um seine Absichten durchzusetzen und sie mit Hilfe von Politikern seinen Fachgenossen aufzuzwingen. Ich bedaure es, daß die deutsche Nationalversammlung sich dazu hat mißbrauchen lassen, auf einen vielleicht 10 Minuten dauernden Vortrag eines bibliothekarischen Laien hin über die einschneidensten und bedeutsamsten Fragen unseres Berufslebens zu entscheiden. Sie hätte sich die Zeit nehmen müssen, darüber außer dem preußischen Beirat für Bibliotheksangelegenheiten vor allem die Meinung unserer Standesvertretung, des Vereins deutscher Bibliothekare, zu hören, und da dies unterblieben ist, hätte die Vorstandschaft des Vereins deutscher Bibliothekare sofort Verwahrung gegen diese Uebergehung einlegen sollen. Man hat sich aber damals beruhigt, wohl in dem Gedanken, daß es sich ja nur um die theoretische Möglichkeit eines reichsgesetzlichen Eingreifens handle, das, wie es damals auch die Meinung des Reichsamts des Innern war, vielleicht nie praktische Bedeutung gewinnen würde. Mittlerweile scheint man aber auch dort anderen Sinnes geworden zu sein und die Regelung des wissenschaftlichen Bibliothekswesens im Sinne einer weitgehenden Vereinheitlichung jetzt zu den vordringlichsten Aufgaben zu rechnen. Es wird deshalb zur Zeit eine amtliche Umfrage bei Leitern wissenschaftlicher Bibliotheken veranstaltet, die sich auf folgende 12 Punkte erstreckt: 1. Aufgaben der Bibliotheken und Abgrenzung der Sammelgebiete, 2. Pflichtlieferungen, 3. Amtliche Drucksachen, 4. Dubletten- und sonstiger Austausch, 5. und 6. Katalogregeln für alphabetischen und systematischen Katalog, 7. Einheitliche gemeinsame Katalogisierung (Titeldrucke usw.), 8. Gesamtkatalog, 9. Benutzungsordnung (Gebühren usw.), 10. Leihverkehr, 11. Auskunftei, 12. Annahme und Ausbildung der höheren und mittleren Beamten. Diese 12 Punkte, die im wesentlichen die ganze Organisation und Wirksamkeit der Bibliotheken umfassen, zeigen mit Deutlichkeit die Keime sehr weitgehender Möglichkeiten.

Ich will indeß hier nicht in eine Erörterung der 12 Punkte eintreten, die, wollte man nicht ein Buch darüber schreiben, nur in- epi-

---

1) Bonn und Leipzig, Kurt Schroeder.

grammatischer Form erfolgen könnte. Ich möchte hier nur im Anschluß an den Artikel 10 zwei Fragen ·stellen und meine Antwort
darauf begründend vorlegen. Einmal: Ist denn ein Anlaß zu einer
so weitgehenden Vereinheitlichung der deutschen Bibliotheken überhaupt gegeben? und dann: Wäre gegebenenfalls eine derartige Vereinheitlichung ein zweckmäßiges Mittel?

Eine dem völligen Neuaufbau gleichkommende Regelung wäre nur
verständlich und gerechtfertigt, wenn mit manchem Morschen und
vielem Guten auch unser wissenschaftliches Bibliothekswesen während
des Krieges einen vollkommenen Zusammenbruch seines gesamten
inneren Aufbaus erlitten hätte. Das ist aber doch glücklicherweise
nicht der Fall gewesen. Trotz der großen Anforderungen, die das
Sammeln des unabsehbaren Kriegsschrifttums mit sich brachte, und
trotz anderer in den veränderten Verhältnissen liegenden Schwierigkeiten haben die Bibliotheken nach besten Kräften durchgehalten. Wie
vor dem Krieg, so gilt auch noch jetzt, was einer unserer ersten Fachgenossen, Geheimrat Milkau, noch im Jahre 1912 unter voller Zustimmung aller Sachkundigen schreiben durfte: „Denen, die bei jeder
Gelegenheit bewundernd auf· die blendenden Erscheinungen des ausländischen Bibliothekswesens, auf das Britische Museum, die Bibliothèque nationale oder auf die mit unerhörten Mitteln arbeitenden
großen amerikanischen Bibliotheken hinweisen, kann gesagt werden,
daß es kein zweites Land in der Welt gibt, in dem, alles in allem
genommen, für die Bedürfnisse der Wissenschaften im Punkte der Bibliotheken so wohl gesorgt wäre und fortgesetzt gesorgt würde wie
in Deutschland."[1]) Sofern ein Rückgang in der Leistung der Bibliotheken festzustellen ist, so ist er begründet nicht in der nach wie vor
durchaus gesunden Organisation, sondern in dem ungeheuerlichen Rückgang der Kaufkraft, der sich vor allem beim Erwerb ausländischer
Literatur geltend macht, und in den jetzt um 800 $^0/_0$ verteuerten Buch-
binderpreisen. Diesem Uebelstand kann man aber nicht durch Vereinheitlichung beikommen, sondern allein durch Geld und immer wieder
mehr Geld. Kann das beschafft werden, so werden die Bibliotheken
den eingetretenen Rückgang sehr wohl von selbst wieder wettzumachen
wissen, denn sie sind nicht erst von heute und gestern. Die einzelnen
Bundesstaaten werden schwerlich mehr in der Lage sein, ihren Biblio-
theken· die dazu notwendigen Mittel zur Verfügung zu stellen, denn
ihre Hauptsteuerquellen sind mittlerweile an das Reich übergegangen.
Dieses wird also für sie eintreten müssen. Dabei mag es juristisch
gerechtfertigt sein, wenn es aus solcher Beihilfe den Anspruch auf
ein mehr oder minder weitgehendes Mitbestimmungsrecht in bibliothekarischen Dingen erhebt. Moralisch kann ich dies nicht für be-
rechtigt· halten, sondern darin nur die Ausnützung einer Notlage erblicken. Für diese Auffassung· scheint mir zu sprechen, daß vor dem
Kriege schon über die Gewährung eines Reichszuschusses an die drei

---

1) Vgl. Die Kultur der Gegenwart. 2. Aufl. Teil I, Abt. 1, S. 627.

großen Bibliotheken Berlin, München und Leipzig gesprochen wurde,
ohne daß damals von irgendwelchen Bedingungen die Rede gewesen
wäre. Wenn jetzt die Bibliotheken sich Reichszuschüsse mit dem
Verzicht auf ihre bisherige Selbständigkeit sollten erkaufen müssen, so
wäre das ein zu hoher Preis und sie täten besser daran, sich nach
anderweitiger Hilfe umzusehen, wozu sich ja gewisse Aussichten neuerdings zu bieten scheinen.

Die erste meiner oben gestellten Fragen muß ich demnach ver-
neinen und ebenso lautet die Antwort auf die zweite, der ich mich
jetzt zuzuwenden habe.

Eines der hauptsächlichsten Erfordernisse der Bibliotheken ist möglichste Stetigkeit in ihrer Verwaltung. Aus der Erfahrung der un-
ruhigen Praxis früherer Zeiten heraus hat man geradezu das Paradoxon
geprägt, daß für eine Bibliothek eine folgerichtig durchgeführte Dumm-
heit besser — soll heißen erträglicher — ist als ewig wechselnde
jüngste Weisheit. Man hat damit den durchaus konservativen Charakter
der Büchersammlungen drastisch kennzeichnen wollen. Das bisherige
individualistische Regiment hat unsere Bibliotheken auf ihre Höhe gebracht und die notwendigen bibliothekarischen Persönlichkeiten heran-
wachsen lassen, auf die es nach wie vor eben doch bei aller Weiterentwicklung ankommt. In ihm liegt auch die Gewähr weiteren
Gedeihens. Es würde nicht nur einen manchesterlichen Mangel an
Sinn für historisch Gewordenes verraten, sondern verhängnisvoll werden,
wenn man das in langer Praxis bewährte Alte gegen die zweifelhaften
Vorteile der Vereinheitlichung hingeben wollte. Denn darüber kann
kein Zweifel sein, daß alle Fehler einer Zentrale den ganzen von ihr
beherrschten Organismus durchlaufen und daß für sie dann weit mehr
Lehrgeld gezahlt werden muß als bei denen einer selbständigen einzelnen Verwaltung. Daß aber Zentralstellen nicht irren, wird man
nach den Erfahrungen der letzten sechs Jahre nicht behaupten wollen.
Auch die örtlichen Bedürfnisse, die eben doch überall dem Benützer am nächsten liegen, lassen sich nach dem alten Kurs leichter
und rascher berücksichtigen als nach dem geplanten. Ein wesentlicher
Punkt, der hier noch zu berühren ist, ist die Ersparnis. Da ist vor
allem zu sagen, daß das Organisieren an sich erheblich Geld kostet
und daß neue Einrichtungen, wie Kataloge u. dgl., in den Bibliotheken
auch sehr viel Raum bedürfen; denn man kann das Alte nicht ohne
weiteres durch das Neue von kurzer Hand ersetzen, sondern muß
geraume Zeit beides nebeneinander herlaufen lassen. Für die Bibliotheken also, die nicht in neuen Gebäuden über reichlichen Raum
verfügen, sondern mit Sehnsucht dringlichsten Erweiterungsbauten ent-
gegensehen, erwächst hierdurch ein noch für lange Zeit unüberwind-
liches Hemmnis organisatorischer Betätigung. Ich erinnere ferner an
die Erfahrungen mit dem Gesamtkatalog, dessen außerordentlich hohe
Kosten die außerpreußischen Regierungen noch in den besseren Zeiten
vor dem Krieg veranlaßt haben, sich nicht daran zu beteiligen. Dabei
war es noch nicht einmal die absolute Höhe der Kosten, die ab-

schreckte, als vielmehr die mit der Größe solcher Unternehmungen in geometrischer Progression steigende außerordentliche Unsicherheit der rechnerischen Grundlagen, die eine Beteiligung als einen Sprung ins Dunkle erscheinen lassen mußte. Es kann des weiteren nicht als sparsam bezeichnet werden, wenn man mit erheblichem Aufwand geleistete frühere Arbeit wegwirft, bevor sie völlig ausgenützt ist. Eine solche Verschleuderung vorhandener Werte würde das Ersetzen der alten Kataloge, der Früchte langjähriger, auch gelehrter Arbeit, durch neue sein, da man, wie die Erfahrung noch bis in die letzten Jahre hinein lehrt, mit jenen doch noch sehr gut arbeiten kann. Es sei hier auch noch ausgesprochen, daß es doch nur äußerlich einen Gewinn bedeuten würde, wenn die Titelaufnahmen, womöglich mit Signaturen, alle in einer Zentrale hergestellt würden, so daß in den angeschlossenen Bibliotheken nur noch das richtige Einreihen der Titelkarten in die verschiedenen Kataloge zu erfolgen hätte. Ich halte es, von den technischen Schwierigkeiten ganz abgesehen, nicht für einen Raub, wenn in den einzelnen Bibliotheken die Bücher immer wieder Bibliothekaren durch die Hände gehen, und habe das Gefühl, daß man an die Wurzeln unseres Berufes greift, wenn man auf diese Weise unseren Beruf mechanisiert und den Bibliothekar von den Büchern trennt. Ich bin überzeugt, daß gerade in den kommenden Zeiten der Schwerpunkt unserer Tätigkeit darin liegen wird, durch persönliches Wissen sachliche Unzulänglichkeiten nach Kräften wettzumachen. Dazu aber brauchen wir Bibliothekare, die mit Büchern leben und nicht von Titeln, sonst sind sie für ihr Amt unbrauchbar.

Ich möchte noch weiter gehen und nicht nur beim Bibliothekar das Persönliche betonen, sondern diese Forderung auch auf die Bibliotheken selbst ausdehnen. Ich sehe in ihrem Eigenleben ein wesentliches Element ihres Gedeihens. Vor allem im Süden und Westen unseres Vaterlandes auf altem Kulturland erwachsen, blickt die Mehrzahl von ihnen auf eine, meist Jahrhunderte alte, wechselvolle Geschichte zurück und im Wandel der Geschicke haben sie etwas Persönliches bekommen, sind sie Individualitäten geworden und haben jetzt ein Recht darauf, dem inneren Gesetz dieser berechtigten Eigenart folgend sich weiter zu entwickeln. Dazu brauchen sie aber, verkörpert in ihren Häuptern, entsprechende Bewegungsfreiheit und dürfen nicht, wie geplant, in fast allen ihren Lebensäußerungen durch oft ganz wesensfremde Bestimmungen eingeengt werden. Jeder von uns erinnert sich daran, wie er, das Handwerk grüßend, kaum eine Bibliothek besuchte, in der er sich nicht an mehr oder minder augenfälligen Spuren kräftigen persönlichen Wirkens erfreute, sei es daß die Pflege alter Tradition in den Beständen oder glücklicher Tausch oder die umsichtige Wahrnehmung günstiger örtlicher Verhältnisse oder anderes der Bibliothek unerwartet eigenartige Züge eingeprägt hatten. Der Bericht unserer Kommission für Verwaltungspraxis[1]) hat an seinem Teile

---

1) Vgl. Zbl. f. Bw. 31 (1914) S. 195—237.

diese Mannigfaltigkeit ausgiebig bestätigt, schon damals auch die Ab-
neigung gegen Eingriffe von dritter Seite erkennen lassen. Erst kürzlich
hat uns der Vorstand der Rothschildschen Bibliothek in Frankfurt a. M.,
Direktor Berghoeffer, Mitteilung davon gemacht, wie er in zäher Arbeit
seinen Sammelkatalog aus kleinen Anfängen zu einem großen Unternehmen ausgestaltet hat.[1]) Ich möchte auf diesen Katalog hinweisen
nicht als auf eine zu verallgemeinernde Norm, wohl aber als auf eine
in ihrer Eigenart erfreuliche Einzelleistung. Wird in einem vereinheit-
lichten Bibliothekswesen für solch selbständig ausgedachte Unternehmen
noch Raum sein? Hätte im Jahre 1912 in Berlin eine mit gesetzlichen Zuständigkeiten ausgestattete bibliothekarische Zentrale bestanden,
so hätte die Deutsche Bücherei nicht in ihrer selbstgewählten Form
ins Leben treten können. Nachdem sie sich nicht ohne Kampf und
Schwierigkeiten und unter notwendigen Wandlungen durchgesetzt hat,
ist ihre Daseinsberechtigung nun, im Jahre 1920, auch in aller Form
anerkannt worden. Ich denke, wir alle freuen uns ihres Gedeihens im
Kreise der deutschen Bibliotheken.
     Ich glaube, die deutschen Bibliotheken dürfen umsomehr auf solches
Eigenleben Anspruch erheben, als sie es nie auf Kosten der Allgemeinheit übertrieben, sondern es bisher schon freiwillig eingeschränkt
haben, sobald aussichtsreiche, zur Verwirklichung reife, gemeinsame
Unternehmen es wünschenswert erscheinen ließen. Ich erinnere nur
an das Auskunftsbüro der deutschen Bibliotheken, an das Gesamtver-
zeichnis der laufenden Zeitschriften, an den Gesamtkatalog der Wiegendrucke, an die Regelung des Leihverkehrs, gemeinsame Unternehmen,
denen die zentralistisch geleiteten Bibliotheken des Westens nichts an
die Seite zu stellen haben. Auch für die Kriegssammlungen hat sich,
im Gegensatz zu dem völligen Versagen der amtlichen Zentrale für
Kriegsdrucksachen, von Bibliothek zu Bibliothek ein, soweit ich unterrichtet bin, allseitig befriedigender Austauschverkehr ausgebildet. In
dieser Richtung, dem Ausbau des VDB zu einer freien Arbeitsgemein-
schaft, liegt meiner Ueberzeugung nach der sicherere und bessere Weg
zu einer gesunden und fruchtbringenden Weiterentwicklung der deutschen
Bibliotheken und unseres Standes und Berufs.
     Auf Grund aller dieser Erwägungen glaube ich mit Recht sagen
zu dürfen, daß eine Vereinheitlichung der deutschen Bibliotheken weder
eine Notwendigkeit ist noch ein zweckmäßiges Mittel zur Behebung
ihrer derzeitigen Schwierigkeiten wäre. Ich möchte aber die ganze
Frage der Vereinheitlichung noch in einem anderen Zusammenhang
betrachten, nämlich als einen Teil unserer gesamten Kulturpolitik. In
weit höherem Maße als unsere Universitäten sind die Bibliotheken
gebend und nehmend Quelle zugleich und Niederschlag aller geistigen
Tätigkeit, die sich um sie und durch sie entfaltet. Der Sammlerfreude

---

1) Der Sammelkatalog wissenschaftlicher Bibliotheken des deutschen
Sprachgebiets bei der Freiherrlich Carl von Rothschildschen öffentlichen Bibliothek. Frankfurt a. M., Joseph Baer & Co. 1919.

und dem Sammlerehrgeiz weltlicher und geistlicher Fürsten vielfach
ihr Dasein verdankend, nähren sie noch heute die mannigfachen und
verschiedenartigen geistigen Mittelpunkte Deutschlands, die einzigen
erfreulichen Zeugen früherer, beklagenswerter politischer Zerrissenheit.
Beschneidet man zugunsten eines einzigen, bevorzugten Mittelpunktes
die Bibliotheken in ihrem jetzt blühenden Eigenleben. so werden auch
diese geistigen Pflanzstätten verkümmern und wir gehen einer geistigen
Verarmung und Verflachung der Einzelstaaten entgegen, wie wir sie
als unweigerliches Endergebnis solcher Kulturpolitik an der französischen Provinz mit aller wünschenswerten Deutlichkeit vor Augen
haben.   Eine das gesamte deutsche Schrifttum umfassende Nationalbibliothek in Berlin — denn nach Ermans wirklicher Meinung kommt
ja ein anderer Ort dafür doch nicht in Betracht — könnte nur auf
Kosten der übrigen deutschen Landesbibliotheken durchgeführt werden.
Ein Reichspflichtlieferungsgesetz würde die bisherigen Sammlungen
heimatlichen Schrifttums eingehen lassen, ohne doch, wie die Erfahrungen in den großen Bibliotheken der zentralistisch regierten
Länder des Westens lehren, die Gewähr zu bieten, daß in der Zentralbibliothek auch wirkliche Vollständigkeit erreicht wird.   Man hat
während des Krieges die Sammeltätigkeit der einzelnen Kriegssammlungen aufs Empfindlichste geschädigt, indem man die von ihnen ge-
knüpften Verbindungen durch Verordnungen und Verbote, rücksichtslos
durchschnitt zu gunsten einer großen Sammelzentrale, die zum Schluß
die übernommenen Verpflichtungen und Versprechungen nur in überaus
kläglicher Weise zu erfüllen vermochte.   So würden auch jetzt wieder
alte Traditionen zerstört und zugleich würde man für das Sammeln,
wie Geheimrat Schulze erst kürzlich sehr richtig ausgeführt hat,[1]) das
wichtige psychologische Moment außer Acht lassen, das für uns in
dem Gefühl für alles Heimatliche liegt, ein Gefühl, auf dessen Ausbildung und Nutzbarmachung man bisher freilich durch das häufige
Hin und Her der Bibliothekare von Bibliothek zu Bibliothek allzu
leicht verzichtet hat.   Außer mit einem in dieser Form berechtigten
Partikularismus würde man aber auch noch mit dem Widerstand der
Buchhändler zu rechnen haben und alles zusammen würde den Plan
schließlich doch zum Scheitern bringen.   Gerade jetzt wird auch an
den Ausweg, wie in England je 3—6 Pflichtexemplare einzufordern,
nicht zu denken sein.   Auch die Geschichte weist der Berliner Bibliothek nicht annähernd die überragende Stellung zu wie dem Britischen
Museum oder der Bibliothèque Nationale in England und Frankreich.
Die Bibliotheken des deutschen Südens, München, Wien, auch Heidelberg, sind ihr an Geschlossenheit alten Besitzes, vor allem an Handschriften und Wiegendrucken, auch heute noch überlegen.   Dann hat
doch die seinerzeitige Kraftprobe mit der Umfrage nach Werken Arndts[2])
ergeben, daß selbst der Besitz an altpreußischem Schrifttum gar sehr

---

1) Vgl. Zentralblatt für Bibliothekswesen 37 (1920), S. 31 ff.
2) Vgl. Zentralblatt für Bibliothekswesen 21 (1904), S. 499—511, 22 (1905),
S. 27—40, 23 (1906), S. 408—412.

der Ergänzung bedürfte. Berlins jetziger Vorrang ist jüngsten Datums.
Er beruht auf der durch seine gesteigerte Kaufkraft während der
letzten Jahrzehnte erreichten Zahl. In dieser Vergrößerung seines
Betriebes liegt aber zugleich auch seine Schwäche; es würde bei
der Verpflichtung, allein im ganzen Reich überall auszuhelfen, immer
unmöglicher, berechtigten und auch für die Allgemeinheit wichtigen
individuellen Wünschen Rechnung zu tragen, und das Schema F würde
mehr und mehr Alleinherrscher, um so leichter und sicherer, wenn
durch eine bevorzugte Monopolstellung der heilsame Antrieb eines gesunden Wettbewerbs ausgeschaltet würde.

So bescheiden die Rolle ist, die vornehmlich in gegenwärtiger Zeit
die Bibliotheken im politischen Leben spielen, so möchte ich doch
nicht unterlassen, auch von diesem Punkt noch zu sprechen. Es ist
kein Zweifel, daß auch in unseren Kreisen die Gefahr eines Wieder-
aufreißens einer geistigen Mainlinie besteht. Man kann deshalb nur
dringend davor warnen, es hier auf eine neue Belastungsprobe ankommen zu lassen. Ich habe in den letzten Jahren wiederholt mit
norddeutschen und besonders auch Berliner Kollegen zu tun gehabt
und habe mich verpflichtet gefühlt, die angenehmen persönlichen Erfahrungen, die ich als Süddeutscher dabei habe machen dürfen, in
meinem Kreise immer wieder zu betonen und auf die uns Süddeutschen
fehlenden guten, preußischen Eigenschaften als auf eine im Rahmen
des Reichsganzen notwendige Ergänzung unseres süddeutschen Wesens
hinzuweisen, aber ich sehe angesichts sich übernehmender Vereinheit-
lichungssucht vollkommen ein, daß man im eigenen wie im Interesse des
großen Ganzen sich wie gegen die Reform der Universitäten oder das
erneute Aufwerfen der jetzt gewiß nicht vordringlichen Rechtschreibungs-
frage ebenso gegen die Gefahren zur Wehr setzen muß, die aus dem
Artikel 10, Abs. 2 der Reichsverfassung für das geistige Eigenleben
Süddeutschlands hervorgehen können. Wir haben im Süden den ehr-
lichen Willen, beim Reich zu bleiben, aber man darf es uns nicht
unnötig erschweren durch Maßnahmen, die nur geeignet sind, die
zentrifugalen Kräfte zu stärken. Zu diesen Maßnahmen gehört auch
das übereifrige Bestreben, eine möglichst weitgehende Vereinheitlichung
jetzt auch auf kulturellem Gebiet herbeizuführen, das noch im vorigen
Jahr ausdrücklich als ein Gebiet unbehinderten Wachstums und freien
Wettbewerbs der Einzelstaaten bezeichnet worden ist. Mein Urteil in
der Frage der Vereinheitlichung möchte ich zum Schluß dahin zusammenfassen, daß der Artikel 10, Abs. 2 zum einen Teil überflüssig,
zum andern Teil schädlich ist, überflüssig, weil schon bisher die
deutschen Bibliotheken in Dingen, die für eine gemeinsame Regelung
reif waren oder sie erlaubten, freiwillig sich zur Ausführung zusammen-
geschlossen haben, schädlich, weil er dazu verführt, gesetzlichen Zwang
da auszuüben, wo die lebensnotwendige Wahrung berechtigter Eigenart
ein Zusammenarbeiten noch nicht erlaubt oder es geradezu ausschließt.
Und das Unbehaglichste ist, daß man wohl sieht, wo die Vereinheitlichung anfängt, aber nicht, wo sie aufhört.

Gemeinsame Aufgaben der deutschen Bibliotheken
Referent: Direktor Prof. Dr. Georg Minde-Pouet-Leipzig.

Der Vortrag war vom Vorstand des Vereins deutscher Bibliothekare angeregt und berichtete im wesentlichen über Verhandlungen, die im letzten Winter zwischen den Staatsbibliotheken Berlin und München und der Deutschen Bücherei zur Klärung einer Reihe wichtiger bibliotheksorganisatorischer Fragen stattgefunden hatten und die infolge der allgemeinen Notlage der deutschen Bibliotheken die voraussichtlich auf dieser Tagung zu erwartende Aussprache vorbereiten sollten. Schon vor dem Kriege ist mehrfach in unseren Kreisen eine Nachprüfung der Arbeitsweise und Aufgaben der einzelnen großen Bibliotheken, bei denen die gedeihliche Fühlungnahme mit einander vermißt wurde, als wünschenswert bezeichnet worden, jetzt scheint sie durch die Not, die alle deutschen Bibliotheken infolge der traurigen wirtschaftlichen Verhältnisse bedrängt, gebieterisch gefordert zu sein, um so mehr seitdem das Reich durch Artikel 10 der Verfassung das Recht erhalten hat, im Wege der Gesetzgebung Grundsätze für das wissenschaftliche Büchereiwesen aufzustellen, und seitdem auf Grund dieser neuen mit ungewöhnlicher und hier gänzlich unangebrachter Fixigkeit ohne die nötige fachmännische Vorberatung getroffenen Bestimmung nicht nur recht viele Unberufene mit allerlei Vorschlägen zu einer Neuorganisation der Bibliotheken hervorgetreten sind, sondern auch Herr Geheimrat Dr. Erman wieder für seine in Fachkreisen abgelehnten Zentralisierungsideen, die selbst vor einer Weltbibliographie nicht Halt machen, Anhänger zu gewinnen versucht und wieder nach einer deutschen Nationalbibliothek gerufen hat. Es gibt zweifellos Aufgaben, die besser durch Zentralisierung zu lösen sind; die Zentralisierung an sich darf aber keinesfalls das oberste Gesetz des erstrebten Zusammenarbeitens sein, vielmehr muß eine geregelte Arbeitsteilung erreichen, daß jede Arbeit da geleistet wird, wo sie am zweckmäßigsten geleistet werden kann, wo die besten Vorbedingungen für sie vorhanden sind, und ohne die Selbständigkeit der einzelnen Bibliotheken zu gefährden. Keine gesetzgeberische Maßnahme ohne vorhergegangene Vereinbarung mit den berufenen Stellen und Personen. Wir brauchen eine feste Zentralstelle, die nicht bevormundet, sondern leitet und ausgleicht. Der Beirat für Bibliotheksangelegenheiten in Preußen, so sachlich und wertvoll seine Tätigkeit auch immer gewesen ist, kann nicht als ausreichend betrachtet werden. Es ist ein fachmännisch zusammengesetzter Reichsbibliotheksrat zu bilden, der als beratendes Organ in allen Angelegenheiten der deutschen Bibliotheken für das Reichsministerium des Innern zu wirken hat. Wenn der Herr Kollege Glauning manchen neuen Plänen mißtrauisch gegenübersteht, so denkt er dabei immer an eine Vereinheitlichung unter Führung Berlins, an ein Eintauschen des individualistischen Regiments gegen die umstrittenen Vorzüge einer zentralistischen Verwaltung. Diese Furcht ist zweifellos unnötig.

Der Plan einer Reichs- oder Nationalbibliothek ist aufzugeben. Wer ihn fördert, übersieht, wie der Herr Kollege Schulze gesagt hat, daß er schlechterdings nicht von unserer politischen Gestaltung zu trennen ist, und vergißt den Widerstand des Partikularismus, der im Bibliothekswesen berechtigt ist und die deutschen Bibliotheken auf ihre Höhe geführt hat. Solche Zentralisierungsbestrebungen bedrohen die Leistungen und die Freiheit der großen Bibliotheken. Keine der vorhandenen großen Bibliotheken ist außerdem der ungeheuren Aufgabe gewachsen, das gesamte deutsche Schrifttum zu erfassen und zugleich alles für die Wissenschaft Unentbehrliche aus der Literatur des Auslandes zu sammeln. Zu dieser Ansicht ist auch die Staatsbibliothek Berlin gekommen, die noch 1912, nach Ausführungen von Exzellenz von Harnack, ohne bedeutende Vermehrung ihres Beamtenpersonals die Arbeiten einer Nationalbibliothek in jeder Richtung übernehmen zu können glaubte, und zu dieser Ansicht ist auch die Staatsbibliothek München gekommen. Daß die Aufgaben einer Nationalbibliothek im Sinne Ermans und seiner Anhänger über die Kraft einer einzelnen Anstalt gehen, haben auch die Erfahrungen der Deutschen Bücherei gelehrt, die wie keine andere Stelle in der Lage ist, allein schon den nationalen Reichtum des deutschen Geistes zu ermessen, den sie in achtjähriger Arbeit systematisch mit Hilfe einer eigenen Werbetätigkeit zu erfassen bemüht war. Wer diese Behauptung durch Hinweis auf das Britische Museum in London oder die Bibliothèque Nationale in Paris entkräften möchte, vergißt, daß auch diese beiden Sammelzentren von absoluter Vollständigkeit weit entfernt sind. Auch ein Reichspflichtlieferungsgesetz, in dem noch immer manche das Heil sehen, wird nie Abhilfe schaffen. Die Verleger werden ihm einen unüberwindbaren Widerstand entgegensetzen und können, wenn es doch diktiert werden sollte, den Bibliotheken das Hereinholen der Pflichtexemplare noch immer auf alle nur mögliche Weise erschweren. Außerdem kann die Deutsche Bücherei berichten, daß eine gewaltige Masse von Druckerzeugnissen überhaupt nie angezeigt wird und daher jeder Bibliothek entgehen muß, die sie lediglich durch eine Ueberwachung der Pflichtlieferungen zu erhalten unternimmt. Man muß ganz andere Wege gehen, um das deutsche Schrifttum lückenlos zu sammeln, und zu diesem Zwecke eine Werbearbeit leisten, wie sie heute nur die Deutsche Bücherei leistet. Ein Reichspflichtlieferungsgesetz würde ferner zum Schaden der Universitäts- und Landesbibliotheken und damit auch zum Schaden der Forschung, wie Glauning treffend gesagt hat, die bayerische Landesliteratur aus den bayerischen Bibliotheken nach Berlin oder, um noch ein anderes Beispiel von Schulze zu nennen, die ostpreußische Lokalliteratur nach München entführen und so lediglich die zur Zufriedenheit arbeitende landschaftliche Sammeltätigkeit, die mit wahrem Erfolg nur an Ort und Stelle zu leisten ist, beseitigen, aber nie erreichen, daß das gesamte deutsche Schrifttum in der Reichszentrale restlos vereinigt wird.

Was eine Stelle zu leisten nicht imstande ist, muß durch Arbeits-

teilung zwischen den größten deutschen Bibliotheken unter Hinzuziehung auch der kleineren Bibliotheken für gewisse Sonderaufgaben
erreicht werden, wie das bereits 1912 Herr Kollege Adolf Schmidt in
Darmstadt in einem Aufsatz in der Frankfurter Zeitung vorhergesagt
hat. Aufgabe der Deutschen Bücherei muß nach wie vor das
Sammeln des deutschen Schrifttums, auch desjenigen, das
nicht in den Buchhandel kommt, bleiben, und zwar das restlose Sammeln, da es ausgeschlossen ist, daß diese Aufgabe selbst
von der Gesamtheit der deutschen Bibliotheken so gelöst werden kann,
wie sie bereits die Deutsche Bücherei jetzt löst. Kein Bibliothekar,
der seinen Beruf ernst nimmt, kann heute mehr bestreiten, daß auch
der kleinen Literatur und den zahllosen außerhalb des Buchhandels
erscheinenden Druckschriften sorgsamste Pflege zuzuwenden ist, wenn
nicht durch ihre Vernachlässigung der Wissenschaft schwerer Schaden
zugefügt werden soll. Die Unterscheidung von Haupt- und Neben-
fächern kann verhängnisvoll werden. Die Vollständigkeit, die die
Deutsche Bücherei vermöge ihrer besonderen Organisation auch im
Erfassen selbst der kleinsten Zeitschrift, der lückenlosen Reihen von
Luxusdrucken, der geheimen, beschlagnahmten und zurückgezogenen
Bücher anstrebt, kann den anderen Bibliotheken das beruhigende Gefühl
der Sicherheit verschaffen, daß nichts verloren geht, und kann manche
Spezialbibliothek entbehrlich machen. Dieser Vollständigkeit kommt
die Deutsche Bücherei jetzt dadurch erheblich näher, daß sie nicht
mehr ausschließlich auf Geschenke der Verleger angewiesen ist, wie
das früher der Fall war, und wodurch ihr vieles entgangen ist, sondern
daß sie alle ihr nicht kostenlos zugehenden Bücher aus Mitteln des
Börsenvereins kauft und nun nachträglich die vorhandenen Lücken mit
Erfolg zu schließen begonnen hat. Die deutschen Bibliotheken können
sich infolgedessen, unter dem Zwange der gegenwärtigen wirtschaftlichen Verhältnisse, in der Beschaffung der deutschen Literatur
auf die notwendigsten Werke beschränken und ihre Hauptmittel auf die Erwerbung der Auslandsliteratur und der vor
1913 erschienenen deutschen Literatur verwenden, um so mehr
als sie die Gewißheit haben können, jedes ihnen fehlende Buch aus
der Deutschen Bücherei zu erhalten, die sich zum Besten der deutschen
Bibliotheken entschlossen hat, von ihrem Präsenzbibliotheksgrundsatz
abzugehen.

Weitestgehende Dezentralisation erweist sich als unbedingt notwendig auf dem Gebiet der amtlichen Drucksachen. Es ist eine
Kraftvergeudung, daß die amtlichen Drucksachen des ganzen deutschen
Reiches zugleich in Berlin, München und Leipzig gesammelt werden,
besonders weil auch mit den reichsten Mitteln und der besten Organisation hier auch nur annähernde Vollständigkeit zu erzielen ausgeschlossen ist; diese Erfahrung haben die drei Bibliotheken gleichmäßig gemacht, die nicht einmal erreichen können, daß ihnen die
amtlichen Drucksachen des eigenen Landes auch nur einigermaßen
vollständig zufließen, und sie wird auch durch die Landesbibliothek

Darmstadt bestätigt. Der Reichsbibliotheksrat wäre die berufene Instanz, das Deutsche Reich in bestimmt abgegrenzte Gebiete zu zerlegen und das Sammeln der in diesen Gebieten erscheinenden amtlichen Druckschriften, und zwar ohne jede Einschränkung, bestimmten Bibliotheken, auch kleineren Landes- und Stadtbibliotheken, zuzuweisen. Diesen Bibliotheken sind gegebenenfalls die zur Lösung dieser ihnen zugeteilten Aufgabe erforderlichen Mittel vom Reiche zu erwirken, da es sich ja um Arbeiten handelt, deren Nutzen sich weit über die Landes- und Stadtgrenzen erstreckt. Wenn die Sammlung der amtlichen Drucksachen Sachsens in Zukunft der Landesbibliothek Dresden übertragen würde, erhöbe die Deutsche Bücherei keinen Widerspruch. Was von diesen Drucksachen wissenschaftlichen Wert hat, wie zahlreiche amtliche Zeitschriften und Serienwerke, muß selbstverständlich weiter auch von den großen Bibliotheken erworben werden. Es wäre nützlich, wenn für das ganze Reich gültige Regeln für die Ordnung und Katalogisierung der amtlichen Drucksachen aufgestellt würden.

Ganz ähnlich ist mit den Veröffentlichungen der Vereine und Gesellschaften zu verfahren, bei denen auch diejenigen, die für die Forschung von Bedeutung sind, von denjenigen, die lediglich bibliographisches Interesse haben, zu scheiden sind. Wenn die Dezentralisation auch dieser Schriften durchgeführt wird, würde die Deutsche Bücherei nicht darauf verzichten, die Veröffentlichungen solcher Vereine, die die Förderung der Wissenschaft bezwecken, lückenlos zu sammeln. Diese sehr umfassende Aufgabe wird ihr dadurch erleichtert, daß die Gesellschaft der Freunde der Deutschen Bücherei für sie die Mitgliedschaft aller derjenigen Vereine erwirbt, die ihre Schriften nicht kostenlos oder nur an Mitglieder abgeben.

Durch Dezentralisation allein ist ferner der deutschen Auslandsliteratur beizukommen. Die Deutsche Bücherei, die das Sammeln dieser Literatur wegen des Krieges noch nicht zielbewußt in Angriff nehmen konnte und jetzt erst organisieren müßte, wird diese Arbeit nie allein leisten können, ebenso wenig wie die Staatsbibliotheken Berlin und München oder das Deutsche Auslands-Institut in Stuttgart oder das Hamburgische Kolonialinstitut, weil an dem ungeheuren Umfang jeder Versuch einer einzelnen Anstalt scheitern muß. Das hat Herr Kollege Fick, der dieses Gebiet am besten beherrscht, in seiner Schrift „Auslandsdeutschtum und Kulturpolitik" erwiesen, und er hat in ihr auch dargetan, daß infolge Fehlens jeglicher Organisation diese Literatur keineswegs die ihrer Bedeutung für unser Volkstum entsprechende Beachtung und Pflege bisher gefunden hat, und daß hier sehr viel nachzuholen ist. Der von ihm gewiesene Weg des Zusammenwirkens der größten deutschen Bibliotheken nach Vereinbarung über eine regionale Teilung, die wieder dem Reichsbibliotheksrat zufallen müßte, führt allein zum Ziel. Das Deutsche Auslands-Institut in Stuttgart mit seiner auf diese Arbeit besonders eingestellten Organisation könnte hier große Dienste leisten, und sein Wunsch, daß ihm besonders die gesamte kleine Vereinsliteratur vorbehalten bleiben möchte, weil es die Fühlung mit den im Ausland bestehenden deutschen Vereinen bereits besitzt und für seine besonderen Aufgaben braucht, verdient Beachtung; denn es genügt, wenn diese kleine Literatur an einer Stelle zu finden ist. Ein zweiter Wunsch des Auslands-Instituts, den Gesamtkatalog der deutschen Auslandsliteratur zu führen, dürfte sich nicht erfüllen lassen, da es diesem Institut, wenigstens zur Zeit, noch an dem für diese schwierige und umfangreiche Arbeit nötigen vorgebildeten Personal fehlt; immer wertvoll aber wird die Mitarbeit des Instituts in jeder Form an diesem Katalog sein, der in Berlin seine Stelle haben muß.

Die Universitäts- und Schulschriften, so wenig Mühe auch ihr Sammeln und ihr Verzeichnen verursachen, wäre die Deutsche Bücherei bereit aufzugeben, da sie ja lückenlos auf der Universitätsbibliothek Leipzig zu finden sind. Aber wie in Zukunft die wenigen Exemplare der Dissertationen, die noch für Bibliotheken verfügbar sind, zur Verteilung gelangen sollen, müßte durch den Reichsbibliotheksrat entschieden werden oder sollte wenigstens nicht ohne ihn entschieden werden. Es kann in unserem Kreise nicht gebilligt werden, daß der preußische Ministerialerlaß über die Aufhebung des Druckzwanges für Dissertationen ohne Verhandlung selbst mit der Preußischen Staatsbibliothek zustande gekommen ist.

Die Schaffung einer Zentralsammelstelle für alle in Deutschland erscheinenden Tageszeitungen ist lange als praktisch undurchführbar erkannt worden. Aber ihre lückenlose Aufbewahrung bleibt eine unbedingte Notwendigkeit. Wie bei den amtlichen Drucksachen ist auch hier größte Dezentralisierung geboten, und sie könnte nach den gleichen Grundsätzen, vielleicht unter noch stärkerer Hinzuziehung auch der kleineren Bibliotheken, verwirklicht werden.

Wer in der Dezentralisation das Heil sieht, wird der Forderung einer technischen Bibliothek, die in letzter Zeit mit viel Eifer betrieben wird, nicht ablehnend gegenüberstehen, besonders weil sie ein Gebilde sein soll, das etwas anders aussieht als unsere wissenschaftlichen Bibliotheken. Aber die Mehrzahl der auf rein praktische Ausnutzung gerichteten Wünsche ist nicht nur in einer technischen Zentralbibliothek angebracht und in anderen gut geleiteten Bibliotheken auch bereits erfüllt. Und wenn man diesem Plane vor dem Kriege, als Gelder noch leichter zu haben waren, Gelingen wünschen konnte, so werden in der gegenwärtigen Zeit, in der größte Sparsamkeit Pflicht ist, Bedenken gegen die nochmalige Beschaffung der neuesten deutschsprachigen technischen Literatur, die doch auch in der Deutschen Bücherei lückenlos gesammelt wird, nicht als unsachlich zurückgewiesen werden können.

Für die bisher besprochenen Aufgaben erscheint Dezentralisation als wünschenswert; bei anderen Arbeiten scheint Zentralisierung geboten. Hierher gehört die Katalogisierung. Daß sich noch immer in allen Bibliotheken täglich so und so viele Federn in Bewegung setzen, um dieselben Bücher zu katalogisieren, und daß die gleiche Arbeit, nur in etwas veränderter Form, für die Gesamtheit der im

Buchhandel erscheinenden Schriften noch einmal von der Bibliographischen Abteilung des Börsenvereins zur Herstellung des deutschen
Bücherverzeichnisses getan wird, ist ein offenkundiges Beispiel für die
den Bibliotheken auf diesem Gebiete mangelnde Organisation, und es
ist deshalb höchst erfreulich, daß sich allmählich die Ueberzeugung
durchgesetzt hat, daß die Katalogisierung der gesamten deutschen
Literatur seit 1913 für alle deutschen Bibliotheken gemeinsam eine
der Deutschen Bücherei zuzuteilende Aufgabe sein muß, während die
Verzeichnung der ausländischen Literatur und der deutschen Literatur
vor 1913 der Preußischen Staatsbibliothek verbleiben kann. In diesem
Sinne feste Beschlüsse zu fassen, ist nunmehr um so notwendiger, weil
die Deutsche Bücherei jetzt ernsthaft die Uebernahme der Bibliographischen Abteilung des Börsenvereins und damit die Herstellung
des Deutschen Bücherverzeichnisses betreibt. Ein Uebermaß doppelt
und vielfach getaner Arbeit, eine Verschwendung von Kräften und
Mitteln würde damit vermieden werden. Voraussetzung ist natürlich
eine Verständigung über die Grundsätze der Katalogisierung und die
Form der Titeldrucke, damit alle Bibliotheken und auch der Buchhandel gleichmäßig Nutzen aus dieser an einer Stelle geleisteten
Arbeit ziehen. Das muß erreicht werden und ist zu erreichen, wenn
jeder Bibliothekar und jeder Buchhändler an der Verwirklichung
dieses Planes mitzuhelfen ernstlich gewillt ist. Der Einwand des
Herrn Kollegen Glauning, daß dadurch eine Mechanisierung der
bibliothekarischen Arbeit hervorgerufen wird und die Bibliothekare
nur noch Titeldrucke statt Bücher in die Hand bekommen, ist nicht
stichhaltig; denn erstens ist die Katalogisierung nun einmal zunächst
unbestreitbar eine mechanische Arbeit, und sodann bleibt es ja jedem
Bibliothekar unbenommen, auch trotz der Titeldrucke noch die Bücher
selbst in die Hand zu nehmen. Die Deutsche Bücherei druckt schon
jetzt ihre Katalogkarten für ihren eigenen Bedarf und kann also unschwer die für andere Bibliotheken nötigen Abzüge herstellen, und
damit diese Abzüge so billig wie möglich geliefert werden könnten,
ist für diese Arbeit, die im Interesse aller deutschen Bibliotheken liegt,
eine Reichsunterstützung zu erwirken. Es läßt sich auch erreichen,
daß jede Bibliothek nur die Katalogkarten erhält, die sie wirklich
braucht. Die Berliner Titeldrucke kommen, wie das gar nicht anders
möglich sein kann, zu spät zu den einzelnen Bibliotheken und lassen
jeder Bibliothek noch genug Bücher zu eigener Katalogisierung übrig.
Die Deutsche Bücherei mußte allmählich ganz auf die Benutzung der
Titeldrucke verzichten, da sie ihr die Katalogisierungsarbeit noch nicht
einmal für $2/5$ ihrer Eingänge ersparten. Bei der Beschränkung, die
sich leider auch die Preußische Staatsbibliothek in Zukunft in der
Beschaffung der deutschen Literatur auferlegen muß, werden ihre
Titeldrucke noch weniger den Bedürfnissen der einzelnen Bibliotheken
genügen. Es fällt hierbei noch ins Gewicht, daß die Deutsche Bücherei
jährlich Tausende von Drucken ermittelt, die ohne ihre Arbeit nicht
bekannt und nicht verzeichnet werden. Wird das Deutsche Bücher-

verzeichnis durch Aufnahme aller dieser außerhalb des Buchhandels erscheinenden Drucke zu umfangreich und für den Buchhändler daher arbeiterschwerend, so könnte vielleicht diese Literatur in einem Ergänzungsbande zusammengefaßt werden und gesondert vom Hauptbande zu beziehen sein. Auch hier bedarf es nur der nötigen Organisation, wieder mit Hilfe des Reichsbibliotheksrates, um eine befriedigende Lösung zu finden.

Auch für ein anderes Gebiet ist Zentralisierung am Platze: für alle bibliographischen Arbeiten ist eine Zentrale anzustreben mit der Aufgabe, alle Unternehmungen dieser Art zu organisieren und sicherzustellen, um zu verhindern, daß sie weiter, wie bisher, den zufälligen Neigungen einzelner Privater überlassen bleiben und, wie leider gar zu oft, aus Mangel an Mitteln oder anderen äußerlichen Gründen abgebrochen werden. Es ist nicht nötig, hier in diesem Kreise Beispiele anzuführen. Wenn wir heute eine Bibliographie der Sozialwissenschaften und nicht mehr eine Bibliographie der Naturwissenschaften haben und ebenso notwendiger Bibliographien anderer Wissenschaften ermangeln, so ist das ein systemloser Zustand, dem durch eine straffe Organisation abgeholfen werden muß. Sie allein kann auch die bibliographischen Unternehmungen zu der Vollkommenheit führen, die die Forschung beanspruchen darf. Auch für diese Arbeiten ist die Deutsche Bücherei vor allem wegen ihres von keiner Bibliothek erreichten Bestandes an Zeitschriften in erster Linie heranzuziehen.

Das alles sind nur erste Anregungen, die sich aus den Besprechungen zwischen den Staatsbibliotheken in Berlin und München und der Deutschen Bücherei ergeben haben, weit davon entfernt, einer Bibliothek eine bevorzugte Stellung zu schaffen oder irgendeine Bibliothek in ihrer Selbständigkeit zu beschränken. Wenn diese Gedanken aber in einem Kreise berufener Vertreter unseres Faches zu Ende gedacht werden, können sie vielleicht die deutschen Bibliotheken durch eine wohlerwogene Arbeitsverteilung zu zielbewußter gemeinsamer Arbeit zusammenschließen, die die Bewältigung der ihnen zugewiesenen verantwortungsvollen Aufgaben erleichtert und ihre gedeihliche Weiterentwicklung gerade in den Nöten unserer Zeit fördert und sichert.

———

Zunächst verliest Hilsenbeck-München die amtliche Erklärung der Münchener Staatsbibliothek zum Artikel 10 der Verfassung und den zwölf Punkten:

Die bayerische Staatsbibliothek München hat sich schon wiederholt an gemeinschaftlichen Unternehmungen der deutschen Bibliotheken beteiligt (Gesamtkatalog der Wiegendrucke, Auskunftsbüro, Gesamtzeitschriftenverzeichnis) und ist zu gemeinsamem Vorgehen auch in Zukunft bereit, wenn eine Vereinheitlichung von wesentlichem Vorteile für sie[1]) sowie ihre Benützer und die Neuerung ohne schädlichen Eingriff in ihre bisherige Uebung möglich ist. Zu den einzelnen Punkten wird bemerkt:

———

1) d. h. die deutschen Bibliotheken.

1. Es besteht kein Bedenken dagegen, daß in eine Erörterung über die Abgrenzung einzelner Sammelgebiete eingetreten wird; doch ist daran festzuhalten, daß den Bibliotheken die Möglichkeit gewahrt bleibt, bisher gepflegte Sondergebiete auch weiterhin zu pflegen. Für die großen Bibliotheken wie die Staatsbibliothek München ist eine Einschränkung im allgemeinen nicht möglich.

2. Vor einer Aenderung der bestehenden Gesetzgebung über die Ablieferung von Pflichtexemplaren ist zu warnen, weil die Gefahr besteht, daß alle derartigen Vorschriften aufgehoben werden. An die Möglichkeit einer Vermehrung der abzuliefernden Pflichtexemplare kann kaum gedacht werden.

3. Die das ganze Reich umfassende Sammeltätigkeit der drei großen Bibliotheken Berlin, München, Leipzig auf dem Gebiete der amtlichen Drucksachen ist beizubehalten. Daneben wäre in jedem Lande eine Bibliothek anzuweisen, die amtlichen Drucksachen dieses Landes vollständig zu sammeln.

4. Ueber die Einrichtung eines Austausches von Doppelstücken usw. zwischen den Bibliotheken kann sehr wohl gesprochen werden; doch wäre bei der Durchführung jeder Zwang unbedingt zu vermeiden.

5 u. 6. Die Staatsbibliothek hat ihre Katalogisierungsregeln für den alphabetischen Katalog bereits nach Möglickeit den preußischen angeglichen, weiterzugehen ist sie ohne Schädigung ihres alphabetischen Kataloges nicht in der Lage. Eine vollständige Umarbeitung dieses wie des Realkatalogs nach einer Reichsvorschrift erscheint zwecklos und würde große Geldbeträge erfordern; sie ist daher unbedingt abzulehnen.

7. Die Möglichkeit einer den Bedürfnissen aller Bibliotheken entsprechenden und zugleich Zeit, Arbeitskraft und Geld ersparenden Verwendung von Titeldrucken ist bisher noch nicht nachgewiesen, so daß man z. Z. von der Erörterung der Frage der Titeldrucke am besten ganz absicht.

8. Die grundsätzliche Erörterung der Möglichkeit und Zweckmäßigkeit eines alle deutschen Bibliotheken umfassenden Gesamtkatalogs kann unter den gegenwärtigen Verhältnissen unterbleiben; denn diese verbieten durch die ungeheuren Kosten ihre Herstellung und Drucklegung unbedingt. Die Staatsbibliothek müßte in Hinblick auf diese viel besser für Bücheranschaffung zu verwendenden Beträge die Teilnahme ablehnen; außerdem sind ihre Kataloge ausgezeichnete Hilfsmittel für die Verwaltung der Staatsbibliothek selbst, eignen sich aber nicht zur Einarbeitung in einen Gesamtkatalog der deutschen Bibliotheken.

9. Die zwangsweise Vereinheitlichung der Benützungsordnungen empfiehlt sich nicht; die Notwendigkeit gewisser örtlicher Abweichungen kann nicht verkannt werden. Die Einführung von Gebühren wird von der Staatsbibliothek nicht beabsichtigt.

10 u. 11. Es empfiehlt sich in Besprechung über den größtmöglichen Ausbau des Leihverkehrs und die Ausbildung der Auskunfts-

erteilung einzutreten. Wünschenswert ist eine gleichmäßige Behandlung der Ausländer.

12. Die Annahme und Ausbildung der höheren und mittleren Beamten wurde ohnehin allmählich angeglichen und wird aus den tatsächlichen Verhältnissen heraus immer mehr in den verschiedenen Ländern vereinheitlicht werden. Eine zwangsweise Vereinheitlichung ist untunlich.

Fick-Berlin: In den Grundanschauungen stimme ich mit den beiden Referenten überein, insbesondere unterschreibe ich Glaunings Ausführungen über die sparsame Nutzbarmachung früher geleisteter Arbeit und über die Gefahr der Verschleuderung vorhandener Werke. Uferlose Pläne wie die Ermansche Weltbibliographie oder die Vereinheitlichung der Realkataloge durch Einführung des Deweyschen Dezimalsystems sind abzulehnen, auch erscheint die Drucklegung des ganzen preußischen Gesamtkatalogs in seiner jetzigen alphabetischen Form für absehbare Zeit undurchführbar. Abweichend von Glauning erwarte ich vom Reich nicht eine Gefährdung, sondern eine Förderung des deutschen Bibliothekswesens. Bisher hat Preußen bei den gemeinsamen Aufgaben finanziell die Hauptlast getragen; es kann aber in Zukunft solche Arbeiten wie den Ergänzungsband zum Gesamt-Zeitschriftenverzeichnis, den schon im Druck befindlichen Gesamtkatalog über das Auslandsdeutschtum und ähnliche Gesamt-Realkataloge nur durchführen, wenn es vom Reich durch Zuschüsse zu den Druckkosten unterstützt wird.

An der besseren Auswertung des in den Berliner Titeldrucken steckenden Materials haben die außerpreußischen Bibliotheken das gleiche oder doch annähernd dasselbe Interesse wie die Bibliotheken Preußens, weil ihnen unsere Bücherschätze durch den Leihverkehr zugänglich sind. In der Erleichterung und Verbilligung des Leihverkehrs zwischen den deutschen Bibliotheken erblicke ich eine der nur mit Hilfe des Reichs zu lösenden Hauptaufgaben der Zukunft: angestrebt muß werden, daß jedes Buch innerhalb des Deutschen Reichs kostenlos oder gegen eine geringe Gebühr von Bibliothek zu Bibliothek portofrei als Reichsdienstsache geschickt wird.

Wahl-Hamburg: Die nach Art. 10 der Reichsverfassung dem Reiche zugewiesene Feststellung von Grundsätzen für das wissenschaftliche Bibliothekswesen ist von großer Bedeutung für die zukünftige Zusammenarbeit unserer Anstalten und daher dankbar zu begrüßen. Daß dabei Eingriffe in die Eigenart und in die Traditionen unserer Bibliotheken vermieden werden müssen, darüber sind wir uns alle klar und stimmen mit Herrn Kollegen Glauning in der Abwehr solcher Eingriffe überein. Andererseits darf es aber heute, wo es gilt, alle Kräfte zusammenzufassen und gemeinsam einen Ausweg aus unsern Nöten zu suchen, keine Eigenbröteleien geben, keine Mainlinie.

Daß die Arbeit der Deutschen Bücherei sich jetzt in den Bahnen bewegt, welche die bibliothekarischen Sachverständigen schon vor Jahren verlangt haben, aber gegen die mannigfachen Widerstände nicht durchsetzen konnten, ist mit Dank anzuerkennen; ich beglückwünsche dazu

Herrn Kollegen M.-P. Mit seinen Vorschlägen für eine Arbeitsteilung unter den Bibliotheken kann man sich einverstanden erklären; nur bezüglich der Zentralisierung der Privatdrucke einschließlich der Vereins- und Gesellschaftsschriften in der Deutschen Bücherei bin ich auf Grund meiner eigenen Erfahrungen anderer Meinung: Diese Drucke sind dem Sammelgebiet der Landesbibliotheken, bezw. der Provinzial- und Stadtbibliotheken zuzuweisen, die infolge ihrer besonderen Kenntnisse und Beziehungen und ihres natürlichen Interesses für das heimische Schrifttum zweifellos besser und erfolgreicher arbeiten als eine zentrale Sammelstelle. Die Dezentralisierung ist hierbei ebenso notwendig wie bei den amtlichen Drucksachen, für die der Herr Referent sie vorschlägt. Die Uebernahme der deutschen Titeldrucke und der Verzeichnung des gesamten deutschen Schrifttums durch die Deutsche Bücherei kann von großem Wert für die deutschen Bibliotheken werden, wenn sie nach den bewährten bibliothekarischen Grundsätzen erfolgt, und, wie geplant, die Privatdrucke einbezieht. Dabei müssen aber endlich auch die amtlichen Drucksachen zu ihrem Recht kommen, durch deren Bibliographierung ein wertvoller Bestandteil des deutschen Schrifttums erschlossen werden wird. Für die Feststellung und Durchführung von Grundsätzen für das wissenschaftliche Bibliothekswesen gemäß Artikel 10 der Reichsverfassung scheint auch mir ein Reichsbibliotheksrat notwendig, und ich bitte deshalb um Annahme folgender Resolution:

Der deutsche Bibliothekartag in Weimar 1920 hält die Einsetzung eines Reichsbibliotheksrats zur Beratung der gemeinsamen Angelegenheiten der deutschen wissenschaftlichen Bibliotheken für erforderlich. Der Vorstand des V. D. B. wird beauftragt, bei den maßgebenden Stellen des Reichs die nötigen Schritte zu tun.

Löffler-Köln: Die Verwaltung muß nach dem Einfachsten streben. Daher ist eine gewisse Zentralisierung nötig, aber keine übergroße, wie in Frankreich. In den alphabetischen Katalogen befürwortet er ein Heranarbeiten an die preußische Instruktion. Eine besondere Katalogisierungs-Instruktion an einer einzelnen Bibliothek ist eine überflüssige Geheimwissenschaft. Beim Realkatalog ist eine Individualisierung zweckentsprechender. Eine Verringerung des Leihportos ist dringend erforderlich. Der vorgeschlagene Reichs-Bibliotheksrat ist notwendig.

Naetebus-Berlin äußerte sich gleichfalls für Wahrung der Individualität der Bibliotheken und für engste Fühlung der Bibliothekare mit den Büchern. Er tritt jedoch der Auffassung entgegen, als ob GR. Erman durch andere als lauterste Beweggründe sachlichen Interesses zu seinem Schritte geführt sei. Ferner beklagt er die Hervorkehrung eines Gegensatzes zwischen dem Süden und Norden. Gemeinsame Arbeit zur Ueberwindung der Not sei jetzt die Hauptsache.

Paalzow-Berlin bezeichnet die Annahme Glaunings, daß von Berlin aus eine Vereinheitlichung des Bibliothekswesens geplant sei, als irrtümlich. Es handle sich nicht um Schaffung einer Nationalbibliothek, sondern um Gewinnung von Richtlinien für gemeinsame Arbeit. Deshalb ist die von Hilsenbeck vorgetragene Münchener Erklärung zu begrüßen. Glaunings Anschauung über die Berliner Bibliothek bedarf sehr der Berichtigung. Die Verfassungsbestimmung des § 10 sollte dahin erweitert werden, daß auch das Volksbibliothekswesen unter die Reichskontrolle gestellt werde. Dann könne erreicht werden, daß alle Städte von einer bestimmten Größe an zur Einrichtung von Volksbibliotheken verpflichtet werden. Redner empfiehlt folgende Entschließung zur Annahme.

Der Deutsche Bibliothekartag hält es für wünschenswert, daß in § 10 der deutschen Reichsverfassung auch das deutsche volkstümliche Büchereiwesen unter die Gegenstände aufgenommen wird, über die von der Reichsgesetzgebung Richtlinien aufgestellt werden können.

Jacobs-Freiburg kennt aus eigener Erfahrung Berlin ebenso wie den Süden, deshalb versteht er auch die stellenweise Gereiztheit, die aber doch alle Schärfe vermeiden solle. Für den Süden wird München immer die Zentralstelle bleiben, es hat in den letzten fünfzehn Jahren viel für Süddeutschland getan. Die kleinen Bibliotheken können nicht ohne die großen existieren, doch ist der Leihverkehr, der eine Wohltat für die kleinen ist, eine Gefahr für die großen. Er darf nicht dazu führen, daß sie wichtige Werke auf lange Zeit entbehren müssen, was jetzt oft vorkommt.

Weber-Berlin berichtet nach einem kurzen Ueberblick über die Geschichte des preußischen Gesamtkatalogs, der jetzt unmittelbar vor seinem Abschluß steht, daß die Geschäftsstelle von dem ursprünglichen Plane, ihn in alphabetischer Reihenfolge zu drucken, infolge der hohen Kosten abgekommen ist, vielmehr vorgeschlagen hat, ihn in Form von abgegrenzten Realkatalogen der Oeffentlichkeit durch den Druck zugänglich zu machen. Um das Unternehmen nicht von vornherein zu gefährden, beschränkt sich die Geschäftsstelle zunächst auf die Literatur seit 1900, weil hierfür in der Hauptsache die Durchsicht der Titeldrucke genügt. Aus diesem Grunde ist es aber nötig, zunächst nur solche Abschnitte zu wählen, für die die ältere Literatur nicht von ausschlaggebender Bedeutung ist. Gewissermaßen als Probe ist die Literatur über das Auslandsdeutschtum und die deutschen Kolonien zuerst ausgewählt worden. Das Material wird für ersteres auf 6000, für letztere auf 4—5000 Titel geschätzt. Die Anlage des Stoffes ist systematisch, zum Schluß wird ein Autoren- und Schlagwortregister beigegeben. Jedem Titel werden die Besitzvermerke der an den Gesamtkatalog angeschlossenen Bibliotheken sowie die Signatur der Staatsbibliothek beigefügt. Zur Zeit liegen Bogen 1 und 2 über das Auslandsdeutschtum vor.

Mit Hilfe dieser preußischen Gesamtrealkataloge kann vielleicht der Weg zu einem deutschen Gesamtkatalog gebahnt werden, indem an seiner Hand die übrigen preußischen und deutschen Bibliotheken der Geschäftsstelle des Gesamtkatalogs ihre Bestände für den betreffenden Abschnitt mitteilen, damit sie bei einer neuen Auflage mit verarbeitet werden können. Es ist in keiner Weise beabsichtigt, irgend welchen Druck auf andere Bibliotheken auszuüben, die Mitarbeit soll vielmehr in das Ermessen jeder einzelnen Bibliothek gestellt werden.

Müller-Dresden weist darauf hin, daß das Volksbibliothekswesen bereits unter § 148 der Reichsverfassung falle: „Das Volksbildungswesen, einschließlich der Volkshochschulen; soll vom Reich, Ländern und Gemeinden gefördert werden." Im Namen der städtischen Bibliothekare fordert er, daß sich die vom Reich aufzustellenden Normen über das wissenschaftliche Bibliothekswesen auch auf die einheitliche Regelung der Vorbildung und der Zulassung als Anwärter für den höheren Dienst erstrecken, ferner, so weit die städtischen Bibliotheken unter fachmännischer Leitung stehen, die einheitliche Zulassung ihrer Anwärter für den höheren Dienst zur Fachprüfung, wie sie bereits z. T. für den mittleren Dienst besteht.

Füchsel-Göttingen schlägt vor, daß sich der Reichsbibliotheksrat aus den Bibliotheksräten der Einzelstaaten zusammensetzen soll, und macht Mitteilung von der Gründung des Landesverbands preußischer Staats- und Universitätsbibliothekare.

Der Referent Glauning-München betont in einem Schlußwort, daß er sich freundschaftlich auseinanderzusetzen wünsche, und sich nur gegen eine Politik der Ueberraschung verwahre. Ein persönlicher Angriff auf Erman liege ihm fern.

Die Versammlung nimmt die von Wahl und Paalzow beantragten Entschließungen an und stimmt der von Müller-Dresden formulierten Erklärung der Stadtbibliothekare zu.

2. Sitzung, Mittwoch den 26. Mai Nachm.

Direktor Prof. Dr. Deetjen-Weimar spricht im Studiensaal des Goethehauses über die Geschichte der Weimarer Landesbibliothek als Einführung zur darauf folgenden Besichtigung der Bibliothek. Der Vortrag wird in der Zeitschrift für Bücherfreunde gedruckt.

3. Sitzung, Donnerstag den 27. Mai Vorm.

Bibliotheken und Zeitungen.
Referent: Bibl. Dr. Adolf Hilsenbeck-München.

Napoleon hat geirrt, als er die Presse einst die sechste Großmacht nannte, in den abgelaufenen Jahren haben wir erfahren müssen, daß sie die erste geworden ist, ihr sind wir erlegen, sie war unser unbezwingbarer, stärkster und mächtigster Feind.

Niemand wird den ungeheuren Einfluß der Presse auf unser ganzes Kulturleben bestreiten, bei aller Kritik können wir nicht mehr leben ohne sie; wird sie uns ein paar Tage entzogen, so meinen wir das Band sei zerschnitten, das uns mit der Menschheit verknüpft: sie ist Trägerin und Schöpferin der öffentlichen Meinung und alles politischen Lebens, das Selbstgespräch der Zeit, der Sekundenzeiger der Weltgeschichte, die kinematographische Aufnahme allen Geschehens der

Gegenwart. Ist dies zugegeben, so kann auch nicht bestritten werden, daß sie für den Geschichtsschreiber der Zukunft bei vor- und um.sichtiger Benutzung zur wichtigen Forschungsquelle werden kann: die Geschichte eines Volkes, sagt Macaulay, liegt in seinen Zeitungen; heißt Zeitungen lesen Geschichte erleben, so heißt Zeitungen sammeln Geschichtsquellen sammeln.

In steigendem Maße hat denn auch die gelehrte Welt die früher ihr gegenüber geübte Zurückhaltung aufgegeben, sie hat sich dieser lebendigen Quelle energisch zugewandt, Lehrstühle an den Hochschulen sind geschaffen worden, Vorlesungen über Presse und Zeitungskunde 1) werden gehalten, Seminare leiten zur allseitigen Ausschlachtung des massenhaften Stoffes an, Geschichten einzelner Zeitungen als wichtige kulturgeschichtliche Monographien sind zahlreich ans Licht gekommen, wenn sie auch nicht alle die an Thema und Bearbeitung gleich hochstehende „Geschichte der Allgemeinen Zeitung" von Ed. Heyck erreichen.

Aber um die Aufbewahrung und Erhaltung der Zeitungen, wirft man uns vor,2) stehe es schlecht; der Tag verschlinge, was der Tag geboren, und doch sei es ein Raub an der Kulturmenschheit, mit jeder vernichteten Zeitung sehe sie eine ihrer Daseinsspuren verschwinden.

Ueber ein Jahrzehnt ist vergangen, seit Martin Spahn sich das bleibende Verdienst erworben hat, auf dem Internationalen Kongreß für historische Wissenschaften in Berlin (August 1908) dies Thema eingehend behandelt zu haben: „Die Presse als Quelle der neuesten Geschichte und ihre gegenwärtigen Benutzungsmöglichkeiten." 3)

In seinem ersten Teile wandte sich Spahn ausschließlich an seine engsten Fachgenossen, die Historiker der jüngsten Vergangenheit, zeigte besonders für die Jahre 1859 bis 1890 den engen Zusammenhang zwischen Presse und Partei, daß sie als wissenschaftliches Werkzeug hierfür erst recht brauchbar gemacht werden müsse und wieviel aus ihr bei richtiger methodologischer Anwendung für die noch in den Anfängen steckende deutsche Parteigeschichte zu gewinnen sei.

Wichtiger für uns ist der zweite Teil. Dort wird ausgeführt, daß die Gefahr bestehe, daß die Zeitungen durch die Nachlässigkeit unserer Zeitgenossen verderben oder verloren gehen, ehe der Fleiß der Historiker sie für die nationale Geschichtschreibung ausreichend fruchtbar machte, denn um ihre Sammlung und Erhaltung sei es zur Zeit schlecht bestellt, vollständige Exemplare von Zeitungen gehören auf den öffent-

---

1) Vgl. O. Wettstein: Zeitungskunde als wissenschaftliches Fach. Zürich 1914, und Jöhlinger, Otto: Zeitungswesen und Hochschulstudium. Jena 1919.
2) Bücher in der Kultur d. Gegenwart Bd 1, 550 ff. Salomon: Geschichte d. deutschen Zeitungswesens, Leipzig 1900 (Einleitung).
3) Erweiterter Abdruck in der „Internationalen Wochenschrift für Wissenschaft, Kunst und Technik", Beigabe zur Münchener Allgem. Zeitung 2. Jg. Nr 37 und 38 vom 12. u. 19. Sept. 1908.

lichen Bibliotheken zu den Ausnahmen, es muß ein erhöhtes Interesse
für die Sammlung der Zeitungen in der Nation geweckt werden. Einzelne sind schon jetzt als gänzlich verloren anzusehen, manche kostbaren in den Bibliotheken aber sind, weil ungebunden, raschem Unter-
gange geweiht. Die Bibliotheken nimmt er trotzdem in Schutz, sie
seien nicht imstande, das ihnen Zugemutete zu erfüllen, das Gesammelte
füge sich nicht bibliothekstechnischen Maßen, sondern sie seien an-
spruchsvolle und deshalb nirgendwo beliebte Gäste, sie kosten Raum,
Zeit und Geld; so habe das systematische Sammeln nach und nach
in den meisten Bibliotheken aufgehört — wir werden später sehen,
wie sehr diese Behauptung der Einschränkung bedarf —; der gelehrte
und ungelehrte Benutzer muß sie sich von allen Seiten her beschaffen,
es gibt keine Nachweise, wo er sie zu suchen hat. Dann weist er
hin auf die außerordentlichen Lücken der Zeitungsbestände besonders
der Berliner Bibliothek, die doch an den Zeitungen aus national-
geschichtlichen Gründen am meisten interessiert sei. Er fordert ein
Verzeichnis ihres Bestandes zur Aenderung dieses der Wissenschaft,
der Journalistik, der Politik und der Volkswirtschaft gleich verderblichen Zustandes und schlägt die Errichtung eines zentralisierten Reichs-
Zeitungsmuseums vor, auf analoge Schöpfungen in Schweden, Belgien,
England und Amerika verweisend.

Für die Zentralisierung wird geltend gemacht, daß man Zeitungsbände ihres Gewichtes wegen nur schwer versenden könne, und sie
bei häufiger Benutzung auch allzu raschem Verderben ausgesetzt seien,
andererseits soll der Forschende so viel Vergleichsstoff als möglich
zur Hand haben, um sich allseitig Aufklärung zu verschaffen. Das
Zeitungsmuseum solle, nachdem die rein lokalen Blätter ausgeschieden,
alle wichtigen deutschen Zeitungen enthalten — Zahlen werden vor-
sichtigerweise nicht genannt.

Mit dem Museum wäre nicht nur ein Zeitungsarchiv zu verbinden, wie es Brüssel besitzt, d. h. eine nach Schlagworten geordnete
Registratur aller Zeitungsartikel und Nachrichten, für Redakteure,
Politiker, Historiker, Volkswirte und Kulturhistoriker gleich wertvoll.
Es braucht auch eine ausgedehnte Handbibliothek historischen,
juristischen, volkswirtschaftlichen und statistischen Inhalts mit allen
möglichen sprachlichen und genealogischen Handbüchern und Nach-
schlagewerken, ebenso die gesamte Literatur über Zeitungswesen und
Journalistik, überhaupt alles für die Geschichte und Technik des
Zeitungswesens Wichtige, auch alle Zeitungskorrespondenzen, alle
Parlamentsberichte und -Drucksachen, die Flugschriften des 19. Jahrh.
und schließlich noch eine Handschriftenabteilung für Nachlässe von
Journalisten und Parlamentariern.

Der Vortrag auf der Tagung selbst und seine erweiterte Ausgabe
in der „Internationalen Wochenschrift" hatte viele kritische und refe-
rierende Berichte, manche enthusiastisch zustimmenden, im Gefolge,
Arbeiten aus berufenen und unberufenen Federn beschäftigten sich mit
dem Thema, von den engeren Fachgenossen sind mir 3 beachtens-

werte[1]) bekannt geworden, die dazu Stellung genommen haben; von besonderer praktischer Wichtigkeit aber waren dann die Verhandlungen auf dem Historikertage des nächsten Jahres (1909), der gemeinsam mit einer Konferenz von Vertretern der landesgeschichtlichen Publikationsinstitute in Straßburg tagte.

Ueber all dies hat dann Spahn zusammenfassend und abwägend berichtet in einem Artikel unseres Zbl.,[2]) den wir ebenfalls in Kürze betrachten wollen.[3])

Als wichtigste Forderung der Gegenwart stellt er die Notwendigkeit eines Nachweises aller früheren Zeitungsjahrgänge auf, eine Kommission wurde gebildet, die weitere Schritte zur Sammlung in die Wege leiten sollte. Außer Spahn selbst gehörten ihr an unser Kollege Dr. Wolfram, aus dem Kreise der Archivare Hansen-Köln, als Vertreter der landesgeschichtlichen Vereine Prof. Kötzschke, auch auf die Mithilfe des Vereins Deutscher Zeitungsverleger glaubte man hoffen zu dürfen, sie hatten durch zwei Vertreter an den Straßburger Verhandlungen und Beratungen teilgenommen. Das zu schaffende Verzeichnis sollte alle auf deutschen Bibliotheken vorhandenen Zeitungsbestände angeben; durch Korrespondenz mit allen deutschen Bibliotheken, Archiven und Geschichtsvereinen sowie Verwaltungsbehörden, an die pflichtmäßig Zeitungsexemplare gehen, sollte man sich wenden, durch Mitwirkung der Presse wollte man auch Aufschlüsse über die großen Zeitungsbestände in Privatbesitz erhalten, die Angaben sollten vollständig sein, auch über das Maß der Erhaltung berichten, sowie über die Art der Aufbewahrung.

Die zweite Frage war, welche Zeitungen sollen aufbewahrt werden und wo sollen die Sammelstellen sein? Man hatte erkannt, daß die zwischen den einzelnen Zeitungen bestehenden Gradunterschiede der Bedeutung und des Wirkungskreises nicht verwischt werden dürften; eine Teilung in 3 Gruppen fand den meisten Beifall,[4]) nämlich Zeitungen für das ganze deutsche Sprachgebiet, führende Zeitungen, „Großzeitungen", dann in der Mitte stehende Blätter von provinzialer Bedeutung und schließlich Ortszeitungen, Blätter rein lokaler Bedeutung. Spahn schied aus seinem Plane mit Recht Ortszeitungen aus und wollte nur die Gattung 1 und 2 in seinem Museum vereinigt wissen; andere wollten dem Charakter der Zeitungen entsprechend auch eine Dreiteilung der Aufbewahrung: Ortszeitungen am Orte, Provinzialzeitungen in die Landes-, Provinzial- oder Universitätsbibliotheken, die Großzeitungen allein in die Zentrale. Daß auch der umgekehrte Plan vorgeschlagen

---

1) Paalzow in der „Woche" 1908, Nr 43; Erman im Zbl. Okt. 1908 u. März 1909; Ahrens in „Magdeburger Zeitung" 1909 Nr 8.
2) Zbl. 1910, S. 93—105.
3) Für ein weiteres Publikum besprach Kekulé von Stradonitz diese Fragen in d. Zeitschr. f. Bücherfreunde N. F. I, 1 (1909/10) 1 ff. u. in den Grenzboten 69, 2 (1910), S. 456 ff.
4) Zuerst Armin Tille in dem Bericht über die Vereinssitzung des Gewerbevereins zu Dresden 1909/10.

wurde, alle Lokalblätter in die Zentrale zu verlegen, sei erwähnt, ob-
schon er angesichts der großen Massen undiskutabel ist, ein dritter
Vorschlag schaltete das Reichs-Zeitungsmuseum ganz aus und wollte
nur 2 Sammelstellen gelten lassen: die Provinzsammlungen für die
großen und mittleren, die Lokalsammelstätten für die kleinen,[1]) von
dem letzteren Plane hat Spahn selbst behauptet, daß ihm auch heute
noch die Mehrzahl der Bibliothekare, der für Zeitungen sich inter-
essierenden Historiker und die meisten Zeitungsverleger zuneigen. Spahn
stimmte der Dreiteilung zu, wollte aber alle vor 1890 erschienenen
Zeitungen als historisch in der Zentrale vereint haben.

   Die dritte Frage war die der brauchbarsten und haltbarsten Art
der Aufbewahrung. An vielen Bibliotheken werden Zeitungen nicht
gebunden, sondern nur in Pakete verschnürt der hohen Bindekosten
wegen. Die Erfahrung geht allgemein dahin, daß ungebundene Zeitungen
zu rasch dem Verfalle geweiht sind, daß nur Einbände die Möglichkeit
geben, das sehr schlechte Zeitungspapier länger zu konservieren. Man
hat keine praktische Erfahrung, wie lange wohl unsere Zeitungen überhaupt halten werden, rechnet aber mit 2—3 Menschenaltern. Das
genügt wohl, in einem Jahrhundert werden die Historiker den ihnen
wertvollen Quellenstoff erschöpft haben; die gebundenen Bände müssen
aber gepreßt stehen, der Rand des Einbandes darf den des Papieres
nicht überragen; sie sind dem Tageslichte möglichst zu entziehen; man
hört oft Klagen über Aufbewahrungsräume, die nicht hell genug seien:
für Zeitungen sind sie der rechte Platz.

   Freilich sind die Bindekosten recht beträchtliche. Berlin z. B.
und Stuttgart — und wohl auch viele andere Bibliotheken — lassen
deshalb nur die wichtiger scheinenden binden, von München — wir
lassen grundsätzlich ohne Unterschied alles binden — kann ich die
Zahlen mitteilen. Bei unseren hohen Zeitungsbeständen — wir werden
noch davon hören — gab es in den Jahren kurz vor dem Kriege
rd 1000 Zeitungsbände zu binden, bei den ganz großen bildet oft nur
ein Monat einen Band, davon werden 900 einfach gebunden mit Papp-
deckel und blauem Ueberzug und weißen Schilden (so die meisten
bayerischen) und 100 mit besseren Einbänden mit guten Rückentiteln,
die ersteren kosteten pro Bd 4 M. = 3600 M., die letzteren 6 M.
= 600 M., zusammen 4200 M. Die gegenwärtig ganz unerhört hohen
Bindekosten mit 500 %, Zuschlag will ich gar nicht anführen; auch
in normalen Zeiten waren das unverhältnismäßig hohe Zahlen, die nur
Bibliotheken mit genügenden Etats sich leisten können; es ist nicht
zu leugnen, daß es dringendere Aufgaben gibt und die Versuchung,
die Zeitungen ungebunden ihrem Schicksal zu überlassen, eine sehr
große ist.

   Und wer sollte das Reichs-Zeitungsmuseum bauen? Diese
vierte Frage Spahns hat man zu beantworten gesucht, indem man
engen Anschluß an das Reichs-Postmuseum vorschlug, da ja dort die

---

1) Brüning im „Zeitungsverlag" 1908, Nr 37.

Zeitungsexemplare gesammelt werden, deren Einsendung zur Jahres-
gewichtsprüfung gesetzlich vorgeschrieben ist. Der Staatssekretär des
Reichspostamtes in der Budgetkommission des Reichstags interpelliert
[Protokoll vom 26. Febr. 1909] gab zu, daß es möglich sein werde,
die Exemplare dem Museum zuzuführen. Durchschlagende bibliothekarische Einwendungen gegen diese Entwicklung, meint Spahn, würden
nicht gemacht werden, die Sammlung, Aufbewahrung und Zugänglichmachung dieses ganzen Materials sei ja ihrem Wesen nach eine ganz
andere als eine Sammlung von Büchern. Ich mache solchen Einwand:
das Zeitungsmuseum wird wissenschaftlich wirklich nur benützbar (und
das soll doch seine Hauptaufgabe sein) in engster Verbindung mit den
Hilfsmitteln einer großen Bibliothek, entweder ist also eine solche
Bibliothek, wie ja Spahn selbst im Vortrag gefordert, mit dem Museum
zusammen neu zu gründen oder das Museum muß mit einer bestehenden
Bibliothek enge räumlich verknüpft sein. Aus dem ganzen Plane aber
der Zeitungssammlung ist schließlich nach manchen wertvollen Vorarbeiten und Umfragen der preußischen Hochschulbibliotheken die verständige Beschränkung geworden, rd 200 in- und ausländische Zeitungen,
die sorgfältig ausgewählt waren, zu sammeln, einer weiteren Verfolgung
gebot der Krieg sein Halt.

So stehen wir. Wir Bibliothekare müssen also die ganze Frage
noch einmal unter so veränderten Verhältnissen erneut überprüfen, wir
haben ja ebenfalls auf dem Bibliothekartage in Mainz eine Kommission
gebildet, um Material dafür zu sammeln; da ich Mitglied derselben
für Bayern bin, in meiner dienstlichen Eigenschaft als Beamter der
Geschichtskataloge an unserer Bibliothek oft mit solchen Fragen zu
tun habe und weil die zwei Seelen in meiner Brust, der Bibliothekar
und der Historiker, gleiches Interesse an dem Gegenstande nehmen,
bitte ich vorschlagen zu dürfen, das Gebiet der Wünsche und Projekte
zu verlassen und real ein paar statistische Angaben sprechen zu lassen.

Für eine Statistik der deutschen Zeitungen sind sichere Angaben
immer erschwert durch den fließenden Unterschied zwischen Zeitung
und Zeitschrift, man war angewiesen auf Kürschners Handbuch, Zeitungs-
kataloge wie Mosse u. ä. Unternehmungen und auf Postzeitungslisten,
amtlich statistisches Material darüber hat lange gefehlt; noch auf dem
Kongresse der amtlichen Statistiker des Reiches und der Bundesstaaten
in Blankenburg a. H. 1909 wurde beschlossen von Schritten in diesen
Fragen abzusehen; es wurde zwar anerkannt, daß eine Statistik sehr
interessant sei, aber sie wurde nicht für so notwendig gehalten, um
die darauf zu verwendenden Mühen und Kosten zu rechtfertigen. Für
Bayern haben wir zuerst 1909 im Statistischen Jahrbuch und seitdem
wiederholt, zuletzt 1913, festen Boden[1]) (rd 4000 in Deutschland, in
Bayern 10 %, also rd 400, genau 432).

Erst während des Krieges ist 1914 herausgegeben vom Kriegs-
presseamt ein „Handbuch" erschienen (mit Nachtrag für 1918), das

_____

1) Allaire, Die periodische Presse in Bayern. München 1912.

auf Grund amtlicher Erhebungen und Rundfragen bearbeitet von nun
an die Grundlage bilden wird für alle, die mit politischen Zeitungen
zu tun haben. Der rd 500 Seiten starke Oktavband gibt einen möglichst
erschöpfenden, die bisher erschienenen Darstellungen wesentlich
erweiternden und vertiefenden Ueberblick über die deutschen politischen
Zeitungen, deren Begriff sehr enge gefaßt wird. Es will den Trägern
des öffentlichen, wissenschaftlichen und wirtschaftlichen Lebens als
Nachschlagewerk dienen und eine gründliche Kenntnis des Umfangs,
der Art und Bedeutung des deutschen Zeitungswesens verbreiten helfen.
Die Gesamtzahl wird auf rd 3000 angegeben. Das Handbuch gibt
auch Uebersichten über Parteirichtung, Alter, Auflagenhöhe, Erscheinungsweise,
Bezugspreise, handelsrechtliche Form der Verlagsfirma,
für das ganze Reich und ausgeschieden nach Provinzen und Staaten.
Von den 3000 Zeitungen gehen 9 Gründungen ins 17. Jahrh. zurück,
100 ins 18., fast $\frac{1}{3}$ ist vor 1870 entstanden, die Auflagenhöhe
schwankt zwischen 270 000 und 150. Fast die Hälfte aller Zeitungen
bezeichnet sich als parteilos.

Die Angaben, die am weitesten gehen, sind 5000, zwischen 3000
und 5000 variieren also die Angaben, je nach engerer oder weiterer
Begriffsbestimmung und Einbeziehung der sog. Kopftiteldrucke, die sich
ein Jahrzehnt vor dem Kriege sehr gemehrt haben. Wir erhalten
folgende Zahlen. Ich beginne mit den 4 süddeutschen Staaten: Bayern
353 — Würtemberg 157 — Baden 147 — Hessen 65. Dann lasse ich
die 3 Mittelstaaten folgen: Kgr. Sachsen 227 — Gesamtthüringen 116
— Mecklenburg 62. Dann 5 Kleinstaaten (alle unter 30): Anhalt 25
— Oldenburg 23 — Braunschweig 20 — Lippe 11 — Waldeck 6.
Die Hansastädte mit zusammen 24. Die preußischen Provinzen ordnen
sich nach der Zahl der in ihnen erscheinenden Blätter: Rheinprovinz
301 — Schlesien 213 — Brandenburg 205 — Sachsen 205, also 4
mit über 200. Dann Westfalen 160 — Hannover 119 — Hessen 95.
Der Rest unter 100: nämlich Pommern 84 — Schleswig 80 — Ostpreußen
67 — Westpreußen 60 — Posen 60. An den Schluß stelle
ich Gesamtberlin mit 80. Wieviele der genannten Zeitungen werden nun bereits gesammelt?
Darauf haben wir eine Antwort, seit die „Uebersicht über den bisherigen
Umfang der Zeitungs-Sammlung auf Grund einer Umfrage bei
ca 150 Bibliotheken und Archiven" veröffentlicht ist. Bundesstaaten
und in Preußen die Provinzen sind einzeln aufgeführt, ausgegangen
ist aber von den Mosseschen Angaben, also einer hohen Gesamtziffer,
rd 4800: eine Rubrik enthält die in dem betreffenden Land oder
Landesteil erschienene, die zweite die bereits in 1 Exemplar, nicht in
einer Zentrale, sondern überhaupt gesammelten. Von 4800 Zeitungen
hören wir nun, daß 3000 gesammelt sind; das wäre ein sehr gutes
Resultat, wenn der prozentuale Anteil sich gleichheitlicher verteilen
würde. Das ist aber keineswegs der Fall, es bestehen vielmehr die
größten Unterschiede, die wir im einzelnen näher betrachten müssen.
Gesammelt werden nach diesen Angaben schon jetzt die Zeitungen

vollständig in den 4 süddeutschen Staaten Bayern, Würtemberg, Baden und Hessen. In Bayern gibt es nach Mosse 448, nach der Uebersicht 428, nach der amtlichen Statistik 432 Zeitungen, die Angaben sind also ziemlich einheitlich. Die ältesten Zeitungen Bayerns waren in der Pfalz und in Schwaben, 3 gehen ins 17. Jahrh. zurück: in der Pfalz der Pfälzische Merkur 1685 gegründet, kein Exemplar mehr vorhanden, das letzte im Besitze der Redaktion ist vor einigen Jahren durch Brand zugrunde gegangen; dann die 1690 gegründete Augsburger Abendzeitung und die Augsburger Postzeitung von 1695, erstere bei uns seit 1813, letztere seit 1760 komplett vorhanden. Bis 1848 ging die Entwicklung sehr langsam; 12 Zeitungen, die heute noch bestehen, sind über 100 Jahre alt, doch besitzen wir keine vollständig, dagegen nicht weniger als 13 Provinzialzeitungen, Zeitungen mittlerer Städte, in vollständiger Reihe ins 2. Jahrzehnt des 19. Jahrh. zurück. Von Zeitungen vor 1848 sind 44 noch vollständig vorhanden. 1890 erst setzt, wie ich die Spahnsche Behauptung bestätigen kann, die Flut der sog. parteilosen Presse ein und ihr Vorstoß aufs flache Land. Es ist ein bleibendes Verdienst des verstorbenen Direktors Laubmann, daß er bald nach seinem Amtsantritt dieser Frage sein Augenmerk zuwandte und sie radikal im Sinne einer vollständigen Sammlung aller auch der kleinsten bayerischen Preßerzeugnisse gelöst hat, nicht auf dem Wege des Pflichtexemplarzwanges, sondern der auffordernden Bitte und des gütlichen Zuredens an Redaktionen und Verleger, die sich mit der anfangs widerwillig aufgenommenen Neuerung längst befreundet haben, und von ganz geringen Ausnahmen abgesehen laufen nun tagtäglich ohne besondere Beanstandungen die Nummern aller Provinzblätter ein. Da es sich also allein um über 400 lebende ohne Rücksicht auf die erloschenen handelt, ist z. Z. die Münchener Bibliothek die vollständigste Zeitungszentrale des deutschen Südens.

Ueber die oben berührte Frage der Pflichtexemplare sei die kurze Zwischenbemerkung gestattet, daß unter Juristen Meinungsverschiedenheit darüber besteht, ob die Zeitungen unter das Pflichtexemplargesetz fallen: das bayerische Gesetz vom 25. VI. 1865 spricht von „literarischen Erzeugnissen". Sie wird im allgemeinen bejaht, ein Teil der Sachkenner spricht sich dahin aus, daß zwar nicht die Einzelnummern, wohl aber die abgeschlossenen Jahresbände lieferungspflichtig seien, an und für sich freilich für uns gleichgiltig (Stois im Zbl. 1916, 344 ff.), dagegen ist die Verpflichtung der Post speditionsfrei zu liefern, auch für Zeitungen, ausdrücklich ministeriell anerkannt: die Freiexemplare, die von den Verlegern der in Bayern erscheinenden Zeitungen und Zeitschriften an die Hof- und Staatsbibliothek geliefert werden, sind ohne Erhebung von Speditionsgebühren auf dem Postzeitungswege zu befördern.[1]

Aehnlich wie bei uns liegen die Verhältnisse in unserem Nachbarlande Würtemberg. Dort ist nach dem Preßgesetz vom 30. I. 1817

---

1) Verk.-Min.-Bl. 1907, Nr 50, S. 430 Fußnote. ·

jeder Buchdrucker verpflichtet, von jeder gedruckten Schrift ein
Exemplar an die Landesbibliothek einzusenden. Nach der Praxis gilt
diese Vorschrift auch für Tagesblätter; auch Würtemberg besitzt also
ein Jahrhundert gesammelter Zeitungen, nur die wichtigeren werden
dort gebunden, alle zu binden scheiterte und scheitert an den zu hohen
Kosten; die Zahl ist halb so groß wie bei uns, rd 200.

In Baden sind durch einen Erlaß des Ministeriums des Innern
(18. Febr. 1907) an sämtliche Bezirks-Aemter alle erscheinenden
Zeitungen an die Landesbibliothek in Karlsruhe abzuliefern, Zahl fast
200; alle werden seitdem als tatsächlich gesammelt bezeichnet.

Von Hessen sammelt zur Zeit die Landesbibliothek in Darmstadt
nur die Zeitungen Darmstadts und der Provinz Starkenburg, die der
beiden anderen Provinzen Oberhessen und Rheinhessen nur mit Auswahl, sobald aber die geplante Erweiterung der Räume es erlaubt,
sollen sämtliche hessischen Zeitungen dort gesammelt werden, Gießen
hat sich bereit erklärt mittlerweile die ausgefallenen zu sammeln.[1]

Ebenso vollständig sammeln die kleinen Staaten Anhalt (36), Lippe-
Detmold (9) und die 3 Hansastädte Hamburg (20), Lübeck (4) und
Bremen (8).

In Preußen bestehen noch keine einheitlichen Grundsätze und so
sind denn auch die Verhältnisse in den einzelnen Provinzen ganz verschieden. In die erste Kategorie, alles oder doch einen überwiegenden
Teil sammelnd, gehört vor allem die Rheinprovinz (rd 300) — über sie
später noch ein Wort —, Ostpreußen (280), Pommern (100), Schlesien
(über 300), Sachsen (184), Hannover (rd 300), Hessen-Nassau (rd 100),
also genügen 7 der 12 preußischen Provinzen den strengsten Anforderungen.

Genügend ist die Sammlung in den Staaten: Oldenburg und Koburg-
Gotha.

Unbefriedigend wird gesammelt in den 3 preußischen Provinzen:
Westpreußen 91 : 10, Schleswig-Holstein 115 : 30 und Westfalen
200 : 54; in den Kleinstaaten Mecklenburg 70 : 20 und Braunschweig
32 : 18. Ueber die Provinz Brandenburg und das ganz schwierige
Problem Stadt Berlin (80) fehlen mir statistische Angaben. Ganz
schlecht aber liegen die Verhältnisse im früheren Königreich Sachsen,
das einen dem bayerischen gleichen Zeitungsbestand aufweist, aber nur
rd 20 sammelt (400 : 20!) und dann sämtliche thüringischen Kleinstaaten. Da das Königreich Sachsen Pflichtexemplare nicht kennt, ist
die Arbeit dort viel schwerer als anderswo, man sieht wie viel Spuren
geistigen Lebens damit für immer verloren sind; dort also und auf
dem Boden, wo wir uns befinden, müßte eine organisatorisch energische
Kraft die Sache in die Hand nehmen und womöglich mit Hilfe der
Behörden einem Zustande ein Ende machen, der allzu weit absticht
von den Verhältnissen anderer deutscher Länder.

Muster und Vorbild, wie in einer Provinz diese Arbeit in die Hand

---

1) Briefliche Mitteilung d. Direktors Schmidt-Darmstadt.

zu nehmen und durchzuführen wäre, ist meines Erachtens die Rhein-provinz. Dort hat unter Führung des Hrn. Kollegen Dr. Nörrenberg der Verband rheinischer Bibliotheken auf seiner Tagung am 15. XI. 13 zu Essen sich mit der Frage beschäftigt, hat sich dann mit Rund-schreiben an 13 Stadtbibliotheken, 6 Stadtverwaltungen und 14 Land-ratsämter gewandt, mit der Bitte, anzugeben, welche der ihnen nahe liegenden Lokalblätter sie dauernd zu halten sich verpflichten wollen; das Rundschreiben hat mit Recht betont, daß Zeitungen von örtlicher oder provinzialer Bedeutung nicht in eine ferne Zentrale gehören, denn der Lokalgeschichtsforscher (und dieser ist in erster Linie Interessent) wird das Archiv- oder Bibliotheksexemplar in dem heimatlichen Bezirk zu finden erwarten. Doch darf auch die Zersplitterung nicht zu weit getrieben werden, die Sammeltätigkeit soll möglichst von öffentlichen Bibliotheken in der Provinz übernommen werden, da dort die sicheren Vorbedingungen für sach- und fachgemäße Aufbewahrung und Ver-waltung gegeben sind. Auch über das Sammeln selbst werden 2 Wege angegeben: entweder die Zeitung wird der Sammelstelle vom Verlag nach Erscheinen nummern-, monats- oder jahrgangsweise überwiesen, oder aber diese kauft alljährlich von der zuständigen Oberpostdirektion das dort zu dienstlichen Zwecken eingelieferte Belegexemplar, sobald es dort verfügbar wird. Die Oberpostdirektionen, wird dort versichert, gäben diese Exemplare nach Gewicht zum Preise von etwa 4 Pfg. das kg ab; ein Jahrgang einer mäßigen lokalen Zeitung kommt so auf rd 50 Pfg. (vor dem Kriege).

Düsseldorf ist Zentrale und in der Lage anzugeben, welche Biblio-thek, welches Archiv, welche Behörde eine gesuchte Zeitung des Rhein-lands sammelt, die sammelnde Bibliothek oder sonstige Stelle hat sich verpflichtet, die sie treffende Zeitung regelmäßig und vollständig zu sammeln, sorgfältig aufzubewahren, wenn möglich binden und kata-logisieren zu lassen. Sie stellt die Zeitung zu wissenschaftlichen Zwecken oder zum Behufe des Nachweises von Rechtsverhältnissen in Diensträumen zur Verfügung und verleiht sie nach auswärts unter den Bedingungen, wie sie beim deutschen Bibliotheks-Leihverkehr üblich sind.

Dies, m. H., halte ich für den richtigsten Weg, um eine möglichst große Anzahl deutscher Zeitungen, die heute zu Grunde gehen, vor dem Verderben zu retten und der Zukunft zu überliefern. Möge dies Vorbild Zurückgebliebenen wirksam sein. Man hat uns Bibliothekaren den Vorwurf gemacht, im 19. Jahrh. die Pflicht den Zeitungen gegen-über versäumt zu haben; an uns ergeht der Ruf: sündiget fortan nicht mehr; denn auch die Gegenwart wird einst Vergangenheit werden und strenger Richter sein. Schon ist seit Spahns Mahnruf ein Jahrzehnt vergangen, Tausende von Nummern sind seitdem wieder unwiederbring-lich dahin und der Vernichtungsprozeß dauert, wenn ihm nicht Einhalt geboten wird, unaufhörlich weiter.

Ein Wort muß ich noch richten an den kopfschüttelnden Skeptiker, der den Wert des Sammelns solch kleiner Preßerzeugnisse in Frage stellen will; bei den Gängen durch unsere Bibliothek habe ich oft

erlebt, daß der Laie gar sehr geneigt ist diese Frage erstaunt an den
Führenden zu richten angesichts der großen Reihen blauweißer Jahresbände in unsern geräumigen Zeitungssälen: Cui bono?

Schon die Mitteilung aber an den Ungläubigen, daß das vor ihm
stehende Exemplar in Bälde das einzig vorhandene sein wird — denn
die Aufbewahrung in Redaktionen liegt nach meinem Wissen sehr im
Argen — macht ihn stutzig, er gibt ja zu, daß wir die Aufgabe haben
das gesamte geistige Schrifttum unserer engeren Heimat möglichst zu
sammeln, dürfen da die Zeitungen fehlen und warum soll gerade diese
oder jene ausgenommen sein? Die Angst vor der Lücke ist eine gute
bibliothekarische Eigenschaft: ich erzähle dem Horchenden, daß auch
die politischen Artikel den Parteienkleinkampf in der Provinz erkennen
lassen, ich spreche von den Familiennachrichten und genealogischen
Notizen, die hier gesucht werden können, von den Berichten land-
wirtschaftlicher Vereine und Versammlungen, von den zerstreuten
Dialekt- oder anderen Dichtungen, die vielleicht einmal als schrift-
stellerische Erstlinge hier wieder gesucht werden, von amtlichen Aus-
schreibungen, ganz zu schweigen von den zahllosen kleinen Beiträgen
zur Ortskunde und Sittengeschichte. Ich kenne z. B. ein bayerisches
Lokalblättchen, in dem die sämtlichen wertvollen Urkunden seines
Stadtarchivs ein paar Jahrgänge hindurch abgedruckt sind. Ich sage
ihm, daß vor kurzem ein Suchender sehr froh war, hier an Saatstands-
berichten und Wochenmarktspreisen Material zu finden über Grund und
Umfang der Teuerung von 1817. Ich gebe dann gerne zu, daß viel
Spreu unter dem Weizen ist, etliches doch aber auch gutes Land: wir
sammeln doch aber auch sonst nicht, bloß schwere und geläuterte
Wissenschaft; ist es denn bei vielen, vielen Büchern anders, haben wir
nicht Hunderte von Dissertationen, die voraussichtlich nie ein mensch-
lich Auge je wieder erblicken wird? Ist der Archivar so ängstlich,
der seine Akten treulich dem dunkeln Schoß der Archive anvertraut,
ohne Hoffnung, daß viel davon erblühen wird zu schönerem Loos?
Wir sind ja, so hat mit boshaftem Wohlwollen ein gelehrter Freund
gesagt, die Apotheker der Wissenschaft; bewahren wir also getreulich
auch kleine Mittelchen auf, bis ein rechter Kranker oder ein rechter
Arzt nach ihnen ruft, bis Meister oder Gesellen lernen dies ungehobene
Material recht zu gebrauchen. Und zum Schlusse sagen wir dem allmählich Ueberzeugten die alte bibliothekarische Wahrheit: es gibt
nichts, aber auch gar nichts, was nicht in unsern Bibliotheken erfragt
würde, und ich habe noch niemals erlebt, daß einer über Vorhandenes
gemurrt hätte, ich habe immer nur das Gegenteil gehört.

Welche Wünsche und Forderungen ergeben sich nun nach all
dem Gesagten in der gegenwärtigen Lage für das deutsche Zeitungs-
sammeln?

1. Zunächst erfolge die weitere Sammlung der Lokal- und Provinzial-
presse in der bisherigen Form der Dezentralisierung in Ländern
und Provinzen, das Handbuch kann hierfür den besten Führer abgeben,
die Rheinlande können Beispiel sein; Einzelheiten und wenn nötig

Auswahl müssen den einzelnen Provinzialsammelpunkten überlassen bleiben.

2. Eine allgemeine große Sammelstelle aber für ganz Deutschland oder auch nur Preußen, in der die wichtigeren Zeitungen zur Aufstellung gelangen, wie es schon der Geschichtschreiber des deutschen Zeitungswesens Salomon gefordert, noch früher der Berliner Kollege Lepsius, der aber umsonst ins Horn blies, und wie es Spahn bis zum Kriege in die Wege geleitet hatte unter dem Namen Reichs-Zeitungsmuseum, scheint mir z. Z. aus Mangel an Mitteln im Reiche und in Preußen unausführbar: es wurde mir dies brieflich von autoritativer Seite von Berlin her bestätigt; wir wollen ja auch hier wie in allen vaterländischen Dingen die Hoffnung auf andere und bessere Zeit nicht aufgeben; es müßte dann aber engste Verbindung mit einer Bibliothek Grundsatz sein. Einen gewissen Ersatz könnte darstellen, wenn die für diesen Zweck zusammengestellte Liste von 200 in- und ausländischen Zeitungen durch die Auskunftstelle mit Suchlisten in Umlauf gesetzt würde; von den 100 großen deutschen Zeitungen wäre natürlich ein möglichst häufiges Vorhandensein erwünscht. Die Frage der Auslandszeitungen muß unbedingt damit verbunden werden, sie sind ein wichtiger Teil der gerade jetzt eine große Rolle spielenden Auslandsliteratur überhaupt. Hr. Kollege Fick hat einmal aus seinen Erfahrungen und dem an der Auskunftsstelle liegenden Material heraus darüber interessante Mitteilungen gemacht, daß z. B. das Journal des Débats sich in seinen älteren Jahrgängen aus den Beständen der Hofbibliothek Darmstadt, Landesbibliothek Stuttgart und Bibliothek in Dresden ergänzt, die neueren Jahrgänge sind in Bonn, Königsberg und Göttingen, ähnlich ergänzen sich die Bestände anderer großer Auslandszeitungen; wir werden auf längere Zeit auf das Ideal verzichten müssen, daß in vielen Bibliotheken diese jetzt überteuren Jahrgänge sich werden halten lassen. Da die Bibliothek des Reichstags und in beschränktem Maße die des auswärtigen Amtes ausländische Zeitungen halten (oder muß ich befürchten, hielten?) und da Paalzow von Berlin mitteilt, daß dort vor dem Kriege 22 ausländische Zeitungen gehalten sind, so ist die Reichshauptstadt wohl nicht schlecht insgesamt versehen; von München kann ich mitteilen, daß es z. Z. noch abonniert ist auf ebenfalls 22 (zufällig genau dieselbe Zahl, vor dem Kriege war sie weit höher) [die während der Kriegszeit nur für die Kriegsjahre gesammelten sind dabei übergangen]. In gegenseitiger Unterstützung und Zusammenarbeit könnten wir auch auf diesem Gebiet über schwerste Zeiten hinwegkommen.

Das Dritte aber ist die von der Straßburger in die Hand genommene statistische Gesamtaufnahme aller in Deutschland je erschienenen Zeitungen und ihrer noch nachweisbaren Bestände. Um die Arbeit durch Ausdehnung nicht unnötig zu erschweren, halte ich außer dem Besitzvermerk Angaben über Zahl der Jahrgänge und Maß der Vollständigkeit für genügend: ein neues GZV, ein Gesamt-Zeitungs-Verzeichnis. Von dem jetzigen GZV sind sie ausgeschlossen,

Geschichtsquellen des 19. Jahrh. für den Plan zu interessieren wäre, es ist aber auch, wie wir gestern gehört haben, nicht ausgeschlossen, daß Reichsmittel dafür zu haben sind; würde doch das entstehende Werk einen wichtigen Zweig deutschen Schrifttums der Wissenschaft erschließen und eine wichtige Vorarbeit sein für deutsches Partei- und Pressewesen. Für die reichen Bestände der Münchener Bibliothek habe ich private Vorarbeiten gemacht und stelle sie gerne zur Verfügung zu privater oder amtlicher Weiterarbeit. „Längeres Zuwarten, meint Spahn,[1] würde sich rächen, weitere unwiederbringliche Schädigungen unseres Bestandes an vaterländischen Geschichtsquellen müssen verhütet werden."

Möge es gelingen, die deutschen Bibliotheken und Bibliothekare zur Mitarbeit an diesem Werke zu gewinnen, damit wenigstens dieser Teil der Spahnschen Pläne Wirklichkeit werde, wir wären dann wieder in hohem Maße unserer Aufgabe gerecht geworden, die keine andere ist und sein wird als Wegweiser zu Büchern zu sein und Wegweiser zu Büchern zu schaffen.

In der Aussprache berichtet Sass-Berlin (Bibliothek des Auswärtigen Amtes) von seiner Umfrage nach den Beständen an politischen Zeitungen in Deutschland im Oktober 1916. Von 171 Fragebogen wurden 81 negativ beantwortet. Von den 90 positiven Antworten waren 12 Stellen, die die Zeitungen wohl halten aber nicht aufbewahren. Auch im Auswärtigen Amte selbst geschah die Sammlung nicht umfassend genug, es fehlten skandinavische, holländische, ungarische, österreichische, serbische, russische und amerikanische Zeitungen aus der Zeit vor dem Kriege, die für die Schuldfrage von größter Bedeutung waren. Von französischen Zeitungen ist das Journal des Débats lückenlos von 1789 an, Times von 1814—1914 sowie der Temps vorhanden. Durch Organisation könnte es vermieden werden, daß die Vossische Zeitung 17 mal und die Times 5 mal in Berliner Bibliotheken gehalten wird. Ein einheitlicher Plan würde hier viele Kosten sparen.

Weber-Berlin stellt fest, daß zwar die Zeitungen von vornherein nicht vom Gesamtkatalog eigens ausgeschlossen worden sind, daß man sie aber faktisch unberücksichtigt gelassen hat. Bei der Bearbeitung

---

1) Zbl. 1910, S. 95.

des Abschnittes Zeitung, der in erster Linie alte Zeitungen enthält, haben die meisten Bibliotheken ihren gesamten Bestand an Zeitungen mit dem Stichwort „Zeitung" eingearbeitet, Greifswald hat sogar auch die übrige Tagespresse mit anderen Ordnungsworten nachträglich bearbeitet und eingesandt. Im Anschluß daran hat sich die Geschäftsstelle des Gesamtkatalogs entschlossen, den gesamten Bestand an Zeitungen von den angeschlossenen Bibliotheken aufnehmen zu lassen, um auf diese Weise wenigstens für die preußischen wissenschaftlichen Bibliotheken ein Gesamtzeitungsverzeichnis zu schaffen. Auch für dieses Unternehmen wird die Mitarbeit der übrigen preußischen und deutschen Bibliotheken in gleicher Weise wie beim GZV aufs wärmste begrüßt werden.

Tille-Weimar (Staatsarchiv) hat bei der Sammlung Weimarischer Zeitungen große, z. T. weit zurückreichende Sammlungen bei Gerichten und anderen Amtsstellen gefunden und empfiehlt eine ähnliche Umschau auch an andern Orten.

Frankfurter-Wien berichtet über die österreichischen Bemühungen zur Zeitungs-Sammlung. In Wien sollen die Zeitungsbestände bei der Hofbibliothek gesammelt werden.

Kartentitéldrucke und Kartenbibliographien.

Referent: Wissensch. Hilfsarbeiter Dr. Hans Praesent-Leipzig DB.[1]

Ausgehend von der Vernachlässigung, die kartographische Erzeugnisse lange Zeit in deutschen und ausländischen Bibliotheken erfahren haben, wies Referent auf die große Bedeutung der Kartographie innerhalb der Bibliotheken hin und zeigte das enorme Wachstum der kartographischen Produktion der amtlichen Landesaufnahmen und der Verleger besonders während des Krieges. Daraus ergibt sich für alle größeren Bibliotheken die Pflicht, dem Kartenwesen erhöhte Aufmerksamkeit durch Ankauf wichtiger Kartenwerke und Einrichtung besonderer Kartenabteilungen, wo solche noch nicht vorhanden sind, zu schenken. Mit der Leitung der Kartensammlungen sollten möglichst nur Geographen betraut werden. Die Bedeutung, welche die Kartographie im Felde gespielt hat und die sie heute in der Schule und im Leben einnimmt, sowie ihre Rolle bei zahlreichen wissenschaftlichen Arbeiten wurde eingehend erörtert und an Beispielen gezeigt.

Da in der Deutschen Bücherei sämtliche Karten deutschen Ursprungs einlaufen, ergibt sich für sie die Möglichkeit, sie für alle anderen Bibliotheken und sonstige Interessenten mit zu katalogisieren und ihnen bekanntzugeben. Die Vorarbeiten zur Ausführung dieses Planes sind bereits so weit gediehen, daß Probedrucke dieser in der Ausführung den Berliner Zetteldrucken ähnelnden „Deutschen Kartentiteldrucke" der Versammlung vorgelegt und zur Diskussion gestellt werden konnten. Die Katalogaufnahme richtet sich nach der Preußischen

---

1) Wir geben einen Auszug aus dem Referat. Der volle Wortlaut erschien im Börsenblatt f. d. D. Buchhandel v. 14. Sept. 1920. Nr 207.

Instruktion, aber Ordnungsworte sollen weder durch fetten Druck, noch sonstwie hervorgehoben, auch nicht ausgeworfen werden, damit jede Bibliothek, die sich nicht nach der Preußischen Instruktion richtet, ihre eigenen Ordnungsworte unterstreichen und auswerfen kann. Als wertvolle Neuerung stehen auf der letzten Zeile jeder Aufnahme systematische Marken, links für die regionale Gliederung und in der Mitte nach dem sachlichen Inhalt der Karte, die dem neuen systematischen Kartenkatalog der Deutschen Bücherei entsprechen und von den Interessenten nach Belieben benutzt werden oder unberücksichtigt bleiben können. Mit der Ausgabe dieser Kartentiteldrucke könnte jederzeit begonnen werden, da nach keiner Seite hin Kompetenzschwierigkeiten eintreten können und die „Berliner Titeldrucke" Kartenwerke nicht berücksichtigen. Auch die Kostenfrage wurde erörtert. Um größte Verbreitung zu ermöglichen, sollen sie so billig wie möglich sein und die Deutsche Bücherei soll gebeten werden, ein etwaiges Defizit im Interesse der Bezieher auf sich zu nehmen.

Der zweite Teil des Vortrages betraf die Frage einer Kartenbibliographie. Die heute vorhandenen Kartenbibliographien (Haacks kartographischer Monatsbericht, Wöchentliches Verzeichnis usw.) sind unvollständig und unzureichend. Die Herausgabe der Kartentiteldrucke würde gleichzeitig eine lückenlose Bibliographie, wenigstens der Karten deutschen Ursprunges, darstellen. Da ihr Erscheinen in monatlichen Heften geplant ist, können diese jahrgangsweise zusammengefaßt und mit Registern versehen werden. Wenn die Beziehungen zum Auslande sich bessern, müßten sich später Kartensammlungen anderer Bibliotheken in die Aufgabe teilen, alle Karten ausländischen Ursprungs vollständig zu sammeln, und mit der Herausgabe entsprechender Bibliographien betraut werden.

Nach der Versicherung, daß es der Kartensammlung der Deutschen Bücherei nach den bisherigen Erfahrungen und, wenn ihre Organisation noch entsprechend ausgebaut wird und ihr von allen Seiten die erbetene Unterstützung zuteil werden würde, möglich sein muß, Vollständigkeit in der Registrierung aller Karten deutschen Ursprunges zu erreichen, faßte der Referent die Kernpunkte seiner Anregungen in folgende vier Leitsätze zusammen:

1. In letzter Zeit, besonders während des Krieges, hat die Kartenproduktion einen außerordentlich großen Aufschwung genommen. Die deutschen öffentlichen Bibliotheken haben daher die Pflicht, bestehende Kartensammlungen auszubauen, neue mit zweckmäßigen Benutzerräumen und großen Tischflächen einzurichten und die Kartenliteratur mehr als bisher zu berücksichtigen, mindestens aber die offiziellen Krigskartenwerke für die Benutzung bereitzuhalten. Gegebenenfalls wären den Bibliotheken besonders einmalige oder laufende Geldmittel für diesen Zweck zur Verfügung zu stellen.

2. Wegen ihrer Eigenart sind mit der Organisation und Leitung der größeren Kartensammlungen nur Bibliothekare zu beauftragen, die gleichzeitig Fachgeographen sind und den Fortschritt ihrer Wissenschaft

ständig verfolgen, um die Benutzer im Kartenraum fachmännisch be-
raten zu können.

3. Es ist aus Sparsamkeitsrücksichten an Geld und Arbeitskräften
erwünscht und notwendig, daß alle kartographischen Neuerscheinungen
deutschen Ursprungs sofort nach Erscheinen an einer Stelle katalogisiert
und die Aufnahmen allen anderen Bibliotheken und sonstigen Interessenten zuverlässig und schnellstens durch einseitig bedruckte Kartentiteldrucke in Heftform und durch gebrauchsfertige Zettel in inter-
nationalem Format übermittelt werden. Mit der Uebernahme dieser
Aufgabe ist die Kartensammlung der Deutschen Bücherei als Zentralsammelstelle zu beauftragen.

4. Die monatlich erscheinenden Kartentiteldrucke können gleichzeitig als periodische Kartenbibliographie dienen, jährlich zu einem
Bande zusammengefaßt und mit Registern versehen werden. Es ist
die Möglichkeit im Auge zu behalten, nach Besserung der Beziehungen
zum Auslande auch die kartographischen Neuerscheinungen ausländischen
Ursprunges an geeigneter Stelle in gleicher Weise zu behandeln, um
in Zukunft den Plan einer Kartenbibliographie der ganzen Erde zu
verwirklichen.

In der Diskussion sprach zunächst Minde-Pouet-Leipzig: Da die
Deutsche Bücherei sämtliche Karten zu sammeln hat, muß sie auch
für die Verzeichnung der Karten sorgen. Bei der Lösung dieser Aufgabe hat sich uns ganz natürlich die Frage aufgedrängt, ob wir die
Arbeit nicht für die Allgemeinheit leisten könnten, ja sollten. Wir
haben geglaubt, etwas zu versäumen, wenn wir Ihnen aus der Erfahrung heraus nicht diese Vorschläge machten. Wollen nun Sie urteilen, ob die Vorschläge weiter verfolgt werden sollen.

Teichl-Wien (Leiter der Kartensammlung der Hofbibliothek) be-
grüßt die Anregungen lebhaft, weil sie eine Lücke auszufüllen und
die erwünschte, lang entbehrte Einheitlichkeit zu schaffen vermögen.
Er begrüße den Fortschritt in der Organisation der bibliothekarischen
Arbeit als Oesterreicher noch besonders deshalb, weil nun auch in
Deutsch-Oesterreich der Fortschritt auf dem Marsche sei. Dr. Teichl
stellt den Antrag, die Versammlung wolle beschließen, die Deutsche
Bücherei mit der Herausgabe der Kartentiteldrucke zu beauftragen.

Gratzl-München dankt für die ausführlichen Darlegungen. Die
Münchener Bibliothek kenne die Schwierigkeiten aus eigener Erfahrung
und begrüße den Plan der Herausgabe der Kartentiteldrucke wegen des
zu gewinnenden wertvollen Materials auf das allerwärmste, wenn sie
auch selbst die Titelzettel nicht verwenden könne. Für ausländische
Karten sei bisher die Bibliographie im „Geographical Journal" das
einzige brauchbare Verzeichnis gewesen, neuerdings aber leider ein-
gestellt worden.

Minde-Pouet-Leipzig: Man hat mich gefragt, ob die Titeldrucke
nicht kollidierten mit den Titeldrucken, die Berlin herausgibt. Dazu
möchte ich sagen, daß wir auch bereit wären, unsere Kartenaufnahmen
Berlin zur Verfügung zu stellen, damit sie in die Berliner Titeldrucke

eingereiht werden können oder eine besondere Reihe neben den Büchertiteldrucken bilden, (für geographische Seminare usw.).

Die Aussprache wird geschlossen und der Antrag Teichl von der Versammlung einstimmig angenommen.

Unser bibliothekarischer Beruf.
Ein Rückblick auf die 20 Jahre des V. D. B.
von Direktor Dr. Karl Geiger-Tübingen.[1]

Hochverehrte Versammlung! Liebe Freunde! Unser Herr Vorsitzender hat mir in der Tagesordnung unserer heurigen Jahresversammlung einen Platz angewiesen, den ich wohl als eine gewisse Auszeichnung betrachten darf.

Dem wissenschaftlichen Ernst, den unsere ernste Zeit verlangt und den wir deutschen Bibliothekare als Männer der Wissenschaft fordern müssen, ist mit den bisherigen Vorträgen vollauf Genüge geleistet worden. Nehmen Sie, was ich Ihnen zum Schlusse biete, als Nachtisch oder als letztes Stück der Tafelmusik! Sie dürfen es ja auch als den Schwanengesang ansehen, den ich auf dem Wege aus dem Amt in den Ruhestand, so weit meine musikalische Begabung reicht, in Ihrer Mitte anstimme.

Aber, wie kam ich dazu, gerade für unsere diesjährige Tagung einen Vortrag über unseren bibliothekarischen Beruf anzubieten? Das wird Ihnen vielleicht deutlich, wenn ich andeute, daß ich anfänglich in einem Untertitel fragen wollte: „Was können wir deutschen Bibliothekare zum Wiederaufbau unseres Volkes beitragen?" Ich habe aber bald erkannt, daß ich mich mit dieser Fragestellung vielleicht doch zu sehr auf das leidige Gebiet der Politik verirrt hätte, und habe gefunden, daß der einfache Rückblick auf die 20 Jahre des Bestehens und der Tätigkeit unseres Vereins Deutscher Bibliothekare lockend und lohnend genug ist.

Ich muß freilich zuerst von mir selbst reden, wenn ich zeigen will, wie sich mir unser bibliothekarischer Beruf im Lichte unserer Bibliothekartagungen dargestellt hat. Als ich vor 39 Jahren als jüngster Bibliothekar an der Tübinger Universitätsbibliothek eintrat, gab es für mich keine irgendwie gestaltete Einführung in den bibliothekarischen Beruf. Es war niemand da, der mich darauf hingewiesen hätte, was an Wissen und Können zum rechten Bibliothekar gehört. Ich habe es vor 17 Jahren schon einmal in unserem Kreise gesagt: Ich kam mir vor, wie das Maultier, das im Nebel seinen Weg sucht. Ja, der ausgezeichnete ältere Bibliothekar, der vor und neben mir an unserer Bibliothek tätig war, einer der tüchtigsten Fachgenossen, den ich kennen gelernt habe, unser mir eng befreundeter Kollege Steiff, der vor 6 Jahren als Vorstand der Stuttgarter Landesbibliothek gestorben

---

[1] Durch eine mir zur Verfügung gestellte Spende eines ausländischen Freundes bin ich in den Stand gesetzt, den Vortrag im Wortlaut, wenn auch mit einigen Kürzungen, zum Abdruck zu bringen.   P. S.

ist, hat sein reiches bibliothekarisches Wissen und Können, seine hervorragende Kenntnis der Geschichte des Buchdruckes und der In. kunabelkunde wie des gesamten Katalogwesens, mir gegenüber fast als eine Art Geheimkunst betrachtet. Jedenfalls hat er es unterlassen, mich freundschaftlich darauf hinzuweisen, daß das alles Gebiete waren, die ich mir selbst auch zu erobern hatte. So habe ich schlecht und recht, so gut ich es aus eigener Kraft gelernt hatte, 14 Jahre den Posten an meiner Bibliothek auszufüllen gesucht. Für meine litera. rische Tätigkeit hatte ich mir ein eigenes Stück Land ausgesucht, da ich mich selbständig anbauen konnte. Der weite Umkreis der bibliothekarischen Interessen, die eigene Bibliothek und ihre großen Schätze blieben mir, wie gesagt, in diesen ersten 14 Jahren im großen ganzen fremd. Und auch die zweite große Bibliothek meiner schwäbischen Heimat, die Landesbibliothek in Stuttgart, an die Steiff nach 7 Jahren übergegangen war, bot keine Anregung. Zwischen beiden Bibliotheken war eine tiefe, bis heute noch nicht recht überbrückte Kluft befestigt, die jede gegenseitige Förderung und jede Gemeinsamkeit der Aufgaben ausschloß. Habe ich doch mehr als 30 Jahre darum kämpfen müssen, bis 1912 auch nur die äußere Gleichstellung der Beamten der beiden Bibliotheken erreicht war. So konnte ich auch dort keine bibliothekarischen Vorbilder suchen und finden. Daß es für den Tübinger Bibliothekar an der eigenen Bibliothek solche weithin leuchtende Vorbilder gegeben hat, einen Reuß, einen Mohl, einen Fallati, mußte ich später erst selbst aus den mir vorher nicht zugänglichen Akten für mich und andere ausgraben.

Als erster Berufsbibliothekar bin ich dann vor 25 Jahren, als der Nachfolger eines weltberühmten Gelehrten, mit der Leitung unserer Tübinger Bibliothek betraut worden. Und nun darf ich es vielleicht nach dem Sprichwort: „Wem Gott ein Amt gibt, dem gibt er auch den Verstand" als göttliche Führung betrachten, vielleicht hängt es aber auch mit der besonderen Offenbarung zusammen, die wir Schwaben insgesamt von der Vollendung des 40. Lebensjahres erwarten: mit dem neuen, verantwortungsvollen Amt erwachte in mir ein sehr starker Drang, dem bibliothekarischen Beruf gerecht zu werden, seine Höhen und Tiefen, so weit es in meinen Kräften lag, zu ergründen. Kaum hatte ich mich in meine Stellung etwas eingelebt und war mir des Umkreises der neuen Aufgaben einigermaßen bewußt geworden, so trieb es mich auf die Wanderschaft. Ich mußte nach altem Zunftbrauch da und dort das Handwerk grüßen und mich persönlich überzeugen, wie es im Bibliotheksbetrieb da und dort gehandhabt wurde. So führte mich eine erste Bibliotheksreise nach Freiburg, Straßburg, Karlsruhe und Heidelberg. Als besondere Gunst des Schicksals darf ich es betrachten, daß ich in Karlsruhe an unserem allverehrten Herrn Kollegen GR. Brambach den Fachgenossen finden durfte, der mir vor allen anderen zum Lehrer und Berater und zum Freund geworden ist. Eine zweite Bibliotheksreise zeigte mir Halle, Leipzig, Jena. Das war im Frühjahr 1897, im gleichen Jahr, da im Herbst zum erstenmal auf

deutschem Boden eine Bibliothekarversammlung zu stande kam. Daß
ich ihr nicht habe anwohnen können, weil ich in den gleichen Tagen
an einer anderen großen Versammlung teilzunehmen hatte, zu der mich
Kopf und Herz mächtig hinzogen, ist mir immer leid geblieben.
Denn weiterhin habe ich bei keiner Versammlung deutscher Bibliothekare mehr gefehlt. Doch ehe ich zu unseren Bibliothekarversammlungen komme, noch ein kurzes Wort darüber, wie es sonst im Reich
mit dem Bibliothekswesen aussah, das ich für unser Württemberg aus
meiner eigenen Farbenschachtel reichlich grau in grau gemalt habe.
Eine Geschichte der deutschen Bibliotheken gibt es immer noch nicht.
Auch das Urkundenbuch des deutschen Bibliothekswesens, zu dem ich
vor 21 Jahren einen ersten Beitrag habe liefern wollen, ist noch nicht
in Angriff genommen. Auch die Serie von bibliothekarischen Lehrbüchern, deren Plan wir vor 9 Jahren in Hamburg gutgeheißen haben,
steht noch aus. Wir werden noch lange auf sie warten müssen. Der
Krieg und der Umsturz haben uns auf unabsehbare Zeit lahm gelegt
und zurückgeworfen. Aber wir sind alles in allem genommen doch
überraschend weit vorwärts gekommen. Im Frühjahr 1871 hat Anton
Klette anonym seine kleine Broschüre über die „Selbständigkeit des
bibliothekarischen Berufs" erscheinen lassen. Die Jubiläumsausgabe
der Schrift von 1897 kann schon ein wesentlich anderes Bild zeichnen.
1884 ist mit Unterstützung des preußischen Kultusministeriums unser
„Zentralblatt für Bibliothekswesen" begründet worden, das unter seinen
beiden Herausgebern Hartwig und Schwenke am meisten zur geistigen
Sammlung der deutschen Bibliothekare beigetragen hat. Zwei Jahre
später ist in Göttingen die Professur für Bibliotheks-Hilfswissenschaften
errichtet worden. 1893 ist der preußische Erlaß betreffend die Befähigung zum wissenschaftlichen Bibliotheksdienst erschienen. So hat
Preußen im deutschen Reich das unbestreitbare Verdienst, dem Bibliothekswesen neue Bahn gebrochen zu haben. Bald ist Bayern nachgefolgt und mitten in den Stürmen der Revolution ist im letzten Jahr
Sachsen mit seinen an der Universität Leipzig getroffenen Einrichtungen
noch ein gut Stück weitergegangen. Und heute soll von Reiches
wegen der letzte Schritt zur einheitlichen Gestaltung des deutschen
Bibliothekswesens gemacht werden. Ich muß aber gestehen, mir als
einem Alten, dem im harten Kampf mit der Wirklichkeit und ihren
Widerständen eine Ahnung von den Gesetzen alles Wachstums aufgegangen ist, fehlt vorerst der freudige Glaube an die heilbringende
neue Botschaft.

Wenn mich unsere Bibliothekartagungen mit ihren geschichtlichen
Vorträgen und mit ihren Einblicken in fremde Bibliotheken eines
gelehrt haben, so ist es die Erkenntnis, daß mechanische Gleich-
macherei gerade unseren Bibliotheken zum schlimmsten Verderben
werden müßte. Aber ich habe auch gelernt, daß es einen weiten gemeinsamen Weg gibt, den wir deutsche Bibliothekare in unserer
wissenschaftlichen und beruflichen Ausrüstung gehen können und
gehen müssen, um für unsere Bibliotheken mit ihrer Eigenart die

rechten, tüchtigen Beamten zu werden, und daß auch unseren Bibliotheken als Ganzem in Verfassung und Verwaltung, in Aufgaben und
Zielen noch in weitem Umfang größere innere Annäherung und Gemeinsamkeit gewiß nicht schaden könnte.

Doch nun zu unseren Bibliothekartagungen! Wir haben vor 20
Jahren bei der Gründung unseres Vereines nicht die rosenroten Hoffnungen einer stürmischen Jugendzeit gehegt. Das bedächtige Alter
hat sich in dem § 1 unserer Satzungen ausgesprochen, da wir bescheiden und genügsam nicht mehr wollten, als „den Zusammenhang unter den deutschen Bibliothekaren pflegen und die
Interessen des Bibliothekswesens fördern". Ich möchte heute
in dankbarem Gedenken an all die treue, selbstlose Arbeit, die der
hochverdiente 1. Vorsitzende unseres Vereins, unser verehrter Herr
Kollege Schwenke, für unseren Verein und für unsere Sache geleistet
hat, an seinen ersten Jahresbericht in Gotha 1901 erinnern, in dem
er uns darlegte, warum für uns Bibliothekare „ein geschlossenes Auftreten dringend not sei": „Der bibliothekarische Beruf ist noch sehr
jung und das Bewußtsein von seiner Existenz ist kaum in weite Kreise,
selbst der Gebildeten gedrungen. Noch ist weit verbreitet die alte
Anschauung, daß die bibliothekarische Beschäftigung eine Unterkunft
sei für Verunglückte und Gescheiterte aller Art. Die stille und selbstlose Arbeit der einzelnen Bibliothek ist doch nicht so weithin sichtbar,
daß durch sie allein jene Anschauung bald beseitigt werden könnte.
Das Bestehen eines Vereines von hunderten von Bibliothekaren, der
alljährlich die wissenschaftlichen und technischen Fragen seines Berufes
bespricht und in der Lage ist, nötigenfalls auch öffentlich für seine
Interessen einzutreten, wird hier eher Wandel schaffen können." Was
Schwenke hier beklagt hat, das ist nach meinen Beobachtungen nicht
viel besser geworden. Aber er hat mit Recht vom moralischen
Gewicht unserer Tagungen gesprochen und betont: „Dieses moralische
Gewicht wird um so größer sein, je mehr wir nicht ein Verein
Deutscher Bibliothekare, sondern der Verein der Deutschen Biblio-
thekare sein werden."

Liebe Freunde! Sind wir nicht in den 20 Jahren doch viel weiter
gekommen, auch ohne daß wir inzwischen der Verein der Deutschen
Bibliothekare geworden sind? Wie steht es denn heute in unseren
eigenen Reihen? In unserem Jahrbuch von 1916 sind etwa 560
wissenschaftliche Bibliotheksbeamte verzeichnet. Davon gehören immer
noch über ein Fünftel unserem Verein nicht an! Ich kann nicht anders,
ich muß in dieser hohen Zahl das Anzeichen eines bedauerlichen
Mangels an Berufs- und Standesgefühl in unseren Reihen sehen. Ich
weiß aber auch sehr gut, daß wir als die Vertreter eines erst neu
gestalteten, selbständigen Berufes dieses rechte Berufsbewußtsein erst
selbst schaffen müssen. Auch wird ja wohl die heute noch bestehende
große Ungleichheit in der Heranbildung des wissenschaftlichen Bibliothekars an dieser Zurückhaltung vieler Kollegen mit schuldig sein.

Auf den bunten, reichen Inhalt unserer Bibliothekarversammlungen näher einzugehen, erlaubt schon die Zeit nicht. Schon der einfache Zusammenschluß einer größeren Zahl deutscher Bibliothekare mußte jedem Teilnehmer sofort von selbst diese Mannigfaltigkeit unserer deutschen Bibliotheken und damit die Vielheit ihrer ebenso mannigfaltigen Aufgaben zum Bewußtsein bringen. Wie anders sieht sich unser Beruf an aus dem vielgliedrigen Organismus unserer großen, nur ihren eigenen Gesetzen lebenden Staatsbibliotheken heraus, wie anders etwa aus dem allmählich verschwindenden Idyll unserer reichen Stadtbibliotheken! Wie weit gehen Universitäts- und Volksbibliotheken auseinander! Wie anders gestalten sich unsere Probleme, wenn es sich um neugegründete oder gar neuzugründende Bibliotheken handelt! Wie anders bei unseren alten, schon durch ihre ganze Geschichte bedeutsamen, aber auch durch ihre alten Einrichtungen, Kataloge usw. belasteten Bibliotheken mit ihren kostbaren alten Beständen an Drucken und Handschriften! Welche besonderen Aufgaben entspringen unseren Bibliotheken, wenn sie mit anderen, oft zahlreichen Bibliotheken und Sammlungen am gleichen Ort zu rechnen haben! Wie haben unsere im Reich herumwandernden Bibliothekartage uns diese verschiedenen Typen der Bibliotheken jeder Art in Gotha oder Bamberg, in Berlin oder München, in Posen oder Münster, in Hamburg, in Marburg oder Halle vor Augen gestellt! Und als dann unser Kreis sich erweiterte und in München und Leipzig die Erfahrungen der österreichischen und der schweizer Kollegen zu unseren eigenen kamen, wie viel breiter wurden nun erst recht die Grundlagen, auf denen wir uns das Bild unserer bibliothekarischen Aufgaben und des für diese mannigfachen Aufgaben geforderten wissenschaftlichen Bibliothekars aufzubauen hatten!

Unser Verein hat die Frage der Vorbildung zum bibliothekarischen Beruf bald genug ins Auge gefaßt. Unsere 4. Versammlung in Halle im Herbst 1904 hat uns jene vortrefflichen Referate von Gerhard und Schnorr von Carolsfeld und eine lehrreiche allgemeine Aussprache darüber gebracht. Wir haben die beiden Wege, den einen, den Preußen schon eingeschlagen hatte, und den andern, der in Bayern geplant war, um einen Stamm tüchtig vorgeschulter wissenschaftlicher Bibliothekare heranzuziehen, in ihren Grundlinien uns zeichnen lassen. Aber es sind in der Debatte auch Fingerzeige für neue Wege gegeben worden. Es sei mir gestattet, heute nur das herauszuheben, was unser verehrter Kollege Schwenke aus seinen Erfahrungen heraus als wünschenswert dargelegt hat. Er hat bekannt: „Ich stehe nicht an zu erklären, daß mir die Vorbildung in einer Bibliothekarschule [wie sie Schnorr von Carolsfeld geschildert hatte] durchaus das Wünschenswerte scheint. Jetzt steht es in Preußen allerdings jedem Volontär frei, im zweiten Jahr nach Göttingen zu gehen und dort die bibliothekswissenschaftlichen Vorlesungen, die in diesen zwei Semestern gehalten werden, zu hören und sich an den bibliographischen Uebungen zu beteiligen. Viele machen aber davon keinen Gebrauch und bei diesen hängt es ganz vom Zufall ab, ob sie in die Hände von Vorgesetzten kommen, die Lehrtalent und zugleich Zeit haben, sich um die Volontäre zu kümmern. Mehr oder weniger sind diese doch auf Selbstbelehrung angewiesen, und so gute Seiten diese auch haben mag, lückenhaft wird sie immer bleiben. Das beweisen auch die Erfahrungen bei der Fachprüfung.. Die Volontäre haben ihre Universitätsstudien hinter sich, sie haben gelernt, wissenschaftlich selbständig zu arbeiten, aber nun sollte man ihnen nicht ein neues akademisches Bibliotheksstudium zumuten, sondern ihnen das, was sie brauchen, nicht nur das Praktische, sondern auch das Theoretische, möglichst vollständig und gründlich überliefern. Dazu braucht man die Schule, entweder eine für das ganze Reich oder zwei, eine für Nord- und eine für Süddeutschland."

Wir sehen: Zu einem guten Teil ist das, was Schwenke vor 16 Jahren gewünscht hat, durch das Vorgehen Sachsens mit seinen Leipziger Lehrgängen heute verwirklicht. Aber wir haben in den 16 Jahren die ganze Frage auch noch von anderen Gesichtspunkten aufzufassen gelernt. Als bei der 7. Bibliothekarversammlung in Berlin 1906 Schnorr v. Carolsfeld über die inzwischen eingerichteten Münchener Bibliothekskurse berichtete, an die ich von Württemberg aus für unsere wissenschaftlichen Hilfsarbeiter so gern einen Anschluß gefunden hätte, da wurden in der damaligen Debatte nicht bloß die Licht-, sondern auch die Schattenseiten dieses vielversprechenden und allseitig anerkannten Weges sachkundig beleuchtet. Mit gutem Grund hat es zum Schluß unser verstorbener Kollege Brodmann von Karlsruhe vom Standpunkt der Bibliotheken der technischen Hochschulen aus als seine Ueberzeugung ausgesprochen, daß die Ausbildung in München zu einseitig philologisch-historische Bahnen gegangen sei und daß die bayerischen Bestimmungen dahin revidiert werden müßten, daß auch den Vertretern der Medizin und der Naturwissenschaften der Eintritt in die Bibliothekslaufbahn leicht gemacht werde, die durch die derzeitige Ordnung eher veranlaßt würden, davon Abstand zu nehmen.

Damit hat er auf gewichtige Bedenken aufmerksam gemacht, die auch den Leipziger Kursen gegenüber erhoben werden können. Denn wir haben seither gelernt, daß wir bei der Forderung der wissenschaftlichen Vorbildung des Bibliothekars auch noch andere Forderungen unserer Bibliotheken zu befriedigen haben.

Im Jahr 1910 fand in Brüssel ein internationaler Kongreß der Archivare und Bibliothekare statt, bei dem auch unser Verein vertreten war. Die Frage der Vorbildung des Bibliothekars stand auch in Brüssel auf der Tagesordnung und Herr Kollege Gerhard berichtete über die Vorbildung der wissenschaftlichen Bibliotheksbeamten in Deutschland. Man war in Brüssel darüber durchaus einig, was auch durch eine gemeinsame Entschließung zum Ausdruck kam, „daß für den Bibliothekar eine besondere fachliche Vorbildung nötig ist, die nicht durch die Praxis in der Bibliothek erworben werden kann, sondern die dem Anwärter auf ein Bibliotheksamt auf dem Weg der Lehre und des Unterrichts vermittelt werden muß." — Als wir 1912 in München zum erstenmal mit den österreichischen und schweizerischen

Kollegen zusammen tagten, da hat Herr Kollege Eichler von Graz auf Grund seiner österreichischen Erfahrungen vor dem erweiterten Kreis wiederum zu uns in seiner geistvollen Art über die Vorbildung des wissenschaftlichen Bibliothekars gesprochen. Er hat seine Ausführungen dahin zusammengefaßt: „daß die theoretische Ausbildung für den Beruf des wissenschaftlichen Bibliothekars nur durch die Errichtung von Lehrstühlen der Bibliothekswissenschaft an Universitäten mit reicher ausgestatteten Bibliotheken wirklich dem erwünschten Ziele zugeführt werden kann. Die ein- oder zweijährige Probedienstzeit wird dann den Nachweis erbringen, ob der Bewerber sich auch in der Praxis für die bibliothekarische Laufbahn eignet, und der wirkliche Eintritt erfolgt dann durch das Tor der bibliothekarischen Fachprüfung."

Wie seine Zukunftshoffnungen wieder in den Leipziger Lehrgängen zur Wirklichkeit geworden sind, brauche ich nicht hervorzuheben. Wir haben aber in München auch das lehrreiche Referat eines anderen Oesterreichers über das „Referatssystem in der Diensteinteilung der Hofbibliothek in Wien" gehört. Damit ist auch für unsere deutschen Bibliotheken die nicht mehr zu umgehende Frage der Fachvertretung aufgeworfen. Wie gewinnen wir Juristen oder Nationalökonomen, Naturwissenschaftler oder Mediziner, die sich dem bibliothekarischen Berufe widmen wollen? Das ist das Problem, das für mich an meiner Bibliothek in letzter Zeit brennend geworden ist und das zu lösen ich meinem Amtsnachfolger überlassen muß.

Daß der wissenschaftliche Bibliothekar einer, allmählich ziemlich fest umrissenen, fachwissenschaftlichen theoretischen und praktischen Vorbildung und Ausbildung bedarf, das ist heute nur noch in Kreisen nicht erkannt, die auch vom Verein Deutscher Bibliothekare und seinen Verhandlungen nichts wissen.

Fasse ich zusammen: Wir haben in Deutschland heute drei erheblich von einander abweichende Wege zu dem gesteckten Ziel, der wissenschaftlichen Ausrüstung des Bibliothekars! Den alterprobten Weg Preußens, der mit dem Wegzeiger über Göttingen schon lange für den Tüchtigsten und Strebsamsten das Ideal deutlich erkennen läßt, dessen Mängel aber auch schon lange anerkannt sind; den Weg Bayerns, der aus praktischen Bedürfnissen gewählt doch auch den idealen Forderungen nichts vergeben will, und nun den neuen Weg Sachsens, der das Bibliothekfach in weiterem Umfang, als es bisher in Göttingen der Fall war, in den Hochschulbetrieb aufnimmt und die planmäßige wissenschaftliche Ausbildung des Bibliothekars im Rahmen des Hochschulstudiums bieten will. Sachsen hat ausdrücklich die Mitte zwischen dem preußischen und dem bayerischen Weg einhalten wollen. Es hat „als Ziel neben der Ausbildung für den praktischen Dienst an den Bibliotheken des Landes auch das Betreiben bibliothekwissenschaftlicher Studien an der philosophischen Fakultät der Universität aufgestellt." Herr Kollege Eichler hat schon vor 8 Jahren auf die Doktorarbeiten hingewiesen, die aus solchen bibliothekwissenschaftlichen Hochschulstudien herauswachsen werden. So viel ich in die Zukunft zu sehen vermag, wird das immer nur der Weg weniger sein. Ich begrüße ja die Leipziger auf eine Reihe von Schultern verteilten Lehrgänge durchaus als Fortschritt gegenüber dem bescheidenen Vorgang Preußens in Göttingen. Aber Sachsen hat doch gut daran getan, einmal den Abschluß eines vollen wissenschaftlichen Studiums an einer deutschen Hochschule mit staatlicher Prüfung oder mit Erlangung der Doktor- oder Lizentiatenwürde zu fordern und daneben „den Nachweis einer zweijährigen praktischen und theoretischen Ausbildung in allen Zweigen des wissenschaftlichen Bibliothekwesens". Während Bayern sich mit einer $1^1/_2$ jährigen Volontärzeit begnügt, hat Sachsen von Preußen die zweijährige übernommen.

Wenn nun die vom Reiche aus gestellte Aufgabe, für die fachwissenschaftliche Vorbildung und Ausbildung des Bibliothekars „gesetzgebende Grundsätze" aufzustellen, auch unseren Verein beschäftigen wird, so werden wir uns darüber nicht unschwer verständigen. Und bei gutem Willen, den wir bei den einzelnen Bundesregierungen vorauszusetzen haben, muß auch ein Weg zu finden sein, wie wir Württemberger, oder die Badener und Hessen usw. bei den Einrichtungen, die Preußen, Bayern und Sachsen getroffen haben und die sie vielleicht im Blick auf die ins Auge gefaßte einheitliche Regelung für das ganze Reich selbst gleichmäßiger gestalten werden, freundnachbarlich einen Unterschlupf finden und aus ihren unverkennbaren Fortschritten den rechten Gewinn ziehen. Ist das zu erreichen, dann sind wir in unserem deutschen Bibliothekswesen einen großen Schritt vorwärts gekommen.

Dabei wollen wir aber ja nicht vergessen, daß das, was dem angehenden Bibliothekar insgemein verschafft werden soll, nur ein Wissen und Können, ein Stück Wissenschaft ist. Wir wollen es getrost Bibliothekswissenschaft heißen. Wir Bibliothekare haben ja mehr als die wissenschaftlichen Fachspezialisten Gelegenheit und Veranlassung, uns darüber Gedanken zu machen, was zur rechten Wissenschaft gehört; ja, gerade von unserem Fachwissen aus können wir es deutlich erkennen, wo alles Wissen anfängt, Wissenschaft zu werden. Zur Wissenschaft wird das Fachwissen einer Zeit und all der Vereinzelten, wenn sich der einzelne Fachmann bewußt wird und sich bewußt bleibt, daß er im geistigen Strome steht, daß er daher den Zusammenhang mit dem erkämpften Gesamtwissen seines Faches und mit den geschichtlichen Autoritäten auf seinem Gebiet zu wahren hat. Denn auch die beste wissenschaftliche Methode, der heute allgemein anerkannte Weg der Forschung, ist im Grunde historisch überliefertes Handwerkszeug, die Erfindung überragender früherer Meister. Und wenn wir vollends erkannt haben, daß auch in der strengen Wissenschaft sich das Menschliche und selbst das Allzumenschliche geltend macht, daß sie immer wieder in den Bann von Zeitströmungen und Zeitmeinungen zu geraten droht, dann kommen wir allmählich zu der für den Bibliothekar erhebenden Ueberzeugung, daß alle echte Wissenschaft zu der Schwelle des Reiches geführt wird, dessen Hut vor allem uns Bibliothekaren anvertraut ist.

Die Teilnehmer an der Berliner Tagung von 1906 werden sich wohl alle mit Vergnügen jener Tischrede von bedeutsamer Stelle und aus beredtem Munde erinnern, in der in einer geistreichen Parallele vom Bibliothekar als König gesprochen wurde. Ich habe damals, in der Stille der Wertschätzung gedenkend, die wir Bibliothekare in den Kreisen der hohen Wissenschaft genießen, an den Bau der Könige gedacht und an die Kärnerrolle, die man auch heute noch da und dort uns zuweisen will. Liebe Freunde! Wir lassen uns nicht zu Kärnern herabsetzen. Wir wollen uns auch für die Zukunft des geheimen Königtums bewußt bleiben, dessen wir im Umkreis unserer Bibliotheken zu walten haben. Wir sind zu Führern zu den Quellen berufen, deren Hut und Pflege uns anvertraut ist. Ich habe aber lange genug von dem Wissen gesprochen, das vom Bibliothekar zu fordern ist. Ich habe vor 15 Jahren bei unserer Tagung in Posen zum Eingange meines Vortrags über „Jeremias David Reuß", den Tübinger und Göttinger Bibliothekar, es ausgeführt, warum wir Bibliothekare bibliothekarische Ahnenbilder brauchen — auch sie gehören ja zu der geschichtlichen Grundlage, auf der wir unser Fachwissen zur Wissenschaft auszubauen haben —, warum uns an der Persönlichkeit vorbildlicher Fachgenossen die Aufgaben unseres Berufs erst voll zum Bewußtsein kommen. Ich habe auf das Handbuch unseres verst. Kollegen Gräsel hingewiesen und auf sein Kapitel „vom Bibliothekar im Allgemeinen". Und nun gestatten Sie mir vielleicht, daß ich mich nach berühmten Mustern einfach selbst zitiere: „Was hier auch nur von den Tugenden gesagt ist, die der Bibliothekar, „sofern er seinem Amte befriedigend vorstehen will, vor allen Dingen besitzen muß," und die, wie Gräsel ausdrücklich betont, fast notwendiger sind, als die bibliothekarischen Kenntnisse, von den bibliothekarischen Kardinaltugenden der Ordnungsliebe, des Fleißes und der Humanität, das können wir uns nicht oft genug gesagt sein lassen. Gräsel hat freilich das Thema nicht völlig erschöpft. Vom rechten Bibliothekar wird tatsächlich noch mehr verlangt, je höher ihn sein Amt führt. Wer weiß in unseren Kreisen nichts von dem hohen Grad von Selbstzucht, von hingebender, selbstverleugnender Treue, der Treue im Kleinsten, vom stillen Kampf gegen sonst sehr berechtigte Neigungen, von der Tugend der Entsagung, die sich damit genügen läßt, andern zu dienen, von allen den schweren Pflichten, die gerade unser Beruf den tüchtigsten unter uns auferlegt? — Das alles lernt man niemals aus Büchern, das alles erreicht man auch nicht durch geschriebene oder gedruckte Satzungen und Ordnungen. Solche köstliche Früchte erwachsen auch nicht im Treibhaus des starren Dienstes, des Reglements und der Dressur. Sie erblühen, wie überall, so auch für unseren Beruf nur da, wo persönliche Hingabe und Begeisterung vorbildlich wirkt und alle guten Geister dem ehrlich Ringenden zur Hilfe wachruft."

Verehrte Herren Kollegen! Nun blicken wir erst recht unserem bibliothekarischen Beruf ins Herz. Und nun komme ich zu dem letzten Beweggrunde, der mich angetrieben hat, vor Ihnen heute von unserem

bibliothekarischen Beruf zu sprechen. Ich möchte ja doch eine Lösung
finden für die Gewissensfrage: was können wir deutschen Bibliothekare
zum Wiederaufbau unseres mit dem Untergang bedrohten Volkes beitragen? Ich bin zu dem Ergebnis gekommen: wir Bibliothekare, denen
so viel in die Hände gelegt ist, werden am meisten dem Volke wohl
dienen, wenn in uns das Geheimnis des echten, vollen Berufes Leben
und Kraft wird. Das ist freilich eine Lösung, die durchaus nicht
bloß uns Bibliothekare angeht, sondern die uns aufs engste und un-
löslich mit unserem ganzen Volke und mit allen seinen Schichten
verbindet. Die Frage des Berufes ist auch keine Frage des Kopfes,
sondern des Willens und des Gemüts. — Es werden in 14 Tagen
40 Jahre, da mir ein teurer Lehrer gestorben ist: der Philosoph
Karl Christian Planck, dessen 100. Geburtstag im letzten Jahr
einem von Jena ausgehenden Aufrufe entsprechend ein weiterer deutscher
Kreis gefeiert hat. Es ist einer der schwäbischen Denker, einer der
Propheten unseres deutschen Volkes, dessen Bedeutung und Größe
unser Volk erst jetzt zu erkennen beginnt. Planck hat schon vor
50 Jahren in den Klostermauern von Blaubeuren in unsere jugend-
lichen Seelen seine Ideen vom Berufsstaat eingegossen. Heute sehen
wir, seine Schüler, in ihnen den möglichen Weg zu einer Rettung
unseres Volkes. Was ist der Grundgedanke dieses Berufsstaates? Daß
jeder Bürger des Staates einen Beruf haben muß, der dem Ganzen
dient und daß jede Berufsarbeit darauf zu prüfen und darnach zu
werten ist, ob und wie viel sie für das allgemeine Beste von Wert ist.
Im Planckschen Berufsstaat soll der Eigennutz als der größte Feind
der Volksgemeinschaft überwunden und ausgetilgt werden. Auf der
pflichtmäßigen, gemeinnützigen Berufstätigkeit soll sich das politische
Recht des Bürgers aufbauen. In einer berufsständischen Gliederung
unseres Volkes und in einem Berufsparlament hat uns Planck vor bald
50 Jahren das Ideal seines Zukunftsstaates gezeichnet. Sie werden
finden: was Planck hier, auf das ganze Volk ausgedehnt und erweitert,
fordert, das ist der alte Beamtenstaat, wie ihn allen voran Preußen
vorbildlich geschaffen hat. Ich möchte aber auch glauben, daß sich
der Plancksche Berufsstaat als Ideal deckt mit der Forderung jedes
echten Sozialismus und den Gedanken der besten Köpfe der deutschen
Sozialdemokratie. Das ist das Ideal, an das ich von Jugend auf für
unser deutsches Volk geglaubt habe. Darum bin ich auch überzeugt,
daß es heute auch für unseren bibliothekarischen Beruf gilt, zum vollen
Berufsbewußtsein durchzudringen; d. h. daß wir unsere ganze Arbeit,
die wissenschaftliche wie die praktische, einzig von dem Gedanken
getragen sein lassen, daß sie der Volksgemeinschaft zu dienen und in
vollem Umfang gemeinnützig zu sein hat. Inserviendo consumor: das
soll jeder von uns mit Stolz sprechen wollen und sprechen können.
    Was folgt für uns Bibliothekare aus einer solchen vertieften Auf-
fassung des Berufes? Ich meine: einmal die zweckmäßigste Vorbildung
eben für unsere Berufspflicht, der Allgemeinheit zu dienen, und darum
nicht bloß eine gleichmäßige allgemeine fachliche Ausbildung, sondern

ebenso eine wissenschaftliche Einführung und ein sich Einleben in die besondere Geschichte und die besonderen Aufgaben der einen Biblio- thek, der jeder zu dienen hat, und sodann an jeder Bibliothek mög- lichst zweckmäßige Arbeitsgliederung und Arbeitsverteilung. Gerade auf diesem Gebiet haben unsere Bibliotheken noch recht viel von einander zu lernen. Der eigenen Bibliothek und ihren Schätzen und Aufgaben soll auch in erhöhtem Maße unsere literarische Arbeit ge- hören, die amtlich in jeder Weise zu unterstützen und zu fördern ist. — Seit langem hat mir eine Einrichtung gefallen, die ich bei den französischen Universitäten gefunden habe. Da ist in den Jahres- berichten der Universitäten sorgfältig verzeichnet, was der einzelne Lehrer der Hochschule im abgelaufenen Jahre literarisch geleistet hat. Man fordere auch von uns Bibliothekaren solche Arbeiten aus dem Aufgabenkreis der eigenen Bibliotheken; aber man stelle nicht den wissenschaftlichen Bibliothekar mit der Forderung des gleichmäßigen achtstündigen Arbeitstages dem eigenen Bibliothekaufwärter gleich!

Wir dürfen heute in Weimar uns mit Freuden daran erinnern, daß auch ein Goethe mit uns Bibliothekaren näher zusammenhängt, als viele seiner Verehrer wissen. Und wir danken es unserem Kollegen Milkau, daß er für uns ein Wort Goethes, das ihm seine Erfahrungen bei der Neuordnung der Jenaer Bibliothek aufgedrängt hat, zu Nutz und Frommen der Gegenwart ausgegraben hat: „Ich gebe die Be- merkung zum besten, daß das Arbeiten nach vorgeschriebener Stunde, in einer Zeitenreihe, solche Menschen hervorbringt und bildet, die auch nur das Allernotdürftigste, stundenweis und stümperhaft, möchte man sagen, arbeiten." — Mit der rechten Berufstreue des wissenschaft- lich gebildeten Mannes verträgt sich in der Tat dieses Rechnen mit der Stunde nicht.

Wir sollen, wie gesagt, mit unseren Bibliotheken möglichst ver- wachsen und uns mit ihren Heimlichkeiten vertraut machen, daß wir Führer werden können zu ihren ungehobenen Schätzen. Wir müssen, mehr als bisher schon geschehen ist, aus der Geschichte unserer Bi- bliotheken uns die persönlichen Vorbilder aus unserem Beruf zusammen- tragen, damit wir von ihnen lernen, und dabei dürfen wir die Männer, die das „Dienen" am meisten zu ihrer Lebenskunst entwickelt haben, unbedenklich als die ersten Vorbilder nehmen. Ich habe das bei Reuß zu zeigen versucht. Ich darf in diesem Zusammenhang vielleicht an ein Wort erinnern, das uns unser verehrter Herr Kollege Ewald bei unserer Tagung in Gotha aus der Geschichte seiner Bibliothek heraus ans Herz gelegt hat: „Wenn kein Amt so eindringlich von dem geschichtlichen Zusammenhang aller menschlichen Arbeit und alles menschlichen Fortschritts lehrt, keines so stündlich zur Be- scheidenheit mahnt, wie das des Bibliothekars, so ist die praktische Verwertung jener Erkenntnis und dieser Tugend schließlich nicht ab- hängig von der Größe der Sammlung, in der er seine Kraft einsetzt." Wir werden unsere Vorbilder überall finden können.

Aber für unsere Bibliotheken legt uns unsere schwere Zeit noch ganz besondere Aufgaben nahe, die wir bisher nur zum Teil in Angriff genommen haben. Aufgaben, an denen wir erst voll unsere Führereigenschaft entwickeln können. Wem von uns, der an einer alten, reichen Bibliothek tätig ist, hat es sich nicht schon oft schmerzlich aufgedrängt, daß die geistigen Heerhaufen, an deren Spitzen wir gestellt sind, so wenig marschieren, daß wir über schlafende Heere gesetzt sind? Und wer hat nicht bei gelegentlichen Ausstellungen, die unsere Bibliotheken zumeist selten genug veranstalten, die Wahrnehmung gemacht, wie es uns selbst zum Segen wird, wenn wir einmal für einen bestimmten Zweck unsere Schätze durchmustern und sie dem wißbegierigen Publikum vorführen? Es kann uns den neuen Weg zeigen, den wir zu gehen haben. Aus unserer Vertrautheit mit der eigenen Bibliothek und ihrer Geschichte wie ihren Schätzen heraus haben wir auf jede Weise nicht bloß durch literarische Arbeiten, sondern ebenso durch häufige Ausstellungen, durch Führungen, durch Vorlesungen die stumme Geisterwelt unserer Bücherhäuser zum Sprechen zu bringen, wir müssen unsere Bücher und Handschriften zu den Menschen und die Menschen, von uns geleitet, an die Bücher heranbringen. Wir begrüßen es daher auch mit Freuden als durchaus zeitgemäß und vorbildlich, daß da und dort Kollegen, wie unser Kollege Anemüller in Detmold oder Kollege Wolff in München, mit Vorlesungen aus dem Gebiet des Bibliothekswesens, des Buch- und Schrifttums betraut worden sind.

Das sind Aufgaben des Bibliothekars der Zukunft, dessen Bild uns Milkau schon vor dem Kriege in dem für uns so lehrreichen Kapitel im ersten Band der „Kultur der Gegenwart" zu unserer eigenen ernsten Gewissensprüfung gezeichnet hat. Fassen wir diese Zukunftsaufgaben recht ins Auge, so erweisen sie sich zu einem guten Teil als Aufgaben, die wir nur durch ein einmütiges, opferwilliges Zusammenwirken unserer deutschen Bibliotheken gemeinsam lösen können.

Ich eile zum Schluß. Wir müssen selbst dafür sorgen, daß sich unserem Berufe nur solche Bewerber zuwenden und in ihn eintreten können, die die innere Voraussetzung für unsere Aufgabe des Dienens mitbringen. Haben sie sich einmal in unseren Beruf eingelebt, dann brauchen wir nicht daran zu zweifeln, daß ihnen auch die Freude an unserem schönen Beruf in reichem Maße aufgeht. Je tüchtiger wir in unserem Berufe werden, je mehr wir uns gerade auch für die Gegenwart seiner hohen Aufgaben bewußt werden, desto mehr wird es uns drängen, in gemeinsamer Arbeit unsere Bibliotheken immer mehr zu Segensquellen für unser ganzes Volk zu machen.

Darum Glück auf zu unserer Berufsarbeit in dieser schwersten Zeit des Vaterlandes!

Mitgliederversammlung des V. D. B.
Donnerstag den 27. Mai, vormittags ³/₄9 Uhr.

Der Vorsitzende GR. Boysen erstattet den Geschäftsbericht. Er bringt u. a. zur Sprache die Unterstützung der vertriebenen Straßburger

Kollegen, das Erscheinen der Jahrgänge 1916 und 1920 des Jahrbuchs
— von letzterem ist wenigstens eine kleine Anzahl ungebundener
Exemplare zur Stelle —, die Rabattfrage und die Teuerungszuschläge
im Buchhandel, GR. Ermans Ansuchen, das Bibliothekswesen der
Autorität des Reiches zu unterstellen (Artikel 10 der Reichsverfassung),
Zusammensetzung und Fortbestand der Kommissionen, den Vorschlag
dem Verband Deutscher wissenschaftlichen Beamten unter Gewährung
einer einmaligen Beihilfe von 500 M. korporativ beizutreten, die Anfrage der Deutsch-Oesterreicher, ob eine engere Beziehung ihrerseits
zum V. D. B. hergestellt werden könne.

Die erbetene Indemnität für die durch den Krieg verschuldete
lange Amtsführung des Vorstandes wird erteilt. — Entsprechend den
schriftlich eingegangenen Vorschlägen des Oberbibl. Kaiser-Berlin wird
beschlossen den Umfang des Jahrbuchs auf 10 bis 12 Bogen herab-
zusetzen. — Den bestehenden Kommissionen wird anheimgestellt sich
im Bedarfsfall durch Zuwahl zu ergänzen. Neubestellt wird je eine
Kommission für die Ausbildung der höheren und der mittleren Bibliotheksbeamten. Die erste besteht aus GR. Schwenke-Berlin, GR. Boysen-
Leipzig, Abt.-Dir. Freys-München, Bibl.-Dir. Georg Müller-Dresden; die
zweite aus Oberbibl. Kaiser-Berlin, Bibl. Gratzl-München, Bibl.-Dir.
Jacobs-Freiburg i. Br., Bibl.-Dir. Wahl-Hamburg. — Dem Verbande
Deutscher wissenschaftlichen Beamten tritt der V. D. B. unter Zahlung
einer einmaligen Beihilfe als korporatives Mitglied bei. — Die Deutsch-
Oesterreicher werden als Mitglieder aufgenommen. Die Satzung ist
entsprechend abzuändern.

Kassenbericht des Schatzmeisters Schröter-Leipzig. Das Vereins-
vermögen besteht aus 10 000 M. Stiftungsgeldern, 4000 M. Wertpapieren,
7500 M. Bankdepot und etwa 1150 M. in bar. Doch sind die Bar-
mittel durch die Kosten der Tagung fast aufgebraucht. Die Zahl der
Mitglieder beträgt 463.

Zu Rechnungsprüfern werden gewählt Dir. Valentin-Berlin und
Oberbibl. Otto-Berlin. — Der Mitgliederbeitrag wird von 4 M. auf
10 M. erhöht.

Vorstandswahl. Berlin wird zum Vorort bestimmt. Es werden
gewählt in den Vorstand: Bibl.-Dir. Naetebus-Berlin als Vorsitzender,
GR. Schnorr von Carolsfeld-München als stellv. Vorsitzender, Bibl.
Weber-Berlin als Schriftführer, Bibl. Seippel-Berlin als Schatzmeister,
in den Vereinsausschuß: Bibl.-Dir. Längin-Karlsruhe, Bibl.-Dir. Minde-
Pouet-Leipzig, Bibl.-Dir. Nörrenberg-Düsseldorf, Bibl.-Dir. Rath-
Stuttgart, Bibl.-Dir. Schmidt-Darmstadt.

Literaturberichte und Anzeigen.

Buch und Bücherei. Ein Blick in die Geschichte des Buchs und auf seinen
Weg von Dr. Otto Handwerker, Univ.-Bibliothekar in Würzburg.
(Bücherei der Volkshochschule hrsg. von R. Piloty Bd 1, Heft 7.)
Würzburg: Kabitzsch & Mönnich 1920. 85 S. 4 M.
Der Verf. hat Vorträge, die er an der Würzburger Volkshochschule über
Schrift- und Buchwesen, anhangsweise auch über Büchersammeln und Biblio-

thek gehalten hat, in diesem Heft in ebenso ansprechender wie anspruchs-
loser Form wiedergegeben. Hier fehlt freilich das Anschauungsmaterial, das
jedenfalls in den Vorträgen selbst vorgelegt worden ist, aber es wird auch
dem Unkundigen nicht allzuschwer fallen, es sich mit Hilfe der S. 82—85
angeführten Literatur zu verschaffen. Dem Kundigen wird das Büchlein als
Leitfaden für ähnliche volkstümliche Vorträge dienen können und ihm auch
erwünscht sein, w$_e$nn er das ganze Gebiet in großen Zügen vor sich vorüber-
ziehen lassen will. .

Die Schulbibliothek. Anlage, Einrichtung und Verwaltung von Lehrer- und
    Schülerbibliotheken von Dr. Hans Knudsen, Oberlehrer, und Dr.
    Willy Pieth, Stadtbibliothekar. Berlin: Weidmannsche Buchh. 1920.
    40 S. 3.60 M.
    Eine kurze Anweisung für Schulbibliotheken darf auf das Interesse der
vielen nicht fachlich ausgebildeten Schulbibliothekare rechnen und so werden
viele von ihnen das vorliegende kleine Buch in die Hand nehmen. Sie werden
darin neben manchem Selbstverständlichen auch viele nützliche Anweisungen
finden (auf Einzelheiten, über die man verschiedener Meinung sein kann, will
ich hier nicht eingehen), aber sie werden sich, wenn sie wirklich darnach
arbeiten wollen, doch vielfach im Stich gelassen sehn. Nur einige Beispiele:
Es ist mehrfach die Rede von den Bedürfnissen der Schulbibliothek an Orten
ohne größere öffentliche Bibliothek, aber mit keinem Wort wird des organi-
sierten Leihverkehrs mit den großen Bibliotheken gedacht. Es wird sowohl
für den alphabetischen wie den Sachkatalog die Zettelform empfohlen, aber
weder über das Format der Zettel noch über ihre Aufbewahrung und Be-
festigung etwas angegeben. Für die Titelaufnahme der Schulprogramme
findet sich zwar bei den Katalogisierungsvorschriften ein Beispiel, aber von
den Berliner Jahresverzeichnissen und den zugehörigen Zetteldrucken, die
eine besondere Aufnahme an der einzelnen Bibliothek unnötig machen, erfährt
der Schulbibliothekar ebensowenig etwas wie über die Aufbewahrung dieser
für die Schulbibliothek so wichtigen Schriftenklasse. Wie die Verf. sich den
Sachkatalog denken, ist völlig unklar. Soll er identisch sein mit der Aufstellung (laufende Nummer innerhalb der mit einem Buchstaben zu bezeichnenden Fachgruppen), so ist ein solcher Standortskatalog sachlich wenig nütze,
verlangt auch nicht die Zettelform; soll er aber eingehender systematisch
gegliedert sein, dann ist neben ihm ein Standortskatalog erforderlich. Von
der Möglichkeit eines Schlagwortkatalogs ist überhaupt nicht die Rede. Kurz:
der ganze Stoff ist ungenügend durchdacht und durchgearbeitet. Das zeigt
sich auch im Ausdruck. Man sehe z. B. den Eingangssatz zu Abschnitt 4
„Die Kataloge" S. 15 oder S. 24, § 6 „Verweisungszettel". Fehler in der
Namensschreibung wie S. 9 Wilamowitz-Moellendorf und Goedecke sollten in
einem bibliothekarischen Werke nicht vorkommen.   P. S.

Census of Fifteenth Century Books owned in America. Compiled by a
    commitee of the bibliographical Society of America. New York 1919.
    8°. XXIV, 245 S.
    Einen wichtigen Beitrag für die Bestrebungen einen Gesamtkatalog der
Wiegendrucke zu schaffen, hat ein Komitee der bibliographical Society of
America in dem Census of XVth Century Books owned in America geliefert.
Das Verzeichnis ist angelegt nach den Hain-Nummern, zwischen welche die
bei Hain fehlenden Titel zwischengeordnet sind. Dem kurzen Titel folgen
References, Hinweise auf Pellechet, Proctor, den Katalog des Britischen
Museums, Copinger, Reichling etc., wobei die Bearbeiter verschiedene An-
sichten dieser Bibliographen über die etwa fehlenden Ursprungsangaben neben-
einandersetzen, ohne eine Kritik auszuüben. Diesen Literaturnachweisen folgen
die Siglen der Bibliotheken, in denen sich Exemplare des Druckes befinden.
Die Titel sind meist hinreichend ausführlich, doch finden sich auch nicht
wenige, die für uns garnichts besagen, ich meine die Drucke, die ohne An-

17*

gabe von Druckort, Drucker und Jahr erschienen sind und keine Hinweise auf die gedruckte Inkunabelliteratur haben. In solchen Fällen hätte mehr gegeben werden müssen, um dem Benutzer es zu ermöglichen festzustellen, ob der gegebene Titel mit einem sonst bekannten Drucke identifiziert werden kann, was in dem Census in zahlreichen Fällen nicht möglich ist. Die Richtigkeit der Druckerbestimmungen nachzuprüfen, wenn solche überhaupt vorhanden sind, ist natürlich nur in Ausnahmefällen möglich und es wäre nicht zu empfehlen, solche Titel nach den Angaben des Census· dem Gesamtkatalog einzuverleiben. Nur ein Beispiel, auf S. 198 steht Sixtus' IV Bulla extensionis indulgentiarum ... gedr. von Peter Schoeffer in Mainz n. d. 4 Mai 1480. Brit. Mus. Cat. S. 34. Diesem Titel folgt: — Broadside. Welcher von den 3 andern bekannten Drucken es sein soll, wird nicht gesagt. Ist es wirklich ein noch unbekannter Druck? Es folgt: — Broadside (München 1482). Ein solcher Druck ist bisher unbekannt, das angenommene Druckjahr unwahrscheinlich. Dasselbe gilt von der vierten Ausgabe, die Druckort, Drucker und Jahr, Nürnberg: Creussner 1482 enthalten soll. Wir kennen eine Ausgabe dieses Druckers, die aber weder Druckerangabe noch das Jahr enthält (Hannover, Kestner-Museum 312). Von den 4 Titeln ist also nur der erste brauchbar. (Einblattdrucke Nr 1364.) — Sixtus' IV Litterae apostolicae betr. die westfälischen Vehmgerichte vom 7. Febr. 1477 werden der Druckerei von Fust & Schoeffer zugeschrieben, obwohl Fust bekanntlich schon 10 Jahre vorher gestorben ist.

Nach der Einleitung umfaßt der Census annähernd 169 öffentliche und 246 private Sammlungen mit über 13 200 Exemplaren von mehr als 6640 Titeln. Diese Zahlen geraten aber etwas ins Wanken, wenn man bei näherer Prüfung merkt, wie groß die Zahl der Drucke ist, die, obwohl sie mit denselben Literaturangaben und meist auch denselben Bibliothekssiglen versehen sind, zweimal — an verschiedenen Stellen — aufgeführt werden. So finden wir, um nur eins von den hundert vorkommenden Beispielen anzuführen, die vier Ausgaben des Speculum exemplorum einmal unter Aurifaber und dann wieder dieselben Titel unter Speculum mit der Hainnummer 14915 ff., eine Verweisung hätte genügt. Voulliéme.

Umschau und neue Nachrichten.

Zwei neue bibliothekarische Vereinigungen haben sich gebildet: der Landesverband preußischer Staats- und Universitätsbibliothekare, mit dem Sitz in Göttingen, strebt eine amtlich geordnete Mitwirkung der Bibliothekare an allen großen Verwaltungs- und Standesfragen an. Er hat ein großes Programm von Punkten aufgestellt, an denen er den Bibliotheksbetrieb reformieren will. Der Reichsverband deutscher Bibliotheksbeamten vertritt, was aus dem Namen nicht ersichtlich ist, die Interessen der mittleren Beamten an wissenschaftlichen und der Beamten an volkstümlichen Bibliotheken. Er umfaßt nach § 3 seiner Satzungen die Beamten, Angestellten und Anwärter, welche die Bibliotheksdiplomprüfung abgelegt haben oder die ihnen gleichgeordnet sind. Sitz des Reichsverbands ist Leipzig.

Bayern. Aus dem Staatshaushaltsplan für das Rechnungsjahr 1920.
1. Staatsbibliothek München. Neue Stellen: 2 Oberbibliothekare I. Klasse (Gruppe XII); 1 Verwaltungsinspektor (Gruppe VIII); 1 Bibliotheksekretär (Gruppe VI); 4 Bibliotheksekretärinnen (Gruppe VI); 4 Bibliotheksassistentinnen (Gruppe V); 1 Kanzleisekretär (Gruppe V); 4 Bibliothekwarte (Gruppe II); 3 geprüfte Bibliothekpraktikanten (nichtetatsmäßige Beamte). — Der Ansatz für Stellvertretung, Geschäftsaushilfe und besondere Leistungen ist von 54 300 M. auf 170 000 M. erhöht, der für Dienstreisen von 1000 M. auf 5000 M.,

der für Anschaffung neuer Werke von 350000 M. (1914: 120000 M.) auf 600000 M., der für Geschäftsbedürfnisse von 60000 M. auf 180000 M. — Außerdem sind 520000 M. für den Einbau von Bücherkammern im Dach. geschosse vorgesehen. Zur Begründung wird angeführt: „Durch den außer. ordentlichen Staatshaushalt für die Jahre 1918 und 1919 sind zur Erweiterung der Staatsbibliothek 1420000 M. zur Verfügung gestellt worden, wovon 1120000 M. für inzwischen vollzogene Grundstücksankäufe, 300000 M. für die Ausführung des ersten Bauabschnittes bestimmt waren. Unter den derzeitigen Verhältnissen kann an die Ausführung der geplanten Arbeiten nicht gedacht werden. Bei der völligen Unzulänglichkeit der Räume der Staatsbibliothek muß für die Zwischenzeit Vorkehrung zur Befriedigung der vordringlichsten Bedürfnisse getroffen werden. Zu diesem Zwecke sollen im Dachgeschosse Bücherkammern eingerichtet werden, die zur Aufnahme von etwa 300000 Büchern geeignet sind".

2. Universitätsbibliothek München. Neue Stellen: 1 Staatsbibliothekar (Gruppe X); 2 Bibliotheksekretäre (Gruppe VI); 4 Bibliotheksekretärinnen (Gruppe VI); 2 Bibliotheksassistentinnen (Gruppe V). — 40000 M. zur Ergänzung von Lücken bei der Universitätsbibliothek, die durch den Krieg. entstanden sind (einmalig).

3. Universitätsbibliothek Würzburg. Neue Stelle: 1 Bibliotheksekretärin (Gruppe VI). 3000 M. für sachlichen Bedarf für den allgemeinen Lesesaal im Universitätsbau.

4. Bei den Kreisbibliotheken sind als Betriebszuschüsse 123200 M. vorgesehen; darunter 73200 M. als Sachbedarf für die Bibliothek in Bamberg und Betriebszuschüsse für die Kreisbibliotheken, 50000 M. Zuschuß für die neu zu errichtende Kreisbibliothek in der Pfalz.

Württemberg. Einordnung der Beamten der Landesbibliothek Stuttgart und der Universitätsbibliothek Tübingen in die Besoldungsgruppen:
Gruppe I. Aufwärter (nur UB).
„ II. Hausmeister (bisher Diener) bei LB; Heizer.
„ III. Hausverwalter.
„ VIII. Obersekretäre (bisher Sekretäre). `Für 1 Stelle bei LB ist Versetzung in IX beantragt.
„ IX. Rechnungsräte bei LB; Hilfsbibliothekare.
„ X. Bibliothekare.
„ XI. Oberbibliothekare. (Diese Stufe noch nicht verabschiedet.)
„ XII. Direktoren.
Die Zahlen der Stellen in den einzelnen Gruppen steht noch nicht fest. Die verhältnismäßig günstige Einstufung der mittleren Beamten der LB erklärt sich aus ihrer dienstlichen Aufgabe, sowie daraus, daß sie den württembergischen Reallehrern und Präzeptoren, aus deren Reihen sie hervorgegangen sind, gleichgestellt wurden.

Danzig. Der Etat der Bücherei der Technischen Hochschule wurde von 15000 auf 30000 M. erhöht; einschließlich der Gebühren und einiger anderen Nebeneinnahmen stehen ihr im laufenden Rechnungsjahr 40000 M. zur Verfügung. Auch die Stadtbibliothek und die Büchereien der städtischen Schulen erhielten eine Erhöhung ihrer Mittel um 100 %. — Mit dem Ausscheiden Danzigs aus dem preußischen Staat sind die bisherigen Bestimmungen über die buchhändlerischen Pflichtlieferungen hinfällig geworden. An ihrer Stelle ist mit Wirkung vom 10. Januar 1920 bestimmt worden, daß alle Verlagsartikel nur in einem Exemplar und zwar an die Danziger Stadtbibliothek abzuliefern sind.

Darmstadt. Der Landesbibliothek in Darmstadt sind für das Jahr 1920 bewilligt worden: für Bücheranschaffungen 50000 (seither 33000) M., für Bucheinbände und sonstige sächliche Ausgaben 55000 (statt 15000), außerdem 60 000 für den Ankauf eines Teiles der Großh. Kabinettsbibliothek. Das Personal ist um einen Hilfsarbeiter zur Verzeichnung der Musikbibliothek und um einen Amtsgehilfen (Diener) vermehrt worden. Für die Wirksamkeit der Bibliothek ist es bezeichnend, daß im Verwaltungsjahr 1919/20 von 27 748 verliehenen Bänden 6686 = 24 % nach außerhalb versandt wurden, davon 5873 = 21 % innerhalb Hessens.

Hamburg. Die Bibliothek des Ibero-Amerikanischen Instituts, die alle Zweige des spanisch-portugiesischen Kulturkreises pflegt, legt in ihrem Lesezimmer 350 einschlägige Zeitschriften aus und macht ihre Bücher auch durch Versendung überall in Deutschland zugänglich.

Karlsruhe. Die badische Landesbibliothek gibt das gedruckte Zugangsverzeichnis, von dem Jahrgang 1919 kürzlich erschienen ist, trotz der hohen Kosten nach wie vor unentgeltlich ab. Die Benutzung der Bücher ist gebührenfrei, die Versendung erfolgt „frei hin" gegen „frei zurück".

Leipzig. Der Kampf um das Bestehen der Deutschen Bücherei. Die ungenügende Sicherung der Finanzlage der Deutschen Bücherei, auf die das Zbl. f. Bw. von Anfang an hingewiesen hat, ist durch die nicht vorauszusehenden Zeitereignisse geradezu zur Katastrophe geworden, nachdem das Reich den erbetenen Zuschuß zunächst abgelehnt hat. Als Ausweg war von sächsischer Seite die Zusammenlegung der Bücherei und der Universitätsbibliothek angeregt worden, ein Vorschlag, der begreiflicherweise sofort lebhaften Widerspruch in den Leipziger Tagesblättern ausgelöst hat. Angesichts der schwierigen Lage hatte der Geschäftsführende Ausschuß der Bücherei für den 24. August eine außerordentliche Sitzung des Verwaltungsrats einberufen unter Hinzuziehung des Preußischen Beirats für Bibliotheksangelegenheiten (Vertreter 1. Dir. Geh.-R. Schwenke-Berlin) und des Vereins Deutscher Bibliothekare (Vertr. der Vorsitzende Dir. Naetebus-Berlin, Abt.-Dir. G.-R. Paalzow-Berlin und Dir. v. Rath-Leipzig). Von den bibliothekarischen Mitgliedern des Verwaltungsrats waren erschienen Dir. G.-R. Boysen-Leipzig, Abt.-Dir. Fick-Berlin, Dir. Hofrat Frankfurter-Wien, Dir. Prof. Längin-Karlsruhe, Dir. G.-R. Milkau-Breslau (zugleich Beirat f. Bibl.-Ang.), Dir. Prof. Minde-Pouet-Leipzig, Dir. Schmidt-Darmstadt, Gen.-Dir. Geh.-R. Schnorr v. Carolsfeld-München. An der Sitzung nahmen ferner die buchhändlerischen Mitglieder des Verwaltungsrats, die Vertreter der Sächsischen Regierung und der Stadt Leipzig, sowie der Vorsitzende der „Notgemeinschaft der deutschen Wissenschaft" Exz. Schmidt-Berlin teil, Vertreter der Reichsregierung waren nicht anwesend.

Die oben genannten bibliothekarischen Teilnehmer hatten bereits am vorhergehenden Nachmittag eine Besprechung abgehalten und gaben nach nochmaliger eingehender Verhandlung die folgende Erklärung ab, die sie in der nachfolgenden kurzen Denkschrift näher begründeten:

„Die Deutsche Bücherei ist wie alle wissenschaftlichen Anstalten Deutschlands in so schwere Bedrängnis geraten, daß ihr Weiterbestehen gefährdet ist. Als Abhilfe ist ihre Verschmelzung mit der Leipziger Universitätsbibliothek vorgeschlagen worden. Demgegenüber müssen die am 24. August 1920 in Leipzig versammelten Vertreter des wissenschaftlichen Bibliothekswesens, insbesondere des Vereins Deutscher Bibliothekare und des Beirates für Bibliotheksangelegenheiten in Preußen nach eingehender Prüfung der allgemeinen wie der örtlichen Verhältnisse den Gedanken einer solchen Verschmelzung im Interesse beider Anstalten entschieden ablehnen.

Vielmehr sprechen sie in voller Würdigung der bisherigen Leistungen der Deutschen Bücherei wie der ihr künftig zur Förderung des ganzen deutschen Bibliothekswesens zuzuwendenden Aufgaben die Ueberzeugung aus, daß die Deutsche Bücherei als selbständige Anstalt unbedingt erhalten werden muß.

Die' unterzeichneten Vertreter des deutschen Bibliothekswesens halten es für notwendig, durch die nachstehenden Ausführungen den Weg zu zeigen, auf dem sie zu der anliegenden Entschließung gelangt sind.

Seit langem durch Berichte und eigene Mitarbeit mit den Nöten der Deutschen Bücherei vertraut, haben sie sich in diesen Tagen durch eingehende Prüfung aller in Betracht kommenden Verhältnisse davon überzeugen müssen, daß die Anstalt tatsächlich vor ihrer Existenzfrage steht und daß nicht allein durchgreifende, sondern auch schleunige Hilfe notwendig ist, wenn die Deutsche Bücherei am Leben erhalten werden soll.

Als naheliegenden Ausweg, der Not ein Ende zu machen, bietet sich der Gedanke, die beiden großen Bibliotheken der Stadt Leipzig, die Universitäts-bibliothek und die Deutsche Bücherei, zusammenzulegen, um so die Kosten zu verringern. Auf den ersten Blick hat dieser Plan manches Bestechende. In der Unterbringung wie in der Verwaltung müßten sich, so sollte man denken, sehr beträchtliche Ersparnisse erzielen lassen, ohne die Leistungen der bisher selbständigen Anstalten zu beeinträchtigen. Je mehr man aber in die Einzelheiten eindringt, um so deutlicher erkennt man, daß dieser Weg schlechterdings ungangbar ist. Nicht allein, daß die so grundverschiedenen Aufgaben der beiden Anstalten unter der Verschmelzung notwendig schwer leiden müßten, sondern es hat auch eine ins Einzelne gehende Untersuchung ergeben, daß weder beim Personal noch bei den allgemeinen Verwaltungs-kosten' nennenswerte Ersparnisse erwartet werden dürfen. Um so weniger, als die vereinten Anstalten nach den Aeußerungen führender Verleger auf die Schenkungen des Verlags, durch die der Deutschen Bücherei der bei weitem größte Teil ihrer Erwerbungen zufließt, nicht mehr rechnen könnten. Und dies Ergebnis ist dasselbe, gleichviel, wie weit man mit der Verschmelzung der beiden Anstalten gehen will, ob man Personal, Verwaltung, Einrichtung, Kataloge usw. vollkommen einheitlich gestaltet oder ob man den beiden Bibliotheken im wesentlichen ihre alte Selbständigkeit läßt und sich damit begnügt, sie unter demselben Dache vereinigt zu sehen.

Hieraus folgt, daß die Deutsche Bücherei, wenn sie überhaupt weiter bestehen soll, dies nur kann als selbständige Anstalt. Daß sie aber als solche weiter bestehen und in der Lage erhalten werden muß, ihre Aufgabe zu er-füllen, dafür sprechen nicht allein' die heute bereits vorliegenden Ergebnisse ihrer Arbeit, sondern auch die von ihr zum Nutzen des ganzen deutschen Bibliothekswesens bestimmt zu erwartenden Leistungen.

Die vollständige Sammlung des deutschen Schrifttums, d. h. auch der-jenigen Literatur, die nicht in den Buchhandel kommt, ist eine Aufgabe, die selbst von der Gesamtheit der deutschen Bibliotheken so, wie wir sie heute von der Deutschen Bücherei bereits gelöst sehen, weder gelöst worden ist noch mit einiger Aussicht auf Erfolg in Angriff genommen werden kann. Das gilt auch von den beiden größten deutschen Bibliotheken, denen eine solche Aufgabe in erster Linie zufallen würde, der Berliner und der Münchener Staatsbibliothek. Alle deutschen Bibliotheken sehen sich, zumal unter dem Druck der wirtschaftlichen Verhältnisse, genötigt, sich in der Erwerbung der heimischen Literatur die größte Beschränkung aufzuerlegen und ihre Haupt-kraft und ihre Hauptmittel auf die Beschaffung der der Wissenschaft unent-behrlichen und dem einzelnen Gelehrten unerreichbaren ausländischen Literatur zu verwenden. Hier aber tritt die Deutsche Bücherei ergänzend und ent-lastend ein, zumal sie sich in Würdigung dieser Verhältnisse jetzt entschlossen hat, von ihrem Grundsatz, ihre Bücher nur im eigenen Hause bereitzustellen, Ausnahmen zuzulassen.

Es versteht sich von selbst, daß die unterzeichneten Bibliothekare nicht achtlos vorübergegangen sind an der Frage, ob die ganze kleinere und be-sonders die außerhalb des Buchhandels erscheinende Literatur für die Wissen-schaft und ihre Auswertung in der Praxis wirklich von so großer Wichtigkeit sei und ob nicht am Ende für die Aufbewahrung dieser Veröffentlichungen durch kleinere, wenn auch im Lande verstreute Sammlungen ausreichend gesorgt sei. Auf Grund langer Beobachtung und Erfahrung sind sie überzeugt, daß der Wissenschaft durch die Vernachlässigung eben dieser Literatur in Gegenwart und Zukunft schwere Nachteile erwachsen würden. Andererseits lehrt die tägliche Erfahrung des Bibliotheksbetriebs immer von neuem, daß keine noch so speziellen Zielen zugewandte Sammlung auf noch so abgegrenztem Gebiet imstande ist, denjenigen Grad von Sicherheit und Vollständigkeit zu erreichen, den die Deutsche Bücherei vermöge ihrer eigenartigen Organisation tatsächlich erreicht.

Es sind indeß nicht allein solche Erwägungen, die zu dieser Stellungnahme geführt haben, wesentlich mit daran beteiligt ist vielmehr die nach jeder Richtung hin begründete Erwartung, daß die Deutsche Bücherei, die nunmehr die einzige Stelle im Lande ist, der sämtliche deutsche Veröffentlichungen zugehen, bereits binnen kurzem die Aufgabe in Angriff nehmen wird, auf deren Lösung die ganze deutsche Bibliothekswelt seit langen Jahren wartet, d. h. daß sie es übernimmt, ihre Katalogisierungsarbeit durch Vervielfältigung allen Bibliotheken dienstbar zu machen.

Die unterzeichneten Bibliothekare haben sich aber nicht auf diese Feststellung beschränkt, vielmehr haben sie, um die Möglichkeit des Weiterbestehens der Deutschen Bücherei zu steigern, mit allem Ernst geprüft, wieweit sich ihre Aufgaben etwa im Interesse der Kostenersparnis einschränken lassen, ohne damit ihrem eigentlichen Wesen Abbruch zu tun. Sie haben dem Verwaltungsrat der Deutschen Bücherei eine Reihe von Vorschlägen gemacht, deren Annahme zu einer sehr beträchtlichen Verringerung der Ausgaben führen würde, und alle zuständigen Stellen haben sich bereit erklärt, die empfohlenen Maßnahmen durchzuführen."

Ob diese dringende Vorstellung bei der Reichsregierung, ohne deren Eingreifen der dauernde Bestand der D. B. nicht wohl denkbar ist, Gehör finden wird, ist leider noch nicht sicher. Vorläufig hat die sächsische Regierung zugesagt, durch eine besondere Bewilligung von 450 000 M. die Weiterführung des Betriebs bis zum Ende des Jahres zu ermöglichen. [Neuerem Vernehmen nach ist die Bewilligung eines Reichszuschusses zu erwarten.]

Oesterreich. Zur Aufrechterhaltung des wissenschaftlichen Betriebes hat der Kabinettsrat den österreichischen Hochschulen für das Sommerhalbjahr 1920 eine außerordentliche Zuwendung von 3 Millionen Kronen flüssig gemacht. Dabei sind die Bibliotheken eingeschlossen. Die Aufteilung der einzelnen Summen verfügten die akademischen Behörden. So hat die Universitätsbibliothek in Graz von den 250 000 Kronen, die der Universität Graz zufielen, durch den Akademischen Senat 50 000 Kronen zugewiesen erhalten. Eine Vermehrung ihrer Einnahmen haben die Universitätsbibliotheken vom S.-S. 1920 an auch dadurch erreicht, daß durch Vollzugsanweisung des Staatsrates für Inneres und Unterricht vom 21. Februar 1920 (Staatsgesetzblatt, 28. Stück [Nr] 71) der Bibliotheksbeitrag für österreichische Studierende von 1 Krone auf 5 Kronen, für alle anderen Studierenden von 2 Kronen auf 10 Kronen im Semester erhöht wurde. Durch die Erhöhung der Immatrikulationstaxe und der Inskriptionsgebühr ist der den Universitätsbibliotheken zufallende Anteil an diesen Gebühren ebenfalls gestiegen. Aber was will dies alles bedeuten gegenüber dem riesenhaften Aufsteigen der Bücherpreise. — Der Universitätsbibliothek in Wien ist die Literatur der Ohrenheilkunde umfassende Bibliothek des am 10. August 1920 verstorbenen Hofrates Prof. Dr. Adam Politzer zugefallen. — Zwischen der Hofbibliothek und der Universitätsbibliothek in Wien findet jetzt, wie die Neue freie Presse vom 20. Juli 1920 (Abendblatt) meldet, eine engere Fühlungnahme in der Bücheranschaffung und in anderen Bibliotheksangelegenheiten statt. [Vgl. nächstes Heft.] Gemäß § 15 des Gesetzes vom 18. Dezember 1919, der eine Vorrückung der Beamten in jene Rangklassen, deren Bezüge sie schon erreicht haben, vorsieht, hat mit Rechtswirksamkeit vom 1. Juli 1920 auch allgemein an den Staatsbibliotheken eine Vorrückung stattgefunden. — Das alte Oesterreich war auffallenderweise der Berner Uebereinkunft zum

Schutze von Werken der Literatur und Kunst nicht beigetreten. Aber schon während des Weltkrieges im März 1918 war der Beitritt in Erwägung gezogen worden. Doch konnte er erst im neuen Oesterreich nach Annahme des Gesetzes vom 13. Juli 1920 (Staatsgesetzblatt 1920, 96. Stück [Nr] 325) wirklich erfolgen, da durch ·Artikel 239 des Staatsvertrages von St. Germain vom 10. September 1919 Oesterreich dazu verhalten ·wird und daher auch einzelne Bestimmungen des Urheberrechtsgesetzes vom 26. Dezember 1895 geändert werden mußten.   F. E.

Nachtrag. Auf Grund eines Kabinettsratsbeschlusses führt die Hofbibliothek von nun an (August 1920) die Bezeichnung „Nationalbibliothek".

Neue Bücher und Aufsätze zum Bibliotheks- und Buchwesen.[1])
Zusammengestellt von Richard Meckelein.

Allgemeine Schriften.

*Handwerker, Otto. Buch und Bücherei. Ein Blick in die Geschichte des Buchs nnd anf seinen Weg. (Bücherei der Volkshochschule hrsg. v. R. Piloty Bd 1, Heft 7.) Würzburg: Kabitzsch & Mönnich 1920. 1 Bl., 85 S. 4 M.

The Library. IVth Series. Transactions of the Bibliographical Society. New Series. Vol. 1, No 1. June 1920. Publ. by Humphrey Milford, Oxford, Univ. Press. London, Edinburgh etc. 64 S.

Technischer Literaturkalender. 2. Ausg. 1920. München-Berlin: R. Oldenbourg. 441 S. 40 M.

Who's who in America; a biographical dictionary of notable living men and women of the United States, ed. by Albert Nelson Marquis. V. II 1920 —21. Chicago 1920: A. N. Marquis Co. 3302 S. 7,50 $.

Bibliothekswesen im allgemeinen.

Abrahamsen, Erik. Om Oprettelsen af et dansk Musikbibliotek. Bogens Verden 2. 1920. S. 122—127.

Das Auswahlverzeichnis. Ein Beitrag zur Frage der Sachkataloge der volkstümlichen Bücherei. Mitteilungen d. Deutschen Zentralstelle für volkstüml. Büchereiwesen, Leipzig 5. 1919. S. 50—61.

Wahrheit über Sowjetrußland. Das Bibliothekwesen. Das Forum 4. 1920. S. 651—653.

Bowker, R. R. Women in the library profession. The Library Journal 45. 1920. S. 545—549. 587—592 635—640. Mit 4, 5 u. 5 Abb.

Büchereigründungen und Büchereiberatung. Mitteilungen d. Deutschen Zentralstelle f. volkstüml. Büchereiwesen, Leipzig 5. 1919. S. 61—64.

⚬ Zur beruflichen Charakteristik des bibliothekarischen Personales in der volkstümlichen Bücherei. Mitteilungen d. Deutschen Zentralstelle für volkstüml. Büchereiwesen, Leipzig 5. 1919. S. 37—42.

Christiansen, C. P. O. Højskolen og Bøgerne. Bogens Verden 2. 1920. S. 103 - 110.

Dewey, Melvil. Libraries as book stores. The Library Journal 45. 1920. S. 493—494.

Doud, Marjory. The inarticulate library assistant. The Library Journal 45. 1920. S. 540—543.

Drury, Francis K. W. Publicity for College Libraries. The Library Journal 45. 1920. S. 487—490.

Die Erlebensnähe. Grundsätze der Auswahl der Bildungsmittel. Mitteilungen d. Dtsch. Zentralstelle f. volkstüml. Büchereiwesen, Leipzig 5. 1919. S. 42—50.

Erman, Wilhelm. Ziele und Aufgaben im Bibliothekswesen und in der Bibliographie. Deutsche Literaturzeitung 41. 1920. No 35/36. Sp. 545—550.

[1) Die an die Redaktion eingesandten Schriften sind mit * bezeichnet.

Frels, Wilh. Buchhändlerische Bibliographie und Zetteldrucke. Börsenbl.
f. d. Deutschen Buchh. 87. 1920. S. 865—870.
Graves, C. Edward. Exchange records for medium sized libraries. The
Library Journal 45. 1920. S. 495—497.
Hadley, Chalmers. The A. L. A. and the library worker. The Library
Journal 45. 1920. S. 535—540.
Hamilton, W. J. County Library Work in Indiana. The Library Journal 45.
1920. S. 343—346.
Howe, Harriet E. The Summer Library School as a factor in professional
education. The Library Journal 45. 1920. S. 583—587.
Hülle, H. Die Erschließung der chinesischen Bücherschätze der deutschen
Bibliotheken. Aus der Festschr. f. Friedr. Hirth (Ostasiat. Zeitschr. 8.
1920. Heft 1/4). S. 199—219.
Huxley, Florence A. A. L. A. Work on Ellis Island. The Library Journal 45.
1920. S. 350—352.
Hyde, Dorsey W. Business Libraries and Basic Service. The Library
Journal 45. 1920. S. 550—551.
Jacobson, Helja. En översikt av det norska barnbiblioteksarbetet. Biblio-
teksbladet 5. 1920. S. 59—62. Mit 2 Abb.
Jones, Caroline. A. L. A. Hospital [Library] Service in New York State.
The Library Journal 45. 1920. S. 491—493.
*Knudsen, Hans, u. Willy Pieth: Die Schulbibliothek. Anlage, Einrichtung
u. Verwaltung von Lehrer- u. Schülerbibliotheken. Berlin: Weidmann
1920. 40 S. 3,60 M.
Matthews, Borlase. The Technical Library. The Libr. Assoc. Record 22.
1920. S. 141—157.
Nelson, Axel. Statsbiblioteks förvärv av den inhemska bokproduktionen,
med särskild hänsyn till Sverige. Biblioteksbladet 5. 1920. S. 49—58.
Proposals for an improved technical library service. Publ. by the Library
Association. London [1920]: Cole & Co. 8 S. Mit 4 Abb.
Räuber, Fr. Zum viel- und weniggelesenen Buche. Blätter f. Volksbiblio-
theken N. F. 1. 1920. S. 162—166.
Ranck, Samuel H. The Library at a City Show. The Library Journal 45.
1920. S. 353—355.
Redway, Jacques W. The dust problem in Public Libraries. The Library
Journal 45. 1920. S. 347—349.
Simnett, W. E. Technical libraries and intelligence. The Libr. Assoc.
Record 22. 1920. S. 124—140.
Stackell, L. Några synpunkter och erfarenheter rörande fartygs-och manskaps-
bibliotek. Biblioteksbladet 5. 1920. S. 63—66.
Steenberg, Andr. Sch. Moderne Biblioteksbygninger. Bogens Verden 2.
1920. S. 111—119. Mit 5 Abb.
Stockmayer, K. v. Die Zukunft der deutschen Kriegssammlungen. Zentral-
blatt 37. 1920. S. 169—173.
New York State Library. Webster, Caroline. Buying list of books for
small libraries. 3 rd ed. Chicago 1920: A. L. A. 144 S. 25 c. (Biblio-
graphy bull. 65.)
Wieser, Max. Kommunale und persönliche Fürsorge im öffentlichen Bibliothekswesen. Blätter f. Volksbibliotheken N. F. 1. 1920. S. 167—169.
Witte, Erich. Die Erneuerung des Bestandes der Schülerbibliotheken. Die
Glocke 6. 1920. S. 446—448.
Wood, Harriet. The Public Library and the School Library — a joint
opportunity. The Library Journal 45. 1920. S. 631—634.

Einzelne Bibliotheken.

Berlin. Tautz, Kurt. Von einigen Beziehungen zwischen dem Grauen Kloster
und der Königlichen Bibliothek in älterer Zeit. Berlin 1920; H. Brücker.
4 S. Aus: Das Graue Kloster. Jg 2.

Berlin. Zuwachs der Bibliothek des Reichspatentamts Apr.—Juni 1920. 40 S.
— Benutzungsordnung für die Bibliothek, das Archiv und das Lesezimmer des Vereins f. d. Geschichte Berlins im Deutschen Dome, Gendarmenmarkt. Berlin 1919. 8 S.
Bern. Schweizerische Landesbibliothek. 19. Bericht 1919, erstattet von der Schweizerischen Bibliothekkommission. Bern: Tschannen & Züttel 1920. 16 S.
Bonn. Leyh, G. Ermans Geschichte der Bonner Universitätsbibliothek. Zentralblatt 37. 1920. S. 145—169.
Bremen. *Jahresbericht der Deputation für die Stadtbibliothek (f. d. Rechn.-J. 1919): (Bremen 1920). 4 S. 2º.
Dresden. *Zuwachs der Stadtbibliothek zu Dresden. 2. Vierteljahr 1920. 5 S. 2º autogr.
Düsseldorf. Landes- und Stadt-Bibliothek. 11. bis 15. Jahresbericht 1914/15 —1918/19. Düsseldorf: Landes- u. Stadt-Bibl. 1920. 6 S. 4º. S.-Abdr. aus d. Verw.-Ber. der St. Düsseldorf für 1. April 1914—31. März 1919.
Hannover. Hannoversche Geschichtsblätter Jg 23. 1920 Hft 1 enth. S. 1—13: O. Jürgens, Die Stadtbibliothek in neuerer Zeit; S. 14—37: F. Heiligenstaedt, Entwicklung d. Vereins f. Volksbüchereien zu Hannover; S. 38 —42: E. Hoppe, Der Arbeiter Bildungsarbeit.
Heidelberg. Sillib, Rud. David Hoeschels Beziehungen zur Heidelberger Palatina. Zentralblatt 37. 1920. S 174—178.
Leipzig. Frels, Wilhelm. Deutsche Bücherei und buchhändlerische Bibliographie. Börsenblatt f. d. Deutschen Buchhandel. 87. 1920. S. 771—773.
— — Die „Deutsche Bücherei" in Leipzig. Innen-Dekoration 30. 1919. S. 357—360. Mit zahlr. Abbild.
— Hofmann, Joh. Wie benutzt man die Leipziger Stadtbibliothek? Der Leipziger 2. 1920. S. 681—683. 2 Abb.
— *Städtische Bücherhallen. Bücherverzeichnis. Naturwissenschaften. 2. Aufl. Leipzig 1920: F. Dietrich. 148 S. Bücherverzeichnisse der Städt. Bücherhallen zu Leipzig No 1.
— — *Die Auswahl. Ein Bücherverzeichnis. Leipzig 1920: F. Dietrich. 64 S. Bücherverzeichnisse der Städt. Bücherhallen zu Leipzig No 2.
Lübeck. Pieth, Willy. Eine Lübeckische Landeswanderbücherei. Der Bibliothekar 12. 1920. S. 1302—1303. (Erw. Abdruck aus „Die Trese", Lübeck.)
Tepl. Nentwich, Milo. Auslese aus d 2. Teile der Handschriftensammlung des Stiftes Tepl. Stift Tepler Vierteljahrshefte Jg 1. 1920. S. 8—15.
*Wernigeröder Bibliotheken-Führer. Hrsg. vom Verein f. Kunst u. Wissenschaft. Wernigerode: P. Jüttner i. Komm. 1920. 16 S.

Barcelona. Catàleg de les publicacions periòdiques de la Biblioteca de Catalunya. Butlletí de la Biblioteca de Catalunya 2. 1915. S. 5—106.
— El donatiu de França a la Biblioteca de Catalunya. Butlletí de la Biblioteca de Catalunya 3. 1916. S. 5—27. Mit 1 Taf.
— Givanel i Mas, Ivàn. Les edicions gòtiques del Tirant lo Blanch en la Biblioteca de Catalunya. Butlletí de la Bibl. de Catalunya 3. 1916. S. 58—72.
— — La collecció cervantina de N'Isidre Bonsoms. Butlletí de la Biblioteca de Catalunya 2. 1915. S. 145—152.
— Olwer, Lluís Nicolau d'. Primer intent de Biblioteca Pública a Barcelona. Butlletí de la Bibl. de Catalunya 3. 1916. S. 90—92.
— Torrents, Massó J., i de Jordi Rubió Balaguer. Catàleg dels manuscrits de la Biblioteca de Catalunya (núms. 18—79). Butlletí de la Biblioteca de Catalunya 2. 1915. S. 107—113. 158—178. 3. 1916. S. 93—122. 4. 1917. S. 78—119. (Wird fortges.)
Boston. *68th Annual Report of the Trustees of the Public Library of the City of Boston. Boston 1920: The Trustees. 69 S.

Broby. Johnsson, Pehr. Ett skånskt församlingsbibliotek och dess ut-vecklingshistoria. (Broby sockenbibliotek.) Biblioteksbladet 5. 1920. S. 66—69.

Chicago. *The John Crerar Library. 25th annual Report f. the y. 1919. Chicago 1919. 55 S., 1 Taf.

Fonte Avellana. Vitaletti, Guido. Un inventario di codici del secolo XIII e le vicende della Biblioteca, dell' Archivio e del Tesoro di Fonte Avellana. La Bibliofilia 21. 1919/20. S. 291—338. Mit 18 Facs. [Forts.]

Kopenhagen. Katalog over Dansk og Norsk Litteratur. II. Faglitteratur. 40 Geografi, 50 Naturkundskab, 60 Praktiske Fag, 70 Kunst. København 1920: Kommunebiblioteker. 144 S. 0,50 Kr.

*Lunds Universitets Biblioteks Årsberättelse 1919. Ur Lunds Universitets Årsber. 1919/20. Lund 1920: H. Ohlsson. 26 S.

Northampton. 25th Annual Report of the Trustees of Forbes Library of the   of Northampton, Mass. for the year ending November 30, 1919. 60 Scity

Oberlin. *Annual Report of the Librarian of Oberlin College f. the year end. Aug. 31, 1919. Repr. fr. Oberlin College Ann. Reports f. 1918/19. Oberlin, Ohio. 1919. 17 S.

Paris. Catalogue général des livres imprimés de la Bibliothèque nationale. Auteurs. T. 71. Herla-Hildejbrand. Paris: Impr. nationale 1920. Sp. 1 —1286. Ministère de l'instr. publ. et des baux-arts.

— Omont, H. Les Bibliothèques de Paris, en 1721—1722, décrites par le Suédois George Wallin. Paris 1918: Ph. Renouard. Société de l'histoire de Paris. 13 S. Aus: Bulletin de la Soc. de l'hist. de Paris Bd 45 (1918).

Washington. U. S. Library of Congress. Division of Bibliography. List of references on the treaty-making power, comp. under the direction of Herman H. B. Meyer. Washington: Gov. Pr. Off. 1920. 219 S. 20 c.

Schriftwesen und Handschriftenkunde.

Beti, Manuel. Noticies de dos manuscrits de l'Arxiu de l'Arxiprestal de Morella. Butlletí de la Bibl. de Catalunya 4. 1917. S. 47—67.

*Blanco y Sánchez, R. Catálogo de Calígratos y grabadores de letra con notas bibliográficas de sus obras. Madrid 1920: Tip. de la Revista de Archivos, Bibl. y Mus. 81 S. 3 pes.

Burnam, John M. Palaeographia Iberica. Facsimilés de manuscrits espagnols et portugais (IXe — XVe siècles) avec notices et transcriptions. Fasc. 2. Abbeville: F. Paillart. Paris: H. Champion 1920. S. 81—155. Fol.

La Roncière, Charles de, et Paul M. Bondois. Catalogue des manuscrits de la collection des Mélanges de Colbert. T. 1. (No 1—343.) Abbeville: F. Paillart. Paris: E. Leroux 1920. XXII, 555 S.

Madan, Falconer. Books in manuscript: a short introduction to their study and use. London 1920: Kegan Paul. 217 S. 5 s.

Möller, G. Zur Datierung literarischer Handschriften aus der ersten Hälfte des Neuen Reichs. Zeitschr. f. Aegyptische Sprache u. Altertumskunde 56. 1920. S. 34—43. Mit 3 Taf.

Pujol i Tubau, Mn. Pere. De paleografia visigòtica a Catalunya: El-Còdex de l'Apocalipsi, de Beatus, de la catedral d'Urgell. Butlletí de la Bibl. de Catalunya 4. 1917. S. 6—27. Mit 4 Taf.

Rubió, Jordi. El Breviculum i les miniatures de la vida d'en Ramón Lull de la Biblioteca de Karlsruhe. Butlletí de la Bibl. de Catalunya 3. 1916. S. 73—88; Alós, Ramón d'. Addició a la nota sobre el Breviculum de Karlsruhe ibid. S. 89.

Sudhoff, Karl. Die Salernitaner Handschrift in Breslau. (Ein Corpus medicinae Salerni.) Archiv f. Geschichte d. Medizin 12. 1920. S. 101—148. Mit 1 Taf.

Buchgewerbe.

Albareda, Dom Anselmo. La imprenta de Montserrat (segles 15 e — 16 e). Monestir de Montserrat. 166 S. Mit zahlr. Taf. Aus: Analecta Montserratensia 2. 1918.

Bogeng, G. A. E. Betrachtungen zur Buchkunstbewegung der Gegenwart. I. Buchkunst und Liebhaberausgabe. II. Die englischen Pressen. III. Die französische Liebhaberausgabe. Der Kunstwanderer 1. 2. 1919. 1920. S. 98—102. 226—229. 248—253. 421—425. (Wird fortges.)

Hervorragende Bucheinbände des 14.—20. Jahrhunderts. Wichtige Werke zur Geschichte des Bucheinbandes. Frankfurter Bücherfreund 13. 1919/20. S. 353—468. (Mit zahlr. Tafeln.)

Garland, Herbert. An unrecorded specimen of Gutenberg printing (1450). The Bookman's Journal and Print Collector 2. 1920. S. 252 u. 4 S. Faks. (27 zeil. Donat.)

Husung, M. J. Zur Praxis und zur Psychologie der älteren Buchbinder. II. Der Rollenstempel. Zeitschr. f. Bücherfreunde N. F. 12. 1920/21. S. 78 —89. Mit 13 Bildern.

Kersten, Paul. Etwas über Bucheinbände. Die Bücherstube 1. 1920. S. 54 —57: Der Kunstwanderer 2. 1920. S. 207—208.

Koch, Rudolf. Ueber das Durchbilden einer Druckschrift. Das Plakat 11. 1920. S. 333—336. Mit 10 Bildern.

Macia, Josep Mª de. Un incunable catalá desconegut (Valencia, Palmart, 1487). Butlletí de la Biblioteca de Catalunya 2. 1915. S. 153—157. Mit 2 Facs.

Mas, Josep. Notes sobre estampers antics a Catalunya. Butlletí de la Bibl. de Catalunya 4. 1917. S. 37—46.

Schmidt, Adolf. Zwei Frankfurter Buchbinder des 16. Jahrhunderts. Frankfurter Bücherfreund 13. 1919/20. S. 345—352. (Mit 2 Taf. u. 2 Abb.)

Schottenloher, Karl. Orlando di Lasso und die Titelumrahmung „Patrocinium Musices". Die Bücherstube 1. 1920. S. 48—50. Mit 1 Abb.

Buchhandel.

Adreßbuch für den Buch-, Kunst-, Musikalienhandel und verwandte Geschäftszweige der Länder der ehemaligen österr.-ungar. Monarchie. Hrsg. v. d. Buchhandlung Moritz Perles. 53. Jahrg. 1919—1920. Wien: Perles. XVI, 288 S. 45 M.

American Book-prices current; a record of books, manuscripts and autographs sold at auction in New York, Boston and Philadelphia from September, 1918, to July, 1919, V. 25. New York 1919: Dutton. 16, 960 S. 4º. 20 $.

Conrad, Bruno. Die Bücherkrise in Frankreich und Deutschland. Deutsche Verlegerzeitung 1. 1920. S. 265—267.

Dietze, Walther. Die Preisbildung des deutschen Buchhandels im Lichte der Kriegswucherordnungen. Berlin: K. Siegismund 1920. 101 S. 6 M.

Frølund, Aleks. Dansk Boghandel og udenlandsk Literatur. Bogens Verden 2. 1920. S. 81—83.

Meiner, Felix. Warum sind die Bücher so teuer? 3 Aufsätze über Buchhandel, Bücherkäufer u. Verfasser. Leipzig: Dtsch. Verlegerver. 1920. 19 S.

Paschke, Max, und Philipp Rath. Lehrbuch des deutschen Buchhandels. 5. Aufl. Unveränderter Abdruck der 4. verm. u. verbesserten Auflage. 2 Bde. Leipzig: Börsenverein 1920. Je 20 M. Geschenk-Ausg. in 1 Bd 55 M.

Rath, Philipp. Vom Antiquariatshandel. II. Börsenbl. f. d. Deutschen Buchhandel 87. 1920. S. 605—607.

Fünfundzwanzig Jahre Verlag Martin Warneck in Berlin. 1. Febr. 1895 —1. Febr. 1920. Erinnerungsschrift und Verlagskatalog. 1920. 210 S.

Zeitungen und Zeitschriftenwesen.

Bose, P. N., and H. W. B. Moreno. A hundred years of the Bengali Press: being a history of the Bengali newspapers from their inception to the present day. Calcutta: Moreno 1920. 130 S.

Heerdegen, Ernst. Der Nachrichtendienst der Presse. Leipzig: E. Reinicke 1920. XI, 128 S. 8 M. Abhandlungen aus d. Institut f. Zeitungskunde an d. Universität Leipzig. Bd 1. H. 3.

Informator. Cennik ogłoszeń i prenumeraty wszystkich pism codziennych i tygodniowych wychodzących w Polsce. [Preisverzeichnis sämtlicher Tageszeitungen und Wochenschriften in Polen.] Kraków: W. Komperda 1919. 24 S. 2,40 Kr.

Körner, Fritz. Das Zeitungswesen in Weimar (1734—1849). Ein Beitrag zur Zeitungsgeschichte. Leipzig: E. Reinicke 1920. VII, 211 S. 12 M. Abhandlungen aus d. Institut f. Zeitungskunde an d. Universität Leipzig. Bd 1. H. 2.

American newspaper annual and directory, 1920; a catalog of American newspapers. Philadelphia: N. W. Ayer & Son 1920. 1328 S. 10 $.

Allgemeine und Nationalbibliographie.

The 27th annual meeting of the Bibliographical Society, held 19 January 1920. The Library IV, 1. 1920. S. 41—47.

Winship, G. P. Annual letter on bibliographical work in the United States. The Library IV, 1. 1920 S. 47—51.

Cuba. Trelles, Carlos M. Biblioteca Cientifica Cubana. Tomo 1. Matanzas: J. Oliver 1918. VII, 471 S.

Dänemark. *Dahl, Svend, og Th. Døssing. Dansk Tidsskrift-Index. Systematisk Fortegnelse over Indholdet af 200 danske Tidsskrifter. 4. Aarg. 1918. København: Lybecker 1920. XXXVIII, 347 S. 5 Kr.

Deutschland. Halbjahrsverzeichnis der im Deutschen Buchhandel erschienenen Bücher, Zeitschriften und Landkarten. Mit Voranzeigen von Neuigkeiten, Verlags- u. Preisänderungen. Nebst einem Register. 1919. 2. Halbjahr. 243. Forts. von Hinrichs' Halbjahrs-Katalog. 2 Tle. Leipzig: Börsenverein d. Deutschen Buchhändler 1920. III, 486. III, 122, 10 S. Hlwbd. 48 M.; in 1 Bd geh. 32 M.; Hlwbd. 43 M.

— Deutsches Bücherverzeichnis der Jahre 1911 bis 1914. Eine Zusammenstellung der im deutschen Buchhandel erschienenen Bücher, Zeitschriften und Landkarten. Mit einem Stich- u. Schlagwortregister. Bearb v. d. Bibliographischen Abteilung des Börsenvereins d. deutschen Buchhändler zu Leipzig. 22. 23. Lfg. (Stich- u. Schlagwortreg. S. 161—480.) Leipzig: Börsenverein 1920. Je 30 M.

— Schwab, Georg. Das Stich- und Schlagwortregister des Deutschen Bücherverzeichnisses 1911—1914. Eine kurze Einführung. Börsenbl. f. d. Deutschen Buchhandel 87. 1920. S. 813—814.

England. The English Catalogue of Books for 1919. London: Roy 1920. 259 S. 15 s.

Niederlande. Brinkman's Alphabetische lijst von boeken, landkaarten, en verder in den boekhandel voorkomende artikelen, die in het jaar 1919... uitgegeven of herdrukt zijn, benevens aanvullingen over voorafgaande jaren. Voorts een lijst der overgegane fondsartikelen, alsmede en wetenschappelijk reg. Jg 74. 1920. Leiden. 5 fl.

— *Nijhoff, Wouter. Nederlandsche Bibliographie von 1500 tot 1540. Met medeverking van M. E. Kronenberg. Afl. 6. 'sGravenhage: M. Nijhoff 1919./ S. 321—384. 3 fl.

Fachbibliographie.

Bibliothekswesen. Bettencourt Ataide, A. P. de. Bibliografia portuguesa da biblioteconomia e arquivologia. Subsidio para o estudo do nosso problema bibliotecário e arquivístico. Publicações da Bibl. Nacional 1 (1920). S. 58—81.

Erziehung. Pädagogischer Handkatalog und Ratgeber für 1920. Ein Handbuch f. d. täglichen Gebrauch der Jugenderzieher etc. Osterwieck: A. W. Zickfeld 1920. 155 S. 1,75 M.

— L'école chez soi. II. Catalogue des ouvrages de l'enseignement. Vannes: Lafolye fr. Paris: Ecole speciale des travaux publics 1920. XXII, 129 S.

Geschichte. Auslandsdeutschtum. Ein Wegweiser durch die über das Deutschtum im Ausland erschienenen Drucksachen. Hrsg. vom Verein für das Deutschtum im Ausland. (Burg b. M.: Hopfer 1920.) 38 S. 2 M.

— Griffin, Grace G. Writings on American History during the year 1917. Yale Univ. Press 1920. 197 S. 12/6 s.

— Holmberg, Arne. Finlands orostid 1917—18 i dess svenskspråkliga litteratur. Biblioteksbladet 5. 1920. S. 75—85.

Krieg. Lumbroso, Alberto. Bibliografia ragionata della guerra delle nazioni. Con una lettera di Antonio Salandra. Numeri 1—1000. (Scrittori anteriori al 1º marzo 1916.) Roma: Rivista di Roma 1920. 30 l.

Magie. Clarke, Sidney W., and A. Blind. The bibliography of conjuring and kindred deceptions. London 1920: G. Johnson. 84 S. 5 s.

Naturwissenschaften. Holmes, Arthur. The nomenclature of petrology with references to selected literature. London 1920: Murby. 284 S. 12 s. 6 d.

— Mullens, W. H., H. Kirke Swann, and F. C. R. Jourdain. A geographical bibliography of British' ornithology from the earliest times to the end ot 1918. Arranged under counties. P. 3. 4· London: Witherby 1920.

Sprachen und Literaturen. Cross, Tom Peete. A list of books and articles, chiefly bibliographical, designed to serve as an introduction to the Bibliography and methods of English literary history. Chicago 1919: Univ. of Chic. 8, 52 S. 75 c.

— Monti, Gennaro Maria. Bibliografia della laude. La Bibliofilía 21. 1919/20. S. 241—257. (Wird fortges.)

— Bourdillon, F. W. Some notes on two early romances — Huon de Bordeaux and Melusine. The Library IV, 1. 1920. S. 21—39.

— Dobell, Percy John. Books of the time of the Restoration, being a collection of plays, poems, and prose works ... by the contemporaries of John Dryden, described and annotated. London 1920: Dobell. 55 S. 6 d.

— English Association. A reference library: English language and literature. London 1920: Milford. 34 S. 2 s. 6 d.

— Müller, Hans von. Beiträge zur Bibliographie der deutschen Dichtung. Aus den Schätzen der Staatsbibliothek zu Berlin. IV. Zu den sog. Volksbüchern von Dr. Faust. Zeitschrift für Bücherfreunde. N. F. 12. 1920/21. S. 101—120. Mit 6 Bildern.

— Petsch, Robert. Das deutsche Drama des 19. Jahrhunderts (1917—1919). Zeitschr. f. Deutschkunde 34. 1920. S. 321—329.

— Sharp, R. Farquharson. Travesties of Shakespeare's plays. The Library IV, 1. 1920. S. 3—20.

Staatswissenschaften. Cannons, H. G. T. Bibliography of industrial efficiency and factory management (books, magazines, articles, etc.), with many annotations and indexes of authors and of subjects. London: Routledge 1920. 175 S. 10/6 s.

— Drahn, Ernst. Führer durch das Schrifttum des deutschen Sozialismus. 2. verm. u. verb. Aufl. Berlin: Verl. f. Sozialwissenschaft [1920]. 75 S. 4,25 M.

— Wehberg, Hans. Führer durch die Völkerbund-Literatur. München: Callwey 1920. 14 S. (Ratgeber-Schriften d. Dürerbundes. 3.)

Stenographie. Aliprandi, Giuseppe. Saggio di una Bibliografia Stenografica Italiana. (1863—1899.) La Bibliofilía 21. 1919/20. S. 338—355. (Wird fortges.)

Technik. Meyer, Herman H. B. List of references on shipping and shipbuilding. Washington 1920: Gov. Print. Off. 303 S. 40 c.

Technik. Pappafava, Vladimiro. Ricerche bibliografiche sull' aviazione. La Bibliofilia 21. 1919/20. S. 286—290.
— The Subject Index to Periodicals: special list on Fuel Technology. The Libr. Assoc. Record 22. 1920. S. 158—171.

Lokale Bibliographie.

Elsaß-Lothringen. Herr, Emil. Neuere Literatur über Elsaß-Lothringen. Mitteilungen aus d. historischen Literatur 47. (N. F. 7.) 1919. S. 129—136.

Personale Bibliographie.

Berger. Altmann, Wilhelm. Wilhelm Berger-Katalog. Vollst. Verzeichnis sämtl. im Druck ersch. Tonwerke u. Bearbeitungen W. Bergers. Leipzig: Hofmeister 1920. 47 S.
Caresmar. Alós, Ramón d'. Contribució a la bibliografia del P. Jaume Caresmar. Butlletí de la Bibl. de Catalunya 4. 1917. S. 28—36.
Cottenot. Titres et travaux scientifiques du docteur Paul Cottenot. Paris: R. Tancrède 1920. 46 S. u. Abb.
Dilbaum. Blümml, Emil Karl. Dilbaumiana Zeitschr. f. Bücherfreunde N. F. 12. 1920/21. S. 38—41.
Guilleminot. Titres et travaux scientifiques du docteur H. Guilleminot. Dijon: Darantière. Paris: Masson et Cie 1920. 104 S. u. Abb.
Jacobi. Kirfel, W[illibald]: Verzeichnis der bis zum 11. Februar 1920 erschienenen Schriften Hermann Jacobis. Bonn u. Leipzig: Schröder 1920. 19 S.
Jeanneney. Titres et travaux scientifiques de G. Jeanneney. Bordeaux: Gounouilhou 1920. 63 S.
Macquet. Titres et travaux scientifiques du docteur Pierre Macquet. Lille: Impr. centrale du Nord 1920. 44 S.
Marx. *Drahn, Ernst. Marx-Bibliographie. Ein Lebensbild Karl Marx' in biographisch-bibliograph. Daten. Charlottenburg: Dt. Verl. Ges. f. Politik 1920. 59 S.
Mawas. Titres et travaux scientifiques du docteur Jacques Mawas. Bordeaux: Gounouilhou 1920. 80 S.
Němcová. Záhor, Zdeněk. Soupis prací o životě a díle Boženy Němcové. [Verzeichnis der Arbeiten über Leben u. Werk der Božena Němcová.] Časopis Musea Kralovstvi Českého 1920. S. 45—52. (Wird fortges.)
Perdoux. Titres et travaux scientifiques du docteur Perdoux. Poitiers: Impr. du Courrier de la Vienne 1920. 12 S.
Rosenthal. Bibliographie der Schriften von Gottfried Erich Rosenthal (1767—1808). Festschrift zum 50jähr. Jubiläum des Nordhäuser Gesch.- u. Altert.-Ver. 1920. S. 185—200.
Whitman. Shay, Frank. The bibliography of Walt Whitman. New York: Friedmans' (1920). 46 S. 3 $.

Bibliophilie.

Alsleben, Andreas. Funde und Forschungen eines Bücherfreundes. I—IV. Zeitschr. f. Bücherfreunde N. F. 12. 1920/21. S. 42—48.
Bogeng, G. A. E. Die Hankey-Sammlung und einige ihrer Hauptstücke. Zeitschr. f. Bücherfreunde N. F. 12. 1920/21. S. 96—100.
Von Bücherschreibern und Büchern. Den Bücherfreunden dargeboten von der Verlagsbuchhandlung Herder & Co. zu Freiburg i. Br. 1920. 122 S.
De l'Église, F. Trois Ex-libris de A. Willette. Revue internationale de l'Ex-libris 1. 1917. S. 163—166. Mit 3 Abb.
Guthrie, James. Bookplates by Henry J. Stock. Kansas, Mo. 1920: A. Fowler 1920. Bookplate brochures series. 1 $.
Haarhaus, Julius R. Maculaturalia. Ein Märchen für Bücherfreunde. (Federzeichn. v. W. Heise.) München: H. v. Weber 1919. 72 S. Dreiangeldruck 14.

Hildebrandt, Günther. Berühmte Bibliophilen. Der Graf Hoym. Die Bücherstube 1. 1920. S. 50—53.

Jung, Emil. Neuere Exlibris. Gutenbergmuseum 6. 1920. S. 9—11. (Wird fortges.)

Klinckowstroem, Carl v. Bibliophiles aus Alt-München. 1. Carl Erenbert v. Moll als Sammler und Bibliophile. Der grundgescheute Antiquarius 1. 1920. S. 52—57.

Leidinger, Georg. Ein handschriftliches Exlibris Aventins. Die Bücher-stube 1. 1920. S. 44—47. Mit 2 Abb.

Maas, Max. Bibliophiles Allerlei aus England. Zeitschr. f. Bücherfreunde N. F. 12. 1920/21. S. 90—95

Otto, Georg. 10 ausgewählte Exlibris-Zeichnungen. Osterwick: C. Loeffel 1919. 10 Bl. mit IV S. Text. 4 M. (Exlibris-Kunst. V.)

Schmidt, Adolf. Die Bibliothek Moscheroschs und ihre Kataloge. Zeitschr. f. Bücherfreunde N. F. 12. 1920/21. S. 133—141. Mit 1 Taf.

Sparke, Archibald. The Bowyer Bitle: a monograph. Bolton: Libraries Committee 1920. 10 S. („Grangerisierte" Bibel in 45 Bänden.)

Stone, Wilbur M. Bookplates. 26 photogr. prints illustrating 181 bookplates by American, Austrian, Bohemian, Dutch, English, French, German, Hungarian, Italian and Swiss artists. New York: United Arts and Crafts 1920. 30 S. fol. 16 S.

Zeitschrift für Ex-Libris-Sammler. (Mitteilungen d Tausch-Gesellschaft.) Osterwieck: Loeffel. 1919 Nr 1—3. 9 Bl.; 1920 Nr 1. 2 Bl.

Antiquariatskataloge.

Blackwell, B. H., Oxford. Nr 170: Catalogue of Books in Greek and Latin Classical Literature. 1149 Nrn.

Cinquetti, G, Verona. Nr 2: Biblioteca Scelta Veronese. 212 Nrn.

Davis & Orioli, Florenz. Libri d'Arte. Stampe. Disegni. Letteratura-Teatro etc. 473 Nrn.

Gasca, C. Nr 14: Obras referentes a Aragon. — Nr 17: Obras Reliogiosas, Filisoficas, Theologicas, Morales y de Predicacion etc. — Nr 22: Geografia e Historia. — Nr 23: Agricultura general. Industrias agricolas.

Gilhofer & Ranschburg, Wien. Nr 133: Deutsche Geschichte, Genealogie und Heraldik aller Länder. 2660 Nrn. — Nr 134: Catalogue d'une Collection d'Estampes rares et précieuses du XVI. au XIX. Siècle. 723 Nrn. — Nr 135: Austriaca. 2360 Nrn. — Nr 136: Choix de livres anciens et modernes rares et précieux. 339 Nrn.

Gouchy, L., Paris. Nr 353: Catalogue Mensuel. 1154 Nrn.

Graupe, P., Berlin. Nr 93: Pergament-Manuskripte. Miniaturen u. Initialen des XII.—XVI. Jahrhunderts. Inkunabeln. Holzschnittwerke des XVI. Jahrhunderts. 167 Nrn.

Gsellius'sche Bh, Berlin. Nr 351: Auswahl neuer Erwerbungen aus allen Gebieten. 1124 Nrn.

Hiersemann, K. W., Leipzig. Nr 478: Kunst. 676 Nrn. — Nr 479: Belgien. — Nr 480: Spanien. Portugal. 976 Nrn. — Nr 481: Zeitschriften. Periodica. 898 Nrn.

Nijhoff, M., Haag. Nr 456: Livres Anciens et Modernes. 376 Nrn.

Posthumus, N., Haag. Nr 100: Guyane et les Antilles. Amérique Centrale et du Sud. Australie. 599 Nrn.

Rauthe, O., Berlin. Nr 83: Kulturgeschichtliche Bücher. 1441 Nrn. — Nr 84: Deutsche und fremdländische Literatur. 1470 Nrn. — Nr 85: Verschiedenes. 2200 Nrn.

Stargardt, J. A., Berlin. Nr 242: Bücher und Urkunden a. d. Gebieten der Familienkunde und Wappenwissenschaft. Kultur-, Sitten- und Zunftgeschichte. 823 Nrn.

A. Schumanns' Verlag, Leipzig. Nr 54: Seltene und wertvolle Bücher. 71 Nrn.

Bücherauktionen.

Aachen am 21.—23. Juli 1920: Bibliothek E. von der Nahmer, weil. Redakteur für Außenpolitik der „Kölnischen Zeitung". 906 Nrn. Bei A. Creutzer.

Berlin am 21. September 1920: Moderne Gemälde und Handzeichnungen. 45 Nrn. Bei K. E Henrici.

Leipzig am 22. u. 23. Juli 1920: Ausländische Literatur. (Englische Sprache u. Literatur in besond. Katalog.) 786 Nr. Bei Oswald Weigel.

Personalnachrichten.

Berlin SB. Die Oberbibliothekare Dir. Prof. Dr. Heinrich Meisner, Dir. Dr. Georg Valentin und Prof. Dr. Wilh. Seelmann traten am 1. Okt. in den Ruhestand. Zu Bibliothekaren wurden ernannt die ehemal. Bibliothekare an der KWB Posen Dr. Wilhelm Nickel und Dr. Herbert Oberländer, ferner die Hilfsbibliothekare Dr. Johannes Nobel, Dr. Walter Transfeldt, Dr. Rudolf Keydell, Dr. Joachim Kirchner und zum 1. Dez. Dr. Wilhelm Meckelein, dieser und Keydell unter Versetzung an Berlin UB. Zu Hilfsbibliothekaren wurden ernannt die Assistenten Dr. Adolf Jürgens und Dr. Heinrich Uhlendahl. Der Volontär Dr. Gustav Dierfeldt ist ausgeschieden.

— UB. Der Oberbibliothekar Dr. Karl Friese starb am 17. August in Bad Elster.

Bonn UB. Der Direktor Geh. Reg.-Rat Dr. Wilhelm Erman tritt am 1. Januar 1921 in den Ruhestand.

Breslau SUB. Der Oberbibliothekar Dr. Georg Leyh wurde zum Direktor an Halle UB, der Hilfsbibliothekar Dr. Karl Rother zum Bibliothekar ernannt.

Göttingen UB. Der Bibliothekar Dr. Emil Lutz trat am 1. Okt. in den Ruhestand. Zum Bibliothekar wurde ernannt der Hilfsbibliothekar Dr. Max Arnim, zu Hilfsbibliothekaren die Assistenten Dr. Adolf Meyer, Dr. Joh. Beinlich, Dr. Max Zobel v. Zabeltitz, letztere beiden unter Versetzung an Berlin SB.

Halle UB. Der Direktor Geh. Reg.-Rat Dr. Karl Gerhard trat am 1. Okt. in den Ruhestand.

Karlsruhe LB. Als freiwilliger wissenschaftlicher Hilfsarbeiter trat ein Dr. phil. Valentin Richard Knab, geb. 12. Febr. 1883 in Leibenstadt (Amt Adelsheim), studierte Germanistik, Musikwissenschaft und Philosophie.

Königsberg SUB. Der Direktor Geh. Reg.-Rat Dr. Alfred Schulze wurde in gleicher Eigenschaft an Marburg UB versetzt. Der Volontär Dr. Fritz Löwenthal wurde nach Göttingen überwiesen.

Leipzig BReichsger. Der Direktor Dr. Erich v. Rath wurde für 1. Jan. 1921 zum Direktor von Bonn UB ernannt.

Marburg UB. Der Direktor Geh. Reg-Rat Dr. Johannes Rödiger trat am 1. Okt. in den Ruhestand. Der Assistent bisher. Studienrat Dr. Josef Becker wurde zum Bibliothekar an Berlin SB und der Assistent Dr. Joris Vorstius zum Hilfsbibliothekar an Berlin SB ernannt.

Tübingen UB. Der Bibliothekar Dr. Karl Geiger ist in den Ruhestand getreten; sein Nachfolger ist der bisher. Bibliothekar Prof. Dr. Karl Bohnenberger; der provisor. Bibliothekar Prof. Hermann Banzhaf und der provisor. Hilfsbibliothekar Paul Gehring wurden endgültig ernannt.

Wien, UB. Den Titel eines Regierungsrates erhielten Oberbibliothekar Dr. Alfred Schnerich, Vizedirektor Professor Dr. Rudolf Wolkan, Oberbibliothekar Dr. Karl Kauknsch.

— BTH. Der Oberbibliothekar Dr. Anton Schubert wurde zum Direktor ernannt.

Luxemburg Reg.-B. Der Vorstand Tony Ginsbach wurde zum Großherzogl. Regierungs- und Staatsrats-Bibliothekar ernannt.

Verlag von Otto Harrassowitz, Leipzig. — Druck von Karras, Kröber & Nietschmann in Halle (Saale).

Zentralblatt

für

Bibliothekswesen.

XXXVII. Jahrgang.   11. u. 12. Heft.   Nov.-Dez. 1920.

Zur Aufnahme juristischer Schriftentitel und zur Einordnung von Universitätsschriften.

I. Für die Aufnahme juristischer Schriftentitel gibt es in den preußischen Instruktionen von 1899/1908 eine Reihe von verstreuten Sonderbestimmungen, deren Zusammenstellung vielleicht in mancher Hinsicht nützlich ist: 1. Laut § 23 Nr 1 d gehören volkstümlich belehrende Schriften juristischen Inhalts zur sog. Nebenserie, d. h. es sind bei ihrer Aufnahme die im § 23 einzeln aufgeführten Vereinfachungen gestattet, z. B. daß Nebentitel nicht berücksichtigt werden. 2. Nach § 40 werden sachlich oder örtlich begrenzte Sammlungen von Gesetzen, Verordnungen und Materialien zu Gesetzen unter den Herausgeber gestellt, z. B. Sammlung der Gesetze zum Schutze des literarischartistischen Eigenthums hrsg. von Eisenlohr. Anläßlich einiger praktischer Fälle weise ich darauf hin, daß der Begriff Sammlung hier leicht zu weit gefaßt wird. Ein Titel wie „Die Prozeßordnungen und die Gerichtsverfassung für das Deutsche Reich. Mit Erläuterungen aus den Materialien der Gesetze von M. Delius" (1879) darf nicht als Sammlung im Sinne des § 40 aufgefaßt werden, denn es sind nur 2 Prozeßordnungen, die Zivil- und die Strafprozeßordnung, damit gemeint. Ebensowenig liegt eine Sammlung im Sinne des § 40 vor bei der Herausgabe eines Gesetzes „mit Ergänzungsgesetzen". 3. Gemäß § 58 werden Gesetze, Patente, Abschiede, Bullen, Hirtenbriefe und andere amtliche Veröffentlichungen unter den Urheber gestellt, wenn er im Titel genannt ist, z. B. Peinliche Gerichtsordnung Kaiser Karls V. 4. § 202 besagt: Unberücksichtigt bleiben ... 4. Datierungen bei Gesetzen, Verhandlungen u. dgl., falls das Gesetz, die Verhandlung usw. nicht nur durch die Datierung, sondern auch durch eine sachliche Angabe näher bestimmt ist, z. B. Gesetz vom 28. Juli 1906 betreffend die [2]Unterhaltung der öffentlichen [3]Volksschulen. Gegenbeispiel: Das Gesetz vom [35]. [2]Februar 1875. 5. Bei Gesetzen und anderen amtlichen Veröffentlichungen ist laut § 217 der amtliche Originaltitel auch dann maßgebend, wenn die betreffende Veröffentlichung unter anderem Titel der Aufnahme zugrunde liegt, z. B. das „Gesetz betreffend die Beurkundung des Personenstandes und die Eheschließung" erscheint unter Titeln wie Personenstandsgesetz, Reichszivilstandsgesetz, Reichszivilehegesetz, Reichsgesetz betr. usw.

.II. Unter den Beispielen, die folgenden Paragraphen der Instruktionen beigefügt sind, finden sich juristische Schriften: 47, 127, 136, 200, 212, 213.

III. Unter den in Anlage 1 zu den Instruktionen aufgeführten Beispielen betreffen folgende Nummern juristische Werke: 23, 52, 55,66, 91.

IV. Hinsichtlich der Einordnung von Rechtsquellen (Gesetzesausgaben u. dgl.) unter dem Sachtitel oder aber unter dem Herausgeber, Bearbeiter, Kommentator (Erläuterer) oder Zusammensteller schwankt die praktische Handhabung auch bei Anwendung der preußischen Instruktionen. § 30 lautet: „Maßgebend für die Einordnung der Schriften ist der Name des Verfassers; wenn dieser weder genannt noch ermittelt ist, der Sachtitel." § 31: „Die an der Abfassung der Schrift in zweiter Linie beteiligten Personen wie Herausgeber, Bearbeiter, Uebersetzer usw. erhalten nur eine Verweisung, sofern dies überhaupt nötig ist (§ 20)." In diesem § 20 heißt .es: „Verwiesen wird stets a) von Herausgebern, Bearbeitern, Mitarbeitern, Kommentatoren, Uebersetzern solcher Schriften, deren Verfasser im Titel nicht genannt ist." Vorweg sei bemerkt, daß kein Zweifel darüber bestehen kann, daß Werke, die sich z. B. „Kommentar zum Bürgerlichen Gesetzbuch von Otto Warneyer" (1919) nennen, unter dem Namen Warneyer als dem des Verfassers einzuordnen sind, falls aber solche Werke von mehr als 3 Verfassern herrühren, als Sammelwerk gemäß § 8 Nr 4 unter dem Sachtitel, während zugleich der 1. Verfasser (Mitarbeiter) oder, wenn außer den Verfassern noch Herausgeber des Ganzen genannt sind, nur diese und zwar nur die beiden ersten gemäß § 65 einen Verweis erhalten. In allen diesen Fällen würde es ganz gleichgültig sein, ob der Gesetzestext in irgend einer Form im Werke mitenthalten wäre. Ist er mitenthalten, was ja meist der Fall ist, so muß das Werk — außer wenn es ein Sammelwerk ist — zweifellos trotzdem unter den Kommentator gestellt werden, weil die Arbeit des letzteren „im Titel als die Hauptsache hervortritt", wie es in dem ausdrücklich geregelten, analogen Falle des § 42 der Instruktionen heißt.

Zweifel entstehen nun in den vielen Fällen, in denen die Arbeit des Kommentators usw. nicht „im Titel als die Hauptsache hervortritt". Aus den oben dem Wortlaut nach angegebenen §§ 30, 31 und 20 dürfte zu entnehmen sein, daß einfache sowie erläuterte oder sonst qualifizierte Ausgaben von Gesetzen u. dgl., deren Urheber im Titel nicht genannt sind, unter den Sachtitel zu stellen sind außer in den Fällen der §§ 36 ff., die insbesondere Chrestomathien usw. sowie sachlich oder örtlich begrenzte Sammlungen betreffen.

Für diese Einordnung unter dem Sachtitel seien folgende Beispiele aus den Berliner Titeldrucken angeführt: „Das Gesetz über die Fürsorgeerziehung Minderjähriger vom 2. Juli 1900 nebst ... Erl. von O[tto] Nölle. 1901." (Titeldr. O2. 979.) „Die Mieter-Schutzverordnung. (Bekanntmachung zum Schutze ...) Mit Einl., Erl. und Anh. verf. von Hugo Rohde. 1917." (Titeldr. A 18. 355.) „Handausgabe des Bürgerlichen Gesetzbuchs. Auf Grund von J. v. Staudingers Kommentar bearbeitet von F. Keidel. 1912." (Titeldr. A 12. 12 733.) In den letzten Jahren findet sich in den Titeldrucken jedoch eine Reihe von Beispielen, welche die Einordnung unter dem Namen des Erläuterers oder Bearbeiters zeigen. Hier einige Proben: „Das Wohnungsgesetz vom 28. März 1918 und das Bürgschaftssicherungsgesetz vom 10. April 1918 nebst Ausführungsbestimmungen und den ergänzenden Gesetzen. Für den praktischen Gebrauch erläutert von Friedrich Wickert ... Mit Einführung, Erl. sowie e. ausführl. Sachreg. 1918." (Titeldr. A 18. 8998.) „Wohnungsgesetz u. Bürgschaftssicherungsgesetz mit Einführung u. Anm. von B. Schmittmann-Köln. 1918. (Guttentagsche Sammlung preuß. Gesetze Nr 55)." (Titeldr. A 18. 10 254.) „Die Ersatzmittelverordnung vom 7. März 1918 nebst den Ausführungsbestimmungen. Erl. von S. Jaffa. 1918." (Titeldr. A 18. 10 789.) „Die Strafprozeß-Ordnung vom 23. Mai 1873 samt allen ergänzenden u. erl. Gesetzen u. Verordnungen unter Anführung einschläg. Entscheidungen ... 13, neu rev. u. umgearb. Aufl. bearb. von Alexander Löffler ... (Abt. 1. 2.) 1914. (Manzsche Taschenausgabe d. österr. Gesetze. Bd 5, Abt. 1. 2.)" (Titeldr. A 18. 10 259.)

Bei diesen Beispielen ist es ausgeschlossen, daß man den Namen des Erläuterers bzw. Bearbeiters etwa auf Grund des § 40 als Herausgebers einer Sammlung zum Ordnungswort gemacht hat oder etwa deshalb, weil Text und Erläuterung zusammenhängend nach einander statt paragraphenweise oder in Form von Text und Anmerkungen gedruckt sind, was übrigens auch früher nie zu einer verschiedenen Wahl des Ordnungsworts Anlaß gegeben hat, soweit ich sehe. Daß aber etwa die Arbeit des Erläuterers oder Bearbeiters „im Titel als die Hauptsache hervortritt" (§ 42), kann ich auch nicht zugeben und so möchte ich diese Werke unter dem Sachtitel einordnen und zwar, wie ich meine, in Uebereinstimmung mit den preußischen Instruktionen

Es erhebt sich hier jedoch die Frage, ob eine derartige Einordnung den heutigen Bedürfnissen und Anschauungen entspricht und ob nicht eine Abänderung der bisherigen Handhabung gewissermaßen durch eine vigens ecclesiae disciplina als nötig und berechtigt erscheint. Sehen wir uns mal nach der Einordnungsweise außerhalb der Berliner Titeldrucke um:

„Die Bibliographien helfen sich in Grenzfällen der vorliegenden Art meist", wie Frels (Beihefte zum Zbl. f. Bw. 47: Die bibliothekarische Titelaufnahme in Deutschland, S. 33) sagt, „durch Zurückgreifen auf den Inhalt des Buches selbst" und dasselbe tun „fast alle Instruktionen" für alphabetische Kataloge, indem sie m. E. zu unrecht „bibliographisch-juristische", also inhaltliche Gesichtspunkte an einer Stelle entscheidend sein lassen, an der nur formale und praktische Gesichtspunkte maßgeblich sein dürfen. In Bibliographien und Instruktionen findet sich die Neigung, die Kommentatoren (Erläuterer) und Zusammensteller als Ordnungswort zu wählen; einfache oder nur mit einem Sachregister versehene Ausgaben einzelner Gesetze u. dgl. stehen dagegen auch dann nicht unter dem Herausgeber verzeichnet, wenn dieser als eine

Person (nicht als Firma, Behörde usw.) auf dem Titelblatt vermerkt
ist. Die Benutzer der alphabetischen Bibliothekskataloge haben, wie
auch Frels (S. 34) sagt, „eine ausgesprochene Vorliebe für den Personennamen als Ordnungswort" und zwar weil das Behalten und das
Auffinden des Sachtitels schwieriger ist. Die Besteller insgesamt be-
vorzugen den Personennamen, sofern sie nicht eine beliebige, sondern
eine bestimmte Ausgabe wünschen; denn der Personenname ist es
eigentlich, welcher der Gesetzesausgabe, sei es auch nur durch die
Ausstattung, erst einen individuellen Charakter gibt und so die betreffende bibliographische Einheit zu einem nicht fungiblen Gegenstand
macht. Frels macht daher a. a. O. den Vorschlag, den Begriff Verfasser in seinem Leitsatz 1 („Werke mit im Titel genanntem Verfasser
sind unter den Verfasser zu stellen") etwa folgendermaßen zu bestimmen: „Als Verfasser hat zu gelten, der der Titelfassung nach für
den ganzen, den größeren oder auch nur einen irgendwie wesentlichen
Teil des Buchinhaltes verantwortlich zeichnet. In Fällen, welche
keinen Maßstab zur Beurteilung des Umfangs der Verantwortlichkeit
bieten, ist der Personenname als Ordnungswort zu wählen, sofern nicht
Anordnung und Druck des Titels dieser Entscheidung unmittelbar
widerraten." Ich bin nicht dafür, den Neigungen der Besteller in
dieser Weise entgegenzukommen, weder betreffs des Erläuterers usw.,
noch — in weiterem Ausmaße — betreffs des Herausgebers einzelner
Gesetze u. dgl. Uebt man aber überhaupt ein solches Entgegenkommen,
so stimme ich allerdings dafür, es in dem weiteren Ausmaße zu tun
und, um die von Frels gebrauchten Beispiele zu benutzen, das „Handels-
gesetzbuch für das deutsche Reich vom 10. Mai 1897 mit einem ausführlichen Sachregister versehen von Richard Behrend" unter Behrend
einzuordnen, ebenso die „Königl. sächs. revidierte Städteordnung . . .
vom 4. April 1873 hrsg. von H. A. von Bosse" unter Bosse. Sowohl
dies zu tun als auch Titel wie „Reichsgesetz über die Beurkundung
des Personenstandes erläutert von Joh. Käubler" unter Käubler einzuordnen möchte ich jedoch aus folgenden Erwägungen ablehnen:
Stellt der Erläuterer usw. das erläuterte Werk im Buchtitel voran,
schreibt er also: „Das BGB., erläutert von Warneyer" und nicht
„Kommentar zum BGB. von Warneyer", so stellt er damit als das
Wesentliche an dem Buche hin, daß es eine neue, erläuterte Ausgabe
des BGB. ist, und nicht, daß gerade er in dem Buche Erläuterungen
gibt. Letzteres dagegen stellt der Erläuterer dann als das Wesentliche hin, wenn er schreibt: „Kommentar zum BGB. von Warneyer."
Ich meine, die Anordnung des Titels „Das BGB., erläutert von Warneyer"
widerrate unmittelbar, den Titel unter Warneyer einzuordnen. Man
käme sonst ja dahin, daß die meisten vorhandenen Einzelausgaben
einer alten Rechtsquelle sowohl als auch eines modernen Gesetzes
unter den verschiedenen Erläuterern, Herausgebern usw. als Ordnungsworten ständen. Zumal betreffs alter Rechtsquellen, bei denen es
beispielsweise heißt „cum annotamentis J. Limnaei", wird auch vielen
Benutzern eine Einordnung unter dem Erläuterer usw. als sehr un-

angemessen erscheinen. So lange die Arbeit des Erläuterers usw. nicht im Titel als die Hauptsache hervortritt, soll man sie m. E. nicht als die Hauptsache behandeln. Eine derartige Verfahrensart erscheint auch durchaus als praktisch sofern man, wie es nach den preußischen Instruktionen auch zu geschehen hat, von dem Erläuterer usw. einen Verweisungszettel schreibt.

V. Da weit mehr als die Hälfte der vor 1500 als Handschriften, seit 1500 meist als Drucke erschienenen Universitätsschriften früherer Jahrhunderte juristischen Inhalt haben,[1]) darf ich mich hier noch etwas über die Titelaufnahme der Universitätsschriften verbreiten. Ueber die Einordnung unter Präses oder Autor geben die preußischen Instruktionen die unten noch zu erwähnenden bekannten Vorschriften der §§ 52 ff. Bei einer großen Reihe älterer Universitätsschriften kommt jedoch der § 24 ohne Hinzuziehung der §§ 52 ff. zur Anwendung und es bedarf zu einer richtigen und schnellen Einordnung besonderer Kenntnisse, wie sie z. B. niedergelegt sind in Ewald Horns Schrift „Die Disputationen und Promotionen an den deutschen Universitäten vornehmlich seit dem 16. Jahrh. (= Beiheft 11 zum Zbl. f. Bw. 1893). Folgendes Beispiel für eine besonders falsche Einordnung: Noch 1748 war es vielfach üblich, daß eine disputatio oder dissertatio über ein bestimmtes Thema („materia disputandi") nur mündlich erfolgte und daß der Dekan zu ihr durch eine Druckschrift einlud, welche eine Abhandlung des Dekans über irgend einen anderen Gegenstand enthielt. So gibt es z. B. eine Schrift mit folgendem sogenanntem[2]) Titelblatt: Ordinis juridici in academia Christian-Albertina pro-decanus . . . Dorn . . . juris canonici . . . professor ordinarius, dissertationem inauguralem . . . Petri Holtzmanni . . . de pactis dotalibus . . . pro licentia summos in jure adipiscendi honores die XXX. Mart. anno MDCCXLVIII in auditorio maiori solenniter habendam, praevia decenti invitatione indicit, in veritatem paroemiae Stadt-Recht bricht Land-Recht: Land-Recht bricht Gemeine Rechte inquirens. Kilonii, litteris Gottfr. Bartschii". Offenbar weil auf dem Titelblatt die Worte „pactis dotalibus" bei weitem am größten gedruckt sind, hatte man an einer großen Bibliothek vor Jahrzehnten die Schrift unter Dorn, (de) pactis dotalibus alphabetisch eingeordnet, obwohl von den 16 Quartseiten die ersten 14 der Abhandlung Dorns über „Stadt-Recht bricht Land-Recht" usw. gewidmet sind und lediglich — wie damals üblich — die letzten beiden Seiten den Lebenslauf und die Einladung enthalten. Bei einer Aufnahme nach den preußischen Instruktionen würde mit diesem als akademische Gelegenheitsschrift im Sinne des § 24 zu bezeichnenden Druck nach § 24, I a (und dem Beispiel 70) zu verfahren sein.

Laschitzer[3]) meint, die §§ 52 ff. der Instruktionen, betreffend die verschiedene Behandlung der Dissertationen, je nachdem sie vor oder

---

1) Vgl. z. B. Köhler in „Neuer Anzeiger f. Bibliogr. u. Bibliothekwiss., Jg 47, S. 232.
2) S. Horn a. a. O., S. 71.
3) In „Mitteilungen des österreich. Vereins f. Bibl.", Jg 4, Nr 2, Beilage, S. 17.

nach 1800[1]) gedruckt sind oder je nachdem sie von der einen oder
anderen Universität stammen, liefen der ersten Forderung, das ist der
„Einheitlichkeit und Einfachheit" zuwider. In der Tat muß nach § 54
z. B. die Tübinger Dissertation aus dem Jahre 1872 „Ueber die Staß-
furter Kaliindustrie. Inauguraldissertation zur Erlangung der Doktor-
würde in den Naturwissenschaften unter dem Präsidium von Dr. F.
Hoppe-Seyler, o. ö. Professor ... vorgelegt von Theodor Becker ..."
unter den Präses gestellt werden und nicht unter den Verfasser Becker.
Frels (S. 36) ist der Ansicht, daß dem Gebrauch der Benutzer am
weitesten entgegenkommen würde „die Vorschrift, Dissertationen vor
1800 unter den Namen des als Autor Bezeichneten, fehlt eine solche
Kenntlichmachung, unter den Namen des Präses zu stellen". Diese
Regel stimmt überein mit Dziatzkos Instruktion für die Ordnung der
Titel im alphabet. Zettelkatalog der Kgl. und Universitätsbibliothek zu
Breslau (1886) S. 14, ferner mit Roquettes Vorschlag (Zbl. f. Bw. Jg 4,
341) und mit der von Eichler in Sammlung bibliothekswiss. Arbeiten,
Heft 10, S. 25, Anm. 5 zitierten Literatur. Die nach §§ 52 ff. den
preußischen Instruktionen eingerichteten Kataloge können schon wegen
der dadurch entstehenden Kosten nicht in obigem Sinne geändert werden.
Aber davon abgesehen scheint mir das Frelssche Einordnungsprinzip
zweckmäßiger zu sein, weil es die nominelle Urheberschaft[2]) in erster
Linie maßgebend sein läßt, worauf es doch in bibliotheklicher Hinsicht
vor allem ankommen dürfte. Denn: quisquis praesumitur bonus; wer
als auctor bezeichnet ist, soll als solcher behandelt werden mindestens
bis zum Beweise des Gegenteils. Zwar ist es notorisch, daß in den
vorliegenden Fällen manchmal der als auctor Genannte nicht der
Verfasser ist. Aber einmal kommt die Bezeichnung auctor überhaupt
nur verhältnismäßig selten vor, zum andern ist der Nachweis der Un-
richtigkeit im einzelnen Falle sehr selten zu führen.

Im Interesse der meines Wissens noch an so mancher Bibliothek
in größerem Umfang vorzunehmenden Verzettelung alter Universitätsschriften sind hier vielleicht noch folgende Bemerkungen gestattet:
Anstelle der Dissertationen gab es ursprünglich Disputier-Programme
als Plakate in Foliogröße, danach in Form von Heften, die kurze
Streitsätze enthielten, welche den Gegenstand der Disputation bilden
sollten. Allmählich veränderte und vermehrte sich der Inhalt: Hinter
dem sog. Titelblatt, das in Wahrheit meist als „öffentliche Bekanntmachung einer bevorstehenden akademischen Disputation" zu betrachten
ist (vgl. Horn, S. 84 ff.), steht oft eine Widmung, dann der Text, anfänglich nur aus einer Reihe von Thesen, bisweilen mit Anmerkungen,
bestehend, später erst in Form einer „Dissertatio oder Commentatio,

---

1) Ueber diese Cäsur gerade beim Jahre 1800 vgl. Horn, S. 72.
2) Köhler (a. a. O. S 238) meint, mit auctor sei teilweise lediglich der
bezeichnet, der den Präses veranlaßt habe, die Dissertation zu schreiben
(auctor sc. scribendi im Gegensatz zum auctor-scriptor). Diese Ansicht
Köhlers ist von der späteren Literatur einstimmig abgelehnt und scheint mir
nicht hinreichend begründet.

eines Discursus oder Tractatus". Hinter dem Text findet man später
Corollaria oder Superpondia, auch Mantissa genannt, „Zutaten", d. s.
Streitsätze für die mündliche Disputation. Vielfach rühren nur sie
vom Respondenten her. Als Schluß trifft man oft „Zuschriften des
Präses, der Professoren, der Freunde und Tischgenossen teils in Prosa,
teils als carmina gratulatoria" mit der stillschweigenden Fiktion glück-
lich verlaufener Disputation. (Horn, S. 84 ff.) Der Name der Universität ist vielfach als nomen proprium angegeben. Eine Tabelle
derselben steht im Anhang zu Horns genannter Schrift sowie im
Eichlerschen Nachtrag dazu (Zbl. f. Bw. Jg. 14, 182). Fehlt der Uni-
versitätsname und der Druckort, so kann man beides oft entnehmen
aus dem Namen des Druckers (s. den Hornschen Anhang) oder des
Präses oder Respondenten (auch Defendent genannt) (s. Horn, S. 83).
Disputiert wurde nicht nur pro gradu, sondern auch jussu parentum
als testimonium diligentiae oder specimen eruditionis. Ferner gab es
Abgangsdisputationen, sog. Valedictorien, weiterhin pro completione,
d. h. Probedisputation als Vorbedingung der späteren Inauguraldisputa-
tion. Die Dozenten ihrerseits waren vielfach verpflichtet, eine bestimmte
Anzahl Disputationen abzuhalten. Letztere lagen also bisweilen im
Interesse des Dozenten, bisweilen in dem des Studenten. Manchmal
wurde auch entweder auf den Präses (d. h. auf den leitenden Dozenten)
oder auf den Respondenten (der meist ein Student war) verzichtet und
auf dem Titelblatt erscheint nur ein einziger Name. Insbesondere gibt
es viele juristische Dissertationen ohne Präses seit 1600.

Wer im einzelnen Falle die schriftliche Dissertation (= Disputation)
verfaßt hat, läßt sich nicht immer sagen. Wenn überhaupt ein Autor
genannt ist, so ist nur in seltenen Fällen der Respondent als solcher
bezeichnet. Nach Köhler (a. a. O. S. 225 ff.) ist bei allen öffentlichen
(„publicae") Disputationsschriften (auch Promotionsschriften) der Respondent,[1] bei den privaten („privatae") der Präses als Verfasser anzusehen, dagegen nach Kaufmann (Zbl. f. Bw. Jg 11, S. 224) und Horn
(a. a. O. S. 60) bei allen meist der Präses. Dafür daß Präsiden in der
Zahl nach nennenswerten Fällen die unrechtmäßige Bezeichnung eines
Respondenten als auctor zuließen, liegt m. E. kein hinreichender Beweis
vor. Thomasius, der von Roquette (Zbl. f. Bw. Jg 4, S. 336) in diesem
Sinne angeführt wird, mag im Aerger über einzelne Fälle zu sehr
verallgemeinert haben. Der literarische Brauch früherer Jahrhunderte
war allerdings stets, den Präses zu zitieren.[2] Andererseits wurde in
Bibliothekskatalogen auch vielfach in der Frelsschen Weise eingeordnet.[3]

---

1) Laut einer Schätzung Roquettes (Zbl. f. Bw. Jg 4, 336) würden demnach in den Bibliothekskatalogen etwa 100 000 vergessene Doktoren von
Rechts wegen ihre literarische Auferstehung feiern müssen. — S. auch hierfür
d. vor. Anm.

2) So auch bei Zedler, Jöcher, Witte (Diarium biograph., 1688).

3) Nach Petzholdts Angabe in seinem Katechismus der Bibliothekenlehre,
3. Aufl., 1877, S. 188 bestand damals in den meisten Bibliotheken derselbe
Brauch wie ihn Frels vorschlägt.

Die akademischen Disputationen sind nach Horn (S. 9) zu unter-scheiden in: 1. publicae a) ordinariae b) extraordinariae, 2. circulares, 3. privatae. Kaufmann und Eichler haben sich (im Zbl. f. Bw. Jg 11, 215 ff. bzw. Jg 14, 181) gegen eine solche Unterscheidungsweise aus-gesprochen, weil diese Begriffe (oben 1—3) zu den verschiedenen Zeiten und an den verschiedenen Universitäten durchaus geschwankt hätten. Nach meinem Eindruck ist in der Tat aus diesem Grunde eine solche Einteilung mißlich, aber sie gibt immerhin wenigstens eine ungefähre Vorstellung, zumal die Art der Disputation vielfach durch solche Wendungen wie publice auf dem Titelblatt oder sonstwo be-zeichnet ist. Zu den publicae ordinariae waren die Dozenten häufig verpflichtet. Die publicae extraordinariae hingen meist „vom Belieben des Präses ab" (Horn S. 9), der übrigens nicht selten überhaupt nur in dieser Form, einer Vorstufe zu den heutigen Zeitschriftenabhandlungen,[1]) schriftstellerte.[2]) Die circulares waren vielfach öffentliche Uebungen eines geschlossenen Kreises von Studenten unter einem Dozenten als Präses (s. Horn S. 9). Die privatae endlich wurden in Privaträumen abgehalten und zwar unter dem Präsidium eines dafür meist besonders honorierten Dozenten.

Kam eine disputatio oder dissertatio in zweiter, oft ohne Wissen der Verfasser veranstalteter Auflage heraus, so erschien sie meist unter dem Namen des Präses oder in dessen Sammlung von Dissertationen („collegium" oder dgl.), die von ihm oder seinen Respondenten stammen und statt disputatio oder dissertatio oder dgl.[3]) nunmehr discursus oder tractatus . . . überschrieben sind.

Zahlreiche und zwar gerade juristische Inauguraldisputationen gibt es endlich noch von den doctores bullati oder Caesareo-Palatini, welche von Pfalzgrafen oder österreichischen Erzherzogen ernannt wurden auf Grund Privilegs des Kaisers, der damit einem Bedürfnisse der Schüler akademischer Gymnasien entgegenkam, welche letzteren überall, z. B. in Hamburg und Frankfurt a. M., ohne Promotionsprivileg, bestanden.[4])

Hamburg, Stadtbibl.   Dr. jur. Labes.

Wünsche an die Kommission
für den Gesamtkatalog der Wiegendrucke.

Aus der Einleitung zu „Nachträge zu Hains Repertorium Biblio-graphicum", das von der Kommission als Probe des Gesamtkatalogs,

---

1) Vgl. Stintzing, Geschichte der deutschen Rechtswissenschaft I, 152.
2) Eine Zusammenstellung von Bezeichnungen, die statt „sub praesidio" und damit mehr oder weniger gleichbedeutend auf den Titelblättern vieler Disputationen (Dissertationen) stehen, s. bei Köhler a. a. O. S. 243.
3) Eine Zusammenstellung von Bezeichnungen, die statt disputatio oder dissertatio vielfach auf den Titelblättern oder deren Rückseiten gebraucht werden, s. bei Köhler a. a. O. S. 232.
4) Vgl. Horn, S. 105 u. die dort angegebene Literatur.

jenes in Vorbereitung befindlichen entscheidenden Werkes für die Inkunabelforschung, im Jahre 1910 herausgegeben wurde, zitiere ich den Satz:

„Leider hat sich kein Weg finden lassen, in entsprechender Weise die Bedeutung der Wiegendrucke für die Kunstgeschichte zum Ausdruck zu bringen; doch darf die Kommission wohl hoffen, daß der in Vorbereitung befindliche Band von Schreibers Manuel einigermaßen die Lücke ausfüllen wird, deren Beseitigung der Stand der Forschung ihr zu ihrem lebhaften Bedauern nicht ermöglicht hat."

Inzwischen konnte die Kommission durch den „Probedruck des Gesamtkatalogs der Wiegendrucke", der 1914 erschienen ist, ein deutlicheres Bild ihres Vorhabens vermitteln und in der ersten umfangreichen Veröffentlichung den „Einblattdrucken des XV. Jahrhunderts, Halle 1914" sogar die endgültige Form eines Teils ihres Unternehmens der Oeffentlichkeit unterbreiten. In den einleitenden Texten dieser Veröffentlichungen ist nicht mehr die Rede von der Verarbeitung des Bilderschmucks der Inkunabeln. Dieser ist mit der knappen Konstatierung „Ein Holzschnitt" behandelt, in den Tabellen des Drucker-Index sind die Holzschnitte über 10 hinaus nicht gezählt, es findet sich dafür die Angabe „zhl." = zahlreich. Würde man sich in einem Nachschlagewerk solchen Umfanges, wie es der Gesamtkatalog darstellen wird, mit diesen knappen Angaben begnügen können — allerdings sollte unbedingt neben den Zitaten typographischer Art Schreibers Nummer Platz finden (Schreibers Manuel de l'Amateur de la Gravure sur Bois et sur Metal au XVᵉ siècle Band 5 erschien 1910/11) —, so kann man sich mit den Angaben der Ausschmückung der Einblattdrucke nicht zufrieden geben. Denn hier handelt es sich um zumeist erstmalige Beschreibung einer wichtigen, etwa 1600 Drucke des 15. Jahrhunderts umfassenden Sammlung von Einzelblättern, die — meist Unica — in den Bibliotheken von ganz Europa zerstreut sind. Seltsamerweise ist auch hier Schreiber, der jedes Blatt mit Holzschnitt, das ihm zu Gesicht kam, gewissenhaft und höchst brauchbar beschrieben hat, nicht zitiert. Eine Angabe „Ein Holzschnitt", „Eine Leiste" usw. ist hier durchaus ungenügend. Oft — beispielsweise bei den Almanachen[1]) — würde ein Hinweis auf dieselbe Fassung in einem früheren oder späteren Fall (z. B. Holzschnitt Einblatt Kat. 134 = Einblatt Kat. 132) schon Erleichterung beim Gebrauch des Kataloges bieten. Eine knappe Beschreibung der noch nicht 700 Holzschnitte (dabei sind viele Wiederholungen und Kopien) hätte diesen Band nicht sehr beschwert und ihn weit nützlicher gemacht.

Die Verzeichnisse der Kommission werden für lange Zeit die Grundlage jeder Forschung auf diesem Gebiete bilden und statt der vielerlei Zitierungen von Panzer an bis zum letzten Katalog des Britischen

---

1) Die Trennung in anonyme unter „Almanach" und Aufführung einzelner unter dem zufällig bekannten Autornamen ist unübersichtlich, eine Zusammenstellung dieser beiden Kategorien, gewissermaßen als Nachtrag zu den Haebler-Heitzschen Hundert Kalender-Inkunabeln, wäre wertvoll.

Museums wird allein die Nummer des Gesamtkatalogs gelten. So ist die besondere Berücksichtigung der literarhistorischen Seite der Frühdrucke nicht genug zu begrüßen. Die kunstgeschichtliche Verarbeitung der Holzschnitte ist jedoch entschieden nicht auf der Höhe der modernen Forschung, die die Kommission anstrebt. Die wissenschaftliche Vervollkommnung der Kataloge würde durch Beiziehung der Holzschnittforschung nur gewinnen können.

Wenn beispielsweise im Probedruck der Günther Zainersche Aesop (Hain 331) mit den zweifellos Ulmer Holzschnitten „um 1471" angesetzt wird (die zeitlichen Ansetzungen undatierter Drucke stimmen in Text und Drucker-Index nicht ganz überein, dieser Aesop ist im Drucker-Index (1472) angegeben), so ist das nach unwidersprochenen Ergebnissen der kunstgeschichtlichen Forschung unmöglich. Die Ulmer Holzschnitte zum Aesop, deren Entwicklung ganz klar liegt (vgl. E. Rosenthal, Zu den Anfängen der Ulmer Buchillustration, Monatshefte für Kunstwissenschaft 1913. S. 185 ff.), sind um 1477 entstanden. Die Augsburger Ausgabe ist also in die letzte Druckzeit Günther Zainers zu legen.

Besonders in jenen Fällen, da die Typen wandern, kann die Holzschnittuntersuchung den Ausschlag geben. So möchte ich beispielsweise „Unser l. Frauen Rosenkranz" (Weller 171. Schreiber 4056) und „Fünf andächtige Gesätz" (Einblatt Katalog 665), die als Drucke des Joh. Schobser um 1500 angesprochen werden, als Ulmer Drucke und als etwas früher ansprechen, denn die Holzschnitte dieser beiden Drucke rühren von einem Holzschneider her, der seit Anfang der neunziger Jahre in Ulm nachweisbar ist.

Zusammenfassen lassen sich die Wünsche an die Kommission darin, möglichst für die ferneren Arbeiten — und der Stand der Drucklegung des großen Gesamtkatalogs wird dies vielleicht noch zulassen — kunsthistorische Mitarbeiter heranzuziehen, zum mindesten die bisherigen Ergebnisse der kunstgeschichtlichen Forschung zu berücksichtigen (und besonders Schreiber zu zitieren).[1] Denn eine exakte Inkunabelkunde wird an der kunsthistorischen Forschungsarbeit auf dem Gebiet der Graphik nicht vorbeigehen können.[2]

---

[1] Auch eine Rubrik für die Hainschen Nummern im Druckerindex erscheint nützlich.

[2] Ein groß angelegtes Unternehmen — herausgegeben vom Leiter des Deutschen Museums für Buch und Schrift in Leipzig, Prof. Schramm —, das sich zur Aufgabe setzt, die gesamte Illustration der „Frühdrucke" (wohl gleich Wiegendrucke) in Reproduktion zu erfassen, erscheint eben heftweise unter dem Titel: „Der Bilderschmuck der Frühdrucke". Es liegt Heft 2: „Die Drucke von Günther Zainer in Augsburg" mit über 700 Abbildungen vor. Seltsamerweise ist auch hier Schreiber übergangen worden. Auch hier zum Schaden, denn in der sonst vollständigen Materialwiedergabe fehlen die etwa 100 Holzschnitte des Columna, Historie von Troja (Hain *5512· 5513; Schreiber 4133. 4132). (Ich verweise auf meine eingehende Besprechung dieser wichtigen und ausgezeichnet angelegten Publikation im nächsten Band der Monatshefte für Kunstwissenschaft.)

München.   Ernst Weil.

Der Lastanosa-Katalog.

I.

Paul Högberg hat vor kurzem mit rühmenswertem Fleiße und eindringlicher Sachkenntnis ein Verzeichnis der wichtigsten, auf schwedischen Bibliotheken vorhandenen spanischen und auf Spanien bezüglichen lateinischen Handschriften aufgestellt.[1]) Unter den 27 von ihm näher beschriebenen Codices tragen 17, nämlich 14 der Königlichen Bibliothek zu Stockholm, 2 der Universitätsbibliothek zu Upsala und 1 der Gymnasialbibliothek zu Västerås, die Herkunftsbezeichnung „Sparwenfeldt", das heißt sie stammen aus dem Nachlaß des im Jahr 1727 verstorbenen schwedischen Bibliophilen, Sprachforschers und Diplomaten Johann Gabriel Sparwenfeldt, der in den achtziger Jahren des 17. Jahrhunderts von seiner Regierung auf eine Forschungsreise nach Denkmälern und Dokumenten gotischer Herkunft gesandt worden war und in Spanien, wohin ihn seine Mission naturgemäß führen mußte, die Gelegenheit benutzt hatte, um sich neben seinen amtlichen Pflichten auch privatim nach Büchern und Handschriften umzutun. Mit zu den wertvollsten Nummern der in schwedischen Staatsbesitz übergegangenen Sparwenfeldtschen Sammlung zählt der von Högberg an achter Stelle besprochene Katalog der Bibliothek Lastanosa. Ein günstiger Zufall fügt es, daß sich das Dunkel, das nicht nur über dieser eigenartigen Sammlung, sondern auch über Leben und Wirken des seltenen Mannes, der sie gründete und zeitlebens mit ebensoviel Stolz als Liebe hegte und pflegte, gelegen war, fast gleichzeitig von verschiedenen Seiten her zu lichten beginnt. Högberg hat leider die Hs. nur ganz kurz und nebenbei behandelt[2]) und versäumt, sie in das rechte Milieu zu stellen, d. h. auf die Bedeutung hinzuweisen, die ihr in dem bis jetzt zu Tage geförderten biographischen und sonstigen Material über den für die Geistesgeschichte seines Zeitalters so bedeutungsvollen Mann zukommt. Es erscheint angebracht, das Versäumte nachzuholen, und, wenn auch in aller Kürze, die nötigen Zusammenhänge herzustellen.

---

1) Manuscrits espagnols dans les bibliothèques suédoises. Revue hispanique Bd 36 (1916) S. 377—474.
2) Er beschreibt die Hs. wie folgt: Catálogo de los libros D. Vincencio Joan Lastanosa. Por orden de alfabeto. F. 1—127 in-4°. Le ms coté dans le catalogue de la Bibl. Royale de Stockholm „Sparwenfeldt No 10" est relié en parchemin, écrit sur papier, quelques initiales artistement dessinées, çà et là des additions d'une autre main, orné sur une des premières pages des armes de Lastanosa et sur une sorte d'exlibris en papier ces mots imprimés: De la Bibliotheca de Vincensio de Lastanosa, Cauallero Infançon, Ciudadano de Huesca y Señor de Figaruelas. Fol. 1—85: Catálogo de los libros. 96—99: Memoria de las cartas geographicas que tiene en su poder Vincencio Joan de Lastanosa etc. 100: Instrumentos mathematicos. 101—104: Medallas y Monedas y otras antiguedades que tiene etc. 105—106: Manuscritos y otros papeles curiosos. Les pages suivantes contiennent les listes chronologiques des imprimés hollandais, français et italiens qui se trouvaient dans la bibliothèque de Lastanosa et des additions.

Vincencio Juan de Lastanosa (1607—1684) war der Stolz und die
Zierde seiner Vaterstadt Huesca. In mehreren hohen Verwaltungs-
ämtern derselben mit opferfreudiger Hingabe tätig, erwarb er sich
durch Stiftungen um die Ausschmückung und Vollendung der Kathedrale
große Verdienste. Sein eigentliches Lebenswerk aber erwuchs ihm in
der Sammlung von Büchern, Kunstgegenständen und archäologischen
Schätzen, die zusammen mit seinen herrlichen Gärten den Ruhm des
aragonesischen Städtchens bis nach Frankreich und Italien trugen, und
das Ziel kunst- und schönheitsfroher Besucher aus den höchsten Ständen
waren. Als Mittelpunkt eines Literaten- und Freundeskreises aber,
dem auch Baltasar Gracián angehörte, kommt ihm und in erster Linie
seiner Bibliothek eine Bedeutung für die Geistesgeschichte dieser Epoche
zu, die erst in jüngster Zeit richtig erkannt worden ist.[1]) Lastanosa
versorgte den großen Jesuiten mit Büchern, prüfte und begutachtete
seine Schriften im Manuskript, und ließ eine Reihe seiner Werke-
drucken, unter anderen den „Heroe" von 1637, den „Discreto" von
1645, das „Oraculo manual" von 1647, die „Agudeza y arte de
ingenio" von 1649. Aus seiner eigenen Feder aber stammten eine
(ungedruckt gebliebene) spanische Uebersetzung des „Tyrocinium
chymicum" des Franzosen Jean Beguin,[2]) ferner zwei heute zu Raritäten gewordene Traktate über spanische Münzkunde,[3]) und einige zum
Teil noch nicht veröffentlichte deskriptive Werke über seine Sammlungen.

Unter den letztgenannten Schriften ist zuvörderst eine Beschreibung
seines Palastes in Huesca von Interesse, deren auf der Madrider
Nationalbibliothek noch vorhandenes Fragment auch einige Einzelheiten
über die Büchersammlung enthält, und damit eine willkommene Ergänzung zu dem von Högberg angezeigten Kataloge bildet. Die Bibliothek war im zweiten Stockwerk des Palastes untergebracht, wo sie
fünf Säle einnahm. In 80 Schränken waren hier die zahlreichen Bände
geborgen, und zwar seltsamerweise nicht offen, sondern in verschließ-
baren Fächern, damit sie in zwiefacher Sorgfalt einmal vor dem Ver-
stauben, dann aber auch vor den Händen gewinnsüchtiger Liebhaber
geschützt wären.[4]) Genau 6698 Bände standen nach dieser aus dem

---

1) Es ist dies das Verdienst von Adolphe Coster, der in seinem aus-
gezeichneten Werke über Gracián, Revue hispanique 29 (1913) als erster den
sympathischen Mäzen und Sammler in seinem Einfluß auf Gracián gebührend
gewürdigt hat.

2) Ueber die französische Bearbeitung des ursprünglich lateinisch ab-
gefaßten chemischen Werkes von Beguin vgl. man Graesses Lehrbuch einer
allgemeinen Literärgeschichte Bd 5, S. 1053, Anm. 27.

3) Museo de las medallas desconocidas españolas, Huesca 1645. Tratado
de la moneda iaqvesa y de otras de oro y plata del reyno de Aragon,
Zaragoza 1681. Das erstere Werk soll nach Brunet III, 24 ein Bildnis des
Verfassers enthalten, das indes außer Brunet noch niemand gesehen hat. In
Ticknors Exemplar (Whitney, Catalogue S. 449) findet es sich nicht vor; auch
Arco (Bolet. LVI, 508) zieht seine Existenz in Zweifel. Ein feines Porträt
Lastanosas enthält dagegen Bd 7 der Revista de Archivos.

4) Cerrados con llaue porque esten los libros guardados del polvo, y de
algunos curiosos que los quieren sin gastar las sumas que me han costado.

Jahre 1639 stammenden Beschreibung in den Schränken, und zwar „los mas de folio patente, enquadernacion de Paris, de todas facultades, y historicos, en latin, castellano, frances, italiano, y griego", dabei zahlreiche Handschriften in ebendenselben Sprachen und obendrein „doctissimos, noticiosos, antiquissimos, y pasmosos". Die Beschreibung (wenn auch nicht das Hs.-Fragment selbst) stammt, der Ichform nach zu urteilen, von Lastanosa. Eine spätere Ergänzung zu ihr bildete offenbar der Katalog der Sammlungen, von dem uns eine Kopie durch Sparwenfeldt erhalten blieb.

Lastanosa hatte, wie aus einem an ihn gerichteten und jüngst auch gedruckten[1]) Briefe des Grafen von Guimerá hervorgeht, zu Beginn des Jahres 1635 einen Index seiner Sammlungen ausgearbeitet und ein hs. Exemplar davon dem genannten Grafen zum Geschenk gemacht. Es heißt in diesem Briefe unter anderem: „He recibido el libro del indice de sus antiguedades de Vm. con el que me he holgado mucho, y he visto por mayor la buena disposicion en que está, y para en caso que Vm. quisiese ejecutar el intento de darlo a la estampa, que tiene su consideracion, me ha parecido advertirle que los indices de la memoria de las cartas geograficas no guardan el estilo de indice, porque no esta letra ante letra. De medallas o monedas tiene lo mismo, porque va invertido el orden. ... En los mss hallo lo mismo: que pues Vm. es tan amigo de tener las cosas en perfeccion, me ha parecido, segun nuestra amistad, prevenirselo." Diese Zeilen mit Guimerás Besserungsvorschlägen dürften die Beantwortung der Frage bedeutend erleichtern, ob der Sparwenfeldt-Kodex eine Kopie des von Lastanosa eigenhändig angelegten Kataloges seiner Sammlungen ist, oder ob wir es mit einem selbständigen Index späterer und fremder Hand zu tun haben. Ergänzendes Material bietet sodann ein Exzerpt, den Felix de Latassa im Jahre 1769 aus einem im Privatbesitz des Don Josef Monge in Zaragoza befindlichen Exemplar eines solchen Kataloges machte und in seine (hs. auf der Provinzialbibliothek zu Huesca vorhandenen) „Memorias literarias de Aragón" aufnahm.[2]) Ferner wird Lastanosas eigene aus dem Jahre 1662 stammende und in dem Schriftchen „Narracion de lo que le pasó ... con un religioso docto y grave" enthaltene Liste seines Bücherbesitzes zur Kritik und Vervollständigung des Sparwenfeldt-Kodex herangezogen werden können. Und schließlich muß sich in diesem Sinne auch ein

---

1) Revista de Historia y Genealogía española, Jahrg. 1913, S. 300.
2) Nach Latassa enthielt die Sammlung auch einige Wiegendrucke. Högberg sagt (S. 421 oben), er finde im Sparwenfeld-Kodex unter anderem auch zwei Inkunabeln verzeichnet, von denen nur eine bei Haebler erwähnt sei: Coronica de los reyes de Aragon de F. Gauberte Fabricio, Zaragoza ano 1499, und Coronica de los reyes de España de mossen Diego de Valera, Salamanca 1493. Das stimmt insofern nicht ganz, als Haebler tatsächlich beide Werke ausführlich beschreibt, das erstere unter Nr 653, das zweite unter Nr 658. Bei Latassa ist überdies von Valera auch der Druck von Salamanca 1499 (Haebler Nr 661) als in der Lastanosabibliothek vorhanden bezeichnet.

1681 gedruckter Brief des Don Vincencio de Vidania verwerten lassen,
von dem es bei Ricardo del Arco heißt: „habla en 57 numeros o
apartados de la biblioteca y del museo de aquel patricio con alguna
otra memoria literaria."
     Ueber die schließlichen Schicksale der Bibliothek sind bis jetzt
nur vereinzelte und sehr fragmentarische Notizen an den Tag gekommen. Ramón de Huesca erzählt im „Teatro histórico de las iglesias
del reyno de Aragón" (Bd 7, S. 54), daß zu seiner Zeit (um 1797),
das Kloster de la Merced in Huesca den größeren Teil der Kostbarkeiten des Lastanosa-Museums besessen habe, und zwar aus der Hand
des Don Josef Cabrero, an den die Schätze im Laufe der Zeit übergegangen waren. Ob die Büchersammlung dabei mit inbegriffen war,
ist nicht ersichtlich. Anscheinend war es nicht der Fall, sonst würde
nicht Ricardo del Arco zu der (leider ohne jede Quellenangabe ge-
brachten) Feststellung kommen, die Bibliothek sei in den Besitz der
Familie Ladron de Cegama in Pamplona gelangt, mit der das Haus
Lastanosa in späteren Geschlechtern in verwandtschaftliche Beziehungen
getreten war.
     Dreifach ist die literarhistorische Bedeutung des Stockholmer
Sparwenfeldt-Kodex. Einmal ist es von großem Werte, den Bestand
einer Büchersammlung kennen zu lernen, die einem Manne wie Baltasar
Gracián und einem ausgewählten Kreise von Gelehrten und Schön-
geistern wie Ximénez de Urrea, Manuel de Salinas, Andrés de Uztarroz
und ihren Freunden und Korrespondenten als gern benutzte Arbeitsstätte gedient hat. Dann aber besitzt dieser Lastanosa-Katalog noch
ein besonderes Gewicht für die spanische Bibliotheksgeschichte überhaupt; denn wir sind über die Zusammensetzung spanischer Privat-
büchereien des 17. Jahrhunderts, also des goldenen Zeitalters spanischen
Schrifttums, der Aera eines Cervantes und Calderon, soviel wie gar
nicht unterrichtet, und ein einziger gedruckter Katalog[1]) gibt uns bis
heute ein halbwegs zuverlässiges Bild, wie solche Sammlungen aus-
gesehen haben konnten. Zum dritten gewinnt der Lastanosa-Katalog
noch einen unschätzbaren praktischen Wert als bibliographisches Sammelwerk, wenn man bedenkt, daß er (nach Högbergs Schätzung) eine
nahezu vollständige Liste der spanischen Drucke des 16. Jahrhunderts
darstellt. Was das heißt, wissen nur jene, die den mühevollen Weg
bibliographischer Forschung über diese Periode spanischen Schrifttums
auf längere oder kürzere Strecken zu gehen schon genötigt waren.
Högberg möge deshalb auf das dringendste dazu eingeladen sein, uns
diesen Lastanosa-Katalog in entsprechender Bearbeitung zugänglich zu
machen, und damit die Zahl unserer Hilfsmittel für die Erforschung
der spanischen Geistesgeschichte des 17. Jahrhunderts um ein schätz-
bares Quellen- und Nachschlagewerk zu vermehren.

---

     1) J. Maldonado y Pardo, Museo o Biblioteca selecta de el Excmo. Señor
Don Pedro Nuñez de Guzmán, marqués de Montealegre y de Quintana, conde
de Villaumbrosa. Madrid, Julian Paredes, 1677, fol.

II.

Im Nachstehenden gebe ich in Form einer kleinen Lastanosa-Bibliographie den Nachweis der wichtigsten Quellen und Abhandlungen, die für eine Biographie des gelehrten Sammlers im allgemeinen und für die Herausgabe seines Bibliothekskataloges im besonderen in Betracht kommen.

a) Quellenwerke.

1. Fragment einer Beschreibung des Lastanosa-Palastes in Huesca, aus dem Jahre 1639. Hs. 18 727/45 der Madrider Nationalbibliothek, gedruckt in Revue hispanique Bd 26 (1912) S. 566—610.

2. Andrés de Uztarroz, Descripcion de las antiguedades y jardines de D. Vincencio Juan de Lastanosa. Zaragoza 1647. Neudruck in Revista de Archivos Bd 6 (1876) S. 213 ff. In Versen!

3. Idem opus in Prosa. Hs. der Madrider Nationalbibliothek. Kopie davon in den hs. Memorias literarias de Aragon von Felix de Latassa I, 131—170. Gedruckt in Boletin de la R. Acad. de la Hist. Bd 56 (1910) S. 389—419.

4. Narracion de lo que le pasó a D. Vinc. Juan de Lastanosa a 15 de octubre del ano 1662 con un religioso docto y grabe. Hs. 18 727/55 der Madrider Nationalbibliothek. Teilweise gedruckt in Bol. de la R. Acad. de la Hist. Bd 56, S. 420. Von Lastanosa selbst stammende Beschreibung seiner Bibliothek unter der Fiktion eines Gespräches mit einem ihn besuchenden Mönche.

5. Carta de D. Diego Vincensio de Vidania a Lastanosa, Huesca 1681, 4º.

6. Vincencio Antonio de Lastanosa, Habitacion de las Musas, recreo de los doctos, asilo de los virtuosos. Hs. im Besitze de Sr. Sancho Rayón, gedruckt in Revista de Archivos Bd 7 (1877) S. 29—31. Kurze Biographie des Vinc. Juan de Lastanosa mit besonderer Erwähnung seiner Beziehungen zu Gracián.

7. Catálogo de la Biblioteca de Lastanosa. Hs. noch im Jahre 1769 im Besitz von D. José Monge in Zaragoza. Exzerpte daraus in den hs. Memorias von Latassa.

b) Abhandlungen.

8. Hermengildo de Lastanosa, Resumen de los Autores impressos y manuscritos que hablan de su padre. Hs. in-4º angeführt von Latassa, Bibl. nueva III, 571.

9. Latassa, Felix de, Biblioteca nueva de los escritores aragoneses, Bd 3 (1799) S. 610—616: Vinc. Juan de Lastanosa. Biographie mit Aufzählung seiner Werke nebst zahlreichen Zitaten aus der älteren Literatur über Lastanosa.

10. Ricardo del Arco, D. Vinc. Juan de Lastanosa. Apuntes bio-bibliográficos. In Boletin de la R. Academia de la Historia Bd 56 (1910) S. 301—337; 387—427; 506—526.

11. Idem, Noticias inéditas acerca de la famosa biblioteca de ··· Lastanosa. Ibid. Bd 65 (1914) S. 316—342.

12. Adolphe Coster, Antiquaires d'autrefois. In Revue des Pyrénées
Bd 23 (1911).
13. Idem, Baltasar Gracián. In Revue hispanique Bd 29 (1913)
S. 347—752. Vgl. S. 748 des Index sub V. J. de Lastanosa.
14. Paul Högberg, Mss. espagnols etc. (bereits eingangs genau zitiert).

München, 25. August 1920.   Ludwig Pfandl.

***

Eine historisch-politische Zeitschrift vor 200 Jahren.

Unter dem Titel „Curieuses Bücher-Cabinet oder Nachricht von
historischen Staats- und galanten Sachen" wurde 1711 angeblich in
Cöln a. Rh. und Frankfurt a. M. in kl.-8⁰ eine historisch-politische Zeitschrift begründet. Die Vorrede, Cöln im Februar 1711, gibt als Zweck
des neuen Unternehmens an, Auszüge aus größeren Werken zu bringen,
für Leser, die nicht Zeit haben, diese umfassenderen Schriften selbst
zur Hand zu nehmen. Herausgeber und Verleger nennen sich nicht,
doch erfahren wir aus einer späteren Erklärung der Schriftleitung
(1714 vor „Eingang" 24), daß ein Licentiat Wilhelm Türck in Halle[1])
den ersten, 4 biographische Artikel enthaltenden „Eingang" (so werden
die einzelnen Hefte bezeichnet) herausgegeben (oder verfaßt) habe:
sie behandeln Prinz Eugen von Savoyen, Papst Sixtus V., König Karl III.
von Spanien und die Geschichte des Prinzen Kouchimen (Anagramm
für Menchikow nach einer französischen Schrift: Le prince Kouchimen,
histoire Tartare). Vom 3. Eingang an steht auf dem Titelblatt: eröffnet
von Antonio Paullini, vom 4. an: zu finden in der Rengerischen Buchhandlung, deren Sitz, Halle a. S., wird aber nicht angegeben, nur
Bücheranzeigen „zu finden in der Rengerischen Buchhandlung in Halle"
hinter den Nummern 5, 8, 14, 16, 19, 22, 24, 25, 29, 33, 37, 38,
39 und 48 lassen den Wohnort des Verlegers erkennen. Die Rengersche
Buchhandlung in Halle war 1696 in den Besitz dieses Mannes gelangt
und blieb in demselben bis zu dessen Tode 1718.[2]) Antonio Paullini
ist nach Dreyhaupt, Beschreibung des Saalkreises II 709, 710, der
Jurist und Historiker Johann Jakob Schmauß (1690—1757), der damals
in Halle „etliche Jahre collegia las".[3]) Er leitete die Zeitschrift bis
Herbst 1714. Durchschnittlich 6 Hefte wurden zu Bänden mit einem
alphabetischen Sachregister aber ohne Bandtitel vereinigt. Mitten im
5. Bande 1714 wechselt mit dem „Autore" der Verleger[4]) und Titel,
jetzt heißt die Zeitschrift: Curieuses Bücher- und Staats-Cabinet, er-

---

1) Ich finde ihn weder bei Dreyhaupt, noch bei Hertzberg oder Schrader;
nur Kawerau, Aus Halles Literaturleben II 45 erwähnt und rühmt ihn als
Herausgeber der neuen Bibliothek.
2) Dre haupt II 55, Hertzberg III 113.
3) Dreyhaupt II 709, Hertzberg und Schrader erwähnen ihn nicht.
4) Nach dem Meßkatalog von Herbst 1714 war derselbe Christoph Bachmeyer, Cöln u. Frankfurt a/M.

scheint ohne Ort, anscheinend zunächst bei Friedrich Groschuff in Leipzig,[1]) dessen Bücheranzeigen Nr 24 und 25 beigegeben sind, doch findet sich in 25 schon wieder eine Anzeige Rengers,[2]) die dann von 29 an allein weiter geht. Der 23. Eingang ist der letzte von Schmauß herrührende, vor 24 hat der (neue) Verleger in einer Vorrede die Tatsache, aber nicht die Gründe des Wechsels dargelegt, er verspricht die Fortsetzung der Aufsätze nicht mehr über mehrere Bände auszudehnen, worüber geklagt wurde, und alle 6 Wochen ein Heft (Eingang) zu liefern, das wären jährlich 6—7, diese Zahl wird 1715 und 1716 erreicht, 1717 überschritten, 1718 knapp erreicht, mit 1719 aber sinkt der jährliche Umfang sehr schnell und 1722 hört die Zeitschrift auf. Die Ursache ist vielleicht in einem 1718 in Halle bei der „Neuen Buchhandlung" von Johann Christoph Francke[3]) und Felix du Serre von J. J. Schmauß herausgegebenen und verfaßten Konkurrenzunternehmen unter ähnlichem Titel: „Historisches Staats- und Helden-Cabinet" zu suchen. Es begann alsbald ein ärgerlicher Federkrieg zwischen beiden Unternehmungen. In der Vorrede zum 52. Eingang erklärte die Rengersche Buchhandlung[4]) ihr Befremden über die Wahl des ähnlichen Titels in derselben Stadt und behauptete sogar, diese Konkurrenz sei gegen das Interesse S. Maj. des Königs. Schmauß blieb die Antwort nicht schuldig, in einem Nachwort zu seiner dritten (und letzten) Eröffnung 1719 erklärt er unter der Ueberschrift: kurze Erinnerungen wegen der Vorrede zu dem 52. Eingang des Bücher-Cabinets, daß nur ein Rengerisches Interesse darunter versire — daß man einen Braunschweigischen Verlag, dergleichen das Bücher-Cabinet in allen Zeitungen und Meßkatalogen[5]) heiße, wie es denn auch in Halle weder censiert noch gedruckt wird, vor eine Hallische Schrift ausgibt, wenn man es vor ratsam hält. Weiter werfen sich beide ungenaue Uebersetzung französischer Bücher, geographische und andere Irrtümer vor.

Wer der Nachfolger von Schmauß in der Leitung des Curieusen Bücher- und Staats-Cabinets war, läßt sich nicht feststellen. Nur in einer kleinen anonymen Schrift:[6]) Curieuse Nachricht von denen heute zu Tage grande mode gewordenen Moralischen Quartal- und Annualschriften, Freyburg 1716, wird bemerkt: Curieuses Bücher-Cabinet, wer die Autoren seyn, weiß ich nicht, M. Wagner in Halle ist Mitarbeiter. Das kann nach Dreyhaupt II, 172 nur Friedrich Wagner, von 1715 —1719 Lehrer am Seminar des Königlichen Pädagogiums beim Waisenhaus in Halle, der 1736 Pastor zu St. Michaelis in Hamburg wurde,

---

1) Auch im Meßkatalog 1715 O M 1716 O ist dieser als Verleger angegeben.
2) Der 1716 M im Meßkatalog als Verleger erscheint.
3) Kein Verwandter von August Hermann Fr., sondern ein Straßburger Doktor juris, Dreyhaupt II 55.
4) Joh. Gottfr. Renger war am 3. März 1718 gestorben, Dreyhaupt II 55, sein Schwiegersohn Vick führte das Geschäft weiter.
5) Das stimmt von 1717 an, Eing. 44—51, 56—62: Simon Jakob Renger, s. unten am Schluß.
6) Verfasser ist Heinr. Ludw. Götten (1677—1737) Pastor in Magdeburg.

gewesen sein. Doch lassen sich nur zwei Artikel namhaft machen, die in das Gebiet der Theologie gerechnet werden · können, einer bereits unter Schmauß begonnen, über den Cardinal Noailles 'und seine Streitigkeiten mit den Jesuiten (IV 19, 60, VIII 40, 137, 41, 138 a) und über die Inquisition (VI 28, 94, 30, 101, XI 60, 200, 61, 203).

    Der Inhalt des Curieusen Bücher-Cabinets besteht in 130 durchweg anonymen Abhandlungen,[1]) von denen 4 unter Türck, 43 unter Schmauß (1711—14), 77 unter dessen Nachfolger (1714—22) erschienen sind, sechs Artikel sind unter Schmauß begonnen, unter der folgenden Redaktion fortgesetzt, außer dem schon genannten über den Cardinal Noailles: Peter der Große (I 2, 5, XI 57, 189), Herzog von Ormond (III 15, 35, VI 32, 109), Prinzessin Ursini (IV 16, 42, X 53, 175), Friedenshandlungen zu Utrecht (IV 16, 45, 18, 52, V 23, 74, VI 27, 89), Markgraf Ludwig Wilhelm von Baden (V 21, 65, 22, 71, 24, 77). Im Vordergrund des Interesses stehen für die Redaktion des Bücher-kabinets die Westmächte am Ende des spanischen Erbfolgekriegs, so daß England mit 33 Artikeln, unter denen sich nur ein historischer über Oliver Cromwell (I 2, 7) befindet, vertreten ist, Frankreich zählt 32 Nummern, darunter eine aus dem 17. Jahrhundert (Herzog von Gramont IX 49, 159), Deutschland nur 19 und darunter 7 aus dem 17. Jahr-hundert, Spanien 10, Italien 6 mit 2 historischen, Sixtus V. (I 1, 2) und Innocenz XI. (XI 60, 199), Europäische Geschichte 6, · Verschiedene technische, medizinische und literarische Artikel 6, Portugal und Ungarn je 5, Schweden und Holland je 3, Rußland 2.

    Auch an Bilderschmuck fehlt es dem Bücher-Cabinet nicht, 50 Holzschnitte sind beigegeben, meist Portraits der handelnden Persönlich-keiten, die meisten ohne Angabe der Künstler, die nur bei folgenden genannt sind: Kurfürst Joseph Clemens von Köln in II 9 von Johann Christoph Oberdorffen, Kurfürstin Theresia Kunigunde von Bayern III 14, Papst Innocenz XI. XI 60, J. G. Mentzel, derselbe ist wohl auch II 10 (J. G. M.) bei dem Porträt der Kaiserin Wilhelmine Amalia zu verstehen, endlich D. V. Böcklin XI 61, Bildnis des Grafen Stanhope. Alle drei Stecher haben nach Naglers Künstlerlexikon ihren Wohnsitz in Leipzig, wozu der Hallische Verleger gut paßt.

    Eine besondere Betrachtung verdient ein Bestandteil der Bände 7—9, einige Uebersetzungen aus dem Spectator (in VII 38, 132, in VIII 40, 138, 44, 147, in IX 47, 154, 48, 157, 49, 160, 50, 164), 7 Stücke in den Jahren 1716 (1), 1717 (3), 1718 (3). Die bekannte „moralische" Tageszeitung von Steele und Addison erschien 1711 —1714 in London gesammelt in 8 Bänden, wurde schon 1714 in Amsterdam ins Französische und 1719 ins Deutsche übersetzt. Als die Rengersche Buchhandlung 1716 mit ihrer Uebersetzung begann, war in Deutschland diese die erste.[2]) In einer derselben VII 38, 132

---

1) Nur bei VI 32 111 a das Altertum der Stadt Halle ist J. P. Gundling als Verfasser genannt.
2) Sie wird nicht erwähnt in den Schriften über die sog. moralischen Wochenschriften von M. Kawczynski, Studien zur Lit. Gesch. d. 18. Jhd.

vorangeschickten Einleitung sagt der Uebersetzer, er habe sich nicht wörtlich an seine Vorlage gehalten, sondern, um den deutschen Leser nicht mit den ihm unbekannten englischen Verhältnissen und Namen zu ermüden und einen weitläufigen Kommentar, der der Satire alle „Grace" benehme, zu vermeiden, an ihre Stelle deutsche gesetzt. So steht (doch nicht immer) Leipzig statt London, Lausitz statt Worcester, Rosenthal für Islington, schwedische und sächsische Partei statt Tory und Whigs — nach meiner Auffassung höchst geschmacklos, aber damals beliebt. Zu Grunde gelegt ist nicht das englische Original sondern die französische Uebersetzung von 1714, wie eine Vergleichung unschwer erkennen läßt. Alle in der französischen Uebersetzung fehlenden Stücke des ersten Bandes[1]) — nur um diesen handelt es sich — fehlen auch im Bücherkabinet, die Motti aus römischen Dichtern werden nach dem Wortlaut der französischen Uebersetzung, nicht nach dem des englischen Originals gegeben. Im ganzen sind 31 Diskurse übersetzt gegen 70 im französischen, 86 im englischen Original, auch die Reihenfolge wird geändert, wie folgende Tabelle zeigt. Es entsprechen sich:

Engl.	Franz.	Deutsch		Engl.	Franz.	Deutsch	
1	1	1		56	43	18	
2	2	2	1716,	57	44	19	
4	4	3	VII 38, 132	64	51	20	1718. IX 48, 157
12	10	4		67	54	21	
50	37	5		72	57	22	
7	7	6	1717. VIII 40, 138	73	58	23	
6	6	7		76	60	24	„ „ 49; 160
9	8	8		77	61	25	
11	11	9	„ „ 44, 147	79	62	26	
5	5	10		80	63	27	
25	19	11		81	64	28	
17	13	12		82	65	29	„ „ 50, 164
19	14	13		84	67	30	
21	16	14		86	68	31	
29	23	15	„ IX 47, 154				
30	24	16					
32	25	17					

In der französischen Uebersetzung reicht der erste Band bis Nr 70, im englischen Original gehören die Nummern 81—86 schon dem 2. Bande an. Die deutsche Nachbildung steht zweimal in der Mitte, fünfmal am Ende des Eingangs. In der Mitte des Jahres 1718 stellte Renger die Uebersetzung in Auswahl ein, vermutlich erfuhr er von der Vorbereitung einer vollständigen deutschen Uebersetzung, die 1719

Moralische Zeitschriften, Leipzig 1880, E. Milberg, Die moralischen Wochenschriften d. 18. Jhdts. Meissen 1880, O. Lehmann, Die deutschen moralischen Wochenschriften d. 18. Jhd. als pädagogische Reformschriften, Leipzig 1893, E. Umbach, Die deutschen moralischen Wochenschriften und der Spectator von Addison, Straßburg 1911. Inaug. Diss.

1) Der französischen Uebersetzung fehlen die englischen Nrn 8, 10, 11, 13, 14, 18, 22, 31, 34, 36, 39, 40, 49, 70, 71, 74, 78, 85, im ganzen 18 Nrn. Die Reihenfolge des englischen Originals wird auch in der französischen Uebersetzung zum Teil geändert.

in Nürnberg bei Riegel unter dem Titel: Der Spectateur oder Betrachtungen über die verdorbenen Sitten erschien.

In den Meßkatalogen finden wir das Curieuse Bücher-Cabinet folgendermaßen angezeigt:

Eing. 2[1])— 3	1710 M	Frankfurt a. M., Chrph. Bachmeyer.
„ 4. 5.	1711 M	⎫
„ 7—10	1712 O	⎪ Rengersche Buchhandlung o. O.
„ 11—12	„ M	⎬
„ 14—18	1713 O M	⎭
„ 21—22	1714 O	Cöln u. Frankfurt, Renger.
„ 23—25	„ M	„ „ „ Chrph. Bachmeyer.
„ 28—30	1715 O	Friedrich Groschuff, o. O.
„ 32—33	„ M	⎫
„ 34—36	1716 O	⎬ „ „ Leipzig.
„ 37—39	„ M	Halle, Renger.
„ 42—43	1717 O	Frankfurt u. Leipzig, Chrph. Bachmeyer.
„ 44—46	„ M	⎫
„ 47—49	1718 O	⎬ Braunschweig, Simon Jakob Renger.
„ 50—51	„ M	⎭
„ 54—55	1719 O	Kein Verleger angegeben.
„ 56	„ M	Braunschweig, Renger (ohne Vorn.)
„ 57	1720 O	„ Sam (!) J. Renger.
„ 58	„ M	„ Renger (o. V.)
„ 60	1721 O	„ S. Z. (!) Renger.
„ 62	1722 M	„ Simon Jakob Renger.

Christoph Bachmeyer erscheint 1707 in Halle als Verleger, 1708 zusammen mit Renger, 1709 wieder allein, 1717 in Frankfurt a. M., Johann Gotfried Renger ist in Halle in diesen Jahren der fruchtbarste Verleger, Simon Jakob Renger in Braunschweig wird von 1717 bis 1742 aufgeführt.[2])

Berlin.   M. Perlbach.

Preußische Praktikantenordnung vom 19. August 1920.
(UIK 8033.)

Zur Ausführung der Diplom-Prüfungsordnung für den mittleren Bibliotheksdienst usw. vom 24. März 1916 — UIK Nr. 7290 — wird über die Annahme und Ausbildung der Praktikanten folgendes bestimmt:

§ 1.

Die Zulassung der Bibliotheken zur Ausbildung von Praktikanten und die Bestimmung der Zahl der ihnen zu gleichzeitiger Ausbildung höchstens zu überweisenden Praktikanten ist besonderer Entscheidung vorbehalten.

Die Zulassung erfolgt auf Widerruf und kann an Bedingungen geknüpft werden.

Die bisher zur Ausbildung von Praktikanten zugelassenen Bibliotheken behalten diese Befugnis bis auf Widerruf.

---

1) Eing. 1 fehlt im Meßkatalog, ebenso 6, 13, 19, 20, 26, 27, 31, 40, 41, 59, 61.
2) Schwetschke, Codex nundinarius 1717—42.

§ 2.

Die zur Ausbildung von Praktikanten zugelassenen Bibliotheken sind von dem Vorsitzenden des Beirats für Bibliotheksangelegenheiten zur Einreichung eines Ausbildungsplanes aufzufordern, aus dem ersichtlich sein muß, in welchen einzelnen Geschäftszweigen und wie lange mindestens in einem jeden der Praktikant beschäftigt werden soll. Der Plan ist so einzurichten, daß der Praktikant in drei Vierteljahren den gesamten Dienst an der Bibliothek kennen lernen kann.

Die im Plan vorgesehene Reihenfolge der Ausbildung braucht nicht eingehalten zu werden.

An Zweigstellen von Volksbibliotheken dürfen Praktikanten nur beschäftigt werden, wenn der Dienst an den Zweigstellen von fachmännischem Personal versehen wird; mindestens die Hälfte der Ausbildungszeit müssen die Praktikanten in der Zentralstelle der Volksbibliothek beschäftigt werden.

§ 3.

Der in § 1 erwähnte Vorbereitungsdienst umfaßt sämtliche Arbeiten, die für den mittleren Dienst an wissenschaftlichen Bibliotheken oder für den Dienst an Volksbibliotheken in Betracht kommen, insbesondere aber folgende Geschäftszweige:

1. die Erwerbung der Bücher, den Verkehr mit den Buchhändlern, die Eintragung in das Zugangsverzeichnis und auf den Fortsetzungszetteln;
2. den Verkehr mit dem Buchbinder;
3. die Katalogisierung, besonders die Titelaufnahme auf Zetteln;
4. die Erledigung der Bücherbestellungen, sowie den Dienst in der Leihstelle und im Lesesaal. Es ist wünschenswert, daß die Beschäftigung auch das Büro- und Kassenwesen und die Ausarbeitung von Statistiken umfaßt.

§ 4.

Wer als Praktikant in den Vorbereitungsdienst an einer der für die Ausbildung zugelassenen Bibliotheken einzutreten wünscht, hat unmittelbar oder durch die Hand eines Bibliotheksvorstehers bis zum 1. Januar ein Gesuch um Annahme an den Vorsitzenden des Beirats für Bibliotheksangelegenheiten in Berlin zu richten.

Beizufügen sind:

1. ein selbstgeschriebener Lebenslauf in deutscher und lateinischer Schrift,
2. Zeugnisse über die nach der Prüfungsordnung vom 24. März 1916 erforderliche Schulbildung, ferner Zeugnisse über eine etwaige Ergänzung der Schulbildung und über eine etwa schon genossene Ausbildung in den Fächern, auf die sich die Prüfung erstreckt,
3. ein ärztliches Gesundheitszeugnis, aus dem hervorgehen muß, daß alle Organe und das Nervensystem gesund sind, daß der Gebrauch der Hände und Füße unbehindert ist, und daß

keine Schwerhörigkeit und kein höherer Grad von Kurz-
sichtigkeit besteht.

§ 5.

Der Vorsitzende des Beirats entscheidet über die Annahme der
Praktikanten und überweist sie den für die Ausbildung zugelassenen
Bibliotheken zu ihrer Beschäftigung. Auf die Wünsche der Bewerber
und der Bibliotheksvorsteher soll hierbei nach Möglichkeit Rücksicht
genommen werden.

Nicht angenommene Bewerber können ihr Gesuch zum nächsten
Termin wiederholen. Vornotierungen werden nicht vorgenommen.

§ 6.

Das praktische Jahr beginnt am 1. April und dauert bis zum 31. März.

§ 7.

Von dem Eintritt und von einem freiwilligen Ausscheiden des
Praktikanten hat der Bibliotheksvorsteher dem Vorsitzenden des Beirats für Bibliotheksangelegenheiten sogleich Kenntnis zu geben.
Scheidet der Praktikant vor dem 1. Juli aus, so kann der Vorsitzende
des Beirats an seiner Stelle einen anderen Praktikanten überweisen,
dessen Praktikantenjahr der Bibliotheksvorsteher bei Bewährung ausnahmsweise schon am 31. März des nächsten Jahres für beendet
erklären kann.

§ 8.

Die Beaufsichtigung und Leitung des Dienstes der Praktikanten
liegt dem Bibliotheksvorsteher ob. Er hat dafür zu sorgen, daß jeder
Praktikant in den in § 4 bezeichneten Geschäftszweigen ausgebildet wird.

§ 9.

Dem Praktikanten darf während des Praktikantenjahres Urlaub in
der Gesamtdauer von vier Wochen bewilligt werden. Im Falle von
Krankheit dürfen höchstens zusammen acht Wochen auf das Praktikantenjahr angerechnet werden.

§ 10.

Erweist sich ein Praktikant als untüchtig oder ungeeignet, oder
läßt er sich in dienstlicher oder außerdienstlicher Hinsicht ein ordnungs-
widriges Benehmen zuschulden kommen, so hat der Bibliotheksvorsteher ihn zurechtzuweisen, und, wenn die Zurechtweisung fruchtlos
bleibt oder ein Vergehen schwererer Art vorliegt, an den Vorsitzenden
des Beirats für Bibliotheksangelegenheiten Bericht zu erstatten. Der
Vorsitzende des Beirats kann die Entlassung des Praktikanten aus
dem Vorbereitungsdienst verfügen oder den Praktikanten einer anderen
Bibliothek zur weiteren Beschäftigung überweisen.

§ 11.

Am Schlusse des praktischen Jahres hat der Vorsteher der Bibliothek ein Zeugnis über das dienstliche und außerdienstliche Verhalten
und über die Leistungen des Praktikanten auszustellen. In dem Zeugnis

ist anzugeben, während welcher Zeit der Praktikant in den einzelnen Geschäftszweigen beschäftigt gewesen ist, und wie lange und aus welchen Gründen (Urlaub, Krankheit u. dergl.) er dem Vorbereitungsdienst entzogen war.

§ 12.

Praktikanten, die nach Zurücklegung des ersten Praktikantenjahres das zweite praktische Jahr anzutreten beabsichtigen, haben bis zum 1. Januar ihre Überweisung an eine für die Ausbildung zugelassene Bibliothek bei dem Vorsitzenden des Beirats zu beantragen. Dem Antrage ist ein Zeugnis über das erste Praktikantenjahr beizufügen, oder falls das erste Praktikantenjahr noch nicht abgeschlossen ist, eine vorläufige Bescheinigung des Bibliotheksvorstehers über die Bewährung des Praktikanten. Die §§ 6—11 finden entsprechende Anwendung.

§ 13.

Dieser Erlaß tritt am 1. September 1920 in Kraft.

Berlin, den 19. August 1920.

Der Minister für Wissenschaft, Kunst und Volksbildung
i. V. Becker.

Kleine Mitteilungen.

Lesbarmachen verklebter Blätter. Die Antiquare verderben manche Bücher aus Neugierde, ob die Einbände ältere Geheimnisse verbergen. Sie trennen Deckblätter ab, lösen die Schichten der Buchdeckel voneinander, reißen Bücher von ihren Rücken. Der Arzt kennt schonendere Mittel der Untersuchung. Ein einfaches Verfahren, den Inhalt verklebter Pergamente und Papierblätter, aufgeleimter Drucke und Schriften sichtbar und lesbar zu machen, habe ich auf der 86. Versammlung Deutscher Naturforscher und Aerzte zu Bad Nauheim der XV. Sektion mitgeteilt. Es besteht darin, daß man mittels eines Wattebausches, der mit Xylol getränkt ist, die verklebten Blätter überfährt. Das Durchscheinen dauert lange genug, um mit Muße etwaige Geheimnisse zu ergründen, kann ohne Nachteil wiederholt werden, da es Papier und Pergament nicht angreift, aber von Schmutz und Fett befreit. Statt des Xylols können weniger gut Benzin, Kiefernadelöl, Citronenöl usw. verwendet werden. Um eine längere Durchsichtigkeit (zum Zweck des Photographierens) zu bewirken, wird am besten Cedernöl, sonst eine Lösung von Canadabalsam in Xylol oder ein dünner Harzfirniß angewendet; diese Mittel müssen später mit Xylol ausgewaschen werden, sonst werden die Blätter brüchig. Alle genannten Mittel haben nebenher die gute Wirkung, Schädigungen durch Wurmfraß, Insekten, Schimmelpilze vorzubeugen.

Münster i. W.   ———   Prof. Dr. Georg Sticker.

In Sachen des hl. Christoph Der hl. Christoph nimmt in der Geschichte der Buchdruckerkunst eine nicht unbedeutende Stellung ein. Ein Blatt mit der Jahreszahl 1423, auf dem der hl. Christoph dargestellt ist, galt 'lange als der älteste datierte Holzschnitt'. (Paul Kristeller, Kupferstich und Holzschnitt in vier Jahrhunderten. 2. Aufl. Berlin 1911, S. 30.) Das Jahr 1423 als das der Entstehung ist zwar angezweifelt worden, aber dieser Zweifel dürfte wohl jetzt aufgegeben sein. (Vgl. Stahl in dem gleich zu erwähnenden

Buche I. Textband, S. 138.) Wir besitzen jetzt in dem Werke von Ernst
Konrad Stahl 'Die Legende vom heil. Riesen Christophorus in der Graphik
des 15. und 16. Jahrhunderts. München 1920' (I Textband, II Tafelband) eine
umfassende und sorgfältig bearbeitete Sammlung von Christophorus-Dar-
stellungen. Auf Tafel XIII hat Stahl einen Christoph wiedergeben lassen, den
ich in den 'Einblattdrucken des fünfzehnten Jahrhunderts. Hg. von Paul Heitz.
42. Band. Straßburg 1916' auf Tafel XII nach dem in der Grazer Universitätsbibliothek erhaltenen Exemplar veröffentlicht hatte. Der Grazer Christoph ist
ein Unikum. Der hohe Wert der Sammlung von Einzel-Formschnitten der
Grazer Universitätsbibliothek, so klein sie auch ist, ist nun neuerlich wieder
belegt. Meine mit etwas zu großer Bestimmtheit auf S. 15 a. a. O. vorgetragene
beiläufige Bemerkung, daß der Grazer Holzschnitt 'am nächsten dem bei
Schreiber, Manuel, 2, 1374 erwähnten' stehe, hat Stahl (Die Legende I, S. 147)
veranlaßt, den Vorwurf zu erheben, meine Annahme sei 'absolut aus der Luft
gegriffen'. Dem ist natürlich nicht so, wohl aber kann ich auch einmal irre-
geleitet werden. Zu der Annahme war ich durch Schreibers Text an der
angeführten Stelle gelangt. Wenn ich für den 'Segensgestus des Kindes' den
Ausdruck 'Schwurgebärde' gebraucht habe, so ist dies darauf zurückzuführen,
daß ich mich damals auf Grund der Untersuchungen Karl von Amiras eben
mit den Handgebärden beschäftigt hatte. Stahl hat nach eigener Annahme
das zerstörte Gesicht des Grazer Christophs wiedergegeben. Er hätte dabei
aber auch leider die Augen weglassen müssen.
Graz.   Ferdinand Eichler.

Zeitungsbestände in Berlin. Nicht um Deutschland, wie es in
dem Bericht über den Weimarer Bibliothekartag heißt (Zbl. 1920, S. 226),
sondern um Berlin handelte es sich bei der im Oktober 1916 von der Bibliothek des Auswärtigen Amts veranstalteten Umfrage, deren Ergebnisse als
Grundlage eines auch in politischer Beziehung wichtigen Gesamtverzeichnisses
der in Berlin vorhandenen Bestände in- und ausländischer politischer Tageszeitungen dienen sollten. Danach sind die in dem Tagungsbericht mitgeteilten
Zahlen zu beurteilen. Unter den befragten Stellen waren 70 Bibliotheken,
19 Berliner Zeitungen, 8 Korrespondenzbüros, 25 Vertretungen deutscher und
ausländischer Zeitungen, 13 Banken, 6 Parteibüros sowie 5 wirtschaftliche
Verbände. Das Resultat, gemessen an dem Normalzustand vor dem Kriege,
war besonders auf dem bedeutungsvollen Gebiet der ausländischen Zeitungen
ein höchst unerfreuliches. Die Zahl der Berliner Bibliotheken und Institute,
die überhaupt Auslandszeitungen sammelten, beträgt nur 21, und darunter
sind wieder 5, die nur je eine ausländische Zeitung aufweisen. In ganz Berlin
gibt es aus der Vorkriegszeit keine einzige skandinavische Zeitung, ebenso
keine holländische, keine ungarische Zeitung, österreichische, italienische,
spanische, russische, amerikanische Zeitungen nur in ganz unbedeutenden und
völlig ungenügenden Bruchstücken. Von englischen Zeitungen ist am besten
vertreten die Times, deren Berliner Bestände (in 8 Bibliotheken) eine ge-
schlossene Folge von 1814 bis 1914 ergaben. Unter den Bibliotheken Berlins
steht in bezug auf ausländisches Zeitungsmaterial an erster Stelle die Bibliothek des Reichstags. — Es ist erwiesen, daß die dazu berufenen Sammelstellen Berlins bis zum Kriegsausbruch die politische Tagespresse des Auslandes in durchaus ungenügend er Weise gesammelt haben, und es ergibt sich
für die Zukunft mit zwingender Notwendigkeit die jetzt allein schon aus
wirtschaftlichen Gründen unabweisbare Forderung, daß die Bibliotheken das
Sammeln der Zeitungen nicht isoliert, sondern gemeinschaftlich nach einem
einheitlichen, gründlich erwogenen Plan betreiben müssen.   Sss.

Literaturberichte und Anzeigen.

Handbuch der wissenschaftlichen Bibliothekskunde von Dr. Victor Gardthausen, Professor an der Universität Leipzig. Bd 1. 2. Leipzig: Quelle
& Meyer 1920. XII, 239 u. IV, 148 S. 30 u. 28 M.

    Ein neues Hand- und Lehrbuch des Bibliothekswesens an Stelle des in
vielen Beziehungen trefflichen, aber schwerfälligen und nunmehr veralteten
Gräsel ist seit geraumer Zeit ein fühlbares Bedürfnis der deutschen Bibliothekswelt. Wenn sich bis jetzt niemand zur Uebernahme dieser keineswegs
leichten Aufgabe gefunden hat, so liegt das wohl hauptsächlich daran, daß
sie sich schwer mit dem die ganze Arbeitskraft beanspruchenden Bibliotheksamt vereinigen läßt. Professor Gardthausen hat sich schon 1906, damals
im 64. Lebensjahr, aus dem praktischen Dienst in den Ruhestand und auf die
akademische Tätigkeit zurückgezogen und hat da außer den Vorlesungen
über die Gebiete, in denen er als Autorität gilt, auch solche über Bibliothekswesen gehalten. Mit welchem Erfolg, geht uns nichts an. Aber wenn ihm
der Gedanke kam, sein Kollegienheft zu einem Handbuch für die Oeffentlichkeit umzuarbeiten, durften wir allerdings erwarten, daß er zwei- und dreimal
überlegte, ob seine Kräfte und sein Wissen von den bibliothekarischen Dingen
dafür ausreichten. Da er diese nötige Selbstkritik nicht geübt hat, wird sich
auch der 77jährige gefallen lassen müssen, daß wir, nicht um ihn zu kränken,
aber um der Sache willen ganz objektiv das Buch als das charakterisieren,
was es ist: als ein verfehltes Unternehmen.

    Schon ganz äußerlich ist der Eindruck auf den Leser ein wenig er-
freulicher. Ich erinnere mich nicht ein wissenschaftliches Buch in der Hand
gehabt zu haben, das so von Druckfehlern wimmelte. Am Ende des
1. Bandes ist eine halbe und im 2. eine ganze Seite ihrer Berichtigung gewidmet; es könnten ebensogut 4 oder 5 Seiten sein. Zum Teil sind die
Fehler, die der Verf. nicht selbst bezeichnet hat, ja leicht erkennbar (wenn
man auch z. B. I 30 das rätselhafte „gall." nicht ohne weiteres in „allg[emein]"
umsetzen wird), aber entschieden störend sind sie in Eigennamen, wie Kock
für Koch, Giuu für Cim, Madam für Madan, Filefo (das sogar im Register
wiederkehrt), Pagliani, Hein für Hain, Lorch für Lorsch usw., und vollends
gefährlich in Zitaten (1916 für 1906, „ZBü." für „JbBü"). Zu dieser Kategorie,
die man allenfalls dem Setzer zur Last legen kann und die nur eine äußerst
sorglose Korrektur bezeugt, gehört vielleicht auch ein Teil der zahlreichen
Fehler in fremdsprachigen Titeln und Zitaten (office internationale, connaissance
nécessaires, heighest, traveaux, öfter manuel in englischen Titeln usw.), dagegen sind andere ohne Zweifel auf Nachlässigkeit des Manuskripts zurückzuführen: z. B. regelmäßig Kohlfeldt für Kohfeldt, Griesebach für Grisebach,
Coppinger, natürlich auch das übliche Voullième für Voulliéme; Roquette,
Finanzplan statt Finanzlage, Dahls Haandbog i bibliothekskunde statt -kundskab
und sonstige ungenaue Titelanführungen. Einen ganzen Rattenkönig von
Ungenauigkeiten weist II 12 auf. Als Bibliographien der Universitäten und
Hochschulen werden dort angeführt: „Monatsverzeichnis der an [richtig: an
den] deutschen Universitäten und Technischen Hochschulen erschienenen
Schriften. 1. Brln. 1887 (jährlich)". Bekanntlich erscheint das „Monats-
verzeichnis", die vorläufige Ausgabe des Jahresverzeichnisses, erst seit 1914, das
Jahresverzeichnis selbst aber seit 1885/86. Dieses folgt nun wie etwas ganz
Verschiedenes als „Jahresbericht der an [den] deutschen Universitäten und
technischen Hochschulen erschienenen Schriften. Brln. (29. 1913.)" Einer
solchen Anführung periodischer Schriften mit einem beliebigen Jahrgang begegnen wir häufig; es war dem Verf. im Augenblick wohl zu mühsam, das
Anfangsjahr festzustellen. Dagegen wird II 45 das Berliner Jahresverzeichnis
richtig mit dem ersten Erscheinungsjahr 1887 zitiert, aber wieder fälschlich
mit dem Zusatz „auf getrennten Karton und in Buchform, da doch die Zettelform erst seit 1911/12 eingeführt ist. I 12 folgt nun weiter: „Bibliograph.
Monatsbericht üb. neu erschienene Schul-, Universitäts- und Hochschulschriften.
(25) Lpz. (1913—14)", und 4 Zeilen weiter: „Fock, G., Bibliogr. Monatsbericht

üb. Schul- u. Universitäts-Schriften. 1. Lpz. 1889." Also gedankenlos zweimal dieselbe Veröffentlichung. Aehnliche Dubletten, eine im Text, die andere in den Anmerkungen derselben Seite, kommen auch sonst vor.

Auf der nächsten Seite (II 13) heißt es: „Schon früh entstand der Wunsch, aus diesen einzelnen Teilen ein Ganzes zusammenzusetzen, d. h. eine Universal-Bibliographie." Die von mir gesperrten Worte können sich unmöglich auf die vorhergehenden Bibliographien der Zeitschriften, gelehrten Gesellschaften, und Universitäts- und Schulschriften allein beziehen, sondern gelten noch viel mehr von den auf S. 14—17, freilich höchst dürftig und ungenügend, behandelten Nationalbibliographien (Belgien usw.). Offenbar ist dem Verf. hier sein Manuskript in Unordnung geraten: die Abschnitte „Zeitschriften" usw. sollten hinter den Nationalbibliographien stehn und am Schluß sollte die Universalbibliographie folgen. Das hätte doch mindestens bei der Korrektur bemerkt werden müssen. Aber dieselbe Nachlässigkeit in der Anordnung ist auch anderwärts im Buche festzustellen, im Großen wie im Kleinen. Sogar im Register zu II (S. 232, Sp. 2) steht ein ganzes Stück an falscher Stelle.

Ein Teil dieser Verstellungen geht wohl zurück auf die Umarbeitung des Kollegheftes zum Druckmanuskript. Glücklicherweise haben die erkennbaren Einschiebungen nicht überall ein so groteskes Ergebnis gehabt wie I 210: „Auch die Schreibmaschinen, die heutzutage nicht mehr entbehrt werden können, verlangen ein eigenes Zimmer; da sie ungefähr zwei- bis dreimal so schnell arbeiten wie ein gewöhnlicher Schreiber." Unausgeglichene Spuren der Um- und Einarbeitung zeigen sich auch in vorkommenden Dubletten, z. B: II 40 und 45 (über Zettelkataloge), 120 und 127 (Ablieferungsfrist des Buchbinders); dagegen widersprechend II 24 „die Orthographie des Titels ist wenigstens bei seltenen Stücken beizubehalten", und 26 „Orthographische Eigentümlichkeiten braucht man bloß bei den Inkunabeln beizubehalten". Hierher gehört auch der einer wissenschaftlichen Arbeit vielfach unwürdige saloppe Stil.

Man mag diese Ausstellungen, denen sich leicht noch weitere zufügen ließen, mehr oder weniger als formale Unzulänglichkeiten ansehn, durch welche die Brauchbarkeit des Buches nicht so sehr berührt werde. Indessen sind sie doch geeignet, gegen die Sorgfalt des Verfassers auch in sachlicher Beziehung Mißtrauen zu erwecken, und dieses wird bestätigt, wenn man sieht, daß er die Dinge, von denen er spricht, viel zu wenig aus eigener Erfahrung kennt, daß er mit anderen als den Leipziger Verhältnissen anscheinend nicht vertraut ist und daß er sich auch nicht die Mühe gegeben hat die mangelnde Anschauung anderweit zu ersetzen. Als Beispiel möge der Abschnitt über das Gebäude der Berliner Staatsbibliothek I 201 f. dienen, der übrigens nicht an diese Stelle, sondern in das folgende Kapitel 3 (das Bibliotheksgebäude) gehört. Das Gebäude der „Großen Bibliothek in Berlin" (diesen sonst nirgends existierenden Namen hat sich der Verf. selbst zurechtgelegt) soll „nördlich der Dorotheenstraße" [statt südlich] stehn, es soll mit seinen 13 Büchergeschossen [je 2,2 m hoch, was zu sagen der Verf. für unnötig hält] „das Schloß und das Reichstagsgebäude überragen". „Der Lesesaal hat eine Kuppel so hoch wie S. Peter in Rom [!, natürlich Verwechslung mit dem Durchmesser der Kuppel]. Die Handbibliothek ist angeblich in 8 Nischen aufgestellt [statt in 7, von denen nur 5 die vom Verf. angeführten doppelten Gestelle haben]. Von einer weiteren Präsenzbibliothek von 20 000 Bänden ist hier nichts bekannt, vielleicht ist es eine Verwechslung mit dem „Handmagazin", dessen Fassungskraft bis 200 000 Bände geht. Die „Tragpfosten" der eisernen Repositorien sollen „von den Fundamenten des Gebäudes bis zum Dach reichen", während aus den (unvollständig) angeführten Baubeschreibungen leicht zu sehen ist, daß die großen Träger im 6. Büchergeschoß und höher liegen. Auch die Angaben über die Bücherbeförderung sind irrtümlich, obgleich mein Artikel im Zbl. 1917 angeführt wird. Um bei Berlin zu bleiben: In der im allgemeinen richtigen Darstellung des preußischen Gesamtkatalogs II 64 f. überrascht die Bemerkung: „Während sich in den ersten Jahren der Bewegung auch die nichtpreußischen Bibliotheken München, Leipzig usw. beteiligt hatten, ist das Projekt jetzt wieder rein preußisch geworden, wenn auch noch Suchlisten nach Leipzig usw. geschickt werden." Wie hier GK und Auskunftsbureau der deutschen Bibliotheken, so wird auf der folgenden Seite (II 66) letzteres mit der Akademischen Auskunftsstelle zusammengeworfen. Wenn der Verf. nicht einmal von Leipzig bis Berlin klar sehen kann, wie soll es dann mit abgelegeneren Verhältnissen stehn? Von der Züricher Zentralbibliothek weiß er noch nichts, und doch ist ihre Bildung ein grundsätzlich wichtiger Vorgang. Schief sind, um unter vielem nur etwas zu nennen, die Angaben über das Prinzip der Aufstellung in München und im Britischen Museum. Von dem gedruckten Katalog des letzteren hat er anscheinend nur eine ganz unklare Vorstellung. In der sehr einseitig nach der Handschriftenkunde orientierten, hauptsächlich aus einer etwas zweifelhaften Auswahl von Literaturangaben bestehenden Uebersicht der „Bibliotheken der neueren Zeit" (I 138 ff.) lesen wir S. 146 beim Br. Museum: „Von den gedruckten Büchern gibt es sachlich geordnete Kataloge: Catalogus bibl. Mus. Brit. London 1813; Br. Mus. Catalogue of printed books. London 1882" (ohne Erwähnung des Subject Index, von dem nur gelegentlich an anderer Stelle ein Band angeführt wird). Klingt das schon befremdlich, so staunt man II 61 f. zu erfahren: „In London ist der gedruckte Katalog anders angelegt [als in Paris], er verzichtet auf Vollständigkeit des Ganzen und gibt nur große Ausschnitte von mächtigem Umfange." Anscheinend kennt der Verf. also nur Stücke, wie Academies, Periodicals usw., die er auch sonst gelegentlich anführt, und an diese denkt er wohl, wenn er Petzet in einem Aufsatz in den Süddeutschen Monatsheften 1906 sagen läßt: „der Band kostet bis jetzt einschließlich der Ergänzungen 4366 M." Natürlich hat Petzet solchen Nonsens nicht gesagt, sondern: der Katalog kostet usw. So begegnet man Unkenntnis und Ungenauigkeit auf Schritt und Tritt, ganz besonders auf den verschiedenen Gebieten der Bibliothekstechnik. II 41 lesen wir: „Jeder Zettel (z. B. 10 × 13 cm) enthält nur einen Titel." Das ist die einzige Angabe über die Zettelgröße, kein Wort von dem Normalformat $10^1/_2 \times 12^1/_2$! „Am meisten hat sich auch in Deutschland das Schedario Staderini eingebürgert". Nichts ist unzutreffender.

Bei der mangelhaften Kenntnis der bestehenden Einrichtungen fehlt es natürlich auch an dem Maßstabe für die Unterscheidung des Wichtigen und minder Wichtigen. Es ist ganz unmöglich sich aus diesem Handbuch der „Bibliothekskunde" ein Bild von der Praxis an den deutschen und ausländischen Bibliotheken zu machen, weder wie sie ist noch wie sie sein sollte. Denn vielfach fehlt Wesentliches, während Nebendinge breit behandelt werden. Das gilt auch von den reichlichen Literaturangaben, die oft den Eindruck des Wahllosen und Zufälligen machen, auf abgeleitete Quellen anstatt der Originale verweisen oder anscheinend manchmal auch aus zweiter Hand genommen sind (so wird ein dänischer Aufsatz von H. O. Lange in der Nordisk Tidskrift unter französischem Titel angeführt). Immerhin sind gerade die Literaturangaben vielleicht noch das Nützlichste an dem Buch.

Unter diesen Umständen ist es dem Verf. auch nicht gelungen, wenn er es überhaupt angestrebt hat, die auf unserm Gebiet bestehenden Probleme herauszuarbeiten. Welche Seite man auch vornehmen mag, den Bibliotheksbau, die Beamtenorganisation, das Sammelwesen, die Kataloge, die Benutzung, nirgends ist tiefer auf das Grundsätzliche und die zu lösenden Fragen eingegangen. Besser und lesenswert sind entschieden gewisse Partien aus der älteren Geschichte der Bibliotheken und der Handschriftenkunde, aber in der Geschichte des Buchdrucks scheitert er wieder kläglich (u. a. erhalten wir zwei neue Leipziger Inkunabeldrucker: Kalbfleisch (?) und Schumann!). Es ist müßig, weiter auf Einzelheiten einzugehen, der Frage- und Ausrufungszeichen würde kein Ende sein. Auch genügt wohl das Gesagte um zu zeigen, daß das Buch als Handbuch des Bibliothekswesens nur mit größter Vorsicht zu benutzen und als Lehrbuch ganz unbrauchbar ist. Dabei hatte der Verf. ein von ihm selbst anerkanntes und unzähligemal zitiertes Muster in dem

dänischen Handbuch, das er freilich von Anfang an so wenig kennt, daß er
glaubt, die erste Auflage sei von Sv. Dahl allein verfaßt. Soll man daraus
schließen, daß das Ziel nur auf dem von den Dänen eingeschlagenem Weg
der Zusammenarbeit einer Anzahl von Spezialisten zu erreichen ist? Ich bin
geneigt es zu glauben, aber vielleicht könnten wir eines anderen belehrt
werden, wenn das m. W. im Manuskript fertige Lehrbuch des Kollegen Ferd.
Eichler in Graz erschiene. Ob das unter den heutigen Verhältnissen möglich ist, weiß ich nicht. Aber es wäre traurig, wenn in dieser Zeit der
Büchernot ein mißlungenes Werk wie das Gardthausensche dem bessern den
Weg versperrte. Und doppelt peinlich ist der Gedanke, daß im Auslande,
wo wir wirklich an Reputation nichts zu verlieren haben, der Stand des
deutschen Bibliothekswesens nach diesem Buche beurteilt werden wird. P. S.

Buchhändlerische und bibliothekarische Bibliographie. Drei Aufsätze von Dr.
    Wilhelm Frels. Mit einem Geleitwort von Artur Seemann. Sonder-
    druck a. d. 'Börsenblatt f. d. Deutschen Buchhandel', 87. Jg., Nr 151,
    168, 220 u. 221. Als Hs. gedr. Leipzig 1920. 8°. 48 S.
    Der auf dem Gebiete der Bibliographie und Katalogisierung überaus reg-
same, von beneidenswertem Optimismus erfüllte Verfasser, erster Bibliothekar
an der Deutschen Bücherei in Leipzig, hat drei Aufsätze, die er für das
Börsenblatt geschrieben hatte, in der vorliegenden Broschüre zusammengefaßt
und damit der weiteren Oeffentlichkeit zugänglich gemacht. Das Thema, das
sich durch alle drei Aufsätze hindurchzieht, ist die Uebernahme der buchhändlerischen Bibliographie durch die Deutsche Bücherei. Dieses Ziel schwebte
bereits den Gründern dieser Bibliothek vor. Bisher hat die Bibliographische
Abteilung des Börsenvereins, die nach der Uebernahme des Kayserschen und
des Hinrichsschen Unternehmens seit 1916 die verschiedenen Bibliographien
besorgte, allerdings in der Deutschen Bücherei bereits ihre Arbeitsstätte
gehabt, war aber unabhängig von dieser. Stetes Miteinanderarbeiten der
beiden Institute trug dazu bei, die Bibliographien korrekter und vollständiger
zu machen, als das einer privaten Einzelfirma möglich gewesen war, obwohl
auch vorher schon die deutsche Bibliographie, wie bekannt, der des Auslandes weit überlegen gewesen ist.
    Es handelt sich nun darum, ob nicht die Doppelarbeit, die unter dem-
selben Dache von 2 Instituten geleistet wurde, vereinfacht werden kann durch
Aufgehen der Bibliographischen Abteilung in der Deutschen Bücherei. Die
Krönung dieses Werkes, gleichzeitig aber die Vorbedingung, wäre die Uebernahme der deutschen Zetteldrucke, die seit langem die jetzige Preußische
Staatsbibliothek in Berlin herausgegeben hat, durch die Beamten der Deutschen
Bücherei.
    Der zweite Aufsatz bespricht die weiteren Modalitäten dieser Verschmelzung.
Weder ist die bisherige buchhändlerische Verzeichnung für die Bibliotheken,
noch die bibliothekarische für den Buchhandel ohne weiteres annehmbar. Eine
Einigung auf der mittleren Linie ist notwendig. Auf die einzelnen Vorschläge
zu dieser Einigung kann hier nicht eingegangen werden. Die Hauptschwierig-
keit liegt natürlich in der Bearbeitung der anonymen Werke. Hier müßte
der Buchhandel nachgeben, während in der Form der Aufnahme die Bibliotheken Konzessionen machen könnten. Die Berliner Zetteldrucke rentieren
sich nicht, hauptsächlich wegen des geringen Absatzes. Die Deutsche Bücherei
hofft hierin durch ihre regen Beziehungen zum Buchhandel erfolgreicher vorgehen zu können. Man denkt an die Möglichkeit eines Abonnements auf
Titel bestimmter einzelner Wissensgebiete durch Ausstattung der Zettel mit
einer systematischen Marke, aber ohne Kopf, dessen Hinzufügung jedem Bezieher überlassen würde. Als Grundlage käme nur das Tägliche Verzeichnis
des Börsenblattes in Betracht, das außerdem in einseitigem Drucke für das
Einkleben in Kataloge nutzbar gemacht werden soll.
    Der dritte Aufsatz behandelt den Ausbau der buchhändlerischen Biblio-
graphie. Unter anderem ist die Zahl der Gruppen des Wöchentlichen Ver-

zeichnisses bedeutend zu vermehren. Die Auswahl des ersten, besonders aber des zweiten Ordnungswortes bei anonymen Titeln ist der Praxis der Bibliotheken anzupassen. Endlich das Wichtigste: Die Aufnahme der außerordentlich zahlreichen Privat- und der amtlichen Drucke in die Bibliographie ist anzustreben. Bisher fehlen diese Werke, die zusammen etwa 75 % der Druckerzeugnisse ausmachen, in der buchhändlerischen Bibliographie fast völlig. Aber schon ihre Sammlung bereitet ungeahnte Schwierigkeiten, ihre Verzeichnung wäre nur unter Mitwirkung der großen deutschen Bibliotheken möglich. Der Schluß dieses Aufsatzes geht dann ausführlich auf die Behandlung der Zeitschriften ein. Nicht nur einen jährlichen Zeitschriftenkatalog solle die Deutsche Bücherei herausgeben, sondern auch das bekannte Dietrichsche Unternehmen, die Bibliographie der Zeitschriftenaufsätze, ankaufen und weiterführen.

'Allzuviel Zukunftmusik', sagen wir mit dem Verfasser und schließen mit wenigen Worten den obigen objektiven Bericht. Die Uebernahme der Bibliographie durch die Deutsche Bücherei würden die Bibliotheken natürlich begrüßen, da sie dabei nur gewinnen können. Ueber Einzelheiten der Anpassung an die bibliothekarische Praxis wird sich noch reden lassen. Weit schwieriger ist die Frage, ob Preußen auf die eigene Herstellung der Titeldrucke und der Zetteldrucke verzichten kann. Diese Fragen sind schon öfters, auch im vorigen Monat erneut in Konferenzen erörtert worden, ohne daß eine genügende Klärung eingetreten wäre. Hier kann nur eines helfen: Ein praktisches Ausprobieren eine genügende Frist, etwa ein halbes Jahr, lang Dann wird sich vermutlich zeigen, was durchführbar und annehmbar ist.   Ksr.

Umschau und neue Nachrichten.

Die bereits oben S. 184 genannte Notgemeinschaft der deutschen Wissenschaft hat sich Anfang November unter der Form eines eingetragenen Vereins konstituiert. Mitglieder sind nur rechtsfähige Körperschaften: die Akademien, Universitäten, Technischen Hochschulen, die Kaiser-Wilhelm-Gesellschaft, technische Verbände usw. Als Mittel werden ihr zur Verfügung stehn in erster Linie die Bewilligung des Reichs (mindestens 20 Millionen M., vielleicht das Doppelte), sodann Spenden der Banken, der Industrie usw., die man in beträchtlicher Höhe zu erhalten hofft. Organe des Vereins, die auch über die Verwendung der Mittel beschließen werden, sind außer dem Präsidium ein Hauptausschuß und eine größere Anzahl von Fachausschüssen, die für das erste Jahr vom Präsidium ernannt werden. Die Bibliotheken, die, da sie keine juristischen Personen sind, nicht unmittelbare Mitglieder sein können, sind in einem besonderen Fachausschuß vertreten, der vorläufig aus Exz. von Harnack (ev. vertreten durch den Vorsteher des Auskunftsbureaus der deutschen Bibliotheken Dir. Fick), Geh. Rat Schnorr v. Carolsfeld und dem Vorsitzenden des VDB. Dir. Naetebus besteht. Welche Mittel diesem Ausschuß zur Verfügung stehen werden, läßt sich z. Z. auch nicht annähernd sagen, jedenfalls nicht so viel, daß die überaus großen Bedürfnisse der Bibliotheken nach Anschaffung der Auslandsliteratur dadurch gedeckt werden können. Der Ausschuß wird daher zweckmäßigerweise auch alle die Verbindungen zu bearbeiten haben, die zur billigeren oder geschenkweisen Erlangung dieser Literatur bereits angeknüpft sind oder noch angeknüpft werden. Zur Vermeidung von Doppelaktionen, die sich gegenseitig nur stören können, ist es dringend notwendig, daß alle darauf bezüglichen Mitteilungen und Anregungen und auch die speziellen Wünsche der Bibliotheken an Zeitschriften und Büchern an den Ausschuß bz. das Auskunftsbureau der deutschen Bibliotheken gerichtet werden. Wird die Beschaffung der Auslandsliteratur ganz dem Zufall überlassen, so kommen wir aus der Zersplitterung und der überflüssigen Dublierung nicht heraus.

In diesem Zusammenhang ist die folgende Entschließung mit Freude zu begrüßen, welche die aus Anlaß der Ausstellung „Das deutsche Buch" in Frankfurt a. M. am 8. und 9. Oktober zusammengekommenen Bibliothekare, Bücherfreunde und Buchhändler (vgl. unten) auf Grund der Referate über die Lage der wissenschaftlichen Forschung in Deutschland einmütig gefaßt haben: „Die durch die Notlage geforderte Beschränkung in der Beschaffung der ausländischen Literatur und ihre Verteilung auf eine größere Zahl von Bibliotheken muß durch einen allgemeinen deutschen Leihverkehr ausgeglichen werden. Zu diesem Zwecke werden der preußische Beirat für Bibliotheksangelegenheiten und die Münchener Staatsbibliothek gebeten, die erforderlichen Schritte einzuleiten." Ein Meinungsaustausch zwischen den beiden Stellen hat schon stattgefunden. Leider fehlt noch der von der Weimarer Versammlung verlangte Reichs-Bibliotheksrat, der für die Vorbereitung eines bezüglichen Reglements die geeignete Stelle wäre. Vielleicht kann aber auch dafür der Ausschuß der Notgemeinschaft wenigstens als Kern dienen.

Wichtig für den Tausch- und Leihverkehr der Bibliotheken mit dem Ausland ist folgende Mitteilung des Reichs-Wirtschaftsministers an den preußischen Minister für Wissenschaft usw. vom 2. Oktober 1920: „Ich habe die Außenhandelsnebenstelle für das Buchgewerbe in Leipzig angewiesen, zunächst zur weiteren Erleichterung des Buchverkehrs der wissenschaftlichen Institute mit dem Auslande diesen unterstempelte Blanko-Ausfuhrbewilligungsformulare auch für andere als Kreuzbandsendungen zu treuen Händen und kostenlos zu überlassen. Die Frage, inwieweit dem dortigen Wunsche auf Erlaß einer allgemeinen Anordnung wegen Befreiung des Buchverkehrs der Bibliotheken mit dem Ausland vom Ausfuhrverbote entsprochen werden kann, wird beschleunigt geprüft."

Breslau. Die Breslauer UB besitzt seit 1812 einen ausführlichen Katalog über die alte Breslauer Dombibliothek v. J. 1615, der von dem Domherrn Friedr. Berghius sauber geschrieben, auf 157 Folioblättern einen Bestand von 2729 Nummern und zwar 298 Pergament-, 218 Papier-Hss. und 2213 Drucke, darunter 826 Frühdrucke, in der Reihenfolge der sachlichen Aufstellung verzeichnet. Der Katalog ist eine wertvolle Quelle für die Erforschung des geistigen Lebens der Provinz Schlesien besonders für das 16. Jahrh., da er für etwa ²/₃ des Bestandes die Vorbesitzer der Bücher nennt. 20 Werke sind 9 Vorbesitzern des 14. Jahrh. zuzuweisen, dem 15. Jahrh. gehören 209 Werke von 27 Vorbesitzern an, die Hauptmasse, in der auch die Reformationsliteratur gut vertreten ist, entfällt auf das 16. Jahrh. Maria Fliegel hat den vorliegenden Katalog zum Ausgangspunkt einer mit großem Fleiß durchgeführten Geschichte der Dombibliothek im ausgehenden Mittelalter gemacht (s. o. S. 51), wozu freilich schon 1898 Jungnitz eine treffliche Vorarbeit in den „Silesiaca" (Festschrift für C. Grünhagen) geliefert hatte. Die ganze schöne Sammlung wurde 1632 von den Schweden zerstreut; nur 25 Bände sind in Bibliotheken bisher wieder aufgetaucht. Le.

Frankfurt a. M. Eine Ausstellung „das deutsche Buch" hatte die Deutsche Gesellschaft für Auslandsbuchhandel als Bestandteil der Frankfurter Herbstmesse veranstaltet, eine Schau, die auch dem Bibliothekar großes Interesse bot, freilich mehr in den nach Verlegern geordneten Teilen als in der sogenannten „Milieu-Ausstellung", in der man versucht hatte das Buch im Rahmen der Wohn- und Arbeitszimmer seiner Besitzer vorzuführen. Der an sich gute Gedanke hätte eine sehr viel sorgfältigere Durchführung verlangt, zu der jedenfalls die Zeit nicht ausgereicht hatte. So wie die Bücher in den Schränken des Arztes, des Journalisten, des Theaterdirektors usw. standen, ließen sie zumeist die innere Ordnung vermissen, und damit entfiel jede Möglichkeit, diese angeblichen Musterbibliotheken zu beurteilen. Weit größeres Fachinteresse bot die Tagung am 8. und 9. Oktober, zu der mit der Gesell-

schaft für Auslandsbuchhandel drei bibliophile Vereinigungen, der V. D. B.
und der Verein der deutschen Antiquariats- und Exportbuchhändler eingeladen
hatten. Von den Referaten, die sich durchweg auf einer bemerkenswerten
Höhe hielten, nennen wir nur die des ersten Tages, die der Notlage der
Bibliotheken und der Forschung galten: Minde-Pouet-Leipzig und Berg-
hoeffer-Frankfurt über die Erhaltung der großen öffentlichen Bibliotheken
und der Forschungsinstitute; Weber-Berlin und Marckwald-z. Z. Frankfurt
über die Ergänzung der ausländischen Literatur für Deutschland, in deren
Besprechung auch Wahl-Hamburg, Frankfurter-Wien und Naetebus-
Berlin das Wort nahmen. Auf ihrer Grundlage wurden drei Entschließungen
gefaßt, von denen die zweite bereits oben (S. 288) mitgeteilt ist. Die erste
und dritte lauten: 1. „Durchdrungen von der Not der großen öffentlichen
Bibliotheken und der Forschungsinstitute in Deutschland, begrüßt die Versammlung dankbar die Einstellung von 20 Millionen Mark in den Reichshaushalt, eines Betrages, der allerdings nur den unmittelbarsten Bedürfnissen
des Angenblickes entgegen zu kommen geeignet ist, und gibt der Erwartung
Ausdruck, daß der Reichstag seine Zustimmung nicht versagen und für eine
dauernde Bewilligung zum mindesten in dieser Höhe eintreten wird. Die
Versammlung dankt aufs wärmste der Notgemeinschaft der deutschen Wissenschaft für die kraftvolle Vertretung der Interessen der deutschen Bibliotheken
und Forschungsinstitute, und sie hat mit Befriedigung davon Kenntnis genommen, daß an den verschiedensten Stellen des Auslandes, besonders auch in
Amerika, Bestrebungen im Gange sind der deutschen Wissenschaft zu helfen.“
3. „In voller Würdigung der besonderen Schwierigkeiten, unter denen die
Wissenschaft in Oesterreich leidet, spricht die Versammlung den Wunsch aus,
daß den österreichischen Bibliotheken der Bezug der deutschen Literatur in
jeder möglichen Weise erleichtert wird.“ — Der zweite Tag galt ganz der
Lage der Bibliophilie. Von besonderem Interesse für den Bibliothekar waren
ferner mehrere Besichtigungen: die des Sammelkatalogs der Rothschildschen
Bibliothek, den sein Begründer Dir. Berghoeffer selbst vorführte, dann die
der neu bearbeiteten dauernden Ausstellung der Stadtbibliothek, in der Geh.-R.
Ebrard die zahlreichen Besucher willkommen hieß und der Verfasser des
neuen Katalogs der Ausstellung (s. u. S. 299) Professor Sarnow in die fast
überreich ausgelegten Handschriften und Bücherschätze einführte. Endlich
öffnete am Sonntag den 10. Okt. den Teilnehmern der Tagung Herr Paul
Hirsch seine reiche hauptsächlich der Musikwissenschaft gewidmete Privatbibliothek, aus der viele Prachtstücke bereits den Besuchern der Bugra
von 1914 bekannt sind, die aber hier in ihrer Geschlossenheit einen tiefen
Eindruck auf die Besucher nicht verfehlte.

Die Frankfurter Kunstgewerbe-Bibliothek, deren Fortführung durch
den Mitteldeutschen Kunstgewerbe-Verein ebenso wie die des Kunstgewerbe-
Museums und der Schule schwierig geworden war, ist mit den beiden andern
Anstalten durch Vertrag in den Besitz der Stadt übergegangen, die sich zur
Weiterführung verpflichtet hat. Als Depositum befand sich in der Bibliothek
die außerordentlich wertvolle und einzigartige Sammlung Jeidels zur Geschichte der Edelschmiedekunst (vgl. Zbl. 1897. S. 419). Diese war in höchster
Gefahr, der Bibliothek entzogen und in das Ausland verkauft zu werden.
Durch das hochherzige Eingreifen eines ungenannten Frankfurter Bürgers ist
diese Gefahr abgewendet und die dauernde öffentliche Benutzung der Sammlung gesichert worden.

Königsberg. Wie die Berliner und Breslauer so hat auch die Königs-
berger Stadtbibliothek eine Leihgebühr eingeführt. Sie beträgt für das
Geschäftsjahr 10 M., für das Halbjahr 5 M. Es ist aber auch die Entrichtung
einer Einzelgebühr von 50 Pf. je Band und Monat gestattet.

Stuttgart. Am 2. November wurde ein Mann zur letzten Ruhe geleitet,
dessen wohl auch im Zentralblatt gedacht werden darf: der Tübinger Germanist

Hermann Fischer. Was er in seiner Wissenschaft erreicht, was er als Hochschullehrer geleistet, soll hier nicht ausgeführt werden. Nur daß er 13 Jahre lang Bibliothekar an der Stuttgarter Landesbibliothek gewesen ist, sei in Erinnerung gebracht. — Als man im Jahr 1875 in Stuttgart eine 4. Bibliothekarstelle geschaffen hatte, wurde mit ihr der Kandidat Fischer, der Sohn des schwäbischen Dichters J. G. Fischer, betraut. Da er aber mit seinen 24 Jahren zu jung für den hohen Posten schien, konnte das Ministerium sich zunächst nur zu einer probeweisen Anstellung verstehen. Freilich spürte man bald, welch tüchtige Kraft man gewonnen hatte, und, um Fischer zu halten — es war zu befürchten, er werde ins Lehramt zurücktreten —, wurde ihm 1876 die Stelle endgültig übertragen. Doch kam man immer noch nicht über seine Jugendlichkeit weg, und so wurde ihm, damit er nicht zu übermütig werde, nicht von Anfang an die schwindelnde Höhe des vollen Antangsgehaltes zugestanden, sondern ein Abstrich von 200 M. vorgenommen. Der junge Bibliothekar ließ sich dadurch die Freude an seinem neuen Beruf nicht trüben und blieb an der Landesbibliothek, bis ihn 1888 der Ruf auf den Lehrstuhl für deutsche Sprache und Literatur nach Tübingen lockte. Es ist erstaunlich, was er in diesen 12—13 Jahren an der Landesbibliothek fertig gebracht hat. Der Jüngste in einem Kollegenkreis, dem die andern teilweise viermal so lange angehört haben, erscheint er heute nach dem Umfang der Arbeit, den die Kataloge von ihm aufweisen, fast gleich neben ihnen. Auch inhaltlich ist es eine höchst achtbare Leistung, die er in der Ausfertigung der Sachkataloge für die Literärgeschichte und die Wirtembergische Geschichte, vollbracht hat. Er hat sie in der Eigenart der Stuttgarter Sachkataloge mit feinem Verständnis für die Bedürfnisse der Benützer, die freien Zugang zu den Katalogen haben und nicht blos aus Gelehrten bestehen, ausgeführt; daß einige Stichwörter zu weit gefaßt waren, ließ sich nicht von Anfang an übersehen. Für diese Arbeit an den Katalogen hat Fischer eine Gabe mitgebracht, die, wenn auch ein äußerliches Gut, doch für die Bibliotheken je und je von Wert gewesen ist, eine sehr gefällige, gut leserliche Handschrift, die trotzdem durchaus persönliches Gepräge hat. Daß ihm als Jüngstem auch sonst reichliche Arbeit auferlegt wurde, ist selbstverständlich: es sei erinnert an die Uebersiedlung aus dem alten ins neue Gebäude in den Jahren 1883—85, daran anschließend die Uebernahme der Handschriften der Hofbibliothek im Jahre 1886, die vorwiegend von Fischer zu bewältigen war. Trotzdem fand er noch Zeit zu eigener wissenschaftlicher Tätigkeit auf dem Gebiet der Nibelungenforschung und besonders auf dem der Literaturgeschichte seiner Heimat. Auch nachdem Fischer 1888 nach Tübingen weggegangen war, hat er der Stuttgarter Landesbibliothek immer noch alte Anhänglichkeit bewahrt und für die bibliothekarische Arbeit Anteilnahme und Verständnis behalten. Er wußte, daß Handwerksmäßiges mit unterläuft, um so mehr verlangte er wissenschaftlichen Geist, der über dem Ganzen schweben soll, und begrüßte es immer mit Anerkennung, wenn eine wissenschaftliche Leistung aus der Bibliothek hervorging. An der Landesbibliothek wird Hermann Fischers Andenken in Ehren gehalten werden.   Karl Löffler.

Oesterreich. Zusammenwirken der Wiener Bibliotheken. Erlaß des Unterrichtsamts vom 3. Januar 1920 über das Zusammenwirken der Hofbibliothek [jetzt Nationalbibliothek] und der Wiener Universitätsbibliothek:

Gelegentlich der durchzuführenden Uebernahme der bisherigen Hofbibliothek in die Staatsverwaltung erscheint es aus verwaltungstechnischen und finanziellen Gründen geboten, in Hinkunft in weit größerem Maße, als es schon bisher geschah, ein einverständliches Zusammenwirken dieser Bibliothek mit der Wiener Universitätsbibliothek Platz greifen zu lassen, damit das diesen beiden Bibliotheken zugewiesene Personal und die ihnen zur Verfügung stehenden Mittel in möglichst ökonomischer Weise ausgewertet werden. Hierbei wird nach folgenden Grundsätzen vorzugehen sein:

1. Die Hofbibliothek wird wie bisher die Pflege der Literaturgebiete geisteswissenschaftlicher Art fortzuführen haben, während sie von der medizinischen und mathematisch-naturwissenschaftlichen Literatur vorwiegend nur die die Geschichte dieser Wissenschaften betreffenden Werke zu berücksichtigen haben wird. Der Universitätsbibliothek wird es obliegen, auch fernerhin vornehmlich die Publikationen der an der Universität vertretenen Wissensgebiete zu fördern. Bei Anschaffungen auf den von beiden Bibliotheken gepflegten Fachgebieten werden genauere Abgrenzungen zu vereinbaren sein. Hinsichtlich der an beiden Bibliotheken gehaltenen oder in Hinkunft an der einen oder der anderen anzuschaffenden Zeitschriften und Reihenwerke (Fortsetzungswerke, Sammlungen u. dgl.) haben die Direktionen der beiden Bibliotheken eine Vereinbarung darüber zu treffen, welche davon an der einen und welche an der anderen fortgeführt oder aufgelassen werden sollen.

2. Um eine bessere ökonomische Verwendung der zur Verfügung stehenden Mittel zu erzielen, haben die Direktionen der beiden Bibliotheken, wie es bereits bisher gelegentlich geschah, in Hinkunft regelmäßig bezüglich der Erwerbung kostspieligerer Werke, bei denen das Vorhandensein in einer der beiden Bibliotheken genügt, jeweils das Einvernehmen zu pflegen und sich darüber zu verständigen, an welcher Bibliothek die Erwerbung erfolgen soll; ferner haben sie sich hinsichtlich der Anschaffung der laufenden Literatur gegenseitig die Termine der Anschaffungssitzungen bekannt zu geben und die Listen der zu erwerbenden Werke behufs tunlichster Vermeidung der Doppelanschaffungen auszutauschen. Die genauere Festsetzung des einzuhaltenden Vorganges bleibt einer besonderen Vereinbarung der beiden Direktionen überlassen. — An beiden Bibliotheken werden Kataloge in Zettelform über die an der anderen Bibliothek gekauften und deshalb an der eigenen nicht angeschafften Werke zu führen sein.

3. Sobald die Hofbibliothek über Erweiterungen in räumlicher Hinsicht verfügen wird, sind die Zeitungsbestände aus der Universitätsbibliothek in die Hofbibliothek zu übertragen und mit den dortigen Beständen zu einer einheitlichen Sammlung zu vereinigen. Die im Einvernehmen beider Bibliotheken zu treffenden Maßnahmen für die etwaige Behandlung der dann zweifach vorhandenen Bestände bleiben der hierortigen Entscheidung vorbehalten. — Zu den Zeitungsbeständen sind die gesamten Tages- und Wochenblätter allgemeinen, politischen oder fachlichen Inhalts (also mit Ausschluß der fachwissenschaftlichen Zeitschriften), ferner auch noch die Vereinsschriften und ähnliches zu zählen. — Die vereinigten Zeitungsbestände an der Hofbibliothek werden sodann auch räumlich zu einer einheitlichen Sammlung zusammenzufassen sein.

4. Die Hofbibliothek wird weiterhin alle Pflichtexemplare, für welche keine Vergütung zu leisten ist, anzunehmen und zur Erreichung tunlichster Vollständigkeit ihres literarischen Bestandes einzuverleiben haben. Die Universitätsbibliothek dagegen hat zwar alle ihr zustehenden unentgeltlichen Pflichtexemplare einzusammeln, jedoch solche, welche für ihren Leserkreis nicht benötigt werden und an einer anderen staatlichen Bibliothek besser am Platze wären oder dort gekauft werden müßten, an diese abzugeben. Sie wird zum Zwecke der genauen Evidenz eine Liste der abzugebenden Pflichtexemplare, die als solche zu bezeichnen sein werden, zu führen haben. Pflichtexemplare, für die eine Vergütung zu leisten ist, von deren Annahme jedoch die Universitätsbibliothek, weil sie ihr entbehrlich zu sein scheinen, absehen will, sind von ihr in Hinkunft anzunehmen und jener staatlichen Bibliothek auf Grund gepflogenen Einvernehmens gegen Ersatz der Vergütung zu überlassen, die sie sonst zum vollen Preise erwerben müßte.

5. Soweit es bei den aus Schenkungen und Widmungen stammenden Büchern nach den Uebernahmsmodalitäten zulässig ist, kann die Direktion für die eigene Bibliothek entbehrliche oder ungeeignete Bücher entweder als Dublette behandeln oder auch einer anderen staatlichen Bibliothek, für die es Wert haben könnte, überlassen.

6. Ebenso wie die Universitätsbibliothek wird nun auch die Hofbibliothek die Weisungen des Ministerial-Erlasses vom 18. März 1889, Z : 2569 (Beck-

Kelle Nr 309) über die Pflege der Wechselbeziehungen zu den einzelnen
Instituts- und Seminarbibliotheken der Hochschulen bei den Bücheranschaffungen
zu beachten haben. dies namentlich zur Vermeidung von Doppelanschaffungen
von Werken und Zeitschriften, die nach ihrem fachwissenschaftlichen Inhalt
in den Spezialbibliotheken der Institute und Seminare benötigt, in der für
den allgemeinen Leserkreis bestimmten Bibliothek aber nur selten gebraucht
werden.   Der Unterstaatssekretär:
                                                          Glöckl m. p.
     Um möglichen Mißverständnissen des Wortlautes des P. 3 vorzubeugen,
wurde mit Erlaß vom 25. Februar 1920 F. 2566 Abt. 1 in Erläuterung der
Bestimmung über die Vereinigung der Zeitungsbestände bemerkt, daß sie
„sich lediglich auf Zeitungen bezieht, demnach auf Zeitschriften keine Anwendung findet. Sonach werden von der Universitätsbibliothek die allgemeinen und politischen Zeitungen und Zeitungskorrespondenzen (ohne Rücksicht auf den Namen und das Erscheinen) mit Einschluß der fachlichen,
gewerblichen und kommerziellen Blätter in die Hofbibliothek zu übertragen
sein, wogegen diejenigen Zeitungen, die etwa fachwissenschaftliche Geltung
besitzen, wie Lehrerzeitungen, kirchliche Zeitungen usw. auch weiterhin in
der Universitätsbibliothek zu führen sein werden“.

Bemerkungen.

     Vorstehender Erlaß bedarf keiner ausführlichen Erläuterung, da Anlaß
und Zweck klar ausgesprochen werden. Nur einige wenige Bemerkungen
mögen hier noch folgen.
     Schon vor Jahren wurde sowohl in bibliothekarischen wie in gelehrten
Kreisen gelegentlich die Frage erörtert, wie der Schwierigkeit, die darin gelegen war, daß die beiden großen öffentlichen Bibliotheken Wiens, da sie
beide mit unzulänglichen Mitteln ausgestattet waren, den Bedürfnissen nicht
entsprachen und den Anforderungen, die man an eine große der Allgemeinheit dienende neuzeitlich eingerichtete Bibliothek stellen muß, nicht genügen
konnten, begegnet werden könnte. Der Gedanke der Verstaatlichung der
Hofbibliothek wurde gelegentlich erwogen, die Schaffung einer Zentralbiblio-
thek erörtert. (Vgl. darüber meine Anzeige der Schrift M. Ortners „Das
Problem einer wissenschaftlichen Zentralbibliothek Oesterreichs in Wien“ im
Zbl. f. Bw. 15, 1898, S. 207—209, in der ich bereits das behördlich geregelte
Einvernehmen der beiden Bibliotheken, die Anschaffungen betreffend, empfahl.
Mit meinem Vorschlag erklärte sich Ortner in seiner Erwiderung auf meine
Anzeige, ebda S. 327—29, einverstanden. Es kam jedoch nicht zu einer
Regelung.)
     Wenn nun auch fallweise die Bibliotheken miteinander, namentlich soweit
es sich um den Ankauf kostspieliger Werke handelt, aber auch die Behörden
in Fühlung traten, so ließ doch die vollkommene Trennung der Verwaltung
ein richtiges Zusammenwirken der beiden Bibliotheken nicht herstellen. Der
Zusammenbruch und der Umsturz haben nun neue Verhältnisse geschaffen.
Nach einer kurzen Uebergangszeit in der Verwaltung des ganzen hofärarischen
Gutes, zu dem auch die Hofbibliothek gehörte, wurde diese Ende März 1919
in die Verwaltung des Staates, und zwar vom Staatsamt für Unterricht, übernommen. Aber schon vorher bildete die nun völlig geänderte Wiener Biblio-
thekfrage Gegenstand mannigfacher Erörterung. Die Tatsache, daß jetzt der
Staat zwei große Bibliotheken zu verwalten haben werde, und die andere,
daß die überaus schwierigen wirtschaftlichen Verhältnisse, die der Zusammenbruch und namentlich der Gewaltfrieden von St. Germain herbeiführten, dies
nur zu sehr erschweren, endlich daß durch die ungeheure Preissteigerung die
tunlichst große Oekonomie walten müsse, bedingten und beherrschten sie.
Die Zusammenlegung der Bibliotheken, d. h. ihre völlige Verschmelzung oder
doch ihre räumliche Vereinigung, wurde gefordert, von anderer Seite, merkwürdigerweise auch von wissenschaftlicher und fachmännischer, wurde als
Heilmittel empfohlen, daß die Universitätsbibliothek ihre Handschriften, Inkunabeln und sonstigen älteren Drucke der Hofbibliothek abgeben, diese der
Universitätsbibliothek die Hand- und Lehrbücher, daß somit diese lediglich

Studenten- und Studienbibliothek werde (in Unkenntnis der tatsächlichen Verhältnisse mit den Begründungen: „wie es in allen anderen Ländern der Fall ist" oder „daß damit die Universitätsbibliothek ihrer ursprünglichen Bestimmung wieder zugeführt werde"). Auch ein mitunter heftiger Federkrieg in den Tagesblättern zeugte von dem lebhaften Für und Wider. In einem öffentlichen Vortrag über „die Notlage unserer wissenschaftlichen Bibliotheken und Mittel zu ihrer Abhilfe", im hiesigen „Wissenschaftlichen Klub" am 23. März d. J. habe ich die Frage eingehend behandelt und an der Hand der Geschichte des Instituts, seiner Entwicklung und seiner Bedeutung für das wissenschaftliche und geistige Leben und seiner tatsächlichen Leistung das Unberechtigte und Unmögliche der Forderung, die Universitätsbibliothek zu einer Art Studien- und Studentenbibliothek zu gestalten, anderseits die Unmöglichkeit der Zusammenlegung dargetan, diese hätte zur Voraussetzung die Schaffung eines zentralen Bibliotheksgebäudes, dessen Kosten sich auf mindestens 100 Millionen Kronen belaufen und deren Bau eine Reihe von Jahren, wohl ein Jahrzehnt, erfordern würde Es freut mich umsomehr auch einer Stimme aus der Hofbibliothek hier Raum geben zu können, die den gleichen Standpunkt vertritt. O. Smital schreibt darüber in einer jüngst erschienenen Schrift (Die beiden Hofmuseen und die Hofbibliothek. Der Werdegang der Sammlungen, ihre Eigenart und Bedeutung Von Heinrich Zimmermann, Anton Handlirsch und Ottobar Smital mit einem Vorwort von Arpad Weixlgärtner. Wien u. Leipzig: Goldmann 1920), auf die als vortreffliche und aufschlußreiche Uebersicht über die Geschichte der Wiener Palatina besonders verwiesen sei: „Durch Schaffung eines einzigen Institutes würde ein ungeheuer schwerfälliger Apparat entstehen und infolge der Schwierigkeiten, rasch einen einheitlichen Katalog der vereinigten Bestände herzustellen, würden wir wahrscheinlich auf Jahre hinaus überhaupt keine entsprechend benutzbare große Bibliothek in Wien besitzen. Und doch kann gerade die Universität eine ihren Zwecken angepaßte, bequem und rasch benutzbare Bibliothek keinen Augenblick entbehren. Der für das gemeinsame Institut nötige Neubau ist aber mit Rücksicht auf die Finanzen Oesterreichs in absehbarer Zeit überhaupt unmöglich. Daher bliebe als Auskunftmittel nur jenes Nebeneinander bestehen, wie es in Berlin und München in dem Verhältnis der Universitäts- und der Staatsbibliothek längst geschaffen wurde, mit genau begrenzten Aufgaben für beide Institute." Zum Schluß wäre freilich zu bemerken, daß weder in Berlin noch in München es genau begrenzte Aufgaben für beide Institute gibt, da beide vollkommen selbständig und unabhängig von einander sind: die viel bescheideneren Mittel, die den Universitätsbibliotheken im Gegensatz zu den Staatsbibliotheken zustehen, bedingen eben die bescheideneren Aufgaben. Auch darf nicht die ganz anders geartete Entwicklung, die die großen Staatsbibliotheken in Berlin und München im Gegensatz zur Wiener Hofbibliothek, die Fürstenbibliothek geblieben ist (mit allen Vorzügen und Mängeln, auch darüber ist Smitals Darstellung aufschlußreich), genommen haben, übersehen werden. Das Nebeneinanderbestehen der beiden Bibliotheken erscheint mir aber, wie die Dinge liegen, als eine Notwendigkeit, gerade aus fachlich bibliothekarischen Gründen muß man sich gegen eine Verschmelzung von Bibliotheken aussprechen, ein Auskunftsmittel ist aber das durch den Erlaß des Unterrichtsamtes nunmehr vorgeschriebene Zusammenwirken. Diesen Erlaß hätte Smital erwähnen sollen, denn er ist gewiß bedeutsam genug und man darf hoffen, daß er, richtig gehandhabt, sich für beide Institute als heilsam erweisen wird.

Der Erlaß ist das Ergebnis eingehender Beratungen im Unterrichtsamt, an denen außer den zuständigen Beamten dieser Zentralstelle der Rektor der Universität, der Präsident der Akademie der Wissenschaften, ein Vertreter der Bibliothekskommission der Universität und die Direktoren der beiden Bibliotheken teilnahmen. Es wurden eingehend alle oben berührten Fragen erörtert — erwähnen möchte ich, daß ich selbst auch dem Gedanken Raum gab, den ich gelegentlich auch in der Bibliothekskommission der Universität vertrat, daß neben der Universitätsbibliothek, die Gebrauchsbibliothek sein und bleiben müsse, die Hofbibliothek in gewissem Sinne Präsenzbibliothek werden könnte, selbstverständlich mit Zulassung berechtigter Ausnahmen — das Ergebnis war, daß die Erhaltung beider Bibliotheken aus inneren und äußeren Gründen als richtig anerkannt und Maßnahmen für das Zusammenwirken der. beiden Bibliotheken, das sinngemäß auch auf die anderen Bibliotheken ausgedehnt werden sollte, in Aussicht genommen und die beiden Direktoren beauftragt wurden einen Entwurf auszuarbeiten. Im Einvernehmen mit dem Direktor der Hofbibliothek Hofrat Dr. Donabaum legte ich dann einen Entwurf vor, der in einer zweiten Sitzung nach eingehender Besprechung angenommen wurde. Er liegt dem Erlaß zu Grunde.

Drei Gesichtspunkte sind in dem Erlaß festgehalten: 1. die ökonomischere Verwaltung der Geldmittel, daher tunlichste Vermeidung von Doppelanschaffungen, auch was die Zeitschriften betrifft. Aber selbstverständlich können Doppelanschaffungen nicht ausgeschlossen bleiben, denn es gibt Werke, die an beiden Bibliotheken vorhanden sein müssen. Und gerade die jetzigen so großen Schwierigkeiten, die dem einzelnen Gelehrten die Anschaffung meist unmöglich macht, erfordern es ja, daß wichtigere Werke, auch Zeitschriften, an beiden Bibliotheken erhältlich sind. 2. die Vereinigung der Zeitungsbestände und als ferneres Ziel die Schaffung einer Zeitungsbibliothek, das ist die Verwirklichung eines von mir bereits 1913 in einem in der „Neuen Freien Presse" (am 13. September) erschienenen Aufsatz vertretenen Planes. In diesem einen Punkte ist wirklich eine völlige Vereinigung, oder wenn man will, Zusammenlegung der Bestände in Aussicht genommen, die sich vom Standpunkt der Universitätsbibliothek, die an starkem Raummangel leidet und schwerer den nötigen Raum erhalten kann, besonders empfiehlt. (Die Hofbibliothek litt zwar an demselben Uebel, konnte aber jetzt nach dem Umsturz leichter in der Hofburg Räume gewinnen, allerdings haben sich bis jetzt nicht alle Hoffnungen erfüllt.) Würden die schon vorhandenen Zeitungsbestände aus der Universitätsbibliothek entfernt und würden die jährlich neu zuwachsenden nicht mehr hier eingereiht werden, so gewönne sie für viele Jahre hinaus Raum; auch für Zwischengestelle ist noch Platz vorhanden. 3. eine planmäßigere Verteilung der Pflichtexemplare und von Geschenken. Soweit es sich dabei um die ersteren handelt, so bezieht sich diese Bestimmung nur auf die Universitätsbibliothek, nicht auf die Hofbibliothek. Diese würde nach wie vor alle Pflichtexemplare sammeln und aufbewahren, aber es erscheint doch nicht erforderlich, daß auch die Universitätsbibliothek dieselben Pflichtexemplare ebenfalls aufbewahre. Dafür bin ich bereits vor Jahren eingetreten, auch in der oben erwähnten Anzeige der Ortnerschen Schrift, mich darin ihm zum Teil anschließend.

Um die sinngemäße Durchführung des Erlasses anzubahnen, fand in der Hofbibliothek eine von mir veranlaßte Zusammenkunft aller Referenten beider Institute statt, in der der Erlaß eingehend erörtert wurde und seither finden jeweilig Besprechungen der einzelnen Referenten vor den Anschaffungssitzungen statt, so daß in diesen die Vorschläge zumeist bereits im gegenseitigen Einvernehmen gemacht werden.

Um aber auch über die staatlichen Bibliotheken hinaus das im Interesse des ganzen Wiener Bibliothekswesens gelegene Zusammenwirken herbeizuführen, habe ich periodische Zusammenkünfte der Vorstände der größeren öffentlichen Bibliotheken zur Besprechung gemeinsamer Fragen angeregt. Es fanden ungefähr monatlich in der Universitätsbibliothek Direktorenkonferenzen statt, an denen außer den Direktoren (Leitern) der staatlichen Bibliotheken auch die Direktoren der Landesbibliothek und der Stadtbibliothek teilnahmen. Auch hier ist nur ein Anfang gemacht worden, der aber hoffen läßt, daß die Einrichtung sich weiter entwickeln und zur Förderung des Bibliothekswesens in der jetzigen so schwierigen Zeit dienen wird.

Wien.   Frankfurter.

Nachtrag. Auf Grund eines Kabinettsratsbeschluß vom 17. August 1920 erhielt die Hofbibliothek den Namen „Nationalbibliothek". „Für diese Neubenennung war", wie die Staatskorrespondenz mitteilte, „insbesondere die

Erwägung maßgebend, daß einerseits dieser Name am besten das Wesen und den .Charakter dieser Bibliothek im Gegensatz zu den übrigen Staatsbiblio-theken kennzeichnet, anderseits durch diesen Namen jeder staatsrechtliche Hinweis vermieden und lediglich die Zugehörigkeit zur Allgemeinheit aus-gedrückt wird". Hätte man aber dann nicht den historischen Namen bei-behalten können, zumal die Bibliothek in ihrem Standort, der Hofburg, ge-blieben ist und auch weiter bleiben wird?

Die Nationalbibliothek (früher Hofbibliothek) in Wien I. Josefsplatz 1 hat eine 'Büchernachweis-Stelle der österreichischen Bibliotheken' nach dem Muster der Berliner Auskunftsstelle eingerichtet. Bisher hatte die Universitätsbibliothek in Graz und zwar seit Anfang des Jahres 1910 wenigstens die in Oesterreich erschienene Literatur der Berliner Auskunftsstelle nach-zuweisen gesucht. Die neuerrichtete Wiener Büchernachweis-Stelle hat ihre Tätigkeit am 15. Oktober 1920 aufgenommen. Sie wird den österreichischen Bibliotheken auch für den Ankauf von Büchern Hilfe leisten dadurch, daß sie ihnen Auskunft erteilt, ob in der National- oder in der Universitätsbiblio-thek zu Wien ein Werk bereits vorhanden ist oder erworben werden soll. Die gedruckten 'Bestimmungen' können von der Nationalbibliothek bezogen werden. — Die allgemein zugänglichen Vorträge über Schrift-, Buch- und Bibliothekswesen und andere literarische Gebiete, die im Winter 1919/20 in der Nationalbibliothek in Wien eingeführt wurden (vgl. Zentralbl. 36, 1919, S. 281—282; 37, 1920, S. 94), finden auch im Winter 1920/21 statt und begannen am 8. November. — Mit Wirksamkeit vom 1. Oktober 1920 ist Oesterreich dem revidierten Berner' Uebereinkommen zum Schutze von Werken der Literatur und Kunst beigetreten (Staatsgesetzblatt vom 21. Sep-tember 1920, 130. Stück, [Nr.] 435).

Der Archivar und Bibliothekar des Stiftes St. Lambrecht in der Ober-steiermark P. Othmar Wonisch gibt in der Wiener 'Reichspost' vom 29. Sep-tember 1920, 27. Jg. Nr 269 (Morgenblatt) Nachricht über literarische Funde, die er in der Bibliothek des genannten Stiftes gemacht hat. Es sind dies ein Bruchstück aus Wolframs von Eschenbach 'Willehalm' (Pg.-Hs. aus dem beginnenden 14. Jhdt., 300 Verse), ein Stück in deutscher Sprache aus der 'Legende von den Erlebnissen der hl. Familie auf der Flucht nach Aegypten' (Pg.-Hs. aus dem 14. Jhdt.), ein Bruchstück 'aus der Weltchronik des Mönches Frutolf von Michelsberg († 1103)' (12. Jhdt.). Ferner entdeckte P. Wonisch einen 'Holzkalender', einen 'Vorläufer' des steirischen Bauernkalenders und eine 'Zauberrolle aus dem 18. Jahrhundert' (Papierstreifen 6¹/₂ m lang, 13 cm breit). Das Bruchstück aus Wolframs 'Willehalm' ist wieder ein Beweis dafür, daß in der Steiermark Handschriften mittelhochdeutscher Dichtungen vorhanden waren, die zerstört wurden. Im Jahre 1918 hat die Universitäts-bibliothek in Graz durch Vermittlung des Professors Konrad Zwierzina ein Bruchstück aus der 'Rabenschlacht' (14. Jhdt.) erworben, das sich in Seckau in der Obersteiermark befand. Vgl. Neue Bruchstücke altdeutscher Texte aus österreichischen Bibliotheken. Erste Mitteilung von Karl Polheim und Konrad Zwierzina. Graz-Wien-Leipzig, 1920, S. [7].   F. E.

Dänemark. Mit gewohnter Pünktlichkeit hat die Kopenhagener König-liche Bibliothek den von Svend Dahl bearbeiteten Akzessionskatalog der staatlichen Bibliotheken für 1919 veröffentlicht (s. o. S. 188). Der Kreis der beteiligten Sammlungen ist derselbe geblieben wie im Vorjahr, der Umfang ist aber um 10 Seiten gestiegen (357 gegen 347), obgleich die große Ab-teilung über den Weltkrieg um 20 Seiten zurückgegangen ist (31 gegen 51). Das ist wohl ein Zeichen, daß die Buchhandelsverbindungen, die während des Krieges auch für das neutrale Land vielfach gestört waren, 1919 wieder besser gearbeitet haben. An den deutschen Bibliotheken können die dänischen Akzessionskataloge vielleicht hier und da mit Vorteil zur Feststellung von Neuerscheinungen und Fortsetzungen der fremden Literaturen benutzt werden, wenn die Bibliographien im Stich lassen oder fehlen. Besonders gilt das von

den periodischen Schriften, deren Titel im Gesamt-Akzessionskatalog immer
neu aufgeführt werden, wenn während des Jahres Stücke eingelaufen sind.

England. Das Britische Museum hatte während des Krieges seine
wertvollsten Sammlungsgegenstände, besonders die Altertümer, aber auch
Stücke der Bibliotheksabteilungen, an Ort und Stelle gegen Bombengefahr
gesichert oder anderwärts untergebracht, zum Teil in einer der tiefliegenden
Untergrundstationen, zum Teil außerhalb Londons. Im Laufe des Jahres 1919
wurden sie, wie der Report für 1919/20 berichtet, wieder an ihre Stelle zurück-
gebracht oder von den Tausenden von Sandsäcken befreit. Während die
Galerien geschlossen waren und für Kriegsbüros verwendet wurden, blieben
die Bibliotheksabteilungen die ganze Kriegszeit über offen, doch ging die
Besucherzahl, die 1913 zusammen rd 250000 betrug, bis auf 131 000 i. J. 1918
herunter. 1919 hob sie sich wieder, aber doch nur auf 147766. Benutzt
wurden im Lesesaal, im Kartenraum und der Orientalischen Abteilung zusammen 434399 Bände. Der Zuwachs der Druckschriftenabteilung betrug

	Kauf	Tausch	Geschenke	Pflichtlief.	Zus.
Bde u. kl. Schr.	5 584	1 600	3 377	13 371	23 932
Hefte	12 195	3 534	6 406	49 268	71 403
Karten u. Atl. .	238	—	666	706	1 610
Musikalien . .	151	—	21	9 334	9 506
Zeitungen . . .	43	2	708	3 085	3 858

Unter den Erwerbungen waren 25 Inkunabeln, zumeist italienische und französische, und 59 englische Bücher vor 1640. — In der Handschriftenabteilung
kamen hinzu 119 Handschriften, 275 Urkunden und 25 Papyri. 2 illuminierte
mittelalterliche Handschriften stammen aus der Sammlung Yates Thompson,
die eine vom Besitzer geschenkt, die andere in der Auktion gekauft. Im
Arbeitsraum wurden 17946 Tagesbenutzungen von Handschriften und 3015
von Urkunden gezählt. 616 Nummern wurden in 2456 Aufnahmen photo-
graphiert. — Der Zuwachs der Orientalischen Abteilung betrug 2361
Drucke und 407 Handschriften, von letzteren 398 gekauft. Dazu kommen
die umfangreichen, vorwiegend chinesischen Sammlungen von der zweiten
Expedition Aurel Steins nach Chinesisch-Turkestan.

Italien. Durch Gesetz vom 2. Oktober 1919 Nr 2074, veröffentlicht in
der Gazzetta Ufficiale vom 2. Dez. und im Bollettino ufficiale del Ministero
dell' istruzione pubblica vom 11. Dez. 1919 S. 1909 ff., werden für den ganzen
Staat 12 Bibliotheks-Inspektionen (Soprintendenze bibliografiche) geschaffen,
die in den größeren Bibliotheken ihren Sitz haben (Turin, Mailand, Venedig,
Bologna, Florenz Bibl. Nazionale und Mediceo-Laurenziana, Rom B. Vittorio-
Emanuele und Casanatense, Neapel B. Nazionale und Universitaria, Palermo,
Cagliari). Ihre Aufgabe ist die Aufsicht über die Erhaltung der Handschriften,
Inkunabeln und sonstigen Seltenheiten der Staatsbibliotheken, sowie überhaupt
über ihre Erhaltung und Vermehrung, ferner die Aufsicht über die Erhaltung
der Handschriften, Inkunabeln usw. der städtischen, Körperschafts- und Privat-
bibliotheken, über die beschlagnahmten Klosterbibliotheken, die Wahrnehmung
der Schutzbestimmungen betr. Ausfuhr von Handschriften und seltenen
Büchern usw. Dieses Aufsichtsamt wird nebenamtlich den Direktoren der
genannten Bibliotheken gegen eine Funktionszulage von 2000 Lire übertragen.
Zugleich erhält das gesamte staatliche Bibliothekspersonal die folgende neue
Gliederung und Besoldungsordnung (über die bisherige vgl. Zbl. 25. 1908.
S. 307 ff.) Der Etat sieht vor

1. Kateg. { 16 Bibliotecari direttori   8000—12200 L. } bisher Bibliotecari
           { 102 Bibliotecari   5500— 9600 „ } u. sottobibliotecari
2. Kateg.   7 Ragionieri economi   4500— 7000 „
3. Kateg. { 70 Coadjutori   4500— 6500 „ } bisher Ordinatori
           { 104 Assistenti   3000— 5000 „ } distributori
4. Kateg. { 20 Custodi capi   3000— 4000 „ } bisher Uscieri
           { 60 Custodi   2000— 3500 „ }

Inzwischen sind durch ein neues Gesetz die Maximalsätze etwas erhobt worden, bei den Direktoren auf 13000, bei den Bibliothekaren auf 10000 Lire. Für die ersten drei Kategorien ist ein Probedienst vorgeschrieben. Die Annahme dafür erfolgt nach einer Wettbewerbs-Prüfung (concorso), die Angenommenen erhalten während der Probezeit 2 Drittel des Anfangsgehaltes. Vorbedingung für die Zulassung zur Konkurrenz ist in der 1. Kategorie die Laurea in lettere oder in giurisprudenza, in der 2. das Diplom als Rechnungsbeamter, in der 3. das Abgangszeugnis einer Mittelschule 2. Grades (während vorher hier die Licenza ginnasiale gefordert wurde). Bei befriedigenden Leistungen wird der Anwärter zur Fachprüfung zugelassen, die in längstens 2 Jahren abzulegen ist. Der Aufstieg innerhalb der 1. und 3. Kategorie ist ebenfalls von einer Prüfung abhängig, zu der der Bibliothekar nach 8 und der Assistent nach 12 Dienstjahren zugelassen werden kann. Diese Prüfungen finden wohl noch nach dem Regolamento von 1908 statt, vgl. Zbl. 5. 1908. a. a. O. Für den Uebergang von der früheren zu der neuen Einteilung der Beamten ist die Möglichkeit des Aufstiegs aus der 4. in die 3. und aus der 3. in die 1. Kategorie gelassen, in letzterem Fall nur für Inhaber der „Laurea", in beiden unter Ablegung einer Prüfung, die jetzt im Bollettino des Ministeriums vom 27. Mai für den kommenden Oktober ausgeschrieben wird. — Es ist noch zu erwähnen, daß 19 Bibliothekare mit Direktor-Funktionen betraut werden können, wofür sie eine jährliche Entschädigung von 1000 L. beziehen.

Der Biblioteca Marciana in Venedig, deren gegenwärtiger Sitz, die Zecca, unmittelbar an den jetzt zum Palazzo Reale gehörigen alten Bibliotheksbau des Sansovino stößt, ist ein lange gehegter Wunsch erfüllt worden, indem ihr wenigstens einige Zimmer dieses Baues zu Ausstellungszwecken eingeräumt worden sind.

Litauen. In Kaunas (Kowno) ist im Jahre 1919 eine litauische Staats- und Zentralbibliothek begründet worden, die seit dem 1. Januar 1920 mit einem Etat von 28000 M. ausgestattet ist und die Aufgabe hat, die zerstreuten ehemals russischen Regierungs- und verlassene Privatbibliotheken zu sammeln und zu ordnen. Von der in Litauen erscheinden Literatur erhält sie 5 Pflichtexemplare, von denen einige an andere Sammlungen weitergegeben werden. Die Zentralbibliothek enthält jetzt 30000 Bände, das Personal besteht aus 1 Direktor (E. Wolter, früher Bibliothekar der Petersburger Akademie, jetzt zugleich Professor für vergleichende Sprachwissenschaft an der Kownoer Akademie, und 3 Bibliotheks-Skriptoren. Weitere Provinzialbibliotheken sollen organisiert werden.

Neue Bücher und Aufsätze zum Bibliotheks- und Buchwesen.[1])
Zusammengestellt von Richard Meckelein.

Allgemeine Schriften.
Azaïs, Jean. Annuaire des gens de lettres, compositeurs de musique et artistes (Annuaire général des lettres et des arts.) Edition de 1920. (Première année.) Pamiers: L. Narbonne. Paris: „Revue litt. et artistique", L. Narbonne 1920. 468 S.
Who was who. A companion volume to „Who's who", containing the biographies of those who died during the period 1897—1916. New York: Macmillan 1920. · 15, 788 S. 6,50 $.

Bibliothekswesen im allgemeinen.
*Sveriges Offentliga Bibliotek. Stockholm. Uppsala. Lund. Göteborg. Accessions-Katalog 33. 1918. Utg. av Kungl. Biblioteket genom E. Corvin. Stockholm 1920: Norstedt & Söner. IX, 695 S.

---

1) Die an die Redaktion eingesandten Schriften sind mit * bezeichnet.

*Sveriges Offentliga Bibliotek. Tioårs-Register 1906—1915. Utg. av K. Bibl.
    genom S. Hallberg. Bd 1. 2. Stockholm 1919—20, Norstedt & Söner. 1366 S.
Axon, Ernest. The late Mr. C. W. Sutton. The Libr. Assoc. Record 22.
    1920. S. 207—212.
Berghoeffer, Chrn. Wilh. Die wissenschaftliche Arbeit des Bibliothekars.
    Festgabe f. Fr. Cl. Ebrard. Frkf. a. M. 1920. S. 97—103.
Bishop, William W. Estimating the necessary seating capacity of the reading
    room. The Library Journal 45. 1920. S. 732—734.
Bedwell, C. E. A. Law libraries. The Libr. Assoc. Record 22. 1920.
    S 253—256.
Behrend, C. Offentlige Biblioteker i det gamle Rom. Bogens Verden 2.
    1920. S. 119—122. Mit 2 Abb.
Bockwitz, Hans H. Eine Spezial-Kriegssammlung. [Archiv des Ausschusses
    für deutsche Kriegsgefangene, Frankfurt a. M.] Verband deutscher Kriegs-
    sammlungen. Mitteilungen 1920. S. 1—4.
American Library Association. The Booklist book, 1919: a selection. Chicago:
    A. L. A. Pub. Bd. [1920.] 64, 8 S. Powell, Sophy H. Eight hundred
    useful books. 2 nd ed. Washington: A. L. A. 68 S.
Bostwick, Arthur E. Library essays. Papers related to the work of public
    libraries. New York: Wilson Co. [1920]. 432 S. 3 $.
— A librarian's open shelf. Essays on various subjects. New York: H. W.
    Wilson Co. [1920]. 344 S. 3 $.
Carr, John Foster. A greater American Library Association. The Libr.
    Journal 45. 1920. S. 775—778.
*Cushman, Josephine A. A Special Library for the Rubber Industry. The
    Municipal University of Akron. Faculty Studies No 1. Akron: Univ.
    1920. 21 S.
Ecker, A. Bücherzuwachs der öffentlichen Bibliotheken nach dem Kriege.
    Börsenbl. f. d. Deutsch. Buchh. 87. 1920. S. 1268—1269.
Geiger, Karl. Unser bibliothekarischer Beruf. Zbl. f. Bw. 37. 1920. S. 230—24).
Glauning, Otto. Der Artikel 10 der Reichsverfassung und die deutschen
    Bibliotheken. Zbl. f. Bw. 37. 1920. S. 195—202.
Hamilton, William J. County library laws in the United States. The
    Library Journal 45. 1920. S. 727—731.
— Summary of existing County Library Laws. The Libr. Journal 45. 1920.
    S. 780—789.
Heimbach, Hans. Die goldene Legende der Volksbibliothekare. (Fach-
    kunde der Bücherhalle Nr 4.) Blatter f. Volksbibliotheken N. F. 1. 1920.
    S. 238—242.
Hilsenbeck, Adolf. Bibliotheken u. Zeitungen. Zbl. f. Bw. 37. 1920. S. 214
    —226.
Hutchins, Margaret, and others. Guide to the use of libraries; a manual
    for students in the University of Illinois. Urbana, Ill.: Univ. of Ill.
    Library 1920. 179 S. 1,15 $.
Jerrmann, Hertha. Oeffentliche Lesesäle, insbesondere Zeitungslesesäle, mit
    einem Streifblick auf englische und holländische Lesesäle. Blätter f.
    Volksbibliotheken N. F. 1. 1920. S. 246—250.
*Katalog över böcker som folk- och skolebibliothek kunna erhålla i stats-
    bidrag. På uppdrag av Kungl. Ecklesiastikdepartementet utg. av Fred.
    Hjelmqvist. Tilläg 2 till grundkatalog 1915—16. Stockholm 1920: J.
    Hæggström. 52 S. 4º.
Long, Alice B. State School Library Laws, a digest. The Wilson Bulletin 1.
    1920. S. 505—513. State School Library Lists S. 513—514.
Lundberg, Hildur. När vi börja. Några praktiska vinkar angående grundande
    av ett folkbibliotek. Biblioteksbladet 5. 1920. S. 139—153. Mit 3 Abb.
Luther, Arthur. Zur Frage der zeitlichen und sachlichen Abgrenzung der
    Weltkriegs- und Revolutionsbüchereien. Verband deutscher Kriegssamm-
    lungen, Mitteilungen 1920. S. 60—65.

Minde-Pouet, Georg. Gemeinsame Aufgaben der deutschen Bibliotheken. Zbl. f. Bw. 37. 1920. S. 203—209.

Verband deutscher Kriegssammlungen E. V. Mitteilungen 1920. No 1. Hrsg. Albert Schramm und Hans Bockwitz. Leipzig: Hiersemann. Heft 1. 36 S. 4⁰. Jährl. 4 Hefte für Nichtmitglieder 60 M.

Peacock, B. Marjorie. A School and club librarians handbook, with notes on rural libraries. London 1920: Grafton. 93 S. 5 s. (Coptic series for librarians.)

Plate. Signaturen für größere Bücherhallen. Blätter f. Volksbibliotheken N. F. 1. 1920. S. 203—202.

Power, Ralph L. Women in Special Libraries. The Library Journal 45. 1920. S. 690—695. Mit 5 Portr.

Praesent, Hans. Kartentiteldrucke und Kartenbibliographieen. (Vortrag auf d. 16. Deutschen Bibliothekartage in Weimar am 27. Mai 1920.) Börsenbl. f. d. Dtsch. Buchh. 87. 1920. S. 1089—1093. Auszug Zbl. f. Bw. 37. 1920. S. 227—29.

Proceedings of the 43d annual meeting of the Library Association held at Norwich, Sept. 6—10, 1920. The Libr. Ass. Record 22. 1920. S. 319—348.

Schmaltz, Gustav. Die Methoden des Ordnens und ihre Anwendung auf technische Zwecke. Forschungsarbeiten auf dem Gebiete des Ingenieurwesens. 1920. Heft 223. 54 S.

Schönherr-Reyelt, Hanna. Hagen, die Zentralberatungsstelle für das öffentliche Büchereiwesen in der Provinz Westfalen. Blätter f. Volksbibliotheken N. F. 1. 1920. S. 202—206.

Schultze, Walther. Die Katalogisierung der Kriegssammlungen. Verband deutscher Kriegssammlungen, Mitteilungen 1920. S. 41—54.

*Verhandlungen der Vereinigung Schweizerischer Bibliothekare. Bulletin de l'Association des bibliothécaires suisses. Nr 3. 1918/19. Zürich: Verl. d. Vereinigung 1919. 44 S.

16. Versammlung Deutscher Bibliothekare in Weimar am 26. u. 27. Mai 1920. Zbl. f. Bw. 37. 1920. S. 193—242.

*Walde, O. Storhetstidens litterära krigsbyten. En kulturhistorisk bibliografisk studie. II. Uppsala (Almqvist & Wiksell) 1920. 4 Bl. 510 S. 25 Kr. Luxusausg. m. 19 Taf. (nur durch d. Verf.) 45 Kr.

Wheeler, Joseph L. Home reading with school credit. The Library Journal 45. 1920. S. 679—682. Mit 1 Abb.

Einzelne Bibliotheken.

Berlin. Altmann, Wilhelm. Die Musikabteilung der Preußischen Staatsbibliothek in Berlin. Geschichtliches und Organisatorisches dieser Sammlung. Der Kunstwanderer 2. 1920. 29—31. 74—76. 91—94.

— — Wichtigere Neuerwerbungen der Musikabteilung der Preuß. Staatsbibliothek im Etatsjahr 1919. Zeitschr. f. Musikwissensch. 2. 1920. S. 539—540.

— Schuster, Jul. Die Dokumenten-Sammlung Darmstaedter der Preuß. Staatsbibliothek u. ihre Bedeutung als historisches Archiv f. Naturwissenschaften u. Medizin. Naturwiss. Wochenschrift N. F. 19. 1920 S. 707—710.

— Verein der Freunde der Preuß. Staatsbibliothek, Jahresbericht f. 1920. 3 S. 4⁰.

— Zuwachs d. Bibliothek des Reichspatentamts. Juli—Sept. 1920. 32 S.

Dresden. *Arbeiten aus d. Ratsarchiv u. der Stadtbibliothek zu Dresden. · Bd 1. Gg. H. Müller, Richard Wagner in der Mai-Revolution 1849. Dresden: O. Laube 1919. 63 S.

Erfurt. *Theele, Jos. Die Handschriften des Benediktinerklosters S. Petri zu Erfurt. Ein bibliotheksgeschichtl. Rekonstruktionsversuch. M. e. Beitrag: Die Buchbinderei des Petersklosters von P. Schwenke. Beihefte zum Zbl. f. Bw. 48. Leipzig: O. Harrassowitz 1920. XI, 220 S. 2 Taf. 35 M.

Frankfurt. *Stadtbibliothek Frankfurt a. M. (Katalog der Ständigen Ausstellung.) Handschriften, Einbände, Formschnitte u. Kupferstiche des 15. Jahrh. (bearb. v. Em. Sarnow). Frankf. a. M.: J. Baer & C. 1920. X, 94 S. 8 Taf.

Frankfurt. Traut, Herm. Dr. Adolf v. Glauburg u. seine Bibliothek. Fest-
gabe für Fr. Cl. Ebrard. Frkf. a. M. 1920. S. 1—34.
— Freimann, A. Die hebräischen Inkunabeln der Stadtbibl. zu Frankfurt a. M.
Festgabe f. Fr. Cl. Ebrard. Frkf. a. M. 1920. S. 129—144.
Jena. Bericht über die Tätigkeit des Kriegsarchivs der Universitäts-Biblio-
thek zu Jena 1918 und 1919. Verband deutscher Kriegssammlungen.
Mitteilungen 1920. S. 7—8.
Leipzig. Fick, Richard. Das Weiterbestehen der Deutschen Bücherei —
eine Forderung der Wissenschaft. Börsenbl. f. d. Deutsch. Buchh. 87.
1920. S. 1225—1229.
— Praesent, Hans. Der Daseinskampf der Deutschen Bücherei im deutschen
Bibliothekswesen. Die Grenzboten 79. 1920 S. 117—125.
— — Die Kartensammlung der Deutschen Bücherei. Mit 4 Abb. Das Echo,
Nr 1960. 16./9. 1920. S. 2151—53.
— — Die Kartensammlung der Deutschen Bücherei. Deutsche Verleger-
zeitung, Jg. 1. S. 334—335.
— — La biblioteca modelo en Leipzig. El correo de Alemania, Jg. 7. 1920.
S. 21—23. [Mit 4 Abb.]
— Bibliothek des Börsenvereins der Deutschen Buchhändler zu Leipzig. Zu-
wachs seit Abschluß des Katalogs Bd II. No 20. Börsenbl. f. d. Deutschen
Buchh. 87. 1920. S. 1051/53. 1065/66. 1074/76. 1100/03. 1107/10.
1141/44. 1166/68. 1185·86. 1260/61. 1269/71. 1285/87. 1302/1. 1330/32. 1343 f.
München. Glauning, Otto. Die zeitliche und sachliche Abgrenzung der
Sammelgebiete der Weltkriegs- und Revolutionsliteratur an der Bayerischen'
Staatsbibliothek. Verband deutscher Kriegssammlungen, Mitteilungen 1920.
S. 54—60.
— Reismüller, Georg. Zur Geschichte der chinesischen Büchersammlung der
Bayerischen Staatsbibliothek. Ostasiatische Zeitschrift 8. 1919/20. S. 330
—336.
Salzburg. Jungwirt, P. Augustin. Mozarts Handschriften im Stifte St. Peter ·
in Salzburg. Mitteilungen der Salzburger Festspielhaus-Gemeinde. 3. Jg.
1920. Nr 5. S. 1—4.
Stuttgart. Leuze, Otto. Neue handschriftliche Nachlässe in der Württemb.
Landesbibliothek (Wilhelm Dieterich, Albert Knapp, Theodor Pressel).
Blätter für württemberg. Kirchengesch. N. F. 24. 1920. S. 115—119.
Wernigerode. *(Herse, Wilh.) Jahresbericht der Fürstlichen Bibliothek zu
Wernigerode vom 1. Juli 1919 bis 30. Juni 1920. Wernigerode: Harzer
Graph. Kunstanstalt. · 12 S.
Zürich. Zuwachsverzeichnis der Bibliotheken in Zürich 24. 1920. I. II.
(Januar bis Juni). Zürich: Berichthaus 1920. 76, 89 S.

Chicago. *The University of Chicago. Report of the Director of the Uni-
versity Libraries 1917—1919. Repr. from the President's Report, 1917
—1919. 26 S.
— *The University of Chicago. The University Libraries. Rules for shelf-
listing. Chicago: Univ. Pr. 1919. 5 Bl.
Fonte Avellana. Vitaletti, Guido. Un inventario di codici del secolo
XIII e le vicende della Biblioteca, dell' Archivio e del Tesoro di Fonte
Avellana. La Bibliofilía 22. 1920. S. 30—41. (Schluß.)
Genf. *Ville de Genève. Bibliothèque publique et universitaire. Compte
rendu pour l'année 1919. Genève: A. Kundig 1920. 21 S. Aus: Compte
rendu de l'administration municipale de la Ville de Genève pour l'année 1919.
Haag. *Catalogus van Folklore in de Koninkl. Bibliotheek. 2 Deel. Buiten
Europa. Supplement. Den Haag: „Humanitas" 1920. VIII, 270 S.
Helsingfors. *Berättelse över Universitetsbibliotekets förvaltning och
verksamhet under läsåren 1917—1920. Avgiven till Universitetes rektor
av överbibliotekarien. Helsingfors 1920: Holger Schildts Tryckeri. 35 S.
Helsingin yliopiston kirjaston julkaisuja 3. Helsingfors Universitetsbiblio-
teks skrifter 3.

Helsingfors. *Instruktion für Universitetsbiblioteket av den 7 April 1919 jämte arbetsordning. Helsingfors 1920: J. Simelii Arvingars Boktr. A. B. 20 S.

London. Peet, H. W. Devonshire House Reference Library: Quaker printing and the library's treasures. The Libr. Assoc. Record 22. 1920. S. 229—231.

Lugo. Mambelli, Giuliano. Gli incunabuli della Biblioteca Comunale Trisi di Lugo. La Bibliofilia 22. 1920. S. 51—66. (Wird fortges.)

New York. Haskell, Daniel C. Foreign plays in English; a list of translations in the New York Public Libr. [A bibliography.] New York: Publ. Libr. 1920. 80 S. 80 c.

Norwich. Nowell, Charles. The libraries of Norwich. The Library Assoc. Record 22. 1920. S. 290—306.

Queens Borough. Report of The Queens Borough Public Library for the year ending December 31, 1919. New York City 1920. 39 S.

*Uppsala Universitets Biblioteks Årsberättelse f. år 1919. Uppsala 1920: Almqvist & Wiksell. 42 S. (Aus: Universitetets i. U. Redogörelse.)

Washington. Bowerman, George F. Washington library reclassification substitute. The Library Journal 45. 1920. S. 687—690.

— U. S. Bureau of Education. Library. List of references on consolidation of schools. Washington: Gov. Pr. Off. 8 S. (Library leaflet 11.)

Schriftwesen und Handschriftenkunde.

Delarue, H. Albert Dürer Miniaturiste. La Bibliofilia 22. 1920. S. 18—25.

Haseloff, Arthur. Die vorkarolingische Buchmalerei im Lichte der großen Veröffentlichung des Deutschen Vereins [für Kunstwissenschaft. Denkmäler deutscher Kunst III, 1. Vorkarolingische Miniaturen. Hrsg. v. E. H. Zimmermann. Berlin 1916]. Repert. f. Kunstwissensch. 42. N. F. 7. 1920. S. 161—220.

Die Heiligenlegende des Jakobus de Voragine aus d. J. 1324 in der Stadtbibl. Frankfurt a. M. (Priv.-Druck.) Offenbach a. M. 1920: Gebr. Klingspor. 2 Bl., 6 Abb. 2°.

Intorno al manoscritto estense di Niccolò Glockendon. La Bibliofilia 22. 1920. S. 25—30. Mit 4 Facs.

Schottenloher, Karl. Buchwidmungsbilder in Handschriften und Frühdrucken. I. Zeitschrift für Bücherfreunde N. F. 12. 1920/21. S. 149—172. Mit 17 Bildern

Uhl, Wilhelm. Die Erfindung der Schrift. II. Zeitschr. des Deutschen Vereins für Buchwesen und Schrifttum 3. 1920. S. 65—74. (Wird fortges.)

Buchgewerbe.

Bogeng, G. A. E. Betrachtungen zur Buchkunstbewegung der Gegenwart. III. Die französische Liebhaberausgabe. (Schluß.) Der Kunstwanderer 2. 1920. S. 49—53.

Braungart, Richard. Münchener Gebrauchsgraphik und Reklamekunst. Archiv f. Buchgewerbe u. Graphik 57. 1920. S. 121—128. Mit zahlr. Abb.

Deutscher Buch- und Steindrucker. Monatl. Bericht über die graphischen Künste und Gewerbe der Gegenwart. Vereinigt mit dem 1834 begr. „Journal für Buchdruckerkunst". 27. Jahrg. Heft 1. 60 S. mit zahlr. Taf. Jährl. 50 M.

Catalogue général des ouvrages imprimés pour les aveugles en France et en Suisse romande. Abbeville: F. Paillart. Paris: Société d'impression et de reliure du livre pour les aveugles 1920. 32 S.

Eisenbart, Karl Onno. Ein berühmter Buchdrucker. Christoph Plantin zum Gedächtnis. Typograph. Jahrbücher 41. 1920. S. 217—249.

Herrmann, Albert. Die ältesten chinesischen Karten von Zentral- und Westasien. Ostasiat. Zeitschr. 8. 1919/20. S. 185—198. Mit 1 Tafel.

Junkelmann, R. E. Blaubirers Kalender vom Jahre 1481. Zeitschr. d. Deutschen Ver. f. Buchwesen u. Schrifttum 3. 1920. S. 74—78. Mit 3 Facs.

Ein Lied Von Belagerung der Stadt Frankfurt im Jahre 1552. Namens der Stadtbibl. den Teilnehmern an den bibliophilen Veranstaltungen am 10. Okt. 1920 überreicht v. Friedr. Clem. Ebrard. Frankfurt a. M. 1920. 6 Bl., 4 Bl. Faks.

Madan, Falconer. The Daniel Press at Frome and Oxford. The Library 4. Series 1. 1920 (Transactions of the Bibliogr. Society). S. 65—67. 1 Facs.

*Mori, G. Eine Frankfurter Schriftprobe vom J. 1592. Studie zur Gesch. des Frankfurter Schriftgießer - Gewerbes. (Priv.-Dr.) Frankfurt a. M.: Schriftgieß. D. Stempel. 8 S. 1 Faks. 2⁰.

Piper, Cecil. The early printers and booksellers of Winchester. The Library IV, 1. 1920 (Transactions of the Bibliogr. Soc.) S. 103—110.

Renner, Paul Münchener Typographie. Archiv f. Buchgewerbe u. Graphik 57. 1920. S. 112—120. Mit zahlr. Abb. (Sonderausg. ohne Abb. u. d. Tit.: Zwanzig Jahre Münchener Typographie. München 1920: Knorr & Hirth. 20 S. Priv.-Dr.)

Ricci, Seymour de. Colard Mansion. The Library IV, 1. 1920 (Transactions of the Bibliogr. Soc.) S. 95—96.

Schön, Erhard. Unterweisung der Proportion u. Stellung der Possen, Nürnberg 1542. In getreuer Nachbildung hrsg. Mit e. Einführung von Leo Baer. Frankf. a. M.: J. Baer & Co. 1920. 6 Bl., 24 Bl. Faks., 3 Taf.

Schramm, Albert. Der Bilderschmuck der Frühdrucke. 2. Die Drucke von Günther Zainer in Augsburg. Leipzig: Deutsches Museum f. Buch u. Schrift 1920. (K. W. Hiersemann.) 24 S. 100 Taf. 2⁰. 300 M. [1 erscheint später.]

Smith, J. Bulman. Books for the blind. Their production and circulation. The Libr. Assoc. Record 22. 1920. S. 257—259.

Weltz, H. Die Buchdrucker- und Verleger-Familie Kolb in Frankenthal und Speyer und ihre Nachkommen. Pfälzisches Museum 37. 1920. S. 41—47. Mit 4 Abb.

Wolf, Georg Jacob. Münchener Buchkunst. Archiv f. Buchgewerbe u. Graphik 57. 1920. S. 107—111. Mit zahlr. Abb.

Buchhandel.

Benesch, Jos. A. Der serbische Buchhandel. Börsenbl. f. d. Deutsch. Buchh. 87. 1920. S. 1131—1132.

Bonnier, Isidor Adolf. Anteckningar om svenska bokhandlare intill år 1900 jämte strödda notiser från senare tid. 1. Landsortsbokhandlare. Stockholm: J. A. Bonnier. 33,50 Kr.

Das deutsche Buch. Katalog der Sonder-Ausstellung während der Herbstmesse Oktober 1920 im Viktoria-Messhaus Frankfurt a. M. Hrsg. von der Deutschen Gesellschaft für Auslandsbuchhandel. Leipzig: D. Ges. f. Auslandsbuchh. 1920. XVIII, 355 S. 1 Plan u. 2 Taf.

Delbanco, G. A. Sozialistische Buchhandlungen. Börsenbl. f. d. Deutsch. Buchh. 87. 1920. S. 1273—1275.

Dietze, Walter. Die Preisbildung des deutschen Buchhandels im Lichte der Kriegswucherverordnungen. Berlin 1919: Stein. 102 S. Würzburger Rechts- u. staatswiss. Dissertation vom 15. Febr. 1920.

Eltzschig, Georg. Ueber den Sortimentsbuchhandel und seine Spezialisierung. Börsenbl. f. d. Deutsch. Buchh. 87. 1920. S. 1121—1125.

Hansen, C. M. Fra Gyldendalske Boghandel i svundne Dage. Spredte Minder fra Hverdag og Fest. København: (A. Andersen). 3 Kr.

Junker, Carl. Die Reorganisation des österreichischen Buch-, Kunst- u. Musikalienhandels. Eine Denkschrift. Börsenbl. f. d. Deutsch. Buchh. 87. 1920. S. 1137—1138.

Karten und wissenschaftliche Veröffentlichungen der Landesaufnahme mit Preisverzeichnis, Kartenproben und Uebersichtsblättern. Berlin 1920: Landesaufnahme. 96 S. m. Beil.

Kellen, Tony. Die zweite Stuttgarter Buchmesse. Börsenbl. f. d. Deutsch. Buchh. 87. 1920. S. 1221—1224.

Loele, Kurt. Der Buchhandel auf der Leipziger Herbstmesse 1920. Bursenbl.
f. d. Deutsch. Buchh. 87. 1920. S. 1069—1072.
Schirmeisen, Andr. Von Büchern, Bücherkunden und Buchhändlern im
Felde. Börsenbl. f. d. Dtsch. Buchh. 87. 1920. S. 954—960.
Rath, Phil. Das Meßmemorial des Frankfurter „Buchhändlers" Michel Harder
(1569) u. der Frankfurter Volksbücherverlag des Herm. Gülfferich. Der
Sammler 10. 1920. Nr 40. S. 1—3.
Internationale Statistik der geistigen Produktion im Jahre 1918. [Ueber-
setzung aus „Le Droit d'Auteur", Bern, v. 15. Dez. 1919.] Bürsenbl. f.
d. Dtsch. Buchh. 87. 1920. S. 1113—1118.
Verzeichnis der auf Grund der §§ 184 Ziffer 1, 41 Reichsstrafgesetzbuches
rechtskräftig unbrauchbar zu machenden unzüchtigen Schriften. Hrsg. v.
d. dt. Zentralpolizeistelle z. Bekämpfung unzücht. Bilder u. Schriften bei
d. preuß. Polizeipräsidium in Berlin. Als Ms. gedr. Berlin 1920: Reichsdr.
102 S.
Wangart, Stefan. Dritte Frankfurter Internationale Messe (Herbstmesse).
Das deutsche Buch. Börsenbl. f. d. Deutsch. Buchh. 87. 1920. S. 1229
—1230. 1237—1238.

Zeitungen und Zeitschriftenwesen.
Bertheau, F. R. Das Zeitungswesen in Hamburg während des Weltkrieges.
Verband deutscher Kriegssammlungen. Mitteilungen 1920. S. 13—22.
Green, Thomas E. The making of a Japanese newspaper. The National
Geographic Magazine 38. 1920. S. 327—334. Mit 3 Abb.

Allgemeine und Nationalbibliographie.
*Frels, Wilh. Buchhändlerische und bibliothekarische Bibliographie. Drei
Aufsätze. M. e Geleitwort von Artur Seemann. Sond.-A. a. d. Börsenbl.
f. d. D. Buch. Jg. 87. Nr 151, 168, 220 u. 221. Als Hd. gedr. Leipzig 1920.
Deutschland. Kohfeldt, G. Neue niederdeutsche Bücher. Blätter f. Volks-
bibliotheken N. F. 1. 1920. S. 207—211.
Polen. Muszkowski, Jan. Przegląd bibljografji polskiej 1900.—1918. Warszawa:
M. Aret 1919. 55, VI S. 9 M. Aus: Przegląd Historyczny 21 (Ser. II,
t. 1). [Uebersicht über die poln. Bibliographie 1900—1918.]
Spanien. Ribelles Comin, José: Bibliografía de la lengua valenciana o sea
catálogo razonada por orden alfabético de autores de los libros . . .
desde el establecimiento de la imprenta en España hasta nuestros días.
Madrid 1915 (1920): Revista de arch. 676 S. 4º.
Vereinigte Staaten. The cumulative book index; 22nd annual cumulation;
author, title and subject catalog in one alphabet of books publ. June 1919
—June 1920. Compiled by Emma L. Teich and others. New York:
Wilson Co. 1920. 24, 677 S. 4º.

Antiquariatskataloge.
Antiquariat Niedersachsen, Göttingen. Nr 164: Alte Drucke. Selten-
heiten. 578 Nrn.
Baer & Co., J., Frankfurt a. M. Nr 665: Zur Geschichte der Wissenschaften.
Nr 2423—3721. — Nr 666: Nationalökonomie. Nr 4728—6893. — Nr 667:
Rheinprovinz. Westfalen. 2754 Nrn.
Björck u. Börjesson, Stockholm. Nr 157: Aldere och Sällsynda Svenska
Böcker, Planschverk och Autografer. 887 Nrn.
Buchholz, München. Nr 58: Geographie und Reisen. 954 Nrn.
Deibler, J., Inh. A. Preßl, Wien. Nr 9: Alte Drucke. Almanache usw. 1034 Nrn.
Fälkenroth, A., Bonn. Auswahl-Verzeichnis Nr 6. 742 Nrn.
Gaudolfi, A., Bologna. Nr 74: Catalogo di libri antichi e moderni. 550 Nrn.
Gerschel, O., Stuttgart. Bücherkasten. Jg. VI. Nr 5. Nr 3557—4427.
Götz, M., München. Antiquariats-Anzeiger. Nr 994: Neuerwerbungen. 1032 Nrn.
Gouchy, L., Paris. Nr 354: Catalogue Mensuel. 1036 Nrn. — Nr 355:
Catalogue Mensuel. 1101 Nrn.

Graupe, P., Berlin. Nr 94: Moderne Bücherluxusdrucke. 419 Nrn. — Nr 95: Moderne Graphik. 318 Nrn. — Nr 96: Geschichte. Geographie. 974 Nrn.
Gsellius'sche Bh., Berlin. Nr 352: Biographien, Briefwechsel. Memoiren. 1634 Nrn.
Harrwitz, M., Nikolasee-Berlin. Nr 112: Humor und Satire. Witz und Parodien. 500 Nrn.
Hiersemann, Karl W., Leipzig. Nr 482: Rechtswissenschaft. 675 Nrn.
Kellner, St, Budapest. Nr 1: Luxusdrucke. Graphik. 660 Nrn.
Koehlers Antiquarium, Leipzig. Neuerwerbungen. 1920. Heft 8: 181 Nrn. Heft 9: 195 Nrn. Heft 10: 283 Nrn. Heft 11: 315 Nrn
Lafaire, H., Hannover. Bücherverzeichnis Nr 5. Verschiedenes. 631 Nrn.
Liebisch, B, Leipzig. Nr 233: Geschichte des Mittelalters. 4864 Nrn.
Liepmannssohn, L, Berlin. Nr 206: Seltene Bücher und graphische Drucke. 282 Nrn.
Markert & Petters, Leipzig. Katalog XIX: Altertumskunde I. 1519 Nrn.
Meyer, F., Leipzig. Nr 157: Von Afrika nach Zürich. 810 Nrn. — Nr 158: Kulturgeschichte. Volkskunde. Philosophie und Kunst. Deutsche Literatur. 17774 Nrn.
Nijhoff, M., Haag. Nr 457: Choix de Livres sur les Beaux-Arts. 667 Nrn. — Nr 458: Livres Anciens et Modernes. 356 Nrn.
Poppe, K. M., Leipzig. Nr 16: Musik 547 Nrn.
Prager, R. L., Berlin. Nr 202: England in Geschichte, Volkswirtschaft und Recht. 825 Nrn.
Quaritch, B., London. Nr 360: Rare and valuable books. 1445 Nrn.
Rahn, W., Stettin. Nr 58: Neuerwerbungen. Bücher aus allen Wissenschaften. 1046 Nrn.
Rauthe, O., Berlin. Nr 86: Autographen. 3418 Nrn. — Nr 87: Bücher aus fünf Jahrhunderten. 1411 Nrn. — Nr 88: Graphik. 582 Nrn.
Röder, O., Leipzig. Nr 20: Kunst. Archäologie. Kunstgewerbe. Architektur. 842 Nrn.
Rossbergsche Bh., Leipzig Katalog XVII: Ausländische Literatur. 1611 Nrn.
Saffroy, H., Paris. Nr 5: Livres Anciens et Modernes. Nr 2371—2998.
Schöningh, F., Osnabrück. Nr 196: Geschichte. Literatur. Kunst etc. 1001 Nrn.
Steinkopf, J F., Stuttgart. Antiquariatskatalog. Theologie.
Vindel, P., Madrid. Nr 6: Repertorio de Libros Antiguos Raros o Curiosos. Nr 2181—3256.
v. Zahn u. Jaensch, Dresden. Nr 286: Altes und Neues f. Bücherliebhaber. 1405 Nrn. — Nr 289: Länder- und Völkerkunde. 2392 Nrn.

Bücherauktionen.

Aachen am 12. Okt. 1920: Reichhaltige Büchersammlung a. d. Bes. d. H. Rekt. Jos Weck-Aachen. 355 Nrn. Bei Wiss. Ant. u. Verlagsbuchh. Creutzer. G. m. b. H.
Berlin am 7. u. 8. Okt. 1920: Autographen. Goethe und der Weimarer Kreis in Bild und Schrift. Ludw. Richter, Handzeichnungen. 262 Nrn. Bei K. E Henrici
— am 17. u. 18. Okt. 1920: Das moderne Buch. 609 Nrn. Bei S. Martin Fraenkel.
— am 23. u. 24. Okt. 1920: Verst. dekorativer Kunstblätter d. 18. Jahrhunderts. 192 Nrn. Bei K. E. Henrici.
— am 24. Nov. 1920: Friedrich der Große. Der Mann. Das Werk. 469 Nrn. Bei S. Martin Fraenkel.
— am 10. u. 11. Dez. 1920: Seltene Bücher. 505 Nrn. Bei S. Martin Fraenkel.
— am 13. Dez. 1920: Bildnisse. Bildnis-Miniaturen. Dekorative Gemälde u. Handzeichnungen. 99 Nrn. Bei K. E. Henrici.
— am 14. Dez. 1920: Bücher-, Luxus- u. Liebhaber-Ausgaben. Illustr. Bücher. Kunstgeschichte. Klassiker. 366 Nrn. Bei R. Lepke's Kunst-Auktionshaus.
— am 15. Dez. 1920: Die Bibliothek eines Bücherfreundes. 312 Nrn. Beim Graphischen Kabinett.
Danzig am 14. Dez. 1920: Seltene Bücher. 652 Nrn. Bei M. Bruckstein & Sohn.

Haag am 15.—17. Nov. 1920: Bibl. sur le Sport. 1537 Nrn. Bei van Stockums Ant.
— am 13.—29. Nov. 1920: Livres de diverses Bibliothèques. Nr 1538—5488.
Bei van Stockums Ant.
Köln a. Rh am 25.—29. Okt. 1920: Versch. Bücher. 1493 Nrn. Bei K. A.
Stauff & Cie. ˈ
— am 29. u. 30. Nov. 1920: Alte Schloßbibliothek aus dem Besitz von weil.
Prof. J. Kocks- von Geyr von Schweppenburg in Bonn. 636 Nrn. Beim
Wiss. Ant. u. Verl. Creutzer. G. m. b. H.
— 9. Dez. 1920: Kunst und Kunstgewerbe. Luxusdrucke. 194 Nrn. Ebenda.
Leiden am 15.—30. Nov. 1920. Livres de diverses Bibliothèques. 5010 Nrn.
Bei Burgersdijk & Niermans
Leipzig am 28. u. 29. Okt. 1920: Aus einer deutschen Schloßbibl. 802 Nrn.
Bei Oswald Weigel.
— am 2. u. 3. Dez. 1920: Deutsche Literatur. Buchwesen. 841 Nrn. Ebenda.
Lissabon am 5. Dez. 1920: Livros Antigos e Modernos. (Letra A - I.)
1—1284 Nrn. Bei Moraes.
— am 6. Dez. 1920: Livros Antigos e Modernes. (Letra J—Z.) 1285—2353 Nrn.
Ebenda.
Louvain am 22.—26. Nov. 1920: Livres de diverses Bibliothèques. 1565 Nrn.
Bei R. Fonteyn.
Paris am 15.—18. Nov. 1920: Bibliothèque de M. le Cte. René de Béarn.,
Deuxième Partie. 587 Nrn. Bei L. Gouchy.
— am 25.—27. Nov. 1920: Bibliothèque de feu M. D.*** 528 Nrn. Ebenda.
— am 15.—17. Dez. 1920: Livres rares etc. 557 Nrn. Bei Ém. Paul.
Wien am 30. Sept.—9. Okt. 1920: Sammlung Sr. Durchlaucht,des Prinzen R.....
B.... 204 Nrn. Bei Gilhofer & Ranschburg.
— am 14.—17. Nov. 1920: Alt Wien. Oesterreich. Böhmen. 663 Nrn. Ebenda.
— am 10.—14. Dezember 1920: Sammlung Franz von Sponer. 664 Nrn. Ebenda.

Personalnachrichten.

Berlin. Die bibliothekarische Fachprüfung bestanden am 3. und 4. Dezember die Volontäre Dr. Dr. Franz Steinleitner, Walther Lehmann (Berlin SB), Kurt Gassen, Walter Simon (Berlin UB), Fritz Löwenthal (Göttingen UB) und Friedrich Stamm (Münster UB).
— SB. Der Bibliothekar Dr. Herbert Oberländer wurde an Kiel UB und der Bibliothekar Dr. Johannes Asen an Berlin UB versetzt. Der Assistent Dr. Ernst Consentius wurde zum Hilfsbibliothekar ernannt.
— UB. Der Bibliothekar Dr. Richard Meckelein wurde an Berlin SB zurückversetzt.
— B. d. Landesvers. Der Direktor Geh. Reg.-Rat Prof. Dr. August Wolfstieg trat in den Ruhestand.
Bonn UB. Der Assistent Dr. Joachim Kuhnt wurde zum Hilfsbibliothekar an Berlin SB ernannt.
Breslau SUB. Der mit der Leitung der Bibliothek der TH betraute Bibliothekar Dr. Paul Pescheck wurde endgültig an diese versetzt.
Darmstadt LB. Der wissensch. Hilfsarbeiter Dr. Friedrich Noack erhielt die venia legendi an der TH für Musikwissenschaft und Redekunst.
Dresden Wehrkreisbücherei. Zum Vorstand wurde Dr. phil. Holm Zerener ernannt.
Elberfeld StB. Die Volontäre Dr. Anton Lütteken und Dr. Otto Baumgard sind ausgeschieden. Der Volontär Martin Schäfer wurde zum wissensch Hilfsarbeiter ernannt.
Fulda LB. Mit der Führung der Direktionsgeschäfte wurde bis auf weiteres der frühere Vorstand Oberbibl. Prof. Dr. Karl Scherer beauftragt.
Gießen UB. Als Volontär trat ein Gerichtsreferendar Karl Walbrach, geb. 5. August 1873 in Gießen.
Göttingen UB. Der Hilfsbibliothekar Dr. Georg Wieczorek wurde als Bibliothekar an Marburg UB versetzt. Die Assistenten Dr. Wilhelm Fuchs und Dr. Helmuth Schimming wurden zu Hilfsbibliothekaren ernannt.

Greifswald UB. Der Bibliothekar Dr. Emil Ettlinger wurde an Halle UB versetzt.

Halle UB. Der Oberbibliothekar Dr. Karl Wendel wurde an Breslau SUB versetzt.

Kiel UB. Der Bibliothekar Dr. Georg Prochnow wurde an Berlin SB versetzt.

Königsberg SUB. Der Oberbibliothekar Dr. Walter Meyer wurde zum Direktor der Bibliothek ernannt.

Leipzig UB. Als Volontäre traten ein Dr. Helmuth Hör und Frl. Dr. Christliebe Jeremias.

Marburg UB. Der Assistent Dr. Wolfgang Rödiger wurde zu einer Vertretung an Bonn UB überwiesen.

München SB. Der Abteilungsdirektor Dr. Georg Leidinger wurde zum ordentlichen Mitglied der Historischen Kommission der bayer. Akademie der Wissenschaften ernannt.

Münster UB. Der Oberbibliothekar Dr. Albert Küster trat in den Ruhestand.

Wien NB. Der Kustosadjunkt Privatdozent Dr. Robert Lach wurde zum außerordentlichen Professor an der Universität Wien ernannt.

— UB. Am 7. Juli starb im 69. Lebensjahr der Minister a. D. Dr. Albert Geßmann, der eine Reihe von Jahren dem Beamtenkörper der UB. angehört hat.

Bekanntmachung

betr. Diplomprüfung für den mittleren Bibliotheksdienst usw.

Die nächste Prüfung findet am 14. März 1921 und an den folgenden Tagen in der Preußischen Staatsbibliothek in Berlin statt.

Gesuche um Zulassung sind nebst den erforderlichen Papieren (Prüfungsordnung vom 24. März 1916 § 5) spätestens am 14. Februar 1921 dem Vorsitzenden der Prüfungskommission, Berlin NW. 7, Unter den Linden 38, einzureichen. In den Gesuchen ist auch anzugeben, auf welcher Art von Schreibmaschine der Bewerber eingeübt ist. Für die Prüfung im Maschinenschreiben können nur Maschinen der Systeme Adler und Smith Premier zur Verfügung gestellt werden; Bewerber, die eine andere Maschine benutzen wollen, haben sich diese auf ihre Kosten selbst zu beschaffen.

Berlin, den 2. Dezember 1920.

Der Vorsitzende der Prüfungskommission.

Verein Deutscher Bibliothekare.

Der nächste Bibliothekartag findet am 19. und 20. Mai 1921 in Wernigerode statt. Wir bitten um baldige Anmeldung von Vorträgen und Referaten. Nähere Mitteilungen werden folgen.

Der Vorstand.

Naetebus.

Berichtigungen. S. 84 sind versehentlich einige Korrekturen nicht vorgenommen worden, es soll heißen Karoli magni — Lodouuicum regem —. S. 186 Z. 5 l. Kaiser statt Krause.

Verlag von Otto Harrassowitz, Leipzig. — Druck von Karras, Kröber & Nietschmann in Halle (Saale).

Zentralblatt

für

Bibliothekswesen

Begründet von Otto Hartwig

Herausgegeben unter Mitwirkung zahlreicher Fachgenossen

von

Dr. Paul Schwenke

Erstem Direktor der Preußischen Staatsbibliothek in Berlin

XXXVII. Jahrg.   **11. u. 12. Heft**   **Nov.-Dez. 1920.**

Leipzig

Otto Harrassowitz

1920

Abgeschlossen am 1. Dezember 1920.

Ankauf von Bibliotheken
und Archiven Kunstblättern,
Handzeichnungen Autographen
Illustrierten Werken aller Zeiten,
Handschriften mit und ohne
Malereien, alten Drucken,
einzelnen Büchern von Wert,
Stammbüchern u.s.w.

Martin Breslauer
Verlagsbuchhändler u. Antiquar
Berlin W. 8.
Französische Straße 46

FLOERKE

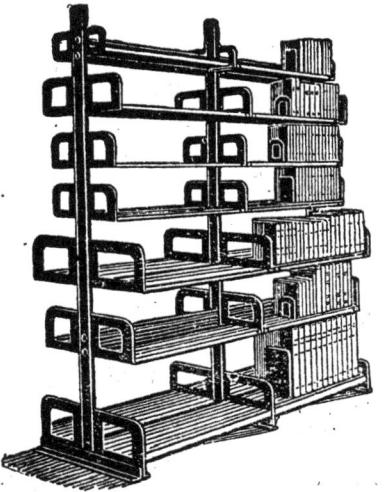

Lightning Source UK Ltd.
Milton Keynes UK
UKHW021454030219
336610UK00006B/270/P